Goumegou · Traumtext und Traumdiskurs

THEORIE UND GESCHICHTE
DER LITERATUR
UND DER SCHÖNEN KÜNSTE

Texte und Abhandlungen

Herausgegeben von

ALEIDA ASSMANN · HERMANN DANUSER
WOLFGANG KEMP · RENATE LACHMANN
HELMUT PFEIFFER · WOLFGANG PREISENDANZ
JURIJ STRIEDTER

Band 114 · 2006

Susanne Goumegou

Traumtext und Traumdiskurs

Nerval, Breton, Leiris

Wilhelm Fink Verlag

Gedruckt mit freundlicher Unterstützung der Kurt-Ringger-Stiftung sowie der Johanna und Fritz Buch Gedächtnis-Stiftung

Umschlagabbildung:
Autograph von Michel Leiris aus::Michel Leiris, *L'homme sans honneur. Notes pour Le sacré dans la vie quotidienne*. Hg. von Jean Jamin, Éditions Jean-Michel Place
(Paris : 1994), S. 31

Bibliografische Information der Deutschen Nationalbibliothek

Die Deutsche Nationalbibliothek verzeichnet diese Publikation (zgl. Diss. der Phil. Fak. II der HU Berlin, 2004) in der Deutschen Nationalbibliografie; detaillierte bibliografische Daten sind im Internet über http://dnb.d-nb.de abrufbar.

Wilhelm Fink GmbH & Co. Verlags-KG, Jühenplatz 1, D-33098 Paderborn

Internet: www.fink.de

Einbandgestaltung: Evelyn Ziegler, München
Herstellung: Ferdinand Schöningh GmbH & Co KG, Paderborn

ISBN 10: 3-7705-4276-2
ISBN 13: 978-3-7705-4276-5

Inhaltsverzeichnis

Einleitung

Der Traum ist kein Gegenstand der Literaturwissenschaft. Heutzutage gehört er, was die Erforschung seiner Entstehung und seiner Funktion angeht, vor allem in den Bereich der experimentellen Traumforschung, die Erkenntnisse aus Kognitionspsychologie, Neurophysiologie und teilweise auch der Psychoanalyse zu integrieren versucht[1]. Die Psychoanalyse ist maßgebend, was den hermeneutischen Umgang mit dem Traum angeht, der vor allem im klinischen Bereich gepflegt wird. Daneben gibt es phänomenologische Ansätze, die versuchen, den Traum und das Traumgeschehen möglichst genau und soweit wie möglich auch aus der Perspektive des Träumers zu beschreiben, und sich je nachdem auf Ergebnisse der Datenerhebung im Schlaflabor oder auf philosophische und psychoanalytische Grundannahmen stützen[2]. Die genannten Ansätze und Wissenschaften müssen allerdings immer mit verschiedenen Kompromissen arbeiten, um den Traum zum Untersuchungsgegenstand machen zu können.

Für eine literaturwissenschaftliche Arbeit sind nicht die Erkenntnisse dieser Wissenschaften von Belang, sondern allenfalls die Art und Weise, wie sie den Gegenstand Traum je unterschiedlich konstituieren. Daher werde ich sie auch in erster Linie als Diskurse im Sinne Michel Foucaults

---

1 Als Einführung in diesen Bereich seien vor allem die neuesten Arbeiten des Sigmund-Freud-Instituts genannt: Bareuther u. a. (Hgg.), *Traum und Gedächtnis*; Bareuther u. a. (Hgg.), *Traum, Affekt und Selbst*; Hau u. a. (Hgg.), *Traum-Expeditionen*.

2 Ersteres gilt für die Arbeiten von Inge Strauch (vgl. v. a. Strauch, Meier, *Den Träumen auf der Spur*), letzteres beispielsweise für die Arbeit von Wyss, *Traumbewußtsein?* Zu erwähnen wäre weiterhin, daß in der zweiten Hälfte des 20. Jahrhunderts auch die Ethnologie in zunehmendem Maße den Traum entdeckt. Vgl. vor allem das wegweisende Werk von Roger Caillois und Gustave E. Grunebaum (Hgg.), *Le Rêve et les sociétés humaines*, Paris 1967 und in jüngster Zeit die Arbeiten der Forschergruppe ‚Anthropologie du rêve' am ‚Centre de Recherches Interdisciplinaires en Anthropologie' der Universität Marc Bloch von Strasbourg.
Zwar begreifen auch Philosophie und Ästhetik den Traum weiterhin als ihren Gegenstand, wie Einträge in entsprechenden Speziallexika zeigen. Sie verzichten jedoch weitgehend auf Versuche, den Traum zu definieren, und beschränken sich im wesentlichen auf eine Darstellung verschiedener historischer und moderner Traumdiskurse, wobei in der Philosophie historischen Diskursen und der Psychoanalyse das Hauptinteresse gilt, während die Ästhetik sich in erster Linie an modernen Diskursen psychoanalytischer und anthropologischer Provenienz orientiert (vgl. Artikel „Traum", in: Joachim Ritter, Karlfried Gründer (Hgg.), *Historisches Wörterbuch der Philosophie*, Bd. 20, Darmstadt 1998, 1461-1471 und Hans Ulrich Reck, „Traum/Vision", in: Karl Barck (Hg.), *Ästhetische Grundbegriffe. Historisches Wörterbuch in sieben Bänden*, Bd. 6, Stuttgart 2005, 171-201).

betrachten. Unser heutiges Traumverständnis ist von den obengenannten Diskursen geprägt, die jedoch alle relativ jung sind und erst im Lauf des 20. Jahrhunderts entstanden sind. Für die hier im Blickfeld stehenden literarischen Annäherungen an den Traum hingegen ist die jeweilige historische Ausprägung des wissenschaftlichen Diskurses von Bedeutung, weshalb die jeweils relevanten Ansätze mit den Methoden der Diskursanalyse untersucht werden sollen.

„Laisse, rêve, que je te regarde en face“[3] – mit dieser Apostrophe an den Traum benennt Paul Valéry neben dem soeben beschriebenen methodischen Grundproblem der Traumforschung auch die Schwierigkeit, den Traum zum Gegenstand der ästhetischen Anschauung zu machen. Ästhetische Wahrnehmung erfordert „das gleichzeitige und das augenblickliche Gegebensein ihres Gegenübers“, sie ist „eine radikale Form des Aufenthalts im Hier und Jetzt“[4]. Der Traum kann sich jedoch nicht gleichzeitig und augenblicklich der ästhetischen Wahrnehmung darbieten, denn der Träumer, dem der Traum widerfährt, ist zur ästhetischen Wahrnehmung nicht in der Lage, weil ihm die Fähigkeit fehlt, begrifflich Bestimmtes wahrzunehmen[5]. Ist er nach dem Erwachen der ästhetischen Anschauung wieder fähig, so ist der Traum nicht mehr präsent, sondern bereits zum Gegenstand der Erinnerung geworden und entzieht sich somit der ästhetischen Wahrnehmung. Die ästhetische Begegnung zwischen Traum und dem wachen, zur ästhetischen Wahrnehmung fähigen Menschen kann also nie stattfinden. Insofern haben wir es hier mit einer Struktur ästhetischer Negativität im Sinne Karl Heinz Bohrers zu tun, bei der das jeweils Erfahrene erst im zeitlichen Nachhinein zu seiner Präsenz im Bewußtsein kommt[6]. Damit kommt der Erinnerung eine zentrale Rolle als Vermittlerin zwischen Traum und ästhetisch Interessiertem zu, unabhängig davon, ob sie als Bewahrerin von Präsenz betrachtet wird oder ob Erinnerungsakte als verzerrende Akte wie Lügen, Heucheln und Betrügen begriffen werden[7]. Erst in der Reaktualisierung im Modus der Sprache, bevorzugt im schriftlich fixierten Traumbericht kann der Traum

---

3 *Cahiers Paul Valéry* n° 3, *Questions du rêve*, 7.

4 Seel, *Ästhetik des Erscheinens*, 54 und 62.

5 Ästhetische Wahrnehmung legt zwar nicht auf eine Bestimmung fest, sondern nimmt etwas „in der unübersehbaren Fülle seiner Aspekte, […] in seiner unreduzierten Gegenwärtigkeit“ wahr. Die Fähigkeit, etwas begrifflich Bestimmtes wahrzunehmen, stellt jedoch eine Voraussetzung dafür dar, denn nur dann kann von der Fixierung auf dieses Bestimmte auch wieder abgesehen werden (vgl. Seel, *Ästhetik des Erscheinens*, 51 f.).

6 Bohrer, *Ästhetische Negativität*, 21.

7 Erstere Betrachtungsweise findet sich bei Bohrer (ebd.), letztere etwa bei Bal, „Erinnerungsakte. Performance der Subjektivität“, in: dies., *Kulturanalyse*, Frankfurt am Main 2002, 263-294, hier: 274.

zumindest annäherungsweise zum Objekt ästhetischer Wahrnehmung werden. Genaugenommen handelt es sich dabei allerdings nicht mehr um den Traum selbst, sondern um einen Text, der vorgibt, einen Traum zum Inhalt zu haben. Erst diese Texte können mit literaturwissenschaftlichen Methoden untersucht werden. Das Darstellungsproblem des Traums, seine „mise en texte", bildet also den systematischen Ausgangspunkt der vorliegenden Arbeit. Untersucht werden dabei in erster Linie literarische Formen des Traumberichts, wie sie sich vor allem mit dem Surrealismus ausbilden; erste Ansätze dazu sind jedoch bereits um 1850 bei Nerval, Baudelaire und Asselineau zu beobachten.

Generell lassen sich verschiedene Gruppen von Texten, die den Traum zum Inhalt haben, unterscheiden. Als erstes sind solche zu nennen, die einen Authentizitätsanspruch formulieren, d. h. die vorgeben, die Wiedergabe eines geträumten Traums zu sein. Obwohl sie nicht notwendigerweise literarisch sind, können sie unter bestimmten Bedingungen so rezipiert werden. Diese Texte werde ich als Traumtexte bezeichnen. Der Begriff zeichnet sich gegenüber präziseren konkurrierenden Begriffen wie Traumprotokoll, Traumbericht oder Traumaufzeichnung gerade durch eine gewisse Unschärfe aus, die voreilige Festlegungen vermeidet und das Verhältnis zwischen Text und Traum unspezifiziert läßt[8]. Vor allem entgeht man dadurch der Illusion, der Text sei die Repräsentation von etwas ihm Vorausgehenden. Vielmehr zeigt der Begriff an, daß Traum und Text nicht klar unterschieden sind, so daß sowohl die These zulässig ist, daß der Traum erst mit dem Text entsteht, als auch die Möglichkeit offen bleibt, daß der Traumprozeß in der Vertextung fortwirkt. Die Frage, ob solche Traumtexte als literarische Texte zu betrachten sind, wird in der Literaturwissenschaft als nicht grundsätzlich lösbar diskutiert[9]. Die von mir gewählten Texte lassen sich dann unproblematisch als literarisch deklarieren, wenn die Literarizität, die ja in weiten Zügen von Konventionen bestimmt ist, mit pragmatisch gewählten Kriterien dokumentiert wird, etwa dem Status der Autoren als Dichter oder der Veröffentlichungsstrategie: so werden die Traumtextsammlungen von Leiris dem Bereich der Poesie zugeordnet, indem sie vom Verlag in der Auflistung seiner Werke in der Rubrik „Poésie" ge-

---

8 Zur grundsätzlichen Problematik des Traumprotokolls vgl. Hans-Walter Schmidt-Hannisa, „Zwischen Wissenschaft und Literatur. Zur Genealogie des Traumprotokolls", in: ders., Michael Niehaus (Hgg.), *Das Protokoll. Kulturelle Funktionen einer Textsorte*, Frankfurt am Main 2005, 135-164.

9 Vgl. vor allem Frédéric Canovas, „This is Not a Dream. Drawing the Line between Dream and Text (The Example of Modern French narrative)", in: *The Journal of Narrative Technique* 24 (1994), 114-126 und Claude Béguin, „Le Récit de rêve comme autobiographie", in: *Quaderni di retorica e poetica* n° 1 (1986), 135-140.

führt werden. Mit dem Kriterium der Literarizität sollen vor allem Traumberichte aus der psychologischen Forschungsliteratur, die zu wissenschaftlichen und nichtästhetischen Zwecken veröffentlicht werden, ausgeschlossen bzw. auf eine Vergleichsrolle reduziert werden.

Dem so definierten Traumtext eng verwandt sind Traumerzählungen im Rahmen fiktionaler Texte. Diese stellen eine fiktionale Form des Traumtextes dar und gelten unbestritten als literarische Texte. Das hängt allerdings weniger mit der Fiktionalität der Traumerzählung selbst zusammen – schließlich lassen sich Authentizität und Fiktionalität des Traumberichts nie überprüfen –, sondern mit ihrer Kontextualisierung. So wird es möglich, nicht nur nach der Art der Traumwiedergabe, sondern auch nach der Funktion der Träume für die Charakterisierung der Figuren oder für den Handlungszusammenhang zu fragen. Solche in fiktionale Texte integrierte Traumtexte sind schon relativ ausführlich erforscht worden. Stellvertretend sei hier nur auf zwei Arbeiten hingewiesen: Jacques Bousquet konzentriert sich in *Les Thèmes du rêve dans la littérature romantique* auf die Form des Traumberichts und wertet circa 1600 literarische Traumberichte aus der Zeit zwischen 1750 und 1950 aus[10]. Frédéric Canovas interessiert sich in *L'Écriture rêvée* insbesondere für die Einbettung des Traums in den Kontext sowie für die unterschiedliche Ausgestaltung des Traumberichts. Dabei unterscheidet er zwischen einem „récit de rêve rhétorique, autobiographique ou réaliste" und dem von ihm privilegierten „récit de rêve fictionnel ou onirique", dem er größere ästhetische Qualität zuspricht und den er am Beispiel von Baudelaire, Huysmans, Gide, Crevel und Gracq untersucht[11].

Schließlich gibt es noch eine Gruppe von Texten, die den Traum in ganz anderer Form zum Inhalt haben, nämlich literarische und nichtliterarische Texte, die Aussagen über den Traum machen und diskursanalytisch untersucht werden können. Dieses diskursiv produzierte Wissen vom Traum bleibt von der Erfahrung des Träumens radikal getrennt.

---

[10] Bousquet, *Les Thèmes du rêve dans la littérature romantique (France, Angleterre, Allemagne)*. Der Titel ist etwas irreführend, da Bousquet den Begriff Romantik nicht im üblichen Sinn versteht, sondern einen „premier romantisme" von 1750-1850 und einen „second romantisme" von 1850-1950 ansetzt, worauf er allerdings erst sehr spät hinweist (341 f.). Trotz möglicher Kritikpunkte – vor allem die Ansicht, daß für eine soziologische Arbeit über die Geschichte des Traums nur die Träume der großen Schriftsteller einer Epoche von Bedeutung sind, ist mehr als fragwürdig und überdies von Yannick Ripa mit seiner historisch-soziologisch orientierten Studie *Histoire du rêve* überzeugend widerlegt worden – stellt Bousquets Arbeit einen mutigen Versuch der Systematisierung und historischen Einordnung von Traummotiven dar, die sicher mehr literaturwissenschaftlichen als soziologischen Wert hat, der es aber gerade aufgrund der notwendigen Tendenz zur Generalisierung gelingt, große Linien aufzuzeigen.

[11] Canovas, *L'Écriture rêvée*, hier v. a.: 302-316.

Gerade die Diskrepanz zwischen subjektiver Erfahrung und diskursivem Wissen, die im Falle des Traums besonders auffällig ist, trägt jedoch erheblich zur Faszination für das Phänomen Traum bei. Dieser wird immer wieder als flüchtig und nicht greifbar beschrieben, so daß das Angewiesensein auf die Erinnerung und die methodischen Schwierigkeiten explizit zum Thema auch des wissenschaftlichen Traumdiskurses werden. Insofern soll der Bereich der Erfahrung hier nicht einfach ausgeklammert, sondern als dem Text vorausliegendes, allerdings nicht systematisch untersuchbares Element einbezogen werden.

Traumtext und Traumdiskurs stellen die Formen dar, in denen der Traum in einer literaturwissenschaftlichen Arbeit behandelt werden kann. Thema des vorliegenden Buches sind daher der bislang in der Forschung eher vernachlässigte, weitgehend kontextlose Traumtext sowie der jeweils dazugehörige, Kontext stiftende Traumdiskurs. Auch wenn es sich beim Begriff der Kontextlosigkeit um eine heuristische Fiktion handelt, da jeder publizierte Traumtext seinen Kontext hat (sei es im Rahmen der gewählten Zeitschrift, sei es im Bezug auf das Werk seines Autors), scheint es mir sinnvoll, dem ohne narrative Rahmung erscheinenden Traumtext eine Sonderstellung einzuräumen. Das Problem der schriftlichen Fixierung des Traums bleibt freilich nicht auf den Bereich des Traumtextes beschränkt, sondern wird auch im Diskurs über den Traum oft thematisiert und damit selbst Bestandteil des Diskurses.

Bei der Auswahl literarischer Texte werden nichtfiktionale Texte privilegiert, die mit dem Gestus der Authentizität auftreten. Neben im engeren Sinne kontextlosen Traumtexten wie den „récits de rêves" in *La Révolution surréaliste* (1924-28) und Michel Leiris' Traumtextsammlungen *Nuits sans nuit* (1945) und *Nuits sans nuit et quelques jours sans jour* (1961) handelt es sich dabei um autobiographisch-essayistische Texte, in deren Rahmen angeblich authentische Träume erzählt werden. Die Auswahl umfaßt Gérard de Nervals *Aurélia ou le Rêve et la vie* (1855), André Bretons *Les Vases communicants* (1932) sowie einen Großteil des autobiographischen Werks von Michel Leiris. Auch wenn die genannten Kriterien für die fiktionale, wenn auch autobiographische Spuren enthaltende Erzählung *Aurélia* nicht vollständig zutreffen[12], kommt diesem Initialtext moderner Traumliteratur, auf den sich auch Breton und Leiris immer wieder beziehen, im Kontext der vorliegenden Studie eine besondere Rolle zu.

---

[12] Die Erzählung wurde von den Zeitgenossen denn auch als autobiographisch rezipiert. Ausführlich erörtert die Frage, inwiefern *Aurélia* als Autobiographie lesbar ist, Jacques Bony, in seinem Kapitel „L'Autobiographie ?", in: ders., *Le Récit nervalien*, 227-276, bes. 257-271.

Zwei Thesen, die auch die Wahl des Untersuchungszeitraums bedingen, sind für die ganze Studie zentral. Die erste These ist, daß die in *La Révolution surréaliste* veröffentlichten „récits de rêves" die Geburt einer neuen literarischen Gattung in Frankreich darstellen, mit der eine ästhetische Perspektive auf den Traumbericht eingeleitet wird. Das mag der Selbsteinschätzung der Surrealisten teilweise widersprechen, denn für Breton stellten die Traumtexte den Grundstock für ein Traumarchiv dar, das zur wissenschaftlichen Erforschung des Traums beitragen sollte. Aber bei aller Ablehnung des Begriffs Literatur erwarten auch die Surrealisten eine ästhetische Haltung, wenn sie in ihren „récits de rêves" die Poesie des Traums zur Geltung bringen wollen. So wird im Surrealismus die Differenz zwischen Traum und Traumtext unterschlagen und gerade mittels des Traumtextes versucht, den Traum zum Gegenstand ästhetischer Anschauung zu machen[13]. In der Nachfolge erlebt das 20. Jahrhundert eine ganze Reihe von Publikationen aufgeschriebener Träume; genannt seien hier – ohne Anspruch auf Vollständigkeit – die Aufzeichnungen Paul Valérys in seinen *Cahiers* (die allerdings bereits vor den surrealistischen Veröffentlichungen einsetzen), *Les Songes et les sorts* von Marguerite Yourcenar (Paris 1938), *Nuits sans nuit* und *Nuits sans nuit et quelques jours sans jour* von Michel Leiris (Paris 1945 und 1961), die Nummer *Délivrons-nous des rêves* der Zeitschrift *La Tour de feu* (1968), *La Boutique obscure. 124 rêves* von Georges Perec (Paris 1973), *700 rêves* von Jean Latour (La Chaux-de-fonds 1973), *Petite histoire de mes rêves* von Jacques Borel (Paris 1981), *Paysages de la vie profonde* von Jean-Louis Jacques (Brüssel 1983), *Fables sous rêve* von Claude Ollier (Paris 1985), *L'autre rive – paroles dans la nuit* von François Damian (Paris 1986), *Les Lettres de la nuit* von Rhana Ganancia (Nantes 1999) und zuletzt *Rêve je te dis* (Paris 2003) von Hélène Cixous. Nicht alle fügen sich surrealistischen Prämissen: so wird etwa in der Zeitschrift *La Tour de feu* die Gleichsetzung von Traum und Poesie vehement kritisiert, während das Buch *Les Lettres de la nuit* vom Verlag als Studie zur Veränderung der Persönlichkeit angekündigt wird[14]. Andere Texte gehen mit der vom Surrealismus vorgegebenen Form des „récit de rêve" spielerisch um und variieren sie. Als sehr unterschiedliche Beispiele dafür seien nur *Matière de rêves* von Michel Butor (Paris 1975-85) und die *Récits en rêve* von Yves Bonnefoy (Paris 1987) genannt[15].

---

[13] Eine Ausnahme stellt hierbei René Crevel dar (vgl. Canovas, *L'Écriture rêvée*, 205-239).

[14] „Cet ouvrage présente les rêves d'une seule et même personne sur une période de dix ans. Il a pour but de prouver qu'il suffit de noter ses rêves pour aboutir à la transformation de sa personnalité et de son destin" (Buchhandelsverzeichnis, ‚Électre').

[15] Zu *Matière de rêves* von Butor liegen zwei Dissertationen vor: Barbara Fürstenberger, *Michel Butors literarische Träume*, Heidelberg 1991; Jacques Lamothe, *L'Architexture du rêve.*

Die zweite These ist, daß im 20. Jahrhundert eine Monopolisierung der psychologischen, philosophischen und literarischen Traumdiskurse durch die Psychoanalyse stattfindet. Ein Diskurs über den Traum ohne Bezug auf sie ist im 20. Jahrhundert kaum mehr möglich, allenfalls die experimentelle Traumforschung in der zweiten Hälfte des Jahrhunderts bewahrt sich eine Autonomie. Selbst die weiterhin verbreiteten Symbollexika des Traums nehmen nun psychoanalytische Symbole auf und tragen zu einer Popularisierung der Psychoanalyse bei.

Aus diesen Thesen leiten sich meine beiden Untersuchungsgebiete ab. Erstens soll die Form des Traumtextes unter besonderer Berücksichtigung des surrealistischen „récit de rêve“ analysiert werden. Zweitens werde ich die Interdiskursivität zwischen wissenschaftlichen und literarischen Diskursen über den Traum untersuchen. Dazu ist eine Kombination von literatur- und kulturwissenschaftlichen Methoden nötig. Auf literaturwissenschaftlicher Seite stehen insbesondere gattungstheoretische Gesichtspunkte, gattungshistorische Entwicklungen und intertextuelle Bezüge im Vordergrund, als kulturwissenschaftlich sind vor allem diskursanalytische und diskursgeschichtliche Fragestellungen einzustufen, wobei der Interdiskursivität von literarischen und nichtliterarischen Diskursen besondere Aufmerksamkeit gilt. Die Psychoanalyse hingegen spielt nur als eine, wenn auch zentrale Form des Diskurses über den Traum eine Rolle, nicht jedoch als Methode oder gültige Erklärung des Traums[16]. Viele der für die Freudsche Theorie maßgeblichen Aussagen

---

La Littérature et les arts dans Matière de rêves *de Michel Butor*, Amsterdam 1999. Ein Kapitel zu Butor enthält auch Daiana Dula-Manoury, *Queneau, Perec, Butor, Blanchot. Éminences du rêve en fiction*, 221-293. Zu Bonnefoys *Récits en rêve* vgl. John E. Jackson, *À la Souche obscure des rêves. La Dialectique de l'écriture chez Yves Bonnefoy*, Paris 1993; Michael Brophy, „Le Récit et la figuration du rêve dans l'œuvre d'Yves Bonnefoy“, in: *French Review* 70, 5 (1997), 687-697; Susanne Goumegou, „Yves Bonnefoys *Récits en rêve* als ‚prose en poésie‘“, in: Gisela Febel, Hans Grote (Hgg.), *L'État de la poésie aujourd'hui. Perspektiven französischsprachiger Gegenwartslyrik*, Frankfurt am Main 2003, 67-81.

16 Zwar können an psychoanalytischen Kriterien orientierte Lektüren durchaus interessante Ergebnisse bringen, sie neigen jedoch in der Regel dazu, die Differenz zwischen Traum und Traumtext zu verwischen. Vgl. dafür die durchaus inspirierende Lektüre von David Gascoigne zu Georges Perecs *La Boutique obscure. 124 rêves.* Obwohl er zunächst betont, daß er die Texte als literarische Kompositionen und nicht als Schlüssel zum Unbewußten lesen will, bezieht er im Verlauf seiner Studie immer mehr biographische Elemente heran, um nicht nur die Texte, sondern auch ihre Entstehung im Unbewußten erläutern zu können (David Gascoigne, „Dreaming the Self, Writing the Dream: The Subject in the Dream-Narratives of Georges Perec“, in: Paul Gifford, Johnnie Gratton (Hgg.), *Subject Matters. Subject and Self in French Literature from Descartes to the Present*, Amsterdam, Atlanta 2000, 128-144). Eine generelle Auseinandersetzung mit dem Wert psychoanalytischer Lektüren findet sich bei Canovas, *L'Écriture rêvée*, 286-293.

werden von der modernen Psychoanalyse und Traumforschung widerlegt, modifiziert oder kontrovers diskutiert, etwa die Annahme, jeder Traum sei eine Wunscherfüllung sowie die Rückführung des manifesten Trauminhalts auf die latenten Traumgedanken[17]. Die Freudsche Psychoanalyse muß wie jede Art des Diskurses historisiert und kontextualisiert werden und kann nicht als Instanz der verbindlichen Wahrheit über den Traum betrachtet werden. Damit entfällt die oft zu beobachtende Versuchung, alle mit Freud übereinstimmenden Aussagen aus älteren Traumdiskursen zu dekontextualisieren und als geniale „Vorwegnahme" der Freudschen Traumtheorie zu begreifen. Ich werde die *Traumdeutung* als historisches Dokument lesen, das aus anderen Quellen schöpft und einen zu einem bestimmten Zeitpunkt möglichen Begriff vom Traum artikuliert, der im 20. Jahrhundert große Wirkung entfaltet hat.

Obwohl die Freudsche *Traumdeutung* und der Surrealismus im Zentrum dieser Arbeit stehen, beginne ich mit der Untersuchung bereits im Zeitraum um 1850. Denn hier sind sowohl die Anfänge eines psychologisch orientierten Traumdiskurses als auch eine neuartige Behandlung des Traums in der Literatur festzustellen, die mit den Namen von Alfred de Maury respektive Gérard de Nerval verbunden sind. Mit dem Werk von Alfred de Maury *Le Sommeil et les rêves* (1861) wird im allgemeinen der Beginn der vorwissenschaftlichen Phase der modernen Traumforschung angesetzt. Sein Buch geht auf mehrere Artikel zurück, die in den Jahren 1845-1857 in den *Annales médico-psychologiques*, der ersten Zeitschrift der französischen Nervenärzte, erschienen sind. In diesem Umkreis entwikkelt sich ein Traumdiskurs, der sich zunehmend von den seit der Aufklärung vorherrschenden physiologischen Annahmen löst. Ausgehend von der Vermögenspsychologie entsteht im 19. Jahrhundert ein psychopathologischer Diskurs, der schließlich gegen Ende des Jahrhunderts in die experimentelle Psychologie einerseits und die Psychoanalyse andererseits mündet. Diese im weiteren Sinn psychologische Fragestellung, bei der versucht wird zu verstehen, was während des Träumens im Individuum abläuft, öffnet den Blick für ein stärker deskriptives Herangehen an den Traumbericht, in dem die Aufmerksamkeit zunehmend auch der Form des Traums gilt.

---

[17] Vgl. hierzu etwa Stephan Hau, „Von Königswegen und steinigen Pfaden. Wissenschaftliche Traumforschung 100 Jahre nach Freud", in: Hau u. a. (Hgg.), *Traum-Expeditionen*, 7-24; Odile Lesourne, „Le Rêve aujourd'hui : Aperçu sur la littérature analytique contemporaine", in: *Topique: Revue freudienne* 20, n° 45 (1990), 83-116; Meltzer, *Traumleben* [*Dream-Life*]; Harry Fiss, „The Post-Freudian Dream. A Reconsideration of Dream Theory Based on Recent Sleep Laboratory Findings", in: Bareuther u. a. (Hgg.), *Traum und Gedächtnis*, 11-35).

Aurélia entsteht zu einem Zeitpunkt, zu dem generell wichtige Veränderungen bezüglich der in fiktionale Literatur eingebetteten Traumerzählung zu beobachten sind. So stellt Jacques Bousquet fest, daß bis zum Ende des 18. Jahrhunderts für die Traumhaftigkeit eines Textes das Thema von zentraler Bedeutung ist, während mit der Desakralisierung der Träume um 1850 und der Zunahme an inhaltlichem Realismus die Struktur der Texte wichtiger für die Schaffung einer Traumatmosphäre wird. Inkohärenz, Absurdität und Bizarrheit werden so zu den Merkmalen des modernen Traumtextes[18]. Die Traumhaftigkeit beruht dann auf einem rhetorischen Effekt, was insbesondere für *Aurélia* überzeugend gezeigt worden ist[19]. Schließlich sind ab 1850 auch erste Ansätze zur kontextlosen Veröffentlichung von Traumtexten zu verzeichnen. Während in *Aurélia* die nur thematisch, aber nicht formal in den Text der Erzählung integrierten Traumtexte der *Mémorables* ihre Form zum Teil möglicherweise dem frühen Tod des Autors verdanken, tritt anderswo zunächst das Prosagedicht als die geeignete Form hervor. Sowohl von Baudelaire als auch von Rimbaud sind Versuche zu Prosagedichten auf der Basis von Träumen erhalten, die allerdings nicht zu Ende geführt wurden[20]. Baudelaire formuliert deutlicher noch als Nerval und mit Bezug auf die Erzählungen von Charles Asselineau Überlegungen zum Aufschreiben des Traums, die in mancher Hinsicht auch für den surrealistischen „récit de rêve“ maßgeblich sind. Aber auch bei Nerval sind Ansätze zu einem Diskurs über das Fixieren des Traums zu finden.

In der zweiten Hälfte des 19. Jahrhunderts häufen sich Verfahren in der modernen Literatur, etwa bei Rimbaud und Lautréamont, die oft als Traumrhetorik bezeichnet werden. Bezüglich der Traumrhetorik war eine grundsätzliche Entscheidung zwischen zwei Fragestellungen zu treffen. Die Frage, inwieweit Texte Verfahren des Traums imitieren können, erfordert phänomenologische Vorannahmen zum Traum, die methodisch problematisch sind und daher hier ausgeklammert werden. Ich habe mich vielmehr entschieden, zu untersuchen, unter welchem Einsatz rhetorischer Mittel Traumtexte verfaßt werden, eine Fragestellung, für welche die grundsätzliche Affinität des geträumten Traums zur

---

18 Bousquet, *Les Thèmes du rêve dans la littérature romantique*, 52, 339 f., 346 f. und 371 ff.

19 Klaus Dirscherl, „Traumrhetorik von Jean Paul bis Lautréamont“, in: Karl Maurer, Winfried Wehle (Hgg.), *Romantik – Aufbruch zur Moderne*, München 1991, 129-172; Michel Crouzet, „La Rhétorique du rêve dans *Aurélia*“, in: *Nerval. Une Poétique du rêve*, 183-207.

20 Zum *Spleen de Paris* ist eine Liste mit Projekten erhalten, in der es unter anderem eine Abteilung „Onéirocritie“ gibt (Baudelaire, *Œuvres complètes*, Bd. 1, 365-373). Von Rimbaud gibt es einen Entwurf mit dem Titel *Les Déserts de l'amour* (Rimbaud, *Œuvres*, 183-189).

Literatur nachrangig ist, während der für die jeweiligen Texte zugrundeliegende, historisch wandelbare Traumbegriff herauszuarbeiten ist[21].

Im Gefolge der vielfachen Auflagen von Maurys Standardwerk entwickelt sich in der zweiten Hälfte des 19. Jahrhunderts ein reges Interesse am Traum auch außerhalb des Bereichs der Medizin[22]. Durch die Arbeiten von Maury und Léon d'Hervey de Saint-Denys wird die Introspektion zu einer wichtigen Methode der Traumforschung, die den engen Bereich der Medizin verläßt und sich zur Philosophie hin öffnet. Diese Entwicklung kann im einzelnen nicht nachverfolgt werden, ein zweites diskursanalytisches Kapitel zum Traumdiskurs in Frankreich um 1900 wird jedoch zeigen, inwiefern sich der Traumdiskurs zu diesem Zeitpunkt verändert hat. Eine wichtige Verschiebung ist schon daran ablesbar, daß die entscheidenden Artikel nicht mehr in den *Annales médico-psychologiques* erscheinen, sondern in der *Revue philosophique*. Sie sind größtenteils dem Gebiet der experimentellen Psychologie zuzurechnen,

---

21 Damit soll die grundsätzliche Relevanz der Frage nach der Traumhaftigkeit von Literatur nicht bestritten werden. Dafür wäre jedoch ein methodisches Instrumentarium zu entwickeln, das nicht ohne weiteres zur Verfügung steht.
Die Affinität von Traum und Literatur ist auch auf literatur- und fiktionstheoretischer Ebene relevant. Sie kann, wenn sie theoretisch reflektiert wird, zur Diskussion literaturwissenschaftlicher Grundsatzfragen, etwa bezüglich der Interpretation, beitragen (vgl. etwa Nicola Merola, „I sogni e la critica. Le ragioni di un convegno", in: ders., Verbaro (Hgg.), *Il Sogno raccontato*, 7-12). Für Martina Wagner-Egelhaaf bedingt die differentielle Struktur des Traums seine Nähe zur Literatur, weshalb sie ihn als „kongeniales Paradigma einer bei der symbolischen Repräsentationsebene einsetzenden Literarischen Anthropologie" betrachtet (Martina Wagner-Egelhaaf, „Traum – Text – Kultur. Zur literarischen Anthropologie des Traumes", in: Gerhard Neumann (Hg.), *Poststrukturalismus. Herausforderung an die Literaturwissenschaft*, Stuttgart, Weimar 1997, 123-144, hier: 127). Auch Günter Everhartz und Andreas Mones begreifen den Traum als das Paradigma für Text schlechthin, wenn sie in einer Lacanianischen Lektüre von Beispielen aus der *Traumdeutung* Nachträglichkeit als das Zeitigen von Text verstehen (Günter Everhartz, Andreas Mones, „Text – Traum – Text oder Das Nichts einer Differenz", in: Joachim Dyck, Walter Jens, Gert Ueding (Hgg.), *Rhetorik und Strukturalismus (Rhetorik. Ein internationales Jahrbuch* Bd. 9), Tübingen 1990, 38-51). Zur „Familienähnlichkeit" von Traum und literarischer Fiktionalität sind die Überlegungen von Wolfgang Iser in *Das Fiktive und das Imaginäre* nach wie vor nicht zu übergehen. Allerdings wäre bei allen genannten Arbeiten zu fragen, ob der Freudsche Traumbegriff, der ja die Verfahren der Traumarbeit selbst aus rhetorischen Verfahren ableitet, nicht zu einem gewissen Zirkelschluß führt.

22 Die wichtigsten Arbeiten sind das zunächst anonym erschienene Werk von Léon d'Hervey de Saint-Denys *Les Rêves et les moyens de les diriger* (1867), auf das Breton sich beziehen wird, sowie ein Buch von Joseph Delbœuf *Le Sommeil et les rêves* (1885). Ferner erscheinen zahlreiche Artikel, die sich mit den Fragen nach der Erinnerung im Traum und der Erinnerung des Traums sowie mit dem Phänomen der Zeit im Traum auseinandersetzen. Eine gute bibliographische Quelle hierfür stellt die Bibliographie in Freuds *Traumdeutung* dar, die auch viele französische Artikel enthält.

und hier wird erstmals auch die Problematik des exakten Traumberichts ausführlich diskutiert. Dabei wird sogar die Ansicht geäußert, der ganze Traum sei eine Erfindung des wachen Denkens bzw. entstehe erst während des Aufwachens, eine Annahme, die trotz intensiver Erforschung der Gehirnaktivitäten im Schlaf bis heute nicht wissenschaftlich gültig widerlegt ist[23]. Mit der Herauslösung der Psychologie aus der Philosophie und ihrer stärkeren Orientierung an naturwissenschaftlichen Methoden verliert die Introspektion nun allerdings wieder an Bedeutung. Insofern erweist sich die Freudsche *Traumdeutung*, die ja zu einem großen Teil auf der Deutung eigener Träume beruht, als wesentlich anschlußfähiger für am Traum interessierte Literaten.

Der Surrealismus stellt eine vielgestaltige Bewegung dar. Ich werde zum einen die Traumtexte aus den surrealistischen Zeitschriften, vor allem aus *La Révolution surréaliste* herausgreifen, um daraus eine Gattungsdefinition des „récit de rêve" zu entwickeln. Darüber hinaus werden Texte von André Breton untersucht, und zwar einerseits die Überlegungen zum Traum im *Manifeste du surréalisme* (1924) und andererseits der Text *Les Vases communicants* (1932), der auf einer Lektüre von Freuds Traumdeutung beruht. Hier läßt sich an einem konkreten Beispiel zeigen, wie die literarische Rezeption eines wissenschaftlichen Textes nicht etwa zu neuem Wissen, sondern zu neuen Textverfahren führt. Die Auswirkungen des Surrealismus auf die Literatur des 20. Jahrhunderts sind beträchtlich. Foucault hat zu Recht bemerkt, daß Breton nach Diderot der erste ist, der im Bereich der französischen Literatur literarisches Schreiben und Wissen zusammenführt. Die von ihm initiierte, und von Bataille, Leiris und Blanchot fortgeführte Öffnung der Literatur für Psychoanalyse, Ethnologie, Kunstgeschichte und Religionsgeschichte hält Foucault für eine Erweiterung der Literatur hin zu einem Bereich der Erfahrung[24]. In einem solchen Bereich der Erfahrung, der sich auch als Raum des autobiographisch-essayistischen und zugleich poetischen Schreibens charakterisieren ließe, situiert sich das Werk von Michel Leiris. Leiris ist derjenige von den Surrealisten, der – auch nach seinem Bruch mit der Gruppe – am konsequentesten am „récit de rêve" festhält und ihn experimentierend fortführt. Zugleich sind bei ihm, vor allem in der *Règle du jeu*, Reflexionen über den Traum und den literarischen Umgang damit zu finden, was bei anderen Autoren, die mit der surrealistischen Gattung experimentieren, wie etwa Perec oder Butor, nicht in gleichem Maße der

---

23 Vgl. Antrobus, Bertini, „Introduction", in: dies., *The Neuropsychology of Sleep and Dreaming*, 1-14, hier: 6.

24 Michel Foucault, „C'était un nageur entre deux mots", in: ders., *Dits et écrits*, 554-557.

Fall ist. Daher wird Leiris hier als exemplarischer Autor für die nachsurrealistische Ausprägung von Traumtext und Traumdiskurs gewählt.

Ein solcher zugleich diskursanalytischer und gattungsgeschichtlicher Ansatz ist im Bereich der Romanistik noch nicht verfolgt worden. Auf systematischer Ebene wurden vor allem die Frage nach der Erkennbarkeit und Markierung des Traumberichts innerhalb erzählender Literatur sowie die nach der Literarizität des Traumtextes gestellt[25]. Frédéric Canovas schlägt dabei vor, in Analogie zu Lejeunes Konzept des „pacte autobiographique" einen „pacte onirique" anzunehmen. Ich halte es jedoch für sinnvoller, in Anlehnung an den Begriff der Fiktionssignale von Traumsignalen zu sprechen, da der Leser an keinen Vertrag gebunden ist[26]. Den autobiographischen Aspekt des Traumberichts betrachtet vor allem Claude Béguin[27]. Während er im Fall von Nerval betont, daß dieser dem Traum eine neue Funktion zukommen lasse, indem er ihn einsetze, um sein Leben besser zu verstehen, betont er bei Saintine und Huch die Rhetorik der Authentizität, mit der die Annahme, es könne sich um erfundene Träume oder literarische Schöpfungen handeln, zurückgewiesen wird.

Der narratologische Aspekt in der Traumerzählung selbst steht bei zwei neueren Forschungsprojekten im Mittelpunkt. Eine Forschergruppe um Remo Ceserani unter dem Titel „Il sogno raccontato nella letteratura moderna" untersucht die Traumerzählung als narrativen Mikrotext innerhalb des modernen europäischen Romans[28]. Weiterhin hat eine Forschergruppe um Christian Vandendorpe, Antonio Zadra und Guy Laflèche einen Sammelband zum „récit de rêve" herausgebracht, der allerdings in sich heterogen ist und zwischen narratologischen Untersuchungen sowie thematischen und interpretativen Ansätzen schwankt[29].

---

[25] Mit Fragen nach der Rahmung von Traumerzählungen innerhalb fiktionaler Texte befaßt sich Canovas in „This is Not a Dream" sowie auch Laurence M. Porter, „The Dream: Framing and Function in French Literature", in: Conner (Hg.), *Dreams in French Literature*, 105-122.

[26] Als „pacte onirique" bezeichnet Canovas den Einsatz spezifischer lexikalischer und semantischer Mittel seitens des Autors zur Markierung bestimmter Passagen als Traum (Canovas, *L'Écriture rêvée*, 33). Allerdings räumt er etwas später ein, daß an die Stelle eines „pacte onirique", also der eindeutigen Ausweisung von Textpassagen als Traum, auch ein sogenannter „effet de rêve" treten kann, der Traumhaftigkeit evoziert, ohne eine eindeutige Festlegung abzugeben (ebd., 47 ff.).

[27] Béguin, „Le Récit de rêve comme autobiographie".

[28] Informationen und Publikationen finden sich unter www.unibo.it/sogno (13. 5. 2006).

[29] Vandendorpe (Hg.), *Le Récit de rêve*. Wegen eines Zerwürfnisses zwischen den Beteiligten scheint das Projekt sich mittlerweile auf den Aufbau einer Traumdatenbank zu beschränken (vgl. die Internetseiten www.mapageweb.umontreal.ca/lafleche/rrr/ und www.reves.ca [15. 5. 2006]).

Generell läßt sich sagen, daß in den meisten literaturwissenschaftlichen Arbeiten fast ausschließlich fiktionale Texte behandelt werden, wobei die Funktion von Träumen innerhalb der Werke oder motivische Fragestellungen im Vordergrund stehen. Historisch angelegte Studien, die teilweise den Traumdiskurs einbeziehen, enden spätestens mit dem Beginn des 20. Jahrhunderts[30]. An Monographien zum Traum in der Literatur des 20. Jahrhunderts sind drei neuere Dissertationen zu nennen, in denen der Traum als Form der Realitätskritik, als Versinnbildlichung moderner Erfahrungen wie Entfremdung und Ich-Verlust oder aber seine Nähe zum literarischen Schaffensprozeß und die Traumhaftigkeit von Literatur untersucht wird. Roland Knapp stellt seiner Arbeit über Traumbewußtheit bei Eluard und Rimbaud eine Skizze psychoanalytischer Traumtheorie voran, wodurch er mit einem sehr einseitig festgelegten Traumbegriff arbeitet, den er als allgemeingültig darstellt[31]. Gerade bezüglich des Verhältnisses von Traum und Realität geht die Vielfalt literarischer Traumdiskurse jedoch weit über die Psychoanalyse hinaus. Nadja Kaltwasser setzt in ihrer Arbeit zu französischen und deutschen Autoren des frühen 20. Jahrhunderts die Ähnlichkeit von Traum und Literatur selbstverständlich voraus, ohne sie zu reflektieren[32]. Dabei wären gerade in diesem Zusammenhang auch die Differenzen zu berücksichtigen. Daiana Dula-Manoury, die ebenfalls mit einem an Freud (und Lacan) orientierten Traumbegriff operiert, rückt in ihrer Arbeit zu Queneau, Perec, Butor und Blanchot die – methodisch kaum scharf zu fassende – Frage nach der Traumhaftigkeit moderner Literatur in den Vordergrund[33]. Dabei stützt sie sich auf Affinitäten zwischen Traum und literarischem Schaffen, untersucht in Träumen und Texten vorkommen-

---

30 An neueren wären zu nennen: Pelckmans, *Le Rêve apprivoisé*; Hagge, *Il Sogno e la scrittura*; Roudaut, „La Littérature et le rêve", in: *Saggi e ricerche di letteratura francese* 26 (1987), 123-162; Conner, *Dreams in French Literature.* Hagge führt seine Untersuchung zwar bis ins 20. Jahrhundert, behandelt allerdings als einzigen französischen Autor Marcel Proust, dessen Traumtheorie eher im ausgehenden 19. Jahrhundert verwurzelt ist. Ähnlich verfährt auch Roudaut in seinem Artikel „La Littérature et le rêve", in dem er mit Proust und Valéry endet. Für die Romantik immer noch lesenswert, obwohl teilweise überholt, ist die klassisch gewordene Arbeit von Béguin, *L'Âme romantique et le rêve.*

31 Roland Knapp, *Traumbewußtheit als realitätskritisches Darstellungsmodell in der modernen französischen Dichtung*, Dissertation Universität Freiburg 1991.

32 Nadja Kaltwasser, *Zwischen Traum und Alptraum. Studien zur französischen und deutschen Literatur des frühen 20. Jahrhunderts*, Wiesbaden 2000. In den Teilen zu Breton und Leiris ist die Arbeit so unpräzise und wenig innovativ, daß auf eine Besprechung in den jeweiligen Kapiteln verzichtet werden kann.

33 Daiana Dula-Manoury, *Queneau, Perec, Butor, Blanchot. Éminences du rêve en fiction.*

de Biographeme und Autobiographeme und ist auf der Suche nach einer den Prinzipen der Traumarbeit gehorchenden Traumgrammatik.

Wesentlich zahlreicher sind Einzeluntersuchungen zu bestimmten Autoren, die den Traum auf unterschiedliche Weise zum Thema machen. Hierbei gelten die meisten neueren Veröffentlichungen dem Werk von Marcel Proust, Paul Valéry, Marguerite Yourcenar, den Surrealisten sowie Samuel Beckett und Michel Butor[34].

Arbeiten, die sich mit der Interdiskursivität zwischen Diskursen des Wissens und der Literatur sowie mit Traumtexten beschäftigen, sind in den letzten Jahren vor allem im Bereich der Germanistik zu verzeichnen, wobei der Schwerpunkt zumeist auf der Zeit um 1800 liegt. Manfred Engel hat mehrere Studien zur deutschen Aufklärung und Romantik vorgelegt, in denen er das Verhältnis von Wissensdiskursen und Literatur untersucht[35]. Systematisch wichtiger ist jedoch seine Studie zu literarischen Träumen und traumhaftem Schreiben bei Franz Kafka[36]. Diese zeichnet sich dadurch aus, daß Engel die Traumhaftigkeit des Schreibens nicht aufgrund undefinierter Kriterien behauptet[37], sondern davon ausgeht, daß Merkmale von Traumhaftigkeit historisch differieren und daher im Einzelfall zu bestimmen sind. Die Untersuchung des Traumnotatstils bei Kafka gibt Kriterien an die Hand, die auch für meine Arbeit wichtig sind. Engel untersucht vor allem die Rahmung des Textes, das Verhältnis von erzähltem und erzählendem Ich sowie den Umgang mit der Diskontinuität des Traums.

Hans-Walter Schmidt-Hannisa beschäftigt sich schwerpunktmäßig ebenfalls mit der deutschen Aufklärung und Romantik. Er untersucht dabei zum einen, wie um 1800 der Traum zum Modell für die Poesie

---

34 Ergebnis einer Recherche in der MLA International Bibliography, die für die Jahre 1981-2/2005 insgesamt 145 Titel zum Thema „Traum in der französischen Literatur des 20. Jahrhunderts" ergibt. Weitere Autoren, denen mehr als eine Veröffentlichung gilt: Henri Michaux, Eugène Ionesco, Julien Gracq, Jean Cocteau, André Pieyre de Mandiargues, Jean Genet, Saint-John Perse, Georges Perec, Maurice Blanchot.

35 Manfred Engel, „‚Träumen und Nichtträumen zugleich'. Novalis' Theorie und Poetik des Traumes zwischen Aufklärung und Hochromantik", in: Herbert Uerlings (Hg.), *Novalis und die Wissenschaften*, Tübingen 1997, 143-168; ders., „Traumtheorie und literarische Träume im 18. Jahrhundert. Eine Fallstudie zum Verhältnis von Wissen und Literatur", in: *Scientia Poetica* 2 (1998), 97-128; ders., „Naturphilosophisches Wissen und romantische Literatur – am Beispiel von Traumtheorie und Traumdichtung der Romantik", in: Lutz Danneberg, Friedrich Vollhardt (Hgg.), *Wissen in Literatur im 19. Jahrhundert*, Tübingen 2002, 65-91.

36 Manfred Engel, „Literarische Träume und traumhaftes Schreiben bei Franz Kafka. Ein Beitrag zur Oneiropoetik der Moderne", in: Dieterle (Hg.), *Träumungen*, 233-262.

37 Dies tun etwa Elisabeth Lenk (vgl. vor allem das Kapitel „Wiederentdeckung der Traumform in der Moderne", in: dies., *Die unbewußte Gesellschaft*) oder Jean Decottignies, *Essai sur la poétique du cauchemar en France à l'époque romantique*, Lille 1973.

wird, und zum anderen die „ästhetische Emanzipation der Traumaufzeichnung“ [38]. Demnach etabliert sich der Traum um 1800 als ästhetische Kategorie, und ab 1900 können Traumtexte ohne Kontextualisierung als Literatur deklariert werden[39]. Als ganz entscheidendes Element dabei betrachtet Schmidt-Hannisa ein neues Konzept von Autorschaft, das nicht die schöpferische Souveränität des Autors betont, sondern diesen als Medium von Texten begreift, in denen sich eine nicht kontrollierbare schöpferische Macht manifestiert. Schmidt-Hannisa untersucht vor allem die ästhetischen und poetologischen Voraussetzungen dieses Konzepts von Autorschaft, eine Frage, die in meiner Arbeit nur eine untergeordnete Rolle spielt, während die Untersuchung der so produzierten Texte in den Vordergrund treten wird.

Peter-André Alt macht den Traum zum Paradigma, anhand dessen sich eine (westeuropäische) literarische Kulturgeschichte entfalten läßt und untersucht vor allem die Wechselwirkungen zwischen den Ordnungen des Wissens und der Literatur[40]. Dabei wählt er einen sehr weiten zeitlichen und räumlichen Rahmen (der im wesentlichen vom Beginn der Neuzeit bis hin zur klassischen Moderne geht, die Antike findet aber auch Berücksichtigung), innerhalb dessen er versucht, mit Hilfe von Niklas Luhmanns Systemtheorie Verschiebungen zu erklären. Alt konzentriert sich vor allem auf die kulturgeschichtlichen Aspekte und interessiert sich nicht für das Verhältnis von Traum und Text, da er in der Auswahl der Literatur fiktionale Texte privilegiert.

Diese Besprechung der wichtigsten systematischen Ansätze soll hier genügen. Auf Studien zu den einzelnen Autoren gehe ich im Rahmen der jeweiligen Kapitel ein, die sich wie folgt gliedern: Im ersten systematischen Teil werde ich im ersten Kapitel das komplexe Verhältnis von Traum und Text unter Berücksichtigung des aktuellen Traumdiskurses ausführlich diskutieren. Danach werde ich den verwendeten Diskursbe-

---

38 Vgl. Schmidt-Hannisa, *Traumaufzeichnungen und Traumtheorien in Pietismus, Aufklärung und Romantik*, Habilitationsschrift Universität Bayreuth, Typoskript 1999 sowie verschiedene Einzelveröffentlichungen, darunter: „‚Der Traum ist unwillkürliche Dichtkunst‘. Traumtheorie und Traumaufzeichnung bei Jean Paul“, in: *Jahrbuch der Jean-Paul-Gesellschaft* 35/36 (2000/2001), 93-113; „‚Der Träumer vollendet sich im Dichter‘. Die ästhetische Emanzipation der Traumaufzeichnung“, in: Schnepel (Hg.), *Hundert Jahre „Die Traumdeutung“*, 83-106; „Johann Gottlob Krügers geträumte Anthropologie“, in: Carsten Zelle (Hg.): *„Vernünftige Ärzte“. Hallesche Psychomediziner und die Anfänge der Anthropologie in der deutschsprachigen Frühaufklärung*, Tübingen 2001, 156-171.

39 Das erste Beispiel dafür sind die *Träume* von Friedrich Huch (Berlin 1904). In Schmidt-Hannisas Bibliographie findet sich zudem eine umfangreiche Aufstellung deutscher Traumtexte des 20. Jahrhunderts (vgl. Schmidt-Hannisa, „Der Träumer vollendet sich im Dichter“).

40 Alt, *Der Schlaf der Vernunft*.

griff methodisch erläutern sowie historische Voraussetzungen zum Bereich des Traumdiskurses erarbeiten. In Teil II, der dem Zeitraum um 1850 gewidmet ist, wird zunächst das Entstehen eines psychologisch geprägten Traumdiskurses untersucht, in dessen Rahmen versucht wird, die Vorgänge des Träumens auf geistiger bzw. seelischer Ebene zu beschreiben. Durch die klare Pathologisierung von Wahn und Imagination seitens der Medizin besteht eine große Kluft zur Literatur. Tatsächlich lassen sich in Gérard de Nervals Erzählung *Aurélia ou le Rêve et la vie* in erster Linie Distanzierungen vom medizinischen Diskurs feststellen, und der Autor bemüht vor allem literarische und religiöse Modelle, um einen eigenen Begriff vom Traum zu entwickeln. Ansatzweise sind in diesem Zeitraum schon Überlegungen zum Aufschreiben des Traums und Versuche zur kontextlosen Publikation von Traumtexten zu beobachten. In Teil III ist der untersuchte Zeitraum etwas weiter gefaßt, da die späte Übersetzung der Schriften Freuds zu einer Verzögerung der Rezeption in Frankreich führt. Diese Situation wird vor dem Hintergrund des in Frankreich starken psychologischen Diskurses dargestellt, in dessen Rahmen auch Reflexionen über die Form des Traumberichts stattfinden. Für die gattungstheoretische und gattungshistorische Fragestellung dieser Arbeit stellen die surrealistischen „récits de rêves“ in *La Révolution surréaliste* das Zentrum dar, die ausführlich analysiert werden, um daraus eine Gattungsdefinition zu gewinnen. Bretons Auseinandersetzung mit Freuds *Traumdeutung* in *Les Vases communicants* hingegen ist in erster Linie der diskursanalytischen Fragestellung zuzurechnen. Der Text wird jedoch auch daraufhin untersucht, inwiefern der darin entwickelte Traumbegriff zur Grundlage einer Ästhetik wird. In Teil IV schließlich werden sowohl Leiris' diskursive Aussagen über den Traum und dessen schriftliche Fixierung als auch seine Experimente mit der Gattung des „récit de rêve“ analysiert. In diesem Zusammenhang gewinnen die Begriffe der Poesie und der Präsenz zentrale Bedeutung.

In den diskursgeschichtlich orientierten Kapiteln wird so der Bezugsrahmen hergestellt, innerhalb dessen die jeweiligen literarischen Texte und Traumtexte stehen. Auch in den literarischen Texten wird jeweils der Traumdiskurs herauspräpariert, wobei sich oft zeigen läßt, daß ein vom wissenschaftlichen Traumbegriff differierendes Traumverständnis vorherrscht. Zumeist finden sich Facetten verschiedener, historisch distinkter Traumbegriffe sowie Einflüsse anderer literarischer Texte. Eigene Gestaltgebungen bezüglich des Traumbegriffs lassen sich in der Regel nur in bezug auf eine Traumästhetik erkennen, die ihre eigenen Produktionsregeln für das Verfassen von Traumtexten hervorbringt.

I.
Methodische und historische Grundlagen

1. Geträumter Traum und Traumtext

Traumtextsammlungen von als literarisch bekannten Autoren erscheinen erstmals im 20. Jahrhundert. In den Augen der Kritik nehmen diese Bände meist eine eher marginale Stellung innerhalb des Gesamtwerks der Autoren ein. Das gilt nicht nur für Leiris' *Nuits sans nuit et quelques jours sans jour* (1961), sondern auch für Marguerite Yourcenars *Les Songes et les sorts* (1938) oder Georges Perecs *La Boutique obscure. 124 rêves* (1973). Möglicherweise hat das damit zu tun, daß sehr unklar ist, wie solche Texte zu lesen sind. Dies zeigt sich beispielsweise bezüglich der Veröffentlichung von Georges Perecs *La Boutique obscure*. Während ein Rezensent das Buch als neue Form des Tagebuchs begrüßt, als ein „nouveau journal intime", wobei „nouveau" im Sinne des Nouveau Roman verstanden wird[1], reagiert Raymond Queneau mit der Veröffentlichung fingierter Traumberichte: nach eigenem Bekunden handelt es sich um Ereignisse des Wachlebens, die nur durch den Einsatz rhetorischer Verfahren wie Traumberichte wirken[2]. Der Traum- und Schlafforscher Michel Jouvet schließlich nimmt die Traumtexte Perecs in seine Traumdatenbank auf und wertet sie gemeinsam mit eigenen Traumberichten aus[3]. Allen drei Rezipienten gemeinsam ist, daß sie auf die vermeintliche Authentizität der Traumtexte reagieren, wobei Queneau diese als einziger in Frage stellt. Tatsächlich präsentiert Perec *La Boutique obscure* in erster Linie als ein die Zeit von Mai 1968 bis August 1972 umfassendes Traumtagebuch[4]. Das Nachwort von Roger Bastide stellt die Texte weiterhin in einen soziologischen Kontext und weist psychoanalytische Annäherungsversuche explizit zurück. Die Bekanntheit des Autors und der Publikationsort allerdings verleihen dem Buch einen literarischen Status. Während die Numerierung und Datierung der Texte den Tagebuch- oder Traumdatenbankcharakter hervorhebt, bedeutet die Betitelung der ein-

---

1 André Marissel, „Georges Perec: *La Boutique obscure, 124 rêves* (Denoël-Gonthier)", in: *Esprit (nouvelle série)* 42, n° 435 (1974), 909-910.

2 Raymond Queneau, „Des Récits de rêves à foison", in: *Les Cahiers du chemin* n° 19 (1973), 11-14.

3 Vgl. Jouvet, *Le Sommeil et le rêve*, 62-65.

4 Während dieser Zeit war Perec in psychoanalytischer Behandlung bei Jean-Bertrand Pontalis, der das Traumtagebuch jedoch nicht zur Kenntnis genommen haben soll. Angeblich hat Perec es dann, weil er vertraglich mit einem Buch im Rückstand war, in wenig überarbeiteter Form dem Verlag Denoël angeboten, der es mit dem Nachwort des Soziologen Roger Bastide versehen umgehend publizierte (vgl. Daphné Schnitzer, „Une Écriture oulipojuive ? Le Cas de *La Boutique obscure* de Georges Perec", in: Peter Kuon (Hg.), *Oulipo-poétiques* (Actes du colloque de Salzburg, 23-25 avril 1997), Tübingen 1999, 63-76, hier: 63).

zelnen Texte und das Hinzufügen eines Inhaltsverzeichnisses eine Literarisierung[5]. Diese Tendenz ist auch im Vorwort zu beobachten, in dem Perec das Aufschreiben von Träumen zunächst als eine marginale und generell fragliche Tätigkeit hinstellt:

> Tout le monde fait des rêves. Quelques-uns s'en souviennent, beaucoup moins les racontent, et très peu les transcrivent. Pourquoi les transcrirait-on, d'ailleurs, puisque l'on sait que l'on ne fera que les trahir (et sans doute se trahira-t-on en même temps ?).
>
> Je croyais noter les rêves que je faisais : je me suis rendu compte que, très vite, je ne rêvais déjà plus que pour écrire mes rêves.
>
> De ces rêves trop rêvés, trop relus, trop écrits, que pouvais-je désormais attendre, sinon de les faire devenir textes, gerbe de textes déposée en offrande aux portes de cette « voie royale » qu'il me reste à parcourir – les yeux ouverts ?[6]

Perec zitiert hier nicht nur das gängige Verdikt von der Verfälschung des Traums durch das Aufschreiben, sondern postuliert sogar einen Einfluß davon auf das Träumen der Träume. Bemerkenswert erscheint mir weiterhin die Unterscheidung zwischen „rêve rêvé", „rêve écrit" und „texte", die sich nur teilweise mit gängigen Unterscheidungen zwischen geträumtem, erinnertem und aufgeschriebenem Traum deckt. Denn wenn beispielsweise Jürgen vom Scheidt im *Handwörterbuch der Psychologie* eine noch weitergehende Unterscheidung von verschiedenen Formen des Traums in den geträumten Traum, den direkt nach dem Aufwachen erinnerten Traum, den später erinnerten Traum, den aufgeschriebenen Traum und schließlich den jemand anderem erzählten (und weiter zensierten) Traum vornimmt, so ist diese Folge, die sich im übrigen hinsichtlich größerer Zeiträume und Erzählfassungen gegenüber unterschiedlichen Personen beliebig erweitern ließe, vor allem durch den Verlust wichtiger Details von einer Stufe zur nächsten gekennzeichnet[7]. Bei vom Scheidts Ratschlägen zur Verbesserung der Erinnerung spielt das Aufschreiben des Traums keine Rolle; er bleibt bei der Relation geträum-

---

5 Ähnlich stuft Schnitzer den Text ein: „Voici donc un journal onirique quasiment à l'état brut, un « avant-texte », détourné par son auteur de sa destination naturelle si on peut dire et promu texte littéraire sous l'égide de la respectable édition Denoël avec, de surcroît, une postface de Roger Bastide qui s'excuse de ne pas être psychanalyste" (ebd.). Schnitzer selbst schlägt für einige Traumtexte eine an Freudschen Prinzipien orientierte literaturwissenschaftliche Lektüre vor, in der sie die Traumtexte mit literarischen Texten Perecs konfrontiert.

6 Perec, *La Boutique obscure. 124 rêves*, Vorwort (nicht paginiert).

7 Jürgen vom Scheidt, Artikel „Traum", in: Roland Asager, Gerd Wenniger (Hgg.), Handwörterbuch der Psychologie, 4. Aufl., Münster, Weinheim 1988, 802-807.

ter Traum/erinnerter Traum stehen. Erst durch das Aufschreiben aber kann der Traum eine stabile Form erhalten, die beliebig reproduzierbar und kommunizierbar ist.

Während für vom Scheidt die nachgeordneten Formen alle defizitär gegenüber dem geträumten Traum sind, kennt Perec auch einen Gewinn. Dieser ist allerdings erst auf der Ebene des „texte“ anzusiedeln, der zur Gabe an den Traum werden kann. Der erste Eintrag aus *La Boutique obscure* liegt zur Illustration der Unterscheidung von „rêve écrit“ und „texte“ in zwei Fassungen vor: zunächst als stichwortartiges nur vier Zeilen umfassendes Notat, das als Gedächtnisstütze für den Autor dient und dem Leser unverständlich bleiben muß. Die ausgearbeitete Fassung hingegen, der „texte“, nimmt zwei Seiten in Anspruch, in denen die Elemente aus dem Notat wiederzuerkennen sind, aber wesentlich weiter ausgeführt werden. Im Gegensatz zu den anfänglichen Stichworten handelt es sich hier um einen durchkonstruierten Text[8]. Das Beispiel von Perec führt auf zwei für diese Arbeit wichtige Problemfelder. Das eine betrifft die Frage nach einer literarischen Dimension des Traumberichts, die im folgenden noch diskutiert werden soll, die andere ist terminologischer Natur. Ich werde in Anlehnung an Perecs Unterscheidung von „rêve rêvé“, „rêve écrit“ und „texte“ die Begriffe „geträumter Traum“, „aufgeschriebener Traum“ bzw. „Traumnotat“ und schließlich „Traumtext“ verwenden. Hinzu kommen der Begriff der „Traumerzählung“ für den mündlich erzählten Traum und der des „Traumberichts“, bei dem offen bleibt, ob er in mündlicher oder schriftlicher Form vorliegt und der als eine Art Oberbegriff fungiert. Verzichtet wird hingegen auf die Dimension des erinnerten Traums, von dem sehr fraglich ist, ob er als eigene Form vorliegt oder nicht eher ein sich wandelndes Kontinuum darstellt. Die Überlegungen zur literarischen Dimension des Traumtextes berühren zum einen die Frage nach der Referentialität der Texte, die schnell in das Spannungsfeld von Authentizität und Fiktionalität führt. Zum anderen stellt sich die Frage nach Eigenschaften, die den literarischen Traumtext gegenüber pragmatischen Traumberichten in der Psychoanalyse bzw. der modernen Traumforschung auszeichnen.

Die Referentialität des Traumberichts negiert Paul Valéry, vielleicht der Autor, der am gründlichsten über die Struktur des Traums und die Möglichkeiten seiner sprachlichen Wiedergabe nachgedacht hat, sehr apodiktisch: „Le récit du rêve ne donne RIEN du rêve – […] Le récit du rêve est un récit comme les autres“[9]. Valéry hat dabei nicht nur Erinne-

---

[8] Zu den beiden Fassungen vgl. auch Gollut, *Conter les rêves*, 351-358.

[9] *Cahiers Paul Valéry* n° 3, *Questions du rêve*, 71.

rungsprobleme im Sinn, sondern der Traumbericht stellt für ihn aufgrund der Annahme sehr unterschiedlicher Strukturen von Traum- und Wachleben eine systematische Unmöglichkeit dar. Er beschreibt den Traum als „[…] une sorte de *matière métamorphique* dans laquelle images, sentiments, surprises, leurs produits, sensations, durées, / tout était homogène“[10]. Das Erinnern und Erzählen des Traums assimiliere diesen jedoch an die Strukturen des Wachlebens, die den Eigenschaften des Traums nicht gerecht werden könnten, und lasse das aus, was sich der Formulierbarkeit entziehe. Der Traumbericht wäre dann deshalb ungenügend, weil er die Homogenität des sich wandelnden Stoffes nicht wiedergeben kann, sondern in Details aufspalten und die homogene Materie in eine Geschichte verwandeln muß:

> En notant ce rêve je l'écris comme une histoire, en résumant, en donnant le sommaire d'une histoire par le souvenir. Tel[le] est l'erreur fondamentale en matière de notation de rêve. Malheureusement on ne peut s'en tirer autrement. Il faudrait pour avoir la synthèse d'un rêve l'exprimer dans ses constituants « atomiques ». Car l'histoire – , *dont on se souvient*, n'est qu'une fabrication secondaire sur un état primitif non chronologique, NON RESUMABLE, non *intégrable*[11].

Was von Valéry hier luzide als grundsätzliche Schwierigkeit des Traumberichts aufgezeigt wird und was für die literarischen Traumtexte stets präsent gehalten werden muß, ist das Spannungsverhältnis zwischen der zwangsläufig dem zeitlichen Nacheinander unterworfenen Darstellung in der Sprache und einem Traumzustand, den Valéry als nicht chronologisch beschreibt. Für Valéry entzieht sich der Traumbericht der Narration, weil der Traum im Widerspruch zur Organisation eines narrativen Textes in der zeitlichen Abfolge steht.

Dieses Grundproblem wird auch in der modernen Traumforschung und der Psychoanalyse erkannt, wenngleich diese ständig gezwungen sind, mit Traumberichten als unvollständigen Annäherungen an den Traum zu arbeiten, und so eine Korrelation zwischen Traum und Traumbericht annehmen müssen. Daher können Ansätze zur Traumdarstellung aus diesen Disziplinen sowie deren Reflexion des Darstellungsproblems zu einer schärferen Perspektive auf den Traumtext beitragen. Auch die empirisch vorhandenen Traumberichte thematisieren zumeist – implizit oder explizit – die problematische Referenz zum geträumten Traum. Hierzu liegen aufschlußreiche linguistische Untersuchungen vor. Die Kenntnis dieser Annahmen und Ergebnisse wird es schließlich mög-

---

10 Ebd., 72.

11 Valéry, *Cahiers*, Bd. 2, 99.

lich machen, die Frage nach der Spezifik literarischer Traumtexte zu formulieren.

1.1 Der Traumbericht in der modernen Traumforschung

Aus Sicht der modernen Traumforschung läßt sich das Träumen als ein Vorgang beschreiben, der auf mehreren Ebenen abläuft: erstens auf der Ebene neurophysiologischer Prozesse, zweitens auf der Ebene affektiv-kognitiver Prozesse und drittens auf der Ebene des Traumerlebens[12]. Die methodische Hauptschwierigkeit besteht darin, daß die genannten Ebenen des Träumens sich der Beobachtung weitgehend entziehen. Allenfalls die auf der physiologischen Ebene ablaufenden Prozesse sind wenigstens teilweise meßbar, da die moderne Schlaflaborforschung über Geräte verfügt, die Puls, Herzschlag, Augenbewegungen, Muskelspannung und Gehirnaktivitäten aufzeichnen können. Letztere allerdings können nur sehr undifferenziert registriert werden, weshalb man mit der Formulierung von Korrelationen zwischen neurophysiologischen Prozessen einerseits und kognitiv-affektiven Vorgängen andererseits sehr zurückhaltend ist[13].

Zugang zu kognitiv-affektiven Prozessen und zur Ebene des Erlebens ist also nicht durch objektive und simultane Beobachtung, sondern nur durch die subjektive und nachträgliche Erzählung des Traums durch den Träumer zu gewinnen. Diese Erzählung wird wissenschaftlichen Maßstäben bezüglich der Exaktheit der Beobachtung nur sehr ungenügend gerecht. Mangelhafte Erinnerung und der Prozeß des verbalen Umkodierens verfälschen das Material in den Augen der Traumforschung:

> [...] characteristics of the dream can only be inferred from the often inarticulate verbal report of a disoriented individual who has just been awakened from sleep. Unlike the report of a visual perception, whose accuracy can be checked against the public visual stimulus, there is no way to check the accuracy of the "public" dream report against the sleeper's private dream experience[14].

Diese Tatsache hat lange zum Verzicht auf die Verwertung von Traumberichten im Bereich der experimentellen Psychologie und damit zum

---

[12] Vgl. Urich Moser, „Selbstmodelle und Selbstaffekte im Traum", in: *Psyche. Zeitschrift für Psychoanalyse und ihre Anwendungen* 53, 3 (1999), 220-248. Moser betont dabei, daß affektive Prozesse auch ablaufen können, ohne die Ebene des Erlebens zu erreichen. Was aber nicht erlebt wird, ist auch nicht erinnerbar.

[13] Vgl. dazu Moser „Selbstmodelle", 245 f.

[14] Antrobus, Bertini, „Introduction", in: dies., *The Neuropsychology of Sleep and Dreaming*, 1 f.

Ausschluß des Traums aus dem Forschungsbereich geführt. Erst in den 50er Jahren haben die Physiologen William Dement und Nathaniel Kleitman mit ihrer Publikation von Traumberichten als Datenmaterial im *Journal of Experimental Psychology* die Anerkennung des Traumberichts in der experimentellen Psychologie ermöglicht[15]. Obwohl neuerdings Verfahren entwickelt werden, um durch den Traumbericht nur ungenügend zu beschreibende Aspekte erforschen zu können, – etwa der Vergleich mit Photographien, die in Farbe, Helligkeit, Kontrast und Fokussierung verändert wurden, um die Bildqualität des Traums zu beschreiben[16], – bleibt dieser weiterhin das wichtigste Mittel, um dem geträumten Traum auf die Spur zu kommen. Das Sigmund-Freud-Institut etwa rief bis 2003 auf seiner Homepage zum Einreichen von Traumtagebüchern auf, aus denen eine seit 1996 im Aufbau befindliche Traumdatenbank gespeist werden sollte[17]. Ich wähle aus diesem Bereich ohne weitere Berücksichtigung ihrer thematischen Ausrichtung zwei Arbeiten aus, deren Autoren sich mit der Problematik des Traumberichts befassen und konzentriere mich auf die diesbezüglichen Aussagen.

Die Psychologen und Psychoanalytiker Ulrich Moser und Ilka von Zeppelin versuchen in ihrem für die neuere, psychoanalytisch orientierte Traumforschung zentralen Buch *Der geträumte Traum* unter Rückgriff auf neue Ergebnisse der Entwicklungs- und Affektpsychologie sowie der Informationstheorie ein Modell der Traumgenerierung zu erstellen[18]. Als Traumgenerator bestimmen die Autoren die Traumorganisation, die in etwa mit Freuds Konzept der Traumarbeit übereinstimmt[19]. Aus dem

---

15 Ebd.

16 Allan Rechschaffen, Cheryl Buchignani, „The Visual Appearance of Dreams", in: Antrobus, Bertini (Hgg.), *The Neuropsychology of Sleep and Dreaming*, 143-155. In einem Test mit mehreren Versuchspersonen kommen die Autoren zu dem Schluß, daß Träume in der Bildqualität nur unwesentlich von der Realität abweichen und nur selten die dunklen und verschwommenen Eigenschaften haben, die Traumsequenzen im Film oft aufweisen.

17 Vgl. www.sfi-frankfurt.de (10. 7. 2003).

18 Moser, von Zeppelin, *Der geträumte Traum*. Eine Kurzdarstellung des Modells findet sich in Ulrich Moser, „Das Traumgenerierungsmodell (Moser, von Zeppelin) dargestellt an einem Beispiel", in: Bareuther u. a. (Hgg.), *Traum, Affekt und Selbst*, 49-82.
Ulrich Moser war bis 1990 Professor für Klinische und Empirische Psychologie an der Universität Zürich. Er ist Mitglied der Schweizer Gesellschaft für Psychoanalyse (SPR) und der Swiss Group for Artificial Intelligence and Cognitive Science (SGAICO).

19 „Unter *Traumorganisation* wird eine Bündelung all jener Prozeduren kognitiv-affektiver Art verstanden, die unter den Bedingungen des Schlafzustandes (primär der REM-Phase) den Schlaftraum generieren, monitorieren und kontrollieren" (Moser, von Zeppelin, *Der geträumte Traum*, 34).

Inhalt des zugrundeliegenden Traumkomplexes[20] erstelle die Traumorganisation eine Sequenz von Situationen, die als der Traum erlebt würden. Der Traum selbst wird in diesem Zusammenhang als eine vom Träumer (bzw. der Traumorganisation) generierte Mikrowelt, eine „Form simulierter Realität"[21] begriffen, als eine „erlebte Wirklichkeit, in der sich der erlebende Träumer selbst erlebend abbildet"[22]. Im Zentrum steht dabei die Frage, wie die in Form von Episoden, Interaktionseinheiten, Situationen, Objekten und affektiven Prozessen gespeicherten Informationen im Schlaf so verarbeitet werden, daß Träume entstehen. Moser und von Zeppelin gehen in erster Linie von einem episodischen, d. h. präverbalen Gedächtnismodell aus, nach dem die Grundstruktur des Gedächtnisses aus Repräsentanzen von Episoden besteht, die in bildhafter Form gespeichert sind[23].

Diese Annahmen müssen allerdings in Teilen spekulativ bleiben, da über das Funktionieren des Gedächtnisses bisher keine gesicherten Erkenntnisse vorliegen. Daher wird es zur Absicherung der Ergebnisse um so wichtiger, den geträumten Traum möglichst genau zu erfassen. Da dieser jedoch nicht unmittelbar zugänglich ist, muß er „aus dem *erzählten Traum* extrahiert werden"[24]. Diese Aufgabe kann allerdings gar nicht befriedigend gelöst werden, wie auch Moser und von Zeppelin einräumen müssen. Vor allem wäre kritisch zu fragen, ob der Ansatz der Extraktion dabei der richtige ist. Die beiden Autoren erarbeiten in ihrem Buch umfassende Manuals, um einige heuristische Regeln an die Hand geben zu können. Methodisch unterscheiden sie zwischen dem geträumten, dem erinnerten und dem erzählten Traum. Sie nehmen an, daß der geträumte Traum eine sensuelle Struktur aufweist, zum größten Teil bildhaft ist, in einer Sequenz von Situationen verläuft, gelegentlich auf eine Ebene des verbalen Geschehens gerät und kognitive Denkprozesse enthält. Im Gegensatz zu Valéry stellt der Traum hier also keinen Zustand dar, sondern ist durch Sequentialität gekennzeichnet. Allerdings sei das Traumerleben selbst konkret, präsentisch und unmittelbar. Durch

---

[20] Der Traumkomplex geht auf mehrere im Langzeitgedächtnis gespeicherte Komplexe zurück, die in konflikthaften und/oder traumatisierenden Erfahrungen wurzeln und durch auslösende Stimuli aktiviert werden. Vgl. die Graphik bei Moser, von Zeppelin, *Der geträumte Traum*, 24 und die Erläuterungen dazu.

[21] Ebd., 34. Das Konzept der Mikrowelt übernehmen die Autoren aus der Künstlichen Intelligenz-Forschung. Mikrowelten bündeln spezifische Strategien für spezifische Probleme und sind daher aktive Problemlösungsstrukturen (ebd., 35).

[22] Ebd., 19.

[23] Ebd., 25. Das semantisch-verbale Gedächtnis wird ausgeklammert, obwohl es bei der Entstehung von verbalen Relationen im Traum eine Rolle spielen kann (ebd.).

[24] Ebd., 10.

Erinnerungslücken und den Prozeß des verbalen Umkodierens komme es auf der Ebene des erinnerten und erzählten Traums zu Verzerrungen, die sie im weiteren darzustellen versuchen. Sie nehmen an, daß ein Traum nur dann gespeichert werden kann, wenn ihm ein kurzes, nicht notwendigerweise bewußtes Aufwachen folgt und daß die Abrufbarkeit der Erinnerung von seiner affektiven Qualität abhängt. Sowohl gefühlsmäßig neutrale Träume als auch solche mit intensiven Affekten könnten nicht erinnert werden, die einen weil sie nicht auffällig genug seien, die anderen wegen der Tätigkeit der Verdrängung. Ein weiteres Merkmal des erzählten Traums seien Veränderungen, die aufgrund der kommunikativen Situation entstehen, wie beispielsweise Kommentare oder Assoziationen, die das Geschehen verständlich machen sollen. Diese als Verzerrung beschriebenen Elemente sollen in ihrem Ansatz nach Möglichkeit eliminiert werden, wozu sie ein Konzept der „Aufarbeitung der Traumerzählung" entwickeln. Dieses zielt darauf, alle Hinweise auf den Akt des Erzählens aus dem Text zu eliminieren. So wird zunächst „der protokollierte Originaltext" in „präsentische Form umgebrochen", was, so behaupten Moser und von Zeppelin, den identifikatorischen Mitvollzug des sinnlich bildhaften Erlebens der Traumwelt möglich macht und die Chronologie klarstellt. Ferner müssen alle „Erählartefakte", d. h. kommunikative Kommentare, Wiederholungen, Erklärungen an den Zuhörer und Einfälle zum Traum herausgenommen werden. Das Ergebnis ist dann eine „Abfolge von bildhaften, verbalen oder kognitiven Einheiten"[25]. Dieser sogenannte aufgearbeitete Traum enthält keine für den Erzähler spezifischen Eigenheiten mehr und ist einer linguistischen Analyse daher nicht zugänglich. Er kann jedoch in einzelne Situationen segmentiert und schließlich kodiert werden, um die innerhalb des Traums ablaufenden kognitiven und affektiven Prozesse einer Analyse zu unterziehen. Ein solchermaßen kodierter Traum weist eine hohe Artifizialität auf, das Geschehen kann nur erschlossen werden, wenn der spezielle Kode erlernt worden ist[26]. Diese sehr stark vermittelte Form der Darstel-

---

25 Ebd., 12-14.

26 Zur Veranschaulichung sei hier ein Beispiel aus dem Anhang angeführt (Beispiel 2, ebd., 113 f.):

„*Erzählter Traum* (von Therapeutin erzählt):

‚Er sieht, wie ein Vogel gegen seine Fensterscheiben fliegt und auf seinen Balkon fällt. Als er den Vogel aufhebt, um nach ihm zu sehen, sieht er, dass dieser unter den Federn lauter Parasiten, Zecken und anderes Ungeziefer hat. Das Tier ist dadurch ganz geschwächt und abgemagert, liegt in den letzten Zügen.'

Aufgearbeiteter und segmentierter Traum:

S1 Ich sehe, wie ein Vogel gegen die Fensterscheiben fliegt

S2 Er fällt auf meinen Balkon

lung macht den im aufgearbeiteten Traum angestrebten unmittelbaren Mitvollzug wieder unmöglich.

Obwohl Moser und von Zeppelin Anweisungen erarbeiten, um vom erzählten Traum auf den geträumten Traum rückzuschließen bzw. diesen zu „extrahieren", thematisieren sie den umgekehrten Vorgang, die Entstehung des Traumberichts und dessen Verhältnis zum geträumten Traum nicht. Hierzu finden sich jedoch Beschreibungen in der zugleich phänomenologisch, experimentell und kognitivistisch angelegten Studie *La Bizarrerie du rêve et ses représentations* des Psychologen Pierre Willequet. Für diese Arbeit verwendet Willequet unter anderem im Schlaflabor gesammelte Traumberichte, bei deren Erhebung er wie folgt vorgeht: die Versuchspersonen werden circa zehn Minuten nach Beginn einer REM-Phase geweckt und geben eine erste Traumerzählung ab, die oft in ihrer Chronologie nicht eindeutig organisiert ist, da die Versuchspersonen zunächst das erzählen, was ihnen am stärksten präsent ist. Zumeist handelt es sich dabei entweder um das letzte oder das auffallendste Ereignis

---

S3	Ich hebe den Vogel auf
-	um nach ihm zu sehen
S4	Unter den Federn hat er lauter Parasiten, Zecken und anderes Ungeziefer
S5	Er ist dadurch ganz geschwächt und abgemagert. Er liegt in den letzten Zügen.

Kodierung

SIT [Situation]	*PF* [Positionsfeld]	*LTM* [Loco time motion]	*IAF* [Interaktionsfeld]
S1	SP $OP(T)_1$ (Vogel) CEU_1 (Fenster-scheibe)	-	IR.D NPR ((IR.C kin acc))
S2	SP $OP(T)_1$ CEU_2	-	IR.D NPR ((IR.C kin acc))
S3	SP $OP(T)_1$ CEU_2 /C.P. retro/	-	IR.C P restrin (aufheben)
S4	SP $OP(T)_1$ ATTR bound $OP(T)_2$ multipel	-	IR.D NPR ((IR.C kin int))
S5	SP $OP(T)_1$		IR.D NPR ((IR:S(OP)ATTR CH))".

Der sehr komplizierte Kode kann hier leider nicht aufgelöst werden, da die Kodiertabellen mehrere Seiten umfassen (ebd., 170-175).

im Traum. Daher fragt der Versuchsleiter nach, um die sequentielle Abfolge des Traums präzisieren zu können. Diese Nachfragen, die es erlauben, den Traumbericht in eine chronologische Abfolge zu bringen, tragen zugleich dazu bei, die Erinnerung an den Traum zu verbessern, so daß er am nächsten Morgen erneut abgerufen werden kann[27]. Am nächsten Morgen wird der Versuchsperson zunächst der transkribierte Traumbericht der Nacht vorgelegt, der vom Versuchsleiter in Übereinstimmung mit der Versuchsperson in eine sequentielle Abfolge mit einer Gliederung in Situationen gebracht wird. Dieses Schema ähnelt dem aufgearbeiteten und segmentierten Traum bei Moser und von Zeppelin. Anstatt zu kodieren, wird bei Willequet jedoch nach Präzisionen gefragt, nach Tagesresten, die zugrunde liegen könnten und nach einer Umformulierung des Traums bezüglich seiner Bedeutung für den Träumer. Die Traumprotokolle werden so sehr umfangreich, sie enthalten zwischen 25 und 60 Seiten.

Die Authentizität der so erhaltenen Berichte erscheint manchen Wissenschaftlern jedoch zweifelhaft. Willequet muß seine Methode gegenüber Kritikern rechtfertigen, die nur dem nächtlichen Traumbericht Authentizität zusprechen, während sie den morgendlichen Bericht als verfälschende Rekonstruktion betrachten, die auf sekundärer Bearbeitung und einer Anpassung an bekannte Erzählschemata beruhe[28]. Dem wäre zum einen zu entgegnen, daß von diesen Elementen auch der nächtliche Traumbericht nicht frei ist, zum anderen, daß jede Erzählung eine generelle Diskrepanz zum Erleben aufweist. Denn Erzählen bedeutet immer eine Vermittlung durch die Sprache, die der Unmittelbarkeit des Erlebens entgegensteht. Es setzt immer Selektion und Hierarchisierung der Ereignisse voraus und kann nie die Gesamtheit des Geschehens erfassen[29].

Neben solchen generellen Bemerkungen zum Erzählen bezieht sich Willequet aber auch auf eine im Genfer Labor von Montangero durchgeführte Studie, mit der versucht wurde, die Unterschiede zwischen nächtlichem und morgendlichem Traumbericht zu erfassen[30]. In den meisten Fällen, so Willequet, liefere der morgendliche Bericht Präzisionen und Ergänzungen der in der Nacht schon erwähnten Elemente, ohne daß eine generelle Tendenz zur Anpassung an erwartbare Muster festzustel-

---

27 Willequet, *La Bizarrerie du rêve et ses représentations*, 362.

28 Ebd., 398.

29 Ebd., 401.

30 Jacques Montangero, Pascale Pasche, Pierre Willequet, „Remembering and Communicating the Dream Experience: What Does a Complementary Morning Report Add to the Night Report?", in: *Dreaming* 6, 2 (1996), 131-145.

len wäre. Daher hält Willequet die morgendliche Befragung für eine legitime Ergänzung des nächtlichen Traumberichts, dessen ebenfalls vorhandene Defizite dadurch in Teilen ausgeglichen werden könnten. Denn nicht nur Müdigkeit und eine Herabsetzung der intellektuellen und sprachlichen Fähigkeiten beim Wecken aus dem Schlaf lassen die Präzision des nächtlichen Traumberichts leiden, sondern dieser stellt auch eine doppelte Anforderung auf hohem kognitiven Niveau dar. Einerseits soll der Berichterstatter sich in seine ichbezogene und unmittelbare, zumeist nonverbale Traumerfahrung hineinversetzen, andererseits verlangt die sprachliche Erzählung ein hohes Maß an Distanz, um diese für einen anderen verständlich darzustellen. Diese sprachliche Vermittlung einer erlebten Erfahrung sei kognitiv zu anspruchsvoll, als daß sie nach dem Wecken aus dem Schlaf befriedigend gelöst werden könnte, was sich neben einer Unlust, die Aufgabe überhaupt anzugehen, beispielsweise auch in Wortfindungsschwierigkeiten zeige[31].

Die gemeinsame Arbeit von Versuchsleiter und Versuchsperson am nächsten Morgen besteht also darin, aus dem subjektiv erlebten Traumgeschehen der Versuchsperson eine narrative Annäherung an dieses Geschehen herauszuarbeiten. Willequet, und das scheint mir hier wichtig, betrachtet die Erzählung des Traums nicht nur als eine Verzerrung der Wirklichkeit, die im Hinblick auf ihre Authentizität fragwürdig ist, sondern auch als eine eigene Leistung, die sich per se vom geträumten Traum unterscheidet und unterscheiden muß. Dies gilt aber für jedes Erzählen, so daß bei Willequet bezüglich der Erzählbarkeit keine grundsätzliche Differenz zwischen Erlebnissen, die sich im Traum und solchen, die sich im Wachleben ereignen, besteht. Der Unterschied liegt im wesentlichen in der Fähigkeit zur Distanzierung und Vermittlung.

1.2 Die Traumerzählung aus psychoanalytischer Sicht

Während für die moderne Traumforschung der Traum eine Form nonverbalen Erlebens bzw. eine simulierte Mikrowelt darstellt, die es erst im Nachhinein in Sprache zu fassen gilt, steht in der Psychoanalyse lange die Annahme einer sprachlichen Verfaßtheit des Traums im Vordergrund. Das ist vor allem darauf zurückzuführen, daß Freud sich in erster Linie linguistischer Kategorien bedient, um den Traum zu beschreiben. So betrachtet er den manifesten Traum, also das was in der bisherigen Terminologie als geträumter Traum bezeichnet wurde, als eine unverständli-

---

[31] Willequet, *La Bizarrerie du rêve et ses représentations*, 364 f.

che Bilderschrift, die jedoch eine Übersetzung der latenten Traumgedanken darstellt, die „ohne weiteres verständlich [sind], sobald wir sie erfahren haben" und offensichtlich in sprachlicher Form vorliegen müssen[32]. Dem manifesten Traum gilt die Aufmerksamkeit nur insofern, als er den Weg zu den latenten Traumgedanken und zum Unbewußten weist. Daher wird er nie als eigenes Gebilde betrachtet, sondern nur als Glied in einer Kette, das selbst bereits die Entstellung eines anderen Elementes ist. Insofern spielen die Verzerrungen, die beim sprachlichen Erzählen des Traums auftreten, keine systematisch entscheidende Rolle; sie folgen nach Freud denselben Gesetzmäßigkeiten wie die Entstellungen der Traumarbeit:

> Es ist richtig, daß wir den Traum beim Versuch der Reproduktion entstellen […]. Aber diese Entstellung ist selbst nichts anderes als ein Stück der Bearbeitung, welcher die Traumgedanken gesetzmäßig infolge der Traumzensur unterliegen. […] die Veränderungen, die der Traum bei der Redaktion des Wachens erfährt […] bleiben in assoziativer Verknüpfung mit dem Inhalt, an dessen Stelle sie sich setzen, und dienen dazu, uns den Weg zu diesem Inhalt zu zeigen, der selbst wieder der Ersatz eines anderen sein mag (TD 493).

Für Freud wird der Traum beim Erzählen erstens durch Gedächtnislükken verstümmelt und zweitens durch Eingriffe der sekundären Bearbeitung verfälscht (TD 491). Da ihm aber nicht an der exakten Reproduktion des manifesten Traums, sondern an der Entzifferung der latenten Traumgedanken gelegen ist, und da diese Entstellungen einer Gesetzmäßigkeit in einer Kette von Ersetzungen gehorchen, die Freud glaubt bestimmen zu können, stellt die Verzerrung durch den Traumbericht kein zusätzliches Problem dar[33]. Der manifeste Traum stellt eine mögliche Verkleidung der Traumgedanken dar; die genaue Form dieser Verkleidung ist jedoch sekundär, wenn es um die Bestimmung der Traumgedanken geht. Die in der psychoanalytischen Literatur vorherrschende

---

32 Sigmund Freud, *Die Traumdeutung*, Studienausgabe, Frankfurt am Main 2000, Bd. 2, 280. Nach dieser Ausgabe wird im folgenden mit der Sigel TD im Text zitiert. Die Studienausgabe wird im folgenden mit der Sigel SA abgekürzt.

33 Offen bleibt, ob diese Kette von Ersetzungen jemals ein Ende finden kann: Zwar geht Freud methodisch von einem Übersetzungsmodell aus, in dem die latenten Traumgedanken den Ursprung des Traums darstellen, an dieser Stelle und anderen sowie bezüglich des Problems der nicht abschließbaren Deutung wird jedoch deutlich, daß auch diese nur ein Ersatz für etwas anderes sind, etwa ein verbaler Ersatz für die nonverbalen Triebe. Zum Problem des unmöglichen Ursprungs des Traums und dem System der Umschriften bei Freud bzw. der Diskrepanz zwischen methodischen Aussagen einerseits und der Praxis der Deutung andererseits vgl. auch Jacques Derrida, „La Scène de l'écriture", in: ders., *L'Écriture et la différence*, 293-340.

Betrachtung der Traumerzählung als Verfälschung durch die sekundäre Bearbeitung[34] würde sich demnach eigentlich erübrigen.

Freuds Ansatz liegt die Vermutung zugrunde, daß die einzelnen in den Traumgedanken vorhandenen und im Traum vorkommenden Elemente auf vielschichtige Weise miteinander verknüpft sind. Freud nimmt an, daß jeder leicht erkennbaren oberflächlichen Assoziation zwischen zwei Elementen eine korrekte und tiefergehende Verbindung zwischen den Elementen entspricht, die dem Widerstand der Zensur unterliegt (TD 507). Durch die Existenz mehrerer Assoziationsebenen lassen sich in der Analyse die Verknüpfungen aufdecken, auch wenn dabei ein anderer Weg beschritten wird als der im manifesten Traum gewählte. Die im Zuge der freien Assoziation entstehenden Einfälle und Verbindungen „sind gleichsam Nebenschließungen, Kurzschlüsse, ermöglicht durch den Bestand anderer und tiefer liegender Verbindungswege" (TD 283). Für Freud ist der Traum also ein vielschichtiges Gewebe, ein Geflecht, ein Teil von der „netzartige[n] Verstrickung unserer Gedankenwelt" (TD 503), und für ihn gilt es, die Transformationsprozesse des Traums lebendig zu halten, um das Netz quasi begehbar zu machen. Ein Stillstellen der Dynamik der Erinnerung hingegen brächte den Assoziationsprozeß ins Stocken:

> [Wir] sehen [...] oft, daß der Träumer dem Vergessen seiner Träume entgegenarbeitet, indem er den Traum unmittelbar nach dem Erwachen schriftlich fixiert. Wir können ihm sagen, das ist nutzlos, denn der Widerstand, dem er die Erhaltung des Traumtextes abgewonnen hat, verschiebt sich dann auf die Assoziation und macht den manifesten Traum für die Deutung unzugänglich[35].

Daher gehört die Traumerzählung in der Psychoanalyse in den Bereich der Mündlichkeit und des Dialogs. Gerade Abweichungen beim mehrmaligen Erzählen gilt Freuds besondere Aufmerksamkeit, weil er in diesen Variationen den Zugang zu den von der Zensur am besten verteidigten Stellen vermutet[36]. Nur wenn Freud an den Traumberichten seiner

---

[34] Vgl. etwa Martin H. Stein, „How Dreams are Told: Secondary Revision – the Critic, the Editor, and the Plagiarist", in: *Journal of the American Psychoanalytic Association* 37 (1989), 65-88.

[35] Sigmund Freud, *Neue Folge der Vorlesungen zur Einführung in die Psychoanalyse* (1932), SA 1, 457.

[36] „Die Stellen aber, an denen er [der Erzähler, S. G.] den Ausdruck verändert hat, die sind mir als die schwachen Stellen der Traumverkleidung kenntlich gemacht worden, die dienen mir wie Hagen das gestickte Zeichen an Siegfrieds Gewand. Dort kann die Traumdeutung ansetzen. Der Erzähler ist durch meine Aufforderung [den Traum nochmals zu erzählen, S. G.] gewarnt worden, daß ich besondere Mühe zur Lösung des Traumes anzuwenden gedenke; er schützt also rasch, unter dem Drange des Wi-

Patienten für wissenschaftliche Zwecke gelegen ist, bittet er sie, aber erst nach der Sitzung, um eine Niederschrift[37]. Dieses für die Deutung geltende Fixierverbot wird allerdings erst relativ spät ausdrücklich formuliert. Die in der *Traumdeutung* verwendeten eigenen Träume beruhen alle auf über Jahre gesammelten Niederschriften, und auch das Assoziieren in einem „Zustand der kritiklosen Selbstbeobachtung“ nimmt Freud bevorzugt schriftlich vor[38]. Für das methodisch also gar nicht vorgesehene, tatsächlich aber eifrig praktizierte Aufschreiben des Traums expliziert er – im Gegensatz zur Psychologie des 19. Jahrhunderts, an deren Anweisungen zur unmittelbaren Niederschrift er sich hält[39] – keine Regeln. Daher soll hier exemplarisch der in der *Traumdeutung* enthaltene Text zum „Traum von Irmas Injektion“, dem berühmten Initialtraum der Psychoanalyse, untersucht werden.

Die Darstellung dieses Traums gliedert sich in drei Teile, die mit folgenden Überschriften versehen sind: „Vorbericht“, „Traum vom 23./24. Juli 1895“ und „Analyse“. Im Vorbericht berichtet Freud von der nach einem teilweisen Erfolg abgebrochenen Behandlung einer jungen Dame namens Irma aus seinem Bekanntenkreis. Die Aufzählung der die Behandlung betreffenden objektiven Fakten alterniert mit allgemeinen Erwägungen über die Behandlung von Personen aus dem Bekanntenkreis. Abgeschlossen wird der Vorbericht mit der Erinnerung an ein Gespräch mit seinem Freund Otto über den Fall und den herausgefühlten Vorwurf, er habe in diesem Fall versagt. Dieser Vorbericht ist im wesentlichen im Präteritum und in vollständigen Sätzen abgefaßt und um eine konsistente Darstellung der Ereignisse bemüht. Er enthält sowohl narrative als auch diskursive Elemente im Sinne der Unterscheidung von „récit“ und „discours“ bei Genette. Der Bericht über den eigentlichen Traum, „unmittelbar nach dem Erwachen fixiert“ (TD 126), wie Freud eigens erwähnt, weist einen sehr anderen Sprachstil auf. Die Sätze sind teilweise unvollständig, oft durch Gedankenstriche oder drei Pünktchen

---

derstands, die schwachen Stellen der Traumverkleidung, indem er einen verräterischen Ausdruck durch einen ferner abliegenden ersetzt. Er macht mich so auf den von ihm fallengelassenen Ausdruck aufmerksam“ (TD 493 f.).

[37] Sigmund Freud, „Ratschläge für den Arzt bei der psychoanalytischen Behandlung“ (1912), in: SA, Ergänzungsband, 173.

[38] „[...] ich selbst kann es sehr vollkommen, wenn ich mich dabei durch Niederschreiben meiner Einfälle unterstütze“ (TD 123). Zum systematischen Unterschied von schriftlicher Eigeninterpretation und mündlicher Fremdinterpretation vgl. Alexandre Métraux, „Räume der Traumforschung vor und nach Freud“, in: Marinelli, Mayer (Hgg.), *Die Lesbarkeit der Träume*, 127-187, besonders das Unterkapitel IV „Freuds Strategien der Traumobjektivierung“, 152-169.

[39] Vgl. dazu infra Teil III, Kap. 1.

voneinander getrennt, was eine Segmentierung leicht möglich macht. Der Bericht ist im Präsens abgefaßt und weist viel wörtliche Rede auf. Die Struktur ist eher szenisch als narrativ und kommt darin dem „aufgearbeiteten Traum" bei Moser und von Zeppelin sehr nahe. Den meisten Raum schließlich nimmt die Analyse ein, die in der Wiederaufnahme wichtiger Elemente aus dem Traum und den sich daran anschließenden Assoziationen besteht. Dieser Teil liest sich als Kommentar und Auseinandersetzung mit den Traumelementen und ergibt schließlich einen Sinn des Traumes: „Von der Verantwortung für Irmas Befinden spricht der Traum mich frei, indem er dasselbe auf andere Momente (gleich eine ganze Reihe von Begründungen) zurückführt" (TD 137).

Wie schon bei Moser/von Zeppelin und Willequet geht auch hier der dargebotene Text weit über den eigentlichen Traumbericht hinaus. Vom Aufbau her ist diese „Analyse eines Traummusters" ein Musterbeispiel für Freuds Traumtexte in der *Traumdeutung*, die in der Regel immer aus diesen drei Teilen bestehen. Ohne den Vorbericht oder die Einfälle in der Analyse könnte der Sinn des Traums nicht erforscht werden und verlöre daher auch jedes Interesse für Freud. Daher hat er auch einen Beitrag zu Bretons Projekt der *Trajectoire du rêve* (1938), einer Traumsammlung aus mehreren Jahrhunderten, verweigert: ohne die Elemente, die seinen Sinn begreiflich machen, hat der Traum für Freud kein Interesse.

Freud geht so weit, den manifesten Trauminhalt als Traumtext zu bezeichnen, womit er eine Differenzierung zwischen dem geträumten und dem sprachlich erinnerten Traum weitgehend unterläßt[40]. Erst in den siebziger Jahren fangen Psychoanalytiker an, zwischen dem Erleben des geträumten Traums[41], das im Schlaf stattfindet, und dem Text des erinnerten bzw. erzählten Traums zu unterscheiden. Die Rede vom Traumerleben ist dabei nicht ganz unproblematisch, weil dieses sich einer begrifflichen Bestimmung entzieht: „Nous ne savons pas vraiment ce que c'est qu'une expérience, à moins de définir l'expérience comme le contraire de tout ce qu'on peut définir"[42]. Eine solche Bestimmung als

---

40 „Wir heißen, was man den Traum genannt hat, den Traumtext oder den manifesten Traum, und das, was wir suchen, sozusagen hinter dem Traum vermuten, die latenten Traumgedanken" (Freud, *Neue Folge der Vorlesungen*, SA 1, 453).

41 Für das englische Wort „dream experience" bieten sich im Deutschen zwei Übersetzungen an: Traumerfahrung und Traumerleben. Hier wird bevorzugt die zweite Möglichkeit gewählt, weil weniger der Charakter der Erfahrung für das Individuum im Vordergrund steht als vielmehr die Erlebnishaftigkeit des Traums.

42 Jean Guillaumin, „Le Rêve comme objet et le monde du rêve", in: ders., *Le Rêve et le moi*, 263-299 [zuerst in: *Revue française de psychanalyse* (1976), 125-156], hier: 268. Ein weiteres Defizit des Begriffs vom Traumerleben wäre, daß er von erfahrenen oder erleb-

Nichtdefinierbares soll hier jedoch ausreichen, da für die Frage nach dem Traumbericht vor allem die sprachliche Unfaßbarkeit des Erlebens eine Rolle spielt.

Als erster kritisiert Jean-Bertrand Pontalis die Vernachlässigung des Traumerlebens bei Freud und dessen Fokussierung auf den Sinn des Traums[43]. Dabei hebt er vor allem den Unterschied zwischen Bild und Wort hervor: „il reste toujours un écart entre le rêve mis en images et le rêve mis en mots – nous dirions presque mis à mort“[44]. Pontalis schließt sich damit nicht nur der verbreiteten Annahme an, das Bild werde dem Traum gerechter als die Sprache[45], er lenkt die Aufmerksamkeit ferner auf den Raum, den die Bilder zur Darstellung brauchen und liefert damit das Konzept des Traumraums, das von Masud R. Khan weiter entwickelt wird. Deutlicher als Pontalis, der vor allem auf dem Unterschied zwischen Bild und Wort insistiert, stellt Khan das Erleben des Träumers und dessen Diskrepanz zum Traumbericht in den Vordergrund:

> [...] il est une expérience du rêve à laquelle le texte du rêve ne nous donne pas accès. [...] Dans l'expérience totale de soi d'un individu, l'expérience du rêve et le texte peuvent parfois se superposer alors que, chez d'autres, ils pourront rester séparés, sans relation. Mais il ne faut pas oublier que

---

ten Abläufen ausgeht, d. h. solchen, die bewußt werden. Affektive Vorgänge können aber auch unbewußt ablaufen, so daß der Traum über das Traumerleben hinausgeht. (Vgl. Moser, „Selbstmodelle“). Allerdings können diese unbewußten Vorgänge nicht berichtet werden, so daß die Basis für den Traumbericht tatsächlich das Traumerleben ist. Guillaumin weist auch auf Stellen bei Freud hin, wo ein Bewußtsein des blinden Flecks in der *Traumdeutung* anklingt („Le Rêveur et son rêve“, in: ders., *Le Rêve et le moi*, 19-62, hier: 25).

43 Vgl. Jean-Bertrand Pontalis, „La Pénétration du rêve“, in: ders. (Hg.), *L'Espace du rêve*, 417-438 [ursprünglich in: *Nouvelle revue de psychanalyse* 5 (1972), 257-271]. Pontalis versucht in seinem Beitrag, den Traum als inneres Objekt zu verstehen und zu erläutern, welche Objektfunktion er einnehmen kann. Eine kritische Würdigung dieser Arbeit, die vor allem Einspruch gegen die Bezeichnung des Traums als Übergangsobjekt erhebt, findet sich bei Guillaumin, „Le Rêve comme objet“.

44 Pontalis, „La Pénétration du rêve“, 423.

45 Ähnlich wie Pontalis äußert sich auch Roger Dadoun im selben Band: „[...] l'image onirique visuelle est toujours nommée ; alors même que l'inadéquation entre le mot et l'image onirique est remarquable, le mot en disant *toujours beaucoup trop* et *jamais assez* sur l'image visuelle du rêve – le mot met le grappin sur l'image, réalisant ainsi un véritable abus de pouvoir ; il la complète, la charge, la couvre de nombreuses déterminations qui lui sont propres, et parallèlement il ne retient des déterminations spécifiques du rêve que les quelques supports qui lui conviennent. L'image est absorbée par le mot, et les successions ou groupements d'images sont absorbés par la phrase, et les groupements de groupements passent enfin dans un récit“ (Roger Dadoun, „Les Ombilics du rêve“, in: Pontalis (Hg.), *L'Espace du rêve*, 385-414, hier: 395 f.).
Zur Schwierigkeit der bildlichen Traumdarstellung vgl. aber Martin Warnke, „Traumbilder“, in: *Kursbuch* 138 (Dezember 1999), 117-127.

> l'expérience du rêve existe, qui influence le comportement de l'individu, même si elle ne peut être consignée, amenée dans le récit anecdotique (picturalement ou verbalement)[46].

Dieses Traumerleben entspricht offensichtlich nicht den latenten Traumgedanken, da diese ja der diskursiven Sprache zugänglich sind[47]. Die Diskrepanz zwischen Traumerleben und Traumtext beobachtete Khan zuerst bei einem Patienten, der auch Drogen nahm und dabei traumähnliche Erlebnisse hatte, die ihm subjektiv einzigartig vorkamen und mit den banalen und sich wiederholenden Berichten davon kontrastierten. Darin zeige sich, daß das Erleben nicht an eine narrative Struktur oder Anekdote gebunden sei und seinerseits durch diese nur unvollständig erfaßt werden könne. Khan denkt dabei an eine Aussage von Georges Braque über die Malerei: „Il ne s'agit pas de reconstituer une anecdote, mais de constituer un fait pictural"[48]. Das Erleben im Traum ist für diesen Patienten deshalb so intensiv, weil es in einzelnen Momenten geschieht, die nicht in eine anekdotische Struktur eingebunden sind[49].

In diesen Ansätzen ist eine generelle Übereinstimmung mit der Annahme, daß der Traum keine narrative Gestalt habe, ebenso zu beobachten wie die Überzeugung, daß der Traum etwas enthält, was sich der sprachlichen Formulierung entzieht. Dieses Etwas liegt im Fall von Khans Patienten offensichtlich auf einer emotionalen Ebene und steht im Gegensatz zur anekdotischen Struktur. Auch hier stoßen wir also wieder auf die Feststellung, daß das Erleben des Traums nicht als chronologisch empfunden wird, sondern intensive präsentische Momente vorherrschen, denen das Einordnen in eine sequentielle Abfolge nicht gerecht zu werden scheint[50].

---

46 M. Masud R. Khan, „De l'Expérience du rêve à la réalité psychique", in: *Nouvelle revue de psychanalyse* 12 (Automne 1975), 90-99, hier: 96.

47 Vgl. dazu auch Marion Milner, „À propos de l'article de Masud Khan", in: *Nouvelle revue de psychanalyse* 12 (Automne 1975), 101-104.

48 M. Masud R. Khan, „De l'Expérience du rêve à la réalité psychique", 95. Khan zitiert die Aussage von Braque ohne Angabe eines Belegs.

49 Der Patient mache im Traum die Erfahrung eines Eins-Seins mit sich selbst, die ihm im Wachleben nicht zugänglich ist (ebd.).

50 Dies entspricht der Beschreibung, die Wyss von der Zeiterfahrung im Traum gibt (Wyss, *Traumbewußtsein?*, besonders 74-76 und 160-178). Wyss, der im Anschluß an Husserl das Bewußtsein von Zeit und Zeitlichkeit zum Kriterium der Menschlichkeit erklärt, definiert den Übergang vom Wachen zu Schlaf und Traum auch als Änderung der Zeitstruktur, denn die Erfahrung des Zeitflusses werde im Traum durch die Erfahrung der Dauer abgelöst: „Die Gegenwart des Traumgeschehens ist ‚zeitlos', insofern ein bestimmtes Zeitbewußtsein nicht mit dem Traumerleben verbunden ist. Das Nacheinander des Traumgeschehens – ohne ein zeitliches Apriori nicht denkbar – ist Folge von Veränderung und Verwandlungen. Der Gang der Geschehnisse, kurzum

Khan geht nicht näher auf die Art der Traumerzählung ein. Diese beruht auch in der psychoanalytischen Situation oft auf der gemeinsamen Erarbeitung durch Patient und Analytiker. Ausführlicher beschreibt diese Situation der im Rahmen der Objektbeziehungstheorie arbeitende Psychoanalytiker Donald Meltzer in seinem Buch *Dream-Life* (1984)[51], wobei er auch das – ihm allein zugängliche – emotionale Erleben des Psychoanalytikers mit einbezieht. Meltzer beschreibt, wie beim Zuhören mit geschlossenen Augen Bilder in ihm entstehen, die Nachfragen bezüglich der Szenerie oder des Bühnenbildes hervorrufen, da die Patienten vor allem mit erzählerischen Aspekten und der Beschreibung der Gefühlslage beschäftigt seien. Dieses Stadium der Traumexploration, das der eigentlichen Deutung vorausgeht und in dem er auf ein intuitives Erfassen von etwas wartet, das deutlich emotional geladen ist, beschreibt Meltzer als angenehm und ästhetisch, „als etwas, das mit der Würdigung der Form- und Kompositionsaspekte des Traumes, der dramatischen Proportionen dieses Ereignisses zu tun hat“[52]. In dieser Form des Dialogs kann der Traum also zum ästhetischen Gegenstand werden, was ihm sonst aufgrund der Ungleichzeitigkeit von Träumen und der Möglichkeit zur ästhetischen Anschauung verweigert ist. Allerdings weist Meltzer darauf hin, daß Patient und Analytiker dabei nicht denselben Traum teilen, daß vielmehr die Traumerzählung des Patienten im Analytiker eigene Bilder und sozusagen einen eigenen Traum hervorruft, auf den sich dessen Äußerungen dann beziehen. Möglicherweise ließe sich diese Dialogsituation auf das Verhältnis des literarischen Traumtextes zum Leser übertragen, in dessen Vorstellung beim Lesen ein eigener Traum entstehen kann. Meltzers Bericht zeigt die Wichtigkeit der Bilder und hebt die Qualität des Erlebens hervor.

In größerer Nähe zur Literatur situiert Christopher Bollas das Problem des Traumberichts, wenn er diesen als die „Erzählfassung einer dramatischen Erfahrung“[53] qualifiziert und damit die Differenz von Mimesis und Diegesis anspricht. Bollas, der sich explizit auf Khan und Pontalis beruft, bezeichnet das Traumerleben als „Theater der Nacht,

---

das Traumerleben, sind aus der Sicht des Wachens bei aller ‚Zeitlosigkeit‘ der Traumerfahrung in ‚unbegrenzter Gegenwart‘ sich ereignend und entsprechend ‚präsent‘ strukturiert“ (ebd., 75).

51 Meltzer, *Traumleben* [*Dream-Life*]. Im Anschluß an Melanie Klein und Wilfred R. Bion versucht Meltzer, eine Freud gegenüber kritische Theorie des Traums aufzustellen, die er eine ästhetische Theorie nennt.

52 Ebd., 164. Bleibt dann allerdings das intuitive Erfassen aus, so beobachtet Meltzer bei sich selbst Unruhe und Unbehagen.

53 Christopher Bollas, „Figur im Stück des anderen sein: Träumen“, in: ders., *Der Schatten des Objekts* [*The Shadow of the Object*], 82.

welches das Subjekt in eine lebhafte Wieder-Begegnung mit dem Anderen verstrickt"[54]. Mit der Involviertheit des Zuschauers vermeidet er die bei Pontalis zu kritisierende Reduktion des Traums auf den Bereich des Visuellen bzw. des Träumers auf den Betrachter[55]. Das Traumerleben charakterisiert Bollas als „die subjektive Seinserfahrung des Träumers, während er sich innerhalb des Traumtheaters befindet". Diese Erfahrung hänge von der „Beschaffenheit des Theaters" bzw. den „Möglichkeiten des Settings" ab, die darin gegeben sind[56]. Dieses Setting, die in eine räumliche Bildersprache verwandelte Welt der Gedanken und Wünsche, ist nach Bollas ein Produkt des als unbewußter Organisationsprozeß konzipierten Ichs, das Wünsche und Erinnerungen in ein Schauspiel verwandelt[57]. Zu der grundsätzlichen Verschiedenheit von narrativer und dramatischer Darstellung kommt im Falle des Traums nach Bollas also noch, daß beide Fassungen unterschiedliche Autoren haben. Denn die „Transkription der Traumerfahrung in Sprache" leistet nicht das Ich, sondern das Subjekt, jene Instanz, die in der Lage ist, die eigene Existenz und die Präsenz anderer sinnvoll zu deuten, und erst relativ spät in der Entwicklung erscheint[58]. Das Subjekt, das in der Erzählfassung die für

---

54 Ebd., 79 f.

55 Zur Kritik an Pontalis vgl. beispielsweise Guillaumin, der den Begriff des Traumraums als Projektionsfläche bei Pontalis für zu eng gefaßt hält und statt dessen den Begriff der Traumwelt vorschlägt, mit dem er auch den für ihn zu vage und intuitiv gefaßten Begriff des Traumerlebens bei Khan ersetzen will. Die konzeptuelle Verwendbarkeit des Begriffs der Traumwelt erläutert er im Zusammenhang mit psychoanalytischen Entwicklungstheorien ausführlich und etabliert den Begriff auch über den Verweis auf die Bühne: „Le rêve est monde parce qu'il est espace et scène, chevet, berceau, lieu de présence déployé non seulement autour des objets qu'il donne à voir, mais aussi de celui qui les regarde et croit tout embrasser des yeux. Car l'espace du rêve, comme celui du monde […] est quelque chose de plus qu'une simple profondeur de projection fermée par un écran. Monde et rêve ne sont pas que tableaux à distance, microcosmes picturaux à la Breughel ou à la Jérôme Bosch, dont, dans de bonnes conditions, l'œil du spectateur pourrait vraiment s'abstraire pour les sonder et les contenir à loisir" (Guillaumin, „Le Rêve comme objet", 269 f. und 277-292, für das Zitat: 279).

56 Bollas, „Figur im Stück des anderen sein", 82.

57 Als Subjekt bezeichnet Bollas – im Gegensatz zu Lacan – die Ankunft des selbstreflexiven Bewußtseins, während das Ich die unbewußten Organisationsprozesse meint, die aus ererbten Dispositionen und der vorsprachlichen Entwicklung stammen. Die Traumerfahrung wird bei Bollas so zu einem „intrasubjektiven Rendez-vous", bei dem das Subjekt zum Objekt des Ichs wird (ebd., 18-20, 76, 293).

58 Ebd., 81 f. Wichtiger als die Erschließung der latenten Traumgedanken aus dem Traumtext, die den Traum auf trieb- und erinnerungsbezogene Erfahrungen zurückführt, sind für Bollas Einsichten in die Strukturen des Ichs, das die Traumerfahrung organisiert. Denn die klassische Traumdeutung nach dem Freudschen Vorbild reduziert für Bollas den Menschen auf Triebe und verkennt, daß er zur Deutung seiner Triebe befähigt ist. Diese Deutung manifestiere sich zum Beispiel darin, wie das Ich in

die Erzählung typische vermittelnde Erzählinstanz darstellt, ist in der Dramenfassung selber Akteur, so daß es gewissermaßen zu einer Umkehrung kommt:

> Nachdem das Subjekt sich in der Traumerfahrung innerhalb der Fiktion des Anderen befunden hat – ohne sich an irgendeine andere Existenz erinnern zu können –, befindet sich nun der Andere innerhalb der Erzählung des Subjekts, das einen Traumtext verfertigt[59].

Für Bollas ist der so verfertigte Traumtext damit – im Gegensatz zu Freud – deutlich vom geträumten Traum verschieden. Für unseren Zusammenhang wichtig ist jedoch vor allem die Unterscheidung von Dramen- und Erzählfassung. Damit artikuliert Bollas noch einmal die Vermitteltheit jedes Erzählens, entgeht aber der vorherrschenden Tendenz, die Erzählfassung als eine verfälschte, verzerrte oder inauthentische hinzustellen.

Aufgrund der Betrachtung dieser Ansätze läßt folgendes festhalten: Unabhängig davon, ob der Traum als (simulierte) Welt, als Erleben oder als Drama beschrieben wird, besteht weitgehende Einigkeit, daß er zwar eine sequentielle Abfolge von Einzelmomenten, jedoch keine anekdotische Struktur besitzt. Diese ist erst das Ergebnis des Erzählens. Daß gerade die Festlegung auf eine Chronologie des Geschehens oft schwer fällt, zeigen die Beobachtungen von Willequet. Ferner bereitet die sprachliche Wiedergabe des im wesentlichen nonverbalen Traums – wie jede Wiedergabe nichtsprachlicher Wirklichkeit – oft große Schwierigkeiten und verfehlt wichtige Dimensionen des subjektiven Erlebens. Allerdings trägt die Erzählfassung zur Illusion narrativer Kohärenz bei und führt notwendigerweise eine vermittelnde Instanz ein.

Nach diesen allgemeinen Überlegungen zum Verhältnis von Traum und Traumbericht sollen nun der erzählte Traum und seine sprachliche Verfaßtheit näher in den Blick genommen werden. Dabei gilt das Augenmerk nur noch dem eigentlichen Traumbericht, der im Fall der Traumforschung und der Psychoanalyse oft nur den kleinsten Anteil im dokumentierten Text ausmacht.

---

der Dramaturgie des Traumtheaters den Trieb gegenüber dem Selbst zur Darstellung bringe. Bollas erkennt dem Traum damit ausdrücklich Kreativität zu.

[59] Ebd., 82.

1.3 Linguistische Besonderheiten des Traumberichts: Rhetorik des Zu-Fassen-Bekommens oder Poetik der Inadäquatheit

Während die neuropsychologische Perspektive auf den Traum das Ablaufen kognitiver und affektiver Prozesse in Geist und Gehirn des Träumers in den Blick nimmt und die psychoanalytische Perspektive auf den Traum immer davon geleitet ist, die latenten Traumgedanken oder die Ich-Strukturen des Träumers zu erschließen, richtet sich eine sprach- und literaturwissenschaftliche Perspektive in erster Linie auf den protokollierten Traumtext. Eine solche Betrachtung, die sich vor allem auf sprachliche Eigenheiten des Traumberichts bezieht, hat in der Forschung bislang nur einen geringen Stellenwert eingenommen[60]. Generell ist die Hinwendung zur Bedeutung von Narrativität in der Psychoanalyse eine neuere Erscheinung. Im deutschsprachigen Raum ist dies vor allem der Züricher Professorin für Klinische Psychologie und psychodynamische Psychotherapieforschung Brigitte Boothe zu verdanken, die Aspekte des Erzählens in der Psychotherapie zu einem ihrer Forschungsschwerpunkte macht[61].

In ihren Forschungen zum Traum widmet sich Boothe vor allem kommunikativen und rhetorischen Aspekten des Traumberichts[62]. Darin trifft sie sich mit Jean-Daniel Gollut, der in seiner textlinguistisch ausgerichteten Dissertation *Conter les rêves. La Narration de l'expérience onirique dans les œuvres de la modernité* typische Merkmale von literarischen Traumerzählungen herausarbeitet. Ein wesentlicher Unterschied zwischen beiden Ansätzen besteht allerdings im zugrunde gelegten Korpus. Während Boothe sich zum einen auf im Schlaflabor gesammelte und dokumentierte Traumerzählungen, zum anderen auf die von Freud in seiner *Traum-*

---

[60] Eine Ausnahme bildet Laurent Danon-Boileau, „Le Style dans le récit de rêve", in: ders., *Le Sujet de l'énonciation*, Paris 1987, 55-66. Danon-Boileau untersucht anhand zweier von der Psychoanalytikerin Joyce McDougall berichteten Träume von Patienten die sprachliche Struktur dieser – durch die Analytikerin transformierten – Traumberichte und weist damit unterschiedliche Weisen der Distanzierung vom Traum auf, die für ihn auf unterschiedliche Modi der Symbolisierung hindeuten.

[61] Am größten dimensioniert ist das Projekt Erzählanalyse JAKOB, das ein Instrument zur qualitativen Inhaltsanalyse von Alltagserzählungen aus Therapiegesprächen sein soll. Boothe ist sicherlich durch ihr Studium von Philosophie, Germanistik und Romanistik für dieses Thema besonders sensibilisiert. In Frankreich widmet etwa die *Revue française de psychanalyse* dem Thema „Le Narratif" eine eigene Ausgabe (62, 1998).

[62] Hier werden herangezogen: Brigitte Boothe, „Spielregeln des Traumgeschehens", in: dies., Barbara Meier (Hgg.), *Der Traum. Phänomen – Prozess – Funktion*, Zürich 2000, 87-111 und dies., „Traumkommunikation. Vom Ephemeren zur Motivierung", in: Schnepel (Hg.), *Hundert Jahre „Die Traumdeutung"*, 31-48.

deutung publizierten Traumberichte stützt, findet Gollut sein Material in der Literatur des 19. und 20. Jahrhunderts.

Boothes Vergleichsmaterial für den Traumbericht ist die Alltagserzählung, da beide, so ihre Behauptung, ähnliche Inhalte und eine vergleichbare episodische Struktur aufweisen[63]. Den entscheidenden Unterschied siedelt sie auf der Ebene der sprachlichen Vermittlung an. Als ein erstes, wichtiges Element der Traummitteilung, wie sie den Traumbericht zumeist nennt, führt Boothe an, daß diese eine Referenz auf ein Ereignis artikuliere, das dem Traumkommunikator im Schlaf widerfahren sei und zu dem er im Modus der naiven Selbstdistanz stehe[64]. Zweitens unterstreicht sie die dialogische Struktur der Kommunikationssituation:

> Der Traumkommunikator – also derjenige, der seinen Traum mitteilt – spricht im Modus der Verfremdung. Er präsentiert das Geträumte als etwas, das sich in ihm jenseits eigenen Zutuns als Fremdes und Nicht-Angeeignetes vollzogen hat, und er richtet sich an sein Gegenüber mit dem Appell, das Nicht-Angeeignete durch Sinngebung zu verwandeln[65].

Diesen Appell an den Zuhörer umschreibt sie auch mit der rhetorischen Figur der Anheimstellung (Permissio), bei der der Berichterstatter den Schlußprozeß an den Zuhörer delegiert. Da im Gegensatz zur klassischen Permissio der aus dem Traumbericht zu ziehende Schluß keineswegs evident sei, spricht Boothe hier auch von einem „Spiel inszenierter Nichtaneignung und naiver Preisgabe“[66]. Der Traumkommunikator berichtet Situationen, für deren Auswahl und Bedeutung er keinen Grund angibt: „Die fraglose Akzeptanz eines unmittelbar einsetzenden Geschehens, jenseits eines Warum und Wozu und Wieso, jenseits einer motivgebenden Klammer, schafft einen Raum der Intransparenz mitten im scheinbar Transparenten“[67]. Vor allem dadurch, daß die motivierende Klammer fehle, d. h. daß die Mitteilung in keinen Verstehenszusammenhang eingebettet wird, entsteht nach Boothe eine Aura des Enigmatischen, während das Vorhandensein bizarrer inhaltlicher Elemente dazu nicht entscheidend beitrage[68].

---

63 Boothe, „Spielregeln des Traumgeschehens“, 89.

64 Boothe, „Traumkommunikation“, 39.

65 Ebd., 31.

66 Boothe, „Spielregeln des Traumgeschehens“, 95.

67 Ebd., 100.

68 Boothe, „Traumkommunikation“, 32. Boothe beruft sich immer wieder auf Inge Strauchs statistische Auswertung von im Schlaflabor erhobenen Traumberichten, die zeigt, daß die Mehrzahl der Träume sehr realitätsnah ist (Strauch, Meier, *Den Träumen auf der Spur*).

Boothe unterstreicht ferner die Dialogsituation der Traummitteilung, die aufgrund des Fehlens der motivierenden Klammer systematisch nach Rekontextualisierung verlange[69]. Deshalb bedürfe die Position des naiven Berichterstatters der Ergänzung durch die Position des Traumsachverständigen[70]. Die Verteilung dieser Positionen auf zwei Personen ist die klassische Situation in der psychoanalytischen Sitzung. Beide Positionen können aber auch von ein und derselben Person eingenommen werden, wie Freud das in seiner *Traumdeutung* tut, wo er zwischen den Positionen hin- und herwechselt. Im Fall des Traumberichts innerhalb eines Romans ergibt sich die Rekontextualisierung entweder durch einen Kommentar des Erzählers oder anderer Figuren, welche die Position des Traumsachverständigen einnehmen können, oder aber aus dem Kontext des Romans, innerhalb dessen die Traumberichte beispielsweise vorausweisende Funktion haben oder eine eigene Sinnebene konstituieren können. In der kontextlosen Traummitteilung jedoch bleibt diese Position vakant, so daß der Leser dazu aufgerufen ist, sie einzunehmen. Im Vorwort der Sondernummer *Des Rêves* von *Le Disque vert* werden die möglichen Folgen ironisch entworfen:

> L'écrivain qui publie ses rêves s'expose à certains inconvénients. Il se pourrait, par exemple, qu'il reçut des lettres telles que celles-ci :
>
> Monsieur,
> Je suis métapsychiste. J'ai lu vos rêves et les interprète : Vous mourrez à 37 ans dans un fossé de boue, pendant qu'on vous cherchera avec patience dans les cafés du XIVe.
>
> X.........
>
> ou
>
> Monsieur,
> Je suis psychanalyste. J'ai lu vos rêves. Sachez que je les ai compris, oui, Monsieur mon beau frère, et aussi la nature exacte des rapports qui depuis votre enfance ont existé entre vous et votre nourrice, et comment vous auriez rendu votre femme malheureuse.
> [...]
>
> X.........[71]

Die Herausgeber führen darauf das relativ geringe Echo zurück, das ihr Aufruf zur Publikation von Traumtexten erhalten hat. Und vielleicht läßt sich auch das geringe Echo, das publizierte Traumtexte erfahren, auf die Vakanz der Position des Traumsachverständigen zurückführen. Die

---

69 Boothe, „Traumkommunikation", 45.
70 Ebd., 40.
71 *Le Disque vert* 3, n° 2 *Des Rêves* (1924), 14 [130].

eingangs erwähnten Rezeptionsbeispiele zeigen, daß die Forderung des Sachverstands offenbar näher liegt als die ästhetische Einstellung.

Eine Besonderheit der Traummitteilung, die mit der mangelhaften anekdotischen Struktur des Traums zusammenhängen dürfte, ist das „Darstellungsprinzip der collagierenden Reihung“[72], das, so wäre hinzuzufügen, durch Parataxe realisiert wird. Bei den aneinandergereihten Elementen handele es sich zumeist um Bildeindrücke, die aus registrierender Distanz geschildert werden. Als typische rhetorische Mittel dafür nennt Boothe Detaillierung, Verdeutlichung, Bekräftigung (die man unter dem Begriff der Hypotypose zusammenfassen könnte), Vergleichskonstruktionen, Häufung, Emphase und Amplifikation. Diese rhetorischen Mittel, so Boothe, tragen dazu bei, die Formulierungsarbeit, die der Traumkommunikator leistet, vorzuführen. Dazu können Kommentare kommen, welche den Grad an Deutlichkeit, Fremdartigkeit und Kontinuität des Traumgeschehens einschätzen[73]. Die Traumkommunikation ist so die „Darstellung eines Suchprozesses in der Distanz der Selbstfremdheit“, die Boothe auch als „Rhetorik des Zu-Fassen-Bekommens“ beschreibt[74]. Boothes Augenmerk richtet sich also in erster Linie auf Elemente, die das Verhältnis der Traumerzählung zum Traum betreffen.

Während Boothe sich auf leicht als authentisch anerkennbare Traumberichte stützt, macht Gollut keinen Unterschied zwischen als autobiographisch deklarierten kontextlosen Traumtexten und in größere Erzählungen eingebetteten Berichten, die fiktionalen Figuren in den Mund gelegt werden: „[...] seront « récits de rêves » les textes que leurs auteurs auront désignés comme tels“[75]. Er eliminiert damit von vornherein die problematische Frage nach der Authentizität und geht von der Annahme aus, daß die Autoren in der Lage sind, typische Merkmale des Traumberichts zu fingieren. Letztlich stellt der Traumbericht für Gollut eine literarische Gattung dar, die mit gewissen Effekten arbeitet und historischen Veränderungen unterworfen ist. Vergleichsmaßstab für Gollut sind andere Formen der literarischen Erzählung, so zum Beispiel die phantastische Erzählung oder der Reisebericht. Obwohl Gollut sich auf literarische Texte beschränkt, versucht er gleichzeitig, Aussagen über das alltägliche Erzählen zu machen und neigt zu phänomenologisch orientierten Erklä-

---

72 Boothe, „Spielregeln des Traumgeschehens“, 101.

73 „Irgendwie“ und „plötzlich“ sind ganz typische Kommentare bezüglich der Undeutlichkeit bzw. der Diskontinuität (ebd., 106).

74 Ebd., 107 f.

75 Gollut, *Conter les rêves*, 11. Die von Gollut untersuchten Traumberichte stammen fast ausnahmslos aus der Erzählliteratur, teilweise aus persönlichen Aufzeichnungen bekannter Autoren. Er berücksichtigt aber auch viele der surrealistischen kontextlosen Traumberichte. Der Traumbericht im Drama hingegen fehlt.

rungen, die aber einer nachvollziehbaren Grundlage entbehren. Da er die Dimension des Traumdiskurses systematisch vernachlässigt, bezieht er sich für Aussagen über den Traum gleichermaßen und unreflektiert auf Freud, auf Äußerungen der untersuchten Autoren oder auf die Sekundärliteratur dazu.

Wie Boothe geht auch Jean-Daniel Gollut von der Figur der Anheimstellung und der naiven Selbstdistanz aus: „Magnifié, plutôt que méprisé, le rêve n'en est pas moins présenté par le veilleur comme un produit d'une autre origine, non assignable donc à celui qui le met au jour“[76].

Während Boothe in ihren Studien vor allem auf rhetorische Figuren achtet, untersucht Gollut die Eigenheiten des Traumberichts unter semantischen, pragmatischen und syntaktischen Gesichtspunkten. Dabei bearbeitet er folgende Bereiche: 1. die Darstellung der Traumwelt, wobei die Frage nach der Markierung des Traums und die Eigenheiten der Traumwelt eine wichtige Rolle spielen, 2. die Aussagesituation und die Erzählinstanz, 3. die Frage des Subjekts der Traumerzählung, 4. den Gebrauch der Zeiten und 5. die Textstruktur. Auf Einzelheiten seiner Ergebnisse werde ich im Zusammenhang mit der Behandlung des surrealistischen „récit de rêve“ eingehen[77], hier sollen nur die wichtigsten Ergebnisse der Untersuchung genannt werden.

In Abweichung von Valérys Annahme kommt Gollut zu dem Ergebnis, daß Traumerzählungen sich durchaus von anderen Erzählungen unterscheiden: „[…] les récits de rêves ne sont pas des récits comme les autres“[78]. Er stellt sogar in Frage, ob im Fall der Traumerzählung der Begriff des „récit“ überhaupt angemessen ist, da die erzählte Geschichte Defizite gegenüber dem üblichen narrativen Schema von Ausgangsposition, Verwicklung und Endposition aufweise. Gollut macht hierfür die defizitäre Struktur des Traums verantwortlich, da der Erzähler sich durchaus, wenn auch erfolglos, bemühe, einem solchen Schema zu folgen: „[…] le narrateur *tend* à observer la structure canonique, [mais] il ne parvient pas forcément à *l'actualiser*“[79]. Als ein weiteres Charakteristikum des Traumberichts, das auf die Eigenheiten des Traums zurückzuführen sei, nennt Gollut den hohen Anteil von Beschreibungen in den Texten. Im Falle des Traumberichts sei die Referenzfunktion der Sprache gestört, da sie nicht auf Realität verweise, sondern auf eine erst vom Traum kon-

---

76 Ebd., 218.
77 Vgl. infra Teil III, Kap. 2. 4.
78 Gollut, *Conter les rêves*, 448.
79 Ebd., 405.

stituierte Wirklichkeit, die der besonderen Beschreibung bedürfe[80]. Auffallend seien ferner zahlreiche Modalisierungen, die Ungewißheit bezüglich des tatsächlichen Geschehens entstehen lassen[81]. In Ermangelung klarer Hinweise auf den Beginn eines Traumberichts wie „voici un rêve" oder „j'ai rêvé que" können solche Elemente gewissermaßen als Traumsignale fungieren, die beim Leser zumindest den Verdacht entstehen lassen, daß es sich um einen Traum handeln muß. Fehlt jedoch jeder explizite Hinweis und wird auch am Ende kein Aufwachen erwähnt, muß ein Zweifel bestehen bleiben.

Als Traumsignal fungieren kann auch die Erwähnung des Vergessens:

> […] l'oubli déclaré joue bien le rôle d'un connotateur de la vraisemblance et prend place parmi les constituants du genre narratif particulier : c'est d'abord par l'annonce de son incomplétude essentielle que le récit de rêve établit sa singularité[82].

Neben dem Vergessen wird auch die Inadäquatheit der Sprache zum Indikator der Traumerzählung. Was von der experimentellen Traumforschung als Ungenauigkeit beklagt wird, konstituiert damit erst den Text als Traumtext und macht es überdies möglich, den Traumbericht zu fingieren und eine eigene Poetik zu entwickeln: „Le récit de rêve porte en lui-même sa contestation : il se réclame ouvertement d'une poétique de *l'inadéquat*"[83]. Oft erfolge daher auch durch Hinweise auf die Inkongruenz des Geschehens eine Distanzierung des Traumerzählers vom Traum[84]. Schließlich gilt die Diskontinuität des Traumgeschehens offenbar als typisches Merkmal, das es auf der Textebene zu imitieren gilt, beispielsweise durch Parataxe, Ellipsen und Segmentierungen[85].

Obwohl Gollut mit Generalisierungen seiner Befunde vorsichtig ist, formuliert er als Ergebnis, daß es sich bei der Traumerzählung um eine „forme définie par ses points de résistance à l'égard des attendus d'une narrativité ordinaire" handele, die jedoch aus den Erzählmodellen ihrer Zeit schöpfe und somit dem historischen Wandel unterworfen sei[86].

---

80 Ebd., 116-129. Hier zeigt sich das komplizierte Verhältnis von Realität und Fiktion im Falle des Traumberichts. Es liegt insofern ein Unterschied zur fiktionalen Sprachverwendung vor, als die literarische Fiktion ja ihren Gegenstand selbst konstituiert, der Traumbericht jedoch vorgibt, Sprache referentiell zu verwenden, dabei aber auf eine vom Traum fingierte Realität referiert.

81 Ebd., 81-85 und 160-166.

82 Ebd., 173.

83 Ebd., 179.

84 Ebd., 218-224.

85 Ebd., 358-379.

86 Ebd., 450.

In den hier untersuchten Ansätzen herrscht weitgehende Übereinstimmung dahingehend, daß der Traum eine unmittelbare Form des Erlebens darstellt, die in der Erzählung notwendigerweise distanziert werden muß. Die von Boothe und Gollut formulierten Ergebnisse machen deutlich, daß es Besonderheiten des Traumberichts gibt, die sich vor allem in der Art der Artikulierung von Referenz auf den Traum, der Thematisierung der Formulierungsschwierigkeiten sowie im Überwiegen deskriptiver gegenüber narrativen Anteilen finden lassen, was sie als Rhetorik des Zu-Fassen-Bekommens oder als Poetik der Inadäquatheit bezeichnen. Die auch von anderer Seite beobachtete Widerständigkeit des Traums gegenüber seiner Erzählung wird so zu einem Konstitutionsmerkmal des Textes selbst. Während der Traumbericht im Rahmen der Traumforschung und der Psychoanalyse immer als ungenaue Referenz auf den geträumten Traum fungiert und daher als unzulänglich erscheinen muß, entwickelt der literarische Traumtext daraus eine eigene Poetik. Er artikuliert sich also stets im Spannungsfeld zwischen dem Wissen um die Unmöglichkeit, den Traum zu erzählen, und dem Bestreben, es dennoch zu tun. Dabei inszeniert er sich in der Regel als nichtfiktionaler, von einem Geschehen berichtender Text. Die Referenz dieses Berichts ist problematisch, zumal sie auf einer traumimmanenten Fiktion beruht. Erst die Ausklammerung dieses Wissens, die Position der naiven Selbstdistanz erlaubt die Behauptung, etwas wahrheitsgetreu zu berichten. Oft erfolgt die Einleitung daher durch explizite Beteuerungen der Authentizität oder durch implizite Authentifizierungsstrategien wie die Nennung von Ort und Datum des Traums[87].

Im Falle literarischer Traumtexte ändert sich auch die Rezeptionssituation. An die Stelle der mündlichen Traumerzählung, die in zeitlich enger Nähe zum Traum stattfindet, teilweise erst im Dialog erarbeitet wird und oft schon Assoziationen enthält, tritt hier der für sich selbst stehende schriftliche Text, der Traumberichterstatter und Leser zeitlich und räumlich auseinandertreten läßt. Die Aufgabe, den Traumtext zu verfassen, fällt alleine dem Autor zu, wobei, wie Queneaus eingangs erwähntes Beispiel zeigt, der Manipulation Tür und Tor geöffnet sind. Im Falle des literarischen Traumtextes richtet der Leser sein Interesse nicht mehr in erster Linie auf den vermeintlich geträumten Traum, son-

[87] Friedrich Huch etwa stellt seiner Sammlung *Träume* (1904) ein Vorwort voraus, in dem er betont, daß es sich nicht um literarische Texte handelt, sondern um ein Zeugnis: „Sie wollen nicht als literarische Gebilde beurteilt sein und wenden sich an alle, die in den willenlosen Regungen der Seele ein ungetrübtes Zeugnis des Lebens sehn" (Huch, *Träume*, 144). Leiris und Perec hingegen nennen in ihren Traumbänden immer das Datum und Leiris auch den Ort des Traums.

dern er betrachtet den Text um seiner selbst willen, wodurch dieser zum ästhetischen Objekt wird[88]. Damit verschiebt sich der Fokus vom stets abwesenden Traumgegenstand auf den vorliegenden Text. Für die literarische Sprache ist die Abwesenheit des Gegenstands im Gegensatz zur Situation in der Psychoanalyse ja kein Manko, sondern eine konstitutive Voraussetzung. Während es in der psychoanalytischen Sitzung leicht zum Bewußtsein der Unzulänglichkeit der verbalen Sprache kommt, da es mit Übertragung und Gegenübertragung immer ein Geschehen und eine Art der Kommunikation gibt, die sich jenseits der Sprache abspielen und nur unvollkommen in dieser artikuliert werden können, ist das für die Literatur, so Guillaumin, kein Problem:

> C'est ici qu'apparaît enfin la différence fondamentale entre la prise de conscience « poétique » et celle que vise la cure analytique. Dans cette dernière, en interdisant l'épreuve *motrice* de la réalité et en imposant le chemin des mots, malgré le désir, on fait que la place de la réalité se dessine au bout du compte dans le « creux » et dans l'inadéquation des mots, réglée par une *présence réelle* qui s'affirme sans se laisser atteindre. Dans la « cure » poétique, au contraire, c'est en s'efforçant d'évacuer la distance signifiante et de remplir le mot de présence en *l'absence réelle* de l'objet, pour l'ériger (quoique mot quand même dans le rapport maintenu de signification) en place d'objet, que le poète – par technique et volontairement, ou contre son gré – dépasse, mais aussi perd parfois, la réalité dans la surréalité[89].

Die Inadäquatheit der Sprache in der Psychoanalyse beruht also darauf, daß immer ein Jenseits der Sprache präsent ist, während im Fall der Literatur der sprachlichen Form selbst das Interesse gilt, das in diesem Fall auf ästhetischer Einstellung beruht. Von daher rührt wohl auch die immer wieder diskutierte Frage, ob eine poetische Sprache besser in der Lage sei, den Traum wiederzugeben, als die normale Sprache. Im Hintergrund steht dabei vermutlich die Überzeugung, daß es sich beim adäquaten Traumbericht nicht um einen Akt der Mimesis, sondern um einen der Poiesis handeln müßte.

Eine allgemeine Bemerkung zum Problem der poetischen Sprache sei dazu erlaubt. Mit Karlheinz Stierles wäre Poetizität allgemein nicht auf eine besondere „poetische Sprache" zurückzuführen, sondern auf der Ebene des Diskurses anzusiedeln. Der normale Traumbericht, als praktischer Diskurs betrachtet, entfaltet sich demnach in einer Folge reduzier-

---

[88] Das Beispiel von Michel Jouvet, der Perecs Traumtexte seiner Traumdatenbank einverleibt, zeigt dabei freilich, daß die Art der Rezeption dem Rezipienten grundsätzlich freisteht.

[89] Guillaumin, „Rêve, réalité et surréalité dans la cure psychanalytique et ailleurs", in: ders., *Le Rêve et le moi*, 173-210, hier: 208.

ter Kontexte, die ihm eine bestimmte unilineare Kohärenz und Finalität geben. Im Gegensatz dazu gelingt es dem poetischen Diskurs, seine Kohärenz aus der Pluralität simultaner Kontexte zu verwirklichen[90]. Eine solche, außerhalb des Narrativen liegende Kohärenz könnte dann dazu führen, daß der literarische Traumtext, die verlorengegangene Homogenität des Traums auf anderer Ebene wieder herstellt. Davon ausgehend ließe sich die für die gesamte Arbeit grundlegende These aufstellen, daß der literarische Traumtext in besonderer Weise in der Lage ist, den Verlust von Eigenschaften des geträumten Traums zu kompensieren.

---

[90] Karlheinz Stierle, „Gibt es eine poetische Sprache?", in: ders., *Ästhetische Rationalität. Kunstwerk und Werkbegriff*, München 1997, 217-224, hier: 223. Die Pluralität simultaner Kontexte könnte im Anschluß an Freud auch als die Besonderheit des Traums bezeichnet werden, der durch die Überdeterminierung seiner Elemente auf eine Vielzahl an Kontexten gleichzeitig verweist. Insofern wäre die Poetizität des Traumberichts dann auf die Strukturen des Traums selbst zurückzuführen.

2. Traumdiskurs und Traumhieroglyphen

Im vorhergehenden Kapitel dürfte neben der Problematik des Verhältnisses von Traum und Traumtext auch deutlich geworden sein, daß der Gegenstand Traum diskursiv sehr unterschiedlich konstituiert werden kann. In diesem Kapitel soll nun erstens der verwendete Diskursbegriff erläutert werden und zweitens eine historische Orientierung erfolgen.

2.1 Diskurs und imaginäre Besetzung

Der hier verwendete Diskursbegriff geht auf Michel Foucault zurück, der allerdings selbst eingesteht, diesen nicht streng definiert zu haben. Im wesentlichen lassen sich bei ihm drei Bedeutungen von Diskurs unterscheiden:

> [...] tantôt domaine général de tous les énoncés, tantôt groupe individualisable d'énoncés, tantôt pratique réglée rendant compte d'un certain nombre d'énoncés[1].

In meiner Arbeit stehen die beiden letzten Bedeutungen im Vordergrund, wodurch auch die Frage nach den Beziehungen zwischen verschiedenen Diskursen untersucht werden kann[2]. Allerdings ist einzuschränken, daß die Diskurse im wesentlichen daraufhin analysiert werden, wie sie den Gegenstand Traum konstituieren, ohne eine vollständige Beschreibung ihrer Gesetzmäßigkeiten vornehmen zu wollen. In den beiden diskursanalytischen Kapiteln werden individualisierbare Gruppen von Aussagen, nämlich Artikel aus bestimmten Zeitschriften untersucht, wobei angenommen wird, daß im Rahmen der diskursiven Praxis, der diese zugehören, nur bestimmte Aussagen möglich sind.

Foucault bedient sich immer wieder räumlicher Metaphorik, um seinen Ansatz zu beschreiben. So spricht er etwa vom diskursiven Feld, innerhalb dessen bestimmte Formationsregeln gelten[3], vom „territoire archéologique“, das zur Formulierung eines Wissens führt und sowohl

---

1 Foucault, *L'Archéologie du savoir*, 106.

2 „On peut enfin décrire entre plusieurs discours des rapports de délimitation réciproque, chacun d'eux se donnant les marques discursives de sa singularité par la différenciation de son domaine, de ses méthodes, de ses instruments, de son domaine d'application“ (ebd., 89).

3 „[...] les règles de formation [...] s'imposent par conséquent, selon une sorte d'anonymat uniforme, à tous les individus qui entreprennent de parler dans ce champ discursif“ (ebd., 83 f.).

wissenschaftliche als auch nichtwissenschaftliche Aussagen umfaßt, oder von den „domaines scientifiques", deren Aussagen bestimmten Konstruktionsgesetzen und damit wissenschaftlicher Systematisierung gehorchen[4]. Den Beginn ihrer Wissenschaftlichkeit setzt die heutige Traumforschung erst mit dem Einsetzen der neurophysiologischen Forschung im Schlaflabor um die Mitte des 20. Jahrhunderts an, so daß der gewählte Untersuchungszeitraum der vorwissenschaftlichen Phase zuzurechnen ist[5]. Für unseren Zusammenhang erweist sich der Begriff des „territoire archéologique", der auf die Ebene des Wissens abzielt, als glückliche Lösung, da es innerhalb eines „territoire archéologique" Regionen der Wissenschaftlichkeit geben kann, aber auch Philosophie und Literatur ausdrücklich einbezogen sind: „Les territoires archéologiques peuvent traverser des textes « littéraires », ou « philosophiques » aussi bien que des textes scientifiques"[6]. Als Regionen der Wissenschaftlichkeit können im 19. Jahrhundert etwa der psychopathologische Diskurs, der Diskurs der Experimentalpsychologie oder um die Jahrhundertwende die Psychoanalyse gelten, die zu diesem Zeitpunkt an der Schwelle zur Wissenschaftlichkeit stehen[7].

Foucaults Vorschlag zielt darauf, zu untersuchen, wie jeweils der Übergang von einer diskursiven Praxis zum Wissen und zur Wissenschaft erfolgt[8]. Mein Ansatz differiert davon in zweierlei Hinsicht. Erstens gehe ich nicht von einer vorgefundenen Disziplin, sondern von einem Gegenstand aus, der von verschiedenen diskursiven Praktiken unterschiedlich konstituiert wird. Und zweitens soll nicht die Entwicklung einer diskursiven Praxis hin zur Wissenschaft untersucht werden, sondern das Verhältnis zwischen Literatur und Wissen. Auf ein in diesem Zusammenhang ins Gewicht fallendes Defizit in Foucaults Theorie, nämlich den Ausschluß des Imaginären im Rahmen der „territoires archéologiques" hat Rainer Warning hingewiesen, der zugleich das Konzept einer poetischen Konterdiskursivität entwickelt. Für ihn bilden die Episteme und das Imaginäre „eine wesentlich komplexe, eine wesentlich hybride Einheit", die nicht durch semantische, sondern nur durch prag-

---

[4] Ebd., 239.

[5] Vgl. den Artikel „Traum", in: Städtler, *Lexikon der Psychologie*, 1114-1118, hier: 1115. Es ist bezeichnend, daß die Experimentalpsychologie, die schon deutlich früher als wissenschaftlich betrachtet werden kann, die Beschäftigung mit dem Traum im Rahmen ihrer Verwissenschaftlichung aufgibt.

[6] Foucault, *L'Archéologie du savoir*, 239.

[7] Für die Psychoanalyse ist allerdings sehr strittig, ob sie prinzipiell in der Lage ist, diese Schwelle zu überschreiten (vgl. etwa die Arbeiten von Adolf Grünbaum, vor allem *Psychoanalyse in wissenschaftstheoretischer Sicht*).

[8] Foucault, *L'Archéologie du savoir*, 240.

matische Oppositionen zu trennen sei: Der poetische Konterdiskurs, der über eigene, etwa durch die Gattungstradition festgelegte Formationsregeln verfüge, gehe mit dem Wissen weniger diszipliniert um[9]. Vor allem aber, und das ist hier der entscheidende Punkt, gibt es nach Warning keine diskursive Praxis ohne imaginäre Besetzungen. Warning schließt dabei an die Theoriebildung zum gesellschaftlichen Imaginären bei Cornelius Castoriadis an, der von einem nichtrealisierbaren Begehren ausgeht. Das Imaginäre ist dann eine „création incessante et essentiellement indéterminée de figures/formes/ images, à partir desquelles seulement il peut être question de « quelque chose »"[10]. Diese imaginären Besetzungen können beispielsweise aus früheren Diskursen, aus Tiefenmetaphysiken oder mythischen Erzählungen stammen. Sie lassen sich nicht nur in literarischen Texten ausmachen, wo sie oft sehr deutlich sind, sondern auch in den Diskursen des Wissens[11].

Im Fall der für den Traum relevanten Diskurse stellt die Hieroglyphe ein Beispiel für die Virulenz imaginärer Besetzungen dar. Spätestens seit der Renaissance ist immer wieder eine thematische Engführung von Hieroglyphen und Traum zu beobachten, die im wesentlichen über den gemeinsamen Nenner der Bildhaftigkeit, des Heiligen und des Geheimnisses funktioniert[12]. Vor ihrer jeweiligen „Entzifferung" durch Champollion respektive Freud stellen beide eine Projektionsfläche für Phänomene der Ursprünglichkeit, der Präsenz von Göttlichem, der Wahrheit, der Unmittelbarkeit und von Authentizität dar, die der sprachlichen Diskursivität entgegenstehen. Diese können allerdings unterschiedliche Bewertungen erfahren, die eng mit der Einstellung zum Bild zusammenhängen. Rationales und diskursives Denken weisen Ursprünglichkeit,

---

9 Rainer Warning, „Poetische Konterdiskursivität. Zum literaturwissenschaftlichen Umgang mit Foucault", in: ders., *Die Phantasie der Realisten*, München 1999, 313-345, hier: 321 f.

10 Cornelius Castoriadis, „Préface", in: ders., *L'Institution imaginaire de la société*, 7, zitiert nach Warning, „Poetische Konterdiskursivität", 321.

11 „Man kann kein Wissen konzipieren, keine Episteme, die nicht immer schon markiert, ja geradezu imprägniert ist durch das Imaginäre" (Warning, „Poetische Konterdiskursivität", 321).

12 Als erster Beleg für die thematische Engführung von Traum und Hieroglyphen wird im allgemeinen die *Hypnerotomachia Poliphili* (1499) Francesco Colonnas genannt. Der Held durchwandert dort im Traum ein Tal voller Ruinen, von denen viele mit ägyptischen Hieroglyphen versehen sind, die teils unverständlich bleiben, teils wie ein Bilderrätsel gedeutet und teils von einer Führerin erläutert werden. Vgl. dazu u. a. Aleida Assmann, „Traum-Hieroglyphen von der Renaissance bis zur Romantik", in: Benedetti, Hornung (Hgg.), *Die Wahrheit der Träume*, 119-144. Einen umfassenden Einblick in die Geschichte des Hieroglyphendiskurses gibt der Sammelband von A. Assmann, J. Assmann (Hgg.), *Hieroglyphen*.

Unmittelbarkeit und Bildhaftigkeit – und damit auch den Traum – als unvollkommene oder gar trügerische Ausdrucksweise zurück, während die Suche nach einer unmittelbaren Kommunikation und einer Präsenz des Entzogenen das Bild und den Traum aufwertet.

Besondere Konjunktur erlebt die Engführung von Traum und Hieroglyphen in der Romantik, die gleichzeitig eine Bedeutungserweiterung des Hieroglyphenbegriffs vornimmt. Nicht mehr nur die ägyptischen Schriftzeichen werden als Hieroglyphen bezeichnet, sondern jede mit bildlichen, körperlichen und lebendigen Zeichen operierende, zunächst rätselhaft erscheinende Schrift[13]. Die Engführung mit dem Traum besteht auch darüber hinaus noch fort, wenn auch mit einer erheblichen Umwertung: Freud verlegt, ganz in der Tradition von Champollion, den Fokus in der Parallelisierung von der stets vorgestellten, aber nie erreichbaren unmittelbaren Verständlichkeit der rätselhaften Zeichen auf deren mühsame, aber erfolgreiche Entzifferung. Dabei macht er sich jedoch die imaginären Besetzungen zunutze, um sich selbst eine Position der Macht zu erschreiben. Und selbst in neuesten wissenschaftlichen Publikationen schwingen die oben genannten Konnotationen nach wie vor mit, wenn der hieroglyphische Charakter des Traums als Ursache seines Faszinosums bezeichnet wird:

> Woran das liegt? Wohl sicher daran, daß diese nächtlichen Bilder aus unserem unverstellten innersten Denken abstammen, objektiv und zugleich hieroglyphisch sind[14].

Im folgenden soll anhand von zwei Beispielen herausgearbeitet werden, daß die Hieroglyphen zwei Modelle von Repräsentation und damit auch von Verstehen bereitstellen: William Warburtons *Essai sur les hiéroglyphes des Égyptiens* führt das Modell der Verrätselung und Entzifferung vor, während bei Novalis das der Verschleierung und Offenbarung vorherrscht. Im Verlauf der Arbeit wird sich dann zeigen, daß das von Freud ins Zentrum gerückte Paradigma von der Entzifferung von den Autoren zwar übernommen und teilweise selbst angewendet wird, das Paradigma der Offenbarung dadurch aber nicht gänzlich verschwindet.

---

13 Vgl. A. Assmann, „Traum-Hieroglyphen", 132 f. Die Vorstellung der Welt als Bildlexikon geht dabei so weit, daß, ähnlich wie in der Renaissance, die ganze Natur als Hieroglyphe gelesen werden kann (vgl. dazu u. a. die Studie von Blumenberg, *Die Lesbarkeit der Welt*, 233-266).

14 Wolfgang Leuschner, „Einleitung", in: Bareuther u. a. (Hgg.), *Traum und Gedächtnis*, 7-10, hier: 7.

2.2 Traumhieroglyphen

Heinrich von Ofterdingen (1802) ist, glaubt man dem Zeugnis Tiecks, in erster Linie ein poetologischer Roman, in dem Novalis seine Ansichten zur Poesie darlegen wollte[15]. Dazu schildert er den Weg seines Helden Heinrich zum Dichter als Initiation, die mit Träumen oder traumähnlichen Zuständen beginnt. Im fünften Kapitel steigt Heinrich zusammen mit einer Gruppe von Reisenden in eine Höhle hinab, in der sie auf einen Einsiedler treffen, der sich selbst wie „ein Traum der Zukunft" vorkommt (HO 308). Dieser besitzt ein Buch, dessen Bilder Heinrichs Interesse erwecken, während der Text in einer ihm fremden und unverständlichen Sprache verfaßt ist[16]:

> Die sauberen Bilder, die hier und da, wie verkörperte Worte, zum Vorschein kamen, um die Einbildungskraft des Lesers zu unterstützen, reizten mächtig seine Neugierde (HO 311).

Obwohl das Buch in provenzalischer Sprache abgefaßt ist, liegt die Parallele zu den Hieroglyphen nicht nur wegen der Illustrationen auf der Hand. Denn die für Heinrich fremde Sprache der Minnedichter transportiert schon in sich eine Bedeutsamkeit, und die Bilder erscheinen so, wie man die Hieroglyphen betrachtet hat, als „verkörperte Worte". Auf Befragen des Einsiedlers erfährt Heinrich später, daß es sich um einen „Roman von den wunderbaren Schicksalen eines Dichters" handelt, „worinn die Dichtkunst in ihren mannichfachen Verhältnissen dargestellt und gepriesen wird" (HO 313). So zeigt sich gleichzeitig, daß die Bilder allein nur eine ungefähre Vorstellung, eine traumartige Ahnung vermitteln können. Die ganze Bedeutung ergibt sich erst in der Kombination von Bildern und Sprache zur Dichtung.

---

15 Novalis, *Heinrich von Ofterdingen. Ein nachgelassener Roman von Novalis. Zwei Theile*, in: ders., *Werke, Tagebücher und Briefe*, Bd. 1, 237-413, hier: 405. Im folgenden beziehen sich die Seitenangaben im Text mit der vorangestellten Sigel HO auf diese Ausgabe.

16 Man könnte bei anderem Erkenntnisinteresse in dieser Szene die Analogien zwischen der Höhle und dem Unbewußten stark machen und Übereinstimmungen mit Freud hervorheben bzw. hier die Entdeckung des Unbewußten als Erinnerungsarchiv ausmachen, von dem Tiefenpsychologie und Psychoanalyse dann nur die späten Folgen sind. Für eine solche Lektüre vgl. Uwe C. Steiner, „Die Verzeitlichung romantischer Schrift(t)räume – Tiecks Einspruch gegen Novalis", in: *Athenäum. Jahrbuch für Romantik* 4 (1994), 311-347 und Hartmut Böhme, „Geheime Macht im Schoß der Erde. Das Symbolfeld des Bergbaus zwischen Sozialgeschichte und Psychohistorie", in: ders., *Natur und Subjekt*, Frankfurt am Main 1988, 67-144. Allerdings wäre dem mit Jens Heise entgegenzuhalten, daß Novalis für seine Konzeption des Traums noch gar kein Unbewußtes benötigt, daß der Traum vielmehr zum (ich-losen) Reflexionsmedium wird und den poetischen Grund der Welt repräsentiert (Heise, *Traumdiskurse*, 209 f.).

Heinrichs Verständnis des Buches in diesem ersten Teil des Romans beruht einzig auf den direkt auf Wirklichkeit verweisenden Bildern, und damit auf einem analogen und nicht arbiträren Modus der Repräsentation:

> Er hätte sehnlichst gewünscht, die Sprache zu kennen, denn das Buch gefiel ihm vorzüglich ohne daß er eine Sylbe davon verstand. Es hatte keinen Titel, doch fand er noch beym Suchen einige Bilder. Sie dünkten ihm ganz wunderbar bekannt, und wie er recht zusah, entdeckte er seine eigene Gestalt ziemlich kenntlich unter den Figuren. Er erschrack und glaubte zu träumen, aber beym wiederhohlten Ansehn konnte er nicht mehr an der vollkommenen Ähnlichkeit zweifeln. [...] Er sah sein Ebenbild in verschiedenen Lagen. Gegen das Ende kam er sich größer und edler vor (HO 312).

Die Ähnlichkeit dieses Betrachtens mit einem Traum wird mehrfach hervorgehoben. Zum einen wird gesagt, daß Heinrich zu träumen glaubte, und wenig später werden die Figuren auf den Bildern auch als „Gestalten seines Traumes" bezeichnet, obwohl deutlich gemacht wird, daß es sich um keinen Traum im eigentlichen Sinne handelt (HO 312). Zum anderen steht ein unbestimmtes Gefühl der Bekanntheit am Anfang des Betrachtens, bevor Heinrich seine eigene Gestalt erkennt. Im letzten Satz dieser Passage ist dann eine Identität des Betrachters mit der abgebildeten Gestalt erreicht, wenn grammatikalisch nicht mehr zwischen dem Betrachter und dem Betrachteten zu unterscheiden ist. Was Heinrich bei dieser Art von Lektüre erfährt, tut sich ihm nicht durch eine Entzifferung kund, sondern im Betrachten der Bilder durchlebt er sein eigenes Leben und erhält, wie im anfänglichen Traum von der blauen Blume, eine Ahnung von seiner Bestimmung zum Dichter.

Noch deutlicher wird die Verbindung von Lesen, Leben und Offenbarung in den *Lehrlingen zu Sais*, in denen der Offenbarungscharakter der Hieroglyphen als einer Entschlüsselung generell entzogen erscheint und nur durch eine initiatorische Enthüllung zugänglich wird[17]. Sowohl die Wege der Menschen als auch die ganze Natur werden eingangs als Hieroglyphenschrift erkennbar, zu welcher der Schlüssel fehlt. Der Lehrer erläutert, daß diese Schrift keiner Erklärung bedarf, weil sie aufgrund ihrer Wahrhaftigkeit in Übereinstimmung mit der Harmonie des Weltalls stehe:

---

[17] Dies entspricht den Ansichten der Gelehrten in der Renaissance, die in den Hieroglyphen ebenfalls kein Medium der Kommunikation, sondern eines der Initiation sahen (vgl. J. Assmann, *Moses der Ägypter*, 150).

> Keiner Erklärung bedarf die heilige Schrift. Wer wahrhaft spricht, ist des ewigen Lebens voll, und wunderbar verwandt mit ächten Geheimnissen dünkt uns seine Schrift, denn sie ist ein Accord aus des Weltalls Symphonie[18].

Diese Schrift, die gesprochen wird und darin mit Derridas Bestimmung der natürlichen Schrift als der Stimme gleichwertig übereinstimmt, ist kein Medium der Wissensspeicherung oder der Kommunikation, sondern sie wird zum musikalischen Akkord und zum Ausdruck des Lebens selbst. Dem liegt die Vorstellung eines Geheimnisses zugrunde, an das sie zu rühren vermag und das sich nicht auf die Form der Verrätselung bezieht, sondern das Wesen der Dinge selbst betrifft. Die Schriftzeichen haben daher auch keinen Verweischarakter, sondern sie sind der Schmuck, der das wahre Wesen umgibt: die „wunderlichen Haufen und Figuren in den Sälen" sind nur „Bilder, Hüllen, Zierden, versammelt um ein göttlich Wunderbild"[19]. Diese Zeichen müssen nicht gelesen oder entziffert werden, sondern es gilt, das Wunderbild zu entschleiern, wozu der Weg der Initiation, der zur Selbstüberschreitung werden kann, beschritten werden muß:

> Auch ich will also meine Figur beschreiben, und wenn kein Sterblicher, nach jener Inschrift dort, den Schleier hebt, so müssen wir Unsterbliche zu werden suchen[20].

Mit dem Bezug auf die Inschrift des Tempels zu Saïs ruft Novalis das „Geheimnis aller Geheimnisse" auf, als welches das verschleierte Bild zu Saïs, das mit der Ikonographie der Isis identifiziert wurde, im 18. Jahrhundert galt. Dieses kann nur in der Unmittelbarkeit der mystischen Schau enthüllt werden, in der der Initiand sprachlos der Natur gegenüber steht[21]. In den *Lehrlingen zu Sais* gelingt die Schleierhebung in dem eingeschobenen Märchen von Hyazinth und Rosenblüth. Zur Voraussetzung dafür wird der Traum, in dem die Begrenztheit der Sterblichkeit überwunden werden kann. An dem gesuchten Ort angekommen schläft Hyazinth ein, „weil ihn nur der Traum in das Allerheiligste führen durfte"[22]. Der Traum transzendiert die bekannte Welt, indem er ihr eine höhere Dimension hinzufügt:

---

[18] Novalis, *Die Lehrlinge zu Sais*, in: ders., *Werke, Tagebücher und Briefe*, Bd. 1, 199-236, hier: 201.

[19] Ebd., 203 f.

[20] Ebd., 204.

[21] J. Assmann, *Moses der Ägypter*, 157 und 186 f. Es ist im übrigen fraglich, ob die Inschrift, die in dieser Form überliefert ist, tatsächlich so gelautet hat (ebd., 176-178).

[22] Novalis, *Die Lehrlinge zu Sais*, 218.

> Es dünkte ihm alles so bekannt und doch in niegesehener Herrlichkeit, da schwand auch der letzte irdische Anflug, wie in Luft verzehrt, und er stand vor der himmlischen Jungfrau, da hob er den leichten, glänzenden Schleyer, und Rosenblüthchen sank in seine Arme[23].

Obwohl die Entschleierung ihn scheinbar wieder zum Ausgangspunkt seiner Suche, nämlich zu Rosenblüthchen zurückführt, die er anfangs auf der Suche nach der Göttin Isis verlassen hatte, eröffnet sich für Hyazinth durch die Schleierhebung in diesem Traum eine neue Dimension in seiner Alltagswelt, und Rosenblüthchen erlangt für ihn eine neue Qualität. So beraubt der Traum die Objekte ihrer irdischen Banalität, erlaubt den Zugang zu einer Wahrheit, die im Wachleben unter den Schleiern des Irdischen verhüllt bleibt. Der Traum wird bei Novalis nicht gelesen, sondern als Enthüllung erlebt, die ihn vom Zwang der Deutung befreit.

Ganz anders bei William Warburton, der im Rahmen seines Werks *The Divine Legation of Moses* (1737-41) eine der interessantesten Traumtheorien des 18. Jahrhunderts entwickelt, die ebenfalls im Zusammenhang mit den Hieroglyphen steht. Im vierten Teil des vierten Buches, der dem Ursprung und der Entwicklung von Sprache und Schrift gewidmet ist und in seiner 1744 unter dem Titel *Essai sur les hiéroglyphes des Égyptiens* publizierten französischen Übersetzung große Wirkung entfaltete, führt Warburton den Ursprung der Traumdeutungskunst auf Aberglauben zurück und unterstellt den alten Ägyptern eine Technik der Deutung, die sich auf die Hieroglyphenschrift stützt[24]. Nach dieser konstruierten Theorie betrachteten die Ägypter sowohl die Träume als auch die Hieroglyphen als Eingebungen der Götter, weshalb sich die Hieroglyphen ganz natürlich als Deutungsmodell angeboten hätten:

> Ceux qui les [les premiers Interprétes des songes, S. G.] consultoient auront voulu trouver une analogie connue, qui servît de fondement à leur déchiffrement ; et eux-mesmes auront eu également recours à une autorité avouée, afin de soutenir leur science. Mais quelle autre analogie, et quelle autre autorité pouvait-il y avoir, que les *Hiéroglyphes symboliques*, qui étoient alors devenus une chose sacrée et mystérieuse ?[25]

---

23 Ebd.

24 Die Enzyklopädisten nehmen in den Artikeln über „Écriture" und „Hiéroglyphes" ebenso die Grundzüge von Warburtons Vorstellungen auf wie Condillac in seinem *Essai sur l'origine des connaissances humaines*. Ich zitiere daher aus der französischen Übersetzung, die zudem durch diverse Eingriffe des Übersetzers das im weiteren noch wichtige Bild des Schleiers in eine hervorragende Position rückt. Zu den Eingriffen des Übersetzers vgl. Jacques Derrida in seinem Vorwort „SCRIBBLE (pouvoir/écrire)", in: Warburton, *Essai sur les hiéroglyphes des Égyptiens*, 7-42.

25 Warburton, *Essai sur les hiéroglyphes des Égyptiens*, 192.

Neben der strukturellen Analogie – Warburton betrachtet Hieroglyphen und Traum beide als Bilder – prädestinieren also Heiligkeit und Geheimnis der Hieroglyphen diese für die Verwendung in der Traumdeutung. Der Traum interessiert Warburton jedoch nicht wirklich; die vermutete Technik der Traumdeutung dient ihm lediglich als Beleg für das hohe Alter der Hieroglyphen, das er in diesem Abschnitt beweisen will[26]. Warburton selbst, der in bezug auf die Hieroglyphen sprachevolutionäre Thesen entwickelt, glaubt keineswegs an die Möglichkeit der Traumdeutung; als Erklärung kommt für ihn außer Betrug nur Aberglaube in Betracht[27]. Darin zeigt sich deutlich die kartesianische Ausgrenzung des Traums aus dem Bereich des Wissens, die in der frühen Neuzeit beginnt und in der Aufklärung ihren Höhepunkt erreicht[28].

Für Warburton, der in der Entwicklung der Schrift von der reinen Bilderschrift der Azteken über die Hieroglyphen der Ägypter und die Ideogramme der Chinesen hin zur Buchstabenschrift ein allmähliches Zurückweichen des Bildes konstatiert, stellen die Hieroglyphen eine Stufe des Übergangs von der mimetischen Abbildung zur höherstehenden Fähigkeit der Symbolisierung dar, die die Voraussetzung für jede abstrakte Form der Schrift und schließlich auch für Geheimschriften ist. Jacques Derrida hat in seiner Studie sehr deutlich herausgearbeitet, daß zur Hauptfrage des *Essai* das Problem wird, wie die Schrift verschleiert werden konnte: „Comment l'écriture devient-elle *voilée* (couverte et tordue, dissimulée et retorse, masquée, hypocrite) ?"[29]. Bei Warburton impliziert die Verschleierung jedoch ganz andere Vorstellungen als bei Novalis. Vor allem in der französischen Fassung des *Essai sur les hiéroglyphes* wird der Schleier zum Symbol für Verstellung, Entstellung und Verstümmelung[30]. Warburton erläutert das mit der zunehmenden Komplexität der Hieroglyphen, die zu einer Geheimschrift werden. An die Stelle der Ähnlichkeit tritt dabei das Prinzip der Differenz und der Uneigentlichkeit, denn beim hieroglyphischen Zeichen handelt es sich immer um

---

26 Denn wenn die bereits im Alten Testament bekannte Traumdeutungskunst aus der Hieroglyphenschrift abgeleitet ist, muß diese zwangsläufig noch älter sein (ebd., 195 f.).

27 „Or les premiers Interprétes des songes n'étoient point des fourbes et des imposteurs. Il leur est seulement arrivé, de même qu'aux premiers Astrologues judiciaires, d'être plus superstitieux que les autres hommes de leur tems, et de donner les premiers dans l'illusion" (ebd., 192).

28 Vgl. dazu Vittorio Mathieu, „La Filosofia di fronte al sogno", in: Bronca u. a. (Hgg.), *I Linguaggi del sogno*, 15-40.

29 Derrida, „SCRIBBLE", 28 f.

30 Léonard des Malpeines benutzt das Wort „voile" für verschiedene Begriffe im englischen Original wie beispielsweise „cover" und „vehicle" (vgl. Derrida, „SCRIBBLE", 14, Fn 2).

die symbolische Darstellung einer „chose différente que l'on sous-entend"[31]. Dieses Denken der Differenz, das auch für Freuds Verständnis des Traums als System von Umschriften prägend ist, steht im Gegensatz zur Vorstellung einer ursprünglichen Präsenz und der Möglichkeit einer adäquaten Repräsentationsmöglichkeit. Aus dieser Perspektive funktionieren die Hieroglyphen nach dem Prinzip der Verrätselung, und ihr Verständnis erfordert keine Offenbarung, sondern eine Technik der Entzifferung. Dieses Modell liegt auch Freuds Traumtheorie zugrunde, nach der die latenten Traumgedanken durch die Mechanismen der Traumarbeit verschlüsselt und unkenntlich gemacht werden, was dann im Prozeß der Deutung wieder rückgängig gemacht werden muß. Während bei Novalis der Verschleierung eine bildlich genommene Entschleierung folgt, stellt die Verschleierung bei Warburton und bei Freud eine Technik dar, die es auch mit einer Technik wieder aufzulösen gilt.

2.3 Historische Vorläufer: Französische Aufklärung und deutsche Romantik

Mit der Unterscheidung von Offenbarung und Entzifferung ist eine wichtige systematische Fragestellung für diese Arbeit formuliert. Im folgenden sollen vor allem einige diskursgeschichtliche Voraussetzungen behandelt werden. Denn zum Gegenstand des Diskurses wird der Traum ja nicht erst um die Mitte des 19. Jahrhunderts im Rahmen der Psychopathologie.

In der Antike sucht der mantische Diskurs, der vor allem durch das Traumbuch des Artemidor von Daldis überliefert ist, nach einer Anleitung zur Deutung von Träumen, wofür er auf eine Reihe von Unterscheidungskriterien angewiesen ist. Dieser in erster Linie hermeneutische Ansatz wird auch von christlichen Traumtheorien in leicht modifizierter Form weitertransportiert und bleibt bis in die Renaissance dominierend[32]. Der Einsatz des Traums zur medizinischen Diagnostik steht vor allem bei Hippokrat, aber auch bei Aristoteles im Vordergrund[33].

---

[31] Warburton, *Essai sur les hiéroglyphes des Égyptiens*, 132.

[32] Zu Artemidor von Daldis vgl. Heise, *Traumdiskurse*, 52-86; Bernd Manuwald, „Traum und Traumdeutung in der griechischen Antike", in: Hiestand (Hg.), *Traum und Träumen*, 15-42. Zur Weiterentwicklung bis zur Renaissance vgl. Mathieu, „La Filosofia di fronte al sogno", 15-40; Jacques Le Goff, „Le Christianisme et les rêves", in: ders., *L'Imaginaire médiéval*, Paris 1985, 265-316; Françoise Charpentier, *Le Songe à la Renaissance*, Saint-Etienne 1990.

[33] Joachim Latacz, „Funktionen des Traums in der antiken Literatur", in: Wagner-Simon, Benedetti, *Traum und Träumen*, 10-31.

Einen wichtigen Einschnitt stellt dann zu Beginn der Neuzeit die Behandlung des Traums bei Descartes dar. Dieser rückt die Frage nach der Unterscheidung von Traum und Realität in den Vordergrund und bindet den Traum damit in den Rahmen einer Erkenntnistheorie ein. Dabei geht es nicht mehr um die Bedeutung von Träumen, sondern um das Problem der Selbsttäuschung bzw. um die Frage, wie das Denken sich seiner selbst versichern kann[34].

Im Zuge der Aufklärung schließlich entsteht ein verstärktes Interesse an den physiologischen Vorgängen während des Traums, und hier ist auch mein Ansatzpunkt für die Darstellung der historischen Voraussetzungen für den sich um 1850 entwickelnden psychopathologischen Traumdiskurs in Frankreich. Anhand der Einträge in der *Encyclopédie* von Diderot und d'Alembert werde ich exemplarisch die Traumauffassung der Aufklärung darstellen. Dies hat zugleich den Vorteil, einen – allerdings von der Perspektive der Aufklärung geprägten – Einblick in eine Vielzahl von Diskursen über den Traum zu geben.

Anschließend sollen dann zwei Gespräche über den Traum aus Texten der deutschen Romantik vorgestellt werden, die sich in unterschiedlicher Weise von aufklärerischen Positionen absetzen und dem Traum gewissermaßen „vor den Toren der Rationalität" wieder eine Bedeutung zusprechen, wobei er „zum Künder des allein rational nicht mehr Faßbaren, zur Quelle einer tieferen Weisheit werden" kann[35]. Die deutsche Romantik ist für viele Autoren der zweiten Hälfte des 19. Jahrhunderts, darunter auch Nerval und Baudelaire, als Bezugspunkt wichtiger als die französische Romantik[36]. Es handelt sich hier um eine Passage aus dem ersten Kapitel von Novalis' *Heinrich von Ofterdingen* (1802) und um den *Magnetiseur* (1814) von E.T.A. Hoffmann. Letzterer stellt zudem die Nähe zu pathologischen und magnetistischen Phänomenen her, die sowohl bei Nerval als auch im psychopathologischen Traumdiskurs des 19. Jahrhundert eine Rolle spielen.

2.3.1 Das „territoire archéologique" der Traumdiskurse zur Zeit der Aufklärung

Unter dem Eintrag „Rêve" in der *Encyclopédie* von Diderot und d'Alembert begegnet zunächst der Verweis auf den Artikel „Songe".

---

[34] Vgl. dazu Heise, *Traumdiskurse*, 142-180; Niessen, *Traum und Realität*.

[35] Teuber, *Sprache – Körper – Traum*, 307.

[36] Vgl. Vordtriede, *Novalis und die französischen Symbolisten*.

Aber auch unter „Rêve“ finden sich Aussagen zum Traum, so daß insgesamt acht nach Wissensgebieten geordnete Einträge zu verzeichnen sind:

Rêve, s. m. (Métaphysique)

Rêve, (Médecine)

Songe, s. m. (Métaph. & Physiol.)

Songe vénérien, (Médec.)

Songe, (Critique sacrée)

Songes, (Mythol.)

Songe, (Poésie)

Songes, fête des, (Hist. mod.)[37].

Bei dieser Liste fällt zunächst auf, daß „Songe“ sowohl vom Bedeutungsumfang als auch von der Länge der Einträge her der wesentlich umfassendere Begriff ist. Während der „Rêve“ nur in den Bereich von Metaphysik und Medizin fällt, sind für den „Songe“ darüber hinaus auch Physiologie, Bibelkritik, Mythologie, Poesie und in gewissem Maße sogar die moderne Geschichte zuständig. Der „Rêve“ deckt also nur einen Teilbereich von „Songe“ ab, ohne in anderen Bereichen darüber hinauszugehen[38]. Medizin, Physiologie und die in Ansätzen erkennbare Psychologie, die im 19. Jahrhundert viel zur Erforschung des Traums beitragen werden, haben gemeinsam, daß sie in den Bereich der Wissenschaft fallen, während die nachgestellten Einträge aus den Bereichen Bibelkritik, Mythologie und Poesie sowie die Schilderung der „Fête des songes“ dem Bereich von Literatur und Mythos zuzurechnen sind.

An erster Stelle steht jeweils die Metaphysik, ohne daß sie jedoch befriedigende Erklärungen bieten könnte. Im Artikel „Rêve (Métaphysique)“ heißt es nur, daß die Geschichte der Träume wegen der Einwände der Idealisten von großer Bedeutung, aber leider wenig bekannt sei. Der Artikel betont, daß trotz der Tatsache, daß wir im Traum Dinge sehen, die nicht da sind, dem Traum immer ein Eindruck zugrunde liegen müsse: „[…] la cause des *rêves* est donc toute impression quelconque, forte, fréquente & dominante“. Diese sensualistische Grundannahme liegt auch dem Artikel „Songe (Métaph. & Physiol.)“ zugrunde, der sich im übrigen

---

[37] Artikel „Rêve“, in: *Encyclopédie, ou Dictionnaire raisonné des sciences, des arts et des métiers*, hg. von Denis Diderot und Jean LeRond d'Alembert, Faksimile-Druck der Erstausgabe 1751-1780, Stuttgart-Bad Cannstatt 1967, Bd. 14, 223 und Artikel „Songe“, ebd., Bd. 15, 354-357.

[38] Ausführlicher zur Bedeutungsabgrenzung von „Rêve“ und „Songe“ vgl. infra Teil II, Kap. 2. 2.

an Jean-Henri-Samuel Formeys *Essai sur les songes* (1746) orientiert. Da dessen Ausführungen in ähnlicher Weise im psychopathologischen Traumdiskurs des 19. Jahrhunderts wiederkehren, seien sie hier etwas ausführlicher dargestellt. Der Artikel beginnt mit einer Beschreibung des Traumzustandes als

> [...] un état bizarre en apparence, où l'âme a des idées sans y avoir de connaissance réfléchie, éprouve des sensations sans que les objets externes paroissent faire aucune impression sur elle ; imagine des objets, se transporte dans des lieux, s'entretient avec des personnes qu'elle n'a jamais vues, & n'exerce aucun empire sur tous ces fantomes qui paroissent ou disparoissent, l'affectent d'une maniere agréable ou incommode, sans qu'elle influe en quoi que ce soit[39].

In dem Bestreben, alles rational erklären zu können, wird dem Traum hier selbst die Bizarrheit nur als scheinbare zugestanden. Sie soll davon herrühren, daß die Seele anscheinend ohne jeden Bezug zur Außenwelt in einer nur imaginierten Welt agiert, auf die sie jedoch keinen Einfluß hat. Zur Erklärung werden sowohl physiologische als auch vermögenspsychologische Argumente herangezogen.

Grundsätzlich wird das Träumen als eine kontinuierliche Tätigkeit der Seele während des Schlafs betrachtet, die jedoch unterschiedlich deutliche Erinnerungen hinterläßt. Die Frage, ob jemand geträumt hat oder nicht, wird so zur Frage, ob er die Träume wahrnimmt oder nicht[40]. Das zu Eingang des Eintrags genannte Prinzip, die „expérience" zum Leitfaden der Erforschung des Traums zu machen, wird allerdings aufgegeben, wenn es darum geht, das zu beobachten, was im Schlaf vor dem Auftreten der Träume geschieht. Da sich dies der Beobachtung entzieht, muß dafür das „raisonnement" eintreten, das auf sensualistischen Grundannahmen beruht: „Un acte quelconque d'imagination est toujours lié avec une sensation qui le précede, & sans laquelle il n'existeroit pas"[41]. Obwohl dem aktuellen Zustand der Seele ein gewisser Einfluß auf die Träume zugestanden wird, geht der entscheidende Einfluß von den Empfindungen aus, die von außen (Sinnesreize) oder von innen (Leibreize) kommen können[42]. So wird zwangsläufig eine Empfindung zum

---

[39] Artikel „Songe" in der *Encyclopédie* von Diderot und d'Alembert, 354.

[40] Im Anschluß an zeitgenössische Theorien über das Nervensystem werden dafür allein physische Ursachen verantwortlich gemacht, nämlich die Menge der vorhandenen Lebensgeister, die tagsüber verbraucht und nachts regeneriert werden. So ist erst in den frühen Morgenstunden ein Maß erreicht, das die Wahrnehmung der Träume möglich macht.

[41] Ebd., 356.

[42] „Ce n'est pas, au reste, que tout cela ne soit modifié par l'état actuel de l'ame, par ses idées familieres, par ses actions, les impressions les plus récentes qu'elle a reçues étant

Auslöser des Traums, die sich dann durch Akte der Imagination fortsetzt: „tout songe commence par une sensation & se continue par une suite d'actes d'imagination“[43].

Aus vermögenspsychologischer Perspektive kommt es dabei zu einem Kontrollverlust, da die Imagination sich vom Willen löst: „L'imagination de la veille est une république policée, où la voix du magistrat remet tout en ordre ; l'imagination des *songes* est la même république dans l'état d'anarchie“[44]. Diese klare Trennung von Traum und Wachen durch Gesetz und Anarchie kehrt wieder, wenn abschließend die grundlegende Differenz zwischen Traum und Wachen aufgrund des Wahrheitskriteriums theoretisch benannt wird: „Toute notre vie est partagée entre deux états essentiellement différens l'un de l'autre, dont l'un est la vérité & la réalité, tandis que l'autre n'est que mensonge & illusion“[45]. Ohne Nennung der Namen werden sowohl Pascals Gedankenexperiment, was wohl wäre, wenn wir jede Nacht dasselbe träumten[46], als auch Descartes' Kriterium zur Unterscheidung von Traum und Wachen aus der sechsten Meditation[47] zitiert: „Les événemens sont liés entre eux d'une maniere naturelle & intelligible, au lieu que dans les *songes*, tout est décousu, sans ordre, sans vérité“[48]. Die metaphysische Komponente dieses Artikels bezieht sich also in erster Linie auf die von Pascal und Descartes aufgeworfene Frage nach dem Platz des Traums in einer Erkenntnistheorie[49], sie wird jedoch so eng mit physiologischen Annahmen verknüpft, daß

---

les plus aisées à se renouveller : de-là vient la conformité fréquente que les *songes* ont avec ce qui s'est passé le jour précédent, mais toutes les modifications n'empêchent pas que le *songe* ne parte toujours d'une sensation, & que l'espece de cette sensation ne détermine celle du *songe*“ (ebd.).

43 Ebd.

44 Ebd., 355.

45 Ebd., 357.

46 „Si un artisan était sûr de rêver toutes les nuits douze heures durant qu' <il> était roi, je crois qu'il serait presque aussi heureux qu'un roi qui rêverait toutes les nuits douze heures durant qu'il serait artisan“ (Pascal, *Pensées*, 814, Fragment 662).

47 „[...] nunc enim adverto permagnum inter utrumque esse discrimen in eo, quod numquam insomnia cum reliquis omnibus actionibus vitae a memoria coniungantur, ut ea, quae vigilanti occurrunt“ / „[...] jetzt nämlich merke ich, daß zwischen beiden der sehr große Unterschied ist, daß meine Träume sich niemals mit allen übrigen Erlebnissen durch das Gedächtnis so verbinden, wie das, was mir Wachen begegnet“ (Descartes, *Philosophische Schriften in einem Band*, 160 f.).

48 Artikel „Songe“ in der *Encyclopédie* von Diderot und d'Alembert, 357.

49 Foucault setzt zu Beginn der Neuzeit eine grundlegende Neubestimmung des Verhältnisses von Wachheit und Traum sowie von Vernunft und Wahnsinn an, die er nicht zuletzt an Descartes' Aussagen zum Traum festmacht (*Histoire de la folie*, 67-70). Bis zur frühen Neuzeit hatte hingegen die Einordnung des Traums zwischen Täuschung und Offenbarung geschwankt (vgl. dazu Mathieu, „La Filosofia di fronte al sogno“).

eine Trennung der Disziplinen nicht mehr möglich ist. Von der Aufklärung ausgehend etabliert sich im 19. Jahrhundert die Physiologie als eigene Wissenschaftsdisziplin, und eine Auseinandersetzung mit dem Traum ist ohne Betrachtung seiner physiologischen Grundlagen kaum denkbar. Auch die ab circa 1845 einsetzende Psychologisierung des Traums wird sich noch auf das hier vorgeschlagene Modell der Anarchie der Imagination beziehen.

Den beiden medizinischen Einträgen liegen antike Theorien zugrunde. Der Eintrag „Rêve" gibt die Vorstellungen Hippokrats zur Verwendung des Traums zu diagnostischen und prognostischen Zwecken nach der Darstellung von Lommius wieder, derjenige zum „Songe vénérien" zählt vor allem therapeutische Möglichkeiten zur Vermeidung erotischer Träume nach Coelius Aurelianus auf.

Während die Artikel aus dem wissenschaftlichen Bereich versuchen, das Phänomen des Traums zu erklären oder für therapeutische Zwecke nutzbar zu machen, beschränken sich die Artikel aus den anderen Bereichen im wesentlichen auf das Aufzählen oder Zitieren von Beispielen. So werden im Eintrag bezüglich der Bibelkritik Beispiele für prophetische Träume aus der Bibel angegeben, wobei am Beispiel von Daniels Deutung der Träume des Nebukadnezar auf die Unterschiede der göttlich inspirierten Deutung Daniels und der zu erlernenden Deutungskunst der orientalischen Philosophen hingewiesen wird. Eine Bewertung findet nicht statt, und der Artikel wendet sich schließlich aufgrund der widersprüchlichen Darstellung in den verschiedenen Kapiteln des Buchs Daniel der Frage zu, ob das Buch nicht von unterschiedlichen Verfassern stammt. Insofern führt der Artikel vor, welche Schwierigkeiten die Aufklärung mit den prophetischen Träumen in der Bibel hat, die ihren Grundannahmen widersprechen, aber aufgrund der Autorität der Bibel nicht völlig geleugnet werden können.

Für die Mantik, d. h. die Traumdeutungskunst der griechischen (und römischen) Antike, die ebenfalls im Widerspruch zur aufklärerischen Traumauffassung steht, wird beiläufig am Ende des Eintrags zum „Songe" in der Mythologie auf einen eigenen Eintrag zur „Onéirocritique" verwiesen. Im Vordergrund stehen in diesem Eintrag jedoch die bei Ovid erwähnten Traumgötter, die Söhne des Somnus, sowie die berühmte Stelle aus der Odyssee, in der Penelope auf die Unterscheidung zwischen wahren und falschen Träumen hinweist, von denen die einen durch die Pforte aus Horn, die anderen aber durch die aus Elfenbein kommen (*Odyssee*, Kap. XIX). Bereits hier also stellt die Literatur die Quelle für die Beispiele dar, die allerdings nicht kommentiert, sondern nur zitiert werden. Im Bereich der Poesie schließlich gilt der Traum als eine Fiktion, die in unterschiedlichen Gattungen verwendet werden kann. Anstelle einer Analyse der Technik steht hier wieder ein umfangreiches Zitat, nämlich der als vorbildhaft gestaltet geltende Traum von Athalie aus dem gleichnamigen Drama von Racine (Akt II, Szene 5). Schließlich werden in dem Eintrag zur „Fête des songes" Bräuche der Wilden aus Nordamerika berichtet, bei denen während dieses Festes für eine Dauer von vierzehn Tagen verkehrte Welt herrscht. Diese Annahmen über den prophetischen Traum, Botschaften aus einer anderen Welt oder die Umkehrung der Ordnung, die sich mit einer rationalen Erklärung des Traums, wie sie in den Metaphysik/Physiologie-Artikeln gemacht werden, nicht vereinen lassen, werden in den entsprechenden Artikeln nur zitiert, aber keiner kritischen Betrachtung unterzogen. Offensichtlich ist dieser Bereich den Autoren der *Encyclopédie* in einem Maße fremd, das allenfalls eine ästhetische Wertschätzung der Literatur erlaubt, aber keine ernsthafte Auseinandersetzung mit den darin vertretenen Ansichten.

2.3.2 Novalis und der Traum als freie Entfaltung der Phantasie

Im *Heinrich von Ofterdingen* entspinnt sich im Anschluß an den berühmten Traum von der blauen Blume eine Diskussion zwischen Heinrich und seinen Eltern über verschiedene im Rahmen der aufklärerischen Traumtheorie gängige Auffassungen, die von Heinrich in Frage gestellt werden und denen er tastend einen neuen Ansatz gegenüberstellt[50].

Wenn die Mutter annimmt, Heinrich habe sich wohl auf den Rücken gelegt oder beim Abendsegen fremde Gedanken gehabt, so steht das durchaus mit der physiologisch orientierten Traumtheorie der Aufklärung in Zusammenhang, in der in jedem Fall eine Sinnesempfindung den Ausgangspunkt des Traumes darstellt. Die Annahmen verweisen allerdings deutlich auch auf eine ältere Tradition, nämlich auf die mantische

[50] Für eine umfassendere Einschätzung der Traumtheorie bei Novalis vgl. den Aufsatz von Manfred Engel, der diese vor allem aufgrund einzelner Bemerkungen im *Allgemeinen Brouillon* und im Kontext ihrer Zeit zu rekonstruieren versucht (Engel, „Träumen und Nichtträumen zugleich"), sowie das Kapitel zum *Heinrich von Ofterdingen* bei Heise (*Traumdiskurse*, 181-212), der den Traum bei Novalis als Reflexionsmedium und autonome Form der Produktion ohne Notwendigkeit eines Ich-Bewußtseins beschreibt. Hinweise auf die Rolle des Traums in der Naturphilosophie finden sich bei Walter Hinderer, „Wege zum Unbewußten. Die transzendentale Naturphilosophie und der Traumdiskurs um die Wende vom 18. zum 19. Jahrhundert", in: Manuel Köppen, Rüdiger Steinlein (Hgg.), *Passagen. Literatur – Theorie – Medien. Festschrift für Peter Uwe Hohendahl*, Berlin 2001, 75-92.

Theorie von somatischen Träumen, die im Körper erzeugt werden[51]. Die Mutter, die nur nach den Traumauslösern, nicht aber nach der Bedeutung fragt, berücksichtigt jedoch nicht, und auch das ist aufklärerisch, daß der alten Tradition zufolge Morgenträume die bedeutendsten sind.

Im Gegensatz zu ihr geht der Vater auf die Frage nach dem Sinn der Träume ein, den er entsprechend der aufklärerischen Tradition vehement leugnet: „Träume sind Schäume". Daher hält er auch Deutungen für „unnütze[.] und schädliche[.] Betrachtungen" (HO 243). Wenn er allerdings unter Berufung auf die Bibel zugesteht, daß es in früheren Zeiten übernatürliche Träume gegeben habe, „wo zu den Träumen göttliche Gesichte sich gesellten" (HO 243), so zeigt sich, daß er sich nur der schwachen Variante der deistischen Wunderkritik bedient[52]. Dabei ist zu beachten, daß mit den „göttlichen Gesichten" in der Bibel oder den Visionen der Mystiker, auf die hier ebenfalls angespielt wird, kein Deutungsproblem verbunden war, da sie unmittelbar verständlich waren.

Das ist bei Heinrich nicht der Fall. Seine eigene Position, die zunächst noch zögernd und vage erscheint, knüpft jedoch an die Frage nach der Bedeutsamkeit an und entwickelt sich unabhängig von körperlichen Traumauslösern:

> Ist nicht jeder, auch der verworrenste Traum, eine sonderliche Erscheinung, die auch ohne noch an göttliche Schickung dabey zu denken, ein bedeutsamer Riß in den geheimnißvollen Vorhang ist, der mit tausend Falten in unser Inneres hereinfällt ? (HO 244)

Unabhängig von seiner Herkunft, die in der mantischen und, daran anschließend, in der christlichen Tradition die Grundlage für die Deutung und Bedeutsamkeit des Traums darstellt, schreibt Heinrich also jedem

---

51 Im Rahmen der postaristotelischen Schulen und vor allem der stoischen Trauminterpretation waren der Zeitpunkt des Traums, der Gesundheitszustand des Träumers und die Nahrungsaufnahme am Vorabend zu berücksichtigen (Mathieu, „La Filosofia di fronte al sogno", 17). Wie weit die Elaboration dieser Vorschriften, die auch in die christliche Traumdeutung übernommen wurden – bereits Tertullian, der erste christliche Traumtheologe, berücksichtigt diesen Aspekt (vgl. Le Goff, „Le Christianisme et les rêves", 286-290) – im 16. Jahrhundert geht, läßt sich in etwa an deren Karikatur in den Kapiteln XIII und XIV des *Tiers Livre* von Rabelais ablesen. Auch wenn die Bedeutung dieser Vorschriften in der Folgezeit zurückgeht, zitiert doch noch Freud den Volksmund mit der Aussage „Träume kommen vom Magen" (TD 48).

52 Diese Variante entspricht der 1745 im Artikel „Traum" in Zedlers Universallexikon vertretenen Auffassung, wonach zwar entschieden bestritten wird, daß der Teufel Träume eingeben könne, aber die göttlichen Träume wegen der Beispiele in der Bibel nicht ohne weiteres geleugnet werden können. Deshalb wird nur eingeschränkt, daß sie für die heutige Zeit nicht mehr gültig seien (vgl. Engel, „Träumen und Nichtträumen zugleich", 146 f.). Zu den Träumen in der Bibel und in christlicher Traumtheorie vgl. Le Goff, „Le Christianisme et les rêves".

Traum Bedeutsamkeit zu und verlegt den Blick auf „unser Inneres“, wofür er mit dem Bild des bedeutsamen Risses im geheimnisvollen und faltenreichen Vorhang in unserem Inneren operiert. Demnach wäre das Innere in einen Bereich vor und einen hinter dem Vorhang geteilt, denn er verhüllt nicht das ganze Innere, sondern fällt „in unser Inneres herein“. Für Heinrich reißt der Traum diesen Vorhang auf und bietet die Möglichkeit, einen Ausschnitt des Verborgenen zu erspähen. Der Traum hat hier eine – wenn auch sehr diskrete – Enthüllungsfunktion in bezug auf das Innere, das als teilweise zugänglich und teilweise unzugänglich betrachtet wird.

Auf der anderen Seite beschreibt Heinrich den Traum auch als Schutzwehr, was sich mit dem Bild des Risses im Vorhang schlecht zusammendenken läßt:

> Mich dünkt der Traum eine Schutzwehr gegen die Regelmäßigkeit und Gewöhnlichkeit des Lebens, eine freye Erholung der gebundenen Fantasie, wo sie alle Bilder des Lebens durcheinanderwirft, und die beständige Ernsthaftigkeit des erwachsenen Menschen durch ein fröhliches Kinderspiel unterbricht. Ohne die Träume würden wir gewiß früher alt, und so kann man den Traum, wenn auch nicht als unmittelbar von oben gegeben, doch als eine göttliche Mitgabe, einen freundlichen Begleiter auf der Wallfahrt zum heiligen Grab betrachten (HO 244).

Heinrich macht hier den Gegensatz zwischen dem gewöhnlichen Leben und dem Traum an der unterschiedlichen Weise, in der die Phantasie tätig wird, fest. Ist sie im gewöhnlichen Leben, das der Erwachsene führt, gebunden, so kann sie sich im Traum frei entfalten, die Reihenfolge der Zeit auflösen und zum Kinderspiel zurückkehren, womit sie einen regenerativen Effekt für den Menschen gewinnt. Novalis wertet hier die aufklärerische Auffassung vom Traum als zwecklosem Spiel der Einbildungskraft positiv um[53].

---

[53] Dies geschieht in fast wörtlicher Anlehnung an Joseph Addisons Abhandlung im *Spectator* Nr. 487 vom 18. 9. 1712, in dem dies als Beleg für die Unabhängigkeit der Seele vom Körper gesehen wird (vgl. Engel, „Träumen und Nichtträumen zugleich“, 161 und 146, Fn 9). Der hier entworfene Gegensatz von Zwang und Notwendigkeit im Erwachsenenleben und Freiheit der Phantasie in der Kindheit ist auch der Ausgangspunkt der Traumdiskussion in André Bretons *Manifeste du surréalisme* (1924). Freud, der auf die literarische Romantik gar nicht eingeht und das Novalis-Zitat einer Abhandlung von Burdach (*Die Physiologie als Erfahrungswissenschaft*, 3 Bde., Leipzig 1826-1840) entnimmt, kommentiert etwas bösartig: „Etwa nach Art eines Ferienurlaubs“ (TD 104). Für Freud muß der Traum eine Funktion im psychischen Leben haben, die über die Erholung hinausgeht, er muß einen sinnvollen Beitrag leisten. Meine Einschätzung trifft sich hier mit der Blumenbergs: „Das Ärgernis der Sinnlosigkeit, die am manifesten Trauminhalt auftritt, ist [für Freud, S. G.] unerträglich genug, um jede Anstrengung der Sinnfindung zu rechtfertigen“ (*Die Lesbarkeit der Welt*, 358). Novalis' Be-

In den beiden Ansätzen zeigt Heinrich sich unentschlossen, was die Herkunft des Traums angeht. Zwar betrachtet er ihn „nicht als unmittelbar von oben gegeben", hält ihn aber doch für eine „gottliche Mitgabe". Auf jeden Fall schreibt er ihm eine Bedeutsamkeit zu, die er fühlt, ohne imstande zu sein zu erklären, worin sie besteht, und ohne daß diese notwendigerweise an eine Deutungstechnik gekoppelt wäre:

> Gewiß ist der Traum, den ich heute Nacht träumte, kein unwirksamer Zufall in meinem Leben gewesen, denn ich fühle es, daß er in meine Seele wie ein weites Rad hineingreift, und sie in mächtigem Schwunge forttreibt (HO 244).

Hier ist zwar die Seele der Ort des Traums, dieser stellt sich jedoch nicht allein als innerpsychischer Vorgang dar, sondern bezieht seine Kraft und seinen Schwung von anderswoher. Aus diesen übernatürlichen Anteilen bezieht der Traum eine Bedeutsamkeit, die sich nicht erklären, sondern nur erfühlen läßt, und für die keine Deutungsmuster existieren, sondern eine besondere Empfänglichkeit nötig ist. Der Traum hat also nicht nur regenerative Wirkung, sondern wird auch zum Ort der Enthüllung, wo die Seele sich für Übersinnliches öffnen kann.

Einen ähnlichen Traum wie Heinrich hat in jüngeren Jahren auch dessen Vater gehabt, der freilich außerstande ist, die Bedeutsamkeit des Traums zu erkennen. Wenn er entgegen seiner Auffassung, daß Träume Schäume seien, diesem Traum dennoch eine Deutung zukommen läßt, so verläuft diese innerhalb des ihm bekannten und zugänglichen Bereichs, in einem Abgleich von Geträumtem und Geschehenem[54]. Damit verfehlt er jedoch die eigentliche Bedeutsamkeit des Traums, die über den Bereich des Bekannten hinausgeht und auf Übernatürliches verweist. Als der Vater auf Bitten Heinrichs seinen Traum erzählt, stellt sich für den Leser und für Heinrich schnell heraus, daß dieser fast denselben Traum hatte, den auch Heinrich geträumt hat. An die Farbe der Blume jedoch erinnert er sich nicht. Die nahezu identischen Träume von Heinrich und seinem Vater zeigen, daß der Traum bei Novalis einen Bereich des Übersinnlichen eröffnet, zu dem sich das Individuum je unterschiedlich verhalten kann. Der Vater schenkt seinen Träumen keine Beachtung

---

schreibung des Traums als Spiel muß dem angestrengt auf Sinnsuche befindlichen Freud allerdings ein Ärgernis sein.

54 „Was hat er bedeutet? Daß ich von dir träumte, und mich bald darauf von Sehnsucht ergriffen fühlte, dich zu besitzen, war ganz natürlich: denn ich kannte dich schon. Dein freundliches holdes Wesen hatte mich gleich anfangs lebhaft gerührt, und nur die Lust nach der Fremde hielt damals meinen Wunsch nach deinem Besitz noch zurück. Um die Zeit des Traums war meine Neugierde schon ziemlich gestillt, und nun konnte die Neigung leichter durchdringen" (HO 245).

und bleibt damit blind für die höheren Dimensionen des Lebens, namentlich die Poesie.

Heinrich verzichtet in seinen Versuchen, die Bedeutsamkeit des Traums zu erkennen, sowohl auf die Annahme körperlicher Traumauslöser als auch auf den Glauben an eine göttliche Herkunft des Traums und setzt sich damit gleichermaßen von aufklärerischen und von mantischen Annahmen ab. Dennoch kann er das Innere des Menschen nicht frei von übersinnlichen Dimensionen denken, so daß es verfehlt wäre, hier einen rein psychologischen Ansatz zu sehen. Der Traum bedeutet für ihn eine Abkehr vom gewöhnlichen Leben, läßt Raum für spielerische Elemente und die Phantasie, die den Zugang zu höheren Dimensionen des Lebens eröffnen kann. Obwohl dem Traum Bedeutsamkeit zugestanden wird, bleibt diese frei von der Entwicklung einer Deutungstechnik, sie wird mehr erfühlt als rational verstanden.

2.3.3 E.T.A. Hoffmann und der Geist des Traums

In E.T.A. Hoffmanns Erzählung *Der Magnetiseur* aus den *Fantasiestücken in Callots Manier* (1814)[55] wird der Traum deutlicher als bei Novalis mit übernatürlichen Kräften in Verbindung gebracht und deren dunkle Seite in den Vordergrund gerückt. Ein Gespräch über Träume im ersten Kapitel stellt die erste Stufe zu einer Auseinandersetzung mit dem Magnetismus dar, der „von der Untersuchung des Schlafs und des Träumens ausgeht" (M 143)[56]. Ich werde hier jedoch nur die Traumdiskussion analysieren, die deutlich an die aus dem *Heinrich von Ofterdingen* anknüpft.

Die Überschrift des ersten Kapitels lautet „Träume sind Schäume", und um diesen „Weidspruch der Materialisten" (M 141) dreht sich die Diskussion, in der drei Grundhaltungen gegenüber dem Traum exponiert werden. Der alte Baron, mit dessen Bemerkung „Träume sind Schäume" die Erzählung einsetzt, ist dabei das Pendant zu Heinrichs

---

55 E.T.A. Hoffmann, „Der Magnetiseur", in: ders., *Fantasie- und Nachtstücke*, 141-178. Im folgenden beziehen sich die Seitenangaben im Text mit der vorangestellten Sigel M auf diese Ausgabe.

56 Im *Magnetiseur* wird gegenüber dem „tierischen Magnetismus" Franz Anton Mesmers (1734-1815) die neuere Richtung des sogenannten psychischen Magnetismus favorisiert, in der das Hauptaugenmerk auf die psychologischen Vorgänge gelegt wird, die sich im Inneren des Patienten abspielen. Zum Magnetismus bei Novalis vgl. den „Exkurs zum Magnetismus", in: Novalis, *Werke, Tagebücher und Briefe*, Bd. 3, 144-146, allgemeiner vgl. Jean Starobinski, „Über die Geschichte der imaginären Ströme. Von den Lebensgeistern zur Libido", in: ders., *Psychoanalyse und Literatur*, 24-41 und Roudinesco, *Histoire de la psychanalyse en France*, Bd. 1, 51-59 (Kap. „Magnétiseurs").

Vater. Ähnlich wie dieser muß auch er entgegen seiner Überzeugung einräumen, daß er in seiner Jugend merkwürdige Träume hatte, an die er sich jetzt noch erinnert. Allerdings unterscheiden sich seine Träume von dem klaren und geordneten Traum von Heinrichs Vater dadurch, daß sie „unangenehm, ja qualvoll" (M 142) gewesen sind. Beim Bericht eines Traums, an den er sich sehr genau erinnert, zeigt sich, daß dieser nicht mit dem Aufwachen endet:

> Aber welch ein Schreck ergriff mich, als ich in der mondhellen Nacht den Major in seiner Staatsuniform, ganz so wie er mir im Traum erschienen, durch die Hauptallee nach dem Gattertor, das aufs freie Feld führte, schreiten sah (M 146).

Tatsächlich wird besagter Major dann tot in seinem verriegelten Zimmer aufgefunden, so daß rationale Erklärungsmuster versagen und nur die Annahme einer Geisterwelt und magnetistische Einflüsse diese Ereignisse erklären können. Das jedoch weist der Baron entschieden zurück, obwohl er dem Traum eine „gewisse Einwirkung" auf sein Leben zugesteht, die er jedoch letztlich als Zufall abtut (M 142). Damit verkennt er ebenso wie Heinrichs Vater die höhere Dimension der Träume und enthält sich auch des „Nachgrübelns" darüber (M 142). Als sein Sohn Ottmar versucht, mit dem Hinweis auf die *Lehrlinge zu Sais* und Erfahrungen des Magnetismus zu entgegnen, unterbricht er ihn harsch. Hier zeigt sich besonders deutlich die Diskrepanz zwischen dem rein materialistisch orientierten Ansatz des Vaters und den spiritualistischen Schwärmereien Ottmars, der an die Existenz einer höheren Wirklichkeit glaubt. Ähnlich wie Heinrich besteht Ottmar darauf, daß jeder Traum etwas Besonderes sei, schreibt allerdings manchen Träumen eine ganz besondere Macht zu:

> Welcher Traum ist denn *nicht* merkwürdig, aber nur die, welche irgend eine auffallende Erscheinung verkündigen – mit Schillers Worten: die Geister, die den großen Geschicken voranschreiten – die uns gleich mit Gewalt in das dunkle geheimnisvolle Reich stoßen, dem sich unser befangener Blick nur mit Mühe erschließt, nur die ergreifen uns mit einer Macht, deren Einwirkung wir nicht ableugnen können (M 141).

Obwohl Ottmars Worte auch die Möglichkeit eines dunklen Reichs im Inneren des Menschen offenlassen, legt gerade der Verweis auf Schiller die Existenz und das Einwirken äußerer Mächte nahe[57]. Auch Emanuel

---

[57] Ottmar zitiert die Worte Wallensteins, mit denen dieser in *Wallensteins Tod* (V, 3) auf einen Traum der Gräfin reagiert, in dem sie meint, eine Warnungsstimme „vorbedeutend" sprechen hören zu haben. Wallenstein ist in dieser Szene bemüht, alle auf sein Ende hinweisenden Zeichen umzudeuten, so daß er den Todestraum der Gräfin nicht

Swedenborgs Idee der Geisterwelt kommt hier ins Spiel[58]. Für Swedenborg, auf den im Text direkt verwiesen wird, wenn Bickert das Gehabe des Magnetiseurs Alban karikiert[59], stehen alle Menschen in enger Verbindung mit einer außerhalb von Raum und Zeit liegenden Geisterwelt, auch wenn die meisten es nicht empfinden. Durch ihre Verknüpfung mit der Geisterwelt empfängt die Seele jedoch dunkle Vorstellungen davon[60]. Wenn Ottmar eine spielerische und geistreiche Umdeutung des Anfangssatzes seines Vaters vornimmt, wobei er die Schäume zum Schaum des Champagners erklärt, dann geschieht das unter der Annahme einer solchen Geisterwelt, die über der materiellen Welt steht:

> Sieh die tausend kleinen Bläschen, die perlend im Glase aufsteigen und oben im Schaume sprudeln, das sind die Geister, die sich ungeduldig von der irdischen Fessel loslösen; und so lebt und webt im Schaum das höhere geistige Prinzip, das frei von dem Drange des Materiellen frisch die Fittige regend, in dem fernen uns allen verheißenen himmlischen Reiche sich zu dem verwandten höheren Geistigen freudig gesellt, und alle wundervollen Erscheinungen in ihrer tiefsten Bedeutung wie das Bekannteste aufnimmt und erkennt. Es mag daher auch der Traum von *dem* Schaum, in welchem unsere Lebensgeister, wenn der Schlaf unser extensives Leben befängt, froh und frei aufsprudeln, erzeugt werden und ein höheres intensives Leben beginnen, in dem wir alle Erscheinungen der uns fernen Geisterwelt nicht nur ahnen, sondern wirklich erkennen, ja in dem wir über Raum und Zeit schweben (M 142).

---

mit der unmittelbaren Zukunft zusammenbringt, sondern auf fernere Zeiten umdeutet. Dabei erscheinen die Zeichen nicht als Ausdruck innerer Ängste, sondern als von außen gesandt (Schiller, *Wallenstein*, 334-336).

58 Für eine Darstellung des Werks von Emanuel Swedenborg vgl. die umfassende Monographie des Theologen Benz, *Emanuel Swedenborg* (1948) sowie aus modernerer Sicht Lagercrantz, *Vom Leben auf der anderen Seite* [Diktem om livet på den andra sidan].

59 „Ich habe nur gepaßt, ob er nicht, wie Schwedenborg, vor unseren Augen in der Luft verdampfen […] würde" (M 161). Bickert schließt damit an die swedenborgkritische Rezeption der Aufklärung an. Die Swedenborgrezeption im 18. und 19. Jahrhundert schwankt zwischen vehementer Ablehnung der „Phantasterei", wie sie beispielsweise bei Kant in *Träume eines Geistersehers erläutert durch Träume der Metaphysik* (1766) zu finden ist, und enthusiastischer Faszination seiner Anhänger, die alles aufs Wort glauben. Die Originalkenntnis seiner mehrere tausend Seiten umfassenden Werke ist eher selten, das Bild Swedenborgs wird daher von Anekdotischem bestimmt, das dieser zwar nie geleugnet, aber selbst auch nie verbreitet hat. Von Magnetismus und Alchimie jedoch hat Swedenborg sich immer wieder distanziert (vgl. dazu Lagercrantz, *Vom Leben auf der anderen Seite*, 22-25 und 109 f.) Zur „plumpen Primitivisierung" der Legende, die aus Swedenborg einen „Geisterseher mit den populären Theater-Requisiten eines solchen" macht, vgl. Benz, *Emanuel Swedenborg*, 306.

60 Ich entnehme diese Angaben der Zusammenfassung Immanuel Kants in: *Träume eines Geistersehers erläutert durch Träume der Metaphysik*, A 101 f., in: ders., *Werke*, Darmstadt 1983, Bd. 1, 919-988.

Ähnlich wie Heinrich betrachtet Ottmar den Traum hier als Befreiung von den irdischen Zwängen, von Raum und Zeit und als Zugang zur Sphäre des Geistigen. Was bei Heinrich jedoch eher innerpsychisch als Erholung der Phantasie von der Regelmäßigkeit des Lebens definiert war, bekommt bei Ottmar den Charakter einer zweiten, höheren Welt.

Diese klare Opposition von materialistischer und spiritualistischer Grundhaltung wird in gewisser Weise vom Maler Franz Bickert, einem alten Hausfreund der Familie, ausgeglichen, der eine dritte Position einnimmt, die das dunkle Reich ins Innere des Menschen verlegt. Auch er deutet die materialistische Formel „Träume sind Schäume" um, und zwar, indem er den Geist des Menschen zum Ursprung seiner Träume macht:

> Ist es denn nicht wieder unser Geist, der den Hefen bereitet, aus dem jene subtileren Teile, die auch nur das Erzeugnis eines und desselben Prinzips sind, emporsteigen? (M 148)

Für Bickert gibt es keine selbständige Geisterwelt, sondern alles entspringt aus „ein und demselben Prinzip", nämlich der Natur[61]. Allerdings kann der Mensch aufgrund der Kraft seines Geistes die Elemente der Natur beeinflussen und seine Träume selber steuern bzw. die Phantasie entsprechend beeinflussen:

> Ich [...] präpariere förmlich die Träume der Nacht, indem ich mir tausend närrische Dinge durch den Kopf laufen lasse, die mir dann nachts meine Fantasie in den lebendigsten Farben auf eine höchst ergötzliche Weise darstellt (M 149).

Damit setzt er sich sowohl von der mechanistischen Auffassung der Aufklärung ab, die jeden Traum auf einen äußeren physischen Reiz zurückführen will, als auch von den übernatürlichen Erklärungsmodellen des Spiritualismus und Magnetismus. Er macht den menschlichen Geist als Prinzip des Traums stark, dessen Funktionsweise aber auf der Natur beruhe, weshalb er auch physische Eindrücke als Traumauslöser nicht ausschließt[62]. Neben der bewußten Steuerung der Träume, wie sie später

---

[61] „Ich behaupte keck, daß niemals ein Mensch im Innern etwas gedacht oder geträumt hat, wozu sich nicht die Elemente in der Natur finden ließen; aus ihr heraus kann er nun einmal nicht" (M 148).

[62] Neben der Eigensteuerung nimmt Bickert von äußeren Zufällen abhängige Gemütsstimmungen oder äußere physische Eindrücke als Traumursachen an. Am ehesten ist diese Traumtheorie mit der zu vergleichen, die Jean Paul, der ja auch die Vorrede zu den *Fantasiestücken* verfaßt hat, in seinen *Blicken in die Traumwelt* (1813/14) entwickelt. Jean Paul erwähnt darin sowohl seine „Wahl- oder Halbträume", die er sich erschafft und regiert, als auch die „vier Mitarbeiter am Traume", als die er sich das Gehirn, den Geist („als Bilderaufseher und Einbläser der Empfindbilder"), das körperliche Ge-

der Marquis d'Hervey de Saint-Denys in seinem Buch *Les Rêves et les moyens de les diriger* (1867) systematisieren wird, läßt Bickert Raum für eine ungewollt ablaufende Steuerung, wenn er annimmt, daß er sich auch seine Alpträume unbewußt selbst bereitet haben könnte (M 151).

Sowohl Ottmar als auch der Vater stimmen diesen zunächst konsensfähigen Erklärungen zu. Ottmar macht allerdings die Einschränkung, daß sie nicht auf alle Träume zuträfen. Er postuliert zwei Arten des Träumens, wobei die von Bickert geschilderten Träume nur die untere Stufe darstellten; die höheren hingegen brächten den Menschen mit „den Strahlen des Weltgeists" in Verbindung, „die ihn mit göttlicher Kraft nähren und stärken" (M 151). Diese Hierarchie steht in Übereinstimmung mit Swedenborgs Unterscheidung zwischen den phantastischen und den signifikativen Träumen, wobei ein Kriterium zur Unterscheidung bei ihm ist, ob die Träume eine Wirkung auf sein Tagesbewußtsein entfalten[63]. Bickerts Erklärung träfe also nur für die erste Art von Träumen zu, während Heinrichs anmutiger Morgentraum und die Jugendträume seines und Ottmars Vaters der zweiten Art zuzuordnen wären, weil die signifikativen Träume durch ihre Nachwirkung auf das Tagesbewußtsein als besondere Ereignisse erkennbar werden. An dieser Stelle wird die theoretische Diskussion allerdings abgebrochen, ohne daß der Widerstreit der Positionen aufgehoben worden wäre. Ottmar beginnt nun eine Geschichte zu erzählen, mit der sich der Fokus der Erzählung vom Traum auf den Magnetismus verschiebt.

Das Gespräch über den Traum schließt, wie wir gesehen haben, deutlich an das aus dem *Heinrich von Ofterdingen* an, nimmt allerdings auch gewisse Verschiebungen vor. So spielt der Einfluß körperlicher Traumauslöser, den Heinrichs Mutter betont hatte, im *Magnetiseur* praktisch keine Rolle mehr. Die drei Positionen verteilen sich jetzt anders. Während die materialistische Haltung des Barons weitgehend mit der von Heinrichs Vater übereinstimmt, werden die tastenden Versuche Heinrichs in zwei Richtungen ausdifferenziert: in Ottmars spiritualistische Haltung und Bickerts psychologischen Ansatz. Dabei wird nur der rein materialistische Ansatz im Rahmen der Erzählung verworfen. Denn die Überzeugung des Barons von der Bedeutungslosigkeit der Träume wird von ihm selbst durch das Erzählen eines bedeutungsvollen Traums widerlegt; außerdem kann er der Theorie Bickerts von den selbstbereiteten Träumen nichts entgegensetzen und pflichtet ihr sogar bei. Der Über-

---

dächtnis der Fertigkeit und schließlich die Außenwelt vorstellt. Die Mischung aus physiologischen Elementen und dem Prinzip des „Geistes" macht die Überzeugungskraft dieser Traumtheorie aus.

[63] Benz, *Emanuel Swedenborg*, 167.

gang zur Position Bickerts ist für ihn deshalb leicht möglich, weil es sich auch dabei um einen rationalistischen Ansatz handelt. Dieser schließt an die romantische Psychologie an, die unbewußte Motivationen als Ursache von Träumen und ähnlichen Phänomenen annimmt[64]. Die wirkliche Gegenposition nimmt hingegen Ottmar ein, der deutlicher noch als Heinrich das innere Reich nicht allein als psychischen Ort entwerfen kann, sondern dieses als Welt ausgestalten muß, wofür er eine Zwei-Welten-Theorie bemüht. Die Ablehnung des Barons bezieht sich vor allem auf diese Position, die sich nicht mit der Bickerts vereinbaren läßt. Zwar läßt Ottmar die Einwände Bickerts bis zu einem gewissen Grad gelten, aber er besteht gleichzeitig auf einer „höheren Art des Träumens" (M 151). Die beiden Positionen erweisen sich also als unvereinbar. Obwohl Ottmar in seiner Erzählung von Theobald zugesteht, daß Bickert die Ereignisse mit seiner Theorie erklären könne, hält er diese nicht für richtig.

Am Ende muß auch Bickert, der lange versucht, sich davon zu überzeugen, „daß das häßliche träumerische Zeug oft das Erzeugnis des verdorbenen Magens ist" (M 177), einsehen, daß Alban tatsächlich über satanische Kräfte verfügt, was die gesamte Familie des Barons in den Tod reißt[65]. So bleibt auch ihm nur der Glaube an das „ferne Jenseits, das mich oft in wunderbaren Träumen mit lieblichem Schimmer, aus dem die geliebten Freunde lächelnd mir zuwinken, umfängt" (M 178). Als eindeutige Stellungnahme zugunsten der Position Ottmars vermag ich jedoch auch diesen Schluß nicht zu lesen; zu deutlich sind Hinweise auf pathologische Zustände bei den handelnden Figuren, auch wenn das Geschehen nicht in einer solchen Erklärung aufgeht.

Während Novalis einen hellen und klaren Traum postuliert, wird der Traum bei E.T.A. Hoffmann vorwiegend zum Ort dunkler Mächte und trägt immer auch den Nimbus des Gefahrvollen. Das Innen wird sowohl als dunkles Reich entworfen, das Vorstellungen des Unbewußten vorbereitet, als auch in phantastischen Gestaltungen nach außen projiziert. Bei Hoffmann liegt daher stets eine Lektüre nahe, die die übernatürlichen Phänomene als krankhafte Wahn- und Rauschzustände interpretiert. Diese Verbindung von Wahn und Traum steht im Zentrum der Debatte im psychopathologischen Traumdiskurs in Frankreich um 1850 und in Nervals Erzählung *Aurélia*. Ähnlich wie der Phantasie bei Novalis und Hoffmann kommt hierbei der Imagination eine entscheidende Rolle zu.

---

64 Vgl. Kremer, *Prosa der Romantik*, 139-157.

65 Bereits im Gespräch über den Magnetismus gibt Bickert zu, daß hiermit tatsächlich tiefe Geheimnisse der Natur berührt werden, vor deren näherer Erforschung er jedoch eindringlich warnt (M 162).

II.
Der Traum um 1850: zwischen Psychopathologie und höherer Wirklichkeit

Nicht zu unrecht ist das 19. Jahrhundert als Schmelztiegel verschiedener Traumdiskurse bezeichnet worden[1], denn hier treffen sich antike und jüdisch-christliche Diskurstraditionen mit neuen wissenschaftlichen Erkenntnissen. Daraus ergibt sich eine Verunsicherung bezüglich der Bewertung und Bedeutung des Traums, die sich exemplarisch an einer kurzen Passage aus Charles Baudelaires *Poème du haschisch* in den *Paradis artificiels* (1869) ablesen läßt. Baudelaire unterscheidet darin zwei Arten von Träumen, den „rêve naturel“ und den „rêve surnaturel“, denen verschiedene Funktionen zukommen:

> Les rêves de l'homme sont de deux classes. Les uns, pleins de sa vie ordinaire, de ses préoccupations, de ses désirs, de ses vices, se combinent d'une façon plus ou moins bizarre avec les objets entrevus dans la journée, qui se sont indiscrètement fixés sur la vaste toile de sa mémoire. Voilà le rêve naturel ; il est l'homme lui-même. Mais l'autre espèce de rêve ! le rêve absurde, imprévu, sans rapport ni connexion avec le caractère, la vie et les passions du dormeur ! ce rêve, que j'appellerai hiéroglyphique, représente évidemment le côté surnaturel de la vie, et c'est justement parce qu'il est absurde que les anciens l'ont cru divin. Comme il est inexplicable par les causes naturelles, ils lui ont attribué une cause extérieure à l'homme ; et encore aujourd'hui, sans parler des oneiromanciens, il existe une école philosophique qui voit dans les rêves de ce genre tantôt un reproche, tantôt un conseil ; en somme, un tableau symbolique et moral, engendré dans l'esprit même de l'homme qui sommeille. C'est un dictionnaire qu'il faut étudier, une langue dont les sages peuvent obtenir la clef[2].

Während Baudelaire im Falle des „rêve naturel“ dessen Entstehung erklärt, die er auf das Fixieren von Eindrücken der Gegenstände auf der großen Leinwand des Gedächtnisses zurückführt, wirft er bezüglich des „rêve surnaturel“ die Frage nach der Bedeutung auf, die sich daraus ergibt, daß dieser ein symbolisches Bild darstelle. Er sei kein Produkt der Alltagswelt, verkörpere nicht die alltäglichen Gegenstände, sondern das Geistige, und daher bedürfe das symbolische Bild der Interpretation. An dieser Verteilung von Erklärungen für die Entstehung und die Bedeutung auf zwei verschiedene Arten von Träumen wird deutlich, wie schwierig es ist, zu einer Traumtheorie zu finden, die nicht nur die Funktionsweise der Träume beschreibt, sondern ihnen auch einen Sinn zuerkennt.

Baudelaires Beschreibung des „rêve naturel“ als psychisches Phänomen, das aus der Kombination von psychischen Befindlichkeiten des

1 Vgl. Ripa, *Histoire du rêve*, 10.

2 Baudelaire, *Œuvres complètes*, hier: Bd. 1, 409. Nach dieser Ausgabe werden die Werke von Baudelaire im folgenden mit der Sigel BOC unter Angabe von Band (mit römischen Ziffern) und Seitenzahl im Text zitiert.

Träumers mit Tageserlebnissen hervorgeht, stimmt im großen und ganzen mit den Annahmen des Traumdiskurses der Zeit überein, in dem der Übergang vom „rêve organique" der Aufklärung zu einem „rêve psychologique" geleistet wird[3]. Dieser Traumbegriff ist offen in Richtung auf Rausch und ähnliche Phänomene, bei denen die Kontrolle über die Imagination verlorenzugehen droht. So bedarf auch der „rêve naturel" keinerlei übernatürlicher Erklärungen, sondern ähnelt vielmehr Rauschzuständen, auf die sich Baudelaires Interesse – ebenfalls in Übereinstimmung mit dem psychopathologischen Diskurs – in erster Linie richtet[4].

Für Baudelaire ist der Einsatz von Haschisch der Versuch, eine „condition anormale de l'esprit" zu erreichen (BOC I, 402). Dieser durch den Einsatz von Drogen allerdings nicht herzustellende Zustand zeichne sich durch ein besonderes Verhältnis zwischen der Imagination und den anderen Seelenkräften aus:

> [...] cet état charmant et singulier, où toutes les forces s'équilibrent, où l'imagination, quoique merveilleusement puissante, n'entraîne pas à sa suite le sens moral dans de périlleuses aventures (BOC I, 402).

Mit der Vorstellung des Gleichgewichts zwischen den Seelenvermögen bedient Baudelaire sich gängiger philosophischer Argumentationen. In einer solchen Perspektive wird der Traum als das freie und weitgehend unkontrollierte Spiel von Imagination und Erinnerung betrachtet, das dem Willen und damit dem bewußten Ich entzogen bleibt. Während jedoch in der philosophischen Tradition der Wille am höchsten steht und

---

3 Dieser Aspekt wird in der Forschung nahezu gänzlich unterschlagen. Statt Baudelaires Traumtheorie im Kontext ihrer Zeit zu sehen, wird entweder werkimmanent oder aber mit Bezug auf Freud argumentiert. Teruo Inoue (*Une Poétique de l'ivresse chez Charles Baudelaire*, 48) und Marc Eigeldinger („Baudelaire et le rêve maîtrisé", in: ders., *Lumières du mythe*, Paris 1983, 73- 89, hier: 74 f.) sehen in Baudelaires Ansatz eine Vorwegnahme Freuds und machen den wenig überzeugenden Versuch, aufgrund des Kriteriums der Absurdität Ähnlichkeiten zwischen Baudelaires Unterscheidung dieser zwei Klassen von Träumen und Freuds Unterscheidung von drei Traumtypen in dessen Schrift *Über den Traum* (1901) zu suchen. Das ist jedoch deshalb nicht haltbar, weil bei Freud alle Träume in Verbindung mit dem seelischen Leben des Träumers stehen und nach einer einheitlichen Theorie zu erklären sind. Marie Maclean („Shape-Shifting, Sound-Shifting: Baudelaire's *Oenirocritie* (sic!) and the Dream Work", in: *French Forum* 20, 1 (1995), 45-63) untersucht Baudelaires Umgang mit der Sprache als „prä-freudianisch" und „prä-lacanianisch", während Jean Burgos („« Vouloir rêver et savoir rêver ». Baudelaire et les logiques de l'imaginaire", in: *Quaderni del Novecento Francese* 16 (1996), 45-61) außerdem Parallelen zu Jung, Eliade und Bachelard zieht.

4 Der Vergleich des Traums mit dem Haschischrausch geht auf Jacques Moreau de Tours zurück, der Experimente mit der Einnahme von Haschisch an sich und anderen vornahm, und dessen Buch *Du Haschisch et de l'aliénation mentale* (1845) für großes Aufsehen sorgte.

die anderen Seelenvermögen kontrolliert, kehrt Baudelaire die Hierarchie um und setzt die Imagination als „reine des facultés" ein[5]. Allerdings warnt auch Baudelaire, vor allem im Zusammenhang mit durch Drogen hervorgerufenen Rauschzuständen, vor einer despotischen Herrschaft der Imagination, die den Willen entmachten würde:

> [...] les images s'offrent à lui [au mangeur d'opium, S. G.], spontanément, despotiquement. Il ne peut pas les congédier ; car la volonté n'a plus de force et ne gouverne plus les facultés (BOC I, 483).

Im Gegensatz zur Wahrnehmung Bretons, der diesen Satz im *Manifeste du surréalisme* als gelungene Freilegung des „automatisme psychique" zitiert, stellt der Zustand bei Baudelaire eine Qual dar: „La mémoire poétique, jadis source infinie de jouissances, est devenue un arsenal inépuisable d'instruments de supplices" (BOC I, 483). Die Schwäche des Willens ist bei Baudelaire also durchaus ein Manko. Die Herrschaft der Imagination darf nicht dazu führen, daß „sens moral" und Willen völlig eliminiert werden. Genau dies ist jedoch die Gefahr des Rauschs, mit dem sich Baudelaire wesentlich ausführlicher befaßt als mit dem „rêve naturel". Im Gegensatz zur Romantik ist der Traum bei Baudelaire nicht mehr die Szene des sich entfaltenden Ichs, sondern der Ort seiner Bedrohung, des Selbstverlusts[6]. Besonders deutlich wird die Bedrohlichkeit dieses Zustandes in der Besprechung des Opiummißbrauchs in den *Paradis artificiels*, wenn der Opiumesser nicht mehr in der Lage ist, zwischen Wachen und Träumen zu unterscheiden: „le mangeur d'opium transformait en réalités inévitables tous les objets de ses rêveries" (BOC I, 480).

Ist der „rêve naturel", über den selbst keine derartigen Aussagen getroffen werden, nur als Vergleichsgegenstand für den Rausch von Interesse, so erfährt der „rêve surnaturel" in der zitierten Passage eine weitergehende Besprechung, die allerdings im Rahmen des Werks isoliert bleibt. Baudelaire rühmt vor allem die Losgelöstheit vom Alltagsleben, das Unvorhersehbare und die Absurdität dieser Träume, also Merkmale, die auf eine ästhetische Einschätzung hinweisen[7]. Wenn es jedoch um die

---

[5] Vgl. dazu auch im *Salon de 1859* das Kapitel „Le Gouvernement de l'imagination": „Toutes les facultés de l'âme humaine doivent être subordonnées à l'imagination, qui les met en réquisition toutes à la fois" (BOC II, 627).

[6] Vgl. Raybaud, *Fabrique d'« Illuminations »*, 33. Andernorts kommt es bei Baudelaire auch zur Bestimmung des Menschen als eines „homo duplex", d. h. als zerrissen zwischen Traum und Realität: „Qui parmi nous n'est pas un *homo duplex ?* Je veux parler de ceux dont l'esprit a été dès l'enfance *touched with pensiveness* ; toujours double, action et intention, rêve et réalité ; toujours l'un nuisant à l'autre, l'un usurpant la part de l'autre" (BOC II, 87).

[7] Der Traum bei Baudelaire ist daher auch in erster Linie in bezug auf seine Poetik untersucht worden. Vgl. v. a. Georges Blin, „Le Royaume des Ombres", in: ders., *Bau-*

nähere Bestimmung der übernatürlichen Seite des Traums geht, ist ein merkliches Zögern beim Rekurs auf existierende Modelle zu beobachten. So wird der Gedanke an die göttliche Herkunft des Traums als Glaube der Alten ausgewiesen und nicht erkennbar zur eigenen Position gemacht[8]. Über die kommerziellen Traumdeuter seiner Zeit, die trotz eines bestehenden Verbots weiter praktizierten und vor allem in Paris eine bürgerliche, überwiegend weibliche Klientel bedienten[9], geht Baudelaire sehr schnell hinweg, aber auch das Verhältnis zu der genannten „école philosophique" bleibt ambivalent. Baudelaire bekräftigt die Nichtexistenz natürlicher Erklärungsmuster für den hieroglyphischen Traum und scheint diese philosophische Schule als Bestätigung dafür zu zitieren, daß die Alten mit dem Glauben an die göttliche Herkunft nicht ganz unrecht hatten. Andererseits läßt die unpersönliche Formulierung „il existe une école philosophique" keinerlei Identifikation erkennen.

Die Ansichten, die Baudelaire der „école philosophique" zuschreibt, entsprechen im wesentlichen denen Emanuel Swedenborgs[10]. So stimmt

---

delaire, 87-102; Eigeldinger, „Baudelaire et le rêve maîtrisé" und Jean Starobinski, „Rêve et immortalité chez Baudelaire", in: Bronca u. a. (Hgg.), *I Linguaggi del sogno*, 223-234. Beim Versuch, ausgehend von den Tagebuchnotizen eine Ästhetik des Traums herauszuarbeiten, mißversteht Burgos („« Vouloir rêver et savoir rêver »") Baudelaires Ästhetik der Imagination allerdings als Traumästhetik und das zunächst in den *Paradis artificiels* formulierte Programm als die Frage, wie der „rêve hiéroglyphique" hervorgerufen werden kann. In Hinblick auf die Kunst interessiert Baudelaire sich jedoch nicht für diese „capharnaüms de la nuit", sondern für die „vision produite par une intense méditation" (BOC II, 637). Dennoch hat Burgos insofern recht, Baudelaires Ästhetik als eine Traumästhetik zu beschreiben, als er sich dabei auf eine bestimmte, irrationale Logik bezieht, die jedoch von Baudelaire selbst nicht unbedingt mit dem Traum in Verbindung gebracht wird.

8 Baudelaire zitiert immer wieder Aussagen anderer, die eine gewisse Nähe zu seinen Positionen aufweisen, ohne daß er sich vollständig damit identifizieren würde. Unterscheidet man hier nicht genau, läuft man Gefahr, die zitierten Stellungnahmen zu den Gedanken Baudelaires zu machen. So ist auch bei dem vielzitierten Satz „[...] la vraie réalité est dans les rêves" aus der Widmung der *Paradis artificiels* zu beachten, daß er durch die Formulierung „Le bon sens nous dit" eingeleitet ist, die noch nicht besagt, daß Baudelaire damit seine eigene Meinung wiedergibt.

9 Vgl. dazu Ripa, *Histoire du rêve*, 43-45, 56-58, 73-75.

10 Swedenborgs Werke wurden in Frankreich sehr früh rezipiert und zunächst mit Bewegungen des Magnetismus, der Alchemie und des Somnambulismus verbunden. In den Jahren 1841-45 kommt es durch eine neue Übersetzung zu einer neuen Swedenborgwelle. Auch auf Autoren, die keine direkte Kenntnis seiner Werke hatten, übte der französische Swedenborgianismus einen großen Einfluß aus. Zu Swedenborgs Wirkung in Frankreich vgl. Sjödén, *Swedenborg en France* und Wilkinson, *The Dream of an Absolute Language*. Baudelaire zitiert Swedenborg des öfteren, wobei jedoch umstritten bleibt, woher er seine Kenntnis von dessen Theorien bezog. Eine Originalkenntnis der Werke Swedenborgs ist nicht belegt, aber auch nicht ganz auszuschließen. Als mögliche Vermittler kämen Balzac und Nerval in Frage (vgl. Stahl, *Correspondances*, 32-43).

die Unterscheidung zwischen den beiden Arten von Träumen mit Swedenborgs Einteilung in die phantastischen und die signifikativen Träume überein, die ihrerseits ganz offensichtlich aus den antiken Unterscheidungen zwischen gottgesandten und bedeutsamen Träumen einerseits und bedeutungslosen, im Körper erzeugten Träumen andererseits abgeleitet ist[11]. Die phantastischen Träume gehen bei Swedenborg auf die imaginative Kraft der Seele zurück und lassen im Unterschied zur Antike den Körper des Träumers außer acht. Die signifikativen Träume hingegen sind übernatürlicher Herkunft und werden nach der Überzeugung Swedenborgs von Geistern erzeugt: „Heute Nacht bemerkte ich, daß es die Geister sind, die die Träume hervorrufen, und daß das Traumleben ihr Leben ist, während der Mensch schläft“[12]. Swedenborg betrachtet diese Träume als eine Art Geisterschauspiel, die zu seiner Erziehung und Leitung in seiner Seele aufgeführt werden[13].

Scheinbar affirmativ fügt Baudelaire dieser Beschreibung der Träume als „tableau symbolique et moral“ die Aufforderung zum Studium der Träume hinzu, die im Aufruf zur Entschlüsselung gipfelt. Damit ist der Traum bei ihm jedoch nicht mehr wie bei Swedenborg der Ort einer unmittelbaren Kommunikation mit der Geisterwelt, sondern eine unverständliche Botschaft, die es zu entziffern gilt. Wenn er wenig später in *Fusées* das – nicht mehr zur Ausführung gekommene – Projekt einer Traumtheorie „à la Swedenborg“ erwähnt (BOC I, 652), kann angesichts der Reserviertheit gegenüber den erwähnten übernatürlichen Verankerungen des Traums angenommen werden, daß Baudelaire dabei eher an Swedenborgs Korrespondenzenlehre denkt als an die Visionen in der

---

Während Swedenborgs Korrespondenzenlehre in der Baudelaire-Forschung viel zitiert wird, ist die Nähe seiner Traumkonzeption zu Baudelaires Überlegungen bisher nicht ausreichend beachtet worden. Anne-Marie Amiot erkennt in *Baudelaire et l'illuminisme* zwar eine „allusion aux Swedenborgiens“ (144), geht jedoch nicht weiter auf die Implikationen ein. Inoue (*Une Poétique de l'ivresse chez Charles Baudelaire*) bezieht sich zwar auf einen Hinweis in der Baudelaire-Ausgabe von Marcel A. Ruff (*Œuvres complètes* (Collection L'Intégrale), Paris 1968, 624), verfolgt ihn jedoch nicht weiter. Meines Wissens ist der Swedenborg-Forscher Karl-Erik Sjödén der einzige, der die Nähe von Baudelaires hieroglyphischem Traum zu Swedenborgs Traumkonzeption ernsthaft in Betracht gezogen hat (Sjödén, *Swedenborg en France*, 193), aber auch ohne dies wirklich zu entwikkeln. Claude Pichois hingegen weist in seinem Kommentar nur auf die Ähnlichkeit des hieroglyphischen Traums zu Gotthilf Heinrich Schuberts Konzeption in der *Symbolik des Traums* (1814) hin, ohne klären zu können, ob Baudelaire davon Kenntnis hatte.

11 Benz, *Emanuel Swedenborg*, 167. Zu den Unterscheidungen der Antike vgl. einführend Manuwald, „Traum und Traumdeutung in der griechischen Antike“, vor allem 25 f.

12 Tagebuchnotiz vom Herbst 1747, zitiert nach Benz, *Emanuel Swedenborg*, 317 f. Swedenborg behauptet auch, daß es ihm gelinge, selbst Träume in anderen hervorzurufen (ebd., 318).

13 Lagercrantz, *Vom Leben auf der anderen Seite*, 10.

Geisterwelt. Die Korrespondenzenlehre, wie sie vor allem in der zur Exegese der Heiligen Schrift und als Schlüssel zum Buch der Natur gedachten Schrift *Clavis hieroglyphica arcanorum naturalium & spiritualium per viam repraesentationum et correspondentiarum* (1741/1784) niedergelegt ist, hat andernorts bekanntlich Baudelaires Zustimmung erhalten, wenn er daraus in Übereinstimmung mit der romantischen Poetik die Entzifferung der Hieroglyphen als Aufgabe des Dichters ableitet[14].

Mit der Bezeichnung des übernatürlichen Traums als „rêve hiéroglyphique" ruft Baudelaire einerseits die alte Tradition verborgener und übernatürlicher Weisheit auf, gibt aber andererseits, über 30 Jahre nach der Entzifferung der Hieroglyphen durch Champollion, einen Hinweis auf eine mögliche Entzifferungsmethode. In diesem Zusammenhang beschreibt Baudelaire die Träume nicht mehr als Bild, sondern als Lexikon oder Sprache, zu der ein Schlüssel erst gefunden werden muß. Das Schwanken zwischen Lexikon und Sprache als Äquivalente für den Traum zeigt an, daß Baudelaire sich nicht schlüssig ist, ob diese Entzifferung gemäß einer Technik der Deutung, wie sie den Traumschlüsseln zugrunde liegt, oder gemäß einem Versuch der Lesbarmachung zu erfolgen hat, wie Freud ihn später vornehmen wird[15]. Im Unterschied zu Baudelaire verbannt Freud jedoch alles Übernatürliche eindeutig aus seiner Traumtheorie und macht die Psyche zum alleinigen Ort der Träume, die er alle nach einer einheitlichen Theorie erklärt. Freud füllt in gewisser Hinsicht die Lücken des 19. Jahrhunderts, wenn er die Konzeption des Traums als psychisches Gebilde mit einer Deutungstechnik verbindet und damit Baudelaires Unterscheidung zwischen „rêve naturel" und „rêve hiéroglyphique" hinfällig macht.

Die Lektüre dieser Passage aus den *Paradis artificiels* lenkt den Blick auf drei Problemfelder, die für den Traumdiskurs im 19. Jahrhundert be-

---

[14] „Swedenborg […] nous avait déjà enseigné […] que tout, forme, mouvement, nombre, couleur, parfum, dans le *spirituel* comme dans le *naturel*, est significatif, réciproque, converse, *correspondant*. […] Si nous étendons la démonstration […] nous arrivons à cette vérité que tout est hiéroglyphique […]. Or qu'est-ce qu'un poëte […] si ce n'est un traducteur, un déchiffreur ?" (BOC II, 133).

[15] Die Unterscheidung zwischen Deutung und Lesbarmachung geht auf Hans Blumenberg zurück. Dieser versteht unter der Deutung gemäß der Technik des Lexikons den Bezug auf ein vorhergehendes Wissen: „Der Deuter schlägt nach, wie in einem Wörterbuch einer fremden Sprache, unter dem Stichwort, das ihm vom Traum geliefert wird, und findet die von alters her gültige und bewährte, nur einzusetzende Bedeutung des zumeist zukünftigen Ereignisses", während die Lesbarmachung als komplexere Technik die Elemente untereinander in Beziehung setze: „[Freuds Interpretation, S. G.] bewegt sich nicht von Element zu Element vertikal auf die latente Gedanklichkeit des Unbewußten. Die Metaphorik der Lesbarkeit ist in dieser Verfahrensdifferenz des linearen Nachvollzugs begründet" (Blumenberg, *Die Lesbarkeit der Welt*, 353).

stimmend sind. Zum einen wird – vor allem im Bereich von Medizin und Philosophie – versucht, den Traum als psychisches Phänomen zu betrachten und seine Mechanismen zu verstehen. Zweitens haben aber antike und spiritualistische Vorstellungen, die den Traum als von höheren Mächten eingegeben betrachten, noch nicht vollständig an Gültigkeit verloren, obwohl sie stark auf dem Rückzug sind. Der Rekurs auf die Hieroglyphen erlaubt es drittens, den Traum nicht nur als verständliche göttliche Eingebung zu betrachten, sondern auch als Botschaft, die entziffert werden muß. Darin spiegelt sich die Suche nach einem Sinn der Träume wider, die von der Aufklärung als unnütz abgetan worden war. Das 19. Jahrhundert verfügt jedoch über keine Deutungstechnik für den Traum – sieht man einmal von den weiter kursierenden Traumschlüsseln ab, deren Unzulänglichkeit aber bereits Rabelais im *Tiers Livre* vorführt[16]. Diese drei Aspekte werden bei meiner Darstellung des Traumdiskurses im 19. Jahrhundert im Vordergrund stehen. Dabei liegt der Schwerpunkt auf dem Zeitpunkt um 1850, und zwar einerseits auf dem psychopathologischen Diskurs, wie er in den *Annales médico-psychologiques* von 1843-55 geführt wird, und andererseits auf dem Traumdiskurs, der aus der Erzählung *Aurélia ou le Rêve et la vie* (1855) von Gérard de Nerval abzulesen ist. Hier enthalten die Träume tatsächlich Ratschläge und Vorwürfe, die zur moralischen Besserung führen, so daß der Traum in mancher Hinsicht als „tableau symbolique et moral, engendré dans l'esprit même de l'homme qui sommeille" gelten kann. Aber auch die oben beschriebene Verunsicherung bezüglich der Bewertung des Traums prägt den Nervalschen Text, der die seit der Antike üblichen Klassifizierungen der Träume zwar zitiert, daraus jedoch keine Orientierung mehr gewinnt. Abschließend soll gezeigt werden, wie bei Nerval und Baudelaire erste Ansätze und Anleitungen für eine Fixierung des Traums entwickelt werden und wie sich die Form des Traumtextes bei Nerval vom literarischen Traumbericht bei Novalis und Hoffmann unterscheidet.

---

16 Vgl. dazu Teuber, *Sprache – Körper – Traum*, 238-251.

1. Der wissenschaftliche Traumdiskurs in Frankreich um 1850

Wird der Traum in Deutschland schon vom Ende des 18. Jahrhunderts an nicht nur bevorzugter Gegenstand der Literatur, sondern auch der romantischen Medizin, die im Rahmen der Naturphilosophie einen Bedeutungsaufschwung erfährt und der Philosophie in zunehmender Weise die Sprache zur Formulierung ihrer Probleme liefert[1], so erfährt der medizinische und philosophische Traumdiskurs in Frankreich erst ab Mitte der 40er Jahre des 19. Jahrhunderts wichtige Veränderungen gegenüber der Aufklärung und öffnet sich für im weiteren Sinne psychologische Fragestellungen, die in der ersten Hälfte des 19. Jahrhunderts stark in den Hintergrund getreten waren[2]. Während Pierre-Jean-Georges Cabanis mit seinem Buch *Traité du physique et du moral de l'homme* (1802) den Traum noch im Rahmen einer Diskussion über die Bedingtheit psychischer Prozesse durch organische behandelte, schenken im Anschluß daran viele Ärzte in ihren physiologisch orientierten Studien lediglich den organischen Ursachen Beachtung. Zwischen 1820-1830 kann daher vom Sieg des „rêve organique" gesprochen werden. Erst ab 1845 beginnt das Gewicht sich von organizistischen auf psychologische Betrachtungsweisen zu verschieben, und der Traum findet zunächst bei den Medizinern als ein dem Wahnsinn verwandter, aber nicht pathologischer Zustand großes Interesse. Dieser Vormarsch des „rêve psychologique" geschieht

---

1 Marquard, *Transzendentaler Idealismus*, 170.

2 Die Verwendung des Begriffs „psychologisch" in diesem Zusammenhang ist nicht ganz unproblematisch, da es eine der heutigen Disziplin der Psychologie entsprechende Herangehensweise noch nicht gibt. Sowohl im Titel der *Annales médico-psychologiques* als auch in der Fragestellung der ‚Académie des sciences morales et politiques' taucht der Begriff jedoch auf, wobei er wohl vor allem im Gegensatz zur Physiologie zu verstehen ist. In diesem Sinne verwende ich den Begriff in diesem Kapitel.
Zur Skizzierung des Traumdiskurses beziehe ich mich im weiteren auf folgende Darstellungen: Gwenhaël Ponnau, „Les Aliénistes et la folie en 1850 : positivisme et merveilleux moderne", in: ders., *La Folie dans la littérature fantastique*, 9-31; Ripa, *Histoire du rêve*, sowie über die Herausbildung der Psychiatrie in Frankreich auf die Arbeit der Historikerin Jan Goldstein, *Console and Classify*. Zum medizinischen Traumdiskurs vgl. auch Adrianna M. Paliyenko, „Margins of Madness and Creativity: Nineteenth-Century French Psychiatric and Literary Discourses on Dream", in: Conner (Hg.), *Dreams in French Literature*, 173-198, die einen genaueren Einblick in die Arbeiten der Psychiater François Leuret, Jean-Etienne Esquirol, Jules Baillarger, Paul Chabaneix, Émile Laurent sowie der Traumforscher Alfred Maury und Léon d'Hervey de Saint-Denys bietet. Ebenfalls einen guten Überblick für die zweite Hälfte des 19. Jahrhunderts gibt Elisabeth Roudinesco in ihrer *Histoire de la psychanalyse en France*, Bd. 1, 51-84.

allerdings unter dem strengen Blick der Psychiatrie, die sich als Spezialdisziplin weitgehend etabliert[3]. Dieser neuartige „psychologische“ Diskurs, der sich aus medizinischen und philosophischen Quellen speist, ist jedoch noch nicht sehr weit verbreitet. Das öffentliche Bewußtsein ist vielmehr von der praktischen Traumdeutung in Form zahlreicher kursierender Traumschlüssel und der trotz Verbot existierenden kommerziellen Traumdeutung geprägt. Gleichzeitig entdecken auch Schriftsteller und bildende Künstler durch den Einbezug des Traums neue Möglichkeiten; zu nennen wären vor allem die phantastische Literatur und die bereits surreal zu nennenden Bildstrategien einiger Graphiker in der zweiten Jahrhunderthälfte[4], sowie natürlich Nerval mit seiner Erzählung *Aurélia ou le Rêve et la vie* (1855).

Es darf angenommen werden, daß die Ansätze zur Erfassung der psychologischen Besonderheiten des Traums von Medizin und Philosophie einerseits sowie von Kunst und Literatur andererseits sehr unterschiedlich ausfallen. Vor allem die Frage nach dem Sinn des Traums, die in den wissenschaftlichen Untersuchungen so gut wie völlig ausgespart bleibt, bedarf bei Nerval des Bezugs auf stark divergierende Modelle. Eine genaue Rekonstruktion des medizinisch-philosophischen Diskurshorizonts

---

[3] Goldstein nimmt das Gesetz von 1838, in dem erstmals die landesweite Versorgung mit Nervenheilanstalten, in denen entsprechend ausgebildete Ärzte tätig sein sollten, beschlossen wurde, als Indiz für die Etablierung der Psychiatrie (vgl. Goldstein, *Console and Classify*, 278). Die Spezialisierung der Mediziner ist in den 30er und 40er Jahren ein allgemein vorzufindendes Phänomen (vgl. ebd., 56).
Die Übertragung der französischen Begriffe des 19. Jahrhunderts „aliéniste“, „médecine mentale“, „maladie mentale“, „aliénation“, „asile“ in deutsche Begrifflichkeit stellt ein grundsätzliches Problem dar. Weder werden die modernen deutschen Begriffe Psychiater, Psychiatrie, Psychosen, Neurosen, psychiatrische Klinik den Tatsachen des 19. Jahrhunderts gerecht, noch sind die älteren deutschen Begriffe Irrenarzt, Geisteskrankheit, Geistesgestörtheit oder Irrenanstalt durch den semantischen Wandel heute noch unbelastet zu verwenden. Ich habe mich deshalb entschieden, hier je nach Kontext die am neutralsten erscheinenden Begriffe zu wählen, auch wenn es dabei im Falle der Begriffe Psychiater und Psychiatrie zu leichten Anachronismen kommt. Laut Goldstein wird der Begriff „psychiatric“ zwar seit den 40er Jahren verwendet, bleibt aber bis zum Ende des Jahrhunderts noch selten. Der Begriff „psychiatre“, der bereits für 1802 belegt ist, bleibt im ganzen 19. Jahrhundert noch völlig ungebräuchlich (vgl. Goldstein, *Console and Classify*, 6 f.).

[4] In ihrer Dissertation *Traumvorstellung und Bildidee* zeigt Stephanie Heraeus, wie sich zeitgleich zu den neuen medizinischen Erkenntnissen neue Bildstrategien in der französischen Graphik entwickeln, die mit Techniken arbeiten, deren Bezeichnungen sich als Begriffe auch im medizinischen Traumdiskurs etablieren wie „association“, „automatisme“, „assemblage“, „combinaison“, „incohérence“. Die Popularisierung des wissenschaftlichen Diskurses durch die Verbreitung in allgemeinen Zeitschriften setzt erst Ende der fünfziger Jahre ein, also nach Nervals Tod (vgl. Heraeus, „Der Traumdiskurs und seine Begriffe“, in: dies., *Traumvorstellung und Bildidee*, 52-72).

erlaubt nicht nur eine präzisere Einschätzung der Stellung Nervals gegenüber dem herrschenden Diskurs seiner Zeit, sondern sie läßt überdies schon Themen aufscheinen, die später für den Surrealismus zentral werden. Wichtige Aspekte sind die Behandlung von Wahn, Imagination und Automatismus, die auf unbewußte Tätigkeiten des Geistes hindeuten, und die Schwierigkeiten, diese in die herrschenden Vorstellungen von Persönlichkeit zu integrieren.

Festzuhalten ist zunächst, daß die Imagination im Bereich des medizinischen Diskurses weiterhin im Bereich der niederen Seelenvermögen angesiedelt bleibt, und man ihr mit einem gewissen Argwohn begegnet. Paradigmatisch läßt sich das an einem Fallbericht des Moreau-Schülers Sauvet ablesen, in dem dieser die Exaltiertheit der Imagination als einzig nennenswerten Grund für die Erkrankung angibt[5]. Auffällig ist dabei die starke Betonung der besonderen ästhetischen und emotionalen Empfänglichkeit, die durch die Imagination hervorgerufen wird und die im Rahmen einer Genieästhetik positiv konnotiert wäre. Sauvet leugnet nicht, daß diese Empfänglichkeit ein Genie ankündigen könne, schränkt jedoch ernüchternd ein, daß sie viel häufiger ein Zeichen des Wahns sei. Hier findet eine klare Pathologisierung der von der Imagination bestimmten Fähigkeiten statt, die sich vermutlich auch gegen deren romantische und vitalistische Aufwertung wendet[6].

In diesem Kapitel soll also der wissenschaftliche Traumdiskurs, wie er vor allem von der Medizin (und das heißt zumeist Psychiatrie) und der Philosophie mit unterschiedlichen Ansätzen geführt wird, in den Blick genommen werden. Stellvertretend für die unterschiedlichen Herangehensweisen seien hier zwei Preisfragen genannt, die von den jeweiligen Akademien ausgeschrieben werden. Die ‚Académie royale de médecine'

---

5 Moreau, Sauvet, „Rêves. – Délire partiel consécutif", in: *Annales médico-psychologiques* 1ère série, 3 (1844), 305-308, besonders 308.

6 Jean Starobinski weist in seinem Aufsatz über „Grundlinien für eine Geschichte des Begriffs der Einbildungskraft" (in: ders., *Psychoanalyse und Literatur*, 3-23) auf den sehr zwiespältigen Status der Imagination in der Antike und bei Dante hin, wo sie entweder der Ursprung der Illusionen oder die Kraft der Erfindung sein konnte. Diese Unterscheidung werde in der Romantik jedoch hinfällig, weil gegenüber der diskursiven Vernunft, die nun den Sündenfall darstellt, jede Art von Imagination positiv zu bewerten sei. In dieser Perspektive stelle sie weit mehr als ein unkontrolliertes Seelenvermögen unter anderen, sondern vielmehr eine überpersönliche Macht dar, die das Werk Gottes oder der Natur verlängern und im Menschen zu individueller Gestalt gelangen wolle. Starobinski vergißt nicht, auf die von Paracelsus ausgehende medizinische Geistesströmung des Vitalismus hinzuweisen, die zur Vorbereitung der romantischen Vorstellungen beiträgt. Die Vitalisten, denen in Frankreich die Ärzte der Schule von Montpellier angehören, schreiben der Imagination den Primat innerhalb der Seelenkräfte zu, weshalb sie von den Pariser Ärzten stark angegriffen werden.

ruft im Jahr 1844 zu einem Concours zu dem Thema *Des Hallucinations, des causes qui les produisent et des maladies qu'elles caractérisent* auf. Das Interesse an der Halluzination zu diagnostischen und taxonomischen Zwecken ist bei den Medizinern der eigentliche Beweggrund, sich über die Beschäftigung mit hypnagogen Zuständen schließlich der Untersuchung des Traums zu nähern, der jedoch selbst nicht zum zentralen Gegenstand wird[7]. Die Philosophen hingegen gehen von der Untersuchung des Schlafs aus, was sich an der Fragestellung der ‚Académie des sciences morales et politiques' in ihrem Concours von 1851 ablesen läßt: *Le Sommeil, les songes et le somnambulisme*. Betont wird dabei, daß die Fragestellung aus psychologischer Sicht zu bearbeiten sei, womit vor allem gefordert wird, die Tätigkeit der Seelenvermögen im Schlaf sowie das Verhältnis von Träumen und Denken eingehend zu behandeln. Die meisten Ärzte hingegen privilegieren eine physiologische Methode, bei der die organischen Ursachen und Abläufe der Träume den Ausgangspunkt der Untersuchung bilden. Beiden Richtungen gemeinsam ist, daß im Zentrum des Interesses zunehmend die allgemeinen Funktionsweisen des Geistes stehen, über welche die Untersuchung der Träume näheren Aufschluß geben soll. Die Fragestellung der ‚Académie des sciences morales et politiques' richtet zudem besonderes Augenmerk auf den Somnambulismus und ist somit auch ein Indiz dafür, welche Bedeutung diesem Phänomen und dem prophetischen Traum gilt. Der Glaube an die prophetische Kraft des Traums, der im 19. Jahrhundert in allen Gesellschaftsschichten weiterlebt[8], erleichtert auch die Verbreitung von Magnetismus und Somnambulismus, für die zugleich eine wissenschaftliche Erklärung gesucht wird. Tatsächlich wird die Frage nach den prophetischen Träumen und dem Somnambulismus schließlich auch von Medizinern erörtert, und während die einen es für möglich halten, letztlich auch die Prophezeiungen wissenschaftlich zu erklären, laufen bei den anderen die Heiligen Gefahr, als Geisteskranke abqualifiziert zu werden.

Zur Skizzierung dieses Diskurses bietet es sich aus verschiedenen Gründen an, die Zeitschrift *Annales médico-psychologiques* heranzuziehen. Sie wird 1843 von Jules Baillarger, der selbst Arzt an der Salpêtrière ist, als Forum für die französischen Nervenärzte gegründet[9]. Im Vorwort der

---

[7] Dieser Ansatz ist nicht nur für die Psychiatrie der Mitte des 19. Jahrhunderts typisch, sondern auch schon bei Pinel und Esquirol zu beobachten (vgl. Ripa, *Histoire du rêve*, 182).

[8] Laut Ripa hält sich diese Überzeugung das ganze 19. Jahrhundert hindurch selbst in höheren Gesellschaftsschichten, wenn auch das öffentliche Bekenntnis dazu zurückgeht (Ripa, *Histoire du rêve*, 93 und 100 ff.).

[9] Der volle Titel lautet *Annales médico-psychologiques. Journal d'anatomie, de physiologie et de pathologie du système nerveux destiné particulièrement à recueillir tous les documents relatifs à la*

ersten Nummer berufen sich die Herausgeber Baillarger und Cerise explizit auf die Pionierleistungen von Philippe Pinel am Ende des 18. und Jean-Etienne Esquirol zu Beginn des 19. Jahrhunderts, die sie als unangreifbare Basis der Wissenschaft von den Geisteskrankheiten („la science de l'aliénation mentale") bezeichnen. Sie wollen jedoch den Bezugsrahmen dieser Wissenschaft erweitern und über das Gebiet der Pathologie hinausgehen[10]. Daher wird in der Zeitschrift eine Abteilung „Généralités médico-psychologiques" eingerichtet, in der auch Beiträge eher philosophischer Natur abgedruckt werden, in denen der normalen Funktionsweise des Geistes Beachtung geschenkt wird. Die Zusammenführung von Medizin und Philosophie wird explizit als Ziel ausgerufen: „Nous tenons à réconcilier les études médicales avec la philosophie, dont elles n'auraient jamais dû rester isolées"[11]. Ohnehin fühlen sich die Psychiater aufgrund des sich ihnen bietenden Beobachtungsmaterials in geradezu privilegierter Position, um philosophische Studien zu betreiben. Allerdings ist dabei zu beachten, daß sich zwei unterschiedliche philosophische Strömungen gegenüberstehen: auf der einen Seite der Spiritualismus als offizielle Philosophie der Epoche, der Leib und Seele als voneinander unabhängige Einheiten ansieht, auf der anderen Seite der Materialismus, der das geistige Leben als Manifestation organischer Prozesse betrachtet[12]. Bereits in der Einleitung der *Annales médico-psychologiques* weisen Baillarger und Cerise auf dieses Problem hin, wobei sie betonen, ein Forum für beide philosophische Schulen sein zu wollen[13]. Die Strömungen, die in der Terminologie des 19. Jahrhunderts auch als Physiologie und Psychologie bezeichnet werden, unterscheiden sich nicht nur in der Behandlung des Leib-Seele-Problems, sondern auch, und das ist hier

---

science des rapports du physique et du moral, à la pathologie mentale, à la médecine légale des aliénés et à la clinique des névroses. Artikel aus dieser Zeitschrift werden bei der ersten Nennung mit Autorangabe, Titel, Serie, Nummer und Jahrgang zitiert, im folgenden dann nur noch durch die Sigel Amp, die Serie und Nummer sowie die Seitenzahl im Text. Bei den Nummern der ersten Serie erfolgt keine Serienangabe.

10 „La pathologie mentale est étroitement liée à la physiologie morale et intellectuelle, qui est elle-même étroitement liée à l'anatomie, à la physiologie et à la pathologie du système nerveux" (Baillarger, Cerise, „Introduction", in: *Annales médico-psychologiques* 1ère série, 1 (1843), I-XXVII, hier: III). Baillarger gehört ebenso wie Moreau de Tours, der später zum Mitherausgeber der *Annales médico-psychologiques* wird, zum großen Kreis der direkten Schüler Esquirols (vgl. Goldstein, *Console and Classify*, 140).

11 Baillarger, Cerise, Longet, „But du journal", in: *Annales médico-psychologiques* 1ère série, 3 (1844), 2.

12 Für eine sehr aufschlußreiche Darstellung der philosophischen, gesellschaftlichen und politischen Hintergründe vgl. das Kapitel „Choosing philosophical sides" bei Goldstein, *Console and Classify*, 240-275.

13 Vgl. dazu die „Introduction" der ersten Ausgabe (Amp 1, XI).

wichtiger, durch ihre Untersuchungsmethoden. Gilt als physiologische Methode, die von vornherein große Nähe zu positivistisch begründeter Medizin und Naturwissenschaften aufweist, die Untersuchung beobachtbarer Phänomene, so stellt für die psychologische Richtung die Introspektion die hauptsächliche Methode dar, womit sie der Philosophie nahesteht[14]. Auf diese Untersuchungsmethoden beziehen sich zumeist auch die Begriffe „physiologisch" und „psychologisch", und hieran lassen sich auch deutlicher als in den philosophischen Grundhaltungen, die sich bei den wenigsten der Ärzte in festen philosophischen Überzeugungen niederschlagen, Unterschiede ausmachen. Bei Baillarger etwa, der durchaus spiritualistische Philosophen (z. B. Théodore de Jouffroy) zitiert, bilden vor allem die Fallbeschreibungen seiner Patienten die Ausgangsbasis der Beobachtung, während Jacques Moreau, der ganz materialistisch auf der Einheit von Leib und Seele besteht, und in noch stärkerem Maße Alfred Maury Selbstbeobachtung betreiben. Möglicherweise bedingt der Untersuchungsgegenstand, der anders als durch Introspektion nur schwer zu ergründen ist, hier das frühe Aufbrechen der Opposition zwischen physiologischen und spiritualistischen Ansätzen[15].

Die insgesamt relativ breit gestreuten Artikel der *Annales médico-psychologiques*, die teils sehr offiziellen Charakter haben wie etwa die Verlautbarung der ‚Académie des sciences morales et politiques', können als repräsentativ für den wissenschaftlichen Traumdiskurs der Zeit gelten, der sich intensiv mit den Gemeinsamkeiten von Traum und Wahn beschäftigt. Ich beschränke mich auf den Zeitraum von 1843-1855, d. h. den Zeitraum von der Gründung der *Annales médico-psychologiques* bis zum weitgehenden Abschluß der Diskussion um den Traum in dieser Zeitschrift, der mit dem Todesjahr Nervals zusammenfällt[16]. In den Jahren danach folgen mit Ausnahme eines Artikels von Maury lediglich Rezensionen zu Büchern über den Traum, und generell orientiert sich das Interesse stärker auf den Somnambulismus, zu dem auch mehrere Diskussionen in der ‚Société médico-psychologique' stattfinden[17].

---

[14] Vgl. Goldstein, *Console and Classify*, 242 f.

[15] Vgl. Ripa, *Histoire du rêve*, 136.

[16] Der Tod Nervals ist keine notwendige Begrenzung des Zeitraums, da nicht von seiner direkten Kenntnis der Artikel ausgegangen wird. Die Hauptpunkte der Diskussion sind zu diesem Zeitpunkt jedoch bereits berührt, und dieser Ausschnitt reicht für die Darstellung des wissenschaftlichen Traumdiskurses völlig aus. Tatsächlich liegen die im Jahr 1855 erschienenen Artikel zeitlich nach dem Tod Nervals im Januar.

[17] Alfred Maury „De certains faits observés dans les rêves et dans l'état intermédiaire entre le sommeil et la veille", in: *Annales médico-psychologiques* 3e série, 3 (1857), 157-176. Bei den Diskussionen in der ‚Société médico-psychologique' geht es vor allem um die wissenschaftliche Erklärung. Es finden von Mai 1857 bis Januar 1858 Diskussionen

1.1 Erste Phase: Traum und Halluzination (1844-1848)

Zwar ist die Verknüpfung von Genialität und Wahnsinn an sich nicht neu; der Topos des Genies als Melancholiker ist bekanntlich bereits bei Aristoteles zu finden und in der Debatte im 19. Jahrhundert sehr präsent[18]. Aber mit der These, daß große Philosophen, Literaten und Propheten unter Halluzinationen gelitten hätten – wie sie vor allem Louis-François Lélut mit seinen beiden Büchern *Le Démon de Socrate* (1836) und *L'Amulette de Pascal* (1846) vorbringt – wird ein medizinischer Fachbegriff des 19. Jahrhunderts in die Diskussion eingebracht und die Nähe von Genie und Wahn wesentlich eindeutiger auf den Wahn festgelegt[19]. Diese These entfacht eine kontroverse Diskussion, deren Brisanz vor allem den religiösen Bereich betrifft. Die Vorstellung, daß die Propheten der Bibel Halluzinationen erlegen sein sollen, zeigt die offensichtlich problematische Konkurrenz und Inkompatibilität der Deutungsansätze von Psychiatrie und Religion sehr deutlich. Nerval bringt das pointiert auf den Punkt, wenn er in einem Zeitungsartikel schreibt „Aujourd'hui l'on mettrait Jésus à Bicêtre"[20].

über den „somnambulisme et les névroses extraordinaires" (Amp 3ᵉ s., 3, (1857) 601-619, 630-635 und Amp 3ᵉ s., 4, (1858) 280-293 und 307-312) sowie 1859 eine Diskussion über den „somnambulisme naturel" statt (Amp 3ᵉ s., 6 (1860), 294-306), und 1861 verliest Maury dort ein „Exemple curieux de somnambulisme" (Amp 3ᵉ s., 7 (1861), 95 f.).

[18] Vgl. dazu Jackie Pigeaud, „Le Génie et la folie : Étude sur la « Psychologie morbide... » de J. Moreau de Tours", in: *Littérature Médecine Société : Art et folie*, n° 6 (1984), 1-27. Unterschiede zwischen Aristoteles' Begriff des melancholischen Temperaments und dem medizinischen Fachbegriff der „lypémanie" werden dabei in der Regel nicht gemacht. Zur nötigen Differenzierung der verschiedenen Melancholie-Begriffe vgl. Cantagrel, *De la maladie à l'écriture*.

[19] Zwar ist der Begriff „hallucination" bereits im 17. Jahrhundert belegt, eine theoretische Fundierung erfährt er jedoch erst im 19. Jahrhundert, die auch zur Bildung von Ableitungen wie „hallucinant" (1862), „halluciner" (1862) und „hallucinatoire" (1873) führt (die Angaben für die Erstbelege sind dem *Petit Robert* entnommen). In seiner Rezension der erstmals 1847 ins Französische übersetzten *Parva naturalia* von Aristoteles mit den Aufsätzen zu Traum und Schlaf, spricht Maury gar anachronistisch von Aristoteles' „Theorie der Halluzination" (Alfred Maury, „La Psychologie d'Aristote. Opuscules traduits en français pour la première fois par J. Barthélemy Saint-Hilaire, Membre de l'Institut", in: *Annales médico-psychologiques* 1ère série, 11 (1848), 15-25).

[20] Gérard de Nerval, „Paradoxe et vérité", in: *L'Artiste* (2 Juin 1844), in: Nerval, *Œuvres complètes*, Bd. 1, 809-812, hier : 810. Wie strittig die Annahme der Halluzination ist, zeigt sich beispielsweise darin, daß Macario zwar für Philosophen und Literaten die Diagnose der Halluzination akzeptiert, nicht jedoch für die Propheten (Macario, „Des hallucinations", in: *Annales médico-psychologiques* 1ère série, 6 (1845) und 7 (1846), hier: Amp 6, 327). Auch der Esquirol-Schüler Alexandre-Jacques-François Brierre de Boismont versucht in seinem Buch *Des hallucinations ou Histoire raisonnée des apparitions, des visions, des songes, de l'extase, du magnétisme et du somnambulisme* (1845) die großen Heiligen

Mit der Preisfrage der ‚Académie royale de médecine', auf die neun Arbeiten eingereicht werden, setzt auch in den *Annales médico-psychologiques* eine intensive Diskussion über Halluzination und Traum ein. In der Zeit von 1844-1848 erscheinen sieben ausführliche Artikel dazu, von denen sich immerhin drei gleichzeitig mit dem Traum befassen. Nur diese letzteren sollen hier besprochen werden. Der erste stammt von Maurice-Martin-Antonin Macario, der sich keiner Schule zuordnen läßt und dessen Vorgehen ein hohes Maß an Eklektizismus aufweist. Obwohl er im Titel seines Artikels ankündigt, den Traum vom physiologischen und pathologischen Blickpunkt aus behandeln zu wollen[21], spielen tradierte Muster bezüglich der Vorhersagekraft der Träume und spiritualistische Ansichten eine entscheidende Rolle. So entsteht ein merkwürdiges Amalgam aus physiologischen Erkenntnissen des 19. Jahrhunderts und aus traditioneller Überlieferung zum Traum, wobei besonders Aristoteles und Hippokrat als medizinische Vorbilder dienen, aber auch die divinatorischen Qualitäten des Traums hervorgehoben werden.

Macario teilt die Träume aufgrund der angenommenen Traumursache in verschiedene Kategorien ein, wobei er im wesentlichen zwischen molekularen Veränderungen im Gehirn, Eindrücken von außen (den sogenannten Leibreizen) und einem Rückzug des Geistes in sich selbst unterscheidet[22]. Dabei gilt sein besonderes Interesse dem „rêve psychique", der auf dem Rückzug des Geistes in sich selbst beruht und der zur Inspirationsquelle von Kunst werden kann, für den er jedoch über keine wissenschaftlichen Erklärungsmöglichkeiten verfügt. So führt er lediglich mehrere Beispiele für kreative Tätigkeit im Traum an und kolportiert unter anderem die Vermutung, daß auch Dantes *Divina commedia* durch einen Traum inspiriert worden sein soll (Amp 8, 185). Macario weist dem „rêve psychique" eine besondere Kraft zu, die sich neben der künstlerischen Produktivität auch auf die prophetischen Fähigkeiten bezieht: „Tous les grands événements qui ont réjoui ou affligé la terre ont été prédits quelquefois longtemps d'avance" (Amp 8, 200). Unter Berufung

---

vor diesem Verdikt in Schutz zu nehmen (Amp 5, 319). Die Diskussion um den *Démon de Socrate* geht auch noch zwanzig Jahre später beim Erscheinen der zweiten Auflage weiter (vgl. die Rezension der zweiten Auflage durch Albert Lemoine in: *Annales médico-psychologiques* 3e série, 3 (1857), 122-138).

21 Vgl. Macario, „Des Rêves considérés sous le rapport physiologique et pathologique", in: *Annales médico-psychologiques* 1ère série, 8 (1846), 170-218 und 9 (1847), 27-48.

22 Macario nennt die drei Traumarten entsprechend „rêves sensoriaux intra-craniens", „rêves sensoriaux extra-craniens" und „rêves psychiques". Diese Einteilung ist keine Erfindung Macarios, bei Maine de Biran findet sich eine ähnliche Einteilung in „rêves affectifs", „rêves organiques" und „rêves intellectuels et profonds" sowie schließlich den Somnambulismus (Ripa, *Histoire du rêve*, 136 f.).

auf alle spiritualistischen Philosophen erklärt Macario das Phänomen der Divination ohne die Annahme übernatürlicher Einflüsse als die Fähigkeit der von der Materie und damit auch von den Zwängen von Raum und Zeit befreiten Seele[23]. Voraussetzung für solche Zustände, und hier verbindet Macario die spiritualistische Annahme mit einer physiologischen Erklärung, sei eine Übererregung des Gehirns, wie sie durch den Gebrauch von Kaffee oder Haschisch, aber ebenso durch einen bestimmten pathologischen Zustand, wie er in Hysterie, Katalepsie, Ekstase, dem künstlichen Somnambulismus und bei bestimmten Träumen vorkomme, hervorgerufen werde. Dieser Zustand erweitere die geistigen Fähigkeiten: „la sphère de l'intelligence s'agrandit d'une manière extraordinaire" (Amp 8, 217). Macario versucht also für den schon lange bestehenden Glauben an die Erweiterung der menschlichen Fähigkeiten im Traum eine Erklärung aufgrund neuer physiologischer Erkenntnisse zu finden. Umgekehrt ließe sich auch sagen, daß er an bestehenden Annahmen zum Traum festhält und versucht, diese in Übereinstimmung mit den neuen wissenschaftlichen Erkenntnissen zu bringen. Wo ihm dies nicht gelingt, hält er jedoch an den volkstümlich überlieferten Überzeugungen fest und vertraut darauf, daß die Wissenschaft in Zukunft Erklärungen finden wird.

Im zweiten Teil widmet er sein Interesse den pathologischen Träumen und dabei besonders ihrem Wert für die Diagnostik von Krankheiten und für die Prognose von Krankheitsverläufen. Er lehnt sich an Beobachtungen von Aristoteles an, wonach die Symptome beginnender Krankheiten oft schon ein paar Tage vor ihrem Ausbruch im Traum spürbar würden. Ganz analog zu den vorhergesagten geschichtlichen Ereignissen beschreibt Macario auch die diagnostische Qualität der Träume: „certaines affections graves sont souvent précédées, annoncées quelquefois longtemps d'avance par des rêves" (Amp 9, 37). Außer für organische Krankheiten gelte dies in besonderem Maße für die Geisteskrankheiten, die sich oft durch quälende Träume ankündigten. Macarios Hauptanliegen ist es, die Ärzte auf dieses seiner Ansicht nach zu wenig

[23] „Peut-être que l'état actuel de la science ne permet pas encore de déchirer le voile qui couvre les phénomènes de prévision. Cependant, sans trop risquer de se compromettre, on peut dire que si l'on admet l'immortalité de l'âme, ces phénomènes peuvent recevoir une solution satisfaisante sans recourir à des influences surnaturelles. Supposons l'âme dégagée de la matière, et il sera alors évident qu'étant immortelle, ou plutôt étant une parcelle de la divinité, elle doit saisir jusque dans ses moindres détails tous les mystères de la création ; car, pour l'âme libre, les conditions de temps et d'espace n'existent pas ; le passé, le présent et le futur se confondent en un seul point, et dès lors, je le répète, elle saisit en un clin d'œil les rapports et l'ensemble de tout ce qui est. Tous les philosophes spiritualistes anciens et modernes partagent cette opinion" (Amp 8, 217).

beachtete Phänomen aufmerksam zu machen (Amp 9, 34)[24]. Er erstellt dann speziell für die Geisteskrankheiten eine Klassifizierung der Träume in Abhängigkeit von der Grunderkrankung, wobei hier nicht mehr der Inhalt des Traums ein Indikator für den Gesundheitszustand ist, sondern dessen Affektivität und Form: an Lypemanie Erkrankte hätten vor allem Alpträume, aus denen sie schweißgebadet erwachen[25], in der expansiven Monomanie hingegen seien die Träume lustig und fröhlich. Die Manischen hätten merkwürdige und bizarre Träume, die ungeordnet und flüchtig seien: „ils [les rêves, S. G.] sont étranges, bizarres, désordonnés, fugitifs" (Amp 9, 35), während die Träume der Stupiden ungenau, dunkel, inkohärent und traurig seien, und es in der Demenz zu gar keiner Traumerinnerung komme. Die Träume werden damit zu einem besonders empfindlichen Diagnoseinstrument für die geistige Gesundheit. Macario empfiehlt eine kontinuierliche Überwachung der Träume auch bei bereits geheilt erscheinenden Patienten, denn erst wenn auch die Träume wieder normal würden, könne von einer wirklichen Heilung gesprochen werden. Nicht einmal mehr der Traum bleibt also dem psychiatrischen Blick und der Einteilung von pathologisch und normal entzogen. Als krankhafte Merkmale der Träume erscheinen bei Macario nicht nur starke Emotionalität sowie Bizarrheit, Inkohärenz und Flüchtigkeit, sondern auch ungenaue oder fehlende Traumerinnerung. Welche Kriterien für die Normalität der Träume zu gelten haben, expliziert er nicht, es darf aber unterstellt werden, daß er sich dabei an Lehrmeinungen der Zeit, wie sie im Artikel „Songe" des *Dictionnaire de médecine dogmatique* zu finden sind, anlehnt: „Rêver pendant la nuit à ce qui s'est passé pendant la journée, voir les choses telles qu'elles sont arrivées, c'est signe de bonne santé"[26].

Nach dieser Auffassung gelten Abweichungen von der Realität des Wachlebens nicht als kreative, sondern als pathologische Merkmale. Nach Macario ist es nicht nur im Rahmen des Heilungsprozesses nötig, die Träume zu kontrollieren, diese können auch schon vor der Erkrankung als Indikatoren auftreten. Eine besondere Stellung nimmt dabei der

---

[24] Tatsächlich ist die Neuheit dieses Ansatzes nur relativ, Macario bezieht sich auf eine alte Tradition, die allerdings im 17. und 18. Jahrhundert verschüttet worden war. Sie erlebt im 19. Jahrhundert generell einen Aufschwung, auch deshalb, weil sie sich gut mit der Praxis der Traumschlüssel in Einklang bringen ließ (vgl. Ripa, *Histoire du rêve*, 148-154).

[25] In der wissenschaftlichen Nomenklatur nach Esquirol ersetzt der Begriff der „lypémanie" den bis dahin gebräuchlichen der Melancholie.

[26] Artikel „Songe", in: *Dictionnaire de médecine dogmatique, recueil des principales maximes d'Hippocrate*, Paris 1816, 562, zitiert nach Ripa, *Histoire du rêve*, 147. Entsprechend heißt es dort auch: „[…] les rêves contraires aux occupations dénotent que la santé est altérée".

Alptraum ein, wobei in Macarios Fallbericht nicht ganz klar wird, ob der Traum als Indikator oder möglicherweise sogar als Auslöser der Geisteskrankheit fungiert: „cet homme devint donc fou à la suite d'un cauchemar" (Amp 9, 32). Genau an dieser Stelle verläßt Macario allerdings wieder den Bereich der wissenschaftlichen Diskussion und beruft sich unter Anführung zahlreicher Beispiele auf den Volksglauben von Mahren, Hexen und Vampiren, deren Erscheinen im Traum zu Wahnvorstellungen im Wachleben führen könne. Versucht Macario also einerseits, den Traum auf physiologische Ursachen zurückzuführen und in therapeutische Maßnahmen einzubinden, so zeigt sich gleichzeitig, daß dieser Ansatz den vielfältigen Problemen nicht gewachsen ist. Macario ist zu sehr Spiritualist, um den Traum als rein organisches, sinnentleertes Phänomen zu deuten. Zwar führt sein Versuch, den Traum in physiologischer und pathologischer Hinsicht zu betrachten, zu einer Psychiatrisierung und Domestizierung des Traums, gleichzeitig bleibt er aber Ansätzen aus Mantik, Volksglauben und künstlerischer Behandlung verhaftet, die übernatürliche Elemente des Traums stark machen und diesem Vorhaben entgegenstehen.

Wird bei Macario um den Preis innerer Widersprüche eine Synthese von medizinisch fundierten und volkstümlich überlieferten übernatürlichen Gesichtspunkten gesucht, so wenden Jules Baillarger und Alfred Maury, die beide zunächst nicht direkt vom Traum handeln, sich strikt gegen eine solche Vermengung[27]. Beide entwickeln in ihren Arbeiten ganz systematisch eine Theorie der beim Einschlafen ablaufenden Halluzinationen, für welche die genaue Beobachtung das Fundament liefert. Der Unterschied besteht hauptsächlich darin, daß Baillarger sich auf die Beobachtung seiner Patienten stützt, während Maury in erster Linie genaue Selbstbeobachtung betreibt.

Jules-Gabriel-François Baillarger, der Gründer und Mitherausgeber der *Annales médico-psychologiques*, gewinnt den Concours der ‚Académie royale de médecine' zu den Halluzinationen, und sein erster Artikel über Halluzinationen in den *Annales médico-psychologiques* ist dem Teil zur Pathologie des preisgekrönten *Mémoire* entnommen[28]. Ähnlich wie Macario

---

[27] Macarios Darstellung der pathologischen Träume findet jedoch Maurys uneingeschränkte Zustimmung: „Cette catégorie de rêves [pathologiques, S. G.] a déjà été étudiée avec beaucoup de soin par M. le docteur Macario, et je n'ai rien à ajouter à ce qu'il en dit" (Maury, *Le Sommeil et les rêves*, 78).

[28] Jules Baillarger, „De l'influence de l'état intermédiaire à la veille et au sommeil sur la production et la marche des hallucinations", in: *Annales médico-psychologiques* 1ère série, 6 (1845), 1-29 und 168-195. Der Text wurde bereits im Mai 1842 in der ‚Académie royale de médecine' verlesen. Baillarger veröffentlicht insgesamt zahlreiche Artikel zu einem breiten Themenspektrum. Sein Interesse gilt sowohl statistischen Erhebungen

betont Baillarger die Rolle der kurz vor dem Einschlafen auftauchenden Halluzinationen für den Verlauf des Wahns und deren möglichen therapeutischen Nutzen, da deliriöse Zustände so vorhersehbar würden. Er unterscheidet jedoch streng zwischen diesen Halluzinationen und den Träumen im engeren Sinn. Vor allem zwei entscheidende Unterschiede hebt er hervor: zum einen beende das Aufwachen den Traum und mache damit dem Träumer die Irrealität des Erlebten bewußt, was beim Halluzinierenden nicht möglich sei, zum anderen setzt Baillarger für die Halluzination immer eine hirnorganische Ursache an[29]. Deshalb kann Baillarger sich auch nicht der vieldiskutierten These von der Identität von Traum und Wahn anschließen und spricht lediglich von einer Analogie. Der Traum gilt ihm nur als Vergleichspunkt für die Ausarbeitung einer Theorie der Halluzination, die er andernorts auch „Théorie de l'automatisme" nennt[30]. Die Hauptrolle darin kommt der unwillkürlichen und unkontrollierten Tätigkeit von Erinnerung und Imagination zu, die sich von dem intellektuell aktiven Zustand des Wachlebens unterscheidet. Ich zitiere zunächst die maßgebliche Passage, um die einzelnen Momente anschließend zu erläutern:

> Comme les rêves, elles [les hallucinations, S. G.] sont évidemment dues à l'exercice involontaire de la mémoire et de l'imagination. Le moindre effort d'attention les suspend immédiatement en ramenant la veille complète, en substituant un état intellectuel actif et volontaire à l'état en quelque sorte passif dans lequel le sentiment de la personnalité commençait à s'effacer. [...] Il y a donc une sorte d'antagonisme entre l'exercice actif de la volonté et de l'attention et l'exercice involontaire de la mémoire et de l'imagination (Amp 6, 180).

Drei Punkte bedürfen hier der Erläuterung: erstens die Tätigkeit der unterschiedlichen Seelenvermögen, zweitens der Antagonismus von

---

und Fragen der Heredität des Wahnsinns als auch im engeren Sinne physiologischen Fragestellungen zum Zusammenhang zwischen Gehirn und Geist, als Beispiel sei nur ein Artikel genannt: „De l'étendue de la surface du cerveau et de ses rapports avec le développement de l'intelligence", in: *Annales médico-psychologiques* 2e série, 5 (1853), 1-9.

29 „Dans tous les cas que je viens de rappeler, et dans d'autres encore, la congestion cérébrale paraît avoir joué le principal rôle pour la production des hallucinations" (Amp 6, 175). Die „congestion cérébrale" ist ein plötzlicher Blutandrang im Gehirn, der von der einfachen Erregung durch Freude oder Ärger bis zum Delirium gehen kann: „Le mot de *congestion cérébrale*, dans son sens le plus généralement adopté, résume habituellement un ensemble de phénomènes qui se rapportent tous à des désordres plus ou moins caractérisés dans les fonctions de l'innervation, et quelquefois même à leur abolition, mais le plus ordinairement d'une durée limitée" (Bouchet, „Sur la congestion cérébrale", in: *Annales médico-psychologiques* 2e série, 2 (1850), 161-204, hier: 161).

30 Jules Baillarger, „Théorie de l'automatisme" (1845), in: ders., *Recherches sur les maladies mentales*, Paris 1890, Bd. 1, 494-500.

Passivität und Aktivität bzw. von Traum und Wachleben und drittens dessen Zusammenhang mit dem Persönlichkeitsgefühl. Ansatzpunkt für den Vergleich von Halluzination, Traum und Wahn ist bei Baillarger, wie bei vielen anderen Autoren auch, die Tätigkeit der unterschiedlichen Seelenvermögen. Zwar unterscheiden sich die Einteilungen der Vermögen in Ober- und Untergruppen bei den jeweiligen Autoren, es kann jedoch eine Grundeinteilung in die Bereiche des Empfindens, Denkens und Wollens festgestellt werden. Eine besondere Rolle für Traum und Wahn kommt nun Erinnerung und Imagination einerseits sowie Aufmerksamkeit und Willen andererseits zu. Erstere nehmen eine Zwischenstellung zwischen Empfinden und Denken ein und sind noch zu den niederen Vermögen zu rechnen, während letztere als höhere Vermögen gelten[31]. Der Traum gilt allgemein als Produkt von Erinnerung und Imagination bei nachlassender Aufmerksamkeit. Baillarger betont – im Gegensatz zu der verbreiteten Lehrmeinung von Esquirol – daß das Nachlassen der Aufmerksamkeit keine Störung dieses Vermögens sei, sondern durch eine Übererregung der dem Bereich der Empfindung zugeordneten Vermögen Erinnerung und Imagination sowie der Sinne ausgelöst werde:

> […] elle [la manie, S. G.] résulte d'un défaut d'harmonie entre l'attention et les autres facultés : or, ce défaut d'harmonie vient évidemment de la surexcitation de la mémoire, de l'imagination et des sens (Amp 6, 190 f.).

Baillargers Definition legt den Schwerpunkt damit auf die Störung des Gleichgewichts zwischen den Seelenvermögen, womit auch die Möglichkeit zur Beendigung des Zustandes mit vorgegeben ist: „[…] on peut le plus souvent suspendre le délire en fixant fortement l'attention des malades" (Amp 6, 195). Diese Fixierung der Aufmerksamkeit auf real existierende Dinge ermögliche es, das Gleichgewicht wieder herzustellen, denn durch die Stärkung der willentlich steuerbaren Aufmerksamkeit könnten die selbsttätig funktionierenden Vermögen zurückgedrängt werden. Die Fixierung der Aufmerksamkeit bzw. die willentliche Steuerung der Vermögen wird damit auch zum Kriterium der Unterscheidung zwischen den beiden als Antagonismus gedachten Zuständen. Als aktiver Zustand gilt dabei der, in dem die intellektuellen Kräfte aktiv sind. Das Nachlassen von Aufmerksamkeit und Willen im passiven Zustand hingegen

---

31 Lélut unterscheidet in seiner *Physiologie de la pensée* später sieben Gruppen: 1. „besoins et appétits", 2. „affections et passions", 3. „sens externes", 4. „imagination et mémoire", 5. „aptitudes intellectuelles", 6. „l'entendement ou les facultés intellectuelles proprement dites", 7. „la volonté" (Louis-François Lélut, „Recherches sur la physiologie de la pensée", in: *Annales médico-psychologiques* 3e série, 4 (1858), 1-52, hier: 6).

betrachtet Baillarger als Schwächung des Persönlichkeitsgefühls. Er bindet das Persönlichkeitsgefühl damit letztlich an den Willen, was zur Folge hat, daß er das unkontrollierte, automatische Funktionieren der niederen Seelenvermögen nicht als integralen Bestandteil der Persönlichkeit betrachten kann.

Die von Baillarger entwickelte Theorie des Automatismus nimmt Louis-Ferdinand-Alfred Maury (1817-1892) in mehreren Aufsätzen auf, die er später in dem Buch *Le Sommeil et les rêves* (1861) zusammenfaßt, das in den achtziger Jahren zum Standardwerk wird und noch von den Surrealisten rezipiert wird[32]. Maury ist selbst kein Arzt, sondern ein umfassend gebildeter Bibliothekar am ‚Institut de France'[33]. Nicht mehr die Halluzinationen von Patienten, sondern die eigenen, von ihm so benannten hypnagogen Halluzinationen, die er über vier Jahre lang exakt notiert hat, stellen den Ausgangspunkt seiner Studie dar[34]. Auch Maury nimmt ein organisches Substrat, vor allem eine nervöse Übererregung für das Auftreten von hypnagogen Halluzinationen an, konzentriert sich jedoch in der Erklärung auf die Seelenvermögen. Konkreter Ausgangspunkt für das Entstehen der hypnagogen Halluzinationen ist für Maury das Nachlassen der Aufmerksamkeit und die daraus resultierende Passivität gegenüber der Eigentätigkeit der Imagination. Da im Fall der hypnagogen Halluzination die Kontrolle der Imagination durch die Reflexion fehle, spricht Maury von einer „autocratie de l'imagination" (Amp 11, 37). Er geht also ähnlich wie Baillarger von der Vorstellung eines Gleichgewichts zwischen den Seelenvermögen aus, er faßt dieses jedoch wesentlich deutlicher in Termini von Macht und Herrschaft und spitzt es auf den Antagonismus von Aufmerksamkeit und Imagination zu. Die Autokratie der Imagination erscheint bei Maury als Form der Anarchie, die es durch Herstellung eines Gleichgewichts wieder in eine Herrschaft des Geistes zurückzuführen gilt. Dabei wird der Zustand der Anarchie auch als ein „machinisme mental" beschrieben, in dem der Geist, dem die Möglichkeit der Reflexion entzogen ist, zum Spielzeug der Imagination wird:

---

32 Zur Rezeption vgl. Heraeus, *Traumvorstellung und Bildidee*, 67.

33 Nach den Angaben von Sarane Alexandrian hat Maury zunächst Jura und Medizin studiert, dann Sinologie und Archäologie und zeigte weiterhin Interesse an Geschichte, Geographie und Naturwissenschaften (vgl. Alexandrian, *Le Surréalisme et le rêve*, 24-38).

34 Alfred Maury, „Des hallucinations hypnagogiques ou des erreurs des sens dans l'état intermédiaire entre la veille et le sommeil", in: *Annales médico-psychologiques* 1ère série, 11 (1848), 26-40. Maury nimmt Baillargers Theorie des Automatismus ohne explizite Referenz, aber unter Benutzung des Begriffs auf: „[...] ces mots, qui se présentent tout à coup et automatiquement à mon oreille" (Amp 11, 35).

> […] l'esprit est le jouet des images évoquées par l'imagination, […] celles-ci le remplissent tout entier, le mènent où elles vont, le ravissent comme au dehors de lui, sans lui permettre dans le moment de réfléchir sur ce qu'il fait (Amp 11, 29).

Spiel und Automatismus, die als ungesteuerte Aktivitäten betrachtet werden, sind hier als Kontrollverlust eindeutig negativ besetzt. Generell läßt sich sagen, daß Baillargers im Anschluß an mechanistische Auffassungen des Geistes entwickelte Theorie vom Automatismus schnell von anderen Autoren aufgegriffen wird und bereits in der zweiten Phase der Traumdiskussion als etabliert gelten darf. Häufig wiederkehrende Begriffe wie „jeu de la mémoire et de l'imagination", „jeu automatique de l'intellect" oder „mécanisme de la pensée" machen dies deutlich. In dieser ersten Phase geht der Blick auf den Traum ganz eindeutig von der Halluzination aus. Daher steht auch die Beherrschung des als Anarchie betrachteten Ungleichgewichts zwischen den Seelenvermögen im Vordergrund, so daß Ausdrücke wie „dominer" oder „fixer l'attention" häufig sind.

1.2 Zweite Phase: Der Traum und die Funktionsweisen des Geistes (1852-1855)

Erst nach der Ausschreibung der Preisfrage der ‚Académie des sciences morales et politiques' zu Schlaf, Traum und Somnambulismus im Jahr 1851 finden sich erneut verschiedene Artikel zum Thema Traum in den *Annales médico-psychologiques.* In den Jahren 1852-55 erscheinen ein von Louis-François Lélut kurz nach der Ausschreibung der Preisfrage in der ‚Académie des sciences morales et politiques' gehaltener Vortrag[35], ein von Maury in der ‚Société médico-psychologique' gehaltener Vortrag aus dem Jahr 1853[36] und schließlich im Jahr 1855 erstens ein Bericht über die Ergebnisse des Concours[37], zweitens ein langer Artikel von Jacques Moreau de Tours, in dem dieser auf die Identität von Traum und Halluzina-

---

[35] Louis-François Lélut, „Mémoire sur le sommeil, les songes et le somnambulisme (Lu à l'Académie des sciences morales et politiques dans ses séances du 27 mars et du 17 avril 1852", in: *Annales médico-psychologiques* 2e série, 4 (1852), 331-363.

[36] Alfred Maury, „Nouvelles observations sur les analogies des phénomènes du rêve et de l'aliénation mentale (Mémoire lu à la Société médico-psychologique dans sa séance du 25 octobre 1852)", in: *Annales médico-psychologiques* 2e série, 5 (1853), 404-421.

[37] Louis-François Lélut, „Du sommeil envisagé au point de vue psychologique. Rapport fait à l'Académie des sciences morales et politiques au nom de la section de philosophie sur le Concours relatif à cette question", in: *Annales médico-psychologiques* 2e série, 7 (1855), 80-113.

tion zurückkommt[38], sowie drittens eine Diskussion aus der ‚Société impériale de médecine' über ein Buch von Moreau, bei der es im wesentlichen um das Verhältnis von Wahn und Traum geht[39].

In dieser zweiten Phase treten verstärkt philosophisch ausgerichtete Autoren hervor, die den psychologischen Blickwinkel in den Vordergrund rücken. Zu nennen ist hier neben Maury, der seine Arbeiten fortführt, vor allem Louis-François Lélut, der zwar Psychiater ist, aber zugleich der ‚Section philosophie' der ‚Académie des sciences morales et politiques' angehört. Für diese ergreift er im Zusammenhang mit dem Concours das Wort, um den Ansatz einer neuen, rationalistisch ausgerichteten Psychologie zu vertreten. Preisträger der ‚Académie des sciences morales et politiques' wird Albert Lemoine, dessen stark philosophisch ausgerichtete Arbeit sich in guter Übereinstimmung mit den Thesen Léluts befindet. Deutlich moderner ist der Aufsatz des Arztes Moreau de Tours, in dem Michel Jeanneret so erstaunliche Parallelen zu Nervals *Aurélia* ausgemacht hat[40]. Denn dieser löst sich – unter Beibehaltung einer psychologischen Akzentuierung – von der vermögenspsychologischen Argumentation.

Mit ihrer Preisfrage privilegiert die ‚Académie des sciences morales et politiques' eine „psychologische" Sicht, womit vor allem der Bezug auf die Tätigkeit der Seelenvermögen und auf das Verhältnis von Träumen und Denken gemeint ist, was sich an der Fragestellung recht genau ablesen läßt:

> Quelles sont les facultés de l'âme qui subsistent, ou sont suspendues ou considérablement modifiées dans le sommeil ? Quelle différence essentielle y a-t-il entre rêver et penser ? Les concurrents comprendront dans leurs recherches le somnambulisme et ses différentes espèces. Dans le somnambulisme naturel, y a-t-il conscience et identité personnelle ? Le somnambulisme artificiel est-il un fait ? Si c'est un fait, l'étudier et le décrire dans ses phénomènes les moins contestables, reconnaître celles de nos facultés qui y sont engagées, et essayer de donner de cet état de l'âme une théorie selon les règles d'une saine méthode philosophique (Amp 2e s., 7, 80).

Damit wird eine vermögenspsychologische Sichtweise vorgegeben und philosophische Systematik zur Regel erhoben, die auch dazu beitragen

[38] Jacques-Joseph Moreau de Tours, „De l'identité de l'état de rêve et de la folie", in: *Annales médico-psychologiques* 3e série, 1 (1855), 361-408.

[39] „Académie impériale de médecine. Du délire au point de vue pathologique et anatomo-pathologique par M. Moreau", in: *Annales médico-psychologiques* 3e série, 1 (1855), 448-520.

[40] Vgl. Michel Jeanneret, „La Folie est un rêve : Nerval et le docteur Moreau de Tours", in: *Romantisme* 27 (1980), 59-75.

sollen, die Phänomene des Somnambulismus zu erklären. In dem Vortrag, den er im Frühjahr 1852 kurz nach der Ausschreibung der Preisfrage hält, erläutert Lélut, der Autor von *Le Démon de Socrate* und *L'Amulette de Pascal*, die Vorstellungen der ‚Académie des sciences morales et politiques' und gibt gewissermaßen die Erwartungen vor. Er hebt mehrfach hervor, daß der Standpunkt, von dem aus die Betrachtung erfolgen müsse, ein psychologischer zu sein habe, und weist organizistische Betrachtungsweisen mit dem Argument zurück, daß man über den Zustand des Gehirns während des Schlafs absolut nichts wisse, so daß man diesen nicht zur Basis der Untersuchung machen könne (Amp 2^e^ s., 4, 340). Die Hauptkritik an den meisten eingereichten Arbeiten wird dann auch dahingehend ausfallen, daß sie die Frage vor allem unter einem physiologischen Standpunkt behandelt hätten, nur zwei Arbeiten wird überhaupt zugestanden, die Fragestellung vom psychologischen Standpunkt aus bearbeitet zu haben[41].

Lélut nimmt im Unterschied zu den Autoren der ersten Phase keinen Antagonismus zwischen Traum und Wachleben mehr an, sondern eine Kontinuität mit graduellen Unterschieden. Trotz einer gewissen Inkohärenz macht er im Traum die gleichen Elemente wie im Wachleben aus und verweigert sich der klaren Einteilung von Aktivität und Passivität, wie sie bei Baillarger zu beobachten war: „[...] rien n'y est complétement passif ou actif ; seulement tout y est plus faible, en même temps qu'infiniment plus machinal" (Amp 2e s., 4, 347). Für Lélut bleibt der Willen im Traum grundsätzlich erhalten, er verliert nur an Einfluß. Ähnliches gilt für die anderen höheren Seelenvermögen, die zwar abgeschwächt werden, aber nicht völlig abwesend sind:

> Ce qui constitue plus particulièrement le rêve, ou plutôt ce qui lui donne son caractère le plus essentiel et en apparence le plus extraordinaire, ce sont des sensations fausses, relatives aux sens externes, œuvre de l'imagi-

---

[41] Eine der abgelehnten Arbeiten sei hier besonders erwähnt, weil sie dem Ansatz Macarios weitgehend zu entsprechen scheint. Diese Arbeit wird von den zuvor besprochenen etwas positiv abgehoben und zumindest bezüglich der geäußerten Meinungen in den Hauptpunkten gelobt. Dennoch bemängelt Lélut auch hier einerseits zu viele physiologische Details, unnötige Kapitel über die morbiden Träume, den Alptraum sowie über Therapiemöglichkeiten und damit in weiten Teilen eine Verfehlung des Themas und andererseits die weitgehende Unkenntnis der verschiedenen philosophischen Schulen. 1857 veröffentlicht Macario ein Buch mit dem Titel *Du Sommeil, des rêves et du somnambulisme dans l'état de santé et dans l'état de maladie*, das dem Programm des Concours entspricht. Ich habe leider nicht herausfinden können, ob diese Arbeit zum Concours eingereicht worden ist. Sie hätte jedoch dieselben Kritikpunkte verdient. Vgl. dazu die Rezension von L. Saurel in: *Annales médico-psychologiques* 3e série, 4 (1858), 483-486.

nation qui veille, quand l'attention, la réflexion, la conscience sont à moitié, mais ne sont qu'à moitié endormies (Amp 2e s., 4, 349 f.).

Der Imagination hingegen, welche die für den Traum typischen Wahrnehmungstäuschungen hervorrufe, schreibt auch Lélut einen besonderen Anteil am Traum zu. Auffällig ist, daß Lélut hier den medizinischen Begriff der Halluzination vermeidet und ihn durch den der philosophischen Tradition entnommenen der „sensations fausses" ersetzt. Dennoch knüpft auch er an die im Zusammenhang mit den Halluzinationen entwickelte Theorie des Automatismus an:

> Elles [ces fausses sensations, S. G.] surviennent alors soit par le fait d'une filiation automatique qui a suivi de nombreux détours et dont elles sont le seul résultat perçu, soit par une sorte d'ébranlement soudain, qui les a fait sortir à la fois des profondeurs de l'organisme et des replis les plus secrets de la mémoire (Amp 2e s., 4, 351).

Diese „filiation automatique" wird dabei mit einer Rhetorik der Tiefe und des Geheimnisses verbunden, die an Novalis' „geheimnißvollen Vorhang mit tausend Falten" erinnert, und mit der Vorstellung geheimnisvoller Tiefen im menschlichen Geist oder Organismus – hier bemerkenswerterweise nicht klar unterschieden – arbeitet. Weiter fällt in diesem Zusammenhang die Rede von Gespenstern auf, die der „organisme nerveux" an den Willen schickt, um ihm seine Grenzen aufzuweisen:

> N'y sent-on pas, de temps à autre, s'élever des mêmes abîmes des idées depuis longtemps oubliées, et que rien actuellement ne provoque ; sorte de spectres que l'organisme nerveux envoie à la volonté comme pour lui rappeler que sa souveraineté n'est pas absolue et qu'elle est tenue de compter avec lui ? (Amp 2e s., 4, 352)

Diese „Gespenster" kommen nicht nur im Traum vor, sondern fördern auch im Wachleben verschüttete Erinnerungen zutage, womit Lélut die Kontinuität von Traum-Ich und wachem Ich unterstreichen kann. Mit dem Begriff der Souveränität setzt auch Lélut auf die bei Baillarger und Maury bereits beobachtete Rhetorik vom Machtgleichgewicht. Allerdings nimmt er hier keinen Antagonismus zwischen Imagination und Willen an, sondern stellt „organisme nerveux" und Willen gegenüber, d. h. er betont an dieser Stelle vor allem die physiologische Grundlage, welche die Herrschaft des Willens in Frage stellt. Lélut greift auf die Rhetorik des Geheimnisses vor allem da zurück, wo er Phänomene beobachtet, für deren Erklärung er keine Sprache zur Verfügung hat. Was wir heute das Unbewußte nennen würden, kann Lélut nur in den Tiefen des Gedächtnisses verorten oder dem „organisme nerveux" zuschreiben.

Dieser Ansatz von Lélut stellt später auch die Beurteilungsbasis für die Bewertung der zum Concours eingesandten Arbeiten dar, über die Lélut vor der ‚Académie des sciences morales et politiques' berichtet. Im Januar 1855 drucken die *Annales médico-psychologiques* Auszüge aus diesem Bericht ab, in denen fünf der sieben eingereichten Arbeiten besprochen werden[42]. Dabei zeigt sich, daß nicht nur ein medizinisch-physiologischer Standpunkt unerwünscht ist, sondern daß auch durch den Spiritualismus oder Vitalismus geprägte Perspektiven für falsch erachtet werden. Es ist sicher kein Zufall, daß mit Albert Lemoine, einem Gymnasiallehrer aus Nantes, ein ‚Docteur ès lettres' den Concours gewinnt, der die für nötig erachtete Diskussion der philosophischen Tradition durchführt, was die meisten teilnehmenden Ärzte unterlassen. Lemoine beschreibt in voller Übereinstimmung mit den Arbeiten Léluts den Schlaf als Ruhepause von Körper und Geist, hält einen Schlaf ohne Träume nicht für möglich und postuliert weiterhin die Identität der Tätigkeit des Geistes in Schlaf und Wachen (Amp 2e s., 7, 101 f.). Nach Lemoine ist der Geist auch im Schlaf völlig intakt, lediglich das Zusammenspiel mit dem Gehirn und dem Nervensystem funktioniere nicht. Bei der Besprechung der Seelenvermögen hält Lemoine daher auch keines für im Traum vollständig ausgeschaltet. Sowohl Vernunft als auch Willen erkennt er dem Traum zumindest ansatzweise zu, die Vernunft beziehe sich nur auf die falschen Elemente. Lemoine nimmt also keinen Antagonismus von Imagination und Vernunft oder Willen an, dafür aber einen sehr ausgeprägten von Geist und Körper, was von Lélut als übertriebener Spiritualismus kritisiert wird. Den Unsinn der Träume führt Lemoine daher auch komplett auf die fehlerhafte „Datenübertragung" vom Gehirn an den Geist zurück, wodurch er letztlich den Organismus dafür verantwortlich macht: „Tout ce qu'il y a de raisonnable et de possible dans les songes (comme dans la folie) vient de l'esprit ; tout ce qu'il y a d'absurde et de contradictoire, des organes" (Amp 2e s., 7, 103).

An dieser Stelle tritt die Differenz von wissenschaftlicher und literarischer Sicht auf den Traum besonders deutlich zutage. Stellt bei Baudelaire, wie einleitend gezeigt, die Absurdität des hieroglyphischen Traums ein Qualitätsmerkmal dar, das als Indiz für dessen übernatürliche Herkunft gelten kann, so ist sie bei Lemoine nur das Produkt der organischen Einflüsse auf den Traum. Ähnlich ist sein Verhältnis zum Wun-

---

42 Der Bericht über die beiden am schlechtesten eingestuften Arbeiten, die in der Tat schon bei Lélut sehr kurz abgehandelt werden, wird weggelassen. Die vollständige Fassung des Vortrags findet sich in: Lélut, *Rapport fait à l'Académie des sciences morales et politiques* (1836) [sic! Mir stand leider nur die digitalisierte Fassung der BNF zur Verfügung, vermutlich muß das Erscheinungsdatum 1856 lauten, S. G.].

derbaren. Lemoine kommt im Zusammenhang mit dem Somnambulismus darauf zu sprechen, wenn er es für möglich hält, durch kühles und rationales Vorgehen, das Wunderbare zum Verschwinden zu bringen: „[…] devant une étude attentive et froide, les explications deviendront possibles, et le merveilleux disparaîtra“ (Amp 2e s., 7, 107). Der Automatismus und die Freisetzung ungeahnter Möglichkeiten von Erinnerung und Imagination, das Wunderbare und die Absurdität erscheinen Lélut nicht als Chance, sondern als Störung. Sein streng rationalistischer Ansatz verbannt all diese von Künstlern und Dichtern, vor allem später von den Surrealisten geschätzten Elemente des Traums aus dem Bereich der Akzeptanz. Die Herrschaft über die Seelenvermögen darf für Lemoine nie verloren gehen.

Insgesamt läßt sich sagen, daß die eingereichten Arbeiten wenig innovativ, jedoch einigermaßen repräsentativ für den Wissensstand der Epoche und die vertretenen Theorien sind[43]. Die ‚Académie des sciences morales et politiques' privilegiert dabei eine ganz bestimme Herangehensweise und zeichnet die siegreiche Arbeit aufgrund der genauen Übereinstimmung mit ihren Erwartungen aus, die sich im Bericht über den Concours klar ablesen lassen. Körper und Geist sollen als Einheit betrachtet werden, jedoch wird methodisch nicht der physiologische Standpunkt eingefordert, sondern der psychologische. In den eingereichten Arbeiten setzt sich diese neue Sicht allerdings nur vereinzelt durch, bei den teilnehmenden Ärzten dominieren physiologische Betrachtungsweisen, während andere Teilnehmer vor allem im Zusammenhang mit dem Somnambulismus stark spiritualistische Annahmen vertreten. Insofern kann gesagt werden, daß das Programm der ‚Académie des sciences morales et politiques' eine neue Auffassung von Psychologie fordert, die sich jedoch nur zögerlich durchsetzt.

Auf längere Sicht jedoch zeigt sich der starke Einfluß des Concours der ‚Académie des sciences morales et politiques', der zu einem Anwachsen der Arbeiten über den Traum führt. Auf die Publikation der preisgekrönten Arbeit von Albert Lemoine von 1855 folgt 1861 die bahnbrechende Arbeit von Alfred Maury *Le Sommeil et les rêves* sowie das zunächst anonym erschienene Buch des Marquis d'Hervey de Saint-Denys *Les Rêves et les moyens de les diriger* (1867), der darauf hinweist, daß die ‚Académie des sciences morales et politiques' mit ihrer Preisfrage ein lange vergessenes Thema wieder ins Zentrum gerückt habe. Obwohl er angibt, durch den Concours auf das Thema aufmerksam geworden zu sein, bemängelt er den durch die Fragestellung vorgegebenen Rahmen, mit

---

[43] Vgl. zu dieser Einschätzung auch Ripa, *Histoire du rêve*, 155 ff.

dem er auch seine Nichtteilnahme begründet. Die Auseinandersetzung mit der preisgekrönten Arbeit von Albert Lemoine jedoch macht er zum Ausgangspunkt seiner eigenen Thesen[44].

Bereits zeitgleich mit dem Concours werden auch in den *Annales médico-psychologiques* innovativere Ideen formuliert. So wendet sich Alfred Maury, der die quasi automatische, vom Willen losgekoppelte Funktionsweise des Geistes mit der Baillargerschen Beschreibung der Halluzination für ausreichend behandelt hält, nun einem anderen Problemfeld zu, nämlich dem der Ideenassoziation. Dafür geht er von scheinbar sinnlosen Äußerungen manisch kranker Patienten aus, in denen er ein „lien secret" zu entdecken meint:

> Prenez la peine [...] de coucher par écrit les paroles sans suite, les discours incohérents d'un maniaque ; rapprochez les uns des autres les mots et les phrases qu'il articule dans son délire, et vous pourrez souvent saisir le lien secret qui rattache encore entre elles ces phrases, en apparence si éloignées les unes des autres (Amp 2e s., 5, 405).

Zwar sieht Maury in dieser Art von „écriture automatique" noch keine Form von Poesie wie später die Surrealisten, aber er interessiert sich für die Assonanzen und Ähnlichkeiten, welche die fehlende Logik ersetzen und eine andere Form von Kohärenz schaffen. Sein erklärtes Ziel ist es, zu zeigen, daß dieselben Phänomene auch im Traum Ursache für Inkohärenz und Bizarrheit an der Oberfläche sind. Maurys Aufsatz zeigt eine große Detailgenauigkeit in der Beschreibung, die aus bekannten Denkmustern ausbricht und neue Erkenntnisse hervorbringt, wie sie Freud und Breton später schätzen werden. Allerdings reduziert Maury den Traum dabei vor allem auf die der Realität entnommenen Bilder, die durch die assoziative Tätigkeit von Imagination und Erinnerung wieder hervorgerufen würden. Damit beraubt er den Traum jeglicher Kreativität und macht ihn zur unvollständigen und fehlerhaften Reproduktion von Gelebtem[45]. Damit verliert der Traum, der auch keine tiefere Wahrheit mehr enthüllt, den besonderen Status, den er in den volkstümlichen Überlieferungen stets hatte. Er wird zur bloßen Reproduktion von Gelebtem und entsprechend die Imagination zu einem bloßen Mechanismus. Um diese Reproduktionskraft des Traums zu erfahren, bedarf es keiner besonderen Empfänglichkeit oder poetischen Veranlagung, keiner Auserwähltheit mehr. Es handelt sich lediglich um physiologische Me-

---

44 Vgl. Hervey de Saint-Denys, *Les Rêves et les moyens de les diriger*, 5 f.

45 „[...] vous ne créez rien, ou presque rien ; vous ne faites guère que reproduire les actes de la vie réelle, d'une manière plus ou moins confuse, suivant que des sensations internes viennent jeter à la traverse d'autres hallucinations" (Amp 2e s., 5, 419).

chanismen, die unabhängig vom Willen ablaufen. Damit trägt Maury zur Entmystifizierung des Traums bei und betont dessen physiologische Grundlagen. Der Traum wird zum „jeu automatique de l'intellect" oder zum „mécanisme de la pensée" (Amp 2e s., 5, 421), womit die späteren Automatismustheorien von Pierre Janet vorbereitet sind.

Neu gegenüber der ersten Phase ist bei Maury vor allem, daß er sich für die Entstehung der Träume im allgemeinen interessiert und sie vom therapeutischen Einsatz entbindet, der bei Baillarger noch zu spüren ist. Dazu muß er sich auf eigene Träume beziehen, was im Rahmen der Diskussion über Traum und Geisteskrankheit um die Mitte des 19. Jahrhunderts eher ungewöhnlich ist. Während Lélut vor allem mit Bezug auf die philosophische Tradition argumentiert, berichten die Psychiater in erster Linie die Träume ihrer Patienten, die a priori als pathologisch gelten müssen. Nicht so Maury, der sich auf eigene Träume und sogar Fieberträume bezieht und zum Selbstbeobachter wird, womit er den Traum aus der psychiatrischen Perspektive befreit und den Blick auf die Leistungen der nicht willentlich gesteuerten Operationen des Geistes freigibt. Dieses Vorgehen bedarf offensichtlich einer Rechtfertigung, die bei Maury allerdings nicht wie zu erwarten aufgrund einer Diskussion über Normalität und Pathologie vorgenommen wird, sondern sich auf die Verwertung der Träume bezieht. Maury setzt sich vor allem dezidiert von den alten Ägyptern ab, denen es um Verhaltensvorschriften und Zukunftsvorhersagen gegangen sei:

> Il m'arrive souvent, à mon réveil, de recueillir mes souvenirs, et de chercher par la réflexion à reconstruire les songes qui ont occupé ma nuit ; non pas comme les anciens Égyptiens, ainsi que nous le montrent les papyrus grecs trouvés en Égypte, pour tirer de ces songes des règles de conduite et des révélations pour l'avenir, mais afin de soulever le voile qui couvre leur mystérieuse production (Amp 2e s., 5, 410).

Auch die griechisch-römische Antike kannte das Mittel des Traums zur Zukunftsvorhersage. Wenn Maury hier auf Ägypten zu sprechen kommt, so ruft er damit zugleich ein durch Magie und Aberglauben geprägtes Ägyptenbild auf, das zudem den Kontext der Hieroglyphen impliziert. Mit der Rede vom Lüften des Schleiers, gerade nach dieser relativ unmotivierten Absetzung von den alten Ägyptern, evoziert Maury weiter die Vorstellung vom verschleierten Bild der Isis. Obwohl Maury eine Rationalisierung des Traums anstrebt, indem er das Geheimnis vom Sinn des Traums lösen und auf seine Entstehung hin verschieben möchte, zeigt der Rückfall in die Rhetorik des Geheimnisses wie schon bei Lélut die Unzulänglichkeit der Erklärungen an.

Aus heutiger Sicht wird als der modernste der hier besprochenen Autoren Jacques-Joseph Moreau de Tours eingeschätzt, der in seinem Aufsatz *De l'Identité de l'état de rêve et de la folie* für eine getrennte Erforschung von Physiologie bzw. Psychologie von Traum und Wahn plädiert und eine streng organizistische Grundhaltung mit der Konzentration auf eine rein psychologische Fragestellung verbindet. Moreau de Tours sorgte bereits 1845 mit seinem in einer Rezension der *Annales médico-psychologiques* als „hardiesse pleine de nouveauté et qui sort du cadre ordinaire des publications courantes“[46] gepriesenen Buch *Du Haschisch et de l'aliénation mentale* für allgemeines Aufsehen. Hatte er damals seine These anhand von Selbstexperimenten mit Haschisch begründet, so versucht er in seinem Artikel von 1855 seine Hauptthesen auf traditionellerem Wege zu rechtfertigen. An die Stelle des Erfahrungsberichts tritt zum einen die Diskussion der ihm entgegengehaltenen Argumente, weiter das umfangreiche Zitieren von Autoritäten, bei denen sich ähnliche Annahmen finden lassen, und schließlich der Versuch, über den Weg einer Analyse der Funktionsweise der Seele zu zeigen, daß psychologisch gesehen Identität und nicht Analogie zwischen Traum und Wahn besteht: „*Identité absolue*, au point de vue psychologique, de l'*état de rêve* et de la folie“ (Amp 3e s., 1, 362)[47].

Vor allem zwei Unterschiede zum zeitgenössischen Diskurs sind dabei hervorzuheben. Erstens verzichtet Moreau auf eine Einteilung der Seelenvermögen, weil er das geistige Wesen des Menschen als eins und unteilbar begreift[48]. Als einzige Unterscheidung trifft er die zwischen Sinn-

---

[46] Ch. Lasègue, „Du haschisch et de l'aliénation mentale. Études psychologiques. Par J. Moreau (de Tours)“, in: *Annales médico-psychologiques* 1ère série, 7 (1846), 459-463, hier: 463. Zur Bedeutung von Jacques Moreau de Tours für die zeitgenössische Debatte vgl. auch Ripa, *Histoire du rêve*, 184-188.

[47] Die von Moreaus Buch *Du délire au point de vue pathologique et anatomo-pathologique* ausgehende Diskussion in der ‚Société impériale de médecine' im Mai 1855 zeigt, wie erbittert die These der psychologischen Identität von Traum und Wahn bekämpft wurde. Von dem Berichterstatter Bousquet wird sie glattweg zurückgewiesen, während Baillarger einschränkend für eine starke Analogie eintritt. Hier zeigt sich außerdem der Dissens, ob die Geisteskrankheiten als organische Erkrankungen des Gehirns oder als „maladies de l'âme“ zu betrachten seien.

[48] Moreau verwendet auch keinen einheitlichen Ausdruck für die Seelenvermögen: „pouvoirs intellectuels“ (Amp 3e s., 1, 368), „facultés mentales“ (368), „faculté pensante“ (369) und „conscience intime“ (370) werden trotz des Schwankens zwischen Singular und Plural ausdrücklich synonym verwendet. Moreau postuliert ein absolutes Nichtwissen bezüglich der „pouvoirs intellectuels“ und hält die Einteilung in verschiedene Seelenvermögen für inhaltslos: „L'être moral, l'être pensant est essentiellement *un* et non multiple. La distinction entre les facultés intellectuelles est purement nominale ; elle n'exprime rien, sinon les différents modes d'activité d'une puissance *essentiellement indivisible* de sa nature“ (Amp 3e s., 1, 403).

lichkeit und den verstandesmäßigen „facultés intellectuelles“, wobei er eine Schädigung nur im Bereich der Sinnlichkeit für möglich hält: „Les modifications de la sensibilité, ou si l'on veut, sa lésion, voilà la source nécessaire des délires“ (Amp 3e s., 1, 397). Zweitens erweitert er den Begriff des Traums: anstelle von „rêve“ spricht er vom „état de rêve“, unter den er alle automatisch ablaufenden Vorgänge des Denkens faßt: „Tout acte de la faculté pensante accompli sans l'assentiment libre et spontané du moi appartient à l'état de rêve“ (Amp 3e s., 1, 387).

Als Ursache aller traumartigen Phänomene nimmt Moreau eine „modification intellectuelle primitive“ an, die er „excitation“ nennt und worunter er explizit einen psychischen, keinen physiologischen Zustand versteht, sich also von den oft genannten durch Kaffee oder Drogen induzierten Erregungszuständen absetzt. Dieser Zustand bedeute eine tiefgreifende Veränderung der Persönlichkeit, eine „transformation du moi, de la personnalité intellectuelle“ (Amp 3e s., 1, 370). Diese Verwandlung, die auf Veränderungen in der „faculté pensante“ beruhe, wird zum zentralen Punkt in Moreaus Argumentation und kehrt häufig wieder in Begriffen wie „une existence toute nouvelle, indépendante, sans rapport aucun avec la précédente“ (Amp 3e s., 1, 388), „une nouvelle vie succède à l'autre et la remplace“ (ebd.) oder „métamorphose complète, transformation radicale, absolue de toutes les puissances mentales ou du *moi* qui les résume“ (ebd., 403).

Der Übergang zwischen Traumzustand und Wachzustand wird von Moreau mit der freien Verfügung über die Gedanken angesetzt: „Le songe commence là où cesse la liberté de diriger nos pensées“ (Amp 3e s., 1, 387 f.). Bezüglich der Annahme, daß im Traumzustand die freie Steuerung des Denkens verloren gehe, stimmt Moreau also mit vielen der diskutierten Autoren überein; im Gegensatz zur vorherrschenden Ansicht leitet er daraus jedoch nicht den Verlust der Persönlichkeit, sondern nur deren Verwandlung ab. Denn Moreau siedelt das als Einheit gedachte Ich nicht mehr ausschließlich im Willen an wie Baillarger, Lélut oder Lemoine, sondern auch in den „actes involontaires“, d. h. in denjenigen Akten, die ohne die freie Zustimmung des Ichs vollzogen werden: „Dans cet acte *involontaire*, il y a eu comme dans les autres un moi, une conscience intime“ (Amp 3e s., 1, 387). Solche unwillkürlichen Akte sind für Moreau auch im Wachzustand charakteristisch für die Aktivität von Erinnerung und Imagination: „[...] tout acte de mémoire ou d'imagination est nécessairement, et de sa nature, *involontaire*“ (Amp 3e s., 1, 388). Allein die Fähigkeit, die Aufmerksamkeit auf die eine oder andere Idee zu konzentrieren und die Freiheit, den selbsttätig entstandenen Ideen die

Zustimmung zu verweigern, zeichne den Wachzustand gegenüber dem Traumzustand aus.

Nochmals sei betont, daß es für Moreau zu keiner Schädigung der geistigen Fähigkeiten kommt, sondern nur zu einem anderen Bezug auf die Objekte, auf die sie angewendet werden. Es ist die Aussetzung des Bezugs zur Außenwelt, die Konzentration der „sensibilité" auf den inneren Bereich, die für Moreau alle traumartigen Phänomene ausmacht:

> Rêve, délire, extase, sont donc une seule et même chose résultant de la concentration des facultés intellectuelles, de leur action isolée, indépendante des sensations extérieures (Amp 3e s., 1, 381).

In ähnlicher Weise wie Maury betont Moreau also die Selbstbezüglichkeit des Traums und die Aussetzung der Reflexionsfähigkeit als entscheidende Charakteristika des Traums. Wie Lemoine hält er nicht die geistigen Fähigkeiten für gestört, sondern nur den Bezug zur Außenwelt. Neu bei ihm ist die Idee einer radikalen Metamorphose des Ichs, die mit Ausdrücken belegt wird, die an ein anderes, jenseitiges Leben denken lassen und zum Teil eine frappierende Nähe zu Formulierungen Nervals aufweisen[49].

Zusammenfassend läßt sich sagen, daß im medizinischen Traumdiskurs um 1850 zunächst die große Nähe von Halluzination und Traum herauszustellen ist, die für die Autoren der ersten Phase überhaupt erst der Anlaß ist, sich dem Traum zuzuwenden. Dieser wird so zunächst im Vergleich mit pathologischen Phänomenen in den Blick genommen, was sich in der Betrachtungsweise stark niederschlägt. Vor allem bei Baillarger dient der Traum als normales Paradigma für pathologische halluzinatorische Zustände und wird in negativen Termini als „défaut d'harmonie" und als „exercice involontaire de la mémoire et de l'imagination" beschrieben, so daß er ebenso wie die Halluzinationen als Abweichung von der Normalität des Wachlebens erscheint.

In der zweiten Phase der Diskussion, die ihren Anstoß durch die Preisfrage der ‚Académie des sciences morales et politiques' im Jahr 1851 erhält, wird dann zunehmend die Kontinuität von Traum und Wachleben unterstrichen, werden dem Traum in gewissem Maße auch intellektuelle Fähigkeiten zugesprochen, so daß Träumen und Denken als nur

---

49 Der Aufsatz von Moreau de Tours erscheint im Juli 1855, also ein halbes Jahr nach Nervals Tod und der Veröffentlichung von *Aurélia*. Es ist nicht gänzlich auszuschließen, daß die Ähnlichkeit in den Formulierungen auf Moreaus Kenntnis von *Aurélia* zurückzuführen ist, aber eher unwahrscheinlich, da Moreau die Erzählung später triumphierend als Beleg für die Richtigkeit seiner These anführt. Warum sollte er das nicht bereits 1855 getan haben, wo er sich mit seiner These in einer Verteidigungsposition befindet?

graduell, nicht aber grundsätzlich verschiedene Formen geistiger Tätigkeit begriffen werden. Der von der ‚Académie des sciences morales et politiques' geforderte psychologische Ansatz darf nicht mit spiritualistischen Grundannahmen verwechselt werden, sondern bahnt – trotz des weiterbestehenden Bezugs auf die Vermögenspsychologie – den Weg für einen modernen Psychologiebegriff, der die Gegenüberstellung von „psychologie" und „physiologie" zunehmend aufweicht.

In den *Annales médico-psychologiques* operiert lediglich Macario noch im Rahmen des „rêve organique" mit physiologischen Annahmen des frühen 19. Jahrhunderts. Das hindert ihn aber nicht daran, zugleich ein großes Interesse für den „rêve psychique" zu entwickeln. Dieses ist allerdings nicht psychologisch fundiert, sondern bleibt stark dem Volksglauben und entsprechenden Überlieferungen verhaftet. In Léluts Bericht zum Concours zeigt sich, daß dies bei vielen der eingereichten Arbeiten der Fall ist, so daß die Ablösung des „rêve organique" der 1820er und 30er Jahre durch den „rêve psychologique" zwar als begonnen, aber noch nicht als vollständig vollzogen betrachtet werden kann. Macario kombiniert diese Herangehensweise mit den aus der Antike überlieferten und im Volksglauben tradierten Argumentationsmustern bezüglich Vorhersagekraft und Kreativität des Traums, was zu einem merkwürdigen, widerspruchsreichen Amalgam führt. Die Annahmen zur prophetischen Kraft des Traums und seinen besonderen Kräften geben jedoch einen guten Einblick in populäre Annahmen, die vermutlich auch als Wissensstand bei Nerval angesetzt werden dürfen.

Bei dem Versuch, vorwiegend die Funktionsweisen des Geistes zu untersuchen, bedienen sich die meisten der untersuchten Autoren teils implizit, teils explizit einer Klassifizierung der unterschiedlichen Seelenvermögen. Einigkeit herrscht darüber, daß im Traum die dem niederen Bereich der Sinnlichkeit zuzuordnenden Vermögen Imagination und Erinnerung eine herausragende Rolle spielen und daß das höchste Vermögen, der Wille, allenfalls als Schatten seiner selbst nachzuweisen ist. Uneinigkeit herrscht darüber, ob die Seelenvermögen selbst in ihrer Funktion beeinträchtigt sind oder nur die Sinnesorgane und das Gehirn als ausführende Organe. Letzteres wird von Moreau, der keine Einteilung in Seelenvermögen mehr annimmt, und Lemoine vertreten, während Baillarger von einer Übererregung der niederen Seelenvermögen ausgeht. Auch er hält die Fehlfunktionen jedoch in erster Linie für eine Störung des Gleichgewichts zwischen den Vermögen.

Dabei gibt es eine klare Gewichtung zwischen den der Aktivität zugeordneten Vermögen Wille, Vernunft, Aufmerksamkeit und den passiv ablaufenden Imagination und Erinnerung. Hier muß ein Gleichgewicht vorliegen, das den Willen in die Lage versetzt, die anderen Seelenvermögen zu kontrollieren und zu dominieren, damit es nicht zu einem Persönlichkeitsverlust kommt. Denn das Ich wird von den meisten Autoren im Willen angenommen, also mit der aktiven Steuerung der Vermögen gleichgesetzt, während passiv ablaufende Automatismen als Verlust der Persönlichkeit aufgefaßt werden. Nur Moreau betrachtet das Ich als Gesamtheit der aktiv und passiv ablaufenden Vorgänge, weshalb er zu seiner Theorie von der Verwandlung der Persönlichkeit zwischen Traum und Wachzustand kommt.

Durch die Entdeckung der ohne willentliche Steuerung ablaufenden Tätigkeiten werden die Rationalität des kartesianischen Ichs und die Bindung der Persönlichkeit an den Willen in Frage gestellt. Während Baillarger in solchen Tätigkeiten des Geistes einen Persönlichkeitsverlust sieht, gestehen Maury und Lélut diesen subversiven, die Herrschaft des Willens störenden Manifestationen durchaus gewisse Leistungen zu, deren das wache Ich nicht fähig ist. Es sind unbewußte Vorgänge, die hier beschrieben werden, ohne so genannt zu werden, und gelegentlich eine Rhetorik des Geheimnisses oder der Gespenster erfordern[50]. Zwar werden vor allem von Maury die Leistungsfähigkeit der Erinnerung und die erhöhte Geschwindigkeit des Denkens in diesem Zusammenhang hervorgehoben, aber dies kann den Kontrollverlust nicht wettmachen, wie Lemoine ganz explizit betont. Zum einen verstellt die psychiatrische Perspektive den Blick für den Wert der im Traum möglichen außergewöhnlichen Assoziationsleistungen, zum anderen gibt die Vermögenspsychologie eine Hierarchisierung der Leistungen des Geistes vor, die Bewußtsein und Willen aufwertet. Diese Tendenz kommt noch im Untertitel von Pierre Janets Dissertation *L'Automatisme psychologique. Essai de psychologie expérimentale sur les formes inférieures de l'activité humaine* (1889) deutlich zum Ausdruck, erst die surrealistische Aufwertung von Spiel und Automatismus wird ihr diametral entgegenarbeiten.

Je stärker der Gedanke an Automatismus und je höher die Präsenz von Maschinenmetaphern ist, um so unbedeutender wird die Rolle der Imagination. Bei Lélut und Maury macht der zuvor beobachtete Antagonismus von Willen und Imagination daher auch einem Antagonismus von Willen und „organisme nerveux“ Platz. Während Macario und Moreau an der aristotelischen Überzeugung von der Verwandtschaft von Wahn und Genie festhalten, geht vor allem bei Maury mit der Herabset-

[50] Erst in seinem Aufsatz von 1857, also nach unserem Untersuchungszeitraum, benutzt Maury statt einer Metapher den Ausdruck: „une conscience insciente d'elle-même“ (Amp 3ᵉ s., 3, 171 und 172).

zung der Imagination auch das kreative Potential des Traums verloren, wird dieser zur bloßen Reproduktion des Gelebten. Lemoine und Lélut betonen ganz explizit die Absicht, das „merveilleux" durch exakte und rationale Studien verschwinden zu lassen: „[...] il n'y a de merveilleux que ce qui n'a pas pu encore être ramené aux lois de plus en plus générales que l'expérience est appelée à découvrir" (Amp 2e s., 7, 110). Damit hat der Traum im medizinischen Diskurs keinen Offenbarungscharakter, bzw. das zu ergründende Geheimnis ist nicht das seiner Bedeutung, sondern das seiner Funktionsweise. Die von Foucault beschriebene Ausweitung des Bereichs der „raison", demgegenüber sich Religion und Wunderglauben auf dem Rückzug befinden, läßt sich also auch hier ablesen. Zwar wird dem Traum jetzt psychologische Bedeutung zugesprochen, was eine Aufwertung gegenüber der Aufklärung darstellt, aber gleichzeitig wird er gewissermaßen seziert, um ihn und die zugrundeliegenden Tätigkeiten des Gehirns zu studieren. Allenfalls zur Krankheitsdiagnose hat der Inhalt der Träume Wert. Für tieferen Sinn und Bedeutung jedoch, die in der deutschen Romantik so stark gemacht wurden, bleibt in dieser Perspektive kein Raum.

1.3 Patientenstimmen

Im medizinischen Diskurs wird der Traum fast ausschließlich im Vergleich mit dem Wahn behandelt. Auch wenn er als Weg zum Erforschen der Funktionsweisen des menschlichen Geistes dienen soll, geschieht das immer im Hinblick auf Defizite des Geistes im Traum. Die untersuchten Träume sind zumeist Träume von Patienten, die von vornherein mit dem Makel des Pathologischen behaftet sind. Zudem fallen die Positionen des aktiv Analysierenden und des passiv Erleidenden in zwei Personen auseinander; der ärztliche Blick des Beobachters bleibt vom Traumerleben des Patienten getrennt. Damit wird eine Objektivierung des Diskurses erreicht, der das subjektive Erleben nicht mit einbeziehen muß. Dies gilt um so mehr, als dem geisteskranken Individuum innerhalb dieses Diskurses ohnehin kein Subjektstatus zukommt: es ist lediglich Objekt des psychiatrischen Blicks und des medizinischen Diskurses, den Foucault einen Monolog der Vernunft über den Wahn genannt hat[51].

---

[51] Im später verworfenen Vorwort zur Erstausgabe nennt Foucault die Sprache der Psychiatrie einen „monologue de la raison *sur* la folie" (*Folie et déraison*, II). Der Objektstatus wird auch später noch betont: „Le statut d'objet sera imposé d'entrée de jeu à tout individu reconnu aliéné ; l'aliénation sera déposée comme une vérité secrète au cœur de toute connaissance objective de l'homme" (ebd., 556).

Wenn im folgenden Kapitel Nervals Erzählung *Aurélia ou le Rêve et la vie* untersucht werden soll, dann handelt es sich um einen Text, in dem diesem Diskurs der Bericht einer subjektiven Erfahrung gegenübergestellt wird, in dem sowohl Träume als auch Wahnvorstellungen eine große Rolle spielen. Dem Text liegen die tatsächlichen Erfahrungen Nervals im Zusammenhang mit seiner psychischen Erkrankung zugrunde. Die Erzählung kann daher auch als Versuch begriffen werden, dem Wahn eine Stimme zu verleihen, die ihm im Rahmen des medizinischen Diskurses nicht oder nur sehr begrenzt zukommt. Denn dem Wahn wird nach Foucault im psychiatrischen Diskurs des 19. Jahrhunderts nur unter der Bedingung eine Stimme zugestanden, daß er sich schuldig bekennt[52]. Abschließend sollen daher in diesem Kapitel Stellungnahmen von Patienten behandelt werden, die über ihre Erkrankung berichten. Dabei handelt es sich zum einen um zwei Berichte aus den *Annales médico-psychologiques*, die eine solche Unterordnung der Patientenstimme unter den Diskurs der Ärzte sehr deutlich vorführen, zum anderen um einen Brief Nervals, in dem er genau diese Gewalt des Diskurses herausstellt. Erst vor diesem Hintergrund wird die Neuartigkeit des Nervalschen Projekts offensichtlich.

Der einzige Krankheitsbericht eines Patienten aus dem gewählten Untersuchungszeitraum stammt aus dem Jahr 1848: die von A. Aubanel veröffentlichte *Histoire d'un cas remarquable d'aliénation mentale, écrite par l'aliéné lui-même après sa guérison*[53]; ich beziehe daher zusätzlich einen weiteren, von Baillarger kommentierten Bericht von 1856 ein: *La Théorie de l'automatisme étudiée dans le manuscrit d'un monomaniaque*[54]. Ziel dabei ist zu zeigen, wie diese Berichte von den Ärzten vereinnahmt werden und inwiefern sich Nervals Erzählung, die den Gestus des Berichtes imitiert, davon unterscheidet. In den genannten Berichten firmieren jeweils die Ärzte als Autoren, während die tatsächlichen Verfasser lediglich als Krankheitsfälle erscheinen, von denen nur einem wenigstens ein Vorname zugebilligt wird. Die Veröffentlichung der Berichte dient im wesentlichen dazu, die Theorien und therapeutischen Methoden ihrer Ärzte zu stützen; entsprechend werden sie durch umfangreiche Kommentare eingeleitet, die das Lesen steuern sollen[55].

---

52 Foucault, *Folie et déraison*, 597.

53 A. Aubanel, „Histoire d'un cas remarquable d'aliénation mentale, écrite par l'aliéné lui-même après sa guérison", in: *Annales médico-psychologiques* 1ère série, 12 (1848), 38-53.

54 Jules Baillarger, „La Théorie de l'automatisme étudiée dans le manuscrit d'un monomaniaque", in: *Annales médico-psychologiques* 3e série, 2 (1856), 54-65.

55 So zum Beispiel: „On verra dans cette histoire plusieurs autres faits très remarquables et très dignes de fixer l'attention des aliénistes" (Amp 12, 39) – hier folgt eine Aufzählung der zu beachtenden Fakten.

A. Aubanel, der Arzt von Paul M., legt besonderen Wert darauf, daß die Halluzinationen zunächst nachts erscheinen, und zwar genau im Moment des Einschlafens, ohne daß es sich um Träume handelt, so daß damit Baillargers Theorien über die hypnagogen Halluzinationen bestätigt werden. Dem eigentlichen Bericht in Form eines Briefs des Patienten Paul M. an seinen Arzt gehen viereinhalb Seiten Einleitung voraus, in denen dieser zunächst rechtfertigt, daß er seinen Patienten den Bericht hat schreiben lassen. Als Hauptargument führt er an, daß dieser Bericht als Beweis der Heilung gelten könne. Dann weist er darauf hin, daß der Bericht, obwohl nicht von ihm beeinflußt, sehr schön typische Merkmale aufweise, die einerseits seine medizinische Theorien belegen, andererseits aber auch zu seiner umfassenden Studie zur Geisteskrankheit bei den in die afrikanischen Kolonien emigrierten Franzosen beitrügen, bei denen das „délire lypémaniaque" besonders häufig sei. Aubanel ist der Überzeugung, daß der Wahn ein unausweichliches Übel der Kolonisierung sei (für die Kolonisatoren wohlgemerkt). Er gibt keine genaue Diagnose, an welcher Krankheit sein Patient leide, sondern spricht lediglich von „maladie", „folie" oder „délire". Durch die einleitenden Bezüge wird die Krankheit jedoch in den Zusammenhang von Manie und Lypemanie gestellt, und tatsächlich sind beide Momente im Krankenbericht deutlich zu erkennen.

Der Bericht des Paul M. beginnt mit Formeln, die die wahrheitsgetreue Erfüllung der Aufgabe – des Berichts über die nicht genauer diagnostizierte Krankheit – versichern. Daraufhin folgt auf viereinhalb Seiten die Vorgeschichte mit biographischen Informationen, die im wesentlichen die Heirat und die Lebensumstände, die zur Übersiedlung nach Algerien führten, sowie den langsamen Beginn der Krankheit betreffen. Durch geschäftlichen Mißerfolg sei es zunächst zu einer Verdüsterung des Charakters und zu schlaflosen Nächten gekommen, in denen schreckliche Visionen und Träume ihn schwer verstört hätten[56]. Der Versuch, diesen Stimmungen durch Alkohol zu entkommen, habe nur zu völliger Appetitlosigkeit und Bettlägerigkeit und schließlich zu einer Schwächung der Vernunft geführt:

> [...] je sentais ma raison s'affaiblir, et le peu d'appétit qui me restait encore me fut totalement enlevé par une diarrhée assez forte dont je fus atteint à cette époque. Ce fut alors que mes idées commencèrent à n'avoir plus de suite, et que j'eus quelques visions en plein jour (Amp 12, 46).

---

[56] „[...] il me survenait des visions et des songes terribles qui finissaient par me jeter dans un trouble épouvantable" (Amp 12, 45).

Diese einleitende Beschreibung der allmählichen Genese seiner Krankheit gestaltet Paul M. gemäß der Anamneseerhebung eines Arztes. Auch bekennt er, daß es deshalb zum endgültigen Ausbruch der Krankheit gekommen sei, weil er die Anordnungen seines Arztes nicht befolgt habe. An dieser Stelle beginnt der eigentliche Krankheitsbericht, der vor allem die Beschreibung der Halluzinationen betrifft und sechs Seiten umfaßt. Einleitend macht Paul M. nochmals die Adressatenschaft des Arztes deutlich und verortet sodann die Ursache der Krankheit gemäß den medizinischen Theorien im Gehirn, dessen Produktionen er als absurd und krankhaft kennzeichnet: „[...] voici, monsieur le docteur, le récit de tout ce que j'ai ressenti et de tout ce que mon pauvre cerveau a enfanté d'absurde durant ma maladie" (Amp 12, 46). Paul M. übernimmt also sowohl das Vorgehen als auch das Urteil von seinem Arzt. Die Struktur des folgenden Textes orientiert sich an den Halluzinationen, die als kleine Zwischenüberschriften fungieren: „Première hallucination" (Amp 12, 46), „Deuxième hallucination" (Amp 12, 47), „Troisième hallucination" (Amp 12, 48), „Quatrième hallucination" (Amp 12, 51). Dabei folgen die Halluzinationen einem Steigerungsprinzip, bei dem Zwischenphasen ausgelassen werden: „Je ne vous dirai plus rien jusqu'au moment où ma raison a été totalement perdue, et où ma folie m'a conduit à tout ce que j'ai fait de plus affreux" (Amp 12, 48). Paul M. zeigt sich krankheitseinsichtig und erkennt den Verlust der Vernunft und seinen Wahnsinn an. Der Bericht endet mit der nur noch eine Seite umfassenden Schilderung von der Einlieferung ins Krankenhaus und der Heilung, wobei Paul M. den Methoden seines Arztes vorbehaltlos zustimmt:

> [...] tout est dissipé aujourd'hui. Les soins dont vous m'avez entouré, les sangsues que vous m'avez ordonnées, les biens que j'ai pris, la bonne nourriture, l'air natal, et surtout les paroles consolantes que vous m'avez toujours données, ont contribué à mon entière guérison (Amp 12, 53).

Den Träumen selbst gilt im ganzen Bericht kein Interesse. Obwohl der Patient sagt, er habe sowohl schreckliche Visionen als auch Träume gehabt, berichtet er nur von den Visionen, die als Halluzination betitelt werden, nicht jedoch von den Träumen. Dieser Befund könnte Macarios These stützen, daß den Träumen nur geringe oder keine Aufmerksamkeit geschenkt wurde, und kontrastiert mit Nervals Erzählung, in der alle Erscheinungen unter den Begriff des Traums gefaßt werden und statt dessen das Wort „hallucination" ausgespart bleibt.

Paul M. nimmt in seinem Bericht durchgehend die Perspektive der Gesellschaft oder des Arztes ein, und distanziert sich immer wieder klar von dem Halluzinierten. Am deutlichsten wird das in der Formulierung „Pauvre fou que j'étais" (Amp 12, 50). Es bleibt jedoch zu berücksichtigen, daß er den Bericht auf Anregung seines Arztes und als Beweis für seine Heilung angefertigt hat. Unter Umständen gibt dieser Bericht daher weniger die tatsächliche Meinung des Patienten wieder, als vielmehr die Erwartungen des Arztes. So kommt es auch vor, daß unter dem Druck der Ärzte das geforderte Krankheitsgeständnis abgegeben, jedoch nach der Entlassung aus dem Krankenhaus sofort widerrufen wird[57].

Jules Baillarger greift noch gravierender als Aubanel in den Bericht seines namenlos bleibenden Patienten ein, den er nur auszugsweise und bewertend wiedergibt. Einleitend nennt er zunächst eine genaue Diagnose mit Angabe der Krankheitsursachen: „Il était atteint, à notre avis, d'une monomanie hypochondriaque provoquée par des pertes séminales, par un régime débilitant et des excès de travail" (Amp 3e s., 2, 65). Der Monomane bewahrt nach Baillarger Gestus und Maske des normalen Menschen und kennt nur einzelne Anfälle von Krankheit, es handelt sich um ein Nebeneinander von Delirium und Vernunft[58]. Und so ist es in seinem Fall auch gerade die Fähigkeit zur Selbstbeobachtung, die das Interesse des Arztes weckt. Der Krankenbericht dient jedoch nicht als eigenständiger Bericht einer Erfahrung, er muß sich oft schulmeisterliche Bewertungen gefallen lassen und wird dazu eingesetzt, bestehende Theorien zu beglaubigen.

> Tout cela est parfaitement exact ; l'attention est impossible au milieu de ce débordement des idées dans un cerveau surexcité. Qu'est-ce autre chose, cependant, que cet état, si ce n'est l'automatisme des rêves transporté dans la veille (Amp 3es., 2, 58).

---

57 Vgl. Ponnau, *La Folie dans la littérature fantastique*, 22. In Briefen an seinen Arzt gebraucht auch Nerval entsprechende Formulierungen: „Ce qui j'y vois surtout c'est votre extrême bonté et votre sympathie pour un pauvre malade qui a tout fait pour échapper à vos conseils" (Brief an den Docteur Émile Blanche vom 14. oder 15. Juli 1854, in: Nerval, *Œuvres complètes*, Bd. 3, 883). Zitate aus den Werken Nervals werden im folgenden nach dieser Ausgabe durch die Sigel NOC, die Angabe des Bandes mit römischen Ziffern und der Seitenzahl im Text ausgewiesen.

58 Nach Baillargers eigener Klassifikation der verschiedenen Ausprägungen des Wahnsinns, die zwar an Esquirol anschließt, in wichtigen Punkten aber abweicht, gilt die Monomanie als „délire partiel", bei dem es zu deliriösen Vorstellungen, Halluzinationen und „impulsions insolites" kommen kann, ohne daß jedoch – wie bei Melancholie und Manie – eine Steigerung oder Minderung der intellektuellen Fähigkeiten in ihrer Gesamtheit vorliege. Im Gegensatz zu Esquirol stellt die Melancholie bei Baillarger also keine Form der Monomanie dar (vgl. Baillarger, „Essai sur une classification des différents genres de folie (Extrait d'une communication faite à la Société médico-psychologique)", in: *Annales médico-psychologiques* 2e série, 5 (1853), 545-566, hier v. a.: 550-554).

Die in einer einfachen Sprache ausgedrückten Erfahrungen übersetzt Baillarger in die entsprechende medizinisch-wissenschaftliche Terminologie, wobei er mögliche Differenzen zwischen der Sprache des Patienten: „c'est la matière qui a toujours pensé chez moi" und der Theorie seines Arztes „[c'est] l'automatisme des rêves transporté dans la veille" ignoriert. An keiner Stelle erhält der Bericht des Kranken eine korrigierende Funktion bezüglich der vorgefertigten Theorie. Unter diesem ärztlichen Blick kann die subjektive Erfahrung der Verfasser der Berichte nur sehr eingeschränkt zum Ausdruck kommen; sie ist dem Versuch ausgesetzt, sie zugunsten einer Einordnung in bekannte Krankheitsmuster oder Theorien zum Verstummen zu bringen.

Dagegen wehrt sich Nerval nicht nur mit *Aurélia*, sondern entsprechende Stellungnahmen, die die Inkompatibilität von eigener Erfahrung und medizinischem Diskurs herausstellen, sind auch in seiner Korrespondenz zu finden. In einem Brief an Mme Dumas vom November 1841 revidiert Nerval das Eingeständnis der Krankheit, das er ablegen mußte, um kurz zuvor aus der Nervenheilanstalt entlassen werden zu können. Das erzwungene Einverständnis geht auf ein Bestreben des vielfach angewendeten „traitement moral" zurück, die Patienten – zum Beispiel durch die Lektüre der entsprechenden Artikel in den medizinischen Handbüchern – zu Selbstdiagnose und Krankheitseinsicht zu bringen[59]. Damit wird den Patienten nicht nur eine Unterordnung unter den medizinischen Diskurs abverlangt, sondern auch die Anerkennung von dessen Kriterien zur Bestimmung von Normalität und Vernunft. In seinem Brief weist Nerval das Eingeständnis der Krankheit als erzwungen zurück und attackiert die Reglementierungspraktiken:

> [Dumas] vous dira que j'ai recouvré ce que l'on est convenu d'appeler raison, mais n'en croyez rien. Je suis toujours et j'ai toujours été le même, et ne m'étonne seulement que l'on m'ait trouvé *changé* pendant quelques jours du printemps dernier. [...] Au fond j'ai fait un rêve très amusant et je le regrette. J'en suis même à me demander s'il n'était pas plus *vrai* que ce qui me semble seul explicable et naturel aujourd'hui. Mais, comme il y a ici des médecins et des commissaires qui veillent à ce qu'on n'étende pas le champ de la poésie au dépens de la vie publique, on ne m'a laissé sortir et vaquer définitivement parmi les gens raisonnables que lorsque je suis con-

[59] Das erzwungene Geständnis der Krankheit entspricht der Methode Leurets, eines der Hauptvertreter des „traitement moral", dem auch Nervals damaliger Arzt Esprit Blanche, der Vater seines späteren Arztes Émile Blanche, anhing. Macario berichtet den Fall eines Patienten, dessen Heilung durch die Lektüre des Artikels zur „Démonomanie" von Esquirol gelungen sei; vgl. dazu Ponnau, *La Folie dans la littérature fantastique*, 20 f. Zum „traitement moral" vgl. Starobinski, *Geschichte der Melancholiebehandlung von den Anfängen bis 1900*.

> venu bien formellement d'avoir *été malade*, ce qui coûtait beaucoup à mon amour-propre et même à ma véracité. Avoue ! avoue ! me criait-on, comme on faisait jadis aux sorciers et aux hérétiques, et, pour en finir, je suis convenu de me laisser classer dans une *affection* définie par les docteurs et appelée indifféremment Théomanie ou Démonomanie dans le dictionnaire médical. À l'aide des définitions incluses dans ces deux articles, la science a le droit d'escamoter ou réduire au silence tous les prophètes et voyants prédits par l'Apocalypse, dont je me flattais d'être l'un ! (NOC I, 1383)

Ohne den Begriff des Wahns zu nennen, entlarvt Nerval hier die Konvention, den Wahn als Verlust der Vernunft zu begreifen, die zurückgewonnen werden müsse. An die Stelle des Wahns setzt er den Traum und unterminiert damit den üblichen Wahrheitsbegriff. Mit seiner Unterscheidung von Erklärbarkeit und Wahrheit wertet er den Wahrheitsbegriff emphatisch auf, entbindet ihn vom Prinzip der Rationalität und schreibt ihn Traum und Wahn zu[60]. Ein solcher Begriff einer höheren Wahrheit kollidiert jedoch mit dem herrschenden Diskurs, dessen polizeiliche Reglementierungspraktiken Nerval drastisch beschreibt, nicht ohne den Hang der Ärzte zu genauester Taxonomie zu karikieren. Weder entgeht ihm dabei die Macht, die vom Diskurs und den Definitionen in Wörterbüchern ausgeht, noch die Problematik und Unvereinbarkeit von psychiatrischen Ansätzen mit dem Glauben an religiöse Prophezeiungen und Visionen. Da im Bereich des öffentlichen Lebens die Kriterien der Vernunft gelten und alle Phänomene erklärbar und natürlich sein müssen, stellt der Wahnsinn offensichtlich nicht nur eine Gefahr für den einzelnen, sondern auch für die Gesellschaft dar. Nicht zufällig bringt Nerval die Position des Wahnsinnigen mit der des Hexers oder Häretikers in Verbindung, denn die Gefahr, die von ihnen für die gesellschaftliche Ordnung ausgeht, ist vergleichbar. Deshalb soll die Krankheitseinsicht nicht nur die Heilung, sondern auch die Gesellschaftsfähigkeit des Patienten beweisen. Nerval betrachtet die Wissenschaft und ihre Vertreter daher als Kommissare, die den Einfluß der Poesie auf den Bereich der „vie publique" zurückzudämmen suchen. Wenn er die als Gegensatz entworfene Poesie mit Traum und Wahrheit in Verbindung bringt, schließt er an eine genuin romantische Auffassung von Poesie als einer

---

[60] In ähnlicher Weise beschreibt auch Foucault die andere Wahrheit des Wahns, die mit der gesellschaftlich anerkannten Vorstellung von Wahrheit in Konflikt gerät: „Mais la vérité humaine que découvre la folie est l'immédiate contradiction de ce qu'est la vérité morale et sociale de l'homme" (*Folie et déraison*, 623). Foucault betrachtet diese Wahrheit als die eigentlich menschliche: „L'homme, de nos jours, n'a de vérité que dans l'énigme du fou qu'il est et n'est pas ; chaque fou porte et ne porte pas en lui cette vérité de l'homme qu'il met à nu dans la retombée de son humanité" (ebd., 653).

Welt mit eigenen Gesetzen an, die sich von der wirklichen Welt auf eine höchst sinnvolle Weise abhebt[61]. Damit stellt er den Alleinvertretungsanspruch der Wissenschaft zur Erklärung rätselhafter Phänomene und zur Festlegung von Normalität und Vernunft in Frage. Nervals Ablehnung des Begriffs der Krankheit geht so mit einer grundsätzlichen Umstrukturierung des diskursiven Feldes und der Aufhebung der konventionellen Abgrenzung von Vernunft und Wahn einher.

[61] Vgl. Ernst Behler, „Die Poesie in der frühromantischen Theorie der Brüder Schlegel", in: *Athenäum. Jahrbuch für Romantik* 1 (1991), 13-40.

2. „Le Rêve est une seconde vie“: Der Traumdiskurs in Gérard de Nervals *Aurélia*

Die Erzählung *Aurélia ou le Rêve et la vie* (1855) erscheint zunächst in der *Revue de Paris* in zwei Teilen. Zwischen der Publikation der beiden Teile liegt Nervals Selbstmord im Januar 1855, eine nachträgliche Bestätigung für die Beurteilung seines Arztes Émile Blanche, gegen dessen Rat wenige Monate zuvor Nervals Entlassung aus der Klinik durchgesetzt worden war. Der Text, ursprünglich als Niederschrift von Träumen und Bericht über die eigenen Erfahrungen mit dem Wahn begonnen, wurde von Nerval während und nach seiner im Sommer 1854 unternommenen Deutschlandreise stark überarbeitet. Nerval selbst ordnet seinen Text in die Nachfolge von Jean Paul ein[1], aber auch die Nähe zu Novalis und E.T.A. Hoffmann ist deutlich zu spüren. Ferner stellen die Theorien Swedenborgs, der Magnetismus und andere okkultistische Strömungen einen wichtigen Bezugspunkt dar[2]. Sie scheinen Nerval in gewisser Hinsicht befriedigendere Erklärungsmodelle zu liefern als die Wissenschaft, wie er in einem Brief an den Docteur Blanche im November 1854 anklingen läßt:

> Mes observations subsistent, pour moi, quant aux erreurs que je suppose dans certains points de la science moderne ; en Allemagne, en Belgique et en Angleterre particulièrement, certaines doctrines nouvelles ont triomphé, que vous avez peut-être le droit de ne pas admettre (NOC III, 905).

Es ist anzunehmen, daß Nerval, der 1840 in Belgien an einer magnetistischen Sitzung teilgenommen hatte, sich hier auf spiritistische Lehren bezieht, die sich seit 1852 von England ausgehend in Europa ausbreiteten[3]. Mit der Annahme übernatürlicher Phänomene fühlt er sich in Deutschland weniger marginalisiert als in Frankreich, wie ein Brief von seiner Deutschlandreise zeigt:

> [...] je sens mon genre d'esprit bien moins déplacé ici qu'ailleurs, et surtout au centre même de la civilisation et des lumières – et de ce que nous

---

1 „J'ai écrit des œuvres du démon [...], je ne sais quel roman-vision à la Jean Paul“ (Brief an Franz Liszt vom 23. Juni 1854, in: NOC III, 871).

2 Vgl. dazu Sjödén, *Swedenborg en France*. Jean Richer allerdings hält die Rolle von Swedenborg für das Werk Nervals nicht für besonders wichtig und hebt hervor, daß es nicht sicher ist, daß Nerval ihn überhaupt im Original gekannt hat (Richer, *Gérard de Nerval*, 133-136).

3 In einer früheren Fassung von *Aurélia* berichtet Nerval von der Teilnahme an einer magnetistischen Sitzung (NOC III, 751). Zum Magnetismus im 19. Jahrhundert insgesamt vgl. Alexandrian, *Le Surréalisme et le rêve*, 75.

> appelons l'école du bon sens. Nous sommes tous un peu fous dans cette bonne Allemagne, mais nous l'avouons franchement (NOC III, 865).

Mit dieser Gegenüberstellung von „école du bon sens" und „folie" benennt Nerval die ausgrenzende Praxis, zu der die Verherrlichung der Vernunft in der aufklärerischen Tradition in Frankreich geführt habe. In Deutschland hingegen hält er es für möglich, sich zur „folie" zu bekennen, wobei er den Begriff hier in einer Weise gebraucht, die ihn vom Wahn hin zu einer leichten Verrücktheit entschärft, welche dem Dichter wohl zusteht[4]. Mit *Aurélia* unternimmt Nerval im Anschluß an die deutsche Romantik und gegen die französische Tradition der Aufklärung den Versuch einer Aufweichung der rationalistischen Betrachtungsweise des medizinischen Diskurses.

Dies wird möglich in einem Schreiben, das sich klaren Gattungszuordnungen entzieht und die Möglichkeiten von Autobiographie und Fiktion geschickt einsetzt. Je nach Bedarf positioniert sich der Erzähler als getreuer Berichterstatter seiner Krankheit oder bezieht sich zur Beschreibung seiner Erfahrungen auf wichtige Texte der abendländischen Literatur und das Motiv der Höllenfahrt[5]. Von den Zeitgenossen wurde *Aurélia* vorwiegend als autobiographischer Text rezipiert, vom Docteur Moreau de Tours gar als seine Thesen zu Traum und Wahn bestätigender psychopathologischer Fallbericht, und auch Jacques Bony präsentiert die Erzählung in seiner Ausgabe der Werke Nervals in dem Band *Aurélia et autres textes autobiographiques*[6]. Tatsächlich scheint, schenkt man den

---

[4] Vgl. die Aussage in einem anderen Brief von der Deutschlandreise: „Si l'on me trouve toujours un peu fou que ce soit de la façon qui convient à un poète" (NOC III, 862).

[5] Bereits in der Widmung der *Filles du feu* nimmt Nerval die Deutung seiner Krankheit als Höllenfahrt vor: „Quelque jour j'écrirai l'histoire de cette « descente en enfer »" (NOC III, 458).

[6] Als Kriterium gibt Bony in seiner Einleitung an, daß alle hier vereinten Texte einen anonymen Erzähler haben, der von sich selbst berichtet und hinter dem sich Nerval erahnen läßt (Bony, „Introduction", in: Nerval, *Aurélia et autres textes biographiques*, 7-31, hier: 8). Tatsächlich lassen sich viele der berichteten Ereignisse mit Daten von Nervals Lebens in Übereinstimmung bringen. Hauptansatzpunkt dafür ist das, was man über Nervals Erkrankung, die mehrfach psychiatrischer Behandlung bedurfte, weiß. Sein erster Aufenthalt in einer Nervenklinik fällt ins Jahr 1841, diagnostiziert wird eine akute Manie, die zunächst als wahrscheinlich heilbar, dann jedoch als unheilbar betrachtet wird (Pichois, Brix, *Gérard de Nerval*, 190 und 193). In den Jahren 1852 bis 1854 erfolgen weitere stationäre Aufenthalte, von denen die Unterlagen allerdings weitgehend fehlen. Eine zeitgenössische Diagnose ist daher nicht überliefert. Nervals eigene Beschreibungen deuten darauf dahin, daß er neben manischen auch depressive Phasen kannte, so daß man heute wohl eine schizo-affektive oder bipolare Psychose diagnostizieren würde (vgl. Pichois, Brix, *Gérard de Nerval*, 207-210. Ferner danke ich der Psychiaterin Dr. med. Gabriele Weigel für die Erläuterungen zur heutigen deutschen Begrifflichkeit und den Symptomen der Krankheiten).

Äußerungen in Nervals Briefen Glauben, das Aufschreiben seiner Träume der Ausgangspunkt für den Text gewesen zu sein. Für Nervals erste Traumberichte fungiert der Docteur Blanche, dem er einige Aufzeichnungen von Träumen zukommen läßt, als Adressat, der jedoch, so dürfen wir vermuten, dem damit verbundenen Appell der Sinngebung nicht gerecht wird, da es für dieses Verlangen im medizinischen Traumdiskurs um 1850 keinen Raum gibt. Daher entwickelt Nerval ein eigenes Modell der Sinnstiftung, das sich an anderen Vorbildern orientiert und das er einem ganzen Lesepublikum vorstellt. Innerhalb der Erzählung muß er dabei zwei Rollen ausfüllen, die des gewissermaßen naiven Traumerzählers und die des sinngebenden Zuhörers. In seiner narrativen Gestaltung ist der Text daher wesentlich mehr als eine Folge von Traumprotokollen und auch mehr als nur ein Krankenbericht oder eine wissenschaftliche Studie über die menschliche Seele, als die die Erzählung zunächst angekündigt wird. Es ist auch und wahrscheinlich vor allem eine Sinnsuche: „[...] je m'appliquais à chercher le sens de mes rêves" (NOC III, 749). Wenn Nerval mit *Aurélia* versucht, auf das Sinnverlangen zu antworten, das der psychopathologische Diskurs nicht befriedigen kann, so ist dies nur im Rahmen von esoterischen Modellen der Initiation oder der religiösen Heilssuche möglich. Es ist allerdings kein einheitliches Modell, das Nerval seinem Text zugrunde legt, sondern er kombiniert drei sinnstiftende Modelle, die ihrerseits in das übergeordnete der Höllenfahrt integriert und außerdem durch die Figur der Aurélia miteinander verknüpft werden. Diese sollen hier kurz angedeutet werden. Wie allgemein anerkannt wird der Weg des Erzählers unter Bezugnahme auf ein vor allem an Dante angelehntes christliches Läuterungsmodell, auf ein apokalyptisches Modell, das den Erwerb der Gewißheit von der Existenz Gottes und der Unsterblichkeit der Seele einschließt, und schließlich auf das von Apuleius übernommene Modell der Initiation in den Isiskult beschrieben[7]. Das Verhältnis des Erzählers zu Aurélia, die später mit der

---

Schon in einer ersten Fassung, die Orts- und Zeitangaben enthält, fällt allerdings auf, daß diese nicht mit der tatsächlichen Topographie Brüssels sowie Nervals Aufenthalten dort übereinstimmen, so daß schon hier angenommen werden darf, daß Nerval die Identifizierung der genauen Umstände erschweren möchte (vgl. den Kommentar von Jean Guillaume in: NOC III, 1373 ff.).

7 Es ist selbstverständlich ausgeschlossen, hier auch nur annäherungsweise auf die Komplexität von Nervals Verarbeitung der vorhandenen Stoffe einzugehen. Für die christlichen Dimensionen des Textes sei vor allem auf die Aufsätze von Henri Bonnet verwiesen: „Les Voies lumineuses de la religion", in: Société des Études Romantiques (SER), *Gérard de Nerval*, 211-222 und „Gérard de Nerval et la bible : la quête d'une nouvelle alliance", in: Pierre-Marie Beaude (Hg.), *La Bible en littérature*, Actes du colloque international de Metz (Septembre 1994), Paris, Metz 1997, 13-28; für das apokalyptische Modell vor allem auf Monique Streiff-Moretti, „Allégorie et apocalypse dans

Göttin Isis und der Jungfrau Maria zusammenfällt, orientiert sich dabei stark an Dantes Verhältnis zu Beatrice: von der anfänglichen Verfehlung gegenüber der geliebten Frau über die Reue bis hin zur Vergebung und Offenbarung folgt Nerval den Etappen Dantes, wie sie in der *Vita nova* und der *Divina Commedia* vorgezeichnet sind[8]. Zu Beginn der Erzählung wird dieses Modell noch als Verrücktheit verworfen:

> Quelle folie, me disais-je, d'aimer ainsi d'un amour platonique une femme qui ne vous aime plus. Ceci est la faute de mes lectures ; j'ai pris au sérieux les inventions des poètes, et je me suis fait une Laure ou une Béatrix d'une personne ordinaire de notre siècle. Passons à d'autres intrigues, et celle-là sera vite oubliée (NOC III, 696).

Aber als „folie" stellt sich im Verlauf der Erzählung heraus, daß der Erzähler versucht, Aurélia zu vergessen, womit er den Fehler Dantes gegenüber Beatrice wiederholt. Gegenüber einer Einstellung, die an der Angemessenheit der Beschreibungen von Dante und Petrarca für das aktuelle Jahrhundert zweifelt und an die Haltung von Heinrichs rationalistischem Vater bei Novalis erinnert, der das Zeitalter der wahrsagenden Träume für vorüber hält, wird so die Gültigkeit der dichterischen Entwürfe als unvergängliche Wahrheiten postuliert.

Weiterhin eröffnet der Traum einen Schauplatz, auf dem böse und gute Geister gegeneinander kämpfen. Findet dieser Kampf einerseits in der Geisterwelt statt, so wird er auf einer anderen Ebene ins Innere des Erzählers verlegt. Was für uns als Gespaltenheit und Selbstentfremdung des Subjekts den Eindruck einer modernen Erfahrung erweckt, wird bei Nerval interpretierend über die Vorstellung des Doppelgängers mit einem Modell der Verfehlungen gegenüber dem christlichen Gott kombiniert. In diesem Sinn kann *Aurélia* dem apokalyptischen Genre zugerechnet werden, das den Kampf zwischen Gut und Böse zum Inhalt hat. Nicht umsonst ist der erste Traum der des gefallenen Engels, der die Transformation von Gut zu Böse, vom Engel zum Dämon bezeichnet.

Schließlich entwirft der Erzähler seinen Weg in offensichtlicher Nähe zum Elften Buch des *Goldenen Esels* von Apuleius als Initiation. Der erste Hinweis auf die zu bestehende „série d'épreuves" erfolgt bereits im ersten Teil: „Tu appartiens encore au monde d'en haut et tu as à supporter de rudes années d'épreuves" (NOC III, 704). Auf diese Vorhersage

---

Aurélia", in: SER, *Gérard de Nerval*, 193-210, und für den Isis-Mythos auf die umfassende und kenntnisreiche Studie von Camille Aubaude, *Nerval et le mythe d'Isis*.

8 Vgl. Maria-Luisa Belleli, „L'Italie de Gérard de Nerval", in: *Revue de littérature comparée* 34, 3 (1960), 378-408, die u. a. den Dante-Zitaten bei Nerval nachgeht. Zu Parallelen in der Konzeption der Werke vgl. Daniel Couty, „De la *Vita Nuova* à la « Vie Nouvelle »", in: SER, *Le Rêve et la vie*, 233-236 und Safieddine, *Nerval dans le sillage de Dante*.

kommt der Erzähler im zweiten Teil nach seiner erneuten Einlieferung in die Nervenklinik zurück: „les promesses que j'attribuais à la déesse Isis me semblaient se réaliser par une série d'épreuves que j'étais destiné à subir" (NOC III, 738), und die Proben werden bald ausdrücklich der Initiation zugeordnet:

> Du moment que je me fus assuré de ce point que j'étais soumis aux épreuves de l'initiation sacrée, une force invincible entra dans mon esprit. Je me jugeais un héros vivant sous le regard des dieux (NOC III, 740).

Auch ohne die Erzählschemata und ihre Interaktionen im einzelnen zu analysieren, läßt sich feststellen, daß die vorkommenden Träume in diesem Rahmen präzise Funktionen haben. Viele fügen sich in die vom Läuterungsmodell inspirierte Reihe Verfehlung, Strafe, Reue, Verheißung, Vergebung ein, andere können als Ort des apokalyptischen Kampfes mit dem Bösen in Gestalt des Doppelgängers betrachtet oder aber als Beitrag zur Enthüllung des Geheimnisses der Identität der Isis und als Teil einer Initiation gelesen werden. Die meisten Träume erhalten sogar in allen sich überlagernden Deutungsschemata einen Sinn. So ist beispielsweise die Wiederkehr der Gottheit der Träume im zweiten Teil trotz ihrer Inspiration aus antiken Mysterienkulten deutlich an das Motiv der christlichen Nächstenliebe und Vergebung gebunden. Es wird also zu untersuchen sein, wie das Aufrufen und Einsetzen dieser Modelle zu einem Traumbegriff beiträgt, der dem Traum Sinn und Bedeutung verleiht, die ihnen im medizinischen Diskurs abgesprochen werden.

Während *Aurélia* trotz dieser offensichtlichen Bezugnahmen bis weit ins 20. Jahrhundert hinein in erster Linie als psychopathologischer Fallbericht gelesen wurde, hat die neuere Nerval-Forschung sich fast ausschließlich auf die Suche nach intertextuellen Bezügen verlegt. Mein Vorschlag ist nun, *Aurélia* als Zeugnis einer subjektiven Erfahrung zu lesen, die zu ihrem Ausdruck vorgeformter Diskursschemata bedarf[9]. Denn erst die Einschreibung in die Tradition der Höllenfahrt als „moule narratif préformé" erlaubt das Erzählen der Erfahrungen des Wahns und deren Präsentation als einzigartig, wertvoll und erkenntnisbringend. Der Text erschöpft sich jedoch nicht in intertextuellen Bezügen, sondern versucht gleichzeitig die sich der Sprache entziehenden Erlebnisse er-

---

[9] Ich schließe hier vor allem an zwei Arbeiten an: Michel Jeanneret hat in seiner sehr genauen Studie *La Lettre perdue. Écriture et folie dans l'œuvre de Nerval* (Paris 1978) versucht, die Beziehung zwischen Wahnsinn und literarischer Aktivität auszuloten. Françoise Gaillard wendet sich vor allem den „moules narratifs préformés" zu, durch die der Wahnsinn erst erzählbar gemacht werden kann. So fungiert beispielsweise das Modell der Höllenfahrt als allgemeines Modell einer Erzählung der Initiation (vgl. dies., „*Aurélia*, ou la question du nom", in: SER, *Le Rêve et la vie*, 237-247, hier: 239.

zählbar zu machen. Die Höllenfahrt wird so doppelt lesbar: erstens als Abstieg in die Tiefen des menschliches Geistes und Erfahrung, die mit vielen Qualen verbunden ist, und zweitens als Zutritt zu einem dem Menschen nicht zugänglichen Bereich der Imagination in der Tradition von Orpheus, Vergil und Dante. Auch wenn der Erzähler sich eingangs wie ein getreuer Berichterstatter seiner Krankheit inszeniert, zeigen die verschiedenen Vorstufen des Textes das hohe Maß an Bearbeitung, das mit einer Tendenz zur Transposition des Geschehens von einer autobiographischen auf eine symbolische Ebene einhergeht. Textintern gibt es keinen Hinweis auf die Identität von (namenlosem) Erzähler und Autor mehr, vielmehr hebt der Erzähler trotz des autobiographischen Duktus deutlich seine eigene Rolle bei der Konstituierung der erzählten Welt hervor. So haben beispielsweise die vorkommenden Personen keine eigenen Namen, sondern werden erst vom Erzähler benannt: „une dame [...] que j'appellerai du nom d'Aurélia" (NOC III, 695 f.), „une vieille servante, que j'appelai Marguerite" (NOC III, 702). Dies trägt, ebenso wie der Bezug auf literarische Vorbilder, zur Reduktion des autobiographischen Charakters bei und überführt den Bericht in den Referenzbereich einer von der Wirklichkeit unabhängigen und nur von der Willenskraft und Vorstellungskraft des Erzählers abhängigen Welt.

Damit bietet sich zur Charakterisierung des Textes der von Maurice Blanchot vorgeschlagene Begriff des „récit" an, unter den dieser nicht nur *Aurélia*, sondern auch Rimbauds *Une Saison en enfer* und Bretons *Nadja* faßt. Der „récit" ist bei Blanchot auf ein einzelnes Ereignis, eine einzelne Begegnung fokussiert. Vor allem aber, und das ist zentral in seiner Definition, werde das Ereignis erst durch die Erzählung konstituiert, deren Gestus zugleich die Wahrhaftigkeit betone: „Je te dirai comme une vérité ce que je vais te dire"[10]. So setzt Blanchot für den „récit" eine eigene Zeit und eine andere Form der Wahrheit an, womit er der Außergewöhnlichkeit des Geschehens in *Aurélia*, ja sogar der Vorstellung von der Höllenfahrt gerecht wird: „Le récit, en général, est récit d'un événement exceptionnel qui échappe aux formes du temps quotidien et au monde de la vérité habituelle"[11]. Der ideale Erzähler, um solchen Erfahrungen Glaubwürdigkeit zu sichern, ist ein Zeuge, der das Geschehen selbst erlebt hat und durch seine Anwesenheit beglaubigen kann[12]. Ner-

---

[10] Blanchot, *Le Livre à venir*, 13.

[11] Ebd.

[12] Ich beziehe mich hier auf Jacques Derridas Konzept der Zeugenschaft, wie er es in *Demeure. Maurice Blanchot* bezüglich von Blanchots Text *L'Instant de ma mort* entwickelt. Für Derrida beinhaltet das Zeugnis strukturell schon immer die Möglichkeit der Fikti-

vals Erzähler schreibt seine Präsenz, die ja notwendige Bedingung für die Zeugenschaft ist[13], deutlich in den Text ein: „Ma chambre est à l'extrémité d'un corridor habité d'un côté par les fous, et de l'autre par les domestiques de la maison“ (NOC III, 742). Mit dem plötzlichen Wechsel ins Präsens innerhalb des in der Vergangenheit abgehaltenen Berichts beweist der Erzähler zum einen seine Anwesenheit gegenüber dem Leser, bestimmt zum anderen aber auch den Ort seines Schreibens, nämlich die Irrenanstalt. Die Unersetzlichkeit dieses Zeugen beruht nicht nur auf der Individualität seiner Erlebnisse, sondern auch darauf, daß er aus einer Position spricht, die normalerweise keine Stimme hat, nämlich aus dem Bereich des Wahnsinns[14].

Nun bringt diese Position aber ein massives Problem mit sich, nämlich das der Glaubwürdigkeit. Denn das Bekenntnis zum Wahnsinn bedeutet gleichzeitig den Ausschluß aus dem herrschenden Diskurs und die Aufgabe der Mitgestaltungsmöglichkeiten. Zwar kann vor Gericht jeder als Zeuge auftreten, die Wertung der Aussage hängt jedoch von einer Beurteilung der Glaubwürdigkeit durch das Gericht ab, für die im Falle von psychisch Kranken sogar Gutachten in Auftrag gegeben werden können[15]. In den *Annales médico-psychologiques* finden sich mehrere Beiträge, in denen auf die Problematik des Zeugnisses der Kranken eingegangen wird. Vor allem Baillarger, der gerne Berichte seiner Patienten heranzieht, sieht sich immer wieder vor die Notwendigkeit gestellt, deren Zeugnisse zu rechtfertigen:

> Le témoignage des aliénés qui acceptent comme existant réellement tout ce que reproduisent leurs fausses perceptions sensorielles, ce témoignage n'a sans doute que peu de valeur. Il faut, en effet, dans les renseignements qu'on obtient, faire la part du délire. Cependant il importe de faire remarquer qu'on peut souvent interroger les malades après leur guérison, alors qu'ils sont parfaitement sains d'esprit, et nul doute qu'on ne doive, dans ce cas, ajouter une assez grande confiance aux détails qu'ils donnent sur ce qu'ils ont éprouvé[16].

Baillarger führt hier, wie bereits Aubanel im Zusammenhang mit dem Bericht von Paul M., die Heilung als ein wichtiges Kriterium an, um die

---

on, so daß sich eine Diskussion der Authentizität des Bezeugten erübrigt (vgl. Derrida, *Demeure*, hier: 25 f.).

13 „Il faut être présent soi-même, lever la main, parler à la première personne et au présent“ (ebd., 36).

14 Vor allem Jacques Huré hebt die Einzigartigkeit dieses Ansatzes hervor in seinem Aufsatz „*Aurélia*, Ordre et désordre“, in: SER, *Le Rêve et la vie*, 205-211, hier: 205.

15 Für diese juristischen Auskünfte danke ich Philipp Heinz.

16 Baillarger, „Des Hallucinations psycho-sensorielles“, in: *Annales médico-psychologiques* 7 (1846), 1-12, hier: 5 f.

Glaubwürdigkeit des Zeugen zu rechtfertigen[17]. Als Beweis für die Heilung kann aber nur ein Bericht gelten, der die im herrschenden Diskurs geltende Unterscheidung von Normalität und Pathologie übernimmt, auch das hat das Beispiel von Paul M. im vorigen Kapitel gezeigt. Wenn Nerval in *Aurélia* also versucht, dem Monolog der Vernunft über den Wahnsinn, den der medizinische Diskurs führt, mittels des subjektiven Zeugnisses eine Stimme entgegenzusetzen, die aus der eigenen Kenntnis des Wahns spricht, so erfordert das ein hohes Maß an rhetorischer Raffinesse. Es bedarf nicht nur diskursiver Schemata aus dem religiösen und literarischen Bereich, um die Erfahrung des Wahnsinns mitteilbar zu machen, sondern die Position des Erzählers muß auch immer wieder dadurch abgesichert werden, daß seine Heilung beglaubigt wird. So entsteht ein äußerst vielstimmiger Text, in dem die Erfahrung des Wahns gegensätzliche und miteinander inkompatible Deutungen erfährt, die nicht zu einer Einheit zusammenzufügen sind[18]. Vielmehr wird eine Vielzahl unterschiedlicher Positionen unentwirrbar miteinander vermengt, so daß herkömmliche Unterscheidungen zwischen Protagonist, Erzähler und Autor nicht greifen[19]. Sinnvoll erscheint mir lediglich die Unterscheidung zwischen dem Protagonisten der Träume, also dem Traum-Ich, und dem namenlosen Protagonisten der außerhalb des Traums stattfindenden Ereignisse, der – zumindest formal gesehen – mit

---

[17] Bis zu einem gewissen Grad gesteht Baillarger auch den Zeugnissen der Kranken Wahrheitswert zu, aber nur mit dem Argument, daß viele übereinstimmende Zeugnisse vorliegen (Amp 7, 6).

[18] Damit schließe ich mich der Position von Ross Chambers an: „L'unité du programme narratif devient impossible à concevoir : elle éclate, et le texte n'est plus composé que de la somme des discours disparates, tendant chacun vers un but rhétorique distinct, qu'il contient" (Ross Chambers, „Écriture oppositionnelle, identité dialogique", in: ders., *Mélancolie et opposition*, 97-129, hier: 127).

[19] Die Beschreibung dieses Phänomens als Interventionen unterschiedlicher Erzähler, wie sie in der Nerval-Forschung üblich ist, ist wenig befriedigend. Weder Kurt Schärers Aufspaltung in „narrateur", „commentateur", „juge de l'œuvre" (Kurt Schärer, „Nerval juge d'« Aurélia »", in: SER, *Le Rêve et la vie*, 249-260), noch Jacques Bonys Unterscheidung zwischen dem Protagonisten der Träume, dem Protagonisten der Ereignisse, der gleichzeitig der „narrateur intermédiaire" der Träume sei, und einem Erzähler der Ereignisse, der sich als geheilt betrachte (Bony, *Le Récit nervalien*, 268), kann immer genau zur Anwendung kommen. Auf der Erzählebene scheint mir die Differenzierung von Raymond Jean glücklicher, der thematisch bedingt zwischen „récit autobiographique", „récit onirique" und „métarécit" unterscheidet, dabei allerdings nur den Inhalt des Erzählten und nicht die unterschiedlichen Positionen, aus denen jeweils erzählt wird, erfaßt (Jean, *La Poétique du désir*, 271-283). Michel Jeannerets Unterscheidung zwischen dem „discours de la folie" und dem „discours sur la folie" ist deshalb problematisch, weil es sehr fraglich ist, ob es einen „discours de la folie" überhaupt geben kann. Zudem kommt er am Schluß selbst zu dem Ergebnis, daß beide ununterscheidbar werden (Jeanneret, *La Lettre perdue*, 223).

dem Erzähler identisch ist, dabei aber verschiedene Rollen einnehmen kann[20].

Obwohl es unwahrscheinlich, wenn auch nicht ausgeschlossen ist, daß Nerval direkte Kenntnis zumindest einzelner Positionen aus den Aufsätzen der *Annales médico-psychologiques* hatte, darf deren Traumdiskurs als Folie für Nervals Bericht angesetzt werden[21]. Die Fragestellung der ‚Académie des sciences morales et politiques' zeigt, daß Debatten um den Traum im öffentlichen Bewußtsein präsent waren. Zudem war Nerval durch seine Krankheit ständig mit dem medizinischen Diskurs und dessen Heilungsmethoden konfrontiert. Mit seiner Unterscheidung von Normalität und Pathologie prägt der medizinische Diskurs zugleich soziale Normen. Diese können nicht so einfach unterlaufen werden, ohne einen Verlust an Glaubwürdigkeit nach sich zu ziehen, und es bedarf ausgefeilter Taktiken, um sich davon zu distanzieren oder sie gar zu subvertieren, ohne sich dabei zu kompromittieren[22]. Als solche funktionieren vor allem der Bezug auf literarische, religiöse oder esoterische Diskurse, zum anderen das, was Ross Chambers eine „écriture oppositionnelle" nennt, d. h. das subversive Taktieren auf dem Feld des herrschenden Diskurses[23].

Ziel des vorliegenden Kapitels soll es in erster Linie sein, den Diskurs über den Traum in *Aurélia* zu analysieren. Dies geschieht zum einen auf der Folie des zeitgenössischen Traumdiskurses, zum anderen vor dem Hintergrund der von Nerval genannten literarischen Modelle. Dabei gilt

---

[20] Inwieweit Identität zwischen dem Protagonisten der Wahnepisoden und etwa dem um rationale Argumentation bemühten Erzähler behauptet werden kann, ist durchaus fragwürdig. Da die schematische Einteilung der genannten Ansätze diesem Problem jedoch auch nicht gerecht wird, lasse ich es lieber bei einer solch groben Unterscheidung, von der ausgehend dann der Diskurs des Erzählers detailliert untersucht werden kann.

[21] Jeanneret („La Folie est un rêve") weist darauf hin, daß Nerval über Théophile Gautier, der an den Haschischexperimenten von Moreau de Tours teilnahm, Kenntnis von dessen Theorien gehabt haben könnte, und daß sein Arzt Émile Blanche im Umkreis der *Annales médico-psychologiques* tätig war.

[22] Von einer Distanznahme spricht Ponnau, *La Folie dans la littérature fantastique*, vgl. besonders das Kapitel „Aurélia : une odyssée spirituelle", 192-198. Die Strategie der Subversion im Hinblick auf die Einhaltung der sozialen Normen beschreibt besonders treffend Bruno Tritsmans, „Ordre et dispersion. Les dynamiques d'*Aurélia*", in: SER, *Le Rêve et la vie*, 213-231.

[23] Chambers unterscheidet Strategie und Taktik wie folgt: „[…] la stratégie impliquant la maîtrise d'un terrain, la tactique étant manœuvre sur un terrain occupé par l'autre" („Écriture oppositionnelle, identité dialogique", 99). Er schließt dabei an Positionen von Michel Certeau an (vgl. Michel Certeau, *L'Invention du quotidien, 1. Arts de faire*, Paris 1980 und ders., „On the Oppositional Practices of Everyday Life", in: *Social Text*, 3 (1980).

es zunächst zu zeigen, mit welchen Taktiken Nerval den medizinischen Diskurs unterläuft, ohne ihn offen zu desavouieren. Zum subversiven Taktieren gehört auch die Verwendung des Begriffs Traum als Oberbegriff für verschiedene traum- und wahnartige Phänomene, was zu einer begrifflichen Entschärfung des Wahnsinns führt. Trotz des einheitlichen Oberbegriffs zeigt sich im Text jedoch eine große Vielfalt verschiedenartiger Traumphänomene, welche die Artikulationsmöglichkeiten des medizinischen Diskurses überschreitet. Daher werde ich anschließend untersuchen, inwiefern Nerval an antike und christliche Traumkonzeptionen anschließt und dabei eine eigene Anschauung vom Traum entwikkelt. Im Gegensatz zu gängigen Interpretationsansätzen steht somit nicht der Wahn im Vordergrund, sondern der Traum. Dabei wiederum spielt der Inhalt der Träume eine vergleichsweise geringe Rolle gegenüber einer Betrachtung der Träume nach formalen Kriterien. Damit gerät sicherlich eine wesentliche – aber in der Forschung auch schon ausführlich behandelte – Dimension des Textes aus dem Blick. Diese Ausblendung ist aber erforderlich, um den Blick auf den Begriff vom Traum nicht zu verstellen, auch wenn das um den Preis einer kohärenten Gesamtdeutung geschieht.

2.1 Zwischen „raison“ und „imagination“: Nerval auf der Suche nach einer Sprache für die Erfahrung des Wahnsinns

In den Passagen zu Beginn und am Ende der Erzählung spielen Aussagen über den Traum eine besondere Rolle. Die literarischen Topoi in diesen Passagen werde ich später analysieren, Thema sind zunächst die Gemeinsamkeiten mit dem medizinischen Diskurs. Diese können anhand zweier sehr unterschiedlicher Beispiele aufgezeigt werden. Das erste betrifft die Beschreibung des Einschlafens, in der sich ganz ähnliche Formulierungen wie bei den Autoren der *Annales médico-psychologiques* nachweisen lassen. So wird am Anfang des Textes das Einschlafen als Verwandlung beschrieben, die zunächst das Denken, d. h. die Ebene des Bewußtseins betrifft, bevor sie das ganze Ich ergreift und ihm eine andere Form verleiht:

> Les premiers instants du sommeil sont l'image de la mort ; un engourdissement nébuleux saisit notre pensée, et nous ne pouvons déterminer l'instant précis où le *moi*, sous une autre forme, continue l'œuvre de l'existence (NOC III, 695).

Wenn Nerval diese Veränderung des Denkens als „engourdissement" beschreibt, die dem Ich eine neue Form verleiht, so gibt er eine Beschreibung des Einschlafens, wie man sie auch bei Medizinern häufig findet[24]. Moreau de Tours weist sogar zustimmend auf den Vergleich von Schlaf und Tod hin[25] und postuliert eine Verwandlung des Ichs durch eine Veränderung in der „faculté pensante". Allerdings betont Nerval neben der Veränderung auch die Kontinuität, während Moreau von einer kompletten Ersetzung spricht: „Une nouvelle vie succède à l'autre et la remplace" (Amp 3ᵉ s., 1, 388). In der Passage am Schluß, in der Nervals Erzähler das Thema nochmals aufnimmt, bedient auch dieser sich der Rede vom neuen Leben. Hier wird allerdings deutlich, daß er dabei wörtlich nimmt, was bei Moreau nur metaphorische Qualität hatte:

> Après un engourdissement de quelques minutes une vie nouvelle commence, affranchie des conditions du temps et de l'espace, et pareille sans doute à celle qui nous attend après la mort (NOC III, 749).

Während Moreau das neue Leben lediglich auf den Traumzustand bezieht, bejaht Nervals Erzähler die damit einhergehenden Implikationen und die tatsächliche Existenz einer „vie nouvelle". Hinter der verblüffenden Nähe in den Formulierungen verbergen sich also radikale Differenzen[26]. In diesem Fall beruhen sie allerdings weniger auf subversiven Taktiken Nervals, sondern vielmehr darauf, daß die Mediziner Anleihen bei esoterisch geprägten Diskursen machen.

Das zweite Beispiel betrifft Nervals Formulierungen, als er seinen Entschluß, den Traum aufzuschreiben, erläutert. Hier lassen sich Bezugnahmen auf das Modell vom Gleichgewicht der Seelenvermögen erkennen:

> Je résolus de *fixer* le rêve et d'en connaître le secret. Pourquoi, me dis-je, ne point enfin forcer ces portes mystiques, armé de toute ma *volonté*, et *dominer mes sensations* au lieu de les subir ? N'est-il pas possible de *dompter* cette chimère attrayante et redoutable, d'imposer une règle à ces esprits

---

[24] Vgl. etwa Baillarger (Amp 6, 2), Maury (Amp 11, 31), Lélut (Amp 2ᵉ s., 4, 348). Macario verwendet sogar genau den Begriff des „engourdissement": „[...] c'est comme la vie des rêves, lorsque les sens sont engourdis et que l'esprit se lance dans un autre monde où tout est plus léger" (Amp 7, 15).

[25] „[La suspension de la conscience intime, S. G.] existe dans le sommeil que, pour cette raison, on a justement assimilé à une mort passagère" (Moreau, Amp 3ᵉ s., 1, 391 f.).

[26] Es ist überraschend, daß Jeanneret, der in seinem Aufsatz „La Folie est un rêve" wohl als erster die Nähe zwischen Moreau und Nerval entdeckt hat, nicht näher auf die genauen Formulierungen eingeht und den Unterschied zwischen beiden Autoren auf ein jeweils verschiedenes Verhältnis zum Umgang mit Pathologie und Normalität reduziert.

des nuits *qui se jouent de notre raison* ? (NOC III, 749; Hervorhebungen von mir, S. G.)

Der Erzähler arbeitet hier ebenso wie der medizinische Diskurs mit der Betonung des Willens, der seine Herrschaft über den Bereich der Empfindungen wiedergewinnen müsse. Auch will er versuchen, aktiv zu steuern, was er sonst passiv erleidet. Das Fixieren des Traums soll dabei zu einer Rückgewinnung der Herrschaft über die Nachtgeister beitragen, die Willen und Vernunft aushebeln. Aber auch wenn Nerval hier das Vokabular des medizinischen Diskurses übernimmt, gebraucht er es durchaus ambivalent, denn auf einer anderen Ebene gilt dieser Versuch auch als ungehörige Rebellion gegen göttliche Vorsehung und christliche Demut.

Anhand dieser Parallelen wird deutlich, daß für die Beschreibung solcher Zustände ein gewisses Repertoire bereitsteht, das von allen Autoren gleichermaßen benutzt wird, auch wenn die Argumentation sehr unterschiedlich akzentuiert werden kann. Dieses Repertoire schöpft im wesentlichen aus zwei Quellen: aus vermögenspsychologischen und religiös-esoterischen. Dabei schleichen sich sowohl in den psychologisch-physiologisch orientierten Diskurs der Mediziner religiös konnotierte Begriffe ein als auch psychologisch angehauchte in die Sprache Nervals. Wie die Analyse des medizinischen Traumdiskurses gezeigt hat, gibt es noch keine Sprache, um das Unbewußte zu beschreiben, obwohl dessen Äußerungen beobachtet werden. Wo die Mediziner zu Begriffen wie Automatismus und Spiel oder einer Betonung des organischen Substrats neigen, setzt Nerval in erster Linie eine mystische oder esoterische Sprache ein, um die Phänomene zu beschreiben. Dabei zeigt sich jedoch ein Schwanken zwischen zwei Ansätzen: der eine argumentiert „innerpsychisch", d. h. mit den Begriffen, die eine Analyse des Geistes und seiner Vermögen bereitstellt, und der andere religiös-esoterisch, d. h. es wird eine zweite Existenz, eine „seconde vie" angenommen, eine Annahme, wie sie den allgemein kursierenden Traumschlüsseln zugrunde liegt. Mit dieser zweiten Annahme läuft der Erzähler jedoch ständig Gefahr, daß man ihm Halluzinationen unterstellt. Insofern sind verschiedene Strategien erforderlich, um dieser Gefahr zu entgehen. Zum einen bezieht der Nervalsche Erzähler sich auf illustre Vorbilder, deren Autorität ihn legitimieren kann, zum anderen zeigt er sich immer wieder auch krankheitseinsichtig, um den Anforderungen des medizinischen Diskurses Genüge zu tun und ihn vielmehr subversiv zu unterminieren.

Bereits in der Widmung der *Filles du feu* (1854), in der Nerval erstmals die Absicht verlautbart, die *Aurélia* zugrundeliegenden Erfahrungen niederzuschreiben, zitiert er literarische Autoritäten: „Ce serait le Songe de Scipion, la Vision du Tasse ou *La Divine Comédie* du Dante, si j'étais parvenu à concentrer mes souvenirs en un chef-d'œuvre" (NOC III, 451). Damit stellt er seine eigene Erfahrung als dem Traum des Scipio bei Cicero, der Vision Godefroys de Bouillons in Tassos *Gerusalemme liberata* und der Jenseitswanderung Dantes gleichwertig hin und wertet sie als weitere Offenbarung der Unsterblichkeit der Seele nach dem Tod[27]. Nervals Bezug auf Tasso oder Dante geht dabei über inhaltliche Bezüge hinaus und kann auch auf die Ebene der Entstehung und eine mögliche Gleichsetzung mit den Autoren bezogen werden. Schließlich nahm man ja an, daß Dantes *Divina commedia* durch einen Traum inspiriert worden sein sollte[28], und die Nähe von großer Poesie zum Delirium wurde gerade im Hinblick auf Dante gerne herausgestellt[29]. Die Annahme, Nerval wolle damit auch Dante eine Geisteskrankheit unterstellen, ist weniger ketzerisch als es zunächst scheinen mag, wie die Debatte um Léluts Bücher über Sokrates und Pascal zeigt. Wahrscheinlicher ist jedoch, daß er damit seine eigene Krankheit zu einer besonderen Gabe aufwerten will. Durch die Situierung der Imagination im Bereich der Berührung von Wahn und großer Literatur stellt Nerval sich hinsichtlich der Imagination den genannten Dichtern als gleichwertig dar. Er muß lediglich einschränken, daß es ihm an der Fähigkeit zur Konzentration der Erinnerungen fehle. Damit zeigt sich auch hier eine an den medizinischen Diskurs anschließende Argumentation, denn Konzentration und Fixierung sind im medizinischen Diskurs bekanntlich der Aufmerksamkeit zugeordnet, die bei deren Fehlen oder Nachlassen der Imagination und der Erinnerung nicht Herr wird.

In *Aurélia* benennt Nervals Erzähler andere Vorbilder als in der Widmung der *Filles du feu*, nämlich Swedenborg, Apuleius und Dante und thematisiert die Krankheit explizit, wenn er sein Vorhaben als Fortsetzung der „études de l'âme humaine" seiner Vorgänger ankündigt: „Je vais essayer, à leur exemple, de transcrire les impressions d'une longue maladie qui s'est passée tout entière dans les mystères de mon esprit" (NOC III, 695). Obwohl er sich so scheinbar als getreuer Berichterstatter seiner Krankheit inszeniert, setzt er sich mit der Bestimmung der „mys-

---

27 Ciceros *Somnium Scipionis* stellt dabei das Grundmuster bereit, an dem sich offensichtlich auch Tasso orientiert. Vgl. auch Belleli, „L'Italie de Gérard de Nerval", 378-408 und dies., „Note sur Nerval et Le Tasse", in: *Revue des sciences humaines* n° 111 (1963), 371-382.

28 Vgl. etwa Macario, Amp 8, 184.

29 Vgl. etwa: „Une imagination puissante, une sensibilité vive, ces deux âmes de la grande poésie, ne peuvent être portées à l'excès, sans toucher quelquefois au délire" (François Villemain, *Cours de littérature française*, 4e partie, „Tableau de la littérature au Moyen Age", 11e leçon, nouvelle éd. Bruxelles, 1840, 611-612, zitiert nach Bony, *Le Récit nervalien*, 261).

tères de mon esprit" als Ort der Krankheit vom kaum zitierten medizinischen Diskurs ab, da diesem zufolge der Wahn keine „maladie de l'âme" ist, sondern eine organische Ursache hat[30]. Ferner verbindet er den Ort der Krankheit mit der Rhetorik des Geheimnisses und stellt die Nähe zur dichterischen Inspiration her, die sich ebenfalls der Erklärbarkeit entzieht. Mit dem folgenden Teilsatz verstärkt er die Distanz zum medizinischen Diskurs noch, indem er die Bezeichnung seines Zustandes als Krankheit generell in Frage stellt: „– et je ne sais pourquoi je me sers de ce terme maladie, car jamais, quant à ce qui est de moi-même, je ne me suis senti mieux portant" (NOC III, 695). Unter den Taktiken des Nervalschen Erzählers in *Aurélia* für die Absetzung vom herrschenden Diskurs und die Etablierung religiös inspirierter Modelle spielt diese Distanzierung vom Begriff der Krankheit eine wichtige Rolle[31]. Bei einer genauen Untersuchung des verwendeten Vokabulars zeigt sich, daß Nerval das Wort „maladie" nach der ersten Nennung als Bezeichnung für seinen eigenen Zustand vermeidet bzw. zu einer doppelten Bezeichnung tendiert[32]. So wird beispielsweise der wissenschaftlichen Erklärung des „état

---

30 „D'où que vienne la folie, le principe immédiat en est toujours dans l'action anormale du cerveau" (Delasiauve, „Du diagnostic différentiel de la lypémanie", in: *Annales médico-psychologiques* 2e série, 3 (1851), 380-442, hier: 382). In der Debatte in der ‚Société médico-psychologique' im Mai 1855 erscheint die Position, es handle sich beim Wahnsinn lediglich um eine „maladie de l'âme" als eine philosophische Annahme, die unter Medizinern keine Zustimmung finden könne. Das massive Rechtfertigungsbedürfnis zeigt allerdings, daß diese Annahme nicht als genereller Konsens gelten kann (vgl. Amp 3e s., 1, 448-520).

31 Den Begriff der Krankheit weist Nerval auch anderswo oft genug von sich und deklariert ihn als Bezeichnung der Wissenschaft. So bezeichnet er sich in dem oben schon zitierten Brief an den Docteur Émile Blanche als „un malade relatif, [...] certainement malade aux yeux de la science" (NOC III, 905) und zeigt damit an, daß er aus einem anderen Blickwinkel nicht unbedingt als krank gelten muß.

32 Das Adjektiv taucht noch auf, wenn der Erzähler sein Projekt abermals formuliert, wird aber adverbial auf Distanz gehalten: „[j'essaie, S. G.] de décrire ce que j'éprouvai ensuite dans une série de visions insensées peut-être, ou vulgairement maladives..." (NOC III, 700). Dennoch spricht der Erzähler wiederholt von Genesung, aber auch von Rückfall: „une rechute qui renoua la série interrompue de ces étranges rêveries" (NOC III, 715), „mon mal reprit avec diverses alternatives" (NOC III, 735). Er benutzt jedoch auch oft verharmlosende und allgemeine Bezeichnungen wie „surexcitation fiévreuse" (NOC III, 696), „idée fixe" (NOC III, 699), oder „état d'esprit confus" (NOC III, 701). Als weitere Beispiele seien genannt: „mon esprit, entièrement occupé de ces illusions, se refusait à la moindre conception différente" (NOC III, 731); „la situation de mon esprit me rendait impossible l'exécution de travaux convenus" (NOC III, 732). Für die Bezeichnung anderer Kranker bedient sich der Erzähler jedoch sehr wohl der Bezeichnung, am Ende auch in Verbindung mit dem Adjektiv „pauvre", etwa wenn er von Saturnin, seinem alter ego als „pauvre malade" (NOC III, 745) spricht, oder die anderen Kranken erwähnt: „[...] mes journées se passaient dou-

cataleptique", der von außen als „aberration de l'esprit" erscheint, eine Position von innen entgegengestellt, in der das Gesehene eine „série d'événements logiques" darstellt (NOC III, 708). Der Erzähler versucht so, seine Krankheit, die er in erster Linie als einen besonderen Geisteszustand betrachtet, innerhalb eines anderen, nämlich eines religiösen Bezugrahmens zu verstehen. Die Religion stellt er dabei als Ausweg zwischen dem Gegensatz von wahnhaftem „désordre de l'esprit" und rationalistischer „froide réflexion" dar:

> Lorsque l'âme flotte incertaine entre la vie et le rêve, entre le désordre de l'esprit et le retour de la froide réflexion, c'est dans la pensée religieuse que l'on doit chercher des secours (NOC III, 722).

Der „désordre de l'esprit" wird im folgenden auch als geistige Verirrung im religiösen Sinn ohne notwendigerweise pathologische Komponente lesbar. Überhaupt beinhalten viele der vom Erzähler für seine Wahnzustände gewählten Begriffe religiöse Konnotationen. Besonders deutlich wird die doppelte Konnotierung am Beispiel der Visionen, einem Begriff, der sowohl dem medizinischen als auch dem religiösen Register entstammt und je nach beigefügtem Adjektiv diesen zugeordnet werden kann: „visions insensées ou vulgairement maladives" versus „vision céleste" (NOC III, 700). Schließlich werden dem „monde d'illusions" die „convictions acquises" entgegengestellt (NOC III, 750), die sich auf die Unsterblichkeit der Seele beziehen. Der in einer früheren Manuskriptfassung noch vorhandene Begriff der Halluzination (NOC III, 752) hingegen wird gänzlich gestrichen, und der zweimal verwendete Ausdruck „délire" (NOC III, 737, 745) wird an einer Stelle durch die eher religiös konnotierte „extase" (NOC III, 743) ersetzt.

Im weiteren Fortgang der Erzählung wechselt der Erzähler von der Rolle des getreuen Berichterstatters zunächst zu der des analysierenden Schriftstellers, der Grenzen und soziale Tabus überschreiten muß, um eine wichtige Aufgabe zu erfüllen:

> Si je ne pensais que la mission d'un écrivain est d'analyser sincèrement ce qu'il éprouve dans les graves circonstances de la vie, et si je ne me proposais un but que je crois utile, je m'arrêterais ici, et je n'essayerais pas de décrire ce que j'éprouvai ensuite (NOC III, 700).

Er rückt hier die Nützlichkeit und Aufrichtigkeit des Unterfangens in den Vordergrund, innerhalb dessen er dem Schriftsteller eine wichtige

---

cement dans la compagnie des pauvres malades, dont je m'étais fait des amis" (NOC III, 749).

Rolle zuweist[33]. Ihm komme es demnach zu, eine Analyse eigener Erlebnissen zu geben, was weder dem Arzt, der von außen beobachtet, noch den anderen Patienten, denen es an der nötigen Urteils- und Ausdrucksfähigkeit fehlt, möglich ist. Das Argument der Nützlichkeit taucht im zweiten Teil wieder auf, nun allerdings nicht mehr im Zusammenhang mit dem Studium der menschlichen Seele, sondern gemünzt auf die Erlangung des Seelenheils:

> Je croirai avoir fait quelque chose de bon et d'utile en énonçant naïvement la succession des idées par lesquelles j'ai retrouvé le repos et une force nouvelle à opposer aux malheurs futurs de la vie (NOC III, 731).

Neben der Umdeutung der Nützlichkeit kommt es an dieser Stelle auch zu einer Änderung der Aussageposition: aus der „analyse sincère" wird die „énonciation naïve", d. h. aus dem geheilten Kranken, der nachträglich seine Situation analysiert, wird ein reuiger Sünder, der seine Rückkehr zum Heil beschreibt. So tritt allmählich eine religiöse Deutung an die Stelle der wissenschaftlichen, womit zugleich eine Distanzierung vom herrschenden Diskurs erfolgt. Das zeigt wiederum, daß die Raffinesse des Textes darin besteht, zunächst die gesellschaftlich anerkannte Position einzunehmen, um diese dann allmählich subversiv zu unterlaufen und Raum für eine andere Position zu schaffen, die am Ende in einem Atemzug als „le monde d'illusions" und „des convictions que j'ai conquises" bezeichnet wird (NOC III, 750). Die gesellschaftlich dominante Position wird also nie aufgegeben, sondern nur durch die Gegenüberstellung einer konträren Position relativiert.

Der Schluß von *Aurélia* führt diese Widersprüchlichkeit eindringlich vor. Zunächst betont der Erzähler angesichts der geistigen Verwirrung von Saturnin seine eigene Selbsterkenntnis, mit der er seine Heilung beweisen kann:

---

33 Mit dem Argument der Nützlichkeit rechtfertigt Nerval auch in den ersten Briefen nach Beginn des Schreibens sein Vorhaben, wobei er allerdings gegenüber seinem Vater und dem Docteur Blanche ausschließlich die wissenschaftliche und therapeutische Nützlichkeit hervorhebt: „J'entreprends d'écrire et de constater toutes les impressions que m'a laissées ma maladie. Ce ne sera pas une étude inutile pour l'observation et la science" (Brief an den Vater vom 2. 12. 1853, NOC III, 832); „La vue de mon père [...] me donnerait l'énergie de continuer un travail qui, je crois, ne peut être qu'utile et honorable pour votre maison. J'arrive ainsi à débarrasser ma tête de toutes ces visions qui l'ont si longtemps peuplée. À ces fantasmagories maladives succéderont des idées plus saines, et je pourrai reparaître dans le monde comme une preuve vivante de vos soins et de votre talent" (Brief an den Docteur Blanche vom 3. 12. 1853, NOC III, 833). Nerval ist ein geschickter Briefschreiber, der je nach Adressat die richtigen Rollen einzunehmen weiß. Eine genauere Studie seiner Briefe wäre ein Forschungsdesiderat.

> Telles sont les idées bizarres que donnent ces sortes de maladies ; je reconnus en moi-même que je n'avais pas été loin d'une si étrange persuasion. Les soins que j'avais reçus m'avaient déjà rendu à l'affection de ma famille et de mes amis, et je pouvais juger plus sainement le monde d'illusions où j'avais quelque temps vécu (NOC III, 750).

Hier wertet er die Welt, in der er krankheitshalber gelebt hat, in Übereinstimmung mit dem herrschenden Diskurs als illusionär. Sofort danach erfolgt jedoch eine Wendung, die diesen Heilungserfolg wieder in Frage stellt, denn durch den Vergleich mit den Modellen der „série d'épreuves" und der Höllenfahrt nimmt er eine Valorisierung der in seinem Wahn gewonnenen Überzeugungen vor:

> Toutefois, je me sens heureux des convictions que j'ai acquises, et je compare cette série d'épreuves que j'ai traversées à ce qui, pour les anciens, représentait l'idée d'une descente aux enfers (NOC III, 750).

Gehorcht der Erzähler zunächst der Anforderung, sich als geheilt zu präsentieren, so ist er damit aber nicht bereit, auf die im Rahmen der außerordentlichen Erfahrung erworbenen Gewißheiten bezüglich des Jenseits zu verzichten, die aus der medizinischen Perspektive als Bestandteil der Wahnvorstellungen gelten müssen. Das Ende bleibt also in besonderem Maß ambivalent, da die widersprüchlichen Aussagen sich nicht miteinander vereinbaren lassen.

Üblicherweise wird der Schluß aufgrund der vielen Fragen und der Formulierungen, die Ungewißheiten erkennen lassen, als Suche nach einer Position gelesen, die das Erzählen erst ermöglicht, während der Anfang als Antwort auf die Fragen des Schlusses und als Präsentation von Gewißheiten interpretiert wird. Gleichzeitig wird in diesem Übergang eine Wendung von der individuellen Erfahrung des Wahnsinns zu allgemein gültigen, metaphysischen Wahrheiten angenommen. Meines Erachtens wird aber die oben ausgeführte Lesart dem Text gerechter, bei der das Schwanken zwischen beiden Positionen, zwischen einer psychologisch orientierten und einer metaphysischen betont wird. Dieses Schwanken hängt auch damit zusammen, daß der Erzähler, der von seinen Erfahrungen Zeugnis ablegen will, vor einem Dilemma steht: zum einen muß er seine Glaubwürdigkeit als Zeuge beweisen, zum anderen muß er eine Sprache finden, mit der er seine für ihn einzigartigen Erfahrungen allgemein verständlich machen kann. Die Sprache des medizinisch-wissenschaftlichen Diskurses ist dafür ungeeignet, weil sie nur von außen her beurteilen kann und die subjektive Komponente ausschließt. Dies zwingt den Erzähler dazu, eigene Bezeichnungen für seine Erfahrungen zu finden, die er den üblichen gegenüberstellt:

> Ici a commencé pour moi ce que j'appellerai l'épanchement du songe dans la vie réelle. [...] Seulement mes actions, insensées en apparence, étaient soumises à ce que l'on appelle illusion, selon la raison humaine (NOC III, 699).

Damit setzt er implizit einen Sinn seiner scheinbar unsinnigen Handlungen an, der allerdings der menschlichen Vernunft nicht zugänglich sei. Die von ihm durch eigene Bezeichnungen gekennzeichnete Wirklichkeit unterscheidet sich in ihrer Sinnhaftigkeit von dem, was der menschlichen Vernunft erkennbar ist. Mit der Formulierung „raison humaine" legt Nerval die Existenz einer anderen Vernunft nahe, die möglicherweise eine göttliche wäre. Sie wird jedoch nie benannt und das Wort „raison" innerhalb des Textes immer mit dem Adjektiv „humaine" oder einem auf den Menschen verweisenden Possessivpronomen verbunden[34]. Dies gilt auch, wenn in Kapitel II, 4, in dem Nerval die durch den Verlust der Religion entstehende Orientierungslosigkeit beschreibt, Vernunft und Religion als Gegensätze begriffen werden. Der Erzähler bezeichnet die Religion als „joug qui sur bien des points offenserait encore ma raison" (NOC III, 730). Die Vernunft wird dabei nicht als absolutes Prinzip, sondern nur als menschliches Seelenvermögen verstanden. Das antagonistische Verhältnis von Vernunft und Religion weist Ähnlichkeiten zu der Absage Swedenborgs an die menschliche Vernunft auf, der formuliert, daß „der Verstand des Menschen [...] in Bande gelegt und der Leitung des Glaubens unterstellt werden" muß[35]. Die Rebellion des menschlichen Verstandes und Willens gegen die demütige Unterordnung unter die göttliche Herrschaft ist ein wichtiges Thema von *Aurélia*. Nervals Taktik der Infragestellung der Bezeichnungen, die der Einsicht der menschlichen Vernunft folgen, ist dabei ein Schritt, um das Primat der menschlichen Vernunft, die keinen Platz für übernatürliche Phänomene läßt, anzugreifen. Der Erzähler schlägt damit zugleich eine Erklärung für seine Krankheit vor, die die gültige Dichotomie von Vernunft und Wahn aufhebt.

Das hängt auch damit zusammen, daß sein eigenes Erleben bezüglich des Verhältnisses von Vernunft und Imagination nicht mit dem herrschenden Diskurs übereinstimmt:

> L'imagination m'apportait des délices infinies. En recouvrant ce que les hommes appellent la raison, faudra-t-il regretter de les avoir perdues ?... (NOC III, 695).

---

[34] Vgl. NOC III, 695, 699, 710, 711, 723, 730, 749.

[35] Tagebuchnotiz von 1744, zitiert nach Benz, *Emanuel Swedenborg*, 204.

Der Erzähler spielt die subjektive Glückserfahrung der Imagination gegen die soziale Norm der Vernunft aus. Deutlicher läßt sich eine Perspektive, die den Kranken als „pauvre fou" betrachtet, kaum zurückweisen. Er läßt dabei durchblicken, daß der Begriff der „raison" ebenso auf einer Bezeichnungskonvention beruht wie der diskursiv gesetzte Gegensatz von Imagination und Vernunft, und stellt damit diese Konventionen in Frage. In *Aurélia* selbst kommt der Begriff der Imagination nur viermal vor, ohne weiter definiert zu werden[36]. Lediglich an einer Stelle wird ihm Wahrheitswert zugestanden, was auf eine Aufwertung der Imagination schließen läßt: „[...] je crois que l'imagination humaine n'a rien inventé qui ne soit vrai, dans ce monde ou dans les autres, et je ne pouvais douter de ce que j'avais *vu* si distinctement" (NOC III, 717).

Besser als in *Aurélia* läßt sich in der Widmung an Alexandre Dumas, die Nerval den *Filles du feu* voranstellt, ein Imaginationsbegriff ablesen, der in Konkurrenz zur Fiktion Dumas' und zum herrschenden Diskurs steht. Mit dieser Widmung reagiert Nerval auf einen Artikel vom 10. Dezember 1853, in dem Dumas in völliger Übereinstimmung mit dem medizinischen Diskus der Zeit die Alleinherrschaft der Imagination als Ursache von Nervals Krankheit benennt und als Ort der Störung das Gehirn ausmacht[37]. Nerval versucht nun, dieser Außenperspektive eine Beschreibung dessen, was innerhalb des Bereichs der Imagination geschieht, entgegenzusetzen. Obwohl er von der Sache her nicht anders argumentiert als Dumas, wehrt er sich gegen die Beobachtung und das Urteil von außen und legt Wert darauf, selbst Zeugnis von seiner Erfahrung abzulegen, die von niemandem sonst beschrieben werden kann. Dabei entwickelt er ein Konzept der poetischen Imagination, das dem von Dumas diametral entgegensteht. Während er diesen als kühlen Meister des Spiels mit der Realität darstellt, beruft er sich selber auf Nodier

---

[36] An den hier nicht zitierten Stellen wird die Imagination einmal eher als Seelenvermögen aufgefaßt: „[...] les teintes graduées plaisaient à mon imagination" (NOC III, 711), das andere Mal erhält sie übernatürliche Anteile: „L'imagination, comme un éclair, me représenta les dieux multiples de l'Inde" (NOC III, 705). Die Nähe zum Seelenvermögen ist bezeichnenderweise an einer Stelle zu erkennen, wo der Erzähler sich der menschlichen Vernunft wieder näher fühlt, während die andere Wertung der Imagination im Zusammenhang mit einer Aufwertung der durch sie gemachten Erfahrungen steht.

[37] „[...] de temps en temps, lorsqu'un travail quelconque l'a fort préoccupé, l'imagination, cette folle du logis, en chasse momentanément la raison, qui n'en est que la maîtresse ; alors la première reste seule, toute puissante, dans ce cerveau nourri de rêves et d'hallucinations, ni plus ni moins qu'un fumeur d'opium du Caire, ou qu'un mangeur de hachisch d'Alger" (Alexandre Dumas, „Causeries avec mes lecteurs" in: *Le Mousquetaire*, 10. 12. 1853, zitiert nach Nerval, *Aurélia et autres textes autobiographiques*, 376-378, hier: 376 f.).

und erklärt die Identifikation mit den Geschöpfen der Imagination zum zwangsläufigen Resultat und zur Gefahr des dichterischen Schaffens, das schließlich zur Obsession werden kann (NOC III, 450 f.). Damit stellt Nerval Dumas' spielerischer Meisterschaft, die der Entwicklung von gewagten und unwahrscheinlichen Handlungsfolgen gewachsen ist, ein anderes, ernsteres und existentielleres Konzept der dichterischen Produktion gegenüber, das zudem auf einem anderen Modell der inventio beruht. Bei Dumas betont er die Fiktionalität des Geschehens, so daß Erfindung den durch Selektion und Kombination geleiteten kreativen Umgang mit dem vorhandenen Material bedeutet, der schließlich Neuartiges hervorbringt. Sein eigenes Konzept der inventio hingegen stellt Nerval als das Aufdecken und Wiederauffinden vorexistenter Wahrheiten dar:

> Inventer au fond c'est se ressouvenir, a dit un moraliste ; ne pouvant trouver les preuves de l'existence matérielle de mon héros, j'ai cru tout à coup à la transmigration des âmes non moins fermement que Pythagore ou Pierre Leroux (NOC III, 451).

Nach diesem Verständnis ist die Imagination kein Seelenvermögen, das sich im Gleichgewicht mit anderen befinden muß, sondern sie öffnet den Zugang zu einem eigenen Wirklichkeits- und Wahrheitsbereich und wird als eine höhere Macht begriffen[38]. Bei Nerval geht es nicht um den spielerischen Umgang mit Material, nicht um die Schaffung einer Fiktion, sondern um die Aufdeckung einer Wahrheit und den Zugang zu einer anderen Welt.

In einer Passage in *Aurélia* läßt der Nervalsche Erzähler allerdings anklingen, daß diese Wahrheit möglicherweise nur unter der Maske des Wahnsinns darstellbar ist:

> Mais si ce symbole grotesque était autre chose, – si, comme dans d'autres fables de l'Antiquité, c'était la vérité fatale sous un masque de folie ? (NOC III, 717)

---

[38] Insofern unterscheidet Nervals Konzept der Imagination sich auch von dem Baudelaires, wie dieser es im *Salon de 1859* darlegt. Bei Baudelaire, der die Imagination zur „reine des facultés" macht, ist diese dennoch als Seelenvermögen gefaßt, dessen Funktionsweise sich zumindest annäherungsweise angeben läßt: „Elle décompose toute la création, et, avec les matériaux amassés et disposés suivant des règles dont on ne peut trouver l'origine que dans le plus profond de l'âme, elle crée un monde nouveau, elle produit la sensation du neuf" (BOC II, 621). Bezüglich des kreativen Umgangs mit vorgefundenem Material weist Baudelaires Begriff der Imagination also Ähnlichkeiten mit dem von Dumas auf. Im Gegensatz zu Dumas und in Übereinstimmung mit Nerval verortet Baudelaire die Imagination jedoch im Tiefsten der Seele und bezeichnet sie als „la reine du vrai" und als „positivement apparentée avec l'infini" (ebd.).

Unter diesem Blickpunkt soll nochmals auf den Schluß von *Aurélia* zurückgekommen werden. Tatsächlich übersteigt die Gewißheit von der Unsterblichkeit der Seele das Fassungsvermögen der menschlichen Vernunft, so daß mit dem Schluß auch deren Begrenztheit vorgeführt wird. Für übernatürliche Phänomene kann die menschliche Vernunft nur eine Erklärung bieten, die darin besteht, alle Propheten zu Geisteskranken zu erklären. Da im Zeitalter der Vernunft jedoch kein Platz mehr für Wunder ist, bleibt einer anderen Wahrheit nur noch die Möglichkeit, in der Maske des Wahnsinns aufzutreten. Der Schluß ließe sich also als Kritik an einer zu rationalistischen Haltung lesen und als Hinweis darauf, daß im Zeitalter der Vernunft die Überzeugung von der Unsterblichkeit nur noch im Bereich des Wahnsinns gewonnen werden kann. Der Wahnsinn kann jedoch nicht als unschuldige Maske gebraucht werden, sondern affiziert den ganzen Bericht, so daß die darin gewonnenen Überzeugungen, die nur hinter dieser Maske darstellbar sind, so gleich in Zweifel gezogen werden. Dazu gehört auch, daß das Stehenlassen der unvereinbaren Aussagen am Schluß aus medizinischer Perspektive als typisches Zeichen des Wahns und damit als Negation der angeblichen Heilung gelten muß. Gerade darin zeigt sich, daß es sich keineswegs nur um ein kalkuliertes Verfahren zur Bloßlegung der Grenzen der Vernunft handelt, sondern tatsächlich um eine existentielle Suche und Auseinandersetzung, die nicht entschieden werden kann. Zwar wird suggeriert, daß die Religion bzw. die Religionen ein Deutungsschema bieten könnten, da aber immer wieder Eingeständnisse der Krankheit erfolgen, werden sie ihrerseits wieder in Frage gestellt[39]. Obwohl im Text zunehmend religiöse Erklärungsmodelle an Bedeutung gewinnen, gibt es keine stabile Basis dafür, da sie immer vom Verdikt des Wahns bedroht sind. So entsteht letztendlich eine Art Widerstreit zwischen einer Stimme der Imagination, die höhere Wahrheiten artikuliert, und einer Stimme der sozialen Konvention, die auf der Unterscheidung von pathologisch und normal besteht und die angeblichen Wahrheiten kritisch in Frage stellt, ohne daß eine dieser Stimmen den Streit für sich entscheiden könnte[40].

---

[39] So finden sich immer wieder Stellen, an denen die Krankheit umstandslos anerkannt wird wie: „Les soins de l'art m'avaient rendu à la santé" (NOC III, 711).

[40] Shoshana Felman hat in ihrem Aufsatz „« Aurélia » ou « le livre infaisable » : de Foucault à Nerval" (in: *Romantisme* n° 3 (1972), 43-55) den Nervalschen Text ausgehend von Foucaults Untersuchung über *Folie et déraison* unter einem ähnlichen Blickwinkel beleuchtet. Sie legt den Schwerpunkt auf den unmöglichen Diskurs der „folie". Daher sieht sie in *Aurélia* eine irreduzible Spannung zwischen zwei gegensätzlichen diskursiven Tendenzen: dem vom Protagonisten ausgelösten „mouvement onirique" und dem vom Erzähler ausgelösten „mouvement critique". Sie zeigt, daß die Suche nach einer magischen Sprache zur Aufgabe der menschlichen Sprache führt und daß die Erzäh-

2.2 Der Traum als Oberbegriff und die Vielfalt der Traumphänomene

Mit dem Titel seiner Erzählung *Aurélia ou le Rêve et la vie*[41], in dem er weder den Ausdruck „songe" noch den Begriff „vision" verwendet, schließt Nerval nicht direkt an die in der Widmung der *Filles du feu* zitierten Meisterwerke an. Der Begriff „rêve" verweist auf eine ganz andere Tradition, die hier zunächst begriffsgeschichtlich erläutert werden soll.

„Songe" kommt vom lateinischen „somnium", womit bei Makrobius der bedeutende und deutbare Traum bezeichnet wird, während „rêve" bzw. das Verb „resver" zunächst hin- und herlaufen, vagabundieren sowie irre reden, phantasieren bedeutet[42]. Diese Grundbedeutungen, die dem „songe" Sinn zusprechen und den „rêve" in die Nähe des Wahns stellen, halten sich recht lange. So wird noch im Wörterbuch von Furetière (1725) von „resve" gesagt, es werde nur für die Träume von Kranken verwendet, deren Gehirn betroffen sei[43], während „songe" drei unterschiedliche Einträge aufweist. Der erste bezieht sich auf den Nachttraum, der wie folgt definiert wird: „Pensées confuses qui viennent en dormant par l'action de l'imagination". Hier gibt es einen Hinweis auf die Interpretierbarkeit, die allerdings als Aberglauben verworfen wird. Es fehlt aber auch nicht der Verweis auf die beiden Pforten des Traums in der *Aeneis* und auf das Traumbuch Artemidors. Der zweite Eintrag bezieht sich auf eine unsichere Sache, die nicht von Dauer sei, und als dritte Bedeutung wird „une vision celeste & surnaturelle" angegeben, wobei auf die Erscheinungen Gottes und seiner Engel verwiesen wird[44]. Überdies wird „rêve" lange als „mot bas et de peu d'usage" verzeichnet[45]. In der zweiten Hälfte des 18. Jahrhundert macht die *Encyclopédie* zwar keine

---

lung erst dann möglich wird, wenn auf eine Sprache der Totalität verzichtet und die Unsagbarkeit bestimmter Erlebnisse akzeptiert wird.

41 Der Untertitel wird oft unterschlagen, er war aber ursprünglich sogar als alleiniger Titel geplant.

42 Allerdings zeigen Wörterbücher und Grammatiken der Zeit, daß der Gebrauch von „somnium" bei Makrobius keine feste Norm darstellt. Das Substantiv „resve" ist erst seit 1680 belegt, das Verb „resver" hingegen bereits seit dem 12. Jahrhundert. Über den Ursprung des Worts ist keine Sicherheit zu erzielen (vgl. Fritz Schalk, „Somnium und verwandte Wörter in den romanischen Sprachen, in: ders., *Exempla romanischer Wortgeschichte*, Frankfurt am Main 1966, 295-337, hier: 295-298).

43 „*Resve* : Songe. Ce mot est vieux, & ne se dit gueres que des songes des malades qui ont le cerveau altéré" (Furetière, *Dictionnaire universel*, Paris 1725, Eintrag „resve").

44 Furetière, *Dictionnaire universel*, Paris 1725, Eintrag „songe". Das Wort wird hier übrigens nicht von „somnium" hergeleitet, sondern von einem keltischen „sonch", das „pensée" bedeute.

45 Schalk, „Somnium und verwandte Wörter", 326.

grundsätzlichen Unterschiede zwischen „rêve“ und „songe“ mehr und definiert den „rêve“ über den „songe“; ersterer deckt jedoch nur einen Teilbereich des Bedeutungsumfangs von letzterem ab, dem das Gebiet der biblischen Träume, der Mythologie und der Poesie vorbehalten bleibt. Mit Diderots *Rêve de d'Alembert* und Rousseaus *Rêveries du promeneur solitaire* einerseits sowie unter dem Einfluß der deutschen Romantik andererseits verschieben sich im Bereich der Literatur die Akzente. Der Vergleich mit dem Wahnsinn trägt nicht mehr nur zur Abwertung des Traums bei, sondern wird auch als Chance des spekulativen Denkens begriffen, das der Literatur neue Bereiche eröffnet[46]. Im 19. Jahrhundert ist ein weiteres Schwinden der Unterschiede in der Bedeutung von „rêve“ und „songe“ zu beobachten. Im *Dictionnaire des sciences médicales* von 1820 ist lediglich noch festzustellen, daß die beiden Einträge auf eine Unterscheidung abzielen, wobei „rêve“ als der allgemeine Begriff und „songe“ als der spezielle definiert werden. Morbide Träume fallen danach nur unter den Begriff des „rêve“, nicht aber unter den des „songe“[47]. Auch in den Traumschlüsseln hält sich die Unterscheidung: im „songe“ wird das Erscheinen der Wahrheit angesetzt, während der „rêve“ lediglich Tageseindrücke reproduzieren soll[48]. Im *Dictionnaire de l'Académie* von 1835 hingegen wird das eine Wort jeweils über das andere definiert, wobei allerdings der „rêve“ im Gegensatz zu „songe“ eher negativ konnotiert bleibt[49]. Tatsächlich benutzt die ‚Académie des scien-

---

46 Schalk, „Somnium und verwandte Wörter“, 329-335. Vgl. hierzu auch Rudolf Behrens, „Dialogische Einbildungskraft. Zur ‚auseinandergesetzten' Theorie der Imagination in Diderots *Rêve de d'Alembert*“, in: Gabriele Vickermann-Ribémont, Dietmar Rieger (Hgg.): *Dialog und Dialogizität im Zeitalter der Vernunft*, Tübingen 2003, 125-158.

47 Hervey de Saint-Denys, der in seinem Buch *Les Rêves et les moyens de les diriger* von 1867 von vornherein und wiederholt erklärt, daß er solche Unterscheidungen für unsinnig hält und daß er beide Wörter absolut synonym verwendet, gibt den von Moreau de la Sarthe gemachten Unterschied in den Artikeln des *Dictionnaire des Sciences médicales* von 1820 wie folgt wieder: „Le rêve comprendrait toutes les manières de rêves morbides ou non morbides. Ce serait le terme générique. Le mot *songe* au contraire, devrait s'employer spécialement pour désigner une espèce particulière de rêves non morbides“ (Hervey de Saint-Denys, *Les Rêves et les moyens de les diriger*, 7, 53 und 61).

48 „Le mot « songe » ne doit s'appliquer qu'à un état qui se définit par ce qui est « vu » dans le sommeil, il y a songe dès que « sous certaines figures la vérité se fait jour ». [...] quant au « rêve », il n'est que la reproduction, la nuit, « de ce qui le jour a vivement frappé »“ (Ripa, *Histoire du rêve*, 29, der seinerseits aus Halbert d'Angers, *La Triple clef des songes, interprétation complète des rêves, songes, visions et apparitions*..., Paris o. J., 7 zitiert).

49 Als Beispiele für die Verwendung von „rêve“ werden nur schlechte oder sonderbare Träume gewählt („de fâcheux rêves“, „de mauvais rêves“, „un singulier rêve“), während der „beau rêve“ nur in übertragener Bedeutung für eine „espérance trompeuse et de peu de durée“ genannt wird. Bei „songe“ hingegen werden zunächst „un beau songe“, „un songe agréable, riant“ genannt, bevor die negativ konnotierten Bedeutungen folgen (*Dictionnaire de l'Académie* (Paris 1835), Artikel „Rêve“ und „Songe“).

ces morales et politiques' bei der Ausschreibung ihrer Preisfrage noch den Begriff „songe", während im psychiatrischen Diskurs der Zeit selbstverständlich von „rêve" die Rede ist.

Wenn Nerval für seine Erzählung den Titel *Le Rêve et la vie* wählt, dann benutzt er einen Begriff, der traditionell keine Verbindung mit der Annahme einer Wahrheit aufweist, sondern in den Bereich der morbiden Träume gehört und dadurch die Parallelisierung mit dem Wahn erlaubt. Nerval impliziert mit diesem Titel gleich zwei Oppositionen: erstens die von „rêve" versus „réalité", die auf das Verhältnis von Wahn und Realität abzielt, und zweitens die von „vie" versus „mort", die den Traum in die Nähe des Todes und eines neuen Lebens in der Geisterwelt rückt[50]. Mit dem Eingangssatz „Le Rêve est une seconde vie" (NOC III, 695) zeigt Nerval, daß es sich nicht um einen absoluten Gegensatz zwischen „rêve" und „vie" handelt, sondern um ein Verhältnis im Sinne einer zweiten Wirklichkeit neben der „vie réelle", die sich jedoch mit dieser vermischen kann, wie die Rede vom „épanchement du songe dans la vie réelle" zeigt.

Nur im Eingangssatz erscheint das Wort „Rêve" mit einem Großbuchstaben. Der Terminus erhält damit eine Bedeutung, die sich von der einfachen Verwendung in „faire un rêve" unterscheidet. Unter diesen Oberbegriff werden die unterschiedlichsten Phänomene subsumiert, die sonst als „songe", „rêverie", „vision", „illusion", „délire", „extase" bezeichnet werden, wobei der Begriff „rêve" mit Abstand am häufigsten vorkommt[51]. Die Begriffe sind weitgehend untereinander austauschbar, wenn sie auch unterschiedlichen Registern zuzuordnen sind[52]. „Songe" verwendet Nerval nur dreimal, dafür aber in der eigenen Benennung seines Zustands als „épanchement du songe dans la vie réelle"[53]. Sein

---

[50] Zu Beginn des zweiten Teils beschreibt Nerval einen Zustand des Flottierens der Seele zwischen „vie" und „rêve" (NOC III, 722), wobei die Manuskripte und Fahnen zeigen, daß er hier zwischen den Ausdrücken „rêve" und „mort" geschwankt hat. Gegen Ende der großen Vision mit dem Besuch der Geisterwelt heißt es: „je frémis à la pensée que je devais retourner dans la vie" (NOC III, 707).

[51] „Rêve" erscheint insgesamt 29mal, „vision" 9mal, „illusion" 6mal, „songe" 3mal,"rêverie" 3mal (davon einmal mit Bezug auf Swedenborg), „délire" 2mal und „extase" 1mal. In den Manuskriptfassungen wird „songe" noch häufiger gebraucht (z. B. NOC III, 770). Die abweichende Angabe bei Michel Brix (NOC III, 1337, Fn 2), der nur 23 Nennungen des Substantivs „rêve" findet, beruht vermutlich darauf, daß er nur Nennungen im Singular berücksichtigt.

[52] So werden die „rêves confus" (NOC III, 716) und „rêves terribles" (NOC III, 727) auch als „ces visions" (NOC III, 730), „les visions qui s'étaient succédé pendant mon sommeil" (NOC III, 731) und „ces illusions" (NOC III, 731) bezeichnet.

[53] Schalk ist der Ansicht, daß Nerval das Wort „songe" eher wegen der stilistischen Abwechslung wählt („Somnium und verwandte Wörter", 336). Dies scheint an der von

besonderer Zustand wird so nicht durch medizinische Begriffe, denen auch „rêve“ näher stehen würde, bezeichnet, sondern mit der literarischen Tradition des Wortes „songe“ in Verbindung gebracht. Der Begriff der „illusion“ entstammt der Perspektive der (unzulänglichen) menschlichen Vernunft und gehört den Bezeichnungskonventionen des herrschenden Diskurses an, während der Begriff der „vision“ je nach beigefügtem Adjektiv dem Register der Medizin oder der Religion zugeordnet werden kann. Gleichzeitig versucht der Erzähler durch den Vergleich mit dem Traum, eine gemeinsame Erfahrungswelt mit dem Leser herzustellen[54]: „[…] cette vision céleste, par un de ces phénomènes que tout le monde a pu éprouver dans certains rêves, ne me laissait pas étranger à ce qui se passait autour de moi“ (NOC III, 700). Mit dem Bezug auf die Allgemeinheit dieses Phänomens, das im medizinischen Diskurs wohl hypnagoge Halluzination heißen würde, und der religiösen Aufwertung durch das Adjektiv „céleste“ versucht der Erzähler, den krankhaften Charakter seiner Vision abzuschwächen. Die Taktik, eigene Benennungen für die durch die Krankheit verursachten Träume und Visionen zu finden und diese trotz ihrer Verschiedenartigkeit dem einheitlichen Bereich des „rêve“ zuzuordnen, ist im Text durchgängig zu beobachten[55]. Dazu gehört auch, daß Nerval eindeutig medizinische Begriffe für die Wahnphänomene vermeidet. Statt dessen verwendet er die Begriffe „folie“ und „mélancolie“ fern dem medizinischen Register. Sie dienen nicht dazu, mit laienhaften Begriffen die Krankheiten zu benennen, für die im medizinischen Diskurs die Begriffe Manie und Lypemanie bereitstehen und deren Symptome im Text detailliert beschrieben werden. Der ohnehin nur zweimal gebrauchte Begriff der „folie“ wird anfangs gerade nicht als Krankheitsbezeichnung verwendet, sondern bezeichnet allgemein unvernünftiges Verhalten im Sinne der sozialen Konventionen. Genauso wird der Begriff der „mélancolie“ im Anschluß an den Rousseauismus und im Sinne der romantischen Nobilitierung der

---

Schalk zitierten Stelle tatsächlich der Fall zu sein, ansonsten kann aufgrund des Ungleichgewichts in der Häufigkeit und dem Rückgang von „songe“ gegenüber dem Manuskript davon ausgegangen werden, daß Nerval die Begriffe überlegt einsetzt.

54 Dies geschieht nochmals an der von den Surrealisten vieldiskutierten Stelle zum Sonnenlicht im Traum: „Chacun sait que dans les rêves on ne voit jamais le soleil“ (NOC III, 709).

55 Die Strategie der Abschwächung des pathologischen Charakters durch die Benennung als Traum ist wiederholt zu beobachten. So wird gegen Ende des Textes beispielsweise ein zunächst als Wahnzustand gekennzeichneter Zustand wenig später als Traum bezeichnet: „Une nuit, je parlais et chantais dans une sorte d'extase. Un des servants de la maison vint me chercher dans ma cellule et me fit descendre à une chambre du rez-dechaussée, où il m'enferma. Je continuais mon rêve“ (NOC III, 743).

Melancholie gebraucht. Das *Dictionnaire de l'Académie* von 1835 kennt neben der Bedeutung der schwarzen Galle zwei Bedeutungen von „mélancolie“: eine an der medizinischen Säftelehre orientierte „disposition triste qu'on attribue à un excès de bile noire, ou qui provient de quelque cause morale“ und die unbestimmtere und allgemeinere:

> [...] disposition de l'âme qui, se refusant aux vives impressions du plaisir ou de la joie, se plaît dans la rêverie, dans une méditation vague, et trouve du charme à s'occuper d'idées attendrissantes[56].

Nerval verwendet den Begriff offensichtlich in diesem zweiten Sinn, wenn er Ausdrücke wie „mes idées mélancoliques“ (NOC III, 696), „une douce mélancolie“ (NOC III, 708) und „une mélancolie pleine de douceur“ (NOC III, 748) gebraucht, und setzt sich von der zeitgenössischen medizinischen Definition ab. Seine Briefe belegen, daß er seine Melancholie zwar als Folge der Krankheit, nicht aber als ihren integralen Bestandteil auffaßt[57]. Die an den Rousseauismus anknüpfende Strömung, die die Melancholie mit dem Attribut der „douceur“ verbindet, unterscheidet sich von der als melancholische Phase der Krankheit zu lesenden Schilderung im Mittelteil, die als „désespoir“ (NOC III, 718) oder „abattement“ (NOC III, 725) mit Selbsterniedrigung und Selbstvorwürfen einhergeht. Die literarische Codierung, die von Anfang an im Zeichen von Dürers „ange de la mélancolie“ steht (NOC III, 698), hebt sich vom medizinischen Diskurs über die Melancholie ab und ruft eine Tradition auf, die seit alters her Melancholie und Genialität miteinander korrelieren läßt[58]. So findet eine Verschiebung zwischen Beschreibung und

---

56 *Dictionnaire de l'Académie* von 1835, Eintrag „mélancolie“. Auch im *Dictionnaire de médecine* von 1828 wird der allgemeinsprachliche Gebrauch für „un état habituel de tristesse, sans dérangement de la raison“ angeführt, bevor die spezielle medizinische Bedeutung erläutert wird.

57 Vgl. zum Beispiel: „ce n'est pas maladie réelle mais lourdeur d'esprit“ (NOC III, 800), „la maladie m'avait rendu si laid, – la mélancolie si négligent“ (NOC III, 856) oder „la maladie et la mélancolie qui en a été la suite“ (NOC III, 859).

58 Mir ist keine Studie bekannt, die sich detailliert dieser doppelten Ebene der Melancholie widmet. Anthony Zielonka beschreibt genau den Wechsel zwischen „mélancolie“ und „joie“, der im wesentlichen dem zwischen Melancholie und Manie entspricht, ohne ihn jedoch mit einem Krankheitsbild in Verbindung zu bringen (vgl. Anthony Zielonka, „L'Expérience de la mélancolie et de la joie chez Nerval“, in: SER, *Le Rêve et la vie*, 17-31). Laurence M. Porter versucht in seinem Aufsatz „Mourning and Melancholia in Nerval's *Aurélia*“ (in: *Studies in Romanticism* 15 (1976), 289-306) unter Bezugnahme auf Freuds Aufsatz *Trauer und Melancholie*, die innerpsychischen Vorgänge zu erklären, mit denen der Erzähler seinen unterdrückten Ärger auf Aurélia in masochistischer Selbstentwertung verarbeite, kommt dabei aber trotz des Titels gänzlich ohne den Begriff der Melancholie aus. Ansonsten sind psychokritische Lektüren wie die von Maurice Blackman gängig, der die Melancholie als obsessive Metapher im Sinne von Char-

Benennung statt, die den (auch) medizinischen Begriffen „folie“ und „mélancolie“ nur einen allgemeinsprachlichen Wert beilegt und die aus Sicht der Medizin als Symptome des Wahns erkennbaren Phänomene ohne Bezeichnung läßt, so daß sie dem Bereich des Traums zugeschlagen werden können.

Obwohl der Traum als generalisierender Oberbegriff verwendet wird, weisen die einzelnen Traumphänomene große Unterschiede auf. Und auch wenn bei der ersten Lektüre dieser Erzählung, die im wesentlichen aus dem Bericht von Träumen, Wahnepisoden und Aufenthalten in Heilanstalten besteht, oft der Eindruck der Ununterscheidbarkeit zwischen Traum, Wahn und Realität entsteht, lassen sich bei näherer Betrachtung die Grenzen jeweils genau angeben. Dabei können die hier interessierenden Traumphänomene von den offen als deliriöse Zustände deklarierten Phasen, die mit der Einlieferung des Erzählers in eine Klinik oder der Intervention eines Arztes enden[59], und den Momenten, in denen er sich in einem Zwischenzustand zwischen Traum und Wirklichkeit, zwischen Wahn und Gesundheit befindet[60], klar unterschieden werden. Der Übersichtlichkeit halber seien sie hier kurz aufgelistet:

	Anfang	Ende	Traum im Schlaf?	Thema des Traums
Première partie				
1.	„Cette nuit-là, je fis un rêve qui me confirma dans ma pensée“ (NOC III, 698/I, 2)	„Je ne pus m’empêcher de pousser des cris d’effroi, qui me réveillèrent en sursaut“ (NOC III, 698/I, 2)	ja	Traum vom gefallenen Engel
2.	„Étendu sur un lit de camp, je crus voir…“ (NOC III, 700/I, 3)	„[…] et se réfugiait enfin, insaisissable, dans les mystiques splendeurs du ciel d’Asie“ (NOC III, 700/I, 3)	nein	1. Vision auf der Wachstube (Isis)

les Mauron faßt (vgl. Maurice Blackman, „‘Aurélia’ and the ‘soleil noir de la mélancolie’. The Evolution and Psychological Context of an Obsessive Metaphor in Nerval“, in: Marie Ramsland (Hg.), *Variété. Perspectives in French Literature, Society and Culture. Studies in Honour of Kenneth Raymond Dutton*, Frankfurt am Main u. a. 1999, 177-187).

59 NOC III, 698-700, 733-735, 735-738, 738-742, 743-744.

60 NOC III, 711-715, 735-735, 742-743.

3.	„Couché sur un lit de camp…“ (NOC III, 700/I, 3)	„Je fis tant de bruit, que l'on me mit au cachot“ (NOC III, 701/I, 3)	nein	2. Vision auf der Wachstu-be (Doppel-gänger)
4.	„Un soir, je crus avec certitude être transpor-té sur les bords du Rhin“ (NOC III, 702/I, 4)	„Telle fut cette vision“ (NOC III, 708/I, 5)	nein	Große Vision
5.	„Un rêve que je fis encore me confirma dans cette pensée“ (NOC III, 708/I, 6)	„Des voix disaient : « L'Univers est dans la nuit ». / Ce rêve si heureux à son début me jeta dans une grande perplexité“ (NOC III, 710/I, 6-7)	ja	Gartentraum
6.	„Pendant la nuit qui précéda mon travail, je m'étais cru transporté dans une planète obs-cure“ (NOC III, 712/I, 7)	„Telles furent les ima-ges qui se montrèrent tour à tour devant mes yeux“ (NOC III, 715/I, 8)	nein	Vision der Weltge-schichte

10 Jahre später: rechute

7.	„Je n'eus d'abord que des rêves confus, mêlés de scènes sanglantes. […] Le même Esprit qui m'avait menacé […] passa devant moi“ (NOC III, 716/I, 9)	„c'était mon visage, c'était toute ma forme idéalisée et grandie… Alors je me souvins de celui qui avait été arrêté la même nuit que moi“ (NOC III, 716/I, 9)	eher ja, aber Grenze unklar	Traum vom Doppelgänger
8.	„Le rêve se jouait par-fois de mes efforts […]. Je ne puis donner ici qu'une idée assez bi-zarre de ce qui résulta de cette contention d'esprit. Je me sentais glisser…“ (NOC III, 718/I, 10).	„Le cri d'une femme me réveilla en sursaut“ (NOC III, 720/I, 10)	eher ja, aber Grenze unklar	Kasinotraum

Seconde partie

9.	„Le sommeil m'apporta des rêves terribles" (NOC III, 727/II, 2)	„Le cri de douleur et de rage que je poussai en ce moment me réveilla tout haletant" (NOC III, 728/II, 2)	ja	Spiegeltraum
10.	„La nuit suivante, je ne pus dormir que peu d'instants. Une femme me parut dans le rêve" (NOC III, 729/II, 3)	„Je me levai plein de terreur" (NOC III, 729/II, 3)	ja	Traum der Vorwürfe
11.	„Pendant mon sommeil, j'eus une vision merveilleuse" (NOC III, 736/II, 5)	„Je m'éveillai peu de temps après" (NOC III, 736/II, 5)	ja	Isis-Erscheinung
12.	„Cette nuit-là j'eus un rêve délicieux. J'étais dans une tour…" (NOC III, 745/II, 6)	„La joie que ce rêve répandit dans mon esprit me procura un réveil délicieux" (NOC III, 745/II, 6)	ja	Isis-Erscheinung

Mémorables

13.	„Sur un pic élancé de l'Auvergne a retenti la chanson des pâtres" (NOC III, 745/II, 6)	„Que Dieu préserve le divin Balder, le fils d'Odin, et Freya la belle" (NOC III, 748/II, 6)	durch Einleitung	Vergebungstraum
14.	„Je me trouvais en esprit à Saardam, que j'ai visité l'année dernière" (NOC III, 748/II, 6)	„Et elle entra dans la maison" (NOC III, 748/II, 6)	durch Einleitung	Traum in Saardam
15.	„Cette nuit mon rêve s'est transporté d'abord à Vienne" (NOC III, 748/II, 6)	„Mon rêve se termina par le doux espoir que la paix nous serait enfin donnée" (NOC III, 749/II, 6)	ja	Friedenstraum

Dabei weisen die unter der Überschrift *Mémorables* figurierenden Traumtexte mehrere Besonderheiten auf, die sie von den anderen deutlich abheben. Zum einen werden sie explizit als Traumtexte angekündigt und sind formal nicht in den Zusammenhang der Erzählung eingearbeitet. Auch thematisch sind sie nur unvollständig integriert. Während der erste Text sich mit dem Erreichen des himmlischen Jerusalem noch klar in die christliche Reihe des Wegs zur Vergebung eingliedert, wenn auch mit einem ganz neuen Rekurs auf germanische Gottheiten, überschreiten die beiden folgenden den thematischen Zusammenhang der Erzählung durch den Hinweis auf konkrete politische Ereignisse. Auch ihr Stil unterscheidet sich deutlich vom Stil der anderen Traumberichte. Aufgrund dieser Stellung trifft auf sie vieles nicht zu, was sich an den in den Erzählzusammenhang integrierten Traumtexten beobachten läßt, und sie können kaum in Hinblick auf eine Form von Traumdiskurs gelesen werden[61].

Die Übersicht zeigt, daß auch innerhalb der in die Erzählung integrierten traumartigen Phänomene zu differenzieren ist, denn es fällt ins Auge, daß nicht alle Erscheinungen im Schlaf stattfinden und daß sie sehr unterschiedliche Gefühle beim Protagonisten auslösen. Nur die Hälfte der Träume ist eindeutig im Schlaf verankert, während die anderen im Übergang zu Wahnvorstellungen liegen, wobei die Realität in unterschiedlicher Weise präsent ist. So ergibt sich ein Kontinuum zwischen Offenbarung und Wahn, zwischen Erlösung und Bedrohung. Der Übergang zu Wahnvorstellungen liegt vor allem im Fall derjenigen Traumphänomene, die als Reise eingeleitet und am Ende klar als Vision gekennzeichnet werden (Nr. 4[62] und 6) auf der Hand. Auch bei denjenigen, die der Erzähler auf einem Feldbett liegend auf der Wachstube erlebt und in denen seine Aufmerksamkeit zwischen Traum und Realität geteilt ist (Nr. 2-3), ist die Ausweitung des Traumbegriffs deutlich zu erkennen. Bezüglich der beiden Träume vom Doppelgänger bleibt die Markierung als Traum schwach und die Übergänge zu Vorstellungen im wachen Zustand teilweise diffus (Nr. 7 und 8). Bei den im Schlaf verorteten Träumen ist eine Differenzierung vor allem aufgrund ihrer Verständlichkeit und der Affektivität möglich. Als ausdrücklich positiv sind die Erscheinungen der Isis am Ende hervorzuheben, die Botschaften enthalten (Nr. 11 und 12), während die anderen Träume meistens mit dem Aufwachen durch einen Schrei enden sowie Angst und Verwirrung hervorrufen. Auch hier lassen sich jedoch Unterschiede feststellen: Wird der Traum in zwei Fällen fälschlicherweise als Bestätigung eines zuvor gefaß-

---

[61] An ihnen lassen sich aber verschiedene Formen der „mise en texte“ herausarbeiten (vgl. dazu infra Teil II, Kap. 3. 2).

[62] Gemeinhin werden die zwei Teile dieser Vision als „rêve des ancêtres“ und „rêve de la cité“ bezeichnet. Bei der Kapitelgrenze gibt es zwar eine deutliche Zäsur („Tout changeait de forme autour de moi“), aber keinen Grund, einen anderen Traum anzunehmen, da der Geist, mit dem der Erzähler sich unterhält, nur sein Aussehen, nicht aber seine Identität ändert: „L’esprit avec qui je m’entretenais n’avait plus le même aspect“ (NOC III, 705). Ich behandle sie also als eine Vision, bei der allerdings verschiedene Orte aufgesucht werden.

ten Gedankens aufgefaßt (Nr. 1 und 5), so bringen die anderen Träume Ängste, Besorgnisse und Reue des Erzählers zum Ausdruck (Nr. 9 und 10). So ergeben sich sechs verschiedene Arten von Traumphänomenen, die im folgenden differenzierter und in bezug auf ihre Thematik betrachtet werden sollen: 1. die halluzinatorischen Visionen auf der Wachstube (Nr. 2-3), 2. die Jenseitsvisionen (Nr. 4 und 6), 3. die als Bestätigung aufgefaßten Träume (Nr. 1 und 5), 4. die Träume vom Doppelgänger mit unklarem Übergang zu Wahnvorstellungen(Nr. 7-8), 5. die Reue widerspiegelnden Träume (Nr. 9-10) und 6. die Isis-Erscheinungen am Schluß (Nr. 11-12).

1. Bei den halluzinatorischen Visionen auf der Wachstube bleibt die Tatsache, daß der Erzähler auf einem Feldbett liegt, ständig präsent, und es findet keine vollständige Loslösung von der Realität statt: „[l'âme est, S. G.] distinctement partagée entre la vision et la réalité" (NOC III, 701). Bei beiden Visionen ist überdies der Übergang von der tatsächlichen Wahrnehmung hin zur Halluzination erkennbar. So können im Fall der ersten Vision die als Wellen im Unendlichen beschriebenen Farbkreise, aus denen dann das Bild der Gottheit entsteht, zunächst als physiologische Farbwahrnehmungen beim Schließen der Augen betrachtet werden:

> D'immenses cercles se traçaient dans l'infini, comme les orbes que forme l'eau troublée par la chute d'un corps ; chaque région peuplée de figures radieuses se colorait, se mouvait et se fondait tour à tour, et une divinité, toujours la même, rejetait en souriant les masques furtifs de ses diverses incarnations, et se réfugiait enfin, insaisissable, dans les mystiques splendeurs du ciel d'Asie (NOC III, 700).

Thematisch deutet diese Vision zum einen auf die sukzessive Enthüllung der Isis im zweiten Teil voraus, vermittelt andererseits aber auch eine erste Ahnung vom Schicksal der Seelen nach dem Tod, das in der großen Vision in Kapitel I, 4-5 ausführlich dargestellt wird: „Le destin de l'Âme délivrée semblait se révéler à moi" (NOC III, 700). Daher wird diese Vision als „vision céleste" bezeichnet, während bei der folgenden Vision, die die in den späteren Alpträumen wichtige Doppelgängerthematik einführt, der verwirrte Geisteszustand hervorgehoben wird: „j'entrai dans un état d'esprit confus où les figures fantasques ou réelles qui m'entouraient se brisaient en mille apparences fugitives" (NOC III, 701). Ausgehend von der vermutlich realen Unterhaltung der Soldaten über einen anderen Festgenommenen glaubt der Erzähler in dieser zweiten Vision, seine Freunde eintreten zu sehen, die ihm jedoch später versichern, daß sie nicht gekommen seien. Der Eindruck, daß es sich um Wahnvorstellungen handelt, wird dadurch verstärkt, daß der Erzähler kurz darauf in eine Nervenheilanstalt eingeliefert wird.

2. In der Nervenheilanstalt setzen sich die Visionen fort. Sie knüpfen thematisch vor allem an die erste Vision von der Wachstube an und werden wie diese nicht als Träume markiert, sondern als außerhalb des Schlafs in einer zweiten Wirklichkeit stattfindend. Beide werden als Versetzung an einen anderen Ort präsentiert: „Un soir, je crus avec certitude être transporté sur les bords du Rhin" (NOC III, 702) und: „Pendant la nuit [...], je m'étais cru transporté dans une planète obscure" (NOC III, 712) und am Ende durch Formeln gekennzeichnet, die das Moment der Vision hervorheben: „Telle fut cette vision" (NOC III, 708) bzw. „Telles furent les images qui se montrèrent tour à tour devant mes yeux" (NOC III, 715). Dabei gibt es keine Teilung zwischen Vision und Realität mehr, die Vision wird zur alleinigen Realität, da der Erzähler in dieser Phase das Bewußtsein verloren hat[63]. Da innerhalb dieser Visionen weitere Ortsveränderungen stattfinden, werden sie zur Reise durch eine Jenseitswelt, die später in den Alpträumen fortgesetzt wird. Dabei knüpft vor allem die erste Vision an verschiedene literarische Modelle an. Strukturell und inhaltlich orientiert sie sich sehr stark an Ciceros *Traum des Scipio*, auf den Nerval sich in der Widmung der *Filles du feu* und einer früheren Manuskriptfassung von *Aurélia* bezieht[64]. Wie Scipio begegnet das Nervalsche Traum-Ich den Seelen seiner Ahnen, die ihm Vorhersagen für seine Zukunft machen, und erhält die Gewißheit der Unsterblichkeit der Seelen. Die Prophezeiung, daß ihm noch „de rudes années d'épreuves" bevorstünden, wirkt dabei strukturbildend für die ganze Erzählung, denn die Träume und Überlegungen im zweiten Teil kommen immer wieder auf diese Vorhersage zurück, so daß eine Kohärenz innerhalb der Traumwelt entsteht.

Bezüglich der Enthüllungen über das Schicksal der Seelen nach dem Tode ähnelt diese Nervalsche Vision zudem der Jenseitsreise Dantes und den Visionen Swedenborgs. Auch der Gebrauch des Wortes „vision" wird durch den Bezug auf Swedenborg erläutert, dessen Visionen – darauf weist Nerval explizit hin – zumeist nicht im Nachttraum stattfinden[65]:

---

63 „Beaucoup de parents et d'amis me visitèrent sans que j'en eusse la connaissance" (NOC III, 701).

64 Vgl. NOC III, 1337, Fn *d* zu S. 695.

65 Traumvisionen stellen bei Swedenborg nur die unterste Stufe von mehreren Arten von Visionen (fünf nach Benz, vier nach Lagercrantz) dar, die er je nach dem Grad der Wachheit ordnet. Traumvisionen können für Swedenborg deshalb nicht als sichere Offenbarung der Wahrheit gelten, weil auch böse Geister sie eingeben können (vgl. Benz, *Emanuel Swedenborg*, 319 und Lagercrantz, *Vom Leben auf der anderen Seite*, 21). Bei den *Memorabilia*, die er in seine Werke einstreut, handelt es sich um Begebenheiten in der Geisterwelt, die in der Form von Novellen geschildert werden und mit einer moralischen Auslegung enden (vgl. dazu Lagercrantz, *Vom Leben auf der anderen Seite*, 61-67).

„Swedenborg appelait ces visions *Memorabilia* ; il les devait à la rêverie plus souvent qu'au sommeil" (NOC III, 695). Bei Nerval wird in diesen Visionen, die nicht explizit Träume sind, das gezeigt, was sich menschlicher Kenntnis entzieht, was sich außerhalb der Grenzen seiner Existenz abspielt.

3. Die einzigen eindeutigen Träume in der ersten Phase der Erzählung sind die beiden Träume, die der Erzähler als Bestätigungen zuvor gefaßter Meinungen versteht. Der erste von ihnen ist der erste erzählte Traum überhaupt, der noch der Vorgeschichte zuzuordnen ist. Der Erzähler betrachtet diesen Traum als Bestätigung der (falschen) Deutung anderer Zeichen[66]:

> Je me dis : c'est *sa mort* ou la mienne qui m'est annoncée ! Mais je ne sais pourquoi j'en restai à la dernière supposition, et je me frappai de cette idée, que ce devait être le lendemain à la même heure. Cette nuit-là, je fis un rêve qui me confirma dans ma pensée (NOC III, 698).

Der weitere Verlauf der Erzählung zeigt jedoch, daß nicht der Erzähler sterben wird, sondern Aurélia, und daß er den Traum damit falsch gedeutet hat[67]. Ähnlich wie der erste Traum wird auch der Gartentraum eingeleitet, der an die erste große Vision anschließt: „Un rêve que je fis encore me confirma dans cette pensée" (NOC III, 708). Hier kommt es nicht zu einer Fehldeutung, sondern der Erzähler steht am Schluß vor einem nicht lösbaren Rätsel: „Que signifiait-il ?" (NOC III, 710). Die richtige Deutung, nämlich die Ankündigung von Aurélias Tod, erschließt sich ihm erst, als die Nachricht von ihrem Tod eintrifft.

In beiden Fällen wird der Traum also als Mitteilung einer Botschaft von Aurélias Tod konstruiert, die der Erzähler allerdings nicht wahrnimmt. Er bleibt in seinem eigenen Erfahrungs- und Deutungshorizont befangen und interpretiert die Träume entsprechend bzw. bleibt ratlos, wo ein solcher Anschluß nicht möglich ist. Für den Leser jedoch wird ersichtlich, daß diese beiden Träume die wesentlichen Züge der Erzählung vorwegnehmen. Denn wenn im ersten Traum das Traum-Ich durch

---

Benz betont besonders ihren Schematismus und den doktrinären Charakter sowie die Tatsache, daß sie sehr wenig visuell angelegt sind (Benz, *Emanuel Swedenborg*, 344-352).

[66] Durch Zufall sieht der Erzähler auf dem Nachhauseweg beim Aufblicken eine Hausnummer, die seinem Alter entspricht, und beim Senken des Blicks meint er eine gespenstische Erscheinung mit den Zügen Aurélias zu sehen, was er als Todesankündigung interpretiert.

[67] Die Versuchung ist groß, Nervals Selbstmord, der die Vollendung der Erzählung verhindert, als Bestätigung des Traumes zu sehen. Innertextlich gesehen ist die Deutung jedoch eine klare Fehldeutung. Der Erzähler sieht zwar überall Todesdrohungen und ist von den Todesfällen zweier Freunde sehr berührt, überwindet aber am Schluß die Krise und präsentiert sich als geheilt und glücklich.

verschiedene Vorlesungssäle irrt, bis es sich in langen Gängen verliert, wo ein übergroßes, dem Engel der Melancholie bei Dürer gleichendes Wesen nach einem langen Kampf zu Boden fällt, so werden hierin auf einer symbolischen Ebene geistige Verirrungen, ein Sturz aus der Gnade Gottes (analog dem Sturz Luzifers) und die Melancholie angekündigt. Der zweite bedeutende Traum, der Gartentraum, versammelt Frauen aus der Kindheit des Erzählers, die sich schließlich zu einer immer größer werdenden Dame verdichten, die am Ende mit dem Garten und dem Himmel eins wird. Der Erzähler erkennt zu diesem Moment nicht einmal den Tod Aurélias darin, noch weniger die Vielheit, die sich hinter Aurélia verbirgt und die am Ende als Isis, Jungfrau Maria und Muttergottheit wiederkehrt.

4. Am Ende des ersten Teils der Erzählung, der chronologisch durch einen Zeitabstand von zehn Jahren von der ersten Phase getrennt ist, treten Alpträume auf, die thematisch vor allem an die zweite halluzinatorische Vision auf der Wachstube anschließen sowie die Jenseitsreise fortsetzen. Dabei ist der Besuch der Geisterwelt jedoch von schweren Störungen geprägt. Einzig bei diesen Alpträumen bleibt die Grenze von Traum und Wahn teilweise undeutlich. Die einzelnen Träume sind nicht als solche markiert, sondern es wird im Plural über sie gesprochen: „Je n'eus d'abord que des rêves confus, mêlés de scènes sanglantes" (NOC III, 716). Die Festlegung auf den nächtlichen Traum ist nicht eindeutig, denn es werden zusätzlich Szenen mit halluzinatorischem Charakter berichtet, und auch das Ende des Traums bleibt schwer zu bestimmen. Im ersten Fall (Nr. 7) kann es in den drei Punkten nach der Entdeckung, daß es sich bei dem als Prinz des Orients gekleideten Geist aus der „Ville mystérieuse" um einen Doppelgänger des Traum-Ichs handelt, angenommen werden: „O terreur ! o colère ! c'était mon visage, c'était toute ma forme idéalisée et grandie…" (NOC III, 716). Die daran anschließende Wendung „Alors je me souvins" legt ein Erinnern nach dem Erwachen nahe, und die folgenden Kommentare über die Zusammenhänge zwischen irdischen und übernatürlichen Ereignissen können nur aus der Perspektive des Wachens geäußert sein. Das Erwachen erlöst den Erzähler jedoch nicht von den Emotionen und Bedrohungen des Traums, vielmehr stellt er sich Fragen über seine Identität:

> Il y a en tout homme un spectateur et un acteur, celui qui parle et celui qui répond. Les Orientaux ont vu là deux ennemis : le bon et le mauvais génie. Suis-je le bon ? suis-je le mauvais ? me disais-je. En tout cas, *l'autre* m'est hostile (NOC III, 717).

Diese Dissoziation, die zunächst in Anlehnung an orientalische Traditionen beschrieben wird, erlebt der Erzähler als Usurpation eines bösen Geistes oder Doppelgängers, der seinen Platz in der Geisterwelt einnimmt, so daß er selbst keinen Zugang mehr erhält. Nerval bezieht sich dabei auf eine „tradition bien connue en Allemagne" (NOC III, 701), für die als Beispiel der Mönch Medardus und sein Doppelgänger in E.T.A. Hoffmanns *Elixieren des Teufels* gelten können[68]. In dieser Phase, wo die Grenze zwischen Traum und dessen Fortsetzung im Wachleben teilweise verschwimmt, entsteht eine phantastische Wirklichkeit, die sehr an E.T.A. Hoffmann erinnert. So hinterläßt der zweite Traum (Nr. 8), dessen Ende durch ein Erwachen mit einem Schrei markiert ist, Fragen über den Status dieses Schreis, den außer dem Erzähler niemand gehört hat: „[...] c'était la voix d'une personne vivante et pourtant c'était pour moi la voix et l'accent d'Aurélia" (NOC III, 720). Der Erzähler bleibt so beim Versuch, in der Geisterwelt Kontakt mit Aurélia aufzunehmen, im Unklaren über den Status des Erlebten und wird immer wieder auf sich selbst zurückgeworfen. Diese Träume deutet er als Strafe und fühlt sich selbst dafür verantwortlich: „j'avais troublé l'harmonie de l'univers magique" (NOC III, 721).

5. Während die Alpträume noch einen Bezug zur Geisterwelt haben, indem sie deren Störung anzeigen, haben die Träume zu Beginn des zweiten Teils kaum über die Psyche hinausweisende Bedeutung. Der Erzähler selbst begreift sie nur als Spiegelung seiner Tagessorgen und spricht ihnen keinen Erkenntniswert zu: „mon rêve fatal n'est que le reflet de ma fatale journée" (NOC III, 728). Sie zeigen die Reue, wiederholen die Überzeugung des Erzählers, daß es zu spät sei, und fordern zur Besserung auf, womit sie eine wichtige Funktion im Rahmen der Erzählung erhalten. Sie fordern den Erzähler zu Reue und Wiedergutmachung auf und tragen so zu seiner Rückbesinnung auf christliche Tugenden bei, die erst das Wiedererscheinen der Gottheit seiner Träume am Ende möglich macht. Durch den Vorwurf konkreter Verfehlungen des Erzählers weisen diese Träume deutlich individuellere Züge auf als die meisten anderen. Wenn allerdings die durchaus plausible Annahme von Jean Guillaume stimmt, daß Nerval die zu persönlich gestalteten Kapitel II, 2-

---

[68] Bereits 1840 arbeitete Nerval an dem Libretto für eine Oper mit dem Titel *Le Magnétiseur* (NOC III, 762-764), in dem er sich an Hoffmanns *Elixieren des Teufels* inspirierte, die übrigens auch eine Figur namens Aurelie kennen. Ponnau macht folgende gemeinsame Themen aus: „morcellement de la personnalité, présence obsédante et éminemment dangereuse du double, orgueil et présomption d'origine satanique, fatalité héréditaire pesant sur une race damnée, découverte de la faute originelle" (Ponnau, *La Folie dans la littérature fantastique*, 195 f.).

3 durch das diskretere Kapitel II, 4 ersetzen wollte, dann wären diese persönlicheren Träume ersatzlos weggefallen[69].

6. Auf die Isis-Erscheinungen am Schluß weist bereits die erste Vision auf der Wachstube voraus. Die Einheitlichkeit dieser insgesamt drei Isis-Erscheinungen ist dabei weder in ihrer Bezeichnung, die zwischen „vision" und „rêve" schwankt, noch im Zustand des Erzählers, der einmal wach ist und einmal schläft, zu suchen, sondern im Gefühl, das sie hervorrufen. Alle Isis-Erscheinungen werden durch die beigestellten Adjektive als sehr positiv gekennzeichnet: „vision céleste" (NOC III, 700), „vision merveilleuse" (NOC III, 736), „rêve délicieux" (NOC III, 745). Die beiden Träume am Schluß sind relativ kurz und enthalten im wesentlichen sprachlich geäußerte Mitteilungen der Isis, die durch Landschaften verstärkt werden, die das Paradies symbolisieren[70]. So überschneiden sich hier orientalische und christliche Traditionen. Im Gegensatz zur ersten Vision auf der Wachstube, in der nur eine flüchtige Gestalt zu erkennen ist, gibt die Göttin sich in den beiden Träumen am Schluß nach einer wörtlich zu nehmenden Entschleierung als allumfassende Gottheit zu erkennen, die verschiedene Gottheiten vereint:

> Je suis la même que Marie, la même que ta mère, la même aussi que sous toutes les formes tu as toujours aimée. A chacune de tes épreuves j'ai quitté l'un des masques dont je voile mes traits, et bientôt tu me verras telle que je suis (NOC III, 736).

Dieser Ankündigung folgt im letzten Traum schließlich die Mitteilung vom Ende der Proben[71], die mit Erläuterungen über die nun verziehenen Verfehlungen des Erzählers verbunden ist. Die vollständige Vergebung erfolgt in der Vision vom himmlischen Jerusalem in den *Mémorables.* Mit dieser Anlehnung an die Apokalypse des Johannes wird ganz offensichtlich ein biblisches Vorbild gewählt. Aber auch die Erscheinungen der Isis sind den Offenbarungsträumen des Neuen Testaments mit den zahlreichen Verkündigungen durch die Engel des Herrn nicht wesensfremd, zumal die Enthüllung letztlich nur durch christliche Läuterung möglich ist.

---

[69] Vgl. hierzu Guillaume, *Nerval*, 65-78. Ein Parallelabdruck der beiden Versionen findet sich ebd., 137-163.

[70] Als Paradieslandschaften werden beschrieben: „Un verger délicieux sortait des nuages derrière elle, une lumière douce et pénétrante éclairait ce paradis" (NOC III, 736) und „Elle marcha entre nous deux, et les prés verdissaient, les fleurs et les feuillages s'élevaient de terre sur la trace de ses pas" (NOC III, 745). Generell kann der Garten in den literarischen Träumen des 19. Jahrhunderts als Figur für das Paradies gelten (vgl. Bousquet, *Les Thèmes du rêve dans la littérature romantique*, 104-152).

[71] „L'épreuve à laquelle tu étais soumis est venue à son terme" (NOC III, 745).

Zu Beginn der Erzählung, d. h. in den Kapiteln I, 2 bis I, 8, dominieren also die nicht im Schlaf stattfindenden Visionen, die später auch als „étranges rêveries" bezeichnet werden (NOC III, 715). Diese Visionen haben im wesentlichen ankündigenden und offenbarenden Charakter, auch wenn sie teilweise unverständliche Elemente enthalten. Thematisch zeigt sich der expositorische Charakter in der Einführung der Suche nach der Isis (Nr. 2), der Problematik des Doppelgängers (Nr. 3) und der Existenz einer jenseitigen Traumwelt (Nr. 4). Die beiden eindeutig markierten Träume werden als Botschaften aus einer anderen Welt interpretiert, deren Verständnis allerdings, wie sich schnell zeigt, groben Fehlern unterworfen ist. In einer zweiten Phase (I, 9 bis II, 4), die durch einen großen, allerdings weitgehend kaschierten zeitlichen Abstand von der ersten abgesetzt ist, enthüllen die Träume keinerlei göttliches Wissen; der Kontakt zur Geisterwelt ist gekappt, die Kommunikation gestört. Der Text schlägt ein Deutungsschema vor, nach dem die Träume 7 und 8 als Strafe für eine Versuchung gelesen werden können. Die bösen Geister sind jedoch nicht eindeutig außerhalb des Träumers liegende Instanzen, sondern auch Teil seiner selbst[72]. Insofern überlagern sich hier zwei Interpretationsmöglichkeiten. Während die Träume 7 und 8 auf der religiösen Ebene als Verfluchung und Strafe betrachtet werden können, sind sie auf der innerpsychischen Ebene als Ausdruck der Befindlichkeit des Träumers lesbar. Noch deutlicher gilt dies für die Reueträume (Nr. 9 und 10), die zudem eine wichtige Rolle in der Entwicklung des Erzählers spielen, da sie als Korrektiv für sein Verhalten fungieren und die Rückbesinnung auf den – zunächst noch christlichen – Gott einleiten, der sich am Ende in den Isis-Erscheinungen in Kapitel II, 5-6 und den *Mémorables* offenbart.

Unter dem Oberbegriff Traum werden bei Nerval also sehr verschiedene Phänomene behandelt, die vom medizinischen Traumbegriff nicht alle erfaßt werden. Zwar erinnert die Tatsache, daß die meisten Traumphänomene im ersten Teil nicht im Schlaf, wohl aber nachts stattfinden, während der Erzähler im Bett liegt, an die Kategorie der von Baillarger und Aubanel beschriebenen Phänomene des beginnenden Wahns, und die eindeutig als Wahnzustände deklarierten Erlebnisse würden dann den Ausbruch der Krankheit bestätigen. Nach Macarios Zuordnung von Träumen zu bestimmten Krankheitsbildern[73] ließen sich die meisten Träume entweder der Manie oder der Melancholie zuordnen. Deutlich

---

[72] „Mais quel était donc cet Esprit qui était moi et en dehors de moi" (NOC III, 717).
[73] Vgl. Macario, Amp 9, 34 f. und infra S. 102.

als bizarr, fremdartig und flüchtig markiert – nach Macario alles Kennzeichen der Träume von manischen Patienten – sind vor allem die dem Wahn nahestehenden und nicht im Schlaf stattfindenden Visionen in der ersten Phase der Erzählung. In diesen Traumphänomenen finden sich Elemente, die der Erzähler ausdrücklich als „étrange“, „bizarre“ oder „fugitif“ hervorhebt. Dies betrifft in besonderem Maße die großen Visionen Nr. 4 und 6, in denen solche Elemente gehäuft vorkommen[74], aber Flüchtigkeit ist auch ein Kennzeichen der halluzinatorischen Visionen auf der Wachstube[75]. Die rätselhaften Träume in der ersten Phase der Erzählung (Nr. 1 und 5) weisen zumindest einzelne solche Elemente auf[76]. Nach Macario wären diese Traumphänomene Indikatoren für die Diagnose einer Manie. Die Träume in der 10 Jahre später einsetzenden zweiten Phase hingegen wären typisch für eine melancholische Erkrankung, da sie alptraumartig sind und der Erzähler schreiend oder panisch erwacht[77]. Tatsächlich plagen den Erzähler in dieser Phase Schuldgefühle, und er ist mit Gedanken an seinen Tod beschäftigt[78]. Die Isis-Erscheinungen am Schluß jedoch werden weder als bizarr, fremdartig und flüchtig geschildert, noch enden sie mit einem Schrei. Sie hinterlassen vielmehr positive Gefühle, ohne jedoch als lustig und fröhlich wie in

---

[74] Die Vision Nr. 4 enthält einmal das Adjektiv „étrange“ (NOC III, 706), sowie zwei Hinweise auf die Flüchtigkeit: „[…] j’avais vu les images se diviser et se combiner en mille aspects fugitifs“ (NOC III, 704) und „Tout changeait de forme autour de moi“ (NOC III, 705). Die Vision Nr. 6 enthält dreimal das Adjektiv „étrange“ (NOC III, 712-713) und einmal das Adjektiv „bizarre“ (NOC III, 712), Aspekte der Flüchtigkeit erscheinen in anderer sprachlicher Verkleidung, etwa: „Les variations se succédaient à l’infini“ (NOC III, 712).

[75] In der Vision Nr. 2 ist von den „masques furtifs“ (NOC III, 700) der Göttin die Rede, in der Vision Nr. 3 heißt es: „[…] les figures fantasques ou réelles qui m’entouraient se brisaient en mille apparences fugitives“ (NOC III, 701).

[76] Am Ende des ersten Traums wird das Traum-Ich Zeuge eines „spectacle étrange“ (NOC III, 698), am Ende des Gartentraums entflieht ihm die Frauengestalt: „Je la perdais ainsi de vue à mesure qu’elle se transfigurait, car elle semblait s’évanouir dans sa propre grandeur. « Oh ! ne fuis pas ! m’écriai-je »“ (NOC III, 710).

[77] Gewisse Überschneidungen finden sich in Traum 1 und 8, die Merkmale von beiden Typen aufweisen, da sie mit einem Schrei enden, aber auch die Adjektive „étrange“ (NOC III, 698), „bizarre“ (NOC III, 718) und „fugitives“ (NOC III, 718) zur Beschreibung erfordern.

[78] Die Schilderung seines Zustandes deutet hier klar auf Symptome der Melancholie hin: „Je ne puis dépeindre l’abattement où me jetèrent ces idées“ (NOC III, 725), „Toutes les actions de ma vie m’apparaissaient sous leur côté le plus défavorable“ (NOC III, 730), „Les visions qui s’étaient succédé pendant mon sommeil m’avaient réduit à un tel désespoir que je pouvais à peine parler ; la société de mes amis ne m’inspirait qu’une distraction vague ; mon esprit, entièrement occupé de ces illusions, se refusait à la moindre conception différente ; je ne pouvais lire et comprendre dix lignes de suite“ (NOC III, 731).

der expansiven Monomanie beschrieben werden zu können. Fällt es aufgrund der Affektivität schwer, diese Träume als pathologisch zu interpretieren, verbietet es der Inhalt wiederum, sie als Heilung zu verstehen, da sie keine Normalisierung darstellen. Die Verkündung göttlicher Botschaften im Traum ist im medizinischen Diskurs nicht vorgesehen. Damit wird die Ebene der „raison humaine", die übernatürliche Erscheinungen für Wahnvorstellungen hält, verlassen, und es erfolgt der Übergang auf eine religiöse und von der menschlichen Vernunft befreite Ebene. So überschreiten diese Träume die Grenzen des medizinischen Traumbegriffs und entziehen sich den vom medizinischen Diskurs bereitgestellten Kategorien.

Allerdings kann dieser Übergang auch als Ausfall der kritischen Distanz des Erzählers gelesen werden. Normalerweise macht die Anzeige von Inkohärenz im Traumtext, etwa durch die Verwendung entsprechender Adjektive, deutlich, daß die Erzählinstanz des Textes sich vom Traum-Ich distanziert, daß ihr die Sonderbarkeit des Traumgeschehens wohl auffällt[79]. Demnach wäre die allgemeine Tendenz, Träume als bizarr zu bezeichnen[80], sowie der Gebrauch entsprechender Adjektive in den genannten Traumberichten der kritischen Stimme der Vernunft zuzuschreiben. Im Fall der beiden Isis-Visionen jedoch schwiege die Stimme der Vernunft und der Erzähler würde sich mit dem Gesehenen identifizieren, das heißt in den Wahnvorstellungen des Traums verharren. So zeigt sich einmal mehr die Ambivalenz des Endes, das gleichzeitig als Überschreiten der Beschränktheit der menschlichen Vernunft und als Fortbestehen des Wahns lesbar ist. Um hierin die Begrenztheit des medizinischen Diskurses zu erkennen, der alles, was sich seinen Normen nicht fügt, zu Wahnvorstellungen erklärt, ohne zugleich als wahnsinnig zu gelten, ist es nötig, sich außerhalb dieses Diskurses situieren. Insofern soll im folgenden gefragt werden, mit Bezug auf welche Diskurse sich der medizinischen Diskurs im 19. Jahrhundert aushebeln läßt.

2.3 Zitat und Transformation antiker Traumkonzeptionen

In *Aurélia* lassen sich Hinweise auf verschiedene antike Traumkonzeptionen erkennen, die in sehr unterschiedlichem Maße im Text präsent

---

79 Vgl. Gollut, *Conter les rêves*, 109-116.

80 Traumerscheinungen werden anfangs als „apparitions bizarres" eingeführt (NOC III, 695), später als „étranges rêveries" bezeichnet (NOC III, 715) und am Schluß wird auf die „bizarrerie de certains tableaux" (NOC III, 749) verwiesen.

sind. Das führt zu keiner einheitlichen Einstellung bezüglich des Traums, sondern läuft wiederum auf eine „somme de discours disparates" hinaus.

Gleich zu Beginn seiner Erzählung zitiert der Erzähler den weit verbreiteten Topos von den beiden Pforten des Traums[81]:

> Je n'ai pu percer sans frémir ces portes d'ivoire ou de corne qui nous séparent du monde invisible (NOC III, 695).

Bei Homer und Vergil sind diese Pforten tatsächlich topographisch gedacht, sie trennen das Reich, aus dem die Träume kommen, von der irdischen Welt. Auch der Nervalsche Erzähler denkt die Pforten als Trennung, die im Verlauf der Erzählung allerdings in verschiedene Verweissysteme eingebunden werden: so werden aus den Horn- oder Elfenbeinpforten, die auf den Traumdiskurs der Antike verweisen, später die „portes suprêmes de l'existence", die der zwischen Leben und Tod weilende Saturnin wie eine Sphinx bewacht (NOC III, 308), dann die „porte de nacre" des himmlischen Jerusalem (NOC III, 746 f.) und schließlich die „portes mystiques", die der Erzähler aufbrechen will (NOC III, 749)[82]. Über das Bild der Pforten wird so eine Doppelung der Welten angenommen, wobei der Schwerpunkt bei Nerval nicht wie im Rahmen des homerischen Traumtopos darauf liegt, aus diesen Welten Mitteilungen zu erhalten, sondern es wird eine Öffnung der Pforten und der Zutritt zu den dahinterliegenden Welten angestrebt. In dem angeführten Zitat wird das sehr deutlich, denn der Erzähler kehrt die Betrachtungsrichtung um: nicht wie bei Homer und Vergil die Träume durchschreiten die Pforten, sondern er selber. Damit wird das Betreten der Traumwelt zur Höllenfahrt, vergleichbar dem Besuch des Aeneas in der Unterwelt, allerdings mit dem Unterschied, daß dieser die Pforten des Traums nur als Ausgang aus der Totenwelt, der Nervalsche Erzähler sie aber als Eingang nutzt. An der Vergilschen Beschreibung des Limbus orientiert sich auch Nervals Beschreibung der Traumwelt[83]:

> C'est un souterrain vague qui s'éclaire peu à peu, et où se dégagent de l'ombre et de la nuit les pâles figures gravement immobiles qui habitent le

---

81 Das erstmals bei Homer (*Odyssee*, Kap. XIX) entwickelte Modell ist in der Antike für die Traumbehandlung von Aischylos über Vergil bis hin zu den kaiserzeitlichen Romanschriftstellern bestimmend (vgl. Latacz, „Funktionen des Traums", hier: 21). Eine weitere Darstellung zu Herkunft und Verwendung des Motivs gibt Roger Dragonetti, „« Portes d'ivoire ou de corne » dans *Aurélia* de G. de Nerval. Tradition et modernité", in: *Mélanges offerts à Rita Lejeune*, Gembloux 1969, Bd. 2, 1545-1565.

82 Für Henri Bonnet spielt sich die Erzählung zwischen diesen verschiedenen Pforten ab, vgl. Bonnet, „Les Voies lumineuses de la religion", besonders 220 f.

83 Marie Miguet hat gezeigt, wie prägend der sechste Gesang der Aeneis für *Aurélia* ist: „Géographie virgilienne d'*Aurélia*", in: *Nerval. Une Poétique du rêve*, 209-217.

> séjour des limbes. Puis le tableau se forme, une clarté nouvelle illumine et fait jouer ces apparitions bizarres ; – le monde des Esprits s'ouvre pour nous (NOC III, 695).

Allerdings steuert Nerval in dieser Schilderung mit der allmählichen Erhellung auf ein anderes Modell zu, nämlich auf das einer Swedenborgianischen Geisterwelt, in der die Geister im vollen Licht auftreten[84]. Zwar schließen auch Swedenborgs Gang durch die Geisterwelt und seine Gespräche mit Engeln und Geistern an die Jenseitswanderungen bei Dante und Vergil an[85], – eine Struktur, die Nerval in den großen visionären Träumen, in denen das Traum-Ich von einem Führer oder einer Führerin begleitet wird, übernimmt, – aber topographisch gesehen handelt es sich bei Swedenborg nicht mehr wie bei Vergil und Dante um eine wirkliche Höllenfahrt. Die Geisterwelt stellt vielmehr eine Zwischenstufe dar, in der der Geist sich nach dem Tod eine Weile aufhält, bevor er entweder zum Engel wird oder in der Hölle verharrt[86]. Diese Welt weist große Ähnlichkeiten mit der irdischen Welt auf, sie gleicht schwedischen Landschaften, und man trifft Freunde und Verwandte[87]. Nerval schließt in der Ausprägung der Traumwelt eher an Swedenborg als an Vergil an. Zwar befindet die Nervalsche Traumwelt sich in einem unterirdischen Reich, aber sie weist dennoch viele Ähnlichkeiten mit der wirklichen Welt sowie persönliche und literarische Reminiszenzen auf. Zunächst glaubt das Traum-Ich sich an den Ufern des Rheins (NOC III, 702), danach gelangt es in eine Landschaft, die es an die Heimat seiner Eltern, das französische Flandern, erinnert und wo ihm das Anwesen bekannt vorkommt: „Il me semblait que je rentrais dans une demeure connue, celle d'un oncle maternel" (NOC III, 702)[88]. Auch trifft es Personen, die seiner Familie anzugehören scheinen oder ihm vor allem aus

---

84 Vgl. Lagercrantz, *Vom Leben auf der anderen Seite*, 34-37 und Benz, *Emanuel Swedenborg*, 344.

85 Allerdings hängt die gegenseitige Wahrnehmbarkeit bei Swedenborg von seinem eigenen Zustand ab; nur wenn er „im Geist" ist, kann er Kontakt zur Geisterwelt haben und sich mit Engeln und Geistern unterhalten. In diesen Gesprächen werden in erster Linie Fragen der Theologie und der Ethik im Disputationsstil erörtert, so daß seine Visionen oft mehr lehrhaft als bildhaft ausfallen (vgl. Benz, *Emanuel Swedenborg*, 350). Benz verweist auf die Parallele von Swedenborg zu Dante, der gegenüber den Toten immer wieder erklären muß, warum er als Lebender durch das Jenseits wandert (Benz, *Emanuel Swedenborg*, 363).

86 Lagercrantz, *Vom Leben auf der anderen Seite*, 128-153.

87 Ebd., 29-33. Vgl. auch Bousquet, *Les Thèmes du rêve dans la littérature romantique*, 62 f.

88 Zur Vertrautheit der Traumwelt vgl. auch Crouzet, „La Rhétorique du rêve dans *Aurélia*", 194-197, der insgesamt die weitgehende Identität der beiden Welten betont, vor deren Hintergrund die Unterschiede erst ihre Bedeutung gewinnen.

seiner Kindheit und Jugend bekannt sind[89]. Konkrete Ortsbezeichnungen sind allerdings eher selten, die meisten Landschaften beruhen auf Topoi. Jacques Bousquet hat solche Topoi in zahlreichen literarischen Traumerzählungen untersucht und die Übereinstimmung von Nervals Gestaltung der Traumwelt mit einer generellen Tendenz im 19. Jahrhundert festgestellt: Insgesamt bevorzugt Nerval als Orte für seine Träume das „souterrain“ und die Stadt, d. h. genau die Landschaften, die laut Bousquet seit Beginn des 19. Jahrhunderts typisch werden[90]. Meistens sind die Orte der Träume so zwar realitätsnah, aber nicht weiter bestimmt und entindividualisiert, wodurch sie sich gut zur Symbolisierung eignen. Die in der Beschreibung der Orte häufig vorkommenden Adjektive „vaste“ und „inconnu“ unterstreichen zudem die Unbegrenztheit und weitgehende Anonymität der Traumwelt[91]. Neben den wenigen bekannten Personen kommen immer wieder anonyme Menschenansammlungen und unbestimmte Personen vor. Von großer Bedeutung sind ferner die literarischen Zitate. So irrt das Traum-Ich durch eine Stadt, in der die ursprünglichen Gebirgsbewohner ein tugendhaftes Leben nach Rousseauschem Modell führen, und die Schilderung des Gartens im Gartentraum weist große Ähnlichkeit mit der von Julies Élysée in der *Nouvelle Héloïse* auf[92]. Insgesamt entstammen viele der Wesen in Nervals Träumen Lektüren und Gemälden. So könnten die ehemaligen Gebirgsbewohner und besonders die „famille primitive et céleste“ den Werken Rousseaus entsprungen sein[93], oder der Engel der Melancholie im ersten Traum Dürers „Melencolia“ (1514). Diese Traumwelt ist also das Produkt eigener Er-

---

89 „Mes anciens maîtres et mes anciens condisciples“ (NOC III, 698), „une vieille servante […] qu'il me semblait connaître depuis l'enfance“ (NOC III, 702), „un oncle maternel, peintre flamand, mort depuis plus d'un siècle“ (NOC III, 702), „beaucoup de personnes […] paraissaient s'être assemblés pour un banquet de famille“ (NOC III, 703), „une chaîne non interrompue d'hommes et de femmes en qui j'étais et qui étaient moi-même“ (NOC III, 704), „trois femmes [qui] représentaient, sans leur ressembler absolument, des parentes et des amies de ma jeunesse“ (NOC III, 708).

90 Bousquet, *Les Thèmes du rêve dans la littérature romantique*, 257-279.

91 „Un vaste édifice composé de plusieurs salles“ (NOC III, 698), „la maison où j'entrai ne m'était point connue“ (NOC III, 703), „une vaste salle“ (NOC III, 703), „une cité très populeuse et inconnue“ (NOC III, 705), „une vaste chambre“ (NOC III, 706), „une vaste plage montueuse“ (NOC III, 718), „une salle inconnue“ (NOC III, 727). Die Ausdehnung des Raumes ins Unendliche beschreibt Crouzet als einen Kunstgriff von Nervals Traumrhetorik („La Rhétorique du rêve dans *Aurélia*“, 194).

92 Auf die stellenweise fast wortgleiche Beschreibung hat zuerst Roland Derche hingewiesen, vgl. „Gérard de Nerval : Aurélia“, in: ders., *Études de textes français*, Paris 1959, 278-301.

93 „Ce sont, me dit mon guide, les anciens habitants de cette montagne […]. Longtemps, ils y ont vécu simples de mœurs, aimants et justes, conservant les vertus naturelles des premiers jours du monde“ (NOC III, 706).

fahrungen und Lektüren, die nur teilweise in der Tradition der zitierten Modelle stehen. Mit der konkreten Ausgestaltung setzt Nerval sich von der antiken Tradition ab und schreibt sich in die romantische Tradition ein. Dabei wird die Traumwelt zum Spiegelbild der Seele, denn die Gemütsverfassung des Träumers hat, wie auch schon bei Swedenborg, Einfluß auf deren Gestaltung. So erscheint in der Phase der Verzweiflung und geistigen Verirrung auch die vorherige Idealwelt des Traums pervertiert und verzerrt.

Während bei Nerval die Pforten aus Horn und Elfenbein im wesentlichen den Zugang zu einer zweiten Wirklichkeit darstellen, ist in der Antike das Bild von den beiden Pforten des Traums nicht nur topographisch zu lesen, sondern impliziert auch die Frage nach der Wahrheit der Träume. Bei Vergil sind die Manen für die Träume verantwortlich, indem sie entweder als wahre Schatten selbst im Traum erscheinen – dann nehmen sie die Pforte aus Horn – oder aber falsche Träume schicken, die das Totenreich durch die Pforte aus Elfenbein verlassen[94]. Sowohl bei Homer als auch bei Vergil ergibt sich die Notwendigkeit, zwischen wahren und trügerischen Träumen zu unterscheiden. Diese Problematik scheint jedoch bei Nerval hinfällig zu sein[95]. Die Betrachtung der Träume im einzelnen zeigt vielmehr, daß sie zwar unverständlich sein können oder die Geisterwelt nur in pervertierter Form darstellen, trügerisch jedoch sind sie nicht.

Der Trug des Traums ist in der Antike in erster Linie ein Thema in der Literatur. Die Mantik, in deren Zuständigkeitsbereich die Frage nach dem Traumverstehen fällt – und die bis zu Freuds Traumdeutung die einzige umfassende Methode zur Traumdeutung bleibt – kennt keine trügerischen Träume, sie stellt lediglich die Frage nach der richtigen Deutung. Noch die Traumschlüssel im 19. Jahrhundert beziehen sich auf diese Methode, wobei die Darstellung von Makrobius in dessen vermutlich zu Beginn des fünften Jahrhunderts unserer Zeitrechnung verfaßten *Commentarii in Somnium Scipionis* besonders einflußreich ist, auch wenn die meisten Autoren sich nicht explizit auf ihn beziehen und ihre Plagiate durch gewisse Variationen anreichern[96]. Makrobius' Klassifizierung geht

---

94 „Sunt geminae Somni portae, quarum altera fertur / cornea, qua ueris facilis datur exitus umbris, / altera candenti perfecta nitens elephanto, / sed falsa ad caelum mittunt insomnia manes" (*Aeneis* VI, vv. 893-896).

95 Darauf deutet auch die Tatsache hin, daß Nerval sich gar nicht auf die Passage im vierten Buch des *Goldenen Esels* von Apuleius bezieht, in der die Frage nach dem Trug der Träume erörtert wird (Apuleius, *Metamorphosen oder Der Goldene Esel*, 126/127), während das elfte Buch zum Vorbild für die Initiation in den Isiskult wird.

96 Makrobius wird nach der Ausgabe von Mireille Armisen-Marchetti (Macrobe, *Commentaire au songe de Scipion*) durch Angabe der Ziffernfolge für Buch, Kapitel und Satz im

auf die Praxis der antiken Traumdeuter zurück, die als erstes zu unterscheiden hatten, ob ein bedeutungsvoller und von Göttern gesandter oder ein im Körper erzeugter und damit bedeutungsloser Traum vorliegt. Weiterhin wäre dann bei den bedeutungsvollen Träumen zu unterscheiden, ob der Traum seine Botschaft offen und unverstellt darstellt oder unter Symbolen und Rätseln verhüllt. Makrobius bezeichnet die drei Arten von bedeutungsvollen Träumen als „visio", „oraculum" und „somnium" und die drei Arten von bedeutungslosen Träumen als „insomnium", „visum" und den Alptraum „ἐπιάλτης", für den er keinen lateinischen Ausdruck hat[97]. Wichtig an dieser Einteilung ist vor allem, daß für die Traumdeuter nur das „somnium" von Interesse ist, in dem die Bedeutung unter Symbolen und Rätseln verhüllt ist, denn „visio" und „oraculum" sind aus sich selbst heraus verständlich, während die im Körper erzeugten Träume zwar aktuelle Besorgnisse des Träumers widerspiegeln können, aber keinerlei zu interpretierende Botschaft enthalten. Unabhängig davon ob Nerval diese Einteilung gekannt hat, läßt sich feststellen, daß seine sechs Arten von Träumen weitgehend mit den Einteilungen bei Makrobius übereinstimmen[98]. Vor allem hinsichtlich der in der Psyche erzeugten Träume lassen sich ohne Schwierigkeiten die halluzinatorischen Visionen auf der Wachstube als „visum" qualifizieren, bei dem der Träumer sich noch wach glaubt und Dinge wahrnimmt, die nicht existieren[99]. Die Alpträume vom Doppelgänger fallen

---

Text zitiert: Zur Einteilung der Traumschlüssel im 19. Jahrhundert vgl. Ripa, *Histoire du rêve*, 29-31. Zur Rezeption von Makrobius vgl. neben der Einleitung von Armisen-Marchetti auch Albrecht Hüttig, *Macrobius im Mittelalter*.

97 Makrobius scheint dabei das ebenfalls wirkungsreiche und im 19. Jahrhundert noch rezipierte Traumbuch des Artemidor von Daldis nicht gekannt zu haben. Die Unterschiede zwischen den Klassifizierungen sind jedoch so gering, daß davon ausgegangen werden kann, daß beide sich auf eine gemeinsame, verloren gegangene griechische Quelle beziehen. Vgl. dazu Manuwald, „Traum und Traumdeutung in der griechischen Antike", 25 f. Im Griechischen lauten die Bezeichnungen für die fünf ersten Arten der Träume: „ὅραμα", „χρηματισμὸς", „ὄνειρος", „ἐνύπνιον", „φάντασμα". Der Alptraum findet in dieser Klassifizierung keinen Platz.

98 Aufgrund der französischen Neuübersetzungen in der ersten Hälfte des 19. Jahrhunderts (1827, 1845, 1845-47), ist es gut denkbar, daß Nerval Makrobius direkt kannte. Dragonetti nimmt dies an, da Nerval auch den Traum des Scipio kannte, der nur über diesen Kommentar überliefert war (Dragonetti, „« Portes d'ivoire et de corne » dans *Aurélia*", 1554). Diese Schlußfolgerung ist jedoch nicht zwingend, weil der Traum des Scipio höchstwahrscheinlich Bestandteil von Nervals gymnasialem Lehrplan war, wie Norma Rinsler gezeigt hat (Rinsler, „Classical Literature in the Work of Gérard de Nerval", in: *Revue de littérature comparée* 37, 1 (1963), 5-32, hier: 18).

99 „[…] uisum, cum inter uigiliam et adultam quietem in quadam, ut aiunt, prima somni nebula adhuc se uigilare aestimans qui dormire uix coepit aspicere uidetur irruentes in se uel passim uagantes formas a natura seu magnitudine seu specie discrepantes

mit gewissen Einschränkungen in die Kategorie des Alptraums bei Makrobius („ἐπιάλτης")[100], und die Reue widerspiegelnden Träume beruhen wie das „insomnium" auf dem Innenleben des Erzählers[101]. Etwas schwieriger ist die Übereinstimmung mit den bedeutungshaltigen Träumen bei Makrobius. Zwar trifft die Definition des „oraculum", in dem eine Autoritätsperson oder ein Gott erscheint, um durch sprachliche Äußerungen die Zukunft zu verkünden oder den Träumer zu ermahnen, auf die Erscheinungen der Isis bei Nerval zu[102]. Aber bezüglich der „visio", die bei Makrobius auch eine Traumerscheinung ist und nicht wie die Jenseitsvisionen bei Nerval außerhalb des Schlafs in einer zweiten Wirklichkeit stattfindet, gibt es lediglich eine Übereinstimmung hinsichtlich der Offenbarung, denn hier wird laut Makrobius Zukünftiges in unverstellter Weise gesehen[103]. Tatsächlich ist die Dimension des Sehens gerade in diesen Visionen stark ausgeprägt, aber sie gehen über den Traum hinaus und werden zu einer echten Jenseitsreise im Sinne Dantes und Swedenborgs. Besonders die erste, stark am Traum des Scipio orientierte Jenseitsvision weist außerdem wie ihr Vorbild auch Elemente des „oraculum" und des „somnium" auf[104], während die zweite nicht nur Zukünftiges, sondern auch Vergangenes zeigt. Als „somnium" schließlich, bei Makrobius der rätselhafte Traum, dem das Interesse der Traumdeuter gilt, weil seine Bedeutung erst durch eine qualifizierte Deutung offenkundig wird, können bei Nerval die beiden rätselhaften Träume

---

uariasque tempestates rerum uel laetas uel turbulentas" (I, 3, 7). Der griechische Ausdruck „φάντασμα" ist unserem Sprachgebrauch näher.

[100] „In hoc genere est et ἐπιάλτης, quem publica persuasio quiescentes opinatur inuadere et pondere suo pressos ac sentientes grauare" (I, 3, 7). Bei Nerval fehlt der körperlich empfundene Alpdruck, wie bei ihm überhaupt jeder Hinweis auf körperliche Traumauslöser fehlt.

[101] „Est enim ἐνύπνιον quotiens cura oppressi animi corporisue siue fortunae, qualis uigilantem fatigauerat, talem se ingerit dormienti" (I, 3, 5).

[102] „Ed est oraculum quidem cum in somnis parens uel alia sancta grausique persona seu sacerdos uel etiam deus aperte euenturum quid aut non euenturum, faciendum uitandumue denuntiat" (I, 3, 8).

[103] „Visio est autem cum id quis uidet quod eodem modo quo apparuerat eueniet" (I, 3, 9).

[104] Der Traum des Scipio zeichnet sich nach Ansicht des Makrobius dadurch aus, daß er die drei Klassen der bedeutenden Träume in sich vereinigt: es ist ein „oraculum", weil der Vater und Adoptivvater von Scipio diesem Voraussagen für seine Zukunft machen, eine „visio", weil Scipio den Ort der Seelen nach dem Tode sieht, und ein „somnium", weil Auslegung nötig ist, um die Höhe der Ereignisse verständlich zu machen (I, 3, 12). Entsprechend läßt sich auch für die Nervalsche Vision sagen, daß es sich um eine „visio" handelt, weil das Traum-Ich den Aufenthaltsort der Seelen nach dem Tode sieht, um ein „oraculum" aufgrund der Prophezeiungen des Ahnen und um ein „somnium", weil einiges dunkel bleiben muß: „Je ne puis espérer de faire comprendre cette réponse, qui pour moi-même est restée très obscure" (NOC III, 705).

gelten, die der Erzähler für die Bestätigung seiner (falschen) Deutung anderer Zeichen nimmt (Nr. 1 und 5), dabei jedoch, wie sich später herausstellt, in der Deutung fehlgeht[105].

Obwohl Nervals Traumbegriff auch den von Makrobius überschreitet, was vor allem mit der Ausweitung auf traumähnliche Phänomene zusammenhängt, zeigt sich, daß die antike Traumkonzeption der Vielfalt der Nervalschen Traumphänomene, die vom zeitgenössischen medizinischen Diskurs nicht erfaßt werden kann, durchaus gewachsen ist. Dies liegt vor allem daran, daß der Traum hier nicht nur eine Manifestation körperlicher und seelischer Vorgänge, sondern auch eine göttliche Botschaft sein kann. Allerdings ist zu berücksichtigen, daß Nerval die mantische Hierarchisierung der verschiedenen Traumarten nicht übernimmt. Er macht keinen substantiellen Unterschied zwischen bedeutsamen und bedeutungslosen Träumen. Zwar finden sich nur in denjenigen Traumphänomenen, die sich mit den von Makrobius als bedeutsam verstandenen Träumen vergleichen lassen, göttliche Mitteilungen („oracula") und Wissen über das Leben nach dem Tod („visiones"), aber auch die nach dieser Klassifizierung bedeutungslosen Träume enthalten bei Nerval Vorankündigungen und wichtige Botschaften, ohne deshalb übernatürlicher Herkunft zu sein, wie etwa die Ermahnungen der Kinderfrau im Traum. Eher ließe sich in den „bedeutungslosen" Träumen eine Pervertierung der Geisterwelt oder eine Störung des Zugangs zu ihr erkennen, die auf die fehlerhafte Gemütsverfassung des Träumers zurückzuführen ist, während die „bedeutsamen" Träume wichtige Mitteilungen über diese zweite Welt machen. In manchen Fällen (die „oraculum" und „visio" entsprechen) sind sie klar verständlich, im Fall der rätselhaften Träume jedoch können sie nicht richtig gedeutet werden.

Dieses Fehlen einer qualifizierten Deutung des „somnium" wäre für die Mantik ein Signal, daß es eines kompetenten Traumdeuters bedarf. Der Nervalsche Erzähler jedoch spart die Deutungsproblematik letztlich aus. Die einzige gelungene Deutung findet traumimmanent statt, wenn die Isis den Anfang des „rêve délicieux" deutet: „[...] ces escaliers sans nombre, que tu te fatiguais à descendre ou à gravir, étaient les liens mêmes des anciennes illusions qui embarrassaient ta pensée" (NOC III, 745). Obwohl sich im Anschluß an diese Deutung der Isis weitere allegorische Deutungen anbieten, werden sie im Text nicht expliziert. Der Erzähler, der selbst einer solchen Deutung nicht fähig ist, erwartet statt

---

[105] „Somnium proprie uocatur quod tegit figuris et uelat ambagibus non nisi interpretatione intellegendam significationem rei quae demonstratur" (I, 3, 10). Zur Problematik der Deutung anderer Zeichen bei Nerval vgl. Jeanneret, *La Lettre perdue*, 167-225.

dessen ein unmittelbares Verständnis, das ihm verwehrt bleibt. Damit läßt Nerval die antike Klassifizierung der Träume, die vom Kriterium der Deutbarkeit ausgeht, gerade an ihrer zentralen Stelle ins Leere laufen und ruft eher eine jüdisch-christliche Tradition auf. Für die jüdischen Traumdeuter des Alten Testaments ist die Traumdeutung keine zu erlernende Kunst, sondern wird nur durch die Eingebung Gottes möglich. Wiederholt wird im Alten Testament daher vor falschen Wahrsagern und „Zauberei" gewarnt und das Deutungsmonopol dem jüdischen Gott zugesprochen, der einzelne Menschen erleuchten kann[106]. Nach dieser Logik mißlingt die Deutung der Zeichen nicht aufgrund mangelnder oder fehlender Technik, sondern aufgrund der Anmaßung, als Zeichen deuten zu wollen, was göttlicher Offenbarung bedarf. Erst durch die Rückbesinnung auf die christliche Reue und Nächstenliebe sowie das Durchlaufen einer „série d'épreuves" werden am Schluß klare und verständliche Träume möglich. Für das Verständnis der Träume gilt bei Nerval daher nicht das Modell der Entzifferung, sondern das der Offenbarung bzw. der Enthüllung. Das wird im Bild des allmählichen Entschleierns der Isis besonders deutlich. In den letzten beiden Isis-Erscheinungen spricht die Göttin selbst zum Traum-Ich, es gibt keine Deutungsprobleme mehr, es bedarf keines Führers, sondern die Träume glänzen durch Klarheit und Verständlichkeit. Auf der Ebene der Trauminhalte ergibt sich also eine klare Unterscheidung zwischen fehlgedeuteten und rätselhaften Träumen einerseits und Offenbarungsträumen andererseits, die von dem Bild der sukzessiven Entschleierung der Göttin geleitet werden. Diese Eindeutigkeit findet sich allerdings nur traumimmanent, d. h. innerhalb des „monde d'illusions". Auf der Ebene des Erzählerkommentars ist eine weitere, bisher noch nicht thematisierte Unterscheidung der Träume zu beobachten, nämlich die zwischen klaren und bizarren, verworrenen oder flüchtigen Träumen.

---

[106] So deutet Josef mit der Hilfe seines Gottes die Träume seiner ägyptischen Mitgefangenen, die für ihre Träume jemanden brauchen, der sie ihnen auslegen kann. Hier wird offensichtlich, daß in Ägypten kundige Traumdeuter zur Deutung nötig sind. Josefs Antwort ist: „Auslegen gehört Gott zu, doch erzählt mir's" (1. Mose 40, 8). Dieser Gegensatz wird auch im Buch Daniel vorgeführt, wo die Traumdeuter des Nebukadnezar an der Deutung scheitern, die Daniel mit der Hilfe des jüdischen Gottes gelingt. Zu den Warnungen vgl. z. B. 3. Mose 19 und 5. Mose 13. Nicht nur das Alte Testament legt das Monopol Gottes auf die Traumdeutung fest, die katholische Kirche verfolgte auch seit dem Mittelalter unerbittsam alle Versuche, Träume zu deuten, als widergöttlichen Aberglauben und Hexerei. Diese Einstellung hinterläßt mit dem Fortbestand des Verbots der kommerziellen Traumdeutung noch Spuren in der nachrevolutionären und laizistischen Gesetzgebung (vgl. Ripa, *Histoire du rêve*, 47-77).

Obwohl der Erzähler anfangs behauptet, seine Träume seien logisch und seine Erinnerung daran genau und vollständig[107], zeigt sich, daß einzig die beiden Isis-Erscheinungen am Schluß sowie später die *Mémorables* keinerlei verworrene oder unklare Stellen aufweisen. Auch die Vollständigkeit der Erinnerung stimmt mit den tatsächlichen Berichten der Traumphänomene nicht überein, in denen immer wieder Erinnerungslücken thematisiert werden[108]. Und auch das Problem eines verwirrten Gemütszustandes und der Flüchtigkeit der Träume begegnet in *Aurélia* des öfteren. Dabei wird etwa in der zweiten Vision auf der Wachstube der verwirrte Gemütszustand zur unmittelbaren Voraussetzung für die Flüchtigkeit der Vision[109]: „[…] j'entrai dans un état d'esprit confus où les figures fantasques ou réelles qui m'entouraient se brisaient en mille apparences fugitives" (NOC III, 701)[110]. Dieser Zustand ist bei Nerval, wie schon gezeigt, immer doppelt lesbar. Einerseits wird damit die Krankheit bezeichnet, andererseits aber auch die religiösen Verirrungen. In einer handschriftlichen Notiz Nervals wird ein Bemühen sichtbar, selber Einfluß auf die Träume zu nehmen: „S'entretenir d'idées pures et saines pour avoir des songes logiques" (NOC III, 770). Die doppelte Kennzeichnung der Ideen, die Voraussetzung für die „songes logiques" sind, als „pures et saines" verweist erneut auf die beiden Bereiche von Religion und Gesundheit.

Es darf daher angenommen werden, daß die Aussage über die Klarheit und Vollständigkeit der Träume in erster Linie strategischen Charakter hat, denn die Genauigkeit der Erinnerung scheint zum einen im medizinischen Diskurs als Beleg für die Gesundheit des Träumers zu gelten[111], zum anderen ist sie laut einem anonymen Werk der Zeit, das sich offensichtlich aus antiken Traditionen speist, auch ein entscheidender Beweis für die Wahrheit des Traums – schon ein fehlendes Element

---

[107] „À dater de ce moment, tout prenait parfois un aspect double, – et cela, sans que le raisonnement manquât jamais de logique, sans que la mémoire perdît les plus légers détails de ce qui m'arrivait" (NOC III, 699).

[108] Vgl. etwa „Telle fut cette vision ou tels furent du moins les détails principaux dont j'ai gardé le souvenir" (NOC III, 708), „Ici ma mémoire se trouble" (NOC III, 714), „[…] je n'en ai gardé qu'un souvenir confus" (NOC III, 727).

[109] Die Geistesverfassung des Erzählers wird immer wieder zum Auslöser merkwürdiger Traumphänomene und von Zuständen, die zu ihrer Beschreibung die Kategorie der Bizarrheit erfordern: „Je ne puis donner ici qu'une idée assez bizarre de ce qui résulta de cette contention d'esprit" (NOC III, 718).

[110] Ähnlich: „Le rêve devint confus. Des figures de personnes que j'avais connues en divers temps passèrent rapidement devant mes yeux" (NOC III, 729).

[111] Zumindest hatte Macario ungenaue oder fehlende Traumerinnerung als Zeichen von Krankheit gedeutet (Amp 9, 35).

würde demnach die Wahrheit des ganzen Traums in Frage stellen[112]. Die handschriftlichen Notizen legen nahe, daß Nerval hier an Anweisungen Platons anschließt, in denen dieser erklärt, unter welchen Voraussetzungen im Traum eine Schau der Wahrheit möglich ist:

> Wenn hingegen einer, denke ich, gesund mit sich selbst umgeht und besonnen und sich zum Schlaf begibt, nachdem er das Vernünftige in sich aufgeregt hat und mit schönen Reden und Untersuchungen bewirtet und zum Bewußtsein seiner selbst gekommen ist, das Begehrliche aber hat er weder in Mangel gelassen noch überfüllt, damit es sich hübsch ruhig verhalte [...] und nachdem er ebenso auch das Zornartige besänftigt hat und nicht etwa mit einem zum Unwillen gegen jemand aufgeregten Gemüt einschläft, sondern nachdem er die zwei Triebe beschwichtigt und nur den dritten in Bewegung gesetzt hat, in welchem das Denken einwohnt, so sich zur Ruhe begibt, weißt du wohl, daß er in solchem Zustande mit der Wahrheit vorzüglich Verkehr hat und dann am wenigsten ruchlose Gesichter in Träumen zum Vorschein kommen?[113]

Platon verbindet hier das Vernünftige mit der Wahrheit, eine Verbindung, die wie gesehen aus der Sicht des 19. Jahrhunderts nicht mehr möglich ist. Dennoch versucht Nerval, die Kategorie der Logik als Kriterium für den Zugang zu einer zweiten, die Wahrheit über das Leben nach dem Tode enthaltenden Wirklichkeit anzusetzen: „Quand vos rêves sont logiques ils sont une porte ouverte ivoire ou corne sur le monde extérieur“ (NOC III, 770), vermerkt er in einer weiteren handschriftlichen Notiz. Betrachtet man die Träume aus dieser Perspektive erneut, so zeigt sich, daß in vielen von ihnen, und zwar vor allem in denjenigen, in denen der Zugang zur Geisterwelt mißlingt oder diese pervertiert erscheint, Unverständlichkeit oder Verworrenheit thematisiert werden. Die verrätselte Botschaften enthaltenden Träume bleiben unverständlich, und in der Phase zu Ende des ersten und zu Beginn des zweiten Teils ist wiederholt von „rêves confus“ die Rede. Andere Traumphänomene werden gegen Ende unklar[114] oder sind auf einen „état d'esprit confus“ (NOC III, 701) zurückzuführen. Nervals Erzähler erklärt die Diskrepanz zwischen der Idee des logischen, vernünftigen Traums und der Bizarrheit der Zerrbilder mit dem „désordre d'esprit“ des Träumers:

---

112 Vgl. Ripa, *Histoire du rêve*, 30.

113 Platon, *Politeia*, 9. Buch, 571 d-572 a, in: ders., *Sämtliche Werke*, Bd. 3, 269 f.

114 Während im Fall der Jenseitsvision damit eher ein harmonisches Ende der Vision angezeigt wird: „Déjà leurs formes ravissantes se fondaient en vapeurs confuses ; ces beaux visages pâlissaient, et ces traits accentués, ces yeux étincelants se perdaient dans une ombre où luisait encore le dernier éclair du sourire“ (NOC III, 707), wird im Fall des zweiten Reuetraums damit eine Störung des Traums angezeigt: „Le rêve devint confus“ (NOC III, 729).

> […] je crus comprendre qu'il existait entre le monde externe et le monde interne un lien ; que l'inattention ou le désordre d'esprit en faussaient seuls les rapports apparents, – et qu'ainsi s'expliquait la bizarrerie de certains tableaux, semblables à ces reflets grimaçants d'objets réels qui s'agitent sur l'eau troublée (NOC III, 749).

Vor allem die Träume mit der Doppelgängerthematik erscheinen als solch flüchtiges Zerrbild: „des figures grimaçantes et fugitives" (NOC III, 718). Diese vom Erzähler angeführte Erklärung reduziert die Bizarrheit der Träume auf ein Oberflächenphänomen, da sie nur verzerrt erscheinen, es aber nicht eigentlich sind. Zugleich erlaubt sie einen Rückschluß auf die Ursache des „désordre d'esprit", denn der Vergleich des Traums mit dem Spiegelbild von Gegenständen auf einer unruhigen Wasseroberfläche geht auf Aristoteles zurück, der besonders Melancholikern und Fiebernden wirre Träume zuschreibt[115]. Melancholiker sind Aristoteles zufolge also durch ihre Affektionen, die Bewegung und Verwirrung in ihrer Seele verursachen, einem ständigen „désordre d'esprit" ausgesetzt, der ihre Träume verwirrt und monströs erscheinen läßt. Auf der anderen Seite seien sie besonders empfänglich für Träume: „[…] alle Menschen, die eine sozusagen redselige und melancholische Natur haben, sehen verschiedenerlei Gesichter"[116]. Dabei seien sie sogar in der Lage, in ihren Träumen die Zukunft vorauszusehen[117]. Ist die Melancholie bei Aristoteles also einerseits der Grund für die bizarre Oberfläche

---

115 „Daher kommt es, daß, wie in einer Flüssigkeit, wenn man sie stark bewegt, bald gar keine Abbildung erscheint, bald zwar eine erscheint, aber ganz verzerrt, so daß sie anders erscheint als dasjenige, dem sie ähnlich ist, wenn aber die Flüssigkeit zur Ruhe gekommen ist, reine und klare Abbildungen erscheinen, Ähnliches auch im Schlaf gilt: Die Erscheinungen und die zurückgebliebenen Bewegungen, die aus den Wahrnehmungseffekten hervorkommen, werden bald durch die genannte Bewegung, weil diese stärker ist, ganz und gar unsichtbar gemacht, bald aber erscheinen die Gesichter verwirrt und monströs, und die Träume sind nicht kräftig, wie bei Melancholikern, bei Fiebernden und bei Trunkenen; denn weil alle derartigen Affektionen luftartig sind, bewirken sie viel Bewegung und Verwirrung" (Aristoteles, „De Insomniis", 461 a, in: ders., *Werke in deutscher Übersetzung*, hg. von Hellmut Flashar, Bd. 14, Teil III, *Parva naturalia*, übersetzt und erläutert von Philip J. van der Eijk, Berlin 1994, 15-24, hier: 22).

116 Aristoteles, „De divinatione per somnum", in: ders., *Parva naturalia*, 25-31, hier: 29 (463 b).

117 „Die Melancholiker sind zielsicher [im Voraussehen der Zukunft, S. G.] infolge ihrer Heftigkeit […], und durch ihre Veränderlichkeit erscheint ihnen schnell das Angrenzende; denn ebenso wie die Gedichte des Philaigides und wie die Besessenen sagen und denken sie (Dinge, in denen) das Ähnliche dem Ähnlichen zugeordnet ist" („De divinatione per somnum", 29 f. [464 a-b]). Aristoteles folgt hier der Annahme Demokrits, daß aus den Objekten Abbilder und Emanationen hervorgehen. Diese seien in der Nacht bei geringeren Winden leichter wahrnehmbar und könnten so zu der träumenden Seele gelangen, wo sie Erscheinungen hervorbrächten, aufgrund deren man die Zukunft voraussehen könne.

der Träume, so stellt sie andererseits auch die Voraussetzung dafür dar, überhaupt erkenntnisstiftende Träume haben zu können. Bei Aristoteles werfen die Träume der Melancholiker in besonderer Weise das Problem der Deutung auf:

> Denn dort, wenn es viel Bewegung gibt, sind der Eindruck und die Abbilder den wirklichen Gegenständen gar nicht ähnlich. Fähig zur Deutung dieser Eindrücke wird daher derjenige sein, der imstande ist, schnell die verwirrten und verzerrten Teile der Abbilder zu unterscheiden und als Ganzes zu sehen, daß es (z. B. das Abbild) eines Menschen oder eines Pferdes oder wessen auch immer ist[118].

Die Traumdeutung beruht bei Aristoteles vor allem auf dem intuitiven Erkennen von Ähnlichkeiten, also einer Fähigkeit, deren auch der Dichter bedarf, um gute Metaphern zu finden. Zu dieser Art der Deutung jedoch ist Nervals Erzähler, der immer auf das unmittelbare Verständnis seiner Träume hofft und die allegorischen Dimensionen nicht wahrnimmt, keineswegs berufen. Denn er ist nicht in der Lage, die „verwirrten und verzerrten Teile der Abbilder zu unterscheiden und als Ganzes zu sehen", er nimmt nur flüchtige, sich verändernde Formen wahr. Daher muß für ihn das Fixieren zur Grundlage des Verstehens werden, weil nur so die Ähnlichkeiten erkennbar werden können. Der Versuch, den Traum zu verstehen, der mit dem Wunsch einhergeht, des „désordre de l'esprit" Herr zu werden, zielt daher nicht auf eine Entzifferung des Traums, wie der Entschluß „je résolus de fixer le rêve et d'en connaître le secret" es vor allem für den modernen Leser nahelegt, sondern auf die Erkennbarmachung seiner Ganzheit. Die Flüchtigkeit wird so zum entscheidenden Problem des Traums, der faßbar und fixierbar gemacht werden muß. Das Problem der Deutung des Traums hingegen wird auch hier verschoben und letztlich nicht gelöst. Der Nervalsche Erzähler strebt eine Offenbarung an, die sich mit der Entschleierung der Göttin sehr konkret im Bild der Enthüllung erfüllt. Gleichzeitig entwickelt er die Vorstellung vom Traum als zweiter Wirklichkeit, die durch die Pforten des Traums erreicht werden kann. Nervals Bezug auf antike Traditionen dient also vor allem dazu, den Aporien des medizinischen Diskurses zu entkommen und eine andere Traumkonzeption zu etablieren. Im Gegensatz zu den Träumen und Visionen bei Cicero, Tasso und Dante jedoch, die eine göttlich autorisierte Version des Jenseits bieten, wird diese Klarheit und Eindeutigkeit bei Nerval nie endgültig erreicht. Zwar gewinnt auch sein Erzähler die Gewißheit über die Unsterblichkeit der Seele, aber diese Erkenntnis entsteht nicht aus einem einzigen großen Enthüllungs-

---

118 Aristoteles, „De divinatione per somnum", 30 f. (464 b).

traum, sondern aus einer ganzen Serie von Träumen, die nicht immer ein einheitliches Bild bieten. Und diese Gewißheit läuft immer wieder Gefahr, als Wahn denunziert zu werden.

Durch seine doppelte Erweiterung des Traumbegriffs – gegenüber dem medizinischen Diskurs erfährt er eine Aufwertung hin zu göttlichen Botschaften, über die antike Traumkonzeption hinausgehend werden auch zwischen Traum und Wahn anzusiedelnde Phänomene mit einbezogen – wird es für Nerval möglich, die Erfahrung des Wahns in eine Erzählung zu transportieren und dabei den Begriff der menschlichen Vernunft zu unterminieren. Dabei enthalten die Träume nicht nur göttliche Botschaften, sondern öffnen den Zugang zu einer anderen Welt, die ganz konkret in einer Jenseitsreise betreten werden kann. Gleichzeitig bleibt diese Welt jedoch an den seelischen Zustand des Träumers gekoppelt, was die psychologische Dimension des Traumbegriffs zumindest andeutet. Obwohl der Nervalsche Erzähler die Suche nach dem Sinn seiner Träume unternimmt, bleibt das Problem der Deutung als unlösbares bestehen. Jede Art der Entzifferung scheitert, an deren Stelle soll die göttliche Offenbarung treten. Das stellt auch einen Verzicht auf die Domestizierung des Traums dar, die mit dem Unterfangen des Fixierens allerdings wieder angestrebt wird. Die Thematisierung von Flüchtigkeit und Fixierung des Traums verweist zudem auf die grundsätzliche Problematik des Traumaufschreibens und soll im nächsten Kapitel ausführlicher behandelt werden.

3. „Fixer le rêve“: Ansätze zu einer Ästhetik des Traumtextes um 1850

Das Fixieren der Träume und Visionen wird in *Aurélia* des öfteren thematisiert. Zuweilen tritt es so in den Vordergrund, daß eine Lektüre der Erzählung als Entwicklung des Protagonisten vom passiven Erleider der Träumer und Visionen hin zum aktiven Erzähler möglich ist[1]. Tatsächlich steht im Zentrum von *Aurélia* der Wunsch, dem Traum Materialität und Sinn zu verleihen, ein Unterfangen, das noch nicht – wie später im 20. Jahrhundert – explizit als problematisch thematisiert wird, dessen Schwierigkeiten jedoch bereits ansatzweise abzulesen sind. In diesem Kapitel sollen nun jene Passagen, welche die Problematik des Fixierens dieser flüchtigen Phänomene betreffen, daraufhin analysiert werden, inwieweit sich in ihnen ein Diskurs über das Aufschreiben der Träume ablesen läßt. Gleichzeitig sollen, quasi von der anderen Seite aus, auch die im Text vorliegenden Produkte der Fixierungen, also die Traumberichte auf ihre Form hin untersucht werden. Beide Phänomene, steigendes Bewußtsein von den Schwierigkeiten des Aufschreibens der Träume sowie generelle Veränderungen in der Art des Traumberichts, treten um 1850 parallel auf. Im Gegensatz zur impliziten Thematisierung dieses Problemfeldes in *Aurélia* erteilt Baudelaire im *Salon de 1859* dem Maler sogar konkrete Anweisungen für das Fixieren des Traums. In der Besprechung zu einem Novellenband von Charles Asselineau wiederum kommentiert er dessen Traumberichte und spricht ihm große Meisterschaft in dieser Gattung zu. Die Überlegungen Baudelaires zum Fixieren des Traums sind deshalb besonders interessant, weil seine Ästhetik auf einer Darstellung der „condition anormale de l'esprit“ des Menschen beruht und weil er selbst an die Publikation von Traumtexten gedacht hat. Für die *Petits poèmes en prose* existiert der Entwurf einer Sektion „Onéirocritie“, der allerdings über eine Liste von Titeln und ein Fragment nicht hinausgekommen ist (BOC I, 365-373). Bevor ich nun den Diskurs über das Aufschreiben der Träume und die Traumtexte bei Nerval, Asselineau und Baudelaire untersuche, sei jedoch an ein paar charakteristische Merkmale dieser Textsorte erinnert.

Der autobiographisch gehaltene – d. h. in der ersten Person und mit dem Gestus des Autobiographischen verfaßte – Traumtext unterscheidet sich schon von der Form her grundsätzlich von der in den Roman eingebetteten Traumerzählung. Er verfügt weder über die fingierte Münd-

---

1 Jeanneret, *La Lettre perdue*, 169 f.

lichkeit der Traumerzählungen durch Figuren innerhalb des Romans, noch über die Unmittelbarkeit, die durch die auktoriale Erzählhaltung erzielt werden kann. Im *Heinrich von Ofterdingen* etwa erzählt der auktoriale Erzähler Heinrichs Traum von der blauen Blume, so daß der Leser direkt an Heinrichs Traum teilhaben kann, ohne daß dieser durch die mangelnde Erinnerungsfähigkeit des Traumberichterstatters entstellt würde. Statt dessen ist es dem Erzähler möglich, Eingriffe in Form von Raffung und Wertungen vorzunehmen, was er besonders bezüglich der ersten Träume ausnutzt[2]. Der Selbstverlust des Protagonisten, der am Übergang zum Traum steht[3], setzt sich in dieser Art des Berichts, der ihn eben nicht zum Subjekt des Träumens macht, fort. Zudem wird dadurch eine besondere Kontinuität zwischen Traum und Wirklichkeit möglich, die Außenwelt geht nie ganz verloren[4].

Eine andere interessante Form des Traumberichts, bei der der Traum ebenfalls im Moment des Träumens erfaßt wird, liegt in Denis Diderots *Rêve de d'Alembert* vor. Dies liegt daran, daß d'Alemberts Traum im wesentlichen aus Worten besteht, die er im Schlaf spricht. Diese werden von Mlle de l'Épinasse protokolliert und dem Leser dadurch vermittelt, daß sie ihr Protokoll dem Docteur Bordeu vorliest. Neben dem Wortlaut des Traums enthält dieses Beobachtungen zu wichtigen körperlichen Veränderungen des Träumers, weist allerdings gelegentlich auch Lücken auf, was die Unvollkommenheit des schriftlichen Protokolls anzeigt[5]. Gegen Ende der Diskussion des Protokolls, die in Anwesenheit des schlafenden d'Alembert geführt wird, beginnt dieser erneut im Schlaf zu sprechen, und zwar völlig klar und verständlich für die beiden anwesenden Figuren. Diese fiktive Form der unmittelbaren Teilhabe an einem vorwiegend sprachlich konzipierten Traum eliminiert die üblichen Schwierigkeiten der Erinnerung und der Nachträglichkeit sowie die der Umkodierung vom Bild in die Sprache.

---

[2] „Er durchlebte ein unendlich buntes Leben; starb und kam wieder, liebte bis zur höchsten Leidenschaft, und war dann wieder auf ewig von seiner Geliebten getrennt" (HO 241).

[3] „Der Jüngling verlohr sich allmählich in süßen Phantasien und entschlummerte. Da träumte ihm…" (HO 241).

[4] Der deutlich markierte Beginn des Traums von der blauen Blume beispielsweise wird mit dem Anbruch der Dämmerung in Verbindung gebracht: „Endlich gegen Morgen, wie draußen die Dämmerung anbrach, wurde es stiller in seiner Seele, klarer und bleibender wurden die Bilder" (HO 241).

[5] „Ma foi, docteur, j'entendais si peu ce que j'écrivais ; il parlait si bas, cet endroit de mon papier est si barbouillé que je ne le saurais lire" (Denis Diderot, „Le Rêve de d'Alembert", in: ders., *Œuvres complètes*, hg. von Herbert Dieckmann und Jean Varloot, Bd. 17, Paris 1987, 25-209, hier: 123).

Die häufigste Form des Traumberichts ist jedoch die Erzählung des Traums durch den Träumer selbst[6]. So legt normalerweise auch ein auktorialer Erzähler den Traumbericht seinen Figuren in den Mund. Die Qualität des Traumberichts hängt dann entscheidend vom Erinnerungsvermögen des Traumberichterstatters ab. Im *Heinrich von Ofterdingen* und im *Magnetiseur* gelingen Heinrichs Vater und dem Baron sehr klare Traumberichte, die kaum Erinnerungslücken aufweisen und auch die Umstände des Traums genau memorieren. So beginnt der Baron seinen Traumbericht folgendermaßen: „Es war, wie ich mich genau erinnere in der Nacht vom achten auf den neunten September im Jahr 17- als ich lebhaft, als geschähe es wirklich, träumte, der Major öffne leise meine Tür" (M 146). Auch Heinrichs Vater, obwohl er die Dimension seines Traums nicht erfaßt, erinnert diesen als sehr klar: „Es ist unmöglich einen geordneteren und klareren zu haben; noch jetzt entsinne ich mich jedes Umstandes ganz genau" (HO 245). Daß der Traum trotzdem Erinnerungslücken enthält, die erzähltechnisch als Traumsignale sogar notwendig sind, merkt der Vater kaum, da sie die Elemente betreffen, denen gegenüber er sich unempfänglich zeigt, und nicht die Kohärenz des Traums selbst[7]. So erhalten die Erinnerungslücken selbst im Rahmen der Erzählung einen Sinn, da sich ihre Bedeutung aus dem Vergleich mit Heinrichs Traum ergibt. Auch im Falle des auktorial erzählten Traums von der blauen Blume scheinen solche Traumsignale nötig zu sein. Die Traumhaftigkeit des Geschehens wird durch das Durchscheinen vereinzelter Eindrücke des Träumers unterstrichen, die das Als-Ob und den Schein betonen[8]. Die Traumerzählungen, die bei Novalis und E.T.A. Hoffmann als mündliche konzipiert sind, enthalten so zwar Traumsignale, weisen insgesamt aber nur geringe Mitteilungsschwierigkeiten auf. Die Problematik des Traumberichts selbst wird nicht eigens thematisiert. Auch die Psychiater der *Annales médico-psychologiques* vernachlässigen eine grundsätzliche Auseinandersetzung mit den Problemen, die das Aufschreiben oder Erzählen von Träumen mit sich bringt. Erste Ansätze dazu sind jedoch bei Nerval zu beobachten.

---

[6] Gollut, *Conter les rêves*, 159 f.

[7] „Das [welche Farbe die Blume hatte, S. G.] entsinne ich mich nicht mehr, so genau ich mir auch sonst alles eingeprägt habe" (HO 247), „Auf welche Art ich von diesem Orte wegkam, erinnere ich mir nicht mehr" (HO 247), „Dann erinnere ich mir nur, daß wieder jene Blume und der Berg und der Greis vorkamen; aber ich erwachte bald darauf und fühlte mich von heftiger Liebe bewegt" (HO 247).

[8] „Es kam ihm vor, als ginge er in einem dunkeln Walde allein" (HO 241), „Es war, als durchdränge ihn ein geistiger Hauch" (HO 241), „Es dünkte ihn, als umflösse ihn eine Wolke des Abendroths" (HO 242), „Die Flut schien eine Auflösung reizender Mädchen" (HO 242).

3.1 Der Diskurs über das Aufschreiben des Traums in *Aurélia*

Potentiell liegt in der Schrift die Gefahr der Korruption, dies muß auch der Erzähler von *Aurélia* erfahren. Wenn er kabbalistische Bücher um sich versammelt, um mit deren Hilfe das verborgene Geheimnis zu lüften, so stellt er fest, daß deren Inhalt zwar weitgehend, aber nicht in allen Punkten mit dem übereinstimmt, was ihm in seinen Visionen offenbart worden ist. Diese Abweichungen in den Büchern hält er für von Menschen verursachte Fehler, die es zu korrigieren gilt:

> Toutefois, me disais-je, il est sûr que ces sciences sont mélangées d'erreurs humaines. L'alphabet magique, l'hiéroglyphe mystérieux ne nous arrivent qu'incomplets et faussés soit par le temps, soit par ceux-là même qui ont intérêt à notre ignorance ; retrouvons la lettre perdue ou le signe effacé, recomposons la gamme dissonante, et nous prendrons force dans le monde des esprits (NOC III, 724).

Sehr bezeichnend ist, daß hier im Zusammenhang mit einer ursprünglichen Offenbarung ein Rekurs auf die Hieroglyphen erfolgt, die im Lauf der Zeit entweder durch die Zeit selbst oder aber absichtlich verfälscht worden sein sollen. Die dadurch eingetretene Unverständlichkeit der Hieroglyphen beruht ganz offensichtlich auf Unvollständigkeit und Verfälschung, nicht jedoch auf dem Fehlen einer Entzifferungsmethode. An der grundsätzlichen Verständlichkeit der Hieroglyphen und ihrem Wert als Offenbarung wird festgehalten. Es braucht allerdings eine neue Offenbarung, um die Fehler zu korrigieren, wozu der Erzähler sich berufen fühlt: „Mon rôle me semblait être de rétablir l'harmonie universelle par art cabalistique et de chercher une solution en évoquant les forces occultes des diverses religions“ (NOC III, 739).

Der Versuch, die Träume und Visionen, die eine neue Offenbarung darstellen, aufzuschreiben, kann daher auch als Korrektur und Vervollständigung des in den Büchern enthaltenen Wissens gelten, als Erneuerung einer hieroglyphischen Offenbarung, die dem Erzähler im Traum zuteil wird. Aus dieser Perspektive sind die ursprüngliche Offenbarung und die Traumphänomene bezüglich ihrer Unmittelbarkeit gleichwertig. Es stellt sich nun die Frage, wie eine Übertragung in die Schrift stattfinden kann, ohne daß es erneut zu einer Verfälschung kommt. Andererseits stellt die Fixierung in der Schrift nicht nur eine mögliche Fehlerquelle, sondern auch eine wichtige Grundlage dafür dar, daß das Offenbarte überhaupt erst erkannt werden kann. Dieses Problem wird von Nerval nicht explizit thematisiert, der Text führt jedoch verschiedene Ebenen des Aufschreibens vor und nimmt damit implizit Stellung.

Wenn in *Aurélia* vom Entschluß, den Traum zu fixieren bzw. in der Widmung der *Filles du feu* von der Konzentration der Erinnerungen die Rede ist, so deutet sich darin das Dilemma des Aufschreibens von Träumen oder traumartiger Erfahrungen an, das in einer Spannung zwischen Diffusion und Konzentration, zwischen Fixierung und Verflüchtigung besteht. Ich zitiere hier erneut die bereits im Zusammenhang mit dem medizinischen Diskurs besprochene Stelle, in der das Vorhaben, den Traum zu fixieren, angekündigt wird:

> Je résolus de fixer le rêve et d'en connaître le secret. Pourquoi, me dis-je, ne point enfin forcer ces portes mystiques, armé de toute ma volonté, et dominer mes sensations au lieu de les subir ? N'est-il pas possible de dompter cette chimère attrayante et redoutable, d'imposer une règle à ces esprits des nuits qui se jouent de notre raison ? (NOC III, 749)

Das Fixieren ist dabei doppelt codiert: im Rahmen des medizinischen Diskurses verweist es auf die Kontrolle der Empfindungen und auf die Zähmung und Reglementierung der sich der Vernunft entgegenstellenden Kräfte, denen über die Rede von der Chimäre und den Nachtgeistern das Attribut des Flüchtigen zugewiesen wird. Im Rahmen des Versuchs, die Träume zu verstehen, stellt es die Voraussetzung für die Erkennbarkeit des Ganzen dar. Dem Einsatz des Willens, mit dem der Erzähler nicht nur seine Gefühle bändigen, sondern auch ein Geheimnis lüften will, das dem Zugriff der Menschen entzogen ist, setzt der Traum allerdings das Spiel seiner flüchtigen Figuren entgegen, denen die Kräfte des Willens nicht gewachsen sind:

> J'employai toutes les forces de ma volonté pour pénétrer encore le mystère dont j'avais levé quelques voiles. Le rêve se jouait parfois de mes efforts et n'amenait que des figures grimaçantes et fugitives (NOC III, 718).

Vor dem Hintergrund der Erzählung, in der die Schleier schließlich gelüftet werden können, muß diese Stelle als Beweis für die Unzulänglichkeit des Willens gelten, dem die religiöse Demut überlegen ist. Die Geheimnisse sind hier nicht mehr nur die der Seele, sondern aus dem „secret" wird das „mystère", das zum Bereich der Mystik gehört. Damit erhält das Geheimnis eine neue Dimension, und die „audacieuse tentative" wird auch als Versuch lesbar, die Schleier der Isis zu heben, was nach der Inschrift des Tempels zu Saïs angeblich keinem Sterblichen vergönnt ist. Der Erzähler verstößt damit gegen göttliche Gesetze: „J'étais maudit peut-être pour avoir voulu percer un mystère redoutable en offensant la loi divine" (NOC III, 721), denn das Verborgene kann nur durch göttliche Gnade enthüllt, nicht aber durch Einsetzung des eigenen Willen aufgedeckt werden. Die Parallelisierung der Geheimnisse der Seele und der Geheimnisse der Mystik erlaubt es dem Erzähler, seine Erfahrung des Wahnsinns in Worte zu fassen, ohne sich zu kompromittieren. Gleichzeitig wird das Geheimnis unter den verschiedenen, sich überlagernden Deutungsmodellen unkenntlich gemacht; es ist nicht das Geheimnis der Isis oder der Hölle, sondern ein absolutes Geheimnis, das nicht ergründbar ist. Diese Passage deutet aber auch die subversive Kraft des sich entziehenden Traums gegenüber der Schrift als einem Instrument der Herrschaft an[9]. Vor dem Hintergrund dieser doppelten Codierung, durch die das Aufschreiben nicht allein den Gesetzmäßigkeiten des medizinischen Diskurses zur Beherrschung der aus der Kontrolle geratenen Vermögen verhaftet bleibt, sondern zugleich die Dimension der Sinngebung erhält, sollen hier die einzelnen Schritte beim Fixieren des Traums untersucht werden.

Mit dem Wunsch, seine Gedanken und Träume zu fixieren, schließt Nervals Erzähler offensichtlich an Rousseaus Unterfangen in den *Rêveries du promeneur solitaire* an:

> Les loisirs de mes promenades journaliéres ont souvent été remplis de contemplations charmantes dont j'ai regret d'avoir perdu le souvenir. Je fixerai par l'écriture celles qui pourront me venir encore ; chaque fois que je les relirai m'en rendra la jouissance[10].

Bei Rousseau ist die Schrift explizit als Mittel zur Fixierung der flüchtigen, sich der Erinnerung entziehenden Gedanken gedacht und soll die Wiederholung des Genusses ermöglichen. Gehorcht Nervals Versuch der Fixierung diesen Prämissen? An drei Momenten im Text werden Phasen beschrieben, in denen der Erzähler ein – allerdings labiles – geistiges Gleichgewicht erreicht hat, in dem er die Vorzüge der Imagination genießen kann, ohne ihr völlig ausgeliefert zu sein. In diesen Phasen unternimmt er verschiedene Ansätze zur Fixierung dessen, was sich in seinem Geist abspielt[11]. Der erste Versuch der Fixierung wird während

---

[9] Jean-Nicolas Illouz zeichnet die wiederholten Versuche der unmöglichen Fixierung des Traums genauer nach, vgl. das Kapitel zu *Aurélia* in seiner Studie: *Nerval. Le « Rêveur en prose »*, 145-201.

[10] Rousseau, *Œuvres complètes*, Bd. 1, 999. Das Aufschreiben ist für Rousseau dabei von gleicher Bedeutung wie die Untersuchung selbst: „une situation si singuliére mérite assurément d'être examinée et décrite" (ebd., 1000). Es hat Wert an sich und verlangt nicht das Ziehen weiterer Schlüsse, die das Singuläre verallgemeinern und damit zerstören würden: „Je me contenterai de tenir le registre des opérations sans chercher à les réduire en système" (ebd., 1001). Allerdings legt eine genaue Lektüre der *Rêveries* die Unmöglichkeit der Verwirklichung dieses Projekts nahe.

[11] Ich gehe hier nur auf den ersten und dritten Moment ein. Der zweite umfaßt ein kurzes Intermezzo zwischen zwei Klinikaufenthalten, in denen eine ganze Erzählung verfaßt wird: „Peu à peu je me remis à écrire et je composai une de mes meilleures

des ersten Klinikaufenthalts unternommen, sobald der Erzähler sich als gesund betrachtet, ohne jedoch der „raison humaine" unterworfen zu sein: „Les soins de l'art m'avaient rendu à la santé sans avoir encore ramené dans mon esprit le cours régulier de la raison humaine" (NOC III, 711). Es liegt also ein Zwischenzustand vor, der nicht mehr als pathologisch zu gelten hat, aber auch noch nicht den Beschränkungen der menschlichen Vernunft unterliegt und in dem sich die Imagination frei entfalten kann:

> La vue qui s'étendait au-dessus de la plaine présentait du matin au soir des horizons charmants, dont les teintes graduées plaisaient à mon imagination. Je peuplais les coteaux et les nuages de figures divines dont il me semblait voir distinctement les formes (NOC III, 711).

Hier werden Parallelen zu Rousseaus Schilderung der Entstehung der *Nouvelle Héloïse* deutlich, die zunächst ebenfalls in einer Idealwelt und nur durch die Imagination geleitet stattfindet. Rousseau berichtet im 9. Buch der *Confessions* von den ersten, noch vagen Ideen für seinen Roman:

> L'impossibilité d'atteindre aux êtres réels me jetta dans le pays des chiméres, et ne voyant rien d'existant qui fut digne de mon délire, je le nourris dans un monde idéal, que mon imagination créatrice eut bientôt peuplé d'êtres selon mon cœur[12].

Der freien Tätigkeit der Imagination folgt bei Nerval, genau wie bei Rousseau, eine Phase, in der der Erzähler diese Eindrücke festhalten will. Die Fixierung findet bei Rousseau zuerst im Gehirn statt, bevor sie auf Papier übertragen wird:

> Ces fictions, à force de revenir, prirent enfin plus de consistance, et se fixérent dans mon cerveau sous une forme déterminée. Ce fut alors que la fantaisie me prit d'exprimer sur le papier quelquesunes des situations qu'elles m'offroient[13].

Der Wunsch, seine Gedanken zu fixieren, veranlaßt auch den Nervalschen Erzähler, der zunächst kein Papier zur Verfügung hat, Materialien zu suchen, mit denen er ihnen Materialität verleihen kann:

---

nouvelles. Toutefois je l'écrivis péniblement, presque toujours au crayon, sur des feuilles détachées, suivant le hasard de ma rêverie ou de ma promenade. Les corrections m'agitèrent beaucoup. Peu de jours après l'avoir publiée, je me sentis pris d'une insomnie persistante" (NOC III, 735). Auch hier steht offensichtlich wieder das Modell der *Rêveries du promeneur solitaire* Pate.

12 Rousseau, *Œuvres complètes*, Bd. 1, 427. Das Projekt, einen Roman aus diesen Aufzeichnungen zu machen, entsteht erst deutlich später (ebd., 434).

13 Rousseau, *Œuvres complètes*, Bd. 1, 431.

> Je voulus fixer davantage mes pensées favorites, et à l'aide de charbons et de morceaux de briques que je ramassais, je couvris bientôt les murs d'une série de fresques où se réalisaient mes impressions (NOC III, 711).

Der Vorgang des Zeichnens kann hier als Überführung der Gedanken aus einer Idealwelt in die Wirklichkeit begriffen werden. Dabei wird ähnlich wie bei Rousseau über die Figur des Eindrucks eine vorgängige Fixierung im Gehirn (bzw. bei Nerval im Geist) angenommen, die noch der äußeren Realisierung bedarf. Das ganze Projekt von *Aurélia* gibt sich als Transkription von Eindrücken, die der Geist des Erzählers erhalten hat: „Je vais essayer [...] de transcrire les impressions d'une longue maladie qui s'est passée tout entière dans les mystères de mon esprit" (NOC III, 695). Das Fixieren wird dabei als Materiell- und Realwerden der Eindrücke begriffen, das verschiedene Stadien durchläuft, die Entwicklungen der Menschheitsgeschichte nachvollziehen und von der zunächst vorherrschenden bildlichen Imitation bis zur diskursiven Durchdringung am Ende reichen. Der Prozeß, in dem aus den „impressions" der Träume in der Seele die „impression" des Textes auf dem Papier wird, wird dabei Schritt für Schritt nachvollzogen. Zunächst arbeitet der Erzähler mit Kohle und Ziegeln, dann drückt er den Saft von Kräutern und Blumen aus, um Farbe verwenden zu können. Die so entstandenen Fresken, die Aurélia darstellen, wie sie im Gartentraum erschienen ist, die sozusagen materialisierten Träume geben ihrerseits Anlaß zum Träumen: „Que de fois j'ai rêvé devant cette chère idole" (NOC III, 711). Wie bei Rousseau wird das Fixieren zur Voraussetzung, den Genuß in der Wiederholung empfinden zu können, und auch die Bedeutungsnuance des Verbs „rêver" liegt ganz deutlich im Bereich der Rousseauschen *Rêverie*. Die Motivation des Fixierens geht also zunächst wie bei Rousseau auf den Wunsch nach der Reproduzierbarkeit der Erfahrung zurück.

Im Gegensatz zu Rousseau bedient der Nervalsche Erzähler sich jedoch nicht gleich der Schrift, sondern nimmt zunächst den Umweg über die bildliche Darstellung. Da diese noch nicht genug Materialität erreicht, geht er zur Plastik über und betätigt sich quasi analog zum Schöpfergott: „Je fis plus, je tentai de figurer avec de la terre le corps de celle que j'aimais" (NOC III, 711)[14]. Das höhere Maß an Materialität wird jedoch durch das Zerstörungswerk der anderen Kranken regelmäßig wieder zunichte gemacht. Erst die Einführung des Papiers verleiht den Versuchen Dauerhaftigkeit und eine andere Dimension, denn den Figuren

---

14 Vgl. auch „J'ai déifié mon amour" (NOC III, 725). Die Parallele zu Pygmalion ist dabei offensichtlich, auch wenn der Künstler nicht als Beleber von Unbelebtem, sondern als Fixierer des Flüchtigen gesehen wird.

werden nun sprachliche Äußerungen hinzugefügt, die aus einem umfangreichen Fundus schöpfen:

> On me donna du papier, et pendant longtemps je m'appliquai à représenter, par mille figures accompagnées de récits de vers et d'inscriptions en toutes les langues connues, une sorte d'histoire du monde mêlée de souvenirs d'étude et de fragments de songes que ma préoccupation rendait plus sensible ou qui en prolongeaient la durée (NOC III, 711).

Im Zentrum stehen die Figuren, während die sprachlichen Elemente nur Beiwerk sind. Obwohl durch die Verwendung aller bekannten Sprachen und den Anspruch, die Weltgeschichte darzustellen, ein Anspruch auf Totalität formuliert wird, bleibt das Unterfangen von Fragmentarität geprägt, und unterschiedliche Erinnerungen – „souvenirs d'étude" und „fragments de songes" – werden auf derselben Ebene behandelt. Dieser Versuch einer Weltgeschichte wird dem Leser jedoch nicht präsentiert, sondern der Erzähler teilt eine Vision mit, die dem Versuch vorausgegangen ist und in der ihm das entsprechende Wissen auf intuitive Art vermittelt wurde: „Tels sont les souvenirs que je retraçais par une sorte de vague intuition du passé : je frémissais en reproduisant les traits hideux de ces races maudites" (NOC III, 715). Am Ende der Vision wird das Fixieren damit immer noch in Termini benannt, die dem Zeichnen näher stehen als der Schrift. Allerdings findet im Text eine Versprachlichung der Bilder statt, die ihrerseits nicht problematisiert wird, denn der Erzähler kann abschließend sagen: „Telles furent les images qui se montrèrent tour à tour devant mes yeux" (NOC III, 715).

Die Bedeutung der Materialität für das Fixieren der flüchtigen Traumerscheinungen zeigt sich auch im zweiten Teil, wobei hier der Zeugnischarakter des Aufschreibens stärker in den Vordergrund rückt. Die Schrift wird zum materiellen Zeichen, das Zeugnis von der flüchtigen Erscheinung ablegt: „Je voulus avoir un signe matériel de l'apparition qui m'avait consolé, et j'écrivis sur le mur ces mots : « Tu m'as visité cette nuit. »" (NOC III, 745). Wurden im ersten Versuch die Träume bildlich dargestellt, so wird hier der hauptsächliche Eindruck des Traums direkt ins Medium der Schrift übersetzt. Die Schrift tritt an die Stelle der primitiven Zeichenversuche des ersten Teils, womit ein wichtiger Schritt in der Menschheitsentwicklung vollzogen ist. Von der Schrift auf der Mauer erfolgt dann der Übergang zum Schreiben auf Papier, wobei zugleich die Präsenz des Schreibenden betont wird, der den Ort der Einschreibung genau benennt: „J'inscris ici, sous le titre de *Mémorables*, les impressions de plusieurs rêves qui suivirent celui que je viens de rapporter" (NOC III, 745). Interessanterweise wird für dieses Schreiben das die

Materialität betonende Verb „inscrire“ gewählt, dessen Bedeutung vom Einritzen in den Stein herrührt und in übertragener Bedeutung das Aufschreiben dessen bezeichnet, was nicht vergessen werden darf. Diese Bedeutung wird durch den Titel *Mémorables* noch unterstrichen. Der Wunsch, dem sich der Erinnerung entziehenden Traum Dauer zu verleihen, wird dadurch besonders deutlich. Das Aufschreiben dieser Träume ist der erste Schritt zu dem, was der Erzähler seine „audacieuse tentative“ nennt, in der das Fixieren eine neue Dimension erhält: „C’est ainsi que je m’encourageais à une audacieuse tentative. Je résolus de fixer le rêve et d’en connaître le secret“ (NOC III, 749). An dieser Stelle geht Nerval über Rousseaus Anliegen der Beobachtung, des bloßen „tenir le registre“ hinaus; er möchte dem Traum durch das Aufschreiben nicht nur Materialität und Dauer verleihen, er will auch das Geheimnis des Traums ergründen, womit das Problem der Interpretation angeschnitten ist. Die Interpretation eines Geheimnisses bedeutet ebenso wie die angestrebte Beherrschung der Empfindungen und das Aufstellen von Regeln, die mit dem Fixieren verbunden sind, eine Domestizierung des Unverfügbaren, die jedoch mit den Mitteln der menschlichen Vernunft nicht erreicht werden kann. Selbst dort, wo die Bilder sich von selbst fixieren, bleibt die richtige Interpretation aus:

> Je vis ensuite se former vaguement des images plastiques de l’antiquité qui s’ébauchaient, se fixaient et semblaient représenter des symboles dont je ne saisissais que difficilement l’idée. Seulement je crus que cela voulait dire : tout cela était fait pour t’enseigner le secret de la vie, et tu n’as pas compris. Les religions et les fables, les saints et les poètes s’accordaient à expliquer l’énigme fatale, et tu as mal interprété… (NOC III, 729).

Allenfalls die Einsicht, daß falsch interpretiert wurde, kann der Erzähler aus diesem Traum, der keine Offenbarung ist, sondern nur seine seelische Befindlichkeit widerspiegelt, gewinnen. Aber selbst diese Botschaft kommt nur in der modalisierten Form des „je crus que cela voulait dire“ zum Ausdruck, die Symbole bleiben unverständlich bzw. gehen nicht vollständig in der Interpretation auf. Zugleich erfolgt aber ein Hinweis auf die nötigen Deutungsmodelle, denn nicht umsonst werden die Religion und die Fabeln, die Heiligen und die Dichter als diejenigen genannt, welche das Rätsel erklären wollen.

Die Differenz zwischen Symbol und Interpretation scheint ein Resultat der Verwendung der diskursiven Sprache zu sein, die den Geheimnissen der Seele nicht gerecht wird: „ces secrets de l’âme que la parole n’oserait transmettre ou ne réussirait pas à rendre“ (NOC III, 744). Als „interprète sublime“ erscheint hingegen Saturnin, der sich zwischen Leben und Tod, und das heißt auch zwischen „rêve“ und „vie“ befindet und als Ohr Gottes fungiert, weshalb er in der Lage ist, die sich den Worten entziehenden Geheimnisse der Seele zu verstehen. Mit ihm ist eine Kommunikation möglich, die ohne Sprache auskommt: „[…] il me semblait qu'un certain magnétisme réunissait nos deux esprits" (NOC III, 744). Obwohl Saturnin schließlich wieder zum Wort findet, wird sein Vorbild am Ende von dem nun um eine rationale Erklärung bemühten Erzähler als „étrange persuasion" (NOC III, 750) verworfen. Zugleich stellt er jedoch fest, daß das Bemühen, die Träume in die Sprache der Rationalität zu fassen, immer wieder scheitern muß: „[…] je ne puis espérer de faire comprendre cette réponse" (NOC III, 705), „[…] je ne puis rendre le sentiment que j'éprouvai" (NOC III, 707). Der rationalistische Ansatz, der auf die Beherrschung des Traums zielt, erweist sich als der „audacieuse tentative" nicht gewachsen, die Zähmung der „chimère attrayante" gelingt ihm nicht vollständig. Es bleibt ein Bereich, der sich der sprachlichen Mitteilung entzieht und nur der Empfindung („cela est plus facile à *sentir* qu'à énoncer clairement", NOC III, 717) oder der nach magnetistischen Prinzipien funktionierenden sprachlosen Kommunikation zugänglich ist, die sich dem Willen und den Gesetzmäßigkeiten des medizinischen Diskurses, ja jeder diskursiven Sprache überhaupt entziehen. Zeugnis von den Empfindungen und Erfahrungen ablegen können jedoch nur materielle Zeichen[15]. Dies geschieht in *Aurélia* zunächst durch Zeichnungen und einfache Einschreibungen, denen schließlich die „audacieuse tentative" folgt, die sich nicht mehr mit der Inskription oder Transkription zufrieden gibt, sondern den dahinter liegenden Sinn aufdecken will. Dies kann jedoch nur im Rückgriff auf vorgeformte Diskursschemata erfolgen, die die Subjektivität der individuellen Erfahrung zugunsten bestimmter Modelle zurücktreten lassen. Damit bleibt die Diskrepanz zwischen dem Bereich des Sprachlosen und dem Bereich der Sprache bestehen.

Von diesem Befund ausgehend stellt sich natürlich die Frage, in welcher Form der Traumbericht in der Erzählung möglich ist.

3.2 Die Form des Traumtextes bei Nerval

Im Gegensatz zum Traumdiskurs bei Nerval, der fast gar nicht Gegenstand der Forschung ist, sondern nur als Teil des Diskurses über den

---

[15] „Il lui [au témoin, S., G.] faut donc quelque pouvoir-écrire, à tout le moins quelque possibilité de tracer ou d'engrammer dans un élément quelconque" (Derrida, *Demeure*, 46).

Wahnsinn betrachtet wird, gibt es zur Traumrhetorik bei Nerval relativ viele Studien. Das hohe Maß an Intertextualität gerade auch in den Traumberichten ist schon früh bemerkt worden, Roland Derche weist so im Gartentraum Bezüge zu Rousseau, Diderot, E.T.A. Hoffmann, Senancour und anderen Werken Nervals nach[16]. Auf die Neuartigkeit an Nervals Traumdarstellung gegenüber Jean Paul, Victor Hugo und anderen Romantikern weisen vor allem Klaus Dirscherl[17] und Michel Crouzet[18] hin. Wichtig ist dabei die zuerst von Daniel Couty gemachte Beobachtung, daß das Ich zum Zentrum der Traumwelt wird und die einzige stabile Referenz darstellt[19]. Crouzet zeigt, daß das Ich des Träumers zum Zentrum des Geschehens wird, von dem Raum und Zeit abhängen und sieht darin die Originalität von Nervals Traumdarstellung. Der „effet de rêve" ist für Crouzet vor allem ein „effet d'étrangeté", der, so seine These, vor allem auf dem Modus der Narration beruht, beispielsweise auf der Konstruktion der Sätze und dem Wechsel der Tempusformen des Verbs. Inhaltliche Elemente hingegen, und das stimmt mit den Untersuchungen von Boothe und Gollut sowie den Äußerungen von Baudelaire überein, seien nur in geringem Maße ausschlaggebend. Für Nervals Traumberichte, auch das betont Crouzet, ist die weitgehende Abwesenheit von bizarren und phantastischen Elementen und eine starke Reglementierung durch den Erzähler festzustellen.

Ein weiteres wichtiges, oft hervorgehobenes Merkmal des Nervalschen Traumberichts sind die häufigen Modalisierungen mittels „je crus voir", „il me semblait que" o. ä. Pierre Campion hebt deshalb das Subjektive, Ungewisse und Labile als Wesensmerkmale des Nervalschen Traumberichts hervor, der für ihn den Versuch einer „écriture du rêve même" darstellt[20]. Diese „écriture" gehorche weder den üblichen Regeln der Deskription, noch denen der Narration, weil es an der erwarteten Objektivität fehle. Die Wesen der Träume seien vielmehr verschwommen und labil, der Traum werde als Bild präsentiert, in das der Erzähler

---

16 Vgl. Derche, „Gérard de Nerval : Aurélia", 278-301.

17 Dirscherl, „Traumrhetorik von Jean Paul bis Lautréamont", 129-172. Dirscherl betont dabei die „Interaktion rationaler und irrationaler Kräfte", die dem Text jene „Kohärenz des Inkohärenten" verleihen, die zum Faszinosum der Surrealisten wurde. Allerdings bezieht er sich dabei vor allem auf die traumähnlichen Visionen auf der Wachstube in Kapitel I, 3, die eben gerade keine Träume sind und für die es bei genauer Lektüre entgegen seiner Behauptung gut möglich ist, das Halluzinierte vom Erlebten zu trennen.

18 Crouzet, „La Rhétorique du rêve dans *Aurélia*", 183-207.

19 Daniel Couty, „Aurélia. De l'impuissance narrative au pouvoir des mots", in: *Cahiers Gérard de Nerval* (1980), 15-17.

20 Pierre Campion, „L'Écriture de la désignation dans *Aurélia*", in: *Nerval. Actes du colloque de la Sorbonne du 15 novembre 1997*, 153-164.

dann selbst eintrete. Campion zeigt, wie prägend das Genre der Bildbeschreibung für Nervals Träume ist, weist zugleich aber auch auf die häufig verwendete Theatermetaphorik und deren Vorzüge für die Traumdarstellung hin.

Diesen Aspekt hebt auch Jean-Nicolas Illouz hervor, der sich vor allem mit den Phänomenen der Serialität und der Flüchtigkeit der Träume beschäftigt, die das Fixieren generell erschweren:

> La « transcription » des rêves passe par une série de descriptions où le narrateur s'efforce de « peindre » ce qu'a vu son personnage ; et en « fixant » la scène de son « roman-vision », Nerval semble se souvenir des effets fascinants du Diorama de Bouton et Daguerre, auquel il emprunte non seulement les thèmes (ceux de la Genèse du monde et du Déluge), mais surtout le principe formel d'une représentation enchaînant une série de tableaux [...]. La narration se donne comme la longue variation d'un « immense tableau mouvant » [NOC III, 754], qui ferait se dérouler une série de « peintures animées » [NOC III, 704][21].

Die stark hervortretende Orientierung an pikturalen und theatralen Modellen zur Darstellung des Traums steht in Übereinstimmung mit dem wissenschaftlichen Traumdiskurs, der sich zur Beschreibung des Traums auch des Vergleichs mit dem Theater und dem Bild bedient[22]. Gleichzeitig wird deren Unzulänglichkeit erkennbar. Nerval führt die Kategorie der „peinture animée" ein, welche die Übergänge zwischen dem pikturalen und dem theatralen Modell markiert, um die Beweglichkeit der Bilder zu betonen. Dies geschieht im Zusammenhang mit einem Gespräch, das das Traum-Ich in der ersten Jenseitsvision mit seinem Ahnen führt:

> Il me fit placer près de lui, et une sorte de communication s'établit entre nous ; car je ne puis dire que j'entendisse sa voix ; seulement, à mesure que ma pensée se portait sur un point, l'explication m'en devenait claire aussitôt, et les images se précisaient devant mes yeux comme des peintures animées (NOC III, 704).

In dieser Kommunikation wird die Sprache durch das Bild ersetzt, womit das Sehen eine ganz wichtige Dimension erhält. Im Gegensatz zu den mehr lehrhaft als bildhaft angelegten Visionen bei Swedenborg tritt bei

---

21 Illouz, *Nerval. Le « Rêveur en prose »*, 169 f.

22 Vgl. etwa Maury: „C'est un spectacle qui se passe en lui [le maniaque, S. G.], mais comme au dehors de lui, qui l'absorbe entièrement, et ne lui laisse pas le loisir de revenir sur lui-même et de constater, par cette réflexion, que tout ce qui se passe à ses yeux n'est qu'imaginaire. C'est absolument ce qui a lieu dans le rêve. La succession d'images qui se déroulent à nos regards internes, et qui entraînent avec elles autant d'idées secondaires, occupe tout entière notre âme, et ne nous permet pas de revenir sur nous-mêmes" (Amp 2e s., 5, 409).

Nerval das visuelle Element hervor und ersetzt die Sprache. Selbst da, wo die Kommunikation im Text durch Sprache wiedergegeben wird, setzt das im Gespräch Gehörte sich sofort in Bilder um:

> Le néant, dit-il, n'existe pas dans le sens qu'on l'entend ; […]. Nous vivons dans notre race, et notre race vit en nous.
> Cette idée me devint aussitôt sensible, et, comme si les murs de la salle se fussent ouverts sur des perspectives infinies, il me semblait voir une chaîne non interrompue d'hommes et de femmes en qui j'étais et qui étaient moi-même (NOC III, 704).

Das Prinzip der „peinture animée" erlaubt die sehr plastische, visuelle Darstellung, ohne in der Statik des Bildes zu verharren. Die sich ablösenden Bilder sind ein Charakteristikum vor allem der Visionen, die zugleich die Flüchtigkeit betonen, da sie ja nicht dauerhaft sind[23]. Insofern gelingt es dadurch, das Merkmal der Flüchtigkeit zu wahren, auf dem Nervals Ästhetik in hohem Maße beruht[24]. Das Problem der Fixierung des sich Entziehenden wird also in die Traumberichte integriert.

Dieser Überblick mag genügen, um zu zeigen, daß viele wesentliche Elemente des Nervalschen Traumberichts in ausreichendem Maße diskutiert worden sind. Was hier gesondert untersucht werden soll, sind zum einen Versionsvergleiche zwischen dem Manuskript und der Endfassung, die Hinweise auf die Richtung der Bearbeitung geben können. Außerdem sollen die *Mémorables* als weitgehend kontextlose Traumberichte einer eingehenden Analyse unterzogen werden. Der Vergleich der ersten Vision auf der Wachstube mit einer früheren Version dieser Vision zeigt einige Momente der Nervalschen Bearbeitung. Hier die frühere Version:

> On me coucha sur un lit de camp pendant que mes vêtements séchaient sur le poêle. J'eus alors une vision. Le ciel s'ouvrit devant mes yeux comme une Gloire et les divinités antiques m'apparurent. Au-delà de leur ciel éblouissant je vis resplendir les sept cieux de Brahma. Le matin mit fin à ce rêve (NOC III, 753).

In dieser ersten Version werden die äußeren Umstände genauer aufgeführt, während die Vision selbst deutlich kürzer ausfällt und keine Beschreibungen der Gottheiten enthält. Anstelle der Isis treten antike und hinduistische Gottheiten auf, und auch der Himmel ist ein anderer. Die Vision wird explizit als solche angekündigt und als plötzliches Ereignis

---

[23] Vgl. auch „[…] les images qui se montrèrent tour à tour devant mes yeux" (NOC III, 715).

[24] Wenn Camille Aubaude vorschlägt, aus der Figur der Isis eine ganze Poetik abzuleiten, dann wird gerade die Flüchtigkeit der Isis dabei zur Grundstruktur (Aubaude, *Nerval et le mythe d'Isis*, 251).

ausgewiesen, während in der endgültigen Fassung die modalisierende Form gebraucht wird und die Übergänge von tatsächlicher Wahrnehmung zur Illusionsbildung erkennbar bleiben. Die wichtigste Veränderung ist sicherlich die Einführung der Isis in der endgültigen Fassung, deren flüchtiges Maskenspiel zum Indiz der späteren Poetik wird. Während in dieser ersten Version das Ende der Vision auf den Morgen zurückgeführt wird, schließt sich in der publizierten Fassung eine zweite Vision an, welche die Doppelgängerthematik einführt. Inwiefern die erste Version ihre Grundlage in einer tatsächlich erlebten Vision hat, kann selbstverständlich nicht beurteilt werden. In der Bearbeitung zeigt sich jedoch zum einen eine große inhaltliche Flexibilität, die die Orientierung an bestimmten Erzählmodellen ermöglicht, zum anderen die Einführung einer modalisierenden Form, durch welche die Vision weniger absolut gesetzt, zugleich aber auch weniger scharf von der Realität geschieden und weniger eindeutig gekennzeichnet erscheint. Die Überarbeitung führt also genau die Elemente ein, die als typisch für den Nervalschen Traumbericht gelten können: die Nivellierung der Differenz zwischen den Welten, die Modalisierung des Berichts und die Figur der Isis.

Die Bedeutung der Träume als thematische Einführung bestimmter Erzählschemata zeigt sich auch anhand des ersten Traums innerhalb der Erzählung, der in der Manuskriptfassung gar nicht vorgesehen ist. Dort heißt es nur:

> Je rentrai me coucher avec l'idée que le monde allait finir.
> Cependant à mon réveil il faisait jour ; je me rassurai un peu et passai la journée à voir mes amis (NOC III, 752).

Dieser Befund legt die Vermutung nahe, daß die Traumberichte zum Teil auch erfunden sind oder später geträumt wurden. Auf der anderen Seite zeigt sich eine Verteilung von Motiven aus Träumen einer Phase der Manuskriptfassung (NOC III, 753-755) auf mehrere, zu verschiedenen Zeitpunkten stattfindende Träume in der publizierten Fassung[25]. In der Manuskriptfassung sind deutlichere autobiographische Bezüge enthalten, wie etwa die explizite Erwähnung der Mutter, die im fertigen Text weitgehend vermieden wird. Diese Tatsache läßt vermuten, daß die Manuskriptfassung hier auf tatsächliche Träume und Visionen zurückgeht, der kurze Textvergleich zeigt jedoch, daß Nerval keineswegs um möglichst authentische Traumberichte bemüht ist, sondern mit dem Material seiner Träume spielerisch und schöpferisch umgeht.

---

25 Auf diesen Seiten finden sich Motive, die im publizierten Text in der Scipio-Vision, im Gartentraum, in der Vision der Weltgeschichte und im letzten Traum der *Mémorables* wieder auftauchen.

Noch deutlicher wird dies in den als *Mémorables* betitelten Traumtexten, bei denen es sich weitgehend um offensichtlich streng durchkomponierte Texte handelt. In der Forschung wird die Bezeichnung *Mémorables* für die Traumtexte am Ende der Erzählung allerdings nicht einheitlich verwendet. Während manchmal nur die durch gepunktete Linien abgetrennten Passagen darunter gefaßt werden, beziehen andere Autoren auch die beiden folgenden Traumberichte mit ein[26]. Nervals Ankündigung der *Mémorables* verweist eindeutig auf mehrere Träume[27]. Da jedoch bereits der erste abgesetzte Teil offensichtlich auf mehrere Träume Bezug nimmt, ergibt sich auch daraus keine Klärung. Zudem darf nicht vergessen werden, daß Nerval keine Gelegenheit mehr hatte, den zweiten Teil abzuschließen. Es ist also gut denkbar, daß er hier noch Überarbeitungen vorgenommen hätte. Ich werde die Gesamtheit der auf die Ankündigung folgenden Traumtexte als *Mémorables* lesen, wobei ich den ersten Teil, der durch gepunktete Linien abgetrennt ist und thematisch und stilistisch eine Einheit bildet, als einen Text betrachte (NOC III, 745-748). Es handelt sich um einen rhetorisch sehr elaborierten, gesangartigen Text, der kaum narrative Elemente aufweist und oft in die Nähe des Prosagedichts gerückt worden ist[28]. Die beiden folgenden Absätze hingegen betrachte ich als zwei separate Traumtexte. Sie gehen möglicherweise auf die Zeit der ersten Entwürfe der Erzählung bzw. der an den Docteur Blanche gesandten Traumberichte zurück und scheinen wenig bearbeitet[29]. Sie weisen nur wenige der von Crouzet herausgearbeiteten Merkmale von Nervals Traumrhetorik auf, weshalb dieser sie als weniger fremdartig und damit auch weniger traumhaft einstuft[30].

Vor allem der erste Text der *Mémorables* gibt wegen der Vielfalt der inhaltlichen Bezüge viele Rätsel auf, die hier nicht gelöst werden können[31].

---

26 Ersteres gilt etwa für Jean Paul Richard, „Géographie magique de Nerval", in: ders., *Poésie et profondeur*, Paris 1955, 84-89 oder Frank Paul Bowman, „Mémorables d'Aurélia : signification et situation générique", in: *French Forum* 11, 2 (1986), 169-180, letzteres für Jean-Pierre Castex, „Ordre et aventure dans *Aurélia*", in: E. M. Beaumont u. a. (Hgg.), *Order and Adventure in Post-Romantic French Poetry. Essays presented to C. A. Hackett*, Oxford 1973, 1-8.

27 „J'inscris ici, sous le titre de *Mémorables*, les impressions de plusieurs rêves qui suivirent celui que je viens de rapporter" (NOC III, 745).

28 Vgl. beispielsweise Bony, *Le Récit nervalien*, 266 f.

29 Die Formulierung „l'année dernière" (NOC III, 748) bezüglich des Besuchs in Zaandam legt dies nahe, da Nerval tatsächlich im Mai 1852 dort gewesen ist (vgl. NOC III, 1370, Fn 3 zu S. 748).

30 Crouzet, „La Rhétorique du rêve dans *Aurélia*", 202, Fn 80.

31 Einige der unklaren Punkte werden in den schon erwähnten Studien von Richard („Géographie magique de Nerval"), Castex („Ordre et aventure dans *Aurélia*") und Bowman („Mémorables d'Aurélia") erhellt.

Hier soll lediglich eine formale Beschreibung in Hinblick auf den Charakter als Traumbericht vorgenommen werden. Dieser Text ist in 19 einzelne, unterschiedlich lange Abschnitte unterteilt, die sich zu größeren thematischen Einheiten zusammenfassen lassen. Die ersten vier Abschnitte stehen im Zeichen des Gesangs. Sie inszenieren Anrufungen von Gottheiten, der Jungfrau Maria durch die Hirten einerseits und der asiatischen Fruchtbarkeitsgöttin Kybele durch die Korybanten andererseits. Bezüge auf einen Traum gibt es keine, es werden vielmehr verschiedene Schöpfungs- und Erlösungsmythen evoziert. Als später wiederkehrende Motive werden dabei die kleine (blaue) Blume Vergißmeinnicht, ein Stern, der diese zum Sprechen bringt, sowie funkelnde Perlen im Sand und am Himmel eingesetzt. Durch den Spruch des Verkündigungsengels in der Weihnachtsgeschichte (Lukas II, 14) wird schließlich das Motiv der christlichen Erlösung eingeführt. Der vierte Abschnitt ist besonders gesangartig dadurch, daß er sich in vier achtsilbige Verse und den Beginn eines Liedtextes mit vier sechssilbigen Versen gliedern läßt[32].

Explizit auf Träume berufen sich die Abschnitte 5-9, die zudem ganz offensichtlich die Johannes-Apokalypse als Vorbild haben. Sie knüpfen an die Geschichte des Erzählers an, der durch die Hilfe Saturnins mit seiner „großen Freundin" zum himmlischen Jerusalem reitet[33]. Diese, die als die göttliche Gestalt Aurélias kenntlich gemacht wird[34], spricht ihm erneut Mut zu und begleitet ihn gemeinsam mit dem Messias ins himmlische Jerusalem. Sind die anfänglichen Hinweise auf den Traum noch dezent[35], so ist der Hinweis am Schluß sehr direkt: „Je sors d'un rêve bien doux" (NOC III, 747). Dieser Traum erfüllt die Wünsche des Träumers, er sieht Aurélia wieder und erhält die göttliche Verzeihung.

Obwohl dieser Teil des Textes einem Traumbericht am nächsten kommt, da er die meisten narrativen Elemente enthält und die Sprache kaum einheitliche Rhythmen aufweist[36], ist er dennoch weit von Nervals

---

[32] Man hat ein Lied mit diesem Text nicht ausfindig machen können, obwohl es mehrere Lieder gibt, die mit den Worten „Là haut sur les montagnes" anfangen (vgl. Castex' Ausgabe von *Aurélia* (Paris 1971, 249). Falls Nerval den Text selbst geschrieben haben sollte, orientiert er sich auf jeden Fall an gängigen Melodien.

[33] „Cette nuit, le bon Saturnin m'est venu en aide, et ma grande amie a pris place à mes côtés, sur sa cavale blanche caparaçonnée d'argent" (NOC III, 746).

[34] „Je reconnus les traits divins de ***…" (NOC III, 746).

[35] „L'autre nuit […] je ne pouvais la rejoindre" (NOC III, 746) und „Cette nuit, le bon Saturnin m'est venu en aide" (NOC III, 746).

[36] Nur bei der Erwähnung des Horns sind Achtsilber („Le cor enchanté d'Adonis / résonnait à travers les bois") bzw. beim Erreichen des himmlischen Jerusalem ein Alexandriner zu verzeichnen: „nous fûmes tous les trois inondés de lumière" (NOC III, 747). Entscheidet man sich, die „e muets" nicht zu zählen, läge er genau

üblicher Traumrhetorik entfernt. Es gibt keine Modalisierungen oder Unsicherheiten, die Sprache orientiert sich an der Bibel, wie es dem Inhalt, nämlich der göttlichen Offenbarung entspricht. Es werden sowohl Passagen aus dem ersten Korintherbrief anzitiert[37], als auch viele Details aus der Johannes-Apokalypse übernommen, die im Rahmen des ganzen Textgefüges motivisch wiederkehren. So greift z. B. die Beschreibung des Messias – „sa robe était d'hyacinthe soufrée et ses poignets ainsi que les chevilles de ses pieds étincelaient de diamants et de rubis" (NOC III, 746) – sowohl Elemente des reitenden Heeres in der Apokalypse[38] als auch welche aus der Beschreibung des Messias auf[39]. Als entscheidender Unterschied kann gelten, daß das Traum-Ich hier nicht zum Zuschauer einer Vision wird, sondern selber aktiv an der Eroberung des himmlischen Jerusalem teilhat und diese sogar verkündet: „[...] je suis descendu parmi les hommes pour leur annoncer l'heureuse nouvelle" (NOC III, 747). Der Ton ist bereits hier ein prophetischer, was sich in den folgenden Abschnitten noch verstärkt. Im Anschluß an die Verkündigung der Vergebung kann in den Abschnitten 10-12 die Offenbarung des Geheimnisses der Welt und der Welten geschehen und die Harmonie der Welt als musikalische entworfen werden. Zum Beginn der Offenbarung wird das plötzliche Aufleuchten eines Sterns erwähnt, womit dieser Abschnitt motivisch, aber auch formal an die ersten Abschnitte anschließt. Besonders deutlich sind die Entsprechung der Abschnitte 2 und 12, die sich nur in der Benennung des Berges unterscheiden, sowie die Wiederaufnahme des Verses „Hosannah paix à la terre et gloire aux cieux". Die Anfangskonstruktion umfaßt in beiden Fällen 9 Silben[40], und die Rede vom Gesang bzw. der Musik findet ihr Gegenstück in einer sehr rhythmischen Struktur des Textes[41].

---

beim Öffnen des Tores „Quand sa houssine légère toucha la porte de nacre" (NOC III, 746 f.).

37 So bezieht sich zum Beispiel: „Ô Mort où est ta victoire ?" (NOC III, 746) auf 1. Kor. XV, 55.

38 „Et je vis ainsi les chevaux dans ma vision : ceux qui étaient montés dessus avaient des cuirasses de couleur de feu, et d'hyacinthe, et de soufre" (IX, 17).

39 „Je vis ensuite le ciel ouvert, et il parut un cheval blanc ; et celui qui était monté dessus s'appelait le FIDELE et le VERITABLE, celui qui juge et qui combat avec justice. Ses yeux *étaient* comme une flamme de feu ; *il y avait* sur sa tête plusieurs diadèmes" (Apocalypse XIX, 11-12). Ferner wird der Engel des Abgrunds „Apollyon" (Apocalypse IX, 11) erwähnt (NOC III, 746).

40 „Sur un pic élancé de l'Auvergne" (NOC III, 745) bzw. „Une étoile a brillé tout à coup" (NOC III, 747).

41 Es lassen sich vor allem achtsilbige Verse und teilweise sogar Alexandriner ausmachen, etwa: „Sois bénie, ô première octave (8)/ qui commenças l'hymne divin ! (8) / Du dimanche au dimanche (6) / enlace tous les jours dans ton réseau magique (12) [...] l'air

In den letzten Abschnitten des Textes werden ebenfalls mythische Elemente zitiert, vor allem aus der germanischen Mythologie, in der die Perle aus den ersten Abschnitten neue Bedeutung erhält und die Blume zur Blume der Sonne wird. Nach der anfänglichen Verfluchung der germanischen Gottheiten[42] wird die christliche Vergebung auf diese ausgedehnt, so daß auch sie die zuvor der göttlichen Oktave ausgesprochene Segnung erhalten können. Mit der Erwähnung von Freya am Schluß wird schließlich noch die germanische Fruchtbarkeitsgöttin in die Preisung aufgenommen. Die rhythmische Struktur des Textes ist sowohl in den Verfluchungsformeln, als auch in den Segnungen stark ausgeprägt: diese gliedern sich fast durchgängig in achtsilbige Einheiten[43].

Mit diesem relativ langen und stark durchkomponierten Text, von dem nur die Abschnitte 5-9 Hinweise auf einen Traum enthalten, kontrastieren die beiden folgenden Traumberichte. Der eine Text weist seinen Inhalt nicht als Traum, sondern als ein Swedenborgianisches Im-Geist-Sein aus: „Je me trouvais *en esprit* à Saardam" (NOC III, 748), während der zweite Text Traum und Reise kombiniert: „Cette nuit mon rêve s'est transporté d'abord à Vienne" (NOC III, 748). Diese beiden Traumtexte fügen sich nicht in die ansonsten kohärente Traumwelt der Erzählung ein, sondern führen neue Elemente ein. Sie spielen an konkreten Orten der Realität, Zaandam und Wien, die von der zuvor konstruierten Traumwelt abweichen und auch innerhalb der Erzählung keinen Bezugsrahmen haben. Die Zeitangabe „l'année dernière" irritiert, da die Erzählung keine feste zeitliche Verankerung hat. Die Zeitangabe kann allenfalls auf das Präsens des Schreibens („Ma chambre est à l'extrémité d'un corridor", NOC III, 742) bezogen werden. Erst hier fallen die Zeit des Schreibens und die Zeit des Traumberichts offensichtlich zusammen, alle anderen Träume werden im Nachhinein von dem erzählenden Ich erzählt, das von dem erlebenden und träumenden Ich durch einen zeitlichen Abstand getrennt ist. Diese zeitliche Nähe zeigt sich auch in der

---

vibre, et la lumière baise harmonieusement (12) / les fleurs naissantes (4). / Un soupir, un frisson d'amour (8) sort du sein gonflé de la terre (8)" (NOC III, 747). Auch die anderen rhythmischen Gruppen bilden meist ähnlich lange Einheiten, entweder sieben- oder neunsilbig, manche auch dreizehnsilbig.

42 „Malheur à toi, dieu du Nord" und „Malheur à toi, dieu-forgeron" (NOC III, 747).

43 „Malheur à toi, dieu du Nord, (7) / – qui brisas d'un coup de marteau (8) / la sainte table composée (8) / des sept métaux les plus précieux ! (8)" und „La Perle rose a été teinte (8) / du sang royal des Walkyries. (8) /Malheur à toi, dieu-forgeron, (8) /qui as voulu briser un monde ! (8)" (NOC III, 747). Die Segnungen schließen an die achtsilbigen Segnungen aus dem 11. Abschnitt an. Der 16. Abschnitt bildet eine Strophe, die mit je einem 11silbigen Vers beginnt und endet und dazwischen drei Achtsilber enthält.

Bezugnahme auf Elemente der Realität, die im Nervalschen Traumbericht sonst nicht in dieser Unvermitteltheit vorliegt[44]. Das Ich erscheint hier nicht als Gestalter der Traumwelt, es ist lediglich Zuschauer, der erst relativ am Ende in Erscheinung tritt. Nach dem Einleitungssatz werden zunächst die Szenerie und ein kleines Mädchen vorgestellt, bevor die Handlung des Traums geschildert wird: Sturz und Wiederaufstehen des Mädchen, dem eine Katze zwischen die Beine geraten ist, sowie ein dabei stattfindender Dialog mit einer sanften Stimme. Erst nachdem diese praktisch abgeschlossen ist, erwähnt der Text das Traum-Ich, das dieser Szene beiwohnt: „J'étais présent à cette scène, et je portais sur mon bras un petit chat gris qui se mit à miauler" (NOC III, 748). Das Geschehen enthält keinerlei phantastische oder bizarre Elemente, die Aura des Enigmatischen entsteht lediglich daraus, daß weder die Herkunft der sanften Stimme, noch die der Katze auf dem Arm des Traum-Ichs geklärt sind. Der Text weist aber auch nicht eigens auf diese Eigenarten hin, sondern verweigert die Betonung der fremdartigen Logik. Erst der abschließende Satz des Mädchens „C'est l'enfant de cette vieille fée" (NOC III, 748) läßt die Existenz einer Märchenwelt mit eigenen Gesetzen erahnen. Dem Leser jedoch kann weder innerhalb dieses Traumtextes, noch im Rahmen der Erzählung verständlich werden, von welcher Fee die Rede ist. So bleibt dieser Abschnitt sehr rätselhaft und verweist auf eine traumeigene Logik, die nicht hinterfragt oder erklärt wird.

Der letzte Traumtext der *Mémorables* weist gewohntere Strukturen auf. Wie in den Jenseitsvisionen sieht das Traum-Ich sich an einen anderen Ort, und zwar nach Wien transportiert. Das Traum-Ich wird zum Visionär, wobei die Vision explizit als Ergebnis der Melancholie ausgewiesen wird: „Une mélancolie pleine de douceur me fit voir les brumes colorées d'un paysage de Norvège éclairé d'un jour gris et doux" (NOC III, 748). Aus den Wolken entstehen göttliche Gestalten, die diesmal historischen Ursprungs sind: „[…] de figures radieuses et divines, parmi lesquelles on distinguait les deux Catherine et l'impératrice sainte Hélène, accompagnées des plus belles princesses de Moscovie et de Pologne" (NOC III, 749). Neu ist, daß das Traum-Ich seine Vision ohne Probleme versteht: „je vis par là que notre patrie devenait l'arbitre de la querelle orientale, et qu'elles en attendaient la solution" (NOC III, 749). Aus der Logik der Erzählung läßt sich das damit begründen, daß es im Rahmen der Offen-

---

44 Im ersten Traum gibt es ebenfalls Bezüge zur Realität, die jedoch modalisiert und zeitlich distanziert sind: „[…] je crus reconnaître mes anciens maîtres et mes anciens condisciples" (NOC III, 698). Die Zeitangabe wird daher auch gerne auf den Autor Nerval bezogen, der im Mai 1852 in Zaandam gewesen ist.

barungsvision zum Boten Gottes unter den Menschen geworden ist[45]. Mit der Hoffnung auf Frieden schließt dieser Traum, der die Friedenshoffnungen nicht mehr auf der individuellen Ebene des Erzählers, sondern auf einer zeitgeschichtlichen Ebene, nämlich dem Hintergrund des Krimkrieges formuliert. Das Traumartige dieses Textes beruht auf visionären Elementen und labilen Gestalten, die aus den Wolken heraus entstehen. Insofern ist dieser Traumtext den vollständig in die Erzählung integrierten Traumberichten näher, unterscheidet sich durch den Verweis auf die Realität aber gleichzeitig deutlich. Da die Veröffentlichung des zweiten Teils nicht durch Nerval autorisiert war, muß leider offen bleiben, ob der Erzähler durch die Vergebung im himmlischen Jerusalem neue Kräfte gewinnt, die ihn nun zu Visionen befähigen, die auch die Realität betreffen, oder ob es sich hier um Entwürfe handelt, die Nerval noch im Hinblick auf eine bessere Integration in die Erzählung bearbeitet hätte. Auf jeden Fall werden hier Traumtexte veröffentlicht, von denen vor allem derjenige mit der Katze, der sein Rätsel unauflösbar bestehen läßt, deutlich von der im Rest der Erzählung verwendeten Traumrhetorik abweicht. Möglicherweise ist gerade dieser letztgenannte, durch seine Differenz zur sonstigen Nervalschen Traumrhetorik auffallende Traumtext nur das Produkt fehlender Überarbeitung durch den Autor. Er zielt weniger auf die Schaffung einer Traumatmosphäre durch die Akzentuierung des Undeutlichen und Verschwommenen, der Traumberichterstatter nimmt sich zurück, verweilt in der Position des Beobachters. Dies sind Züge, die einer anderen Traumästhetik entsprechen, wie sie sich etwa bei Charles Asselineau oder Charles Baudelaire ablesen läßt.

3.3 Charles Baudelaire: Maler und Dichter vor dem Traum

Im *Salon de 1859* entwirft Baudelaire eine Ästhetik der Modernität, die – zumindest teilweise – auch eine Ästhetik des Traums ist[46]. Kern dieser Ästhetik ist die Imagination als „reine des facultés“:

> Elle [l'imagination, S. G.] décompose toute la création, et, avec les matériaux amassés et disposés suivant des règles dont on ne peut trouver

---

45 „C'est alors que je suis descendu parmi les hommes pour leur annoncer l'heureuse nouvelle“ (NOC III, 747).

46 In einem Brief macht Baudelaire eine Aussage über den Traum, die dessen Verfahren als fast identisch mit denen der Imagination beschreibt: „[…] le rêve, qui sépare et décompose, crée la *nouveauté*“ (Baudelaire, *Correspondance*, Bd. 2, 16).

> l'origine que dans le plus profond de l'âme, elle crée un monde nouveau, elle produit la sensation du neuf (BOC II, 621).

Diese Ästhetik stellt eine Abkehr vom Prinzip der Mimesis dar, sie begreift Kunst nicht als die Abbildung der Natur, sondern als Ausdruck des Inneren der Seele. Ein imaginativer Maler, der seiner Imagination gehorcht, wird nicht einfach wie die realistischen Maler die Wirklichkeit kopieren, sondern die passenden Elemente aus dem „Wörterbuch der Natur" heraussuchen[47] und sie im Akt der Komposition neu zusammenfügen. Dieser Akt der Komposition stellt für Baudelaire das eigentlich schöpferische Element dar. Wenn er die Entstehung von Kunst beschreibt, bedient er sich gerne einer organischen Metaphorik. Im *Poème du hachisch* etwa hat er den Rausch als „enfantement poétique" bezeichnet[48], und im *Salon de 1859* stellt er an den Ausgangspunkt des künstlerischen Prozesses eine „idée génératrice", die er auch als „conception" oder „rêve" bezeichnet[49]. Damit aus diesem Traum Kunst werden kann, bedarf es der bewußten Komposition, deren richtige Handhabung dann dazu beitragen kann, daß auch das Endprodukt als Traum bezeichnet werden kann[50]. Wichtig bleibt dabei das Element des Ungewöhnlichen und Fremdartigen, das den Traumzustand und beim Gelingen auch das fertige Kunstwerk auszeichnet. Als herausragendes Beispiel einer solchen Kunst nennt Baudelaire Eugène Delacroix:

> On pourrait dire que, doué d'une plus riche imagination, il [Delacroix, S. G.] exprime surtout l'intime du cerveau, l'aspect étonnant des choses, tant son ouvrage garde fidèlement la marque et l'humeur de sa conception. C'est l'infini dans le fini. C'est le rêve ! (BOC II, 636)

---

47 „La nature n'est qu'un dictionnaire", zitiert Baudelaire Delacroix (BOC II, 624). Und wenig später heißt es: „Tout l'univers visible n'est qu'un magasin d'images et de signes auxquels l'imagination donnera une place et une valeur relative ; c'est une espèce de pâture que l'imagination doit digérer et transformer" (BOC II, 627).

48 „[…] ce bouillonnement d'imagination, cette maturation du rêve et cet enfantement poétique auquel est condamné un cerveau intoxiqué par le hachisch" (BOC I, 421).

49 Baudelaire verwendet „conception" und „rêve" weitgehend synonym. Dabei schwankt der Gebrauch des Wortes „rêve" zwischen dem gewöhnlichen Nachttraum und dem Beginn der Kunst. Burgos („« Vouloir rêver et savoir rêver »") meint, „rêve" würde zum Synonym für „création". Das ist jedoch ungenau, denn zur Kreation gehört auch die weitere Umsetzung des Traums, die „composition", die Baudelaire von der „conception" absetzt, und die in erster Linie eine Technik ist.

50 Eigeldinger („Baudelaire et le rêve maîtrisé") spricht deshalb vom „rêve maîtrisé", und Anne-Marie Amiot betont: „Baudelaire n'est pas un poète du « rêve », si l'on entend par là l'abandon aux forces obscures du sommeil" (Amiot, *Baudelaire et l'illuminisme*), 147. Ebenso lehne Baudelaire es ab, Kreativität und Wahnsinn miteinander in Verbindung zu bringen (ebd.).

Baudelaires Lob betrifft vor allem die Treue des materiellen Werks gegenüber der immateriellen Vorstellung, das Festhalten der unendlichen geistigen Welt, aus der die Vorstellung stammt, im Endlichen, d. h. im Werk. Damit wird sie zum materialisierten Traum. Baudelaire macht allerdings sofort klar, daß dieser Traumbegriff sich nicht auf den nächtlichen Traum bezieht:

> […] et je n'entends pas par ce mot les capharnaüms de la nuit, mais la vision produite par une intense méditation, ou, dans les cerveaux moins fertiles, par un excitant artificiel (BOC II, 636 f.).

Die in den *Paradis artificiels* thematisierte Unvollkommenheit der durch Drogen hervorgerufenen Zustände und deren Gefahr unterschlägt Baudelaire an dieser Stelle aus dem *Salon de 1859* ebenso wie seine Wertschätzung des „rêve hiéroglyphique", der im Gegensatz zu den Rauschzuständen keinen Platz in seiner Ästhetik findet[51]. Baudelaire verwendet also ähnlich wie Nerval einen erweiterten Traumbegriff, in dem Traum, Rausch und besondere geistige Verfassung des Dichters große Gemeinsamkeiten aufweisen[52].

Für die Bearbeitung von der Konzeption bis zur Komposition gibt Baudelaire dem Maler genaue Regeln an die Hand. In einem ersten Schritt gehe es darum, die Vorstellung – den Traum – so genau wie möglich festzuhalten:

---

51 Das ist um so erstaunlicher als der *Salon de 1859* in den gleichen Zeitraum fällt, in dem auch die Erstfassung der *Paradis artificiels* entstand, die zuerst in drei Lieferungen in der *Revue contemporaine* 1858 und 1860 veröffentlicht wurde. Im Oktober 1857 bezieht Baudelaire sich in der Kritik zu Goya, dem ein ähnliches Lob wie Delacroix gilt, noch ausdrücklich auf den Nachttraum: „[…] il y a dans les œuvres issues des profondes individualités quelque chose qui ressemble à ces rêves périodiques ou chroniques qui assiègent régulièrement notre sommeil. C'est là ce qui marque le véritable artiste" (BOC II, 568). Offenbar hat Baudelaire seine Einschätzung des Nachttraums zwischen 1857 und 1859 geändert.

52 Vgl. auch seine Aussage in den *Paradis artificiels*, daß Halluzinationen, in denen synästhetische Wahrnehmungen hervorgerufen werden, für jeden Dichter leicht nachzuvollziehen seien: „Tout cerveau poétique, dans son état sain et normal, conçoit facilement ces analogies" (BOC I, 419). Zum Problem der Unterscheidung der Zustände von Rausch und Inspiration vgl. den Aufsatz von Claire Lyu, „'High' Poetics: Baudelaire's *Le Poème du hachisch*", in: *MLN* 109, 4 (1994), 698-740. Lyu zeigt, wie Baudelaires Text immer wieder dem Wunsch entgegenläuft, seine Stimme von der „voix intoxiquée" zu unterscheiden, und wie er eine Parallele von Haschisch und Poesie aufbaut, die sich nicht zuletzt im Titel zeigt: „The text constantly oscillates between the desire and the attempt to keep poetry and hashish separate, on the one hand, and the difficulties and the failure in marking and maintaining the difference between these two, on the other" (ebd., 700).

> Si une exécution très-nette est nécessaire, c'est pour que le langage du rêve soit très-nettement traduit ; qu'elle soit très-rapide, c'est pour que rien ne se perde de l'impression extraordinaire qui accompagnait la conception (BOC II, 625).

Große Genauigkeit und Geschwindigkeit sind die erste Voraussetzung, um die Fixierung korrekt vorzunehmen. Bei Baudelaire zeichnet sich der Traumzustand selbst durch die extrem genaue Wahrnehmung der Konturen und die Geschwindigkeit der Abfolge aus[53]. Bei der Übertragung des Traums auf die Leinwand müssen also die Eigenschaften des Traums auf die Art der Fixierung übertragen werden, damit diese gelingen kann. In einer zweiten Stufe ist für Baudelaire dann die Ausarbeitung von zentraler Bedeutung:

> [...] un tableau conduit harmoniquement consiste en une série de tableaux superposés, chaque nouvelle couche donnant au rêve plus de réalité et le faisant monter d'un degré vers la perfection (BOC II, 626).

Mit jeder neuen Schicht, d. h. jeder neuen Überarbeitung, erhält der Traum also stärkeren Realitätscharakter und einen höheren Perfektionsgrad. Dieses mit jeder Farbschicht steigende Maß an Materialität und damit an Realität steht in Übereinstimmung mit Nervals Materialisierungsversuchen des Traums in *Aurélia*. Bei Baudelaire ist es in der Phase der Ausarbeitung zudem sehr wichtig, die Atmosphäre berücksichtigen, in der die Vorstellung entstanden ist:

> Comme un rêve est placé dans une atmosphère qui lui est propre, de même une conception, devenue composition, a besoin de se mouvoir dans un milieu coloré qui lui soit particulier (BOC II, 625).

Der künstlerische Schaffensprozeß gleicht dabei einer Schöpfung im wahrsten Sinn des Wortes: „Un bon tableau, fidèle et égal au rêve qui l'a enfanté, doit être produit comme un monde" (BOC II, 626). In dieser Formulierung wird nochmals deutlich, daß Ziel des fertigen Werks nicht die Treue gegenüber der Natur, sondern gegenüber der Vorstellung des Künstlers ist. Dieses Ziel läßt sich bei Baudelaire durch einen schnellen ersten Entwurf mit bereits hoher Präzision in der Technik erzielen, der aber mehrere Überarbeitungsstufen durchlaufen muß, bevor das angestrebte Maß an Realität und Perfektion erreicht ist. In den Anweisungen

---

53 Im Zustand der „condition anormale d'un esprit" erscheint die äußere Welt mit großer Klarheit: „[...] le monde extérieur s'offre à lui avec un relief puissant, une netteté de contours, une richesse de couleurs admirables" (BOC I, 401), während die Analogie zwischen Traum und Rausch vor allem auf einer besonderen Art der Wahrnehmung beruht: „L'ivresse, dans toute sa durée, ne sera, il est vrai qu'un immense rêve, grâce à l'intensité des couleurs et à la rapidité des conceptions" (BOC I, 409).

an den Maler stellt die Präzision der Wiedergabe aber nur eine zu beachtende Komponente dar, als ebenso wichtig nennt Baudelaire die Erhaltung der Atmosphäre des Traums, was in erster Linie durch die Beachtung des entsprechenden Farbmilieus zu geschehen hat.

Diese Anweisungen für den Maler sind nicht ohne weiteres auf den Dichter zu übertragen und Baudelaire formuliert für diesen keine vergleichbaren Ratschläge. In seiner Besprechung von Charles Asselineaus Novellenband *La double vie* (1858)[54] äußert er sich jedoch unter anderem lobend zu dessen Traumdarstellung in der Erzählung *La Jambe*. Diese Äußerungen erhellen, worauf Baudelaire beim Traumbericht Wert legt. Um sie besser einordnen zu können, sei hier zunächst der recht kurze Text von Asselineau skizziert, der sehr unterschiedliche Verfahren zur Traumdarstellung kombiniert. Asselineau beginnt seinen Text sehr unvermittelt mit zwei Sätzen über die Schönheit des Beins einer Frau, die sich im Nachhinein als Bestandteil eines Traumberichts erweisen[55]. Dem schließen sich Aussagen über das Überraschende im Traumleben an, die weniger die phantastischen Elemente als vielmehr die Einstellung des Traum-Ichs zu den Besonderheiten hervorheben:

> Ce qui me frappe encore bien davantage, c'est l'assentiment donné à ces contradictions, la facilité avec laquelle les plus monstrueux paralogismes sont acceptés comme choses toutes naturelles, de façon à faire croire à des facultés, ou à des notions d'un ordre particulier, et étrangères à notre monde[56].

Dem folgt wieder recht unvermittelt, aber offensichtlich als Illustration dieser Aussage gedacht, ein kurzer Traumbericht, den Baudelaire in seiner Besprechung als sehr gelungenes Beispiel ebenfalls zitiert:

> Je rêve un jour que j'assiste dans la grande allée des Tuileries, au milieu d'une foule compacte, à l'exécution d'un général. – Un silence respectueux et solennel règne dans l'assistance.
>
> Le général est apporté dans une malle. Il en sort bientôt, en grand uniforme, tête nue, et psalmodiant à voix basse un chant funèbre.
>
> Tout à coup un cheval de guerre, sellé et caparaçonné, est aperçu caracolant sur la terrasse à droite, du côté de la place Louis XV.
>
> Un gendarme s'approche du condamné et lui remet respectueusement un fusil tout armé : le général ajuste, tire, et le cheval tombe.

---

54 Der Band, in dem eine Erzählung *La seconde vie* heißt, ist offensichtlich von Nerval inspiriert. Baudelaires Artikel erschien am 9. Januar 1859 in der Zeitschrift *l'Artiste*. Er wird hier nach dem Abdruck in BOC II, 87-91 zitiert.

55 „Elle marchait devant moi, simplement, mais avec une grâce assez noble. Je m'écriai : – Oh ! la jolie jambe !" (Asselineau, „La Jambe", in: ders., *La double vie*, 171-178, hier: 171).

56 Ebd., 172.

> Et la foule s'écoule, et moi-même je me retire, intérieurement bien convaincu que *c'était l'usage, lorsqu'un général était condamné à mort, que si son cheval venait à paraître sur le lieu de l'exécution et qu'il le tuât, le général était sauvé*[57].

Dieser Traumtext ist vollständig im Präsens abgefaßt und parataktisch angelegt. Durch Hervorhebung ist der Teil markiert, in dem die vom Traum vorgegebene Gesetzmäßigkeit fraglos anerkannt wird. Das sind Eigenschaften, die den protokollarischen Charakter des Textes betonen und offenbar Baudelaires Zustimmung finden.

An diesen Traumbericht schließen sich in Fortsetzung der Aussagen über die Besonderheiten des Traums Überlegungen zur Bekanntheit und Kontinuität der Traumwelt an, die auf die Annahme einer zweiten Welt hinauslaufen[58]. Wieder als Beleg konzipiert, aber nicht ausdrücklich als solcher ausgewiesen, ist die Erwähnung eines zwölfjährigen Straßburger Schülers, der im Schlaf sehr korrektes Hindi sprechen soll. Erst danach folgt der durch den Titel und die ersten Sätze implizit angekündigte Traumbericht, der den Hauptteil des Textes ausmacht. Der Bericht scheint also vorhergehende Erläuterungen über die Eigenschaften des Traums zu erfordern. In deren Darlegung inszeniert Asselineau auf Textebene zugleich die Inkohärenz und die Überraschungsmomente, die er im Traum annimmt. Vom Leser wird verlangt, diesen assoziativen und teilweise unlogischen Verknüpfungen zu folgen. Da dieser jedoch nicht im Traumzustand ist, wird er die Absonderlichkeiten nicht ebenso fraglos hinnehmen wie der Träumer, so daß die Differenz zwischen Rezeption im Traum und im Wachen besonders hervorgehoben wird.

Ähnliche Schwierigkeiten bereitet der Beginn des titelgebenden Traumberichts, der erneut Bezüge voraussetzt, die dem Leser nicht offensichtlich sind. Dem im Anfangssatz verwendeten deiktischen Pronomen etwa fehlt der Bezug auf zuvor schon Erwähntes[59], erst der folgende Bericht stellt dann den Bezug zu den Anfangssätzen des Textes her. Damit erfolgt der Übergang zu einer geordneten Darstellung des Traums vom Bein. Sie zeichnet sich durch einen gehobenen Stil aus, der ausdrücklich als Ausdrucksvermögen des Traum-Ichs, nicht aber des Erzählers ausgewiesen wird: „Dans la vie ordinaire je ne m'exprime pas tou-

---

[57] Ebd.

[58] „Ces phénomènes et bien d'autres auxquels je suis très-attentif m'ont fait souvent supposer, non pas des existences antérieures, mais des existences parallèles à la nôtre, ayant pour théâtre des régions extérieures où notre âme émigrerait pendant les heures de sommeil" (ebd., 173).

[59] „Donc, ce jour-là – ou du moins cette nuit – je cheminais par l'une des rues les plus fréquentées d'une de mes villes nocturnes" (ebd., 174).

jours aussi bien que cela"[60]. Damit wird erneut die Eigenständigkeit des Traums betont. Die sehr klare Struktur dieses Traumberichts orientiert sich am Handlungsschema des Märchens. Das Traum-Ich spricht auf der Straße eine ältere Dame auf die Eleganz ihres Beins an, woraufhin diese es ihm gestattet, sie nach Hause zu begleiten[61]. Dort entwickelt sich dann ein typisches Märchenszenario, da sich nämlich herausstellt, daß ihre – mit wunderschönen Beinen ausgestattete – Tochter sterbenskrank ist. Wie dem Held im Märchen gelingt es dem Traum-Ich, sie zu heilen, wofür es als Dank ihre Hand versprochen bekommt, was ein Ende wie im Märchen vorhersehen läßt: „[...] et je passais désormais les plus belles journées, tout entier à mes études aimées, entre ma belle femme et ses vieux parents"[62]. Dieser geordneten Handlungsstruktur, die nur geringe Erinnerungslücken aufweist[63], entspricht die Beschreibung und Vorstellung der Figuren und die fast ausschließliche Wiedergabe der Gespräche in direkter Rede. Mit einer Ausnahme wird das Geschehen im „imparfait" und im „passé simple" geschildert, was die Distanz zwischen Traum-Ich und Erzähler hervorhebt und die Nähe zum Märchen verstärkt.

Über diesen, immerhin titelgebenden Traumbericht verliert Baudelaire in seiner Rezension kein Wort. Er privilegiert offensichtlich die erste Art des Traumberichts, den er mit folgender Einleitung zitiert:

> Un grand talent dans M. Asselineau, c'est de bien comprendre et de bien rendre la légitimité de l'absurde et de l'invraisemblable. Il saisit et il décalque, quelquefois avec une fidélité rigoureuse, les étranges raisonnements du rêve. Dans des passages de cette nature, sa façon sans façon, procès-verbal cru et net, atteint un grand effet poétique (BOC II, 89).

Die Exaktheit des Protokolls wird für Baudelaire offensichtlich zum Maßstab seiner Wertschätzung. Wie in seinen Anweisungen für den Maler wird auch hier die Genauigkeit der Wiedergabe des Traums, als eines besonderen, sprich von Absurdität gekennzeichneten Zustands, zum Prüfstein für den Künstler. Die Form des Protokolls erscheint Baudelaire hierfür besonders geeignet, weil sie die „étranges raisonnements du rêve" besonders zur Geltung kommen läßt. Der Traumberichterstat-

---

[60] Ebd., 176.

[61] Die Besonderheit des Traums wird hier hervorgehoben: „Là-dessus, grâce à l'admirable simplicité de la vie du rêve, je lui offrais mon bras et toujours causant, je la reconduisais jusqu'à la porte de sa maison" (ebd., 175).

[62] Ebd., 178.

[63] „Je ne me rappelle plus aujourd'hui ce que j'ajoutai ; mais je sais parfaitement que je parlai ainsi pendant une heure avec un élan de conviction vraiment supérieur" (ebd., 177).

ter wird in dieser Vorstellung zum Zeugen, der auf Genauigkeit, Klarheit und eine Darstellung ohne Ausschmückungen verpflichtet wird. Die poetische Wirkung ist dann kein Ergebnis des Stils, sondern resultiert aus der getreuen Kopie eines inneren Zustandes[64]. Auf genau diesen Vorstellungen baut später auch das surrealistische Traumprotokoll auf, das wie der Bericht von Asselineau das Präsens als Zeitform und die Parataxe privilegiert.

3.4 Baudelaires Traumtexte

Obzwar die Sektion „Onéirocritie" der *Petits poèmes en prose* nicht ausgeführt worden ist, gibt es zumindest einen berühmten Traumbericht von Baudelaire. Sein Brief an Charles Asselineau vom 13. März 1856 ist nichts anderes als die Schilderung eines Traumes, den er soeben geträumt haben will[65]. Die Tatsache, daß Baudelaire das Projekt der Sektion „Onéirocritie" in den *Petits poèmes en prose* nicht ausgeführt hat, gibt Anlaß zu fragen, ob Brief und Protokoll für die Darstellung des Traums möglicherweise besser geeignet sind, als das Prosagedicht. Diese Frage wird sich hier nicht beantworten lassen, es sollen jedoch der Brief an Asselineau sowie das einzige erhaltene Fragment zur Sektion „Onéirocritie" analysiert werden, um mögliche Unterschiede beurteilen zu können[66].

In seinem Brief an Asselineau erlaubt es die spezielle Kommunikationssituation Baudelaire, wenigstens den Ansatz einer motivierenden Klammer zu bilden. Als Anlaß der Mitteilung nennt er die Unterhaltung seines Adressaten: „[…] puisque les rêves vous amusent, en voilà un qui,

---

64 Baudelaire spricht am Ende seiner Rezension daher auch vom „esprit de recherche", der Asselineau auszeichne und verschiebt die Perspektive vom Stil auf das Thema: „On a souvent répété : *Le style, c'est l'homme* ; mais ne pourrait-on pas dire avec une égale justesse : *Le choix des sujets, c'est l'homme ?*" (BOC II, 91).

65 Brief vom 13. März 1856, in: Baudelaire, *Correspondance*, Bd. 1, 338-341. Nach dieser Ausgabe wird im folgenden unter der Angabe der Sigel BC und der Seitenzahl im Text zitiert. Dieser Traumbericht wird später in die Sondernummer *Des Rêves* der Zeitschrift *Le Disque vert* von 1924 aufgenommen (15-18), und Michel Butor widmet ihm einen ausführlichen Text: Michel Butor, *Histoire extraordinaire. Essai sur un rêve de Baudelaire*, Paris 1961.

66 Die beiden durch den Titel als Traum ausgewiesenen Gedichte der *Fleurs du Mal* weisen erhebliche Differenzen auf. Im *Rêve parisien* wird der Träumer als Erschaffer seiner Traumwelt hervorgehoben: er wird als „peintre fier de mon génie" (v. 9) und als „Architecte de mes féeries" (v. 37) bezeichnet und als aktiver Schöpfer dargestellt: „J'avais banni de ces spectacles / Le végétal irrégulier" (v. 7-8) und „Je faisais, à ma volonté, / Sous un tunnel de pierreries / Passer un océan dompté" (v. 38-40). Der *Rêve d'un curieux* stellt vor allem eine satirische Vorwegnahme des Todes und das Ausbleiben eines Schauspiels dar.

j'en suis sûr, ne vous déplaira pas" (BC 338). Er betont, daß es fünf Uhr morgens sei, der Traum also noch ganz frisch. Hierbei fällt weniger ins Gewicht, daß es sich damit gemäß der antiken Tradition um einen besonders bedeutungsträchtigen Morgentraum handelt, sondern Baudelaire scheint diese Tatsache wegen der zeitlichen Nähe von Traum und Bericht desselben anzuführen. Bevor er den Bericht dann beginnt, vergißt er nicht zu betonen, daß es sich um einen sogenannten hieroglyphischen Traum handelt, der mit seinem normalen Leben nichts zu tun habe:

> [...] je n'ai pas besoin de vous dire que leur singularité complète, leur caractère général qui est d'être absolument étrangers à mes occupations ou à mes aventures personnelles, me poussent toujours à croire qu'ils sont un langage quasi hiéroglyphique, dont je n'ai pas la clef (BC 338).

Die Figur der Anheimstellung und der Gestus der naiven Selbstdistanz sind in dieser Einleitung überdeutlich. Am Ende des Briefes, der ausschließlich aus diesem Traumbericht besteht, übergibt Baudelaire den Traum nochmals seinen Zuhörern, wobei eine größere Distanzierung festzustellen ist. Er wagt es nicht mehr, das Vergnügen Asselineaus so sicher vorauszusagen. Dennoch hebt er die ästhetische Grundeinstellung gegenüber dem Traumbericht hervor, wenn er betont, daß der Traum sich jeder moralischen Auslegung widersetze[67].

Eine Einstellung der Distanz zum Traum findet sich auch durchgängig im Traumbericht, wobei Baudelaire die als notwendig gegebenen und fraglos akzeptierten Gesetzmäßigkeiten typographisch hervorhebt:

> Je considérais comme un *devoir* d'offrir à la maîtresse d'une grande maison de prostitution un livre de moi qui venait de paraître. En regardant mon livre, que je tenais à la main, *il se trouva* que c'était un livre obscène, ce qui m'expliqua *la nécessité* d'offrir cet ouvrage à cette femme (BC 338).

Während das Geschehen durchgehend im Präsens geschildert wird, fällt diese Passage, die quasi den Hintergrund erläutert, durch den Gebrauch von „imparfait" und „passé simple" ebenso heraus wie der komplett im „imparfait" gehaltene Einleitungssatz[68]. An dieser Stelle kann das als Distanzierung gelesen werden, da der Bericht im Präsens bereits begonnen hat. Typographische Hervorhebungen finden sich weiterhin, wenn direkte Rede im Traum wiedergegeben wird. Außerdem enthält der Bericht Erzählerkommentare, die sich auf den Zusammenhang des Geschehens richten bzw. Defizite in der narrativen Kohärenz aufzeigen,

---

67 „J'ignore si tout cela vous paraîtra aussi drôle qu'à moi. Le bon *Minot* serait fort empêché, je présume, d'y trouver une adaptation morale" (BC 341).

68 „Il était (dans mon rêve) 2 ou 3 heures du matin, et je me promenais seul dans les rues" (BC 338).

etwa: „À partir de ce moment, il n'est plus question du livre" (BC 339). Neben Beschreibungen des Ambientes finden sich auch immer wieder Selbstbeschreibungen, die Veränderungen anzeigen, die dem Traum-Ich entgangen sind:

> Je me sens très triste et très intimidé ; je crains qu'on ne voie mes pieds. Je les regarde, je m'aperçois qu'il y en a *un* qui porte un soulier. – Quelque temps après, je m'aperçois qu'ils sont chaussés tous deux (BC 339).

Obwohl das Traum-Ich zunächst selbst den Ort seiner Fahrt bestimmt und aktiv die Richtung dorthin lenkt[69], wird es, nachdem das Buch aus der Geschichte verschwunden ist, zum schüchternen und passiven Beobachter, der sich nicht mehr bewegt, sondern nur noch an bestimmten Orten befindet[70], wobei sich das Gebäude vom Bordell zum Museum wandelt, das selber hieroglyphenartige Inschriften trägt[71]. An die zunächst vorherrschende Überraschung, die sich in passivischen Konstruktionen ausdrückt („ce qui me frappe"), schließen sich bald Überlegungen an, die ausdrücklich hervorgehoben[72] und als Tätigkeit ihrerseits reflektiert werden: „J'admire en moi-même la justesse de mon esprit philosophique" (BC 340). Der letzte Teil des Traumberichts berichtet von einem Gespräch zwischen dem Traum-Ich und einem in diesem Gebäude auf einem Sockel stehenden Monster. Dieses Gespräch wird durchgehend in indirekter Rede wiedergegeben. Am Schluß bezieht Baudelaire das durch Geräusche seiner Frau verursachte Aufwachen in den Bericht mit ein und liefert zumindest ansatzweise eine Erklärung für den Inhalt des Traums:

> Je me réveille fatigué, brisé, moulu, par le dos, les jambes, et les hanches. – Je présume que je dormais dans la position contournée du monstre (BC 340 f.).

Damit hebt er die Einordnung dieses Traums als hieroglyphisch teilweise auf und stellt Verbindungen zwischen Leibreizen, die in den Bereich des „rêve naturel" gehören, und dem Inhalt des Traums her. Insgesamt jedoch fällt auf, daß Baudelaire in seinem Bericht Inkongruenzen sowie das Erleben des Traum-Ichs stark hervorhebt. Nach einer anfänglichen starken Zielgerichtetheit, die um Erklärungen für das Handeln, beson-

---

69 „[…] je fais arrêter la voiture à la porte de cette maison" (BC 338), „[…] après avoir sonné et être entré" (BC 339), „Je monte" (BC 339).

70 „Je me trouve dans de vastes galeries" (BC 339), „je trouve une série très singulière" (BC 339).

71 „Il y a même […] des figures égyptiennes" (BC 339).

72 „La réflexion me vient que […]" (BC 339), „Une autre réflexion est celle-ci : […]" (BC 339), „Alors, je réfléchis que […]" (BC 340).

ders um eine Rechtfertigung für den Bordellbesuch bemüht ist, dominiert im weiteren eine passive Haltung gegenüber dem Geschehen, das jedoch aufmerksam beobachtet, beschrieben und registriert wird, wobei ungewöhnlichen Abläufen und Reflexionen besondere Aufmerksamkeit gilt.

Der erhaltene Entwurf für die Sektion „Onéirocritie" der *Petits poèmes en prose* enthält im Gegensatz zum Brief vom 13. März 1856 überhaupt keine Adressierung. Er beginnt mit dem abgesetzten rätselhaften Ausdruck „Symptômes de ruines", dem Reihungen von Orten folgen sowie schließlich die Frage „Comment avertir les gens, les nations ?" (BOC I, 372). Dieser erste Absatz enthält keine vollständigen Sätze, sondern führt nur Elemente auf, die für eine Beschreibung dienen könnten, es fehlen jedoch Klarheit und Präzision und vor allem ein beobachtendes Ich, das später berichten könnte. Erst im zweiten Absatz erscheint dieses Ich, nachdem sich eine Gefahr abzeichnet: „Tout en haut, une colonne craque et ses deux extrémités se déplacent. Rien n'a encore croulé. Je ne peux plus retrouver l'issue" (BOC I, 372). Es erscheint also in eine bedrohliche Welt gesetzt, der es hilflos ausgeliefert ist. Weiterhin fällt die besondere Zeitstruktur auf, die zwischen Stillstand und Ewigkeit anzusiedeln ist: „*Je n'ai jamais pu sortir. J'habite pour toujours un bâtiment qui va crouler*" (BOC I, 372). Der Moment der unmittelbar absehbaren Katastrophe wird so ins Ewige verlängert. Von der Zeitstruktur her ähnelt der Text vielen Prosagedichten aus *Le Spleen de Paris*, die ebenfalls im Zustand der „rêverie" eine Ewigkeit konstruieren, was dann bei der Konfrontation mit der Realität zum schrecklichen Bewußtwerden der Zeitlichkeit führt[73]. In diesem Fragment erweist sich allerdings die Traum-Ewigkeit bereits als so furchtbar, daß die Realität eigentlich Erleichterung bringen müßte[74]. Wenn diese allerdings genauso schrecklich ist wie der Traum, so bleibt kein Kontrasteffekt mehr. Tatsächlich verbleibt das Textfragment innerhalb des Rahmens des Traums und hebt die bevorstehende Katastrophe nicht auf. Dabei bleibt dem Traum-Ich Zeit, die Folgen abzuschätzen:

> Je calcule, en moi-même, pour m'amuser, si une si prodigieuse masse de pierres, de marbres, de statues, de murs qui vont se choquer réciproque-

---

73 Vgl. etwa *La Chambre double*: „Non ! il n'est plus de minutes, il n'est plus de secondes ! Le temps a disparu ; c'est l'Éternité qui règne, une éternité de délices !" (BOC I, 281) und später: „Oh ! oui ! le Temps a reparu ; le Temps règne en souverain maintenant ; [...] il a repris sa brutale dictature" (BOC I, 281 f.).

74 Die Notwendigkeit, bei Baudelaire zwischen „rêve" und „rêverie" zu unterscheiden, ist daher auch oft betont werden (vgl. etwa Starobinski, „Rêve et immortalité chez Baudelaire").

> ment, seront très souillés par cette multitude de cervelles, de chairs humaines et d'ossements concassés (BOC I, 372).

Mit diesem festgehaltenen Moment, in dem versucht wird, den Schrekken durch eine geistige Spielerei zu distanzieren, endet der Traumbericht. Es handelt sich hier um das einzige Element, das als „étrange raisonnement" betrachtet werden könnte. Die Formulierung, daß es dabei darum gehe, sich zu unterhalten, geht allerdings in der Atmosphäre des Schrekkens weitgehend unter. Diese Atmosphäre wird durch den abschließenden Satz verstärkt, der zeigt, daß dieser Traum an eine Reihe anderer Träume anschließt: „Je vois de si terribles choses en rêve, que je voudrais quelquefois ne plus dormir, si j'étais sûr de n'avoir pas trop de fatigue" (BOC I, 372)[75]. Dieser Text unterscheidet sich stark vom Protokoll, weil er nicht klar und präzise von Ereignissen berichtet, sondern im wesentlichen eine unabänderliche Situation evoziert. Der Status der Aussageinstanz bleibt lange unklar, die Sätze sind kaum an einen Adressaten gerichtet, sondern bleiben in der Selbstbezüglichkeit des Traums stecken.

Es bleibt zu spekulieren, ob der Schrecken, den seine Träume auf ihn ausüben, Baudelaire daran hindert, sein Projekt der Traumgedichte auszuführen, oder ob es ein formales Problem ist. Auch Rimbaud bringt *Les Déserts de l'amour*, vermutlich seine ersten Versuche im Genre des Prosagedichts, die er im *Avertissement* als Träume eines jungen Mannes – im Bett und auf der Straße – bezeichnet, nicht zu Ende[76]. Warum auch immer, der kontextlose Traumtext scheint für diese Autoren nicht möglich zu sein. Er wird es erst mit dem Surrealismus. Dessen protokollartige Form jedoch ist hier schon angedacht.

---

75 Vgl. auch *Fusées VII*: „A propos du sommeil, aventure sinistre de tous les soirs, on peut dire que les hommes s'endorment journellement avec une audace qui serait inintelligible, si nous ne savions qu'elle est le résultat de l'ignorance du danger" (BOC I, 654).

76 Von diesem Projekt sind zwei Stücke erhalten, die jeweils sehr unvermittelt einsetzen, durch ihren Anfang einen Zusammenhang mit weiteren Träumen herstellen oder möglicherweise die Annahme einer unabhängig existierenden Traumwelt voraussetzen. In diesen Texten lassen sich zahlreiche Merkmale der Traumerzählung nach Gollut ausmachen. Die Anfänge lauten: „C'est, certes, la même campagne" und „Cette fois, c'est la Femme que j'ai vue dans la Ville, et à qui j'ai parlé et qui me parle" (Rimbaud, *Œuvres*, 188 und 189).

III.

Der Traum zu Beginn des 20. Jahrhunderts: zwischen Psychoanalyse und Surrealismus

Hatte Baudelaire sein Interesse auf den „rêve hiéroglyphique", dessen Absurdität und verschlüsselte Bedeutung konzentriert, so interessiert Paul Valéry sich ausschließlich für den „rêve naturel", der für ihn die einzige Form des Traums ist. In seinen *Cahiers* notiert er über Jahre hinweg Träume und Bemerkungen dazu, wobei er durch genaue Beobachtung zu erkunden sucht, wie der Traum bzw. der Geist während des Traums funktioniert. Am 1. Dezember 1909 publiziert er in der *Nouvelle revue française* unter dem Titel „Études" erstmals einige dieser Notizen[1]. Inhaltlich situieren sich seine Aussagen im Kontext des psychologischen Diskurses der Zeit, der in wichtigen Bereichen die Vorstellungen der Zeit um 1850 weitertransportiert. Dies gilt etwa für die Annahme, daß der Traum außerhalb des Willens liege: „Le rêve est en deçà de la volonté, et tu n'obtiens rien par volonté, dès le seuil du sommeil" (354), oder für den Anschluß an die Theorie des Automatismus: „Dans le rêve, il y a composition automatique de tout" (356). Valéry bemüht sich um präzise Selbstbeobachtung, wobei er sowohl dem Moment des Einschlafens als auch dem des Aufwachens Beachtung schenkt und versucht, sich dabei zu beobachten:

> Je vais m'endormir, mais un fil me retient encore à la nette puissance, par lequel je la puis réciproquement retenir : un fil, une sensation tenant encore à mon tout, et qui peut devenir un chemin pour la veille aussi bien que pour le sommeil. Une fois endormi, [...] j'ai perdu la vigueur de regarder quelque chose comme un rêve (358).
>
> Je m'éveille d'un rêve, et l'objet que je serrais, cordage, devient mon autre bras, dans un autre monde. [...] Je m'aperçois tout à coup qu'il faut traduire tout autrement cette sensation : c'est le moment qu'elle ne peut plus appartenir à tel groupe, qui devient *alors* rêve, et passé non ordonné (360).

Hierbei zeigt sich Valérys besonderes Interesse für den Umschlagspunkt zwischen Traum und Wachen, an dem sich die Perspektive auf den Traum verändert. Valéry reflektiert so auch die Schwierigkeiten der Selbstbeobachtung, die schon bei Alfred de Maury das Hauptinstrument zur Erforschung des Traums war und die typisch für die philosophisch-psychologisch ausgerichtete Beschäftigung mit dem Traum um die Jahrhundertwende ist.

Dieser Zugang unterscheidet sich radikal von Freuds Deutungsversuchen, Valéry selbst formuliert es 1932 wie folgt:

---

[1] Paul Valéry, „Études", in: *La nouvelle revue française* n° 11 (1909), 354-361. Dieser Artikel wird im folgenden mit Seitenangaben im Text zitiert.

> Au réveil je pense à mes innombrables heures et notes sur le Rêve – de quoi je ne ferai rien – Et pourtant... Il me semble que ces essais sans nombre – c'était autre chose que du „Freud".
> C'était la recherche de la formation du connaître –[2].

Für Valéry stellt sich die Frage nach dem Traum als eine Frage nach dem Bewußtsein, nicht nach dem Unbewußten[3]. Sie ist nicht im Rahmen der Psychoanalyse formuliert, sondern im Rahmen der Psychologie. Valérys Beschäftigung mit dem Traum kann hier nicht weiter nachgegangen werden, sie soll nur als Indiz dafür stehen, daß es in der französischen Literatur bereits zu Beginn des Jahrhunderts noch vor den Surrealisten ein Interesse für den Traum gibt, das sich nicht an Freud orientiert, sondern in Übereinstimmung mit dem philosophischen und psychologischen Traumdiskurs der Zeit steht[4]. In diesem Zusammenhang hat der Traum den Nimbus des Wunderbaren und Übernatürlichen, den er bei Nerval noch besaß, verloren, er wird zu einem streng diesseitigen Phänomen, das nur im übertragenen Sinn eine andere Welt darstellt, wohl aber seine Rätsel bewahrt.

Mein Hauptinteresse in diesem Teil gilt der Begegnung von Psychoanalyse und Surrealismus. Ab 1915 kann von der Existenz der Psychoanalyse in Frankreich gesprochen werden, auch wenn sie noch sehr umstritten ist[5]. Ab 1921 erscheinen die ersten Übersetzungen Freuds sowie zahlreiche Studien über die Psychoanalyse in der *Nouvelle revue française*. In den Anfängen des Surrealismus jedoch sind die Arbeiten Freuds dem französischen Lesepublikum noch nicht zugänglich; die Surrealisten entwickeln ihr Interesse für den Traum und ihre Experimente mit dem „récit de rêve" ohne direkte Kenntnis davon. Erst in *Les Vases communicants* (1932) setzt sich Breton auf der Basis einer genauen Lektüre der *Traumdeutung* ausführlich mit Freud auseinander. Im ersten Kapitel dieses

---

2 Valéry, *Cahiers*, Bd. 2, 151.

3 „Rêves – Le problème revient à celui-ci : qu'est-ce que la conscience ?" (ebd., 120).

4 Zu Valéry sei auf den Band 3 der *Cahiers Paul Valéry* mit dem Titel *Questions du rêve* (Paris 1979) verwiesen, der neben einer Auswahl von Traumberichten und Notizen des Autors über den Traum auch einige Arbeiten der Sekundärliteratur enthält.
Auch das Werk Marcel Prousts, auf das mehr als ein einfacher Verweis hier nicht möglich ist, situiert sich in diesem historischen Zusammenhang.

5 Die Existenz der Psychoanalyse in Frankreich setzt Élisabeth Roudinesco mit dem Erscheinen des Buches von Emmanuel Régis und Angelo Hesnard *La Psychoanalyse des névroses et des psychoses, ses applications médicales et extra-médicales* (Paris 1914) an, mit dem eine tatsächliche Begegnung zwischen Freud und dem französischen Denken stattfinde (Roudinesco, *Histoire de la psychanalyse en France*, Bd. 1, 269). In der von 1895 bis 1914 dauernden Vorphase, in der die Psychoanalyse durch Artikel von C. G. Jung und Alphonse Maeder einem französischsprachigen Fachpublikum zugänglich gemacht werde, stoße sie auf großen Widerstand.

Teils werde ich daher die entscheidenden Neuerungen in Freuds Traumverständnis hervorheben, den psychologischen Traumdiskurs in Frankreich um die Jahrhundertwende skizzieren sowie zwei Momente der Freud-Rezeption analysieren. Danach werde ich zunächst Bretons Äußerungen zum Traum im *Manifeste du surréalisme* (1924) untersuchen, bei denen noch keine präzise Kenntnis der Freudschen Traumtheorie festzustellen ist, wohl aber sein Name fällt, bevor ich die „récits de rêves" in *La Révolution surréaliste* (1924-29) analysiere, um daraus eine Gattungsdefinition zu gewinnen. Schließlich behandle ich mit *Les Vases communicants* (1932) einen für die spätere Phase repräsentativen Text, dem eine gründliche Lektüre der *Traumdeutung* zugrunde liegt und der zugleich eine Traumästhetik entwirft.

1. Der wissenschaftliche Traumdiskurs um 1900: Experimentelle Psychologie und Psychoanalyse

Sigmund Freuds *Traumdeutung* stellt ohne jeden Zweifel einen wichtigen Einschnitt im Traumdiskurs dar. Freud hat das Buch, obwohl in den letzten Monates des Jahres 1899 ausgeliefert, auf das Jahr 1900 datieren lassen. Dies ist nicht nur eine verlegerische Praxis der Zeit, sondern Freud ist sich der epochalen Bedeutung seines Werks auch wohl bewußt. Im Jahr 1900 erscheint in der *Revue philosophique*, die inzwischen zum Forum des philosophisch-psychologischen Traumdiskurses in Frankreich geworden ist, gar kein Artikel über den Traum; eine zwar zufällige Tatsache, die aber als symptomatisch für die Traumdiskussion in Frankreich gelten kann: das durch die *Traumdeutung* gesetzte historische Datum fällt einfach aus. In anderer Hinsicht wird das Jahrhundertdatum jedoch genutzt: am 30. Juni 1900 wird das ‚Institut psychique international', ab 1901 ;Institut psychologique international,' gegründet, das dazu beitragen soll, die Psychologie auf die Höhe der Naturwissenschaften zu bringen[1]. Daran beteiligt sind unter anderem Pierre Janet und Henri Bergson, deren Theorien der Psyche für die folgenden Jahrzehnte prägend bleiben[2]. Unter diesen Voraussetzungen kommt es in Frankreich nur zu einer sehr zögerlichen Rezeption der Freudschen Psychoanalyse, da deren Konzeption des Unbewußten mit den Vorstellungen von Janet und Bergson nicht vereinbar ist. Um den Blick auf diese Inkompatibilitä-

---

1 „Les sciences qui ont pour objet la pensée de l'homme, les lois de l'esprit humain, les rapports du physique et du moral, n'ont suivi que bien lentement la marche rapide des connaissances qui s'appliquent à la matière", so Pierre Janet in den einleitenden Worten zur Gründung der ‚Société internationale de l'Institut psychique', in: *Bulletin de l'Institut psychique international* n° 1 (1900), 3-7. Ab der zweiten Ausgabe des *Bulletin* ist ausschließlich vom ‚Institut psychologique' die Rede, ohne daß eine Namensänderung erwähnt würde.

2 Für die erste Hälfte des 20. Jahrhunderts können Janetismus und Bergsonismus als Nahrungsquellen des geistigen Frankreich bezeichnet werden (vgl. Roudinesco, *Histoire de la psychanalyse en France*, Bd. 1, 239). Institutionell zeigt sich der Einfluß der beiden 1859 geborenen Männer durch einen Lehrstuhl am ‚Collège de France' von 1900-1921 (Bergson) bzw. 1902-1936 (Janet), für Bergson außerdem durch die Mitgliedschaft in der ‚Académie française' (1915), während Janet Vorlesungen an der Sorbonne hält. Editorisch zeigt sich der Einfluß darin, daß Pierre Janets *L'Automatisme psychologique* (1889) 1930 in der 10. Auflage erscheint, Bergsons *Matière et mémoire* (Paris 1896) 1941 in der 36. Auflage.
Weitere Gründungsmitglieder des ‚Institut psychologique', die in diesem Kapitel vorkommen, sind: Victor Egger, Frédéric Paulhan und Nicolas Vaschide. Eine vollständige Liste der Mitglieder findet sich im *Bulletin de l'Institut psychologique* n° 2 (1901), 93-95.

ten zu schärfen, soll hier zunächst die besondere Stellung von Freuds *Traumdeutung* im Diskurszusammenhang der Zeit aufgezeigt werden. Im Anschluß werde ich dann ausführlicher den Traumdiskurs in Frankreich zwischen 1894 und 1924 skizzieren.

1.1 Die Originalität von Freuds *Traumdeutung*

Im siebten Kapitel der *Traumdeutung* faßt Freud die Hauptergebnisse seiner Untersuchungen wie folgt zusammen:

> Der Traum ist ein vollwichtiger psychischer Akt; seine Triebkraft ist alle Male ein zu erfüllender Wunsch; seine Unkenntlichkeit als Wunsch und seine vielen Sonderbarkeiten und Absurditäten rühren von dem Einfluß der psychischen Zensur her, den er bei der Bildung erfahren hat; außer der Nötigung, sich dieser Zensur zu entziehen, haben bei seiner Bildung mitgewirkt eine Nötigung zur Verdichtung des psychischen Materials, eine Rücksicht auf Darstellbarkeit in Sinnesbildern und – wenn auch nicht regelmäßig – eine Rücksicht auf ein rationelles und intelligibles Äußere des Traumgebildes. Von jedem dieser Sätze führt der Weg weiter zu psychologischen Postulaten und Mutmaßungen (TD 510).

Neben der Vollwertigkeit der Träume betont Freud vor allem ihren einheitlichen Charakter. Mit der Ansicht, daß jeder Traum eine Wunscherfüllung sei, formuliert er eine These, mit der die Unterscheidungen der Mantik zwischen natürlichen und übernatürlichen Träumen eindeutig zurückgewiesen werden[3]. Ferner minimiert er die Bedeutung der seit der Aufklärung stets betonten somatischen Traumauslöser, die für ihn nur Einfluß auf die Art der Darstellung, nicht jedoch auf den Inhalt der latenten Traumgedanken haben können. Die wichtigste Erkenntnis in der zitierten Zusammenfassung ist also die, daß es sich beim Traum um einen psychischen Akt handelt, wofür Freud sich unter Umgehung der Romantik auf Aristoteles beruft (TD 20). Erst danach geht er auf die Erscheinungsweise des Traums ein und zählt die vier Mechanismen der Traumarbeit auf, die er andernorts Verschiebung, Verdichtung, Rücksicht auf Darstellbarkeit und sekundäre Bearbeitung nennt. Diese Mechanismen bewirken die Entstellung der latenten Traumgedanken zum in Bilderschrift gegebenen manifesten Trauminhalt. Dem manifesten

---

[3] Später gesteht Freud für den Fall traumatischer Neurosen eine Ausnahme zu, rettet seine Theorie aber damit, daß hier der Traum seine Funktion nicht erfüllen könne und nur der Versuch einer Wunscherfüllung sei („Revision der Traumlehre", in: *Neue Folge der Vorlesungen zur Einführung in die Psychoanalyse* (1932), SA 1, 451-471, besonders 469-471).

Trauminhalt gilt Freuds Interesse allerdings nur soweit, wie er den Zugang zur Funktionsweise der Traumarbeit und zu den hinter ihm liegenden Traumgedanken ermöglicht. Der Traum ist für Freud in erster Linie die via regia zum Unbewußten, die „psychologischen Postulate und Mutmaßungen" interessieren ihn weit mehr als das Phänomen des Traums selbst. Die *Traumdeutung* ist daher in letzter Konsequenz keine Traumtheorie, sondern formuliert eine Theorie der Psyche, zu der der Traum nur den Schlüssel liefert[4].

Die heute unbestrittene Originalität von Freuds *Traumdeutung* beruht meines Erachtens vor allem auf der Zusammenführung von drei verschiedenen existierenden Ansätzen zu einer kohärenten Traumtheorie. Erstens betrachtet Freud, wie das im medizinischen und philosophischen Traumdiskurs des 19. Jahrhunderts bereits zu beobachten ist, den Traum als ein psychisches Phänomen, dessen Funktionsweise sich nach psychologischen Gesetzmäßigkeiten angeben lasse[5]. Zweitens aber, und das ist eine Erneuerung, die ihre Vorläufer in der Romantik oder in den weit verbreiteten Traumschlüsseln hat, schreibt er dem Traum einen Sinn zu, der durch Deutung zugänglich gemacht werden kann. Drittens gründet Freud, der immer wieder betont, daß ihm daran liege, ein „wissenschaftliches Verfahren der Traumdeutung" zu entwickeln (TD 120), seine Traumtheorie nicht nur auf ein hermeneutisches Modell, sondern zugleich auf ein energetisches, womit er die Errungenschaften der modernen Naturwissenschaften einbezieht. Innerhalb des energetischen Modells wird der Traum als Triebabfuhr begriffen, die sich in Quantitäten angeben läßt. Die hermeneutische Grundeinstellung wird jedoch erkennbar, wenn dieser energetischen Operation die Vorstellung einer Wunscherfüllung unterlegt wird. Besonders deutlich wird die Verbindung der beiden Modelle am Begriff der Zensur, die, um mit Paul Ricœur zu sprechen, vom „langage de la force" herrührt, aber in den „langage du sens" eingreift[6]. Mit den energetischen Vorstellungen bewegt Freud sich im Rahmen der Naturwissenschaften seiner Zeit. Mit den Mechanismen der Traumarbeit und der Unterscheidung zwischen manifestem Trauminhalt

---

[4] Vgl. etwa Donald Meltzers Einschätzung: „Es ist keine Traumtheorie, sondern eine Theorie des Funktionierens der Persönlichkeit in einer komplexen sozialen Situation und sie wird später, in *Das Ich und das Es*, als Strukturtheorie neu formuliert" (Meltzer, *Traumleben*, 20).

[5] Freuds Behauptung, in der herrschenden Traumlehre sei der Traum nur ein „somatischer Vorgang, der sich durch Zeichen am seelischen Apparat kundgibt" (TD 117), trifft für den im vorigen Teil und hier analysierten Traumdiskurs in dieser Schärfe nicht immer zu. Richtig ist jedoch, daß in diesen Theorien kein Platz für eine Deutung des Traums ist.

[6] Vgl. zu dieser Beschreibung Ricœur, *De l'interprétation. Essai sur Freud*, besonders 104.

und latenten Traumgedanken jedoch entwickelt er ein neuartiges Modell zum Traumverständnis, das im 20. Jahrhundert prägend wird. Die dazu entwickelte Deutungstechnik unterscheidet sich deutlich sowohl von den Techniken in mantischer Tradition, die eine außerhalb des Menschen liegende Instanz annehmen mußten, um dem Traum Sinn zuschreiben zu können, als auch von der diffusen Zuschreibung von Bedeutung in der Romantik. Freuds rationale Erklärung des Traums läßt, gerade weil sie einen Sinn des Traums nicht abstreitet, diesen aber innerpsychisch verankert, keinen Raum mehr für übernatürliche Phänomene oder metaphysische Wahrheiten, und die Technik der Deutung kann aufgrund ihrer Komplexität auf ein außerhalb ihrer selbst liegendes Wissen Verzicht leisten. Damit holt Freud alle vormaligen metaphysischen Ansätze in das Innere des Menschen ein; er demaskiert und entzaubert den romantischen Traum. „Es träumt sich nicht mehr so recht von der blauen Blume", stellt Walter Benjamin im Jahr 1927 in seinem Aufsatz *Traumkitsch* fest: „Wer heut' als Heinrich von Ofterdingen erwacht, muß verschlafen haben"[7].

Dennoch bleiben auch bei Freud imaginäre Besetzungen virulent, die aus metaphysischen Annahmen hervorgegangen sind. Zur Deutung bezieht er sich nicht nur auf die Technik des Bilderrätsels, sondern auch auf die ägyptischen Hieroglyphen, die lange Zeit für eine höhere Wahrheit und ein großes Geheimnis gestanden haben. Freuds Vergleich des Traums mit den Hieroglyphen bezieht sich jedoch nicht auf die Unmittelbarkeit oder die höhere Weisheit der Hieroglyphen, sondern auf eine Technik der Entzifferung, die sich allerdings nicht von selbst erschließt. Daß er sehr genau über die Funktionsweise der ägyptischen Hieroglyphen informiert ist, zeigt sich vor allem in seinem Aufsatz „Das Interesse an der Psychoanalyse" (1913):

> In der Tat ist die Deutung eines Traumes durchaus analog der Entzifferung einer alten Bilderschrift, wie der ägyptischen Hieroglyphen. Es gibt hier wie dort Elemente, die nicht zur Deutung, respektive Lesung, bestimmt, sind, sondern nur als Determinativa das Verständnis anderer Elemente sichern sollen. Die Vieldeutigkeit verschiedener Traumelemente findet ihr Gegenstück in diesen alten Schriftsystemen ebenso wie die Auslassung verschiedener Relationen, die hier wie dort aus dem Zusammenhange ergänzt werden müssen[8].

---

[7] Walter Benjamin, „Traumkitsch", in: ders., *Angelus Novus*, Frankfurt am Main 1966, 158-160, hier: 158.

[8] Sigmund Freud, „Das Interesse an der Psychoanalyse" (1913), in: ders., *Gesammelte Werke*, hg. von Anna Freud, Bd. 8, 5. Aufl., Frankfurt am Main 1969, 389-420, hier: 404 f. Die Rolle der Determinativa zum Verständnis der Hieroglyphen erwähnt Freud

Dieses Wissen über die Hieroglyphen ist erst seit Champollions Entzifferung im Jahr 1822 verfügbar. Diese reduziert die Hieroglyphen, die zuvor als nach dem Prinzip der Ähnlichkeit der Zeichen mit den Dingen der Welt funktionierende Bilderschrift aufgefaßt wurden, auf eine Buchstabenschrift und raubt ihnen die Dimension des Heiligen und Geheimnisvollen[9]. Damit einher geht der Verlust eines gegen den rationalen Diskurs gerichteten Modells der Welterklärung. Ähnliches gilt für Freuds Methode der Traumdeutung, die dem Traum sowohl die metaphysische Dimension als auch den Charakter des unmittelbaren Erlebens entzieht und ihm eine komplizierte Traumarbeit zugrunde legt, die in der Deutung auf detektivische Weise rückgängig gemacht werden muß. Dennoch läßt sich auch bei Freud zeigen, daß die Konnotationen von Geheimnis und Macht in seinem Bezug auf die Hieroglyphen mitschwingen und er sie nutzt, um sich eine Machtposition zu erschreiben.

Zwar betont Freud in der *Traumdeutung*, daß die Entzifferung des Traums „dem Übersetzer keine größeren Schwierigkeiten zumutet als etwa die alten Hieroglyphenschreiber ihren Lesern" (TD 337), aber zugleich erwähnt er die Schwierigkeiten bei der Interpretation des Traums, die daraus resultieren, daß die Traumarbeit „*ja nicht beabsichtigt, verstanden* zu werden" (TD 337). Insofern entbehrt der Vergleich nicht einer gewissen Kuriosität, denn die alten Hieroglyphenschreiber wollten ja verstanden werden und benutzten ein auf Übereinkunft beruhendes Zeichensystem. Genau dieses Element des festgelegten und allgemeingültigen Codes fehlt dem Traum. Traumsprache ist für Freud eine individuelle Sprache; jeder Träumer erfinde seine eigene Grammatik und seine eigenen Symbole, deren Gesetzmäßigkeiten der Deuter erst herausfinden müsse[10]. Insofern befindet sich der Deuter nicht in der Position des Lesers der alten Hieroglyphenschreiber, sondern in der des nachträglichen Entzifferers, der die Übereinkünfte nicht mehr kennt, also in der Position Champollions. Wenn Freud als Modell für das Verständnis des Traums den Vergleich mit der Hieroglyphenschrift wählt, so liegt der Verdacht nahe, daß er damit die Aufmerksamkeit nicht nur auf tatsächliche Parallelen in der Struktur lenken, sondern auch sich selber die Position eines Champollion des Traums sichern will. Michel Beaujour hat vermutlich

---

aber schon in der *Traumdeutung*: „Ein solches Element des Trauminhalts ist dann einem Determinativum in der Hieroglyphenschrift zu vergleichen, welches nicht zur Aussprache, sondern zur Erläuterung eines anderen Zeichens bestimmt ist" (TD 319).

9 Vgl. Hintze, *Champollion*.

10 Vgl. dazu auch Derrida, der besonders betont, daß Freuds Methode der Traumdeutung eben nicht wie die Traumschlüssel auf einem permanenten Code, sondern letztlich auf der Interpretation eines idiomatischen und irreduziblen Restes beruht („La Scène de l'écriture", 310).

recht, wenn er als Motivation dafür einerseits die Konnotation von Wahrheit und Geheimnis anführt, andererseits die Notwendigkeit der Interpretation durch einen Inhaber von Wissen und Macht hervorhebt und schließlich auf die archaischen Komponenten hinweist, die dem diskursiven Denken des Bewußtseins entgegenstehen[11]. Der Deuter (oder Analytiker) muß bei Freud über eine spezielle Form des Wissens – Erfahrung oder Intuition – verfügen, um eine korrekte Deutung vornehmen zu können. Mit dem Rückgriff auf das Modell der Hieroglyphen formuliert Freud daher auch einen Machtanspruch, was Beaujour besonders deutlich gesehen hat:

> [...] l'interprète se rêve dans le rôle de Joseph, ou dans celui de Champollion ; il reproduit, à son insu, la démarche de l'humanité, il partage son désir d'un pouvoir magique conféré par le déchiffrement, et il lui emprunte les procédures dialectiques censées ouvrir l'accès à ce pouvoir caché[12].

Hier wäre allerdings etwas zu differenzieren, denn Josef und Champollion nehmen sehr unterschiedliche Rollen bezüglich der Entzifferung und vor allem bezüglich der Macht ein. Josefs Wissen beruht auf göttlicher Gnade, die ihn erst zur Traumdeutung befähigt, und daher weist er die Deutungen immer als göttliche aus: „Das ist seine Deutung" (1. Mose 40, 12 und 40, 18). Seine Macht ist also nur eine geliehene, die aus der Demut gegenüber seinem Gott resultiert. Freud jedoch strebt eine wissenschaftliche Methode an, die wie Champollions Entzifferung der Hieroglyphen selbst erarbeitet und nachprüfbar sein soll. Die Abhängigkeit von einer anderen Instanz in Josefs Traumdeutung entspricht diesem Anspruch selbstverständlich nicht. Zudem liest Freud Josefs Deutung als ein Beispiel für eine symbolische Deutung, die den Traum als Ganzes nimmt, und den Nachteil aufweise, daß sie „Sache des witzigen Einfalls, der unvermittelten Intuition" (TD 118) bleibe und keiner allgemeinen Darlegung fähig sei. Gegenüber einer solchen Deutung bevorzugt er die „Chiffriermethode" der Traumbücher, weil sie den Traum nicht als Ganzes behandeln, sondern die einzelnen Elemente einer Deutung unterziehen[13]. Letztlich verwirft er allerdings beide Ansätze, und stellt sein eigenes „wissenschaftliches Verfahren der Traumdeutung" vor, das sich – ungenannt – an Champollions Entzifferung der Hieroglyphen orientiert

---

[11] Beaujour, *Miroirs d'encre*, 214.

[12] Ebd., 215.

[13] Allerdings hält er die angegebenen Bedeutungen nicht für verläßlich. Lobende Erwähnung findet allenfalls das Traumbuch des Artemidor von Daldis, weil dieser auch die Person und die Lebensumstände des Träumers einbeziehe und somit einen komplexeren Ansatz vertrete.

und im Endeffekt doch auf die Intuition des Analytikers angewiesen ist und diesem eine Machtposition sichert.

1.2 Der psychologische Traumdiskurs in der *Revue philosophique*

Im psychologischen Traumdiskurs in Frankreich spielt das Problem der Deutung der Träume keine Rolle. Was hier interessiert sind vielmehr Fragen nach Entstehung und Ablauf der Träume sowie nach der Traumerinnerung und einer adäquaten Notation des Traums. Generell läßt sich sagen, daß im psychopathologischen Diskurs in der zweiten Hälfte des 19. Jahrhunderts zwei Tendenzen aus der Traumdiskussion um 1850 fortwirken: zum einen Jules Baillargers Theorie des Automatismus, zum anderen das Interesse für den Somnambulismus oder hypnotischen Schlaf. Dabei wird der Bezug zum Traum zunehmend aufgegeben, wie unter anderem die Arbeit von Pierre Janet *L'Automatisme psychologique. Essai de psychologie expérimentale sur les formes inférieures de l'activité humaine* (1889) vorführt. Stellte der Traum für Baillargers „Théorie de l'automatisme" von 1845 noch einen entscheidenden Baustein dar, so spielt er für Janet, dessen Untersuchung sich vor allem auf Patientinnen stützt, bei denen eine Hysterie diagnostiziert wurde, nur noch eine untergeordnete Rolle. Janet, der seine Arbeit als „un essai de psychologie expérimentale et objective" bezeichnet und betont, daß er seine Methode den Naturwissenschaften entlehne[14], betrachtet den Automatismus in erster Linie als eine pathologische Angelegenheit und bestimmt ihn als eine spontan, d. h. ohne äußeren Einfluß und regelmäßig ablaufende Funktion[15]. Erst im letzten Kapitel des zweiten Teils zum partiellen Automatismus kommt er auf automatische Funktionsweisen beim normalen Menschen zu sprechen, wobei ihm der Automatismus als häßlich und der Ergänzung und Überwindung durch den Willen bedürftig gilt, der allein erst ästhetische und moralische Werte verleihen könne[16]. Ausgehend von einer Spaltung in eine bewußte und eine unterbewußte Persönlichkeit nimmt er eine Gleichsetzung des Automatismus mit der unterbewußten Persönlichkeit und des Willens mit dem Bewußtsein vor. Als Paradigma für normale „automatische" oder niedere Tätigkeiten gelten bei Janet im Kapitel über die „Formes inférieures de l'activité normale" vor allem Zerstreuung, Instinkt, Gewohnheit und Leidenschaft; auf den

---

[14] Janet, *L'Automatisme psychologique*, 5.

[15] Janet, „Préface de la deuxième édition", in: ders., *L'Automatisme psychologique*, 10. Aufl., Paris 1930, VII-XXI, hier: XIX.

[16] Janet, *L'Automatisme psychologique*, 476.

Traum kommt er nur nebenbei zu sprechen[17]. Dabei beschränkt er diesen auf die Periode des Einschlafens bzw. Aufwachens und definiert ihn als Auftreten von Bildern, die von Sinnes- und Leibreizen ausgelöst werden und wie Halluzinationen erscheinen. Da Janet den Zustand, in dem das Ablaufen von Automatismen, und damit auch von Träumen, möglich ist, als „misère psychologique" bezeichnet, kann er dem Traum nicht, wie später Freud, einen Sinn zugestehen.

Der Traum verläßt in Frankreich zu Ende des 19. Jahrhunderts weitgehend das Gebiet der Psychopathologie und wird zum Objekt der experimentellen Psychologie, die dabei ist, sich von der Philosophie zu lösen. Dies läßt sich auch daran ablesen, daß an die Stelle der *Annales médico-psychologiques* als Publikationsorgan für Arbeiten über den Traum nun vor allem die 1876 von Théodule Ribot in Zusammenarbeit mit Hippolyte Taine und Paul Janet (dem Onkel Pierre Janets) begründete *Revue philosophique* tritt[18]. In der achten Folge der *Annales médico-psychologiques* (1895-1904) etwa finden sich nur noch zwei Artikel über den Traum, deren erster von 1895 zugleich eine Verschiebung des wissenschaftlichen Paradigmas anzeigt. Bereits der Titel *Le Fonctionnement cérébral pendant le rêve et pendant le sommeil hypnotique* macht deutlich, daß nicht mehr vermögenspsychologisch argumentiert wird, sondern bevorzugt physiologisch unter Herausstellung der Hirntätigkeit[19]. Weiterhin läßt dieser Artikel auch ein Problembewußtsein bezüglich der Untersuchungsmethoden der experimentellen Psychologie und der Verwendung statistischer Methoden erkennen. Der Autor, der für seine Studie 200 Personen nach ihren Träumen befragt hat, weist vor allem auf die Unzulänglichkeiten der Selbstbeobachtung hin und nennt als Hauptschwierigkeit, daß nach dem Erwachen nur ungenaue Eindrücke bleiben: „[...] le flou et le vague, [...], la fugacité des impressions" (Amp 8e s., 2, 355). Dennoch entwikkelt er Regeln, wie dem entgegengewirkt werden könne. Der Traum müsse sofort nach dem Erwachen niedergeschrieben werden, der Träu-

---

17 Ebd., 460 f.

18 Sowohl Freud als auch Nicolas Vaschide führen in ihren gut dokumentierten Arbeiten über den Traum hauptsächlich Artikel aus der *Revue philosophique* an, andere Artikel sind eher verstreut.

19 Dr. Laupts, „Le Fonctionnement cérébral pendant le rêve et pendant le sommeil hypnotique", in: *Annales médico-psychologiques* 8e série, 2 (1895), 354-375. Der Autor, Dr Laupts, nimmt die Existenz verschiedener Zentren im Gehirn an, auf deren Tätigkeit das Denken beruhe. Das Hauptzentrum, „centre supérieur" genannt, koordiniere dabei die Informationen, die von den untergeordneten Zentren geliefert würden. Während Laupts im Tiefschlaf die komplette Ruhe aller Zentren annimmt, ist der Traum für ihn durch den Ausfall dieses höheren Zentrums bei fortwährender Tätigkeit der anderen Zentren gekennzeichnet.

mer müsse oft und klar träumen, und die Methode müsse auf möglichst viele Personen ausgeweitet werden (Amp 8e s., 2, 355). Mit diesen Anforderungen erklärt sich auch, warum die *Annales médico-psychologiques* um 1900 nicht mehr der Hauptort der Traumdiskussion sein können und die Psychopathologie sich aus dem Traumdiskurs verabschiedet. Die Patienten, von deren Träumen die Psychiater um 1850 hauptsächlich ausgingen, werden den genannten strengen Anforderungen an den Träumer nicht gerecht; sie können ihren Ärzten somit keine gemäß den neuen wissenschaftlichen Anforderungen erhobenen Träume liefern. Dies zeigt auch deutlich der Aufsatz von Alexandre Pilcz, der die Ärzte vor allem zum Studium eigener Träume aufruft und bei den Patienten eine strenge Auswahl trifft[20].

Obwohl im Vorwort der ersten Nummer der *Revue philosophique* (1876) betont wird, daß diese Zeitschrift für alle philosophischen Schulen – es werden Positivismus, experimentelle Psychologie, Kritizismus und Spiritualismus aufgeführt – offen sein will, zeigt sich deutlich eine Orientierung an den positiven Wissenschaften und der experimentellen Psychologie, während der Metaphysik nur gnadenhalber noch ein Plätzchen zugestanden wird. So steht auch bei der Vorstellung der fünf wichtigsten Gebiete der Philosophie die Psychologie an erster Stelle vor Moral, Naturwissenschaft, Metaphysik und Geschichte der Philosophie. Explizit endet das Vorwort mit dem Aufruf, Fakten und Dokumente zu liefern, und tatsächlich entspinnt sich die Diskussion über den Traum in den Jahren 1894-1898 hauptsächlich in den Rubriken „Notes et discussions" und „Observations et documents". Generell wird auf eine präzisere Beobachtung gedrungen, wobei Victor Egger, der sich selbst als „psychologue philosophe" bezeichnet[21], allerdings vor der Fixierung auf die experimentelle Forschung warnt, die vor Illusionen gleichfalls nicht sicher sei (RP 40, 46).

In der *Revue philosophique* erscheinen zahlreiche, meist sehr kurze – im übrigen auch von Freud zur Kenntnis genommene – Aufsätze über den Traum. Diese stammen sowohl von genuin psychologisch ausgerichteten Autoren als auch von solchen, die sich als Gelegenheitspsychologen

---

[20] Alexandre Pilcz, „Quelques contributions à la psychologie du sommeil chez les sains d'esprit et chez les aliénés", in: *Annales médico-psychologiques* 8e série, 6 (1899), 66-75. An akuter Psychose und verschiedenen Formen der Demenz leidende Patienten schließt er von vornherein aus, lediglich bei den Träumen intelligenter Paranoiker meint er, gute Ergebnisse erhalten zu können (Amp 8e s., 6, 71 f.).

[21] Victor Egger, „Le Souvenir dans le rêve", in: *Revue philosophique* n° 46 (1898), 154-157, hier: 156. Artikel aus der *Revue philosophique* werden im folgenden nach der ersten vollständigen Nennung unter Angabe der Sigel RP, der Bandnummer und der Seitenzahl im Text zitiert.

bezeichnen und ihre Beobachtungen den Psychologen zur Verfügung stellen. Letzteres gilt vor allem für den sich wenig erfolgreich als Dichter versuchenden Jacques Le Lorrain (1856-1904)[22] und den Wissenschaftshistoriker Paul Tannery (1843-1904)[23] sowie für Edmond Goblot (1858-1935), der sich mit anderen, mehr philosophisch ausgerichteten Themen beschäftigt und nur gelegentlich Bemerkungen zum Traum einstreut[24]. Zu den eigentlichen Psychologen sind Victor Egger (1848-1909)[25] und Frédéric Paulhan (1856-1931)[26] zu rechnen, die später auch Gründungsmitglieder des ‚Institut psychologique' werden, außerdem Ludovic Dugas (1857-193?[27])[28], Jean Clavière[29] und Marcel Foucault, der mit einer Arbeit über den Traum promoviert wird (1865-1935?)[30]. In der *Revue philosophique* beschäftigen vor allem die Themen der Traumerinnerung und der

---

22 Vgl. Michel Golfier, „Jacques Le Lorrain", in: *Les Ratés de la littérature*. Deuxième Colloque des Invalides, 11 décembre 1998, textes réunis par Jean-Jacques Lefrère, Michel Pierssens et Jean-Didier Wagneur, Tusson 1999, 67-75.

23 Die wichtigsten Veröffentlichungen von Paul Tannery sind: *Pour l'Histoire de la science hellène. De Thalès à Empédocle*, Paris 1887; ders., *La Géométrie grecque. Comment son histoire nous est parvenue et ce que nous en savons*, Paris 1887; ders., *Recherches sur l'histoire de l'astronomie ancienne*, Paris, Bordeaux 1893 sowie die Ausgaben der Werke des Mathematikers Pierre de Fermat (*Œuvres*, publ. par les soins de MM. Paul Tannery et Charles Henry, Paris 1891-96) und von René Descartes (*Œuvres*, publiées par Charles Adam et Paul Tannery, sous les auspices du Ministère de l'Instruction publique, Paris 1897-1913).

24 Wichtigste Veröffentlichungen: Edmond Goblot, *De Musicae apud veteres cum philosophia conjunctione, thesim Facultati litterarum parisiensi proponebat Edmond Goblot*, Paris 1898; ders., *Essai sur la classification des sciences*, Paris 1898; ders., *Le Vocabulaire philosophique*, Paris 1901.

25 Wichtigste Veröffentlichungen: Victor Egger, *La Physiologie cérébrale et la psychologie*, Angers 1877; ders., *La Parole intérieure, essai de psychologie descriptive. Thèse présentée à la Faculté des lettres de Paris par Victor Egger*, Paris 1881.

26 Wichtigste Veröffentlichungen: Frédéric Paulhan, *Les Phénomènes affectifs et les lois de leur apparition. Essai de psychologie générale*, Paris 1887; ders., *L'Activité mentale et les éléments de l'esprit*, Paris 1889; ders., *La Fonction de la mémoire et le souvenir affectif*, Paris 1904.

27 Die Angaben zu den Lebensdaten entstammen dem Katalog der ‚Bibliothèque nationale de France', die dort zum Teil mit Fragezeichen versehen sind. Umfangreichere Angaben lassen sich jedoch in einschlägigen bibliographischen Nachschlagewerken nicht finden. In den *Archives biographiques* etwa sind die Autoren gar nicht aufgeführt, und im *Index biographique français* sind zwar viele, aber nicht alle dieser Daten überprüfbar.

28 Ludovic Dugas, *De Psittacismo, thesim Facultati litterarum Parisiensi proponebat ad doctoris gradum promovendus L. Dugas*, Paris 1894; ders., *La Timidité. Étude psychologique et morale*, Paris 1898; ders., *L'Imagination*, Paris 1903.

29 Jean Clavière, *Le Travail intellectuel dans ses rapports avec la force musculaire mesuré au dynamomètre*, Paris 1901.

30 Marcel Foucault, *De Somniis observationes et cogitationes. Thesim proponebat Facultati litterarum Universitatis parisiensis Marcellus Foucault*, Lugduni 1901. Später auch: *Le Rêve. Études et observations*, Paris 1906.

Traumgeschwindigkeit die Autoren, während die um 1850 die Traumforschung beherrschenden Themen von Automatismus und Somnambulismus jetzt weitgehend ohne den Traum auskommen und im Zusammenhang mit Hysterie und Hypnose weiterverfolgt werden.

Ausgangspunkt der Debatte über Geschwindigkeit und Erinnerung des Traums, die Mitte der 90er Jahre durch einen Artikel von Jacques Le Lorrain in der *Revue philosophique* initiiert wird, ist die bekannte Passage aus Maurys *Le Sommeil et les rêves* (1861), in der dieser einen Traum schildert, in dem er die gesamte französische Revolution durchlebt und am Ende guillotiniert wird. Beim Aufwachen stellt er bekanntlich fest, daß sein Bettaufsatz heruntergefallen ist und ihn am Nacken getroffen hat. Daraus folgert er, daß der gesamte, mehrere Jahre umfassende Traum innerhalb der Bruchteile von Sekunden stattgefunden haben müsse, die zwischen diesem Aufprall und dem Erwachen lagen[31]. Le Lorrain, der sich selbst als Gelegenheitspsychologen bezeichnet, unterzieht diesen Traum und die von vielen Autoren übernommenen Schlußfolgerungen einer Kritik, bei der er vor allem die Genauigkeit der Beobachtung anzweifelt. Die Beschleunigung des Denkens im Traum hält Le Lorrain nicht für möglich, weil er von einer verminderten Hirntätigkeit im Schlaf ausgeht, die zur Verlangsamung führen müßte: „[…] dans le sommeil le cerveau s'anémie : ainsi sa vertu fonctionnelle diminuera dans la proportion où l'irrigation sanguine se ralentit"[32]. Neben der Physiologie bemüht Le Lorrain allerdings auch die Psychologie als Erklärungsmodell, in deren Rahmen die fehlende Zügelung der besonders intensiven Bilder zur Besonderheit des Traums wird: „Les images débridées galopent comme des folies carnavalesques, secouant leurs oripeaux, brandissant leurs

---

31 Vgl. Maury, *Le Sommeil et les rêves*, Kap. VI, 133-134 ([1]1861) bzw. 161 ([4]1878). Zuerst veröffentlicht in: Maury, „Nouvelles observations", in: Amp 2e s., 5, 404-421, hier: 418. Neben Erklärungsansätzen, die den Traum für eine vorgefertigte Phantasie oder eine Rekonstruktion nach dem Aufwachen halten, hat Maurys Traum auch Anlaß zur These der Zeitumkehr im Traum gegeben, die u. a. von Nietzsche vertreten wird. Ein moderner Versuch, das Phänomen zu erklären, findet sich bei Jens Schlieter, „Kontext(er)findung. Zur Deutung der ‚Zeitumkehr im Traum'", in: *Zeitschrift für Philosophie* (1996), 247-258. Schlieter, der sich vor allem auf die Erklärungsansätze von Freud und Nietzsche bezieht, hält die Richtigkeit der Erklärungen bezüglich der Zeiterfahrung im Traum nicht für entscheidbar. Entweder werde die durch Simultaneität bzw. Kopräsenz geprägte Zeiterfahrung des Traums im Moment des Erwachens durch das Wachbewußtsein in eine temporal-serielle Reihung umgeordnet, was allerdings oft nur unvollständig geschehe, oder aber der Eindruck der zeitlichen Simultaneität im Traum beruhe auf einer „enormen Beschleunigung und Verdichtung der *seriellen* Zeiterfahrung", die in eine parallele Kopräsenz übergehe.

32 Jacques Le Lorrain, „De la durée du temps dans le rêve", in: *Revue philosophique* n° 38 (1894), 275-279, hier: 276.

torches“ (RP 38, 277). Le Lorrains doppelte Argumentation wird so in sich widersprüchlich. Während er aufgrund physiologischer Argumente der Beschleunigung des Denkens im Traum widerspricht, legt seine psychologische Beschreibung der Vorgänge eine solche Annahme entgegen seiner ausdrücklichen Aussage nahe. Hier klingt auch eine Wertschätzung des Traums durch:

> Il vous échoit des aventures dont la vie normale écoulée ne fournit pas de modèles, on y voit des sites, des monuments, des personnages inconnus… inconnus pour la personnalité consciente en moins, car il se peut que toutes ces sensations ne soient que le réveil d'impressions résiduelles subconscientes (RP 38, 278).

Während der Gelegenheitspsychologe sich also an Janets Modell der doppelten Persönlichkeit anlehnt, betrachtet der Dichter in ihm den Traum nicht als „misère psychologique“, sondern als Bereicherung der Erfahrungswelt. Im Gegensatz zu den meisten anderen Autoren schreibt Le Lorrain dem Traum auch kreative Fähigkeiten zu: „Tout n'est pas que reviviscence dans les scènes de rêve. Les éléments psychiques se combinent à nouveau et réalisent des synthèses inédites“ (RP 38, 278). Einen Ansatz für eine Erklärung des Traums von Maury liefert Le Lorrain erst am Ende nach: entweder habe dieser sich im Moment des Aufwachens an schon bereitliegende Bilder erinnert, oder er habe den Traum erst beim Erwachen konstruiert. Während Freud die erste dieser Hypothesen aufgreifen wird (TD 476 ff.), bewegt die Diskussion in der *Revue philosophique* sich vor allem in die zweite Richtung[33].

Von den beiden Autoren, die direkt auf Le Lorrains Artikel reagieren, Frédéric Paulhan und Paul Tannery, ist letzterer der interessantere. Er

---

[33] So beispielsweise Frédéric Paulhan, „Sur l'activité de l'esprit dans le rêve“, in: *Revue philosophique* n° 38 (1894), 546-548, Victor Egger, „La Durée apparente des rêves“, in: *Revue philosophique* n° 40 (1895), 41-59, dann erneut Le Lorrain, „Le Rêve“, in: *Revue philosophique* n° 40 (1895), 59-69, L[udociv?] D[ugas?], „L'Appréciation du temps dans le rêve“, in: *Revue philosophique* n° 40 (1895), 69-72. Eine kurze Bemerkung dazu macht auch Edmond Goblot, „Le Souvenir des rêves“, in: *Revue philosophique* n° 42 (1896), 288-290. Mit gewissem zeitlichem Abstand und neuen Zeitmessungen reagiert Jean Clavière, „La Rapidité de la pensée dans le rêve“, in: *Revue philosophique* n° 43 (1897), 507-512, der zudem eine Zusammenfassung des Standes der Debatte gibt (RP 43, 507 f.).
Die naheliegende Annahme, daß der Traum bereits vor dem Einfluß des äußeren Reizes begonnen hat und nur in eine andere Richtung gelenkt wird, bringen lediglich Le Lorrain (RP 40, 60) und L. D. (RP 40, 70-72) ins Spiel. Bei den anderen Autoren ist die Überzeugung, daß nur ein physischer Reiz den Traum auslösen könne, offenbar zu stark verwurzelt. Egger macht bezüglich anderer Träume immer wieder die Annahme, daß der Weckreiz bereits vor dem Aufwachen unbewußt gewirkt habe und so den Traum schon zeitlich früher ausgelöst haben könnte.

weist nicht nur die Kritik Le Lorrains zurück, sondern wirft auch das weitere, in der Folgezeit ebenfalls diskutierte Problem auf, ob man sich im Traum an einen anderen Traum erinnern könne[34]. Während Paulhan eine relativierende Zwischenposition bezieht und vor allem weitere Daten fordert (RP 38, 548), berichtet Tannery von einer Methode, die es ihm erlaubt habe, die Dauer seiner Träume zu messen. Dabei sei er zu dem Ergebnis gekommen, daß innerhalb kürzester Zeit lange Träume ablaufen könnten[35]. Die Erklärung, die Tannery für die hohe Geschwindigkeit der Träume bietet, beruht auf der Annahme, daß es sich um Folgen von Bildern handle, die wie bei den Vorführungen einer Laterna magica vor dem Geist des Träumers erscheinen. Die Inkohärenz des Traumes entstehe zumeist daraus, daß die Bilder sich überlagerten und keine logische Verbindung aufwiesen. Dies sei im Fall von Maurys Traum anders, was jedoch nichts an der Darbietungsform ändere:

> Cette histoire, Maury ne l'a pas vécue comme un roman qu'on lit, il l'a vue comme un spectacle de lanterne magique et la part d'illusion sur le temps due à son imagination après le réveil consisterait au plus en ce qu'elle aurait relié les différents tableaux de ce spectacle[36].

Die Dimension des Erlebens wird dem Traum hierbei explizit abgesprochen[37], Tannery reduziert ihn auf eine Vorführung und legt den Träumer damit auf eine Zuschauerrolle fest. Dabei macht er die Annahme, daß die Zeit des Betrachtens wesentlich kürzer ist als die erlebte Zeit. Egger, der sich dieser Auffassung anschließt, führt das Beispiel an, daß man innerhalb von zehn Minuten eine illustrierte Geschichte Frankreichs durchblättern könne, in der die Ereignisse von Jahrhunderten dargestellt seien (RP 40, 47). Interessant ist, daß Tannery zwei Arten von Träumen unterscheidet, die man – so seine Terminologie – als physiologische und psychologische bezeichnen könnte. Im ersten Fall seien die Träume nicht wirklich inkohärent, sondern allenfalls absurd und bizarr, vor allem aber sei das Ich gefühlsmäßig involviert. Für diese Träume nimmt Tannery

---

[34] Vgl. etwa Egger, RP 40, 57-59, erneut Tannery, „Sur la mémoire dans le rêve", in: *Revue philosophique* n° 45 (1898), 636-640, dann Egger, RP 46, 154-157 und wieder Tannery, „Sur la paramnésie dans le rêve", in: *Revue philosophique* n° 46 (1898), 420-423, schließlich einige Jahre später P. Rousseau, „La Mémoire des rêves dans le rêve", in: *Revue philosophique* n° 55 (1903), 411-416.

[35] Diese Ergebnisse werden von anderen Autoren wiederum in Frage gestellt, zur methodischen Kritik vgl. vor allem Egger (RP 40, 41-49), für andere empirische Ergebnisse vgl. Clavière (RP 43, 507-512).

[36] Paul Tannery, „Sur l'activité de l'esprit dans le rêve", in: *Revue philosophique* n° 38 (1894), 630-633, hier: 633.

[37] Ebenso Goblot: „[…] le rêve étant une série de tableaux, et non pas une série d'événements" (RP 42, 290).

einen physischen Reiz als Traumauslöser an. Im zweiten Fall jedoch, wo es zu den oben beschriebenen Bilderfolgen komme, liege dem Traum eine unbewußte Ideenbildung zugrunde (RP 38, 632). Diese ist kein unbewußter Wunsch und insofern noch deutlich von Freuds Traumtheorie entfernt; die Konzeption zeigt aber, daß der Traum nicht nur als somatischer Vorgang begriffen wird, der sich am psychischen Apparat äußert, sondern durchaus als eigenständiger psychischer Vorgang. Auch Le Lorrain macht Beobachtungen, die für den heutigen Leser in die Richtung Freuds zu weisen scheinen, etwa wenn er sich im Traum in die Kindheit zurückversetzt fühlt[38], von der Regression des Traums spricht[39] und davon, daß im Traum alle seine Wünsche als erfüllt erscheinen (RP 40, 68). Für diese Beobachtungen verfügt die zeitgenössische Psychologie jedoch nicht über adäquate Formulierungsmöglichkeiten, so daß es in ihrem Rahmen nicht möglich ist, darauf ein Modell der Psyche zu begründen, wie Freud es weniger Jahre später tun wird.

Interessanter als die einzelnen Erklärungsversuche für die Geschwindigkeit des Traums sind daher auch die methodischen Bemerkungen, die er hervorruft. Verschiedentlich werden Zweifel an der Genauigkeit von Maurys Traumniederschrift laut. Vor allem Victor Egger, der annimmt, daß Maury den genannten Traum vor der Entwicklung seiner Methode geträumt und später aus dem Gedächtnis berichtet habe, äußert hier Bedenken, problematisiert die Frage nach der Traumerinnerung und systematisiert erstmals die Überlegungen zum Aufschreiben des Traums. Egger unterscheidet je nach psychologischer Professionalität zwei Arten der Traumerzählung: der Gelegenheitspsychologe gebe seinen Traum wie eine Anekdote oder eine phantastische Erzählung wieder, während der geübte Psychologe sich nicht für die Geschichte, sondern für die Erlebens- und Wahrnehmungsweise des Träumers interessiere:

> Un psychologue d'occasion racontera ses rêves comme autant d'anecdotes ; le récit en sera rapide et vivant, mais trompeur ; lorsqu'un psychologue exercé raconte les siens, il ressemble au critique d'art expliquant laborieusement un tableau dont nous saisirions en trois regards et le sens et l'effet ; il a soin de distinguer ce qui est image, ce qui est idée, ce qui est sentiment [...], il s'intéresse bien moins à l'histoire racontée par le rêve qu'au moi dissocié, déséquilibré, anormal, qui a été l'auteur et la dupe de cette histoire. A procéder autrement il risquerait de transformer un fait psychologique intéressant en un mauvais conte fantastique. [...] Le romancier imite l'histoire vraie, la vie réelle ; le rêve que le psychologue doit

38 „Je retrouve mon âme de petit enfant qui sourit et s'étonne" (RP 40, 67).

39 „Le rêve marque et réalise un phénomène de régression" (RP 40, 68).

décrire tel qu'il est, le rêve a ses lois propres, différentes de celles de la vie réelle (RP 40, 45).

Egger unterscheidet so die narrativ ausgerichtete Erzählung des Schriftstellers von der deskriptiv orientierten Wiedergabe des Psychologen, die zwischen Bild, Vorstellung und Gefühl zu differenzieren hat. In seiner Vorstellung werden durch die Narrativierung die Traumbilder verfälscht, weil eventuell in der Erinnerung fehlende Elemente durch die Logik des Wachlebens ersetzt werden: „[...] la logique de la vie réelle se substitue pour une part aux consécutions fantaisistes de l'état de rêve" (RP 40, 41). Trotz des Beispiels der phantastischen Erzählung unterstellt er der Schilderung des Romanschriftstellers eine solche Annäherung an das reale Leben. Der Psychologe hingegen habe sich solcher Zusammenhänge zu enthalten und die einzelnen Bilder analog der Aufgabe des Kunstkritikers zu beschreiben.

Unter Beachtung einiger Regeln hält Egger es für möglich, den Traum „tel qu'il est" wiederzugeben. Der wichtigste Grundsatz dabei ist der, daß der Traum sofort nach dem Erwachen aufzuschreiben ist: „[...] le seul moyen d'éviter toute erreur en pareille matière est de confier au papier sans le moindre retard ce que l'on vient d'éprouver et de remarquer" (RP 40, 41). Denn später würden durch ein Teilvergessen, das er für gefährlicher als das komplette Vergessen hält, Elemente eingefügt, die nicht mehr den grundsätzlich vom wachen Leben unterschiedenen Gesetzen des Traums gehorchen. In seinen eigenen Traumberichten ebenso wie in seiner Rekonstruktion anderswo berichteter Träume unterteilt Egger den Traum in einzelne Bilder, die er durchnumeriert, was dann auch dazu beitragen soll, die Zeit im Traum in etwa messen zu können[40]. Eggers Bestimmung des Bildes schwankt zwischen der Bezeichnung als Skizze oder Zeichnung[41], wie sie der Beschreibung eines Kunstkritikers zugrunde liegt, und der als Bühnenbild, bei der das Bild gleichzeitig zur Zeiteinheit des Traums erhoben wird: „L'unité de temps, dans les récits de rêves, est presque toujours le *tableau*, autrement dit le décor où pense, parle et s'agite le moi du dormeur" (RP 40, 47). Dieses Schwanken zwischen statischem Bild und dynamischer Szene ist charakteristisch für den psychologischen Traumdiskurs um 1900, geht aber auf die Ansätze von Maury um 1850 zurück. Die Vorstellung vom Traum als Abfolge statischer Bilder bewegt sich im Rahmen der Assoziationspsy-

---

[40] „Trois tableaux, dans un rêve, cela demande au plus une seconde" (RP 46, 154).

[41] „Les *visas* du rêve sont toujours très pauvres en détails, ce sont des croquis sommaires ; si on les suppose fixés sur un papier, un très rapide coup d'œil suffirait pour les saisir" (RP 40, 50).

chologie, die annimmt, daß im Gedächtnis gespeicherte Bilder („images mentales") nacheinander ablaufen, während mit der Theatermetaphorik der Versuch gemacht wird, die Dimension des Erlebens durch den Träumer mit einzubeziehen. Obwohl Egger das Träumen explizit mit dem Betrachten eines Buches vergleicht, wird das Bild in dieser Bestimmung zum Ort des Handelns für das Traum-Ich.

Jean Clavière sieht sehr wohl die unterschiedlichen Dimensionen dieser Vergleiche und bringt sie mit zwei verschiedenen Prozessen in Verbindung, nämlich mit der Assoziation und mit der Synthese. Dabei ordnet er das Aufrufen der diskontinuierlichen Bilder dem Gesetz der Assoziation zu, während er deren Weiterverarbeitung zu Szenen und die Herstellung logischer Zusammenhänge dem Gesetz der Synthese zuschreibt[42]. Allgemein zeigt sich eine Tendenz, den Traum selbst stärker mit Elementen der Diskontinuität zu verbinden und die Synthesen dem wachen oder erwachenden Denken zuzuordnen. Edmond Goblot geht sogar so weit, den Traum nicht als Produkt des Schlafs, sondern als Produkt des Aufwachens zu betrachten[43]. Am systematischsten untersucht diesen Aspekt Marcel Foucault in seinem Aufsatz von 1906 über die Entwicklung des Traums während des Aufwachens[44]. Zur Grundlage seiner Arbeit werden unterschiedlich notierte Traumberichte. Die einen beruhen auf einer unmittelbaren Niederschrift nach dem Erwachen, die Foucault als „notation immédiate" bezeichnet, die anderen auf einem späteren Aufschreiben, der „notation différée". Durch den Vergleich solcher Niederschriften glaubt Foucault, den Veränderungen auf die Spur zu kommen, die der Traum durch die Erinnerung erfährt[45]. Schließ-

---

42 „Il est une autre loi qui régit l'esprit, plus importante encore que la loi d'association [qui évoque les images acceptées comme sensations réelles dans le rêve, S. G.], puisqu'elle est la loi fondamentale, c'est la loi de synthèse qui de ces images fait des tableaux, de ces tableaux des scènes" (Clavière, RP 43, 508). Ähnlich auch Tannery, der im Moment des Aufwachens die „images fugitives encore présentes en ce moment à la mémoire" und „le travail logique, inconsciemment commencé pendant le rêve, pour relier entre eux les tableaux successifs, travail qui en prolonge la durée apparente et en altère déjà les dessins" unterscheidet (RP 45, 639).

43 „« Le rêve, a-t-on dit, est la pensée du sommeil ». A-t-on jamais songé à mettre en doute l'exactitude de cette formule ? Je pense qu'il convient de la modifier, et de dire : « Le rêve *dont on se souvient* est la pensée du réveil »" (RP 42, 288). Zur von ihm vermuteten Kontinuität von Traum und Wachen vgl. auch Goblot, „Sur le souvenir du rêve", in: *Revue philosophique* n° 44 (1897), 329.

44 Marcel Foucault, „L'Évolution du rêve pendant le réveil", in: *Revue philosophique* n° 58 (1904), 459-481. Damit bezieht er auch die Überlegungen von Edmond Goblot ein, der den gesamten Traum der Phase des Aufwachens zuordnet: „[...] un rêve est un réveil qui commence" (Goblot, RP 42, 290).

45 „Il suffit pour cela de trouver la loi suivant laquelle le rêve se déforme en devenant un souvenir du rêve, le sens dans lequel il évolue pendant le réveil" (RP 58, 459).

lich hofft er, aufgrund der einmal erkannten Gesetzmäßigkeiten, gemäß deren sich die Erinnerung des Traums nach dem Erwachen verändere, auch Rückschlüsse auf die Veränderungen während des Erwachens ziehen und den ursprünglichen Traum rekonstruieren zu können[46]. Als Ergebnis der Gegenüberstellung von Traumberichten nach dem Prinzip der „notation immédiate" und der „notation différée" formuliert er:

> [...] les rêves complexes de notation immédiate, saisis au début du réveil sont composés de tableaux discontinus ; les rêves complexes de notation différée, ou rêves de mémoire, présentent un enchaînement plus ou moins parfait, une dramatisation plus ou moins achevée des tableaux composants ; donc les représentations qui se trouvent présentes à l'esprit au début du réveil s'organisent pendant le réveil de façon à former une suite continue, le rêve, en devenant un souvenir de rêve, évolue dans le sens de la continuité logique (RP 58, 480 f.).

Ordnung und Zusammenhang des Traums gehen in dieser Perspektive also auf die Leistung des wachen Denkens zurück, während der Traum selbst nur zusammenhanglose Bilder bereitstellen kann. Freud wird diesen Prozeß die sekundäre Bearbeitung nennen, dem die Autoren vor ihm die ganze Leistung der Traumbildung zugeschrieben hätten (TD 482 f.). Diese Annahmen der Psychologen, die außerdem auf der Existenz eines äußeren Reizes für den Traum bestehen[47], machen den Traum tatsächlich zu einer niederen Funktion des Geistes ohne psychische Leistung. Eine Aufwertung der besonderen Leistungen des Traums ist, wie oben erwähnt, eher bei den Gelegenheitspsychologen Le Lorrain und Tannery zu finden.

Eggers Kriterien zum besseren Aufschreiben des Traums werden allgemein beachtet. So numeriert etwa Tannery die Bildfolgen seiner Träume (vgl. RP 45, 638 ff.), während Le Lorrain das sofortige Aufschreiben seines Traums als Beleg für die Exaktheit anführt. Dieser Fall ist besonders interessant, weil der Text keineswegs die von Egger geforderten psychologischen Details enthält und nicht in der Art der Bildbeschrei-

[46] „Une fois cette évolution connue, au moins dans ses traits essentiels, nous pourrons soumettre le souvenir du rêve à une analyse régressive, et retrouver le terme premier de cette évolution, la forme sous laquelle existaient avant que la mémoire infidèle leur eût donné une forme nouvelle, les sensations et les images qui sont contenues dans le rêve une fois fixé" (RP 58, 459).

[47] Vgl. Egger: „La sensation qui provoque le rêve doit figurer à un titre quelconque dans le premier tableau et dans les suivants, et non pas seulement dans le dernier" (RP 40, 44).

bung verfaßt ist, sondern genau die von Egger verworfene Form einer schlechten phantastischen Erzählung annimmt[48]:

> [...] j'en puis offrir un [rêve] qui est rigoureusement exact parce qu'il a été écrit au moment de réveil. Ce rêve ouvre un roman que je compte publier sous peu : ce détail expliquera sa forme un peu gongorisante parfois. Mais la phrase n'enlève rien à la vérité du fond (Le Lorrain, RP 40, 61).

Bei Le Lorrain, der diesen Traum im Kontext der *Revue philosophique* nicht als literarischen Text, sondern als Material für eine psychologische Analyse bereitstellt, fehlt noch stärker als bei Egger das Bewußtsein, daß die verbale Wiedergabe des Traums nie mit dem Traum identisch sein kann und daß die sprachliche Form des Traumberichts immer eine Dimension der Uneigentlichkeit enthält. Aber auch Egger ist der Ansicht, daß der Traum eine von der sprachlichen Form der Erzählung unabhängige Substanz hat, die durch die sofortige Niederschrift erhalten werden kann. Als Verfälschungsfaktor gilt lediglich das Vergessen bzw. der Prozeß des Erinnerns, nicht jedoch das Aufschreiben.

Ein weiteres Thema, das im Zusammenhang dieser Diskussion aufkommt, ist die Frage, ob es nicht noch andere Träume gibt als die, an die wir uns erinnern. Edmond Goblot macht die Beobachtung, daß Personen sich an Träume, in denen sie laut gesprochen haben, nicht erinnern, und Paul Tannery stellt die These auf, daß Erinnerungen im Traum, die nicht der Wirklichkeit entsprechen, auf frühere Träume zurückgehen, und daher von einer Kontinuität der Träume ausgegangen werden könne (RP 45, 637). Obwohl Dugas es für unsinnig hält, über nicht erinnerte Träume zu spekulieren[49], bleibt eine Faszination für diese unzugänglichen Träume, die eine andere methodische Herangehensweise nahelegen, nämlich die der Beobachtung von außen. Dieser Weg wird von Nicolas Vaschide eingeschlagen, der beginnt, Träumer gezielt zu beobachten und gegebenenfalls zu wecken.

---

[48] Der Traumbericht beginnt wie folgt: „Je cheminais sur une route que bordaient de cyclopéennes architectures, tout une série géante de Chillambaram et d'Ang-Kor. Tout de suite l'envie me saisit de m'aventurer parmi ces ruines, car j'avais le sentiment de pénétrer dans un monde vierge, interdit à mes frères humains" (ebd.). In diesem Stil, der keinerlei der laut Gollut typischen Anzeichen für einen Traumbericht erkennen läßt, folgt ein zwei Seiten langer Bericht des Traums. Der Text ist reich an Metamorphosen, an phantastischen Elementen – es fehlen nicht das Schloß und eine junge blonde Frau –, er zeichnet sich durch eine klare zeitliche Reihung aus („puis", „tout de suite", „soudain"), und er wechselt zwischen „imparfait" und „passé simple".

[49] „Les rêves dont on ne se souvient pas [...], on peut bien admettre qu'ils existent, mais il est oiseux d'en parler, et on n'en saurait rien dire" (Ludovic Dugas, „Le Souvenir du rêve", in: *Revue philosophique* n° 44 (1897), 220-223, hier: 220).

1.3 Nicolas Vaschide und die Träume des Tiefschlafs

Nicolas Vaschides Veröffentlichungen über den Traum verblüffen zunächst durch ihre Heterogenität. Liefert er einerseits eine Reihe von Studien über die Psychologie und Psychophysiologie des Traums, besonders zur Rolle von Zeit, Aufmerksamkeit und Gedächtnis im Traum, sowie Betrachtungen zur medizinischen Verwertung des Traums und Methoden zur experimentellen Forschung, so publiziert er andererseits Arbeiten zum prophetischen Traum in der Antike, in der Bibel, bei den Arabern und bei sogenannten wilden Völkern[50]. Vaschide verfolgt damit verschiedene gängige Ansatzpunkte, wobei der originellste sicherlich der Versuch einer methodischen Grundlegung der experimentellen Traumforschung ist, die er in seinem Buch *Le Sommeil et les rêves* (1911) in Angriff nimmt. Dieses Werk besteht aus drei Teilbüchern: das erste ist dem Schlaf bzw. den Theorien darüber gewidmet, das zweite der Geschichte der Traumforschung und enthält Besprechungen der Arbeiten Maurys, Hervey de Saint-Denys', Freuds und Mourly Volds, und im dritten stellt Vaschide seine eigenen Arbeiten vor, die sich im wesentlichen auf die Frage nach Traum und Erinnerung sowie auf seine Methoden beziehen. In seinen Ausführungen zu diesem letzten Punkt geht er allerdings nicht über die Diskussion der Zeit hinaus, sondern faßt im wesentlichen die Artikel der *Revue philosophique* sowie einige weitere Publikationen zusammen. Neues ist vielmehr in seinen Methodenkapiteln zu finden.

Die Frage nach der wissenschaftlichen Methodik hat bei Vaschide einen sehr hohen Stellenwert; so stellt er den Besprechungen der anderen Arbeiten ein Kapitel über experimentelle Methoden voraus, in denen er die Methoden seiner Vorgänger recht radikal beurteilt. Alle medizinischen und klinischen Beobachtungen läßt er ganz beiseite, weil diese Daten zum einen wenig systematisch erhoben worden seien, zum anderen Mechanismus und Struktur des Traums vernachlässigten. Dieser Vorwurf trifft beispielsweise alle Psychiater der *Annales médico-psychologiques* um 1850. Als ersten Autor, mit dem der Beginn der Traumforschung angesetzt werden könne, nennt Vaschide Alfred Maury, dessen bis 1878 in vier Auflagen erschienenes Werk seit den achtziger Jahren als Standardwerk gelten kann. Maury gilt ihm ebenso wie Hervey de Saint-Denys sowohl als Beispiel für die „méthode subjective ou introspective directe" als auch für die „méthode objective", die wie bei Maury in der durch eine zweite Person kontrollierten Selbstbeobachtung oder

[50] Eine Bibliographie seiner Arbeiten ist dem Buch *Le Sommeil et les rêves* (1911) vorangestellt.

aber wie bei Hervey de Saint-Denys im künstlichen Hervorrufen von Träumen bestehen kann[51]. Vaschide hebt trotz seiner Vorbehalte gegenüber der seiner Ansicht nach zu starken Subjektivität – das Buch von Hervey de Saint-Denys bezeichnet er als eine wahre Autobiographie[52] – das Experimentelle an beiden Arbeiten hervor, wenn er Maury als „un vrai expérimentateur"[53] und das Buch von Hervey de Saint-Denys als „ce beau travail expérimental"[54] bezeichnet. Letzteres stellt er dabei über die Arbeit von Maury, weil darin Beobachtung und Versuche im Vordergrund stünden und auf Erklärungsmodelle weitgehend verzichtet werde:

> Des recherches de Maury il nous restera l'analyse de ce qu'il appelait l'*embryogénie du rêve*, l'histoire des hallucinations hypnagogiques ; le marquis d'Hervey pénètre plus intimement dans le problème, il est plus psychologue, et, en nous donnant la méthode pratique de diriger nos rêves, il jette par ses observations claires, vraiment expérimentales et précises, une lumière vive, malheureusement peu connue des auteurs contemporains. [...] Ne pouvant pas suivre tout le trajet des fibres nerveuses jusqu'au cerveau et n'imaginant pas le jeu fantastique de la mécanique cérébrale, il demandait aux faits, à ses seules données mentales, la solution pratique des éléments principaux du problème qu'il poursuivait, laissant les grandes questions dans leur position classique, ou ne se le [sic] posant guère[55].

Vaschides Kritik an Hervey de Saint-Denys richtet sich vor allem auf drei Punkte: die Vernachlässigung der Autosuggestion, die fehlende Unterscheidung zwischen Traum und Schlaf sowie die Vernachlässigung organischer Reize und der Umstände des Einschlafens. Diese Mängel meint er jedoch mit weiteren Studien beseitigen zu können und betont, daß er selbst auf diese Arbeit aufbaue[56].

---

[51] Der Marquis d'Hervey de Saint-Denys versuchte mittels experimenteller Anordnungen, Träume zu erzeugen, etwa wenn er mit zwei Frauen jeweils zu einer bestimmten Musik tanzte und sich die jeweilige Musik während des Schlafens vorspielen ließ, um von der einen oder anderen Frau zu träumen (vgl. Hervey de Saint-Denys, *Les Rêves et les moyens de les diriger*, 214 f.).

[52] „Le livre du marquis d'Hervey est une vraie autobiographie" (Vaschide, *Le Sommeil et les rêves*, 138). Tatsächlich sieht der Sinologe Hervey de Saint-Denys sich anders als die Mediziner und Philosophen genötigt, seine Qualifikation für die Arbeit zu rechtfertigen, wozu er es unternimmt, den Leser mit seinem Leben vertraut zu machen: „Quelle qualité a-t-il [l'auteur, S. G.], en définitive, pour aborder un sujet aussi délicat ? Il est indispensable que les [sic!] lecteur le sache, et je n'imagine point de meilleure façon de l'en instruire que de lui raconter très simplement comment ces pages sont venues au jour" (Hervey de Saint-Denys, *Les Rêves et les moyens de les diriger*, 2).

[53] Vaschide, *Le Sommeil et les rêves*, 81.

[54] Ebd., 167 f.

[55] Ebd., 169 f.

[56] Ebd., 174.

Abschließend stellt Vaschide seine eigene Methode vor, die im wesentlichen darin besteht, Versuchspersonen aus dem Schlaf zu wecken und nach ihren Träumen zu befragen, nicht ohne vorher die Tiefe des Schlafs zu bestimmen. Vaschide versucht also, durch neue Methoden auch den in der *Revue philosophique* noch als unzugänglich erachteten Träumen des Tiefschlafs auf die Spur zu kommen. Das hat vor ihm bereits Alexandre Pilcz mit der Methode der Selbstbeobachtung versucht, wobei ihm zugute kam, daß er während seiner Bereitschaftsdienste im Krankenhaus oft aus dem Schlaf geweckt wurde. Während Pilcz meint, bei seiner Selbstbeobachtung thematische Korrelationen zur Tiefe des Schlafes entdecken zu können[57], versucht Vaschide, dem Geheimnis der Träume des Tiefschlafs mit der Methode der Fremdbeobachtung zu Leibe zu rücken, und wagt den Versuch, die Träume quasi synchron am Körper des Träumers abzulesen:

> Les muscles vous imposent un langage particulier, les contractions et les tremblements des paupières vous donnent d'autres indices, de même que les contractions des massétères, des orbiculaires des lèvres, des muscles peauciers, des temporaux, la dilatation des narines, la coloration de la figure, etc., toute la physionomie vous esquisse presque un alphabet. Je crois être arrivé à établir réellement un certain alphabet de ces nombreux complexus, et d'ici à la divination de la pensée, il n'y a qu'un pas[58].

Vaschide läutet damit die moderne Schlaflaborforschung ein, in der Geräte die physischen Veränderungen bei den Schlafenden aufzeichnen. Da er aber selbst diese Rolle übernimmt, kommt zugleich eine hermeneutische Grundeinstellung ins Spiel, die diesen Veränderungen einen Sinn zuschreiben will, sie als Sprache betrachtet bzw. als am Körper ablesbare Schrift.

In kurzer und prägnanter Form stellt Vaschide die ersten Ergebnisse seiner Experimente, die allerdings ohne Gedankenlesen auskommen, bereits in seinem Bericht auf der Sitzung der ‚Académie des sciences' am 17.07.1899 vor[59]. Vaschide hat verschiedene Personen im Alter zwischen einem und achtzig Jahren, die von den Experimenten zumeist nichts wußten, während ihres Schlafs beobachten und teilweise auch wecken

---

[57] „Il y a une certaine corrélation entre la profondeur du sommeil et la matière des rêves. Le sommeil le plus profond est sans rêves. Dans le sommeil d'une profondeur moyenne, des associations et des images plus anciennes apparaissent. Des impressions nouvelles ne s'entremêlent dans le rêve que lors d'un sommeil peu paisible" (Pilcz, Amp 8e s., 6, 75).

[58] Vaschide, *Le Sommeil et les rêves*, 112.

[59] Nicolas Vaschide, „Recherches expérimentales sur les rêves. De la continuité des rêves pendant le sommeil", in: *Comptes rendus hebdomadaires des séances de l'Académie des sciences* 129 (1899), 183-186.

lassen, wobei er die Tiefe des Schlafs dadurch bestimmte, wie schwer sie zu wecken waren. Sein erstes Ergebnis lautet, daß immer, auch im Tiefschlaf, geträumt werde. Diesen Traum des Tiefschlafs, den er auch als „vrai rêve“ bezeichnet, gelte es unbedingt von den hypnagogen Halluzinationen des Einschlafens zu unterscheiden, auf die sich die Forschung bisher beschränkt habe. Die Träume des Tiefschlafs betrachtet Vaschide als Produkte einer unbewußten Hirntätigkeit, die zur Problemlösung beitragen können:

> Les rêves recueillis pendant le sommeil profond révèlent les étapes et l'existence de ce travail cérébral inconscient, auquel nous devons, à notre grand étonnement, la solution des problèmes qui nous occupent depuis longtemps et qui ressortent brusquement, comme par miracle[60].

Mit der Unterscheidung zwischen zwei Arten von Träumen gelingt Vaschide die Aufwertung der Träume des Tiefschlafs. Automatismus, Chaos und Bizarrheit läßt er als Merkmale für die bisher studierten hypnagogen Halluzinationen gelten, während er den Träumen des Tiefschlafs über die Annahme einer unbewußten Hirntätigkeit nicht nur einen Beitrag zur Problemlösung, sondern auch Charakteristika des wachen Denkens wie Logik, Aufmerksamkeit und Willen zuschreibt[61]. In seinen Formulierungen ist Vaschide dabei recht vorsichtig, denn diese Eigenschaften wurden dem Traum im psychopathologischen Diskurs um 1850 fast völlig abgesprochen, und auch die Diskussion in der *Revue philosophique* hat ja gezeigt, daß der Traum zumeist als rein mechanistische und rudimentäre Bilderfolge bei verminderter Hirntätigkeit entworfen wurde. Die Aufwertung der Träume des Tiefschlafs bei Vaschide wird durch die Annahme einer unbewußten Denktätigkeit im Wachleben möglich, die dann auch auf den Traum ausgedehnt wird. Dabei tendiert er dazu, diesen Träumen eine eigene Form von Wirklichkeit zuzuschreiben. Dies beruht zum einen auf seiner Beobachtung, daß die Träume einer Nacht eine gewisse, auf einer gemeinsamen Assoziation beruhende Einheit bilden, zum anderen darauf, daß die Träume des Tiefschlafs weniger flüchtig seien als die in leichteren Schlafphasen, so daß genau proportio-

---

60 Ebd., 184.

61 „Le *chaos du rêve* [...] de même que les *clichés souvenirs*, [...] sont presque absents dans les vrais songes, qui paraissent être dirigés par une certaine logique inconsciente, par l'attention et la volonté, et encore par ce quelque chose qui nous échappe et qui nous fait penser au delà des images du rêve, dont parlait Aristote“ (ebd.). Ähnliche Unterscheidungen werden in der modernen Schlaflaborforschung zwischen REM-Träumen und NON-REM-Träumen getroffen, so seien erstere „perceptual, vivid, bizarre, affect-laden, elaborate and symbolic“, letztere hingegen eher „thought-like, rational, conceptual, and realistic“ (vgl. Fiss, „The post-Freudian Dream“, 14.)

nal zur Tiefe des Schlafs der Traum sich von der Realität entferne und Zugang zur persönlichen Vergangenheit biete: „Plus le sommeil est profond, plus les rêves concernent une partie antérieure de notre existence et sont loin de la réalité“[62]. Baudelaires Bestreben, neben dem aus Tagesresten zusammengesetzten „rêve naturel“ eine andere Form des Traums zu bestimmen, findet sich in veränderter Form also auch bei Vaschide. Zwar zeichnet sich sein Traum des Tiefschlafs wie Baudelaires „rêve hiéroglyphique“ dadurch aus, daß er keine Verbindung zum Alltagsleben aufweist, aber nicht mehr die Absurdität ist sein Kennzeichen, sondern eine dem Wachleben verwandte Logik, die auf einer unbewußten Denktätigkeit beruht. Dieses unbewußte Denken ist für Vaschide offenbar kein simpler Automatismus, sondern eine höhere Tätigkeit, die auch zur Problemlösung fähig ist. Bei Vaschide wird der Traum also mehr als nur eine bizarre Folge von Bildern, er wird zumindest ansatzweise in die Persönlichkeit des Träumers integriert.

1.4 Der Traum in Henri Bergsons Gedächtnistheorie

Bei Henri Bergson, der in *Matière et mémoire* (1896) eine umfassende Theorie zu Wahrnehmung und Gedächtnis aufstellt, steht der Traum nicht im Vordergrund des Interesses. Er hält jedoch im März 1901 einen Vortrag über den Traum am ‚Institut psychologique', in dem er die Annahme von Sinnes- und Leibreizen als Traumauslösern mit seiner Wahrnehmungs- und Gedächtnistheorie verbindet[63]. Auch wenn er im wesentlichen auf die Beobachtungen und Theorien von Maury und den Autoren der *Revue philosophique* zurückgreift, verfügt er damit über einen Rahmen, der weitergehende Annahmen zum Unterbewußten erlaubt. Diese stimmen nur sehr bedingt mit Freuds Konzeption des Unbewußten überein, prägen aber den Diskurs in Frankreich.

---

[62] Vaschide, „Recherches expérimentales sur les rêves“, 185.

[63] Henri Bergson, „Le Rêve. Conférence faite à l'Institut psychologique le 26 mars 1901“, in: *Bulletin de l'Institut psychologique international* n° 3 (1901), 103-122. Im folgenden wird dieser Aufsatz aufgrund der besseren Zugänglichkeit in der Regel nach der Werkausgabe, welche die für die Buchausgabe von *L'Énergie spirituelle* überarbeitete Fassung von 1919 wiedergibt, mit der Sigel R und Nennung der Seitenzahl im Text zitiert: Bergson, „Le Rêve“, in: ders., *Œuvres*, 878-897. Die Überarbeitungen sind im wesentlichen stilistischer Natur und zielen darauf, den Duktus des Mündlichen aus der Vortragsfassung zu tilgen. Nur gelegentlich sind die Unterschiede gravierender, dann wird ggf. nach der Erstfassung zitiert.

Wichtigster Ansatzpunkt für Bergson ist die Hypermnesie des Traums, auf die er bereits in *Matière et mémoire* hinweist, da sie ein Hauptkennzeichen des Zustandes ist, den er dort als Traumzustand bezeichnet:

> Un être humain qui *rêverait* son existence au lieu de la vivre tiendrait sans doute ainsi sous son regard à tout moment la multitude infinie des détails de son histoire passée[64].

Dieser Traumzustand ist das eine Extrem einer Vielzahl von Bewußtseinsebenen, die Bergson beim Menschen ansetzt. Es ist die Ebene des Geistes im Reich seiner Erinnerungen, der am anderen Ende der Skala die Ebene des Körpers gegenübersteht, der Erinnerungen als motorische Gewohnheiten speichert und in der Wahrnehmung senso-motorische Arbeit leistet[65]. Für Bergson ist die Wahrnehmung immer eine Kombination von Sinnesreiz und Erinnerung[66]. Gleiches setzt er für den Traum an, der immer auf realen Wahrnehmungen beruhe: „Ce n'en est pas moins avec de la sensation réelle que nous fabriquons du rêve" (R 884). Das können entweder den Schlaf durchdringende Sinnesreize wie Lichtquellen, Geräusche und taktile Empfindungen sein oder aber Leibreize, die der Träumer im Schlaf wahrnimmt. Ohne diese Sinnesempfindungen, die das Material bereitstellen, kann es für Bergson keinen Traum geben[67]. Als zweite Komponente müsse dann eine Erinnerung hinzukommen, die der unbestimmten Empfindung ihre präzise Form aufpräge[68].

---

64 Bergson, *Matière et mémoire*, in: ders. *Œuvres*, 159-378, hier: 295.

65 „Entre le plan de l'action, – le plan où notre corps a contracté son passé en habitudes motrices, – et le plan de la mémoire pure, où notre esprit conserve dans tous ses détails le tableau de notre vie écoulée, nous avons cru apercevoir au contraire mille et mille plans de conscience différents, mille répétitions intégrales et pourtant diverses de la totalité de notre expérience vécue" (ebd., 371).

66 „Nous n'apercevons de la chose que son ébauche ; celle-ci lance un appel au souvenir de la chose complète ; et le souvenir complet, dont notre esprit n'avait pas conscience, qui nous restait en tout cas intérieur comme une simple *pensée*, profite de l'occasion pour s'élancer dehors. C'est cette espèce d'hallucination, insérée dans un cadre réel, que nous nous donnons quand nous *voyons* la chose" (R 889).

67 Damit erklärt er auch den angeblich geringen Prozentsatz von auditiven Wahrnehmungen im Traum: „Avec rien le rêve ne fait rien ; et là où nous ne lui fournissons pas une matière sonore, il a de la peine à fabriquer de la sonorité" (R 881).

68 „Quelle est la forme qui imprimera sa décision à l'indécision de la matière ? – Cette forme est le souvenir" (R 884). In Zusammenhang mit dieser Behauptung schließt auch Bergson sich der inzwischen verbreiteten Annahme Maurys an, daß der Traum kein kreatives Potential habe, sondern lediglich Erinnerungen aufbereite: „[…] le rêve ne crée généralement rien […] il n'est guère que la résurrection du passé" (R 884 f.). Die populären Beispiele für schöpferische Tätigkeit im Traum, die Macario noch mit großer Überzeugung präsentiert hatte, erklärt Bergson als Hinzufügungen der Imagination des wachen Künstlers: „L'imagination du dormeur qui s'éveille ajoute parfois au

Worin besteht dann aber der Unterschied zwischen Wahrnehmen und Träumen? Bergson verwirft die gängigen Theorien, die die Besonderheiten des Traums auf die im Schlaf statthabende Abkehr von der Welt oder die Herabsetzung der höheren Vermögen zurückführen, um lediglich ein Nachlassen der Konzentration als Unterschied anzuerkennen:

> Où est la différence essentielle entre le rêve et la veille ? Nous nous résumerons en disant que les mêmes facultés s'exercent, soit qu'on veille soit qu'on rêve, mais qu'elles sont tendues dans un cas et relâchées dans l'autre. Le rêve est la vie mentale tout entière, moins l'effort de concentration (R 893).

Im Wachen erfolgt für Bergson eine Konzentration der Aufmerksamkeit auf die Gegenwart, während im Traum auch weiter entfernte Erinnerungen die Möglichkeit haben, sich an einen Sinnesreiz anzuschließen. Um dies zu verdeutlichen greift er auf das Bild der Pyramide als Speicherort der Erinnerungen zurück. Deren Spitze stehe mit der Gegenwart in Verbindung und sei zugänglich. Der Untergrund jedoch werde, und hier kehrt die Gespensterrhetorik von Lélut wieder, zum Tummelplatz für eine Unzahl weiterer Erinnerungen, die für Bergson den Charakter von Gespenstern haben:

> [...] nos souvenirs, à un moment donné, forment un tout solidaire, une pyramide, si vous voulez, dont le sommet sans cesse mouvant coïncide avec notre présent et s'enfonce avec lui dans l'avenir. Mais derrière les souvenirs qui viennent se poser ainsi sur notre occupation présente et se révéler au moyen d'elle, il y en a d'autres, des milliers et des milliers d'autres, en bas, au-dessous de la scène illuminée par la conscience. Oui, je crois que notre vie passée est là, conservée jusque dans ses moindres détails, et que nous n'oublions rien, et que tout ce que nous avons perçu, pensé, voulu depuis le premier éveil de notre conscience, persiste indéfiniment. Mais les souvenirs que ma mémoire conserve ainsi dans les plus obscures profondeurs y sont à l'état de fantômes invisibles (R 886).

Diesen unsichtbaren Gespenstern stellt Bergson das wache und handelnde Ich gegenüber, das keine Zeit hat, sich mit ihnen zu beschäftigen, wodurch sie im Untergrund bleiben müssen. Erst bei Abwesenheit des in einer konkreten Situation handelnden Ichs, etwa im Schlaf, ergibt sich für die Gespenster-Erinnerungen die Möglichkeit, an die Oberfläche zu kommen:

> Ces souvenirs immobiles, sentant que je viens d'écarter l'obstacle, de soulever la trappe qui les maintenait dans le sous-sol de la conscience, se met-

---

rêve, le modifie rétroactivement, en bouche les trous, qui peuvent être considérables" (R 884).

> tent en mouvement. Ils se lèvent, ils s'agitent, ils exécutent dans la nuit de l'inconscient, une immense danse macabre. Et, tous ensemble ils courent à la porte qui vient de s'entr'ouvrir (R 886).

Bergson entwickelt hier eine Vorstellung des Unterbewußten, die tatsächlich topographisch gedacht ist und sich deutlich von Freuds Konzeption des Unbewußten unterscheidet. Denn sein Unterbewußtes wird keineswegs in den dynamischen Kategorien von Verdrängung und Zensur gedacht und entspricht allenfalls Freuds Begriff des Vorbewußten. Wenn Bergson Erinnerungen als unbewußt bezeichnet – „les souvenirs qui attendent au fond de l'inconscient" (R 887) – , so meint er damit nur diejenigen, die momentan nicht im Bewußtsein vorhanden sind, vergleichbar denjenigen Objekten, die aktuell nicht im Wahrnehmungsbereich des Beobachters liegen. Prinzipiell sind diese Erinnerungen jedoch jederzeit zugänglich, sie müssen nur aktiviert werden. Voraussetzung für die Überschreitung der Bewußtseinsschwelle ist lediglich, daß sie einen Anknüpfungspunkt an die aktuelle Situation finden, was im Traum aufgrund des Nachlassens der Konzentration leichter möglich ist als im Wachzustand[69].

Bergsons gedächtnistheoretischer Ansatz bringt es mit sich, daß das Problem der Traumaufzeichnung nicht eigens berührt und die Methodenproblematik der Traumforschung nur gestreift wird. Bergson bedient sich der Selbstbeobachtung, auch wenn er die daran formulierte Kritik wiederholt. Am Beispiel von Maury und Hervey de Saint-Denys weist er auf deren Schwächen hin, vor allem auf das Problem, das sie von halb schlafenden Psychologen durchgeführt werde. Er selbst praktiziert eine, wie er meint, schwierigere, aber genauere Methode, die er von dem amerikanischen Philosophen G. T. Ladd übernommen hat und die darin besteht, den Übergang zwischen Wachen und Traum nicht beim Einschlafen, sondern beim Aufwachen zu beobachten. Dafür müsse man die Augen zunächst noch geschlossen halten und den Übergang zu erfassen suchen (R 879). Am Beispiel eines Traums, in dem das reale Bellen eines Hundes zu dem wiederholten Ruf „à la porte, à la porte" geworden sei, läßt Bergson illustrierend einen Dialog zwischen seinem wachen Ich und dem Traum-Ich stattfinden, in dem das wache Ich das Traum-Ich nach seinem Tun befragt. Dieses antwortet, daß die Frage falsch herum gestellt sei, denn nicht es selber tue etwas, um das Bellen zu verändern, sondern das wache Ich müsse etwas tun, um das Bellen zu identifizieren:

---

[69] „Mais si notre passé nous demeure presque tout entier caché parce qu'il est inhibé par les nécessités de l'action présente, il retrouvera la force de franchir le seuil de la conscience dans tous les cas où nous nous désintéresserons de l'action efficace pour nous replacer, en quelque sorte, dans la vie du rêve" (Bergson, *Matière et mémoire*, 295).

> « Or, je te le disais tout à l'heure : je diffère de toi précisément en ce que je ne fais rien. L'effort que tu fournis sans trêve, je m'abstiens purement et simplement de le donner. [...] veiller, c'est vivre de la vie psychologique normale, c'est lutter, c'est vouloir. Quant au rêve, as-tu besoin que je te l'explique ? C'est l'état où tu te retrouves naturellement dès que tu t'abandonnes, dès que tu négliges de te concentrer sur un seul point, dès que tu cesses de vouloir. Si tu insistes, si tu exiges qu'on t'explique quelque chose, [...] adresse-toi alors à la psychologie de la veille. Elle a pour principale fonction de te répondre, car *veiller* et *vouloir* sont une seule et même chose. » Voilà ce que dirait le moi des rêves. Et il nous raconterait beaucoup d'autres choses si nous le laissions faire (R 893).

Obwohl Bergson gemäß der Logik des Traumdiskurses um 1850 den Traum als das freie Spiel der Erinnerungen ansetzt, während er das Wachen dem Willen zuordnet und so den Traum letztlich als gegenüber dem Wachleben defizitär betrachtet, kehrt er mit dieser fiktiven Worterǵreifung des Traum-Ichs die Perspektive um. Dies mag mit einer zunehmenden Faszination für das Unbewußte zusammenhängen, die ihn sein Interesse auch auf die möglicherweise ganz anders funktionierenden Träume des Tiefschlafs lenken läßt. Im Anschluß an Pilcz und Vaschide geht auch Bergson, zumindest in der Fassung von 1901, von unterschiedlichen, von der Tiefe des Schlafs abhängigen Arten von Träumen aus. Während er für den leichten und mittleren Schlaf annimmt, daß diejenigen Erinnerungen, die am Tag zuvor kurz aufgetaucht sind, zu den Traumgedanken werden, hält er für die Träume des tiefen Schlafs, die normalerweise vergessen werden, eine andere Funktionsweise für möglich:

> Il est vrai que dans le sommeil très profond la loi qui régit la réapparition des souvenirs pourrait être bien différente. [...] Ce sont sans doute des scènes extrêmement anciennes, scènes de jeunesse ou d'enfance, que nous revivons alors dans tous leurs détails, avec la nuance affective qui les colora et imprégnées de cette fraîche sensation d'enfance et de jeunesse que nous chercherions vainement à ressusciter pendant la veille[70].

Diese Passage, die Bergson 1919 nur sehr verkürzt in die Buchfassung übernimmt, verdeutlicht wichtige Merkmale des Traumdiskurses um 1900. Zum einen läßt sie erkennen, wie sehr der vergessene Traum zu Spekulationen reizt, zum anderen läßt sie die Unterschiede zu Freuds Traumtheorie deutlich hervortreten. Bei Bergson werden im Traum vergessene Erinnerungen detailgetreu in allen affektiven Färbungen reproduziert, während sie bei Freud durch die Mechanismen der Traumarbeit entstellt und die dazugehörigen Affekte verschoben werden können.

---

[70] Bergson, „Le Rêve", in: *Bulletin de l'Institut psychologique international* n° 3 (1901), 121.

Dieser Aufsatz Bergsons zeigt ebenso wie die Artikel aus der *Revue philosophique*, daß die Leitlinien für den Traumdiskurs, die um 1850 durch Baillargers Theorie des Automatismus, Maurys Beobachtungen zu den hypnagogen Halluzinationen und die Fragestellung der ;Académie des sciences morales et politiques' vorgegeben wurden, fortwirken. Große inhaltliche Neuerungen sind nicht zu beobachten. Zwar geht die vermögenspsychologische Argumentation zurück, aber die Vorstellungen vom Automatismus und der Existenz eines Unbewußten haben sich durchgesetzt. Die Rolle der Imagination ist wesentlich geringer als in Baillargers Automatismus-Theorie; an ihre Stelle treten die diffusen Sinneswahrnehmungen und Leibreize. Dies war jedoch bereits bei Maury und Lélut in ähnlicher Weise zu beobachten. Neu ist, daß die im Traum beobachtete Hypermnesie in Verbindung mit den weiter gediehenen Vorstellungen vom Unbewußten einen wichtigen Status erhält. Allerdings wird das Unbewußte in Frankreich vor allem als Gedächtnisspeicher entworfen, der nur im Traum zugänglich ist. Freuds Behauptung, der Traum werde nur als Äußerung von Veränderungen am somatischen Apparat begriffen, ist nicht ganz zutreffend; zumindest ansatzweise – vor allem bei Le Lorrain und Dugas – findet sich auch die Annahme, daß unbewußte Vorstellungen zum Traumauslöser werden können und die somatischen Reize nur eine sekundäre Rolle spielen. Neu ist im wesentlichen die Unterscheidung zwischen den Träumen des leichten Schlafs und den Träumen des Tiefschlafs, auf die Vaschide mit seinen neuen Methoden die Aufmerksamkeit lenkt.

Wirkliche Änderungen ergeben sich im Hinblick auf die Methoden. Hier wird vor allem auf eine objektivere Beobachtung gedrungen. Daran zeigt sich erneut, daß der immer nur ungenügend erforschte Traum sich bestens eignet, um neue Methoden zu proklamieren. Hatte er um die Mitte des 19. Jahrhunderts vor allem das Interesse der noch jungen Psychiatrie geweckt, so hat die Psychopathologie gegen Ende des Jahrhunderts nur mehr wenig Neues zum Traum beizutragen. Er rückt jetzt ins Blickfeld der experimentellen Psychologie, die eine Weiterentwicklung der neuen Form der Psychologie darstellt, welche die ,Académie des sciences morales et politiques' 1855 anläßlich ihrer Preisfrage zu Traum und Schlaf eingefordert hatte. Bergson wiederum nimmt im Jahr 1901 seinen Vortrag über den Traum zum Anlaß, die Psychologie zur Leitwissenschaft des 20. Jahrhunderts auszurufen:

> Explorer l'inconscient, travailler dans le sous-sol de l'esprit avec des méthodes spécialement appropriées, telle sera la tâche principale de la psychologie dans le siècle qui s'ouvre. Je ne doute pas que de belles découver-

tes ne l'y attendent, aussi importantes peut-être que l'ont été, dans les siècles précédents, celles des sciences physiques et naturelles (R 897).

Für ambitionierte Literaten bietet diese auf Objektivierung der Selbstbeobachtung zielende Art der Traumforschung jedoch nur wenig Anknüpfungspunkte, weshalb hier die „autobiographisch" angelegten Werke von Maury und Hervey de Saint-Denys wichtig bleiben. Wesentlich geeigneter erscheint zudem die Psychoanalyse, deren Grundlagenbuch, die *Traumdeutung*, ebenfalls stark autobiographische Züge trägt, und die auch den Traum zum Ausgangspunkt ihrer Forschungen nimmt. Diese wird in Frankreich jedoch nur zögerlich rezipiert.

1.5 Die Rezeption der *Traumdeutung* in Frankreich

Eine der ersten Erwähnungen von Freuds *Traumdeutung* in Frankreich findet sich in dem zitierten Aufsatz von Bergson in Zusammenhang mit der Beobachtung, daß vor allem unbedeutende Ereignisse des Tages im Traum auftauchen: „Je me rallie sur ce point aux observations de Delage, de W. Robert et de Freud"[71]. In der Erstfassung des Vortrags taucht Freud also eher am Rande in einem Atemzug mit heute vergessenen Autoren auf, während Bergson Vaschide ausdrücklich als einen Forscher nennt, auf dessen Arbeiten die Traumforschung große Hoffnungen für die Zukunft legen könne[72]. In der Buchfassung von 1919 läßt er allerdings die explizite Nennung von Vaschide sowie dessen Annahmen über die Träume des Tiefschlafs fallen, obwohl er an der Notwendigkeit der Erforschung dieser Träume festhält. Dafür fügt er eine Fußnote ein, die auf die verdrängten Regungen der Schule Freuds hinweist, die in die Betrachtungen einbezogen werden müßten, ohne daß er seinen Text jedoch erweitern würde. In der Fußnote verweist er außerdem auf die Entwicklung der Freud-Rezeption: „À l'époque où fut faite la présente conférence, l'ouvrage de Freud sur les rêves avait paru, mais la « psycho-analyse », était très loin de son développement actuel" (R 896).

1919 ist die Entwicklung der Psychoanalyse deutlich fortgeschritten, sie hat aber in Frankreich noch nicht ihren endgültigen Namen „psychanalyse" erhalten, sondern trägt noch den der „psychoanalyse", den die Psychiater Emmanuel Régis und Angelo Hesnard 1914 für ihre erste

---

71 Ebd.

72 „Je crois que des expériences récentes, encore inédites, de M. Vaschide, vont jeter quelque lumière sur ce sommeil profond et qu'elles nous montreront ici des rêves beaucoup plus cohérents que ceux dont nous conservons habituellement le souvenir" (ebd.).

umfassende Darstellung der Psychoanalyse in französischer Sprache gewählt hatten. Trotz ihres Eintretens für die Psychoanalyse waren sie noch der germanophoben Tradition und der Kritik Janets verhaftet geblieben und verkannten die Bedeutung des Traums[73]. Übersetzt ist im Jahr 1919 noch immer keines von Freuds Werken, obwohl sich Samuel Jankélévitch bereits 1911 als potentieller Übersetzer an Freud gewandt hatte. Freud warnt in seinem Antwortbrief vor einer Übersetzung der *Traumdeutung*, die er zwar für am wichtigsten, aber auch für nahezu unübersetzbar hält. Zudem befürchtet er, dieses „schwer lesbare" Buch werde die Franzosen von jeder weiteren Lektüre abschrecken. Er schlägt statt dessen vor, die *Psychopathologie des Alltagslebens*, die „leicht und amüsant" sei, zu übersetzen, knüpft aber die Bedingung daran, daß gleichzeitig die *Drei Abhandlungen zur Sexualtheorie* und fünf in Amerika gehaltene Vorträge mit dem Titel *Über Psychoanalyse* auf Französisch erscheinen sollen[74]. Dieses Programm wird tatsächlich verwirklicht: 1921 erscheint die Schrift *Über Psychoanalyse* unter dem Titel *La Psychanalyse*[75], 1922 die *Psychopathologie de la vie quotidienne*[76] sowie die erst 1915-17 entstandenen *Vorlesungen zur Einführung in die Psychoanalyse* als *Introduction à la psychanalyse*[77] und 1923 die *Trois essais sur la théorie de la sexualité*[78]. Einen weiteren Meilenstein bildet schließlich das Jahr 1926, im dem zum einen die erste französische psychoanalytische Gesellschaft, die ‚Société psychanalytique

[73] Régis, Hesnard, *La Psychoanalyse des névroses et des psychoses.* Der Streit um das Wort wird im deutschsprachigen Raum um das Jahr 1908 ausgetragen (vgl. dazu und zur Einschätzung des Buches Roudinesco, *Histoire de la psychanalyse en France*, Bd. 1, 271 f. und 274 f.).

[74] Brief von Freud an Jankélévitch, 13. 4. 1911, Freud Collection, ‚Library of Congress', Washington, zitiert nach Lydia Marinelli, Andreas Mayer, „Vom Methodenbuch zum historischen Dokument. Sigmund Freuds *Traumdeutung* im Prozeß ihrer Lektüren (1899-1930)", in: dies., *Die Lesbarkeit der Träume*, 37-125, hier: 120 f.

[75] Sigmund Freud, *La Psychanalyse*, traduction française par Yves Le Lay, avec une introduction par Édouard Claparède, Paris 1921. 1923 erfolgt eine Neuauflage unter dem Titel *Cinq leçons sur la psychanalyse.* Die bibliographischen Angaben folgen dem Katalog der ‚Bibliothèque nationale de France'. Marguerite Bonnet gibt in *André Breton: Naissance de l'aventure surréaliste* (Paris 1975) leicht differierende Angaben, v. a. bezüglich der Erscheinungsjahre. Laut Élisabeth Roudinesco erscheinen die *Cinq leçons* bereits Ende 1920 in Genf unter dem Titel *Origine et développement de la psychanalyse* (Roudinesco, *Histoire de la psychanalyse en France*, Bd. 2, 88).

[76] Sigmund Freud, *La Psychopathologie de la vie quotidienne. Application de la psychanalyse à l'interprétation des actes de la vie courante*, Traduit de l'allemand, avec l'autorisation de l'auteur, par le docteur Samuel Jankélévitch, Paris 1922.

[77] Sigmund Freud, *Introduction à la psychanalyse*, Traduit de l'allemand avec l'autorisation de l'auteur, par le docteur S. Jankélévitch, Paris 1922.

[78] Sigmund Freud, *Trois essais sur la théorie de la Sexualité*, Traduit de l'allemand, par le docteur Blanche Reverchon, Paris 1923 (Les Documents bleus).

de Paris', gegründet[79] und zum anderen endlich die *Traumdeutung* übersetzt wird[80].

Eine ausführliche Darstellung der Freud-Rezeption in Frankreich hat Elisabeth Roudinesco in ihrer *Histoire de la psychanalyse en France* gegeben. Hier soll lediglich die Rezeption der Traumlehre im Rahmen des bisher skizzierten Diskurses und im Zusammenhang mit dem Surrealismus untersucht werden. Dabei bietet es sich zunächst an, das Freud-Kapitel in Vaschides Buch *Le Sommeil et les rêves* sowie den ersten ausführlichen Aufsatz über die *Traumdeutung* in der *Revue philosophique* von Nicolas Kostyleff zu betrachten. Beide Arbeiten erscheinen im Jahr 1911 und legen eine erhebliche Skepsis gegenüber Freuds Hauptannahmen an den Tag. Dieses Jahr, in dem auch Jankélévitch sich erstmals wegen einer möglichen Übersetzung an Freud wendet, ist nach Roudinesco noch der Vorphase der Freud-Rezeption zuzurechnen. Als im Juni des Jahres 1924 eine Sondernummer der von den belgischen Surrealisten herausgegebenen Zeitschrift *Le Disque vert* mit dem Titel *Freud et la psychanalyse* erscheint, ist die Psychoanalyse hingegen gerade aufgrund der Übersetzungen bereits deutlich über die Fachwelt hinaus bekannt[81]. Neben dem Interesse der intellektuellen Milieus ist allerdings ein starker Antifreudianismus zu beobachten[82], der auch viele der Artikel in *Le Disque vert* prägt. Selbst bei den Literaten läßt sich trotz der oft deutlich artikulierten Zustimmung gleichzeitig eine große Abwehrhaltung erkennen.

Im Jahr 1911 ist die *Traumdeutung* trotz der fehlenden Übersetzung in der französischen Fachwelt schon so bekannt, daß Guillaume Léonce Duprat seinen Artikel *Le Rêve et la pensée conceptuelle* in der *Revue philosophi-*

---

79 Gründungsmitglieder sind: Marie Bonaparte, Eugénie Sokolnicka, Angelo Hesnard, René Allendy, Adrien Borel, René Laforgue, Rudolph Loewenstein, Georges Parcheminey und Édouard Pichon (vgl. den Bericht in der *Revue française de psychanalyse* 1 (1927), 3).

80 Sigmund Freud, *La Science des rêves*, Traduit sur la 7e édition allemande, par Ignace Meyerson, directeur adjoint du laboratoire de psychologie de la Sorbonne, Paris 1926 (Bibliothèque de philosophie contemporaine). Zuvor erscheint bereits die Schrift *Über den Traum* (1901) unter dem Titel *Le Rêve et son interprétation*, Traduit de l'allemand par Hélène Legros, Paris 1925 (Les Documents bleus).

81 Ab 1922 hält die Psychoanalyse Einzug in die Salons und wird dank der Verbreitung in literarischen und kosmopolitischen Zeitschriften einem größeren Publikum zugänglich (vgl. Roudinesco, *Histoire de la psychanalyse en France*, Bd. 2, 87-95).

82 Als Beleg für den Antifreudianismus sei nur folgende Passage aus der *Patrie* vom 15. Juli 1924 zitiert: „On ne saurait nier que le freudisme s'infiltrant dans l'opinion fut un agent d'obscénité et de démoralisation. Il n'est donc pas seulement absurde, il est dangereux au premier chef… C'est ainsi qu'en Amérique les jeunes filles ont un manuel pour trouver la signification sexuelle de leurs rêves. On crée ainsi des névrosés qui finissent par être en proie au désir érotique" (zitiert nach Roudinesco, *Histoire de la psychanalyse en France*, Bd. 1, 283).

que mit dem Hinweis beginnt, daß die *Traumdeutung* für viele Psychologen der Ausgangspunkt für neue Forschungen geworden sei, obwohl sein Artikel selbst nicht daran anknüpft[83]. Tatsächliche Besprechungen bieten Nicolas Vaschide und Nicolas Kostyleff, die das Buch beide im Original lesen können. Dabei stellt Vaschide Freud in die Nachfolge von Maury und Hervey de Saint-Denys, während Kostyleff, der mit seinen Arbeiten vor allem die Würzburger Schule der experimentellen Denkpsychologie und die russische Schule der Reflexologie mit ihren Hauptvertretern Iwan Pawlow und Wladimir Bechterew in Frankreich bekannt macht[84], den Versuch unternimmt, die Freudsche Traumtheorie im Sinne dieser Schule umzuformulieren.

Vaschide lobt an Freud vor allem die Materialbasis und versucht, ihn als Fortsetzer Maurys einzuordnen[85]. Obwohl er die *Traumdeutung* eingangs als sehr vollständiges und systematisches Werk bezeichnet[86], bleibt sein Bericht darüber merkwürdig bruchstückhaft, was nicht nur an der von ihm vorgebrachten Begründung liegt, er wolle Wiederholungen vermeiden. Vaschide läßt die Fragen nach Form und Material des Traums, sowie nach der Umformung der latenten Traumgedanken zum manifesten Traum anfangs bewußt beiseite[87], ohne sie jedoch später wieder aufzunehmen. Die Unterscheidung von manifestem Trauminhalt und latenten Traumgedanken kommt lediglich ins Spiel, wenn er Freuds Erläuterungen zu den versteckten Wunschträumen wiedergibt, systematisch erklärt wird sie jedoch nicht. Damit reduziert Vaschide Freuds Traumtheorie auf eine einzige, wenngleich zentrale These, nämlich die des Traums als Wunscherfüllung. Deren Rechtfertigung bleibt in dieser Darstellung allerdings schwer nachvollziehbar, obwohl Vaschide auch Freuds Argumente bezüglich der nicht offen als Wunschträume erkennbaren Träume anführt. Vaschide schildert auf circa 20 Seiten ausführlich

---

[83] Guillaume Léonce Duprat, „Le Rêve et la pensée conceptuelle", in: *Revue philosophique* n° 72 (1911), 285-289.

[84] Vgl. Nicolas Kostyleff, „Les Travaux de l'école de Wurzbourg : Contribution à l'étude objective de la pensée", in: *Revue philosophique* n° 70 (1910), 554-580 und seine Übersetzung von Wladimir Bechterew, *La Psychologie objective* (1907, Übersetzung Paris 1913). Mit der Übersetzung dieses Werks, in dem Bechterew (1857-1927) die Lehre von den Assoziationsreflexen begründet, findet die Reflexologie internationale Beachtung (im selben Jahr erscheint auch eine deutsche Übersetzung).

[85] „L'œuvre [du Dr Freud de Vienne, S. G.] ressemble beaucoup à celle d'Alfred Maury, par l'analyse ingénieuse de ses rêves et la documentation si délicatement enregistrée de son matériel, qui fait de son volume sur les rêves une continuation de l'œuvre solide du savant français" (Vaschide, *Le Sommeil et les rêves*, 135).

[86] „Les travaux de Freud sur le rêve représentent, avec ceux de Maury, l'ensemble le plus complet et le mieux systématisé sur la psychologie du rêve" (ebd., 175).

[87] „Laissons ces questions de côté pour le moment et suivons une seule route" (ebd., 179).

Freuds Beispiele, vor allem die von Hunger und Durst im Traum sowie die Kinderträume, beschränkt sich mit seiner Einschätzung aber auf die lapidare und unbegründete Feststellung, dies erscheine ihm doch etwas übertrieben, mit der das Kapitel abrupt endet:

> L'affirmation de M. Freud, que tout rêve est la réalisation d'un désir, me semble trop catégorique ; elle est souvent vraie, mais il faut éviter d'expliquer tout rêve par cette seule et même affirmation, et de conclure dans ce sens[88].

Die weitergehende Argumentation Freuds bezüglich der Traumarbeit und die metapsychologischen Annahmen erwähnt Vaschide mit keinem Wort; man hat den Eindruck, er habe seine Lektüre der *Traumdeutung* nach dem vierten Kapitel beendet. So entgeht ihm auch die Dimension von Freuds Unbewußtem, das er durchgehend als Unterbewußtes bezeichnet. Ferner spart er alle Hinweise auf Sexuelles aus. Vaschide greift also aus der *Traumdeutung* im wesentlichen die Elemente heraus, die ohne Kenntnis der psychoanalytischen Voraussetzungen zugänglich sind, nämlich die Bequemlichkeits- und Kinderträume.

Nicolas Kostyleff geht in seinem Artikel *Freud et le problème des rêves*[89] weniger selektiv auf die *Traumdeutung* ein, verkennt aber noch massiver die eigentliche Stoßrichtung Freuds. Für die Schule der Reflexologie sind die physiologischen Reaktionen auf Reize zentral, und dies kollidiert naturgemäß mit Freuds Überzeugung, man müsse eine Theorie des Traums psychologisch begründen. Kostyleff versucht, Freuds Konzeption der Funktionsweisen des Unbewußten auf Reflexe zurückführen, was zu mitunter abstrus anmutenden Verzerrungen führt. Er trennt Freuds psychologische Interpretation des Traums von der Beschreibung der Traumarbeit, ohne zu merken, daß er damit Freuds Methode den Boden entzieht:

> L'interprétation de ce rêve va, peut-être, trop loin. Le passage de l'idée au désir repose sur l'hypothèse d'une activité inconsciente du « moi » qui nous paraît bien peu certaine. Mais, que ce soit dans un but ou dans l'autre, pour exprimer un désir ou simplement pour faire revivre une impression, la formation du rêve semble très bien saisie (RP 72, 497).

Diese Einschätzung einer Trauminterpretation Freuds zeigt sehr deutlich die Differenz im Vorgehen. Wo Freud den Weg zum Unbewußten sucht, zielt Kostyleff ausschließlich auf eine psychophysiologische Erklärung der Traumvorgänge. Nach Kostyleff verschwindet das Geheimnis an

---

[88] Ebd., 196.

[89] Nicolas Kostyleff, „Freud et le problème des rêves", in: *Revue philosophique* n° 72 (1911), 491-522.

Freuds Zensur, wenn man sie zur Dissoziation von Hirnreflexen umdeutet. Obwohl von Freuds Theorie so am Ende wenig übrigbleibt, endet Kostyleff mit einem Lob auf Freud, der den Weg zum experimentellen Studium des Traums eröffnet habe.

Das Beispiel von Kostyleffs Freud-Rezeption ist sicher ein extremes; im Verbund mit Vaschide zeigt es aber das Vorherrschen eines experimentellen Paradigmas in der Psychologie, das mit Freuds Psychoanalyse nicht vereinbar ist. Diese Unvereinbarkeit wird allerdings nicht gesehen, sondern Freud wird – unter Reduktion der störenden Elemente – für die Psychologie vereinnahmt.

Eine ähnliche Strategie ist im Bereich der Psychiatrie festzustellen, wo man versucht, Freud als Fortsetzer von Charcot und Janet darzustellen. Während die Psychologen Freuds Arbeiten zum Traum aufgrund des Interesses am Thema rezipieren, ist festzustellen, daß im Rahmen der Psychiatrie, die die Psychoanalyse als Heilmethode einsetzen muß, die Bedeutung des Traums minimiert wird. Das Unbewußte rückt hier ins Zentrum der Rezeption, wobei ein Streit darüber entbrennt, ob im kartesianischen Frankreich überhaupt ein Unbewußtes germanischer Prägung möglich sei. Diese Sicht ist weit über den Kreis der Medizin hinaus verbreitet und läßt sich gut am Beispiel der 1924 erschienenen Sondernummer von *Le Disque vert* zur Psychoanalyse darstellen.

Diese Sondernummer mit dem Titel *Freud et la psychanalyse* vereinigt die Beiträge von sechs sich für die Verbreitung der Psychoanalyse in Frankreich einsetzenden Medizinern[90], drei Psychologen[91] und zahlreichen Vertretern aus dem literarischen Milieu[92]. Diese Relation kann durchaus als relevant für das Interesse der Disziplinen genommen werden, von denen die Psychologie besonders zurückhaltend ist[93]. Generell läßt sich

---

90 Angelo Hesnard, Henri Claude, René Allendy, René Laforgue, Adrien Borel, Jean Vinchon. Nähere biographische Informationen zu den ersten fünf finden sich bei Roudinesco, *Histoire de la psychanalyse en France*, Bd. 1. Jean Vinchon wurde mit einer Arbeit mit dem Titel *Délires des enfants* (Paris 1911) promoviert und zeigt in den 20er Jahren großes Interesse an literarischen Werken. Davon zeugt vor allem sein Buch *L'Art et la folie* (Paris 1924).

91 Édouard Claparède, Professor für Psychologie in Genf, Georges Dwelshauvers, Leiter des Labors für experimentelle Psychologie in Katalonien, und André Ombredane, der später an der Universität Brüssel auf dem Gebiet der Arbeitspsychologie tätig ist.

92 Camille Vettard, Edmond Jaloux, Jacques Rivière, Henri Lenormand, Melot du Dy, Valéry Larbaud, Jean Hytier, Ramon Fernandez, Marcel Arland, J.-C. Grenier, Henri Michaux, André Desson, René Lalou, Paul Dermée und Jean Paulhan.

93 Dies zeigt sich nicht nur in den veröffentlichten Artikeln, sondern auch in den am Ende der Ausgabe abgedruckten Antworten von Psychologen, die um einen Beitrag gebeten wurden, ihn aber verweigert haben. Louis Lapicque etwa, Professor für Allgemeine Psychologie an der Sorbonne, tut dies, weil er Freud jegliche Wissenschaft-

eine Tendenz erkennen, Freud als Fortsetzer der französischen Forscher darzustellen. Georges Dwelshauvers etwa, Leiter des Labors für experimentelle Psychologie in Katalonien, sieht ihn als Fortsetzer von Charcot, Raymond und Janet und bezeichnet seine Methode als eine Erweiterung von Maine de Biran und Théodore Jouffroy. Das einzig Neue an der Psychoanalyse, so befindet er, sei ihr Name, alles andere finde sich schon bei Joseph Delbœuf oder ihm selbst[94]. Von psychologischer Seite wird Kritik an Freuds Methode und den zugrundeliegenden Annahmen bezüglich des Gedächtnisses geäußert, was vor allem das Problem der Realität der in der Analyse zutage geförderten Erinnerungen betrifft. Die Vorstellung einer psychischen Realität mit eigenen Gesetzen, wie Freud sie angesichts dieses Problems entwickelt, ist André Ombredane etwa völlig fremd[95]. Aus dem Bereich der Psychologie äußert sich nur Édouard Claparède positiver, Professor für Psychologie in Genf, der an Freud wie schon Vaschide und Kostyleff die präzise Beobachtung hervorhebt, aufgrund deren der Mangel an logischer Konsistenz in der Theorie verzeihlich sei. Claparède hält Freud für einen „savant romantique", dessen Entdeckungen andere in das System der biologischen und psychologischen Forschung einreihen könnten[96]. Hier zeigen sich unterschiedliche Wissenschaftstraditionen in Deutschland und Frankreich, die eine positive Rezeption der Psychoanalyse in Frankreich in den Bereich der Literatur verschieben. Von den Psychologen und Medizinern wird Freuds Theorie als romantisch und mystisch aufgefaßt, sein Unbewußtes als dantesk und als Konstruktion der Imagination[97]; Lapicque geht so-

---

lichkeit abspricht: „Je dois avouer que les *idées* du professeur viennois, si elles m'ont amusé assez pour que j'en prenne une connaissance superficielle, ne m'ont pas semblé matière scientifique et je ne me sens pas en mesure de les discuter sérieusement" (Louis Lapicque, in: *Le Disque vert* 2 (1924), n° spécial *Freud et la psychanalyse*, 185). Die Artikel aus der Sondernummer von *Le Disque vert* werden im folgenden nach der ersten vollständigen Nennung unter Angabe des Namens des Autors, der Sigel DV und der Seitenzahl im Text zitiert.

94 „Et sait-on qui fut le véritable initiateur de la psychanalyse ? Ce fut le psychologue liégeois J. Delbœuf [...]. Il nous en a laissé de célèbres exemples dans son livre sur *Le Sommeil et les Rêves*, il y a un demi-siècle de cela. C'est du reste le procédé psychanalytique de Delbœuf que j'ai appliqué moi-même dans mon *Inconscient*, et je ne vois pas ce que Freud y a ajouté, si ce n'est des hypothèses caduques" (Georges Dwelshauvers, „Freud et l'inconscient", in: DV, 112-118, hier: 117).

95 André Ombredane, „Critique de la méthode d'investigation psychologique de Freud", in: DV, 165-177, hier: 168.

96 Édouard Claparède, „Sur la Psychanalyse", in: DV, 25-27.

97 „L'Inconscient de *Freud* – sorte d'Enfer dantesque aux grimaçants et cruels symboles – apparaît au premier abord comme une construction déconcertante de l'Imagination" (Angelo Hesnard, „L'Opinion scientifique française et la psychanalyse", in: DV, 5-19, hier: 8).

weit, die ganze Psychoanalyse für mehr literarisch als wissenschaftlich zu halten[98]. Dies liegt nicht zuletzt an der von Freud verwendeten Sprache, die als unwissenschaftlich empfunden wird.

Die Form, in der Freud die Psychoanalyse vorgestellt hat, ist für den Psychiater Angelo Hesnard der Hauptgrund dafür, daß ihre Errungenschaften in Frankreich verkannt werden. Aufgabe der französischen Ärzte sei es daher, sie selber zu erproben und sie dem wissenschaftlichen französischen Geist anzupassen:

> Sous sa forme outrancière et naïve qui confond faits et Théorie, Doctrine et Méthode, la Psychanalyse ne séduira jamais que ceux qui auront le courage et la probité scientifique de l'expérimenter *par eux-mêmes* et de l'adapter à l'esprit de notre race [française, S. G.] (Hesnard, DV, 18).

Aus Sicht der Medizin besteht das Verdienst Freuds in erster Linie darin, bisher unheilbar Kranke einer Therapie zugänglich gemacht zu haben; dennoch bleiben große Vorbehalte, vor allem gegenüber Freuds Theorie der Sexualität. Auch von den Medizinern werden, wie schon von Dwelshauvers, die französischen Ursprünge der Psychoanalyse hervorgehoben, was aber möglicherweise auch eine Strategie ist, um Freuds Methoden akzeptabler zu machen. Der Medizinprofessor Henri Claude weist zudem auf die Gefahren der Psychoanalyse hin, deren Anwendung nur von erfahrenen Ärzten vorgenommen werden dürfe[99], und warnt vor deren Popularisierung. Gerade die Literaten meinen, hier eine jedem zur Verfügung stehende Methode gefunden zu haben, so etwa Henri Michaux:

> Les sciences, par ce qu'elles exigent des appareils et des connaissances encyclopédiques, restent loin du public. La psychanalyse au rebours est populaire, car sans appareils ni bagage scientifique, vous et moi, tout le monde, nous pouvons faire de la psychanalyse, et nous en avons fait, comme M. Jourdain faisait de la prose[100].

Claude macht darüber hinaus die Einschränkung, daß die orthodoxe Form der Freudschen Behandlungstechnik in Frankreich nur in wenigen Fällen sinnvoll anwendbar sei:

---

[98] „C'est bien plutôt un sujet littéraire, un beau sujet pour les romanciers experts à fouiller le cœur de l'homme ; de ce côté, qui est le vôtre, j'espère que votre enquête aura du succès et j'en lirai les résultats avec plaisir" (Lapicque, DV, 185).

[99] „Mais je demande alors que cette pratique psychanalytique, si choquante par certains côtés, reste strictement dans le domaine médical et j'écarte résolument de ces investigations toute personne qui n'est pas imprégnée de la notion de responsabilité dont est pénétré le médecin digne de ce nom et qui rend si élevée, si respectable sa tâche, quelle qu'elle soit" (Henri Claude, „La méthode psychanalytique", in: DV, 38-43, hier: 41).

[100] Henri Michaux, „Réflexions qui ne sont pas étrangères à Freud", in: DV, 149-151, hier: 149 f.

> Je pense que la méthode d'analyse, avec ou sans interprétation des rêves, ne trouve son emploi, dans la forme orthodoxe freudienne, que dans un nombre de cas très limité. Bien souvent, chez nos malades *latins*, l'analyse psychologique simple, mise en œuvre par un médecin perspicace [...] obtiendra des résultats satisfaisants (Claude, DV, 40).

Mit dieser Aussage bezieht er keine isolierte Position. Auch in den Augen von Literaten stellen die Latinität und der Kartesianismus ein Unterscheidungsmerkmal dar, das die Übertragbarkeit der Psychoanalyse auf französische Verhältnisse problematisch macht. So hält Edmond Jaloux die seit Descartes geschulte Gewohnheit der Analyse und die Sicherheit der Intelligenz für verantwortlich dafür, daß sich bei den Franzosen im Gegensatz zu den germanischen und slawischen Völkern kaum ein Unbewußtes habe entwickeln können[101]. Das erschwere den Nachvollzug der Theorie Freuds für die französischen Ärzte, da sie allenfalls auf dem Land ähnliche Patienten finden könnten. Im Gegensatz zu den Wissenschaftlern, für die diese der Latinität zugesprochenen Eigenschaften ein Vorzug sind, betrachtet Jaloux das Fehlen eines Unbewußten bei den Franzosen allerdings als Defizit.

Am besten erkennt Jacques Rivière, der Herausgeber der *Nouvelle revue française*, die Bedeutung des Freudschen Unbewußten und setzt es radikal von den bekannten Vorstellungen ab:

> [...] il y a une différence considérable entre une conception métaphysique et une conception psychologique de l'inconscient, [...] admettre l'inconscient comme un principe, comme une force, comme une entité, c'est tout autre chose que de l'admettre comme un ensemble de faits, comme un groupe de phénomènes[102].

Rivière hebt drei Punkte an Freuds Psychoanalyse besonders hervor: das psychologische Unbewußte, die Verdrängung und die Sexualitätstheorie, zeigt er sich aber reserviert gegenüber der Traumlehre:

> Si j'ai une tendance à me montrer sévère pour la théorie freudienne du rêve, c'est beaucoup parce que je regrette de voir Freud appliquer trop minutieusement à un phénomène particulier une idée qui me paraît d'une

---

[101] „Il me paraît évident que chez les races latines, – les Français en particulier, – les manifestations inconscientes sont infiniment plus faibles et dans un certain sens, plus rares que dans les groupes germaniques, anglo-saxons, slaves et scandinaves" (Edmond Jaloux, „Observations sur la psychanalyse", in: DV, 28-37, hier: 28). Und weiter: „Peut-être l'habitude de l'analyse et la sûreté de l'intelligence, que nous possédions déjà au XVIe siècle, ont-elles, par une exploration trop continue, tari les possibilités du mystère mental" (ebd., 29).

[102] Jacques Rivière, „Sur une généralisation possible des thèses de Freud", in: DV, 44-61, hier: 45.

> portée infinie. Son analyse du symbolisme des rêves va beaucoup trop loin ; elle réintroduit dans l'extrême convertibilité quelque chose de fixe qui ne me paraît pas pouvoir y trouver place (Rivière, DV, 53).

Diese Reserve gegenüber der Traumlehre zeigt sich bei vielen Autoren, die sie vermutlich aus Freuds Darstellung in der *Introduction à la psychanalyse* kennen, in der die Traumsymbolik relativ viel Raum einnimmt. Gerade aufgrund der Symbolik hält Edmond Jaloux die Traumlehre für die willkürlichste von Freuds Theorien und bemängelt die fehlende Unterscheidung zwischen Träumen des normalen Schlafs, denen ein erklärbarer Sinn zugrunde liege und mit denen sich die Psychoanalyse beschäftige, und Träumen des Tiefschlafs, die nichts mit dem Wachleben gemeinsam hätten und unverständlich blieben:

> Les rêves du sommeil profond m'ont toujours paru posséder, avec ou sans angoisse, ce caractère de totale inadaptation à notre intelligence, contrairement aux rêves du sommeil léger où l'on retrouve dans un autre ordre les émotions et actes de la vie quotidienne (Jaloux, DV, 33).

Hier findet sich nicht nur die Unterscheidung von Vaschide und Bergson bezüglich der Tiefe des Schlafs und der sich daraus ergebenden jeweils unterschiedlichen Form der Träume, sondern auch eine Reminiszenz an Baudelaires Unterscheidung zwischen dem „rêve naturel" und dem „rêve hiéroglyphique", insofern als dem Traum des Tiefschlafs jeglicher Bezug zum normalen Dasein abgesprochen wird. Jaloux besteht darüber hinaus auf einer strikt individuellen Funktionsweise des Traums beim Einzelnen, die jeweils ihre eigene Symbolik besitze. Allenfalls hält er es für möglich, daß bestimmte Krankheiten die Träume auf eine bestimmte Art verändern und daß Künstler anders träumen als Neurotiker und normale Menschen. Die Zustimmung, die Freuds Methode bei den Literaten erfährt, bezieht sich also vor allem auf den Beitrag zur Kenntnis des Menschen, während die Aussagen zum Traum eher kritisch betrachtet werden[103]. Die Theorie Freuds stellt für sie eine Einführung literarischer Verfahren in den Bereich der Wissenschaft dar[104] und wird als Gegenpol zum Positivismus empfunden: „Freud est dans le domaine de la philosophie, la réaction contre le XIXe siècle. Il substitue aux données objectives extérieures, l'introspection, l'analyse du sujet" (Michaux, DV, 150).

---

103 An ein anderes Element des psychologischen Traumdiskurses knüpft Valéry Larbaud an, der sich als Anhänger von Hervey de Saint-Denys zeigt, wenn er Kritik an Freuds Behandlung des Traums und der Vernachlässigung der somatischen Elemente übt (Valéry Larbaud, „Freud et la littérature", in: DV, 109-111, hier: 109).

104 „Freud a introduit, dans la science, les procédés psychologiques du roman, des mémoires et des confesseurs" (Michaux, DV, 151).

Auch bei den Medizinern spielt der Traum kaum eine Rolle. Lediglich Angelo Hesnard fühlt sich angesichts der verbreiteten Rezeption der Symbolik bemüßigt, daran zu erinnern, daß die Traumdeutung in der Psychoanalyse in erster Linie auf den Assoziationen des Träumers beruhe und daß sie eine äußerst schwer zu lernende Kunst darstelle (Hesnard, DV, 16). Henri Claudes Formulierung von der „méthode d'analyse, avec ou sans interprétation des rêves“ (Claude, DV, 40) hingegen scheint der Tatsache, ob Träume bei der Behandlung verwendet werden oder nicht, wenig Beachtung zu schenken.

Generell läßt sich sowohl für die Artikel aus *Le Disque vert* als auch für die aus der *Revue philosophique* feststellen, daß die Psychologen und Mediziner die Psychoanalyse sehr stark vor dem Hintergrund ihrer akademischen Ausbildung rezipieren, während die Literaten offener für das Neue an Freuds Methode sind und seine Erkenntnisse für ihren Bereich vereinnahmen. Nur der Traumlehre wird allerseits mit wenig Aufmerksamkeit und viel Skepsis begegnet. Dies spiegelt sich auch in Bretons *Manifeste du surréalisme* wider, dessen Passagen zum Traum zwar Elemente des psychologischen Traumdiskurses aufweisen, jedoch keine Kenntnis von Freuds Traumlehre verraten.

2. Der Traum in der Frühphase des Surrealismus

War Nerval mit dem medizinischen Diskurs als Patient konfrontiert, so macht André Breton während seines – allerdings durch den Krieg schwer beeinträchtigten – Medizinstudiums Bekanntschaft damit. Im Jahr 1916 ist er zur praktischen Tätigkeit im ‚Centre neuro-psychiatrique' von Saint-Dizier, wo er erstmalig die Bücher von Emmanuel Régis und Angelo Hesnard über die Psychoanalyse liest. Diese beeindrucken ihn so, daß er zahlreiche Passagen davon in Briefen an seinen Freund Théodore Fraenkel abschreibt[1]. Eine Lektüre der Originalwerke ist ihm wegen fehlender Deutschkenntnisse nicht möglich. Im *Manifeste du surréalisme* (1924) finden sich dann zwar deutliche Hinweise auf die Kenntnis der 1922 übersetzten *Psychopathologie de la vie quotidienne*, aber keine auf die ebenfalls bereits auf Französisch erschienene *Introduction à la psychanalyse*, in der die Traumlehre dargestellt wird. Eine genaue Analyse der Aussagen zum Traum im *Manifeste* wird zeigen, daß André Breton in seiner Traumauffassung wesentlich stärker als man zunächst vermutet, den Traumtheorien von der Mitte des 19. Jahrhunderts verhaftet bleibt und Freud in erster Linie als Namen zitiert.

Die Art und Weise, wie der Traum im *Manifeste du surréalisme* behandelt wird, erinnert in vielem an den im letzten Kapitel skizzierten Diskurs, ohne daß sich eindeutige Bezüge herstellen ließen. Die Debatte in den 90er Jahren kann Breton nicht direkt verfolgt haben, weil er selbst erst 1896 geboren ist. Generell aber darf von einer verzögerten Rezeption der fachwissenschaftlichen Theorien in breiteren Kreisen ausgegangen werden, da Artikel in Fachzeitschriften naturgemäß ein weniger breites Lesepublikum finden als Bücher. Möglich wäre die Kenntnis der auch in Buchform vorliegenden Arbeiten von Joseph Delbœuf[2], Marcel Foucault[3] und Nicolas Vaschide[4] sowie der schon älteren Arbeiten von Alfred de Maury[5] und Léon d'Hervey de Saint-Denys[6]. Letztere hat Breton

---

1 Vgl. Marguerite Bonnet, „La Rencontre d'André Breton avec la folie. Saint-Dizier, août-novembre 1916", in: Hulak (Hg.), *Folie et psychanalyse dans l'expérience surréaliste*, 115-135.

2 Joseph Delbœuf, *Le Sommeil et les rêves considérés principalement dans leurs rapports avec les théories de la certitude et de la mémoire*, Paris 1885.

3 Marcel Foucault, *Le Rêve. Études et observations*, Paris 1906.

4 Vaschide, *Le Sommeil et les rêves.*

5 Maury, *Le Sommeil et les rêves.* Anzunehmen wäre die Kenntnis der weitverbreiteten vierten Auflage von 1878.

6 Hervey de Saint-Denys, *Les Rêves et les moyens de les diriger.*

zum Zeitpunkt der Abfassung von *Les Vases communicants* (1932) nachweislich gelesen[7].

Generell ist festzustellen, daß Breton den Surrealismus mit Begriffen definiert, die auf Janet, Charcot und Liébault sowie auf den parapsychologischen Zweig innerhalb der Diskussion um Somnambulismus, Hysterie und Gemütserkrankungen verweisen[8]. Gerade die Theorien Janets, der zu therapeutischen Zwecken eine Form der „écriture automatique" praktizierte, bei der der Patient auf zuvor unter Hypnose empfangene Anregungen reagieren sollte, waren zu dieser Zeit sehr präsent. Im Gegensatz zu Breton, der den Namen Janets nicht nennt, hat Philippe Soupault in Auskünften über die Entstehung von *Les Champs magnétiques* ausdrücklich auf Janet verwiesen[9]. Breton selbst führt die „écriture automatique" im *Manifeste* vor allem auf Freuds Technik der freien Assoziation zurück, tatsächlich läßt sich jedoch auch eine große Nähe zu der Konzeption des Automatismus bei Maury nachweisen. Sollte es sich dabei nicht nur um eine Koinzidenz handeln, könnte die Kenntnis des Werkes von Maury bereits im *Manifeste du surréalisme* angenommen werden. Für wahrscheinlich halte ich ferner die Kenntnis von Bergsons

---

7 Breton geht in *Les Vases communicants* explizit auf diese Werke ein. Leider geben weder die Herausgeberin der Pléiade-Ausgabe Marguerite Bonnet noch Sarane Alexandrian, der meines Wissens als erster auf die Bedeutung dieser Filiation hingewiesen hat (Alexandrian, *Le Surréalisme et le rêve*, 24-36), Hinweise, wann Breton sie gelesen haben könnte. Die Werke von Breton werden im folgenden unter Verwendung der Sigel BrOC, gefolgt von der Bandangabe in römischen Ziffern und der Seitenzahl in arabischen Ziffern nach den *Œuvres complètes* zitiert.

8 Starobinski, „Freud, Breton, Myers", in: ders., *Psychoanalyse und Literatur*, 143-162, hier: 149. Die teilweise vehement geführte Kontroverse um Starobinskis Aufsatz ist mir nicht ganz verständlich, denn Starobinski führt lediglich die Begriffe, nicht das dahinterstehende Konzept auf die französische Tradition zurück.

9 „Nous acceptions d'adopter ce que le psychiatre Pierre Janet appelait l'écriture automatique" (Michel Sanouillet, *Dada à Paris*, Paris 1965, 123, zitiert nach Scheerer, *Textanalytische Studien zur „écriture automatique"*, 15). Scheerer kommt in seiner Studie zu dem etwas lapidaren und aus seiner Diskussion auch nicht begründeten Schluß, Breton sei wohl mit den Prinzipien der Freudschen Psychoanalyse vertraut gewesen, habe aber die für die poetische Theorie entscheidenden Kenntnisse von Janet bezogen (ebd., 16). Dies scheint mir eine extreme Verkürzung von Bretons Position zu sein, die sich von therapeutischen Zielen deutlich absetzt. Zur Frage nach dem Ursprung der „écriture automatique" vgl. auch Marguerite Bonnets Bemerkungen „Les Origines de l'écriture automatique" in ihrer „Notice" zu *Les Champs magnétiques*, in: BrOC I, 1123-1127, sowie Roudinesco, *Histoire de la psychanalyse en France*, Bd. 2, 40, und Alexandrian, *Le Surréalisme et le rêve*, 71-99. Letzterer erörtert auch die spiritistischen Vorläufer der „écriture automatique" und setzt den Surrealismus davon ab.

Vortrag über den Traum, der in seiner Buchfassung 1919 in dem Band *L'Énergie spirituelle* erschienen ist[10].

In der Forschung gibt es erstaunlich wenige Studien zum Surrealismus, die sich dezidiert mit dem Traum auseinandersetzen. Sarane Alexandrian präsentiert in seinem Buch *Le Surréalisme et le rêve* viele surrealistische Autoren, ohne jedoch eine präzise Fragestellung zu entwickeln. Das mag auch damit zusammenhängen, daß er selbst dem Surrealismus angehört hat und nur wenig kritische Distanz aufbringt[11]. Peter Bürger widmet dem Thema eine sehr kurze Studie, auf die im einzelnen zurückzukommen sein wird[12]. Zum „récit de rêve" fehlt es gänzlich an eigenständigen Arbeiten[13]. Obwohl Breton auch später noch an der Bedeutung von „écriture automatique" und „récit de rêve" festhält, erleben diese ihre Hochphase in der experimentellen Phase der Zeitschrift *Littérature* sowie in der Anfangsphase der Zeitschrift *La Révolution surréaliste.* In beiden Organen werden erstmals im französischen Sprachraum Traumberichte kontextlos publiziert. Obwohl sie nach Bretons Absicht primär dazu beitragen sollen, ein Archiv anzulegen, das der weiteren Erforschung des Traums dienen kann, läßt sich sehr schnell eine Vereinheitlichung in der Form feststellen, die den surrealistischen „récit de rêve" schließlich, so meine These, zu einer eigenen literarischen Gattung macht.

---

10 Henri Bergson, *L'Énergie spirituelle. Essais et conférences*, Paris 1919. Philippe Soupault macht in der Zeitschrift *Littérature* in der Rubrik „Livres choisis" mit folgender Einschätzung auf den Band aufmerksam: „Nous admirerons toujours cet étonnant psychologue, mais nous oublierons bientôt le métaphysicien" (Philippe Soupault, „Livres choisis", in: *Littérature* n° 7 (1919), 26). Da der Vortrag über den Traum eine fast ausschließlich psychologisch ausgerichtete Arbeit darstellt, dürfte ihm die Aufmerksamkeit der Surrealisten gegolten haben. Daß Breton Bergson nicht zitiert, soll dabei nicht als Gegenargument gelten, denn Bergsons „Metaphysik" galt die Verachtung der Surrealisten, insbesondere die Bretons. In einer Umfrage von *Littérature* n° 18 (1921) gibt Breton Bergson auf einer Skala, die von -25 bis +20 reicht, die Note -15.

11 Alexandrian gehörte der französischen Gruppe ‚Cause' an, die nach dem Krieg aus der surrealistischen Bewegung hervorgegangen ist und den Versuch einer Internationalisierung unternommen hat. Ende 1948 wird er allerdings aus der Bewegung ausgeschlossen (Vgl. dazu Durozoi, *Histoire du mouvement surréaliste*, 464 und 507).

12 Peter Bürger, „Die Bedeutung des Traums im Surrealismus", in: ders., *Der französische Surrealismus*, 84-91.

13 Eine Gesamtbetrachtung der „récits de rêves" aus *La Révolution surréaliste* ist bisher nicht vorgenommen worden. Gollut bezieht zwar viele dieser Texte in seine Untersuchung ein, tut das aber nach den Ausgaben, in denen ihre Autoren sie später veröffentlicht haben und stellt keine Zusammenhänge her. Darüber hinaus gibt es meines Wissens Literatur nur zu den Traumtexten von Breton (Alexandrian, *Le Surréalisme et le rêve*, 241-261) und Leiris (Catherine Maubon, „L'Écriture du rêve", in: dies., *Michel Leiris en marge de l'autobiographie*, 48-81).

2.1 Anfänge des „récit de rêve“ in der Zeitschrift *Littérature*

In *Entrée des médiums*, erschienen in der Nr. 6 der Zeitschrift *Littérature (nouvelle série)* vom 1. November 1922, beschreibt und beurteilt Breton die verschiedenen Versuche der sogenannten intuitiven Phase, in der nach einem möglichst direkten Zugang zu einer unbewußten poetischen Produktion gesucht wurde. Er gibt dort eine erste, noch sehr rudimentäre Definition des Surrealismus:

> Par [le mot surréalisme, S. G.] nous avons convenu de désigner un certain automatisme psychique qui correspond assez bien à l'état de rêve, état qu'il est aujourd'hui fort difficile de délimiter (BrOC I, 274).

In der Entwicklung des Surrealismus bis zu diesem Zeitpunkt macht Breton drei Etappen aus. Als erstes erläutert er die Genese der „écriture automatique“ durch das Festhalten bestimmter Sätze, die beim Einschlafen auftauchten. Diese bildhaften und syntaktisch korrekten Sätze seien „des éléments poétiques de premier ordre“ (BrOC I, 274). Durch das willentliche Versetzen in einen solchen Traumzustand sei es Soupault und ihm gelungen, längere Texte zu produzieren, die dann als *Les Champs magnétiques* (1919) veröffentlicht wurden und den Anfangspunkt des Surrealismus markieren. Dieser erste „Surrealismus“, nämlich der psychische Automatismus der „écriture automatique“, erscheint Breton aber bald durch das Auftreten bewußter Elemente korrumpiert, weshalb er den Vorzug den „récits de rêves“ gibt:

> Dans le même ordre d'idées j'avais été conduit à donner toutes mes préférences à des *récits de rêves* que, pour leur épargner semblable stylisation, je voulais sténographiques (BrOC I, 275).

Die Stenographie soll also die bewußte Gestaltung des Träumenden ausschalten, die sich immer mehr in die Versuche der „écriture automatique“ eingeschlichen hatte. Diese Art des Traumberichts, die sehr an den von Baudelaire gelobten „procès-verbal cru et net“ erinnert, soll den direkten und unkontrollierten Zugriff auf Äußerungen des Unbewußten gewährleisten und ebenso wie die „écriture automatique“ ein „élément poétique de premier ordre“ sein. Wie für Baudelaire beruht auch für Breton der poetische Effekt gerade auf der Vermeidung von bewußter Stilisierung. An andere sprachliche Probleme im Zusammenhang mit dem Aufschreiben von Träumen scheint Breton nicht zu denken. Wesentlich mehr fällt für ihn die Schwäche des Gedächtnisses ins Gewicht:

> Le malheur était que cette nouvelle épreuve réclamât le secours de la mémoire, celle-ci profondément défaillante et, d'une façon générale, sujette à caution (BrOC I, 275).

Zum damaligen Zeitpunkt meinte Breton ein Mittel gefunden zu haben, um die Nachteile von „écriture automatique" und „récit de rêve", d. h. die bewußte Stilisierung bzw. die Defizite des Gedächtnisses zu umgehen. Durch René Crevel, der über spiritistische Erfahrungen verfügte, entdeckten die Surrealisten die Möglichkeiten des hypnotischen Schlafs für ihre Zwecke. Da die Äußerungen von anderen unmittelbar stenographisch festgehalten werden konnten bzw. das Subjekt selber schrieb, schien ein unmittelbarer Zugriff auf die unkontrollierte Tätigkeit des Geistes möglich. Diese Sitzungen wurden jedoch bald so gefährlich, daß Breton sie abbrechen mußte[14]. Daher stehen im *Manifeste du surréalisme* (1924) und in der Zeitschrift *La Révolution surréaliste* (1924-29) der „récit de rêve" und die „écriture automatique" wieder ganz im Zentrum.

Die Veröffentlichung von Traumtexten beginnt in der ersten Nummer der neuen Folge von *Littérature* mit drei Traumtexten von Breton unter dem Titel „Récit de trois rêves. *Sténographie par Mlle Olla*"[15]. Der Zusatz im Titel soll vermutlich für die Authentizität und Unmittelbarkeit des Berichts bürgen, weil die Stenographie eine dem Sprechen gewachsene Schreibgeschwindigkeit erlaubt. Der Text selbst enthält allerdings keinerlei Anzeichen für eine mündliche Verfaßtheit. Im Nachlaß Bretons finden sich offenbar viele sehr fragmentarische und nur schwer verständliche Traumnotate (BrOC I, 1191, Fußnote 1). Dies erhärtet den Verdacht der Simulation im Fall der Stenographie ebenso wie der Vergleich zwischen einem ersten Entwurf zu einem in einer späteren Nummer von *Littérature* publizierten „Rêve"[16] mit dem veröffentlichten Text. Nach Bonnet weisen die Schrift und die Verwendung zahlreicher Abkürzungen im Notat auf große Geschwindigkeit bei der Niederschrift hin (BrOC I, 1193 f.). Die gedruckte Fassung hingegen ist wesentlich länger, weist einige Umstellungen und eine Reihe von Erläuterungen auf. Dies erschüttert die für die ersten drei Traumtexte gemachte Behauptung der stenographischen Niederschrift und macht deutlich, daß eine gewisse Organisation der Information nötig ist, um einen lesbaren Text zu produzieren. Am Beispiel des ersten in *Littérature* veröffentlichten „récit de rêve" möchte ich auf weitere Elemente hinweisen, die es schwer machen, an eine bloße Stenographie zu glauben.

---

14 Vgl. die ausführliche Schilderung bei Alexandrian, *Le Surréalisme et le rêve*, 103-132.

15 *Littérature (nouvelle série)* n° 1 (1922), 5-6. Diese Traumtexte sowie den späteren aus der Nr. 7 nimmt Breton in leicht überarbeiteter Fassung in *Clair de terre* (1923) auf.

16 *Littérature (nouvelle série)* n° 7 (1922), 23-24. Der Entwurf findet sich in BrOC I, 1193 f.

Récit de trois Rêves

Sténographie par Mlle OLLA

Je passe le soir dans une rue déserte qui, autant que je peux m'en rendre compte aujourd'hui, doit être une rue du quartier des Grands-Augustins, quand mon attention est arrêtée par un écriteau au-dessus de la porte d'une maison. Cet écriteau, c'est : « ABRI » ou « À LOUER », en tout cas quelque chose qui n'a plus cours. Intrigué, j'entre et je m'enfonce dans un couloir extrêmement sombre.

Un personnage, qui fait dans la suite du rêve figure de génie, vient à ma rencontre et me guide à travers un escalier que nous descendons tous deux et qui est très long.

Ce personnage, je le reconnais.

C'est un homme qui s'est occupé de me trouver une situation.

Aux murs de l'escalier je remarque un certain nombre de reliefs bizarres, que je suis amené à examiner de près, mon guide ne m'adressant pas la parole.

Il s'agit de moulages en plâtre, plus exactement de moulages de moustaches considérablement grossies.

Je reconnais, entre autres, les moustaches de Baudelaire, de Germain Nouveau et de Barbey d'Aurevilly.

Le génie me quitte sur la dernière marche et je me trouve dans une sorte de vaste hall divisé en trois parties.

Dans la première salle, de beaucoup la plus petite, où pénètre seulement le jour d'un soupirail incompréhensible, un jeune homme est assis à une table et compose des poèmes. Tout autour de lui, sur la table et par terre, sont répandus à profusion des manuscrits extrêmement sales.

Ce jeune homme ne m'est pas inconnu, c'est monsieur Georges Gabory.

La pièce voisine, elle aussi plus que sommairement meublée, est un peu mieux éclairée, quoique d'une façon tout à fait insuffisante.

Dans la même attitude que le premier personnage, mais m'inspirant, par contre, une sympathie réelle, je reconnais monsieur Pierre Reverdy.

Ces deux personnages n'ont pas paru me voir, et c'est seulement après m'être arrêté tristement derrière eux que je pénètre dans la troisième pièce.

Celle-ci est de beaucoup la plus grande, et les objets s'y trouvent un peu mieux en valeur : il a y un fauteuil inoccupé devant la table. Je comprends qu'il m'est destiné et je prends place devant le papier immaculé.

Je comprends le rôle que je suis appelé à remplir et je me mets instantanément en devoir de composer des poèmes. Mais, en m'abandonnant à la spontanéité la plus grande, je n'arrive à écrire sur le premier feuillet que ces mots : La lumière…

Celui-ci aussitôt déchiré, sur le second feuillet : La lumière… et sur le troisième feuillet : La lumière…[17]

[17] *Littérature (nouvelle série)* n° 1 (1922), 5 f.

Dieser erste Traumtext weist einen recht hohen Grad an Organisation auf. Er enthält relativ lange, oft hypotaktisch konstruierte Sätze sowie explizite erzählorganisatorische Hinweise für den Leser wie „un personnage, qui fait dans la suite du rêve figure de génie". Vor allem aber die klare Struktur läßt eine Bearbeitung vermuten, die auf eine allegorische Lesart hinaus will. Durch seine Stellung in der ersten Nummer der neuen Folge von *Littérature* bekommt dieser Text zudem programmatischen Charakter. In Anlehnung an Sarane Alexandrians Vorschlag will ich diesen Text als „rêve-programme" betrachten[18], denn das Traum-Ich inszeniert sich ganz offensichtlich in der Nachfolge oder Fortsetzung von Baudelaire, Germain Nouveau und Barbey d'Aurevilly. Nach dem Abstieg an deren Schnurrbartabdrücken vorbei in eine tiefgelegene, dunkle Halle, die sich leicht allegorisch als das Unbewußte lesen läßt, hat der das Traum-Ich zunächst begleitende Genius seine Funktion erfüllt[19]. Dieses trifft, nun auf sich alleine gestellt, in drei sich öffnenden Räumen, die zunehmend größer, schöner und heller werden, nacheinander auf die jungen Dichter Georges Gabory und Pierre Reverdy, die dabei sind, Gedichte zu verfassen. Im dritten Raum lädt der leere Schreibtischstuhl das Traum-Ich ein, sich selber an die Arbeit zu machen. Dabei bedient es sich mit der Hingabe an die größte Spontaneität offenbar der Methode der „écriture automatique", kommt allerdings über die Worte „La lumière" nicht hinaus. Der Schluß ließe sich also dahingehend lesen, daß der Surrealismus mehr auf die Erhellung des Unbekannten als auf die Komposition von Gedichten ausgerichtet ist. Das Stocken im Schreiben weist hier jedoch gleichzeitig auf Schwierigkeiten im Bereich der „écriture automatique" hin. Die Tatsache, daß Breton diesen Traum aufgeschrieben hat, führt gewissermaßen die Ersetzung dieser Methode durch den „récit de rêve" vor.

Die Traumtexte aus *Littérature* hat Breton für die Veröffentlichung in *Clair de terre* (1923) nochmals überarbeitet. Zwar handelt es sich nur um geringfügige Veränderungen, aber diese gehorchen einer einheitlichen Tendenz. Bei der Überarbeitung eliminiert Breton sowohl Unsicherheiten in der Beschreibung als auch Hinweise auf eine zeitliche Distanz

---

[18] Alexandrian entwickelt in bezug auf Bretons Traumtexte den Begriff des „rêve-programme". Bei allen Vorbehalten gegenüber seiner von Breton gelernten Deutungsmethode ist ihm in diesem Punkt zuzustimmen (Alexandrian, *Le Surréalisme et le rêve*, 243-256). Auf die Texte aus der ersten Nummer von *Littérature (nouvelle série)* geht er inhaltlich allerdings nicht ein.

[19] Bonnet vermutet hinter dieser Figur Paul Valéry, dem Breton seine Mitarbeit in der Verwaltung der Zeitschrift *La nouvelle revue française* seit März 1920 zu verdanken hat. Das ist sicher plausibel, entscheidend ist jedoch, daß Breton sich durch den Verzicht auf die Nennung des Namens gerade nicht in dessen Tradition stellt.

zwischen Traum und dessen Erzählung, womit der Erzähler hinter das Traum-Ich zurücktritt[20]. Des weiteren ersetzt er dreimal die Formulierung „je reconnais": einmal durch „je l'ai déjà vu", einmal durch „voici", einmal durch „je distingue". An die Stelle des Wiedererkennens, das den Sprecher involviert, tritt somit das einfache Feststellen bzw. Wahrnehmen einer äußeren Tatsache. In die gleiche Richtung geht die zweimalige Eliminierung des Ausdrucks"je comprends"[21]. So erscheint die Bedeutung dieses Arrangements nicht als subjektive Deutung des Traum-Ichs, sondern als aus einer eigenen Gesetzmäßigkeit des Traums ableitbar.

Außer Breton veröffentlicht nur Robert Desnos drei Traumtexte in *Littérature*, die sich in ihrem Stil sehr deutlich unterscheiden. Während Breton in seinen Texten allegorische Auslegungen nahelegt, inszeniert Desnos in seinen sehr kurzen Texten vor allem die Absurdität der Träume[22].

2.2 Der Traumdiskurs im *Manifeste du surréalisme*

Ursprünglich als Vorwort zu dem automatischen Text *Poisson soluble* verfaßt, steht im *Manifeste du surréalisme*, das auch als Erweiterung der Surrealismus-Definition aus *Entrée des médiums* gelesen werden kann, die „écriture automatique" deutlich im Vordergrund. Die Techniken des „récit de rêve" hingegen finden gar keine Erwähnung. Lediglich der Beschreibung des „état de rêve" gelten einige wenige Seiten, die hier unter folgenden Gesichtspunkten analysiert werden sollen: 1. Wie bestimmt Breton das Verhältnis von Traum und Realität? 2. Welche Argumente aus dem Traumdiskurs seit Beginn der Neuzeit und insbesondere des 19. Jahrhunderts sind wiederzufinden? 3. Welches Verhältnis ergibt sich zur Traumlehre Freuds?

Das *Manifeste du surréalisme* nähert sich dem Thema der „écriture automatique" aus einer weiteren Perspektive. Eingeleitet wird sie durch Betrachtungen zur „condition humaine", die durch den unvereinbaren Gegensatz zwischen dem Wesen des Menschen als „rêveur définitif" und

---

20 Hatte es in *Littérature* geheißen: „ […] une rue déserte qui, autant que je peux m'en rendre compte aujourd'hui, doit être une rue du quartier des Grands-Augustins", so läßt Breton in *Clair de terre* den Unsicherheit anzeigenden Relativsatz beiseite: „[…] une rue déserte du quartier des Grands-Augustins" (BrOC I, 149).

21 Einmal wird aus „je comprends qu'il m'est destiné": „un fauteuil paraît m'être destiné", und beim zweiten Mal aus „je comprends le rôle": „j'obéis à la suggestion", was zugleich den Effekt stilistischer Glättungen hat. An die Stelle von „ces deux personnages n'ont pas paru me voir" tritt zudem „ni l'un ni l'autre n'a paru me voir" (BrOC I, 150).

22 Robert Desnos, „Rêves", in: *Littérature (nouvelle série)* n° 5 (1922), 16.

seinem Glauben an die „vie *réelle*" charakterisiert sei (BrOC I, 311). In den ersten Abschnitten entwirft Breton eine Opposition von Traum und Realität, die über semantische Felder etabliert wird. Dabei wird der Bereich des Traums mit „imagination" und „liberté" verbunden, während die Wirklichkeit mit „raison", „nécessité" und „utilité" verknüpft wird. Die Aufhebung dieser Opposition nennt Breton später als das Ziel des Surrealismus:

> Je crois à la résolution future de ces deux états, en apparence si contradictoires, que sont le rêve et la réalité, en une sorte de réalité absolue, de *surréalité*, si l'on peut ainsi dire (BrOC I, 319).

Zunächst jedoch beschreibt er den Werdegang des Menschen als sukzessive Lösung von der Imagination, der das Kind sich noch hingibt, und als Unterwerfung unter die „nécessité pratique", die er als Verrat an der Imagination brandmarkt. Die Imagination ist für Breton die Voraussetzung geistiger Freiheit, sie öffnet das Reich des Möglichen: „La seule imagination me rend compte de ce qui *peut être*, et c'est assez [...] pour que je m'abandonne à elle sans crainte de me tromper" (BrOC I, 312). So wird die Imagination zum Ausgangspunkt einer Argumentation, die deren Manifestationen in Wahn, Traum und dem Bereich des Wunderbaren beleuchtet, um schließlich zum psychischen Automatismus zu gelangen.

Durch seine Wortwahl legt Breton nahe, daß derjenige, der sich der „nécessité pratique" verschreibt, einen Pakt mit dem Teufel eingeht[23], aus dem er sich nur lösen bzw. zu seinem Heil finden könnte, wenn er die Bedeutung der „événements *manqués*" erkennen würde, was er aber nicht tut: „[...] il n'y verra, sous aucun prétexte, son salut" (BrOC I, 312). „Actes manqués" ist die französische Übersetzung von Freuds Begriff der „Fehlleistungen" in der *Psychopathologie des Alltagslebens*, auf die Breton später eine explizite Anspielung macht[24]. Mit den „événements manqués", die er auch „événements auxquels il [l'homme, S. G.] n'a pas pris part" (BrOC I, 312) nennt, schließt Breton offensichtlich an diesen Ausdruck an. Er legt nahe, daß der Mensch in diesem Fall nicht mit seinem ganzen Wesen beteiligt sei und daß in diesem Verlust seiner Ganzheit sein Leiden und in deren Wiedergewinnung sein Heil bestehen könnte.

Der zweite Punkt, in dem Breton sich inhaltlich auf Freud bezieht, betrifft die Methode der freien Assoziation. Breton berichtet, sie aus eige-

---

23 „Il [l'homme, S. G.] appartient désormais corps et âme à une impérieuse nécessité pratique, qui ne souffre pas qu'on la perde de vue" (BrOC I, 312).

24 „C'est l'histoire des lapsus et méprises de toutes sortes dont le secret commence à nous être livré" (BrOC I, 318).

ner Erfahrung zu kennen[25], und schildert ihre Rolle bei der Entwicklung der „écriture automatique". Wie schon die meisten Literaten aus der Sondernummer von *Le Disque vert* hält auch Breton Freud für einen Wissenschaftler, mit dem sich eine Allianz gegen den Positivismus eingehen läßt. Sein Anliegen, die Imagination wieder in ihre Rechte einzusetzen und dem Menschen den verratenen Teil seiner Existenz zurückzugeben, will er daher durch den Bezug auf Freud legitimieren. Dabei operiert er mit einer impliziten Gleichsetzung von Unbewußtem und Imagination, die sicher eher mit dem psychologischen Diskurs in Frankreich als mit Freuds Konzeption des Unbewußten zu rechtfertigen ist. Die Tatsache, daß dieser für Freud zentrale Begriff, den Breton in anderen Texten aus dieser Zeit selbstverständlich benutzt, im ganzen Text nicht vorkommt, dokumentiert sehr deutlich, daß im *Manifeste* der Begriff der Imagination an dessen Stelle tritt. Wenn sich ein Begriff des Unbewußten erkennen läßt, so handelt es sich um ein wie bei Bergson topographisch gedachtes Unterbewußtes:

> Si les profondeurs de notre esprit recèlent d'étranges forces capables d'augmenter celles de la surface, ou de lutter victorieusement contre elles, il a y tout intérêt à les capter, à les capter d'abord, pour les soumettre ensuite, s'il y a lieu, au contrôle de notre raison (BrOC I, 316).

Mit der Rhetorik der geheimnisvollen Kräfte unter der Oberfläche schließt Breton an den Diskurs des 19. Jahrhunderts an. Den Akzent legt er vor allem auf das Einfangen dieser geheimnisvollen Kräfte des Geistes, die dann eventuell auch der Kontrolle durch die Vernunft unterworfen werden können. Damit manifestiert er ein in der Tradition der Psychologie stehendes Interesse an diesen Kräften. Im *Manifeste* geht es Breton allerdings lediglich um die geeigneten Methoden des Einfangens oder Aufzeichnens der Manifestationen dieser unbekannten Kräfte, für die er auf der Gleichberechtigung von Dichtern und Wissenschaftlern besteht[26].

Die Nähe der Imagination zum Wahn ist für Breton kein Grund, diese zu fürchten, stelle sie doch gegenüber großen äußeren Einschränkungen, wie sie etwa die Insassen psychiatrischer Anstalten erlitten, eine Quelle von Lust dar: „[…] ils [les fous, S. G.] puisent un grand réconfort dans

---

[25] „J'étais […] familiarisé avec ses méthodes d'examen que j'avais eu quelque peu l'occasion de pratiquer sur des malades pendant la guerre" (BrOC I, 326).

[26] Peter Bürger schließt daraus auf die sekundäre Bedeutung des „contrôle de la raison", die sich auch in der Einschränkung des „s'il y a lieu" zeige (Bürger, „Die Bedeutung des Traums im Surrealismus", 85). Ich möchte jedoch beide Aspekte betonen, die charakteristisch für Bretons Annäherung an den Traum sind und ihn von der romantischen Tradition absetzen.

leur imagination“ (BrOC I, 313). In seinem Lob der Imagination stimmt Breton mit der von Nerval vertretenen Position überein, derzufolge die Imagination größeres Wohlbefinden bieten kann als die Vernunft. Während die Imagination also zur Garantin geistiger Freiheit wird, wirft Breton Realismus und Positivismus vor, daß sie jeden geistigen Aufschwung verhindern würden[27]. Dabei trifft er sich mit Baudelaires Hochschätzung des imaginativen Künstlers, der die Dinge mit seinem Geist erhellt, über den realistischen oder positivistischen, der lediglich reproduzieren will. Breton hat dabei vor allem den literarischen Realismus im Blick, dem die bekannte Invektive gegen die Beschreibung gilt. Hauptvorwurf ist jedoch das Festhalten an den Gesetzen der Psychologie und der Logik. Breton nimmt konsequent eine antirationalistische Haltung ein, die sich auch gegen die vorherrschende Ausrichtung der experimentellen Forschung richtet. Dabei ist es nicht die experimentelle Methode an sich, sondern deren Einschränkung auf bestimmte Fragestellungen, der seine Kritik gilt:

> Le rationalisme absolu qui reste de mode ne permet de considérer que des faits relevant étroitement de notre expérience. […] Inutile d'ajouter que l'expérience même s'est vu assigner des limites. Elle tourne dans une cage d'où il est de plus en plus difficile de la faire sortir (BrOC I, 316).

An dieser Stelle fällt erneut der Name Freuds, der explizit zum Garanten der Befreiung und der Wiedereinsetzung der Imagination in ihre Rechte wird:

> C'est par le plus grand hasard, en apparence, qu'a été récemment rendue à la lumière une partie du monde intellectuel, et à mon sens de beaucoup la plus importante, dont on affectait de ne plus se soucier. Il faut en rendre grâce aux découvertes de Freud. Sur la foi de ces découvertes, un courant d'opinion se dessine enfin, à la faveur duquel l'explorateur humain pourra pousser plus loin ses investigations, autorisé qu'il sera à ne plus seulement tenir compte des réalités sommaires. L'imagination est peut-être sur le point de reprendre ses droits (BrOC I, 316).

Breton braucht Freud als Gewährsmann, um in seiner juristisch gehaltenen Argumentation der realistischen Welthaltung den Prozeß zu machen, einen Prozeß, der sich nicht im Namen der Imagination und auch nicht im Namen Nervals oder Baudelaires führen läßt. In den folgenden Abschnitten zum Traum beruft er sich jedoch nur einleitend und rein rhetorisch auf Freud[28], während er sich inhaltlich im Rahmen des im vorigen

---

[27] „Par contre, l'attitude réaliste, inspirée du positivisme, de saint Thomas à Anatole France, m'a bien l'air hostile à tout essor intellectuel et moral“ (BrOC I, 313).

[28] „C'est à très juste titre que Freud a fait porter sa critique sur le rêve“ (BrOC I, 317).

Kapitel skizzierten wissenschaftlichen Traumdiskurses in Frankreich sowie im Bereich der philosophischen Diskussion um die Trennung von Traum und Realität bewegt, wie sie seit Descartes bestimmend ist. Breton akzentuiert dabei vor allem diejenige Richtung der Fragestellung, welche die Themen der Kontinuität des Traums und der Unterscheidung zwischen Traum und Wachen in den Vordergrund stellt. Da er dabei, wie so oft, seine kontextuelle Situierung nicht expliziert, ist zum Verständnis dieser Passagen eine sehr genaue Lektüre erforderlich.

Auch wenn Breton in mancher Hinsicht an die romantische Aufwertung des Traums anknüpft, nimmt er doch zunächst einen betont wissenschaftlichen Standpunkt ein und kritisiert vor allem den geringen Stellenwert, den die Erforschung des Traums bisher eingenommen habe. Gegenüber der verbreiteten Ansicht vom Drittel des Lebens, das der Traum einnehme[29], setzt Breton die Summe der Traummomente in einer (allerdings nicht ganz nachvollziehbaren) Rechnung als gleich hoch wie die Realitätsmomente an:

> [...] la somme des moments de rêve, au point de vue temps, à ne considérer même que le rêve pur, celui du sommeil, n'est pas inférieure à la somme des moments de réalité, bornons-nous à dire : des moments de veille (BrOC I, 317).

Implizit unterscheidet Breton mehrere Arten des Traums, wenn er den im Schlaf stattfindenden als „rêve pur" bezeichnet. Zugleich relativiert er die Gleichsetzung von Wachen und Realität. Damit deutet er an, daß es auch im Wachen traumartige Zustände geben kann. Vor allem aber stellt er in Frage, daß der Mensch im Wachzustand Herr seines Denkens sei: „[...] l'homme, quand il cesse de dormir, est avant tout le jouet de sa mémoire" (BrOC I, 317). Dabei nimmt er Elemente aus Bergsons Gedächtnistheorie auf, in der die Erinnerung entscheidend zur Wahrnehmung beiträgt[30]. Die Schwäche der Erinnerung in bezug auf den Traum führt für Breton dazu, daß dieser aus dem Leben ausgeklammert wird und nur wenig Beachtung findet:

---

29 Vgl. etwa Nerval (NOC III, 749), Hervey de Saint-Denys (*Les Rêves et les moyens de les diriger*, 2) oder den Titel eines Buches von Mme de Manaceine, *Le Sommeil, tiers de notre vie*, Traduction française du russe par E. Jaubert, Paris 1896 (zitiert nach Vaschide, *Le Sommeil et les rêves*, 301).

30 Ähnlich hatte, wie gesehen, auch schon Moreau de Tours argumentiert, der die Unbeherrschbarkeit der von Erinnerung und Imagination erzeugten Vorstellungen betont: „Nous ne sommes point maîtres absolus de nos idées ; cela ne fait aucun doute, du moins quant à celles qui résultent du jeu de la mémoire et de l'imagination" (Amp 3e s., 1, 388).

> [...] celle-ci [la mémoire, S. G.] se plaît à lui [l'homme] retracer faiblement les circonstances du rêve, à priver ce dernier de toute conséquence actuelle (BrOC I, 317).

Da das Gedächtnis von Descartes bekanntlich als Kriterium zur Unterscheidung von Wachen und Träumen angeführt wurde, eröffnet Bretons Infragestellung von dessen Verläßlichkeit die Möglichkeit, das Verhältnis von Traum und Wachen grundsätzlich neu zu bestimmen. Dabei benutzt er eine doppelte Strategie: einerseits stellt er die vermeintliche Kontinuität der Tageserlebnisse und andererseits die angebliche Fragmentarität der Träume in Frage.

Dies ist vor allem Thema der ersten seiner in vier Punkte gegliederten Überlegungen, in der er die Kontinuität des Traums und dessen Wert für das Leben herausstellt. In Übereinstimmung mit vielen Autoren des 19. Jahrhunderts – etwa Macario, Lélut, Maury, Hervey de Saint-Denys, Vaschide[31]– geht er davon aus, daß das Träumen im Schlaf kontinuierlich stattfindet:

> [...] selon toute apparence le rêve est continu et porte trace d'organisation. Seule la mémoire s'arroge le droit d'y faire des coupures, de ne pas tenir compte des transitions et de nous représenter plutôt une série de rêves que *le rêve* (BrOC I, 317).

Entsprechend der Annahme des einen Traums, der nur durch die Schnitte des Gedächtnisses in mehrere Träume aufgesplittert werde, versteht Breton auch die Realität als in unserer Wahrnehmung zersplittert und setzt sie daher in den Plural:

> De même, nous n'avons à tout instant des réalités qu'une figuration distincte, dont la coordination est affaire de volonté (BrOC I, 317).

Für Breton geht die Fragmentarität des Traums also auf Defizite der Erinnerung im Wachzustand zurück, während die Kontinuität der Realität auf der Tätigkeit des Willens beruhe. Bezüglich der Erinnerung betont er zudem in einer Fußnote, daß auf die Tiefe des Schlafs zu achten sei, da nur Träume aus den oberflächlichen Schichten des Traums erinnert werden könnten, und folgt so den Unterscheidungen von Vaschide und Bergson. Zudem zieht er in Erwägung, – ebenfalls im Anschluß an

---

[31] Nach Ripa setzt sich ab 1860 nach längeren Debatten die Ansicht durch, daß der Traum kontinuierlich sei (Ripa, *Histoire du rêve*, 159). Allerdings wird in der *Revue philosophique* auch um 1900 noch die Annahme, daß es traumlosen Schlaf gebe, als allgemein vertretene Meinung bezeichnet (vgl. die Rezension zu Benini, „Le Souvenir et la durée des rêves", in: *Revue philosophique* n° 49 (1899), 567). Vgl. auch Hervey de Saint-Denys, *Les Rêves et les moyens de les diriger*, 130, 136, 147.

Bergson und dessen Gedächtnistheorie[32] – , daß im Schlaf bereits vergessene Ereignisse des Vortages verfügbar sein könnten:

> Il faut tenir compte de l'*épaisseur* du rêve. Je ne retiens, en général, que ce qui me vient de ses couches les plus superficielles. Ce qu'en lui j'aime le mieux envisager, c'est tout ce qui sombre à l'éveil, tout ce qui ne me reste pas de l'emploi de cette précédente journée, feuillages sombres, branches idiotes (BrOC I, 317).

Die Schwäche der Erinnerung im Wachzustand bzw. die fehlende Koordination durch den Willen im Traum führen also dazu, daß dem Menschen keine verläßlichen Aussagen über den Traum möglich sind. Breton betont selbst, daß aus einer Position heraus, die zur Aussage über den Traum auf die Vermittlung der menschlichen Seelenvermögen angewiesen bleibt, keine Aussagen über den Traum selbst möglich sind:

> Ce qu'il importe de remarquer, c'est que rien ne nous permet d'induire à une plus grande dissipation des éléments constitutifs du rêve (BrOC I, 317).

Während die Traumforschung des 19. Jahrhunderts nur dem wachen und also nicht träumenden Psychologen vertraut, hält Breton gerade den schlafenden Philosophen für fähig, Aussagen über den Traum zu machen. Er ersetzt damit ein Paradox durch ein anderes:

> Je regrette d'en parler selon une formule qui exclut le rêve, en principe. À quand les logiciens, les philosophes dormants ! Je voudrais dormir, pour pouvoir me livrer aux dormeurs, comme je me livre à ceux qui me lisent, les yeux bien ouverts ; pour cesser de faire prévaloir en cette matière le rythme conscient de ma pensée (BrOC I, 317).

Die hier formulierte Vorstellung einer Gemeinschaft der Schlafenden läßt sich jedoch argumentativ nicht weiterverfolgen. In der Folge greift Breton daher das Gedankenexperiment von der Kontinuität der Träume des kurz zuvor zitierten Pascal (BrOC I, 315) auf, in dem versucht wird, die Gewichtung von Traum und Realität umzukehren. Bei Pascal liest sich diese oft zitierte Überlegung wie folgt:

> Si nous rêvions toutes les nuits que nous sommes poursuivis par des ennemis et agités par ces fantômes pénibles, et qu'on passât tous les jours en diverses occupations comme quand on fait voyage, on souffrirait presque autant que si cela était véritable, et on appréhenderait de dormir comme

---

[32] „Les rêves que nous connaissons aujourd'hui, [sont. S. G.] ceux dont on se souvient et qui appartiennent plutôt au sommeil léger. Quand on dort profondément, on fait peut-être des songes d'une autre nature, mais il n'en reste pas grand'chose au réveil. J'incline à croire […] que nous avons alors une vision beaucoup plus étendue et plus détaillée de notre passé" (Bergson, R 896).

on appréhende le réveil quand on craint d'entrer dans de tels malheurs en effet. Et en effet il ferait à peu près les mêmes maux que la réalité[33].

Breton schließt an diese Vorstellung an, die er dem Reich des Möglichen, also der Imagination zuordnet:

> Mon rêve de cette dernière nuit, peut-être poursuit-il celui de la nuit précédente, et sera-t-il poursuivi la nuit prochaine, avec une rigueur méritoire. *C'est bien possible*, comme on dit (BrOC I, 317 f.).

Pascal, der im Rahmen einer Apologie argumentiert, ist der Ansicht, daß der Mensch nichts wisse, daß seine Vernunft nichts vermöge und daß er nur auf Gott hören könne[34]. Breton bedient sich der Argumentation nur in dem Maße, wie er damit die Vernunft herabsetzen, die Gewißheit der Realität erschüttern und den Traum aufwerten kann. Während das Argument bei Pascal vor allem dazu dient, die Unzulänglichkeit der Erkenntnis herauszustellen, nutzt Breton das unzureichende Wissen über den Traum, um diesem Zusammenhang und Wissen zuzuschreiben und ihn damit aufzuwerten. Abschließend versucht er eine symmetrische Umkehrung von Traum und Realität, wenn er vermutet, daß die Realität im Traumzustand ebenso zurücktritt wie letzterer im Wachen. Mit dieser Relativierung und Nivellierung von Traum und Wachen ist dann die Möglichkeit gegeben, beide auf eine Stufe zu stellen:

> Et comme il n'est aucunement prouvé que […] la « réalité » qui m'occupe subsiste à l'état de rêve, qu'elle ne sombre pas dans l'immémorial, pourquoi n'accorderais-je pas au rêve ce que je refuse parfois à la réalité, soit cette valeur de certitude en elle-même, qui, dans son temps n'est point exposée à mon désaveu ? (BrOC I, 318)

Die Frage nach der Gewißheit betrifft immer noch das erkenntnistheoretische Problem. Während Pascal letztlich auf den Glauben zurückgreift[35], wird bei Joseph Delbœuf in seinem Buch *Le Sommeil et les rêves* (1885)

---

[33] Pascal, *Pensées*, 814, Fragment 662.

[34] Die *Pensées* sind bekanntlich das Projekt einer umfassenden Apologie, und Pascal löst das Problem der Unterscheidung in Anlehnung an Descartes mit dem Verweis auf Gott: „Connaissez donc, superbe, quel paradoxe vous êtes à vous-même. Humiliez-vous, raison impuissante ! Taisez-vous, nature imbécile, apprenez que l'homme passe infiniment l'homme et entendez de votre maître votre condition véritable que vous ignorez. Écoutez Dieu" (Pascal, *Pensées*, 581, Fragment 122). Bei Pascal gibt es in den *Pensées* im wesentlichen zwei Fragmente zum Traum: Nr. 122 und Nr. 662 in der Ausgabe von Le Guern. In beiden wird die Frage aufgeworfen, ob das wache Leben nicht auch ein Traum sei. Eingehender diskutiert wird sie in Fragment 122, auf das ich mich hier beziehe und in dem Pascal die Erkenntnisfähigkeit des Menschen bezüglich der Wahrheit in Abrede stellt: „Nous n'avons aucune idée du vrai" (Pascal, *Pensées*, 579, Fragment 122).

[35] „[…] personne n'a d'assurance hors de la foi s'il veille ou s'il dort" (ebd., 579).

gerade der Zweifel zum Kriterium des Wachens. Delbœuf behandelt im zweiten, bereits in der *Revue philosophique* veröffentlichten Teil „Leurs Rapports avec la théorie de la certitude“[36] eingehend die Frage, worauf der Glaube an die Existenz einer äußeren Realität beruhe und warum man nach dem Aufwachen den Traum für eine Täuschung halte. Descartes' Kriterium des fehlendes Zusammenhangs im Traum hebelt er damit aus, daß auch die Träume logisch und in sich schlüssig sein können: „Il n'est pas de signe infaillible et universel qui nous permette d'affirmer avec une assurance absolue qu'un rêve était un rêve et rien de plus“ (RP 8, 510). Mit Bezug auf den Wahnsinn oder die Gestalt von Sosie macht er weiterhin geltend, daß man wohl auch im Wachen an seinem Wachzustand zweifeln könne und kommt so zunächst zu dem Schluß, daß die eigene Existenz nicht sicher gegeben sei: „Suis-je bien celui que je crois être ?“. Am Ende allerdings wird gerade dieser Zweifel zum Unterscheidungskriterium:

> Ce doute [spéculatif, S. G.], dont le sentiment n'est pas dupe, est l'apanage de l'esprit en pleine possession de sa raison, et est en même temps le signe distinctif suffisant et absolu de la certitude raisonnée (RP 8, 519).

Zwar schließt auch Breton an diese Schlußfolgerung an, aber er weicht in der Bewertung des Zweifels von Delbœuf ab und kehrt dessen Vorhandensein gegen das Wachleben. Er schlägt vor, sich lieber der Gewißheit des Traums anzuvertrauen, als im Zweifel der Vernunft zu verharren. Dabei tendiert er dazu, die Leerstellen des Wissens über den Traum mit großer Bedeutung aufzuladen: „Le rêve ne peut-il être appliqué, lui aussi, à la résolution des questions fondamentales de la vie ?“ (BrOC I, 318). Die Frageform zeigt jedoch, daß Breton noch keine Antwort auf das Verhältnis von Traum und Realität hat.

In diesem ersten Punkt stellt Breton also die neuzeitliche Trennung von Traum und Realität in Frage. Er versucht, die Asymmetrie der üblichen Perspektive, die den Traum vom wachen Denken her beurteilt, zu verdeutlichen und den Traum der Realität gleichzustellen. Dies läuft schließlich darauf hinaus, daß er von einer verstärkten Hinwendung zu Traum und Imagination die Lösung wesentlicher Probleme des Lebens erwartet. Während der erste Punkt so vor allem der Beschreibung des Traums gilt, macht Breton im zweiten Punkt Aussagen über den Wachzustand, die nun dessen Unzulänglichkeiten aufweisen sollen. Er bezeichnet diesen mit Bezug auf Freuds *Psychopathologie des Alltagslebens* als Interferenzphänomen, das sich rationalen Erklärungen entziehe:

---

[36] *Revue philosophique* n° 8 (1879), 494-520.

> […] il ne semble pas que, dans son fonctionnement normal, il obéisse à bien autre chose qu'à des suggestions qui lui viennent de cette nuit profonde dont je le recommande (BrOC I, 318).

Während für Freud die Fehlleistungen durch Motivationen aus dem Unbewußten zu erklären sind, verwendet Breton die Metapher der „nuit profonde", die zugleich auf die tatsächliche Nacht und metonymisch auf den Traum verweist. Mit dieser Metaphorik greift er Formulierungen Bergsons auf, der von der „nuit de l'inconscient" (R 886) spricht, und unterschlägt den rationalistischen Ansatz Freuds. Am Beispiel der Faszination für eine Frau zeigt er, daß das Wachbewußtsein nicht imstande ist zu erklären, woher diese kommt, und deshalb auf so zweifelhafte Kategorien wie den Zufall zurückgreifen muß. Breton schlägt erneut vor, die Lösung hierfür im Traum zu suchen:

> Qui me dit que l'angle sous lequel se présente cette idée qui le touche, ce qu'il aime dans l'œil de cette femme n'est pas *précisément* ce qui le rattache à son rêve, l'enchaîne à des données que par sa faute il a perdues ? (BrOC I, 318).

Wieder wird die Verfehlung als Grund für die Nichterkennbarkeit der Zusammenhänge eingesetzt. Die Annahme einer ursprünglich vorhandenen und dann verloren gegangenen Einheit schließt an die beispielsweise bei Novalis zu beobachtende romantische Perspektive an, daß im Traum die verlorene Einheit von Mensch und Natur wieder hergestellt wird. Allerdings handelt es sich für Breton nicht mehr um die Einheit mit der Natur, sondern vielmehr um die Aufhebung der anfangs beschriebenen Einschränkung der Imagination durch die Gesetze der „utilité arbitraire" (BrOC I, 311), die es dem Menschen erlauben würde, sich seiner selbst im ganzen Umfang bewußt zu werden. In diesem Sinn glaubt Breton, daß der Traum dem Menschen zur Kenntnis seiner selbst verhelfen könnte. Dazu will er ihm dem Schlüssel geben: „Je voudrais lui donner la clé de ce couloir" (BrOC I, 318). Dieser Schlüssel zum Traum ist bei Breton nicht wie bei Baudelaire oder Freud zur Entschlüsselung eines Textes gedacht, sondern zum Aufschließen eines Ganges. Damit wird der Traum nicht als zu entziffernder Text, sondern als Erlebnisraum verstanden, zu dem der Zugang hergestellt werden soll. Er steht auch metonymisch für die Imagination und den ihr zugehörenden Bereich. Vor allem das fehlende Wissen über den Traum erlaubt es Breton, diesen als Ort des großen Zusammenhangs und der Lösung aller Rätsel auszuweisen, als Schlüssel zu den Geheimnissen des Wachlebens. In einer Umkehrung gängiger Annahmen wird für Breton also die Realität fragmentarisch und rätselhaft, während auf den Traum Zusammenhang und Kontinuität projiziert werden.

Im Anschluß an diese grundsätzliche Neubewertung von Traum und Realität malt Breton im dritten Punkt die Vorteile einer Hingabe an den Traum aus, in dem der kartesianische Zweifel ausgeschaltet sei:

> L'esprit de l'homme qui rêve se satisfait pleinement de ce qui lui arrive. L'angoissante question de la possibilité ne se pose plus (BrOC I, 319).

Die Vorstellung, daß die Imagination eine größere Zufriedenheit verleihe als die Vernunft, findet sich ebenfalls bereits bei Pascal: „[…] elle [l'imagination, S. G.] remplit ses hôtes d'une satisfaction bien autrement pleine et entière que la raison“[37]. Anders als für Pascal, bei dem dieses Argument die Schwäche der menschlichen Vernunft und die Anfälligkeit des Menschen für die Verlockungen der Imagination belegen soll, ist für Breton die Imagination positiv konnotiert. Ihn stört es nicht, daß die Freiheit des Wachbewußtseins, das sich die Frage nach der Möglichkeit stellen kann, eingebüßt wird[38]. Der Mensch soll sich den Einfällen der Imagination bzw. den Ereignissen des Traums in einem Maße überlassen, das durch die Preisgabe seines Namens bis zur Selbstaufgabe führt:

> Tue, vole plus vite, aime tant qu'il te plaira. […] Laisse-toi conduire, les événements ne souffrent pas que tu les diffères. Tu n'as pas de nom. La facilité de tout est inappréciable (BrOC I, 319).

Im Zusammenhang mit der Ausschaltung des Zweifels und der fraglosen Akzeptanz des Geschehens führt Breton die Vorstellung einer anderen, weiteren Vernunft ein:

> Quelle raison, je le demande, raison tellement plus large que l'autre, confère au rêve cette allure naturelle, me fait accueillir sans réserve une foule d'épisodes dont l'étrangeté à l'heure où j'écris me foudroierait ? (BrOC I, 319)

Obwohl die Rede von einer anderen Vernunft des Traums durchaus an Nervals Unterscheidung von menschlicher und höherer, möglicherweise göttlicher Vernunft erinnert, bezieht sie sich hier vor allem auf die Einstellung des Träumers, der in der Lage ist, die Fremdartigkeit des Traums als natürlich zu empfinden. Damit wird der Traum nicht aus der Per-

---

37 Pascal, *Pensées*, 552, Fragment 41.

38 Sartre hingegen begründet damit die Unfreiheit des Traums: „Le monde imaginaire se donne comme un monde sans liberté : […] il est l'envers de la liberté, il est fatal. Aussi n'est-ce point par la conception d'autres possibles que le dormeur se rassure, se tire d'embarras. C'est par la production immédiate, dans l'histoire même, d'événements rassurants“ (Sartre, *L'Imaginaire*, 328).

spektive einer zweiten und höheren Wirklichkeit betrachtet, sondern wie bei Baudelaire rücken die „étranges raisonnements“ und ihre fraglose Akzeptanz in den Vordergrund[39]. Es geht Breton im Prinzip darum, zu verstehen, wodurch die Ausschaltung des Zweifels möglich wird. Er imitiert in seinem Text die Beseitigung des Zweifels durch eine trauminhärente, quasi aus der Position des schlafenden Philosophen stammende Begründung, die auf die vermeintliche Sinneswahrnehmung zurückgreift: „Et pourtant j'en puis croire mes yeux, mes oreilles ; ce beau jour est venu, cette bête a parlé“ (BrOC I, 319). Gleichzeitig führt er mit dem sprechenden Tier ein märchenhaftes Element ein und bereitet so die spätere Überleitung zum Bereich des Wunderbaren vor. Auch kommt er in der Logik des Sündenfalls wieder auf den Verrat an der Imagination zurück und stellt zugleich in Aussicht, daß eine Rückbesinnung auf die Imagination die Härten des Wachzustandes überwinden könnte:

> […] si l'éveil de l'homme est plus dur, s'il rompt trop bien le charme, c'est qu'on l'a amené à se faire une pauvre idée de l'expiation (BrOC I, 319).

Im vierten Punkt schließlich präsentiert Breton seinen Vorschlag zum künftigen Umgang mit dem Traum. Er will, ähnlich wie Bergson, ein groß angelegtes Forschungsprojekt zum Traum initiieren, ohne allerdings die Methoden geklärt zu haben:

> De l'instant où il sera soumis à un examen méthodique, où, par des moyens à déterminer, on parviendra à nous rendre compte du rêve dans son intégrité (et cela suppose une discipline de la mémoire qui porte sur des générations ; commençons tout de même par enregistrer les faits saillants), où sa courbe se développera avec une régularité et une ampleur sans pareilles, on peut espérer que les mystères qui n'en sont pas feront place au grand Mystère (BrOC I, 319).

Ziel dieses Forschungsprojekts ist die Lösung der vermeintlichen Rätsel des Traums, um dem großen Rätsel oder Mysterium auf die Spur zu kommen, das dann in der Surrealität, also der Aufhebung des Gegensatzes von Traum und Realität besteht. Die Rede vom „grand Mystère“ zeigt nochmals, wie der Traum bei Breton zur Projektionsfläche eines großen Geheimnisses werden kann, welches einer Offenbarung gleicht. Obwohl diese Offenbarung nicht mehr wie bei Nerval durch göttliche

---

[39] Nicht nur diese Haltung, sondern auch die Wortwahl weist Ähnlichkeiten zu einer von Baudelaire zitierten Passage von Asselineau auf: „Ce qu'il y a de surprenant dans la vie du rêve […] c'est l'assentiment donné à ces contradictions, la *facilité* avec laquelle les plus monstrueux paralogismes sont acceptés comme choses toutes *naturelles*, de façon à faire croire à des facultés ou à des notions d'un ordre particulier, et *étrangères à notre monde*“ (BOC II, 89 f., Hervorhebungen von mir, S. G.).

Gnade, sondern durch methodische Untersuchungen erlangt werden soll, verwendet Breton von dem als Sündenfall beschriebenen Verrat an der Imagination bis hin zum Glaubensbekenntnis des Surrealismus immer wieder religiöse Attribute, um seine Überzeugungen zu beschreiben, was merkwürdig mit dem wissenschaftlichen Vorgehen, das er sich ebenfalls auf die Fahnen schreibt, kontrastiert[40].

Zum Abschluß der Aussagen über den Traum berichtet Breton eine Anekdote von Saint-Pol-Roux, der beim Schlafengehen an der Tür seines Schlafzimmers ein Schild mit der Aufschrift „Le poète travaille" angebracht haben soll, und nimmt damit eine explizite Gleichsetzung von Träumen und Dichten vor. Im Hinblick auf die Kontextualisierung läßt sich also folgendes festhalten: Breton bezieht sich auf Argumente eines hauptsächlich philosophisch geprägten Traumdiskurses, für den neben der Diskussion über das Verhältnis von Realität und Traum aus der frühen Neuzeit auch zeitgenössische Ansätze relevant sind. Dabei bedient er sich eines exklamatorischen Stils, in dem die Imagination, die Freiheit, der Traum und die Nacht gefeiert werden. Bretons Aufwertung des Traums entspricht eher der romantischen Tradition; es wäre jedoch verkürzt und falsch, seine Haltung zum Traum auf Nerval zurückzuführen[41]. Zwar bezieht auch Breton sich auf eine andere Vernunft und die Vorteile der Imagination, aber bei ihm soll der Traum den Menschen nicht in eine Geisterwelt, sondern zu sich selbst führen.

---

40 Breton rekurriert zur Definition des Surrealismus auf religiöse Begriffe wie „croyance" oder „toute-puissance" und nimmt eine quasi religiöse Überhöhung vor, die den Traum zum Gott macht und seinen Anhängern ein Glaubensbekenntnis abverlangt: „Le surréalisme repose sur la croyance à la réalité supérieure de certaines formes d'associations négligées jusqu'à lui, à la toute-puissance du rêve, au jeu désintéressé de la pensée. […] Ont fait acte de surréalisme absolu […]" (BrOC I, 328). Gegen Ende der Definition klingt aufgrund der religiösen Konnotationen des bisherigen Textes durch: „ont fait acte de foi". Die folgende Liste der Anhänger der Surrealismus liest sich dann als die einer Glaubensgemeinschaft. Diese religiöse Überhöhung könnte auch eine Erklärung dafür sein, warum die Auseinandersetzungen innerhalb der Gruppe eine solche Brisanz erhalten und oft zum Ausschluß oder zu Abspaltungen führen.

41 Bürger hält Nervals *Aurélia* für besonders wichtig für Bretons Traumtheorie im *Manifeste*. In der Tat zitiert Breton Nerval mit seinem Gebrauch des Wortes „supernaturaliste" und bestätigt ihm eine surrealistische Einstellung: „Il semble, en effet, que Nerval posséda à merveille *l'esprit* dont nous nous réclamons" (BrOC I, 327). Allerdings nennt er ihn nicht in der Liste der Vorläufer des Surrealismus. Dennoch sind die Unterschiede zwischen Breton und Nerval größer als die Gemeinsamkeiten, wie auch Bürger einräumen muß. Während Nerval eine Geisterwelt annehme, behandle Breton den Traum als „strikt innerweltliches Phänomen". Die Übereinstimmung zwischen Breton und Nerval beschränkt sich dann auf das Verwerfen der Vernunft aus allerdings unterschiedlichen Gründen, die Bedeutung des Traums, der als gleichwertige Daseinsform begriffen werde, und die Grundintention, die Gegensätze von Traum und Wirklichkeit zu vereinigen (Bürger, „Die Bedeutung des Traums im Surrealismus", 86 f.).

Dabei nimmt er eine grundsätzliche Neubewertung des Verhältnisses von Traum und Realität vor, bei der er sich auf Argumente aus der Diskussion seit Beginn der Neuzeit beruft. Er argumentiert außerdem mit Elementen, die vor allem im Traumdiskurs des 19. Jahrhunderts wichtig werden, wie beispielsweise die Annahme der Kontinuität des Traums oder die noch neuere Beachtung der Tiefe des Schlafs. Vor allem schließt er an Bergsons Hypothese an, daß dem Menschen im Traum die Gesamtheit seiner Vergangenheit zugänglich sein könnte. Auf dessen ausführliche Darstellung der zugrundeliegenden Sinnes- und Leibreize geht er jedoch gar nicht ein, womit er den Traum als rein geistiges Phänomen faßt. Freud wird bezüglich des Traums rein rhetorisch zitiert, eine Kenntnis seiner Traumtheorie ist nicht zu erkennen, wohl aber seiner Annahmen bezüglich der Fehlleistungen. Bretons Grundannahme, der Traum sei kontinuierlich und weise Spuren von Organisation auf, steht zwar nicht im Widerspruch zu Freuds Erkenntnissen, ist aber eine gängige Annahme des 19. Jahrhunderts.

Als Traumtheorie können die Überlegungen im *Manifeste* nicht ernsthaft bezeichnet werden, sie stellen lediglich eine Auseinandersetzung mit bestimmten Versatzstücken des Traumdiskurses dar. Dennoch ist Peter Bürgers Einschätzung zu relativieren, Bretons Interesse am Traum im *Manifeste du surréalisme* sei das eines „interessierten Laien", der noch nicht über das nötige „wissenschaftliche Werkzeug" verfüge. Dieser Einschätzung kann nur dann zugestimmt werden, wenn man auch Descartes und Pascal als „interessierte Laien" bezeichnen will und die Psychoanalyse für einen Zugang mit „wissenschaftlichem Werkzeug" hält[42]. Letztendlich laufen Bretons Überlegungen mit der Projektion der Lösung aller Geheimnisse durch den Traum auf eine quasi religiöse Überhöhung hinaus, bei welcher der Traum zum Leitprinzip unseres Lebens erklärt werden soll. Dies zielt auch auf die Kategorie des Wunderbaren und die phantastische Literatur.

---

[42] Ebd., 85. Für Bürger stehen „zwei verschiedene Haltungen" nebeneinander: „die Hingabe an den Traum als Manifestation des Unbewußten" und „der Wille zu wissenschaftlicher Erforschung". Bürgers Einschätzung ist typisch für eine weit verbreitete Herangehensweise an das Phänomen Traum, bei der nur Freud als Experte gelten darf. Bürger beachtet weder, daß Breton den Begriff des Unbewußten offensichtlich meidet, noch erkennt er, daß Breton sich auf wichtige Elemente des Traumdiskurses vor Freud bezieht.

2.3 Das ‚Bureau de recherches surréalistes' und die Rubrik „Rêves" in *La Révolution surréaliste*

Kurz nach der Veröffentlichung des *Manifeste du surréalisme*[43] erfolgt am 11. Oktober 1924 die Eröffnung des ‚Bureau de recherches surréalistes', das unter anderem zur Konstitution surrealistischer Archive beitragen soll. In *Les Nouvelles littéraires* vom 8.11.1924 erscheint folgender, sehr wahrscheinlich von Breton verfaßter Aufruf:

> Le Bureau de recherches surréalistes, ouvert tous les jours, de 4 heures à 6 h 15, rue de Grenelle [...] s'emploie à recueillir par tous les moyens appropriés les communications relatives aux diverses formes qu'est susceptible de prendre l'activité inconsciente de l'esprit. Aucun domaine n'est spécifié *a priori* pour cette entreprise et le surréalisme se propose de rassembler le plus grand nombre possible de données expérimentales, à une fin qui ne peut encore apparaître. Toutes les personnes qui sont en mesure de contribuer, de quelque manière que ce soit, à la création de véritables archives surréalistes, *sont instamment priées* de se faire connaître. Qu'elles nous éclairent sur la genèse d'une invention, qu'elles nous proposent un système d'investigation psychique inédit, qu'elles nous fassent juges de frappantes coïncidences, qu'elles nous exposent leurs idées les plus instinctives sur la mode, aussi bien que sur la politique, etc., ou qu'elles veuillent se livrer à une libre critique des mœurs, qu'elles se bornent enfin à nous faire confidence de leurs rêves les plus curieux et de ce que ces rêves leur suggèrent. Un bulletin mensuel portera à la connaissance du public les communications les plus intéressantes que nous vaudra cet appel. [...] (BrOC I, 481 f.)

Die Fächerung der erwünschten Beiträge geht hier weit über den Bereich des Unbewußten hinaus und umfaßt auch die für den Surrealismus ebenfalls wichtigen Fragen der Gesellschaftskritik und der Politik. Das Berichten von Träumen wird dabei offensichtlich als Form des geringsten Engagements eingeordnet. Wichtig erscheint mir, daß eine Beschränkung auf besonders auffällige Träume erfolgt („leurs rêves les plus curieux") und daß ausdrücklich Assoziationen dazu eingefordert werden. Wie bereits im *Manifeste* wird auch hier wieder betont, daß der Zweck dieses Vorgehens noch nicht absehbar sei. Mit diesem Büro hoffen die Surrealisten offenbar, auf breiter Basis beruhende Archive mit Manifestationen der unbewußten Tätigkeiten des Geistes anlegen zu können. Das während dieser Zeit geführte *Cahier de la permanence* zeigt jedoch, daß die Resonanz nur gering war. Zwar erkundigen sich einzelne Personen nach

---

[43] Teile des *Manifeste du surréalisme* erscheinen bereits am 6. 9. 1924 in *Le Journal littéraire*, die Veröffentlichung des ganzen Textes gefolgt von *Poisson soluble* bei den ‚Éditions du Sagittaire' erfolgt im Oktober (vgl. Bonnet, „Notice", in: BrOC I, 1332-1335).

den Zielen des Surrealismus, aber nur ein Beitrag in der unregelmäßig erscheinenden *La Révolution surréaliste*, die als das angekündigte monatliche Bulletin zu begreifen ist, geht auf die Existenz dieses Büros zurück[44]. Daher schließt es bereits am 30. 1. 1925 seine Pforten für die Öffentlichkeit und wird zunächst ein „lieu clos, mais dont il faut que le monde sache qu'il existe"[45], bevor es Ende April 1925 ganz geschlossen wird.

Von Bedeutung war es vor allem für die Vorbereitung der ersten drei Nummern der Zeitschrift *La Révolution surréaliste*, in denen der Traum eine entscheidende Rolle spielt. Diese zeigt sich nicht nur in der eigens dafür eingerichteten Rubrik „Rêves", sondern bereits in der von Boiffard, Eluard und Vitrac verfaßte *Préface*. Die Autoren schließen dabei an die Argumentation im *Manifeste du surréalisme* an, wenn sie darauf anspielen, daß dem Wissen bzw. der bewußten Erkenntnis der Prozeß bereits gemacht worden sei: „Le procès de la connaissance n'étant plus à faire, l'intelligence n'entrant plus en ligne de compte, le rêve seul laisse à l'homme tous ses droits à la liberté" (RS n° 1, 1).

Dennoch wird der Traum als eine Macht dargestellt, der die Menschen auch im Wachzustand ausgeliefert sind: „Nous sommes tous à la merci du rêve et nous nous devons de subir son pouvoir à l'état de veille" (ebd.). Insgesamt ist dieses Vorwort mehr assoziativ als argumentativ aufgebaut. Zudem findet keine Auseinandersetzung mit dem philosophischen oder wissenschaftlichen Traumdiskurs statt, sondern es werden Elemente aus dem Bereich von Dichtung, Wahrsagekunst und Prophetentum aufgerufen:

> Qu'est-ce que le papier et la plume, qu'est-ce qu'écrire, qu'est-ce que la poésie devant ce géant qui tient les muscles des nuages dans ses muscles. Vous êtes là bégayant devant le serpent, ignorant les feuilles mortes et les pièges de verre, vous craignez pour votre fortune, pour votre cœur et vos plaisirs et vous cherchez dans l'ombre des rêves tous les signes mathématiques qui vous rendront la mort plus naturelle. D'autres et ce sont les prophètes dirigent aveuglément les forces de la nuit vers l'avenir, l'aurore parle par leur bouche, et le monde ravi s'épouvante ou se félicite (ebd.).

---

44 Maurice Béchet teilt Sätze mit, die ihm beim Aufwachen im Gedächtnis geblieben sind und die in *La Révolution surréaliste* veröffentlicht werden (*La Révolution surréaliste* n° 3, (1925), 28). Vgl. die Eintragungen am 10. und 22. November 1924 im *Cahier de la permanence* (*Bureau de recherches surréalistes. Cahier de la permanence*, 53 und 61). Allerdings liegt Breton daran, vorher festzustellen, von wem und warum diese Sätze aufgeschrieben wurden: „Il importe, en effet, qu'on sache à qui l'on a affaire et pourquoi ces phrases ont été notées. Songer à bien l'interroger en ce sens" (ebd., 61).

45 „Avis", in: *La Révolution surréaliste* n° 2, (1925), 31. Texte aus dieser Zeitschrift werden im folgenden unter Angabe der Sigel RS, der Nummer und der Seitenzahl im Text zitiert.

Die Autoren präsentieren den Surrealismus in diesem Vorwort als „briseur de chaînes“, der das Reich des Traums als ein Reich der Möglichkeiten jenen öffnen will, die selbst nicht träumen, als Kreuzung verschiedener drogeninduzierter traumartiger Zustände, die ohne die Einnahme von Drogen im eigentlichen Sinn möglich werden.

Die Fokussierung auf den Traum in dieser ersten Nummer zeigt sich auch darin, daß direkt nach dem Vorwort die Rubrik „Rêves“ mit fünf Traumtexten folgt: einer von Giorgio de Chirico, drei von André Breton und einer von Renée Gauthier. Während die zweite Nummer der Zeitschrift andere Themen fokussiert[46], ist die dritte Nummer von April 1925 dem Traum gewidmet, was bereits relativ früh feststeht. Breton und Aragon rufen am 1. Dezember 1924 alle Mitarbeiter der Zeitschrift zur sorgfältigen Aufzeichnung ihrer Träume auf, wobei sie dafür Kriterien in den Vordergrund stellen, wie sie auch für ein Protokoll zu gelten haben:

> En prévision du n° 3 de la R.S. consacré au rêve, nous prions instamment tous les collaborateurs de la revue de rédiger avec la plus grande exactitude et le plus grand soin les récits de leurs rêves, au fur et à mesure qu'ils se produisent et de les verser à la Centrale[47].

Ende Januar übernimmt Antonin Artaud die Leitung des Büros, das er wenige Tage später für die Öffentlichkeit schließt, sowie die Verantwortung für die dritte Nummer der Zeitschrift[48]. Er macht den Vorschlag, unangenehme Träume mit besonderer Bedeutung zu berücksichtigen:

> Des récits de « mauvais rêves », c.-à.-d. de rêves qui ne sont ni particulièrement jolis ni agréables, et qui veulent dire quelque chose au point de vue humain et au point de vue spirituel[49].

Dieser Vorschlag stößt allerdings auf Widerspruch, wobei Uneinigkeit vor allem darüber herrscht, ob zwischen normalen und schlechten Träumen überhaupt unterschieden werden kann. Breton argumentiert damit, daß die Erinnerung an schlechte Träume, die Aufschluß über die Persönlichkeit geben könnten, verdrängt würde, und daher nur diejenigen erinnert würden, die eine physische Ursache hätten und somit keinen

---

[46] Im Dezember 1924 wird vereinbart, die Umfrage zum Selbstmord und revolutionäre Aktionen in den Vordergrund zu stellen und der Rubrik „Rêves“ weniger Aufmerksamkeit zu schenken (*Cahier de la permanence*, 70-71).

[47] Ebd., 65.

[48] Vgl. das Protokoll der Sitzung vom 23. Januar 1925: „[...] il est décidé, sur la proposition d'André Breton, qu'Antonin Artaud se chargera de la direction du Bureau de Recherches Surréalistes jusqu'à la parution du numéro 3 de la revue“ (*Bureau de recherches surréalistes. Cahier de la permanence*, 115).

[49] „Réunion du 27 janvier 1925 au bar Certà“, in: *Bureau de recherches surréalistes. Cahier de la permanence*, 116-118, hier: 117.

Hinweis auf das Funktionieren des Geistes geben könnten[50]. Diese Argumentation ist insofern interessant, als sie sich auf im *Manifeste* nicht genannte Ansätze stützt und zeigt, daß Breton sowohl Freuds Vorstellungen von der Zensur als auch die älteren Annahmen zum organischen Traum kennt und damit argumentiert.

Ende März gibt Artaud genauere Anweisungen zum Aufschreiben der Träume, wobei leider nicht festzustellen ist, ob es sich hier um die Aufforderung zur Überarbeitung bereits abgegebener Texte handelt – schließlich soll die Zeitschrift am 15. April erscheinen – oder ob sie für neue Texte gelten sollen:

> Artaud demande que chacun s'applique à isoler et noter dans ses rêves tout ce qui paraît y être soumis à un système, tout le systématique inconscient du rêve […].
> Et aussi ce qui se présente comme une systématisation quelconque, d'une réalité vue à travers le sommeil, tout système vrai ou faux, mais obéissant à une certaine logique de l'inconscient ou du rêve [..]
> En un mot noter un système déjà apparu et complet qui serait amené au jour par des voies inhabituelles[51].

Diese Anweisungen zeigen deutlich, daß bei Artaud kein psychologisch motiviertes Interesse an Bewußtseinszuständen des Träumers besteht. Der Traum wird nicht als subjektive Erfahrung des Träumers begriffen, sondern als Zugang zu einer eigenen Welt, deren Funktionsweise und Gesetzmäßigkeiten es zu erfassen gilt. Zwar ist von der Logik des Unbewußten die Rede, es geht aber nicht so sehr um psychische Mechanismen wie die Gesetze der Transformation bei Freuds Traumarbeit, sondern um eine Traumwelt, die als vollständiges und der Realität gleichwertiges System begriffen wird. Das Traumnotat soll helfen, die Gesetzmäßigkeiten der Traumwelt zu erfassen. Der Traumberichterstatter ist damit kein Selbstbeobachter mehr wie bei den Psychologen oder auch noch in den Anweisungen Bretons, sondern er wird zum Zeugen von Ereignissen in einer anderen Welt. Wenn beim Aufschreiben für Artaud das Herausarbeiten der Gesetzmäßigkeiten des Traums, einer dem Traum inhärenten logischen Kohärenz zählt, so ist zu erwarten, daß die Thematisierung von Unsicherheiten in den Texten zurücktreten müßte. Tatsächlich weisen die drei „récits de rêves" von Artaud keinerlei solche Elemente auf. Vielmehr werden, vor allem im ersten Text, die Systematik des Geschehens und seine Gesetzmäßigkeiten hervorgehoben[52]. Eine

---

[50] Ebd., 118.

[51] *Cahier de la permanence*, 97.

[52] „[…] une mécanique précise qui savait ce qu'elle faisait", „[…] il nous fallait faire un tour", „Il nous fallait éviter de marcher sur les ailes de la machine" (RS n° 3, 3). Aber

differenziertere Untersuchung der Traumtexte wird also auch diesen Aspekt berücksichtigen.

Insgesamt verteilen die „récits de rêves" sich sehr ungleich über den Zeitraum von 1924-1929, in dem *La Révolution surréaliste* in insgesamt 12 Nummern erscheint. Der Schwerpunkt liegt eindeutig auf der Zeit von Dezember 1924 bis Oktober 1925 – das entspricht den Nummern 1-5, die alle Traumberichte enthalten –, während später nur noch insgesamt sechs „récits de rêves" in den Nummern 7, 9-10 und 11 erscheinen. Dies hängt sicherlich auch mit der zunehmenden Politisierung der Bewegung zusammen. Breton hat bekanntlich rückblickend den Wendepunkt mit dem in der Nr. 5 veröffentlichten Pamphlet *La Révolution d'abord et toujours* gegen die französische Position im Marokkokrieg angesetzt, womit nach einer ersten „époque purement intuitive" eine „époque raisonnante" beginne[53]. Sein eigenes Engagement bezüglich des „récit de rêve" erlahmt sogar noch früher. Nach den Versuchen in der Zeitschrift *Littérature* und drei Traumtexten in der ersten Nummer von *La Révolution surréaliste* publiziert er keine isolierten Traumtexte mehr[54].

Die von Artaud betreute dritte Nummer von *La Révolution surréaliste* enthält 17 Traumtexte von 9 Autoren, also über ein Drittel der insgesamt 47 in der Rubrik „Rêves" erschienenen Texte von 15 Autoren. Allerdings beschränkt sich nach der dritten Nummer die Mitarbeit an dieser Rubrik auf einige wenige Autoren, in den Nummern 4 und 5 etwa wird die Rubrik ausschließlich von Michel Leiris und Max Morise bestritten, die insgesamt die kontinuierlichsten Beiträger sind. Leiris liefert insgesamt 16 Beiträge für die Rubrik „Rêves" in vier Nummern (n° 2, 4, 5, 7), Max Morise sechs „récits de rêves" in ebenfalls vier Ausgaben (n° 3, 4, 5, 11). Paul Eluard, der allein für die dritte Nummer sechs Beiträge liefert, veröffentlicht zwar in den Nummern 6 und 8 weitere Traumtexte, allerdings nicht mehr in der in diesen Ausgaben ganz entfallenden Rubrik „Rêves"[55]. Offensichtlich achtet Breton, der von der vierten Nummer an die Herausgebertätigkeit übernimmt, stärker auf die Einheitlichkeit der in der Rubrik abgedruckten Texte, als das noch die Herausgeber der zweiten Nummer, Pierre Naville und Benjamin Péret, getan hatten, die Leiris'

---

auch der letzte Text enthält eine Aussage, die explizit auf die gewollte Anlage des Hintergrundes hinweist: „Le décor tout entier était une *analogie* volontaire et *créée*" (ebd.).

53 Vgl. Breton, „Qu'est-ce que le surréalisme" (1934), in: BrOC II, 223-262, hier: 231 f.

54 Lediglich in *Trajectoire du rêve* (1938) steuert Breton noch einen Traumtext bei. Dabei handelt es sich allerdings nicht nur um den Bericht, sondern auch um den Versuch, die Entstehung des Traums zu erklären (André Breton, „Accomplissement onirique et genèse d'un tableau animé", in: ders. (Hg.), *Trajectoire du rêve*, 53-59).

55 „La Dame de carreau", in: *La Révolution surréaliste* n° 6, (1926), 1, „Les Dessous d'une vie ou la pyramide humaine" in: *La Révolution surréaliste* n° 8, (1926), 20 f.

stark von den anderen abweichenden Texte unter dem Titel *Le Pays de mes rêves* in der Rubrik publiziert hatten. Diese Texte, die Leiris später in den Gedichtband *Haut mal* und nicht in *Nuits sans nuit* aufnimmt, schließe ich wegen der offensichtlichen formalen Abweichung aus dem Korpus aus, so daß 41 Texte bleiben, anhand deren die Merkmale des surrealistischen „récit de rêve" bestimmt werden sollen[56]. Daß es sich um eine normierte Form handelt, zeigt besonders deutlich der Kontrast zur Sondernummer *Des rêves* von *Le Disque vert*, der Zeitschrift der belgischen Surrealisten, in der die Traumtexte wesentlich weniger einheitlich ausfallen.

2.4 „Un minime effort de rhétorique": Gattungsmerkmale des surrealistischen „récit de rêve"

Neben den relativ allgemein gehaltenen Anweisungen von Breton und Artaud deuten verschiedene Indizien darauf hin, daß noch weitergehende Übereinkünfte zur Form der Traumberichte entwickelt werden. Am stärksten ins Auge fällt die nahezu ausschließliche Konzentration auf das Präsens als Tempus des Traumberichts, die so in der Zeitschrift *Littérature* noch nicht zu finden war. Zwar waren dort alle drei Traumtexte von Desnos im Präsens abgefaßt, Breton allerdings bevorzugte in drei von vier Fällen die Vergangenheitsform. Auch ein Blick ins Tagebuch von Leiris zeigt, daß dieser seine Träume bis August 1924 in der Vergangenheitsform notiert und erst ab September 1924 das Präsens verwendet. Die aus dem Tagebuch gewählten Traumtexte hat er jedoch für die Veröffentlichung in *La Révolution surréaliste* vor allem bezüglich ihrer Zeitform überarbeitet[57]. In der 1925 erschienenen Sondernummer *Des rêves* von *Le Disque vert* überwiegt der Gebrauch des Präsens nur geringfügig gegenüber den Tempusformen der Vergangenheit, und auch in bezug auf die übrige Gestaltung gibt es mehr Variation.

Die Festlegung auf das Präsens als Tempusform ist nur die offensichtlichste Form der Normierung des „récit de rêve" in *La Révolution surréaliste*. Es gibt weitere Elemente, die Bestandteil einer bestimmten surrealistischen Rhetorik des „récit de rêve" sind. Raymond Queneau macht dies mit seinen *Récits de rêves à foison*, in denen ihm ein „minime effort de rhétorique" genügt, um Alltagserzählungen in Traumberichte umzuwan-

---

56 Eine Aufstellung der Texte mit genauen Literaturangaben findet sich in Anhang 1. Sie sind von 1 bis 41 durchnumeriert und werden im folgenden unter Angabe dieser Nummern zitiert.

57 Vgl. Leiris, *Journal 1922-1989*, 32-33 und RS n° 4, 7, Texte 24 und 28.

deln, sehr deutlich. Der Unterschied zwischen diesen fingierten Traumberichten und den surrealistischen „récits de rêves“ ergibt sich erst aus Queneaus Nachbemerkung:

> Naturellement aucun de ces rêves n'est vrai, non plus qu'inventé. Il s'agit simplement de menus incidents de la vie éveillée. Un minime effort de rhétorique m'a semblé suffire pour leur donner un aspect onirique[58].

Bei einer Analyse seiner Texte läßt sich konstatieren, daß der rhetorische Kniff auf wenigen Elementen beruht. Alle vierzehn vermeintlichen Traumberichte sind im Präsens abgefaßt, wobei in dreizehn Fällen ein Ich spricht, das meistens am Geschehen beteiligt ist, manchmal aber auch nur beobachtet. Die Sätze sind zumeist sehr kurz, und es dominiert die Parataxe. Das allein macht aber noch nicht den „aspect onirique“ aus; entscheidend ist, daß Zusammenhänge ausgespart, Ereignisse in einer ungewöhnlichen Reihenfolge berichtet und Gegensätze betont werden. So wird beispielsweise im zweiten Text die Reihenfolge von Ursache und Wirkung vertauscht:

> Je rencontre un Arabe et je lui apprends la mort d'un ouvrier espagnol qu'il connaissait. Cela ne l'étonne pas car l'autre travaillait dans un chantier où il avait reçu une boule de fer sur la tête[59].

Die Betonung, daß das Erstaunen über den Tod des spanischen Arbeiters ausbleibt, trägt ebenfalls zum Eindruck der Traumhaftigkeit bei, obwohl eine logische Erklärung dafür nachgeliefert wird. Durch rhetorische Mittel kann der Eindruck von Inkongruenzen und Widersprüchlichkeit erweckt werden, die bei näherem Nachdenken gar nicht vorhanden sind, etwa wenn die Rede von einem Bach mit Seerosen in der Stadt ist: „Bien que nous soyons dans un faubourg de la ville, nous nous trouvons devant un ruisseau où poussent des nénuphars“[60]. So wird der Eindruck einer gewissen Absurdität erzielt, die sich leicht dem Traum zuschreiben läßt. Weiß man jedoch, daß es sich um Tageserlebnisse handelt, lassen sich diese Absurditäten wiederum leicht auflösen.

Daß dies nicht die einzig mögliche Ausprägung von Traumrhetorik ist, zeigt nicht nur das schon besprochene Beispiel Nervals, sondern auch ein Blick auf Queneaus *Exercices de style* (1947), in denen sich ein als

---

[58] Raymond Queneau, „Des Récits de rêves à foison“, in: *Les Cahiers du chemin* n° 19 (1973), 11-14, hier: 14. Vgl. zu diesen Texten auch Jean-Daniel Gollut, „Un Exercice de style ?“, in: *Études de lettres* (1982, 2), 65-76, der allerdings die Traumberichte aus Freuds *Traumdeutung* für das zugrundeliegende Modell hält.

[59] Queneau, „Des Récits de rêves à foison“, 11.

[60] Ebd.

„Rêve“ überschriebenes „exercice“ findet[61]. Hier greift Queneau zu ganz anderen Mitteln, um das Geschehen traumartig erscheinen zu lassen. Zum einen wird in der Mitte und am Ende des Textes ausdrücklich erwähnt, daß es sich um einen Traum handelt[62], zum anderen bedient er sich anderer Tempusformen. Erst der zweite Teil wird im Präsens präsentiert, während der erste ausschließlich im „imparfait“ erzählt ist. Der Verzicht auf die Alternanz von „imparfait“ und „passé simple“ trägt dabei zu einer Einebnung der Unterschiede von Hintergrund und Handlung bei und erzeugt einen Eindruck von Unschärfe[63]. Dieser Eindruck wird noch durch andere Elemente verstärkt, die Wahrnehmungschwierigkeiten betonen: „il me semblait que tout fût brumeux et nacré“, „des présences multiples et indistinctes“, „un individu que je ne voyais pas“. Hier ist das Vorbild eher der Nervalsche Traumbericht, der ebenfalls reich an Modalisierungen und Unschärfe ist und darüber hinaus den Traumelementen eine symbolische Bedeutung unterlegt, was Queneau mit der Formulierung „le cou trop long semblait annoncer déjà par lui même le caractère à la fois lâche et rouspéteur du personnage“ imitiert.

In den beiden parodistischen Beispielen bezieht Queneau sich also auf unterschiedliche Traditionen und Formen des Traumberichts. Im Rahmen der *Exercices de style* hätte sich ein „récit de rêve“ im Stile der *Récits de rêves à foison* kaum vom ersten Text „Notations“ unterschieden. In den *Récits de rêves à foison* reagiert Queneau offensichtlich auf die Proliferation von Traumtexten zu dieser Zeit, die vermutlich ohne den Surrealismus nicht denkbar gewesen wäre[64]. Es liegt also nahe, im surrealistischen „récit de rêve“ – genauer im „récit de rêve“ der Gruppe um Breton – eine eigene Gattung zu sehen, die später verschiedentlich variiert wird. Gattungsdefinitionen bringen immer eine gewisse Problematik mit sich. Um die Existenz gemeinsamer formaler Charakteristika und einer be-

---

61 Raymond Queneau, „Rêve“, in: ders., *Exercices de style*, Nouvelle édition, Paris 1979, 14.

62 Queneau spricht von verschiedenen Teilen des Traums („Une autre partie du rêve“) und erwähnt das Aufwachen: „Là-dessus, je m'éveillai“ (ebd.).

63 „Un usage particulièrement typique de l'imparfait se trouve dans le récit du rêve qui, par son imprécision, son halo de mystère, s'accommode difficilement de passés simples aux contours tranchés“ (Robert Martin, *Temps et aspect. Essai sur l'emploi des temps narratifs en moyen français*, Paris 1971, 356, zitiert nach Gollut, *Conter les rêves*, 288 f.).

64 Im Jahr 1968 erscheint eine Ausgabe der Zeitschrift *La Tour de feu* zum Thema Traum, die zahlreiche Traumnotate und auf der Basis von Träumen entstandene Gedichte veröffentlicht. Henri Michaux veröffentlicht 1969 *Façons d'endormi, façons d'éveillé*, wobei er Traumberichte mit essayistischen Überlegungen über den Traum verbindet. Jean Latour publiziert 1973 ein Buch mit dem lapidaren Titel *700 rêves*, von dem mir leider nicht bekannt ist, ob Queneau davon Kenntnis hatte. Mit Sicherheit jedoch antwortet er mit seinen Parodien auf Georges Perecs *La Boutique obscure. 124 rêves*, die er nicht für echt hält.

stimmten Thematik herauszuarbeiten, stütze ich mich auf das vorliegende Korpus der in der Rubrik „Rêves“ von *La Révolution surréaliste* erschienenen Traumberichte, wobei auch individuelle Ausprägungen bestimmter Autoren akzentuiert werden sollen. Folgende Bereiche werden dabei in – relativ freier – Anlehnung an Gollut berücksichtigt: die Markierung als Traum, der Erzählerstandpunkt, der Gebrauch der Tempusformen des Verbs, das Verhältnis von Narration und Deskription sowie die Eigenschaften der Traumwelt. Ein wesentlicher Punkt bei Gollut ist die in den Texten ablesbare Widerständigkeit gegenüber der Narration. Gerade in bezug auf diesen Punkt werde ich eine Ausdifferenzierung verschiedener Strategien der Textorganisation und Textkohärenz vornehmen.

2.4.1 Die Markierung als Traum und die Positionierung des Erzählers

Ein Grund dafür, daß auktoriale Erzähler in Romanen den Traumbericht meistens ihren Figuren in den Mund legen, ist der, daß die mangelnde Erinnerungsfähigkeit als textkonstitutiv begriffen wird[65]. Im Fall des surrealistischen „récit de rêve“ wird die Identität von Träumer und Traumerzähler dadurch hervorgehoben (oder behauptet), daß dem Text in größerer Schrift der Name des Autors, gefolgt von einem Doppelpunkt vorangestellt wird[66]. Der Sprecher wird so klar positioniert, seine Schwierigkeiten mit der Erinnerung sowie die nur partielle oder gebrochene Identität von erzählendem Ich und Traum-Ich jedoch werden kaum thematisiert. Die Kennzeichnung des Erzählten als Traum erfolgt bereits auf paratextueller Ebene durch die Überschrift der Rubrik „Rêves“, deren Titel im übrigen die Differenz zwischen dem Traum und dem „récit de rêve“ unterschlägt. Beginn und Ende des Textes wirken dann wie Anfang und Ende des Traums, was eine weitere Einleitung oder eine Erklärung, daß der Traum zu Ende ist, überflüssig macht[67]. Auf

---

65 Vgl. Gollut, *Conter les rêves*, 173.

66 Gerade in diesem entscheidenden Punkt unterscheiden die unter dem Titel *Le Pays de mes rêves* publizierten Traumtexte von Leiris sich von den für das Korpus zugrunde gelegten Texten: der Name des Autors findet sich wie bei Gedichten und anderen Texten auch am Ende der als Gesamtheit publizierten Träume. Auf den Sonderstatus dieser Texte, die ich nicht zum Korpus der typischen surrealistischen Traumtexte rechne, wird noch zurückzukommen sein (vgl. infra Teil IV, Kap. 2. 1).

67 Einen Sonderstatus hat der Text 39 von Aragon. Läßt sich der erste Satz im Rahmen der Rubrik als dem Traum angehörig lesen („Après une longue marche je me trouve dans un compartiment de troisième classe où il y a d'autres voyageurs que je distingue mal“), so stellt der zweite Satz diese Annahme wieder in Frage, weil er eine typische Einschlafsituation beschreibt: „Sur le point de m'endormir je remarque que les secous-

Formulierungen wie „j'ai rêvé que", die eine Doppelung der Ich-Instanz im Text anzeigen, kann daher verzichtet werden[68]. Das Traum-Ich, das fast immer eine stabile und nicht erkennbar von der realen abweichende Identität hat, erscheint in mehr als drei Viertel der Fälle bereits im ersten Satz[69]. Dennoch finden sich neben den Einleitungen der Kinderträume durch „j'ai rêvé que" in sechs Fällen erzählorganisatorische Einleitungen, die ausdrücklich auf die Existenz eines Traumes hinweisen[70]. Das Ende des Traums wird ebenfalls in sechs Fällen ausdrücklich erwähnt[71]. Obwohl Anfang und Ende des Textes privilegierte Orte für solche Kennzeichnungen sind, gibt es Verweise auf den Traumzustand, die gleichzeitig die Differenz zwischen dem reflektierenden Erzähler und dem nicht um den Traumzustand wissenden Traum-Ich deutlich machen, in einigen Fällen auch in der Mitte des Textes[72].

Neben diesen expliziten Mitteln, den Traum zu markieren und die Perspektive des erzählenden Ichs deutlich zu machen, gibt es andere, dezentere Möglichkeiten wie das Kenntlichmachen der Präsenz des Erzählers oder das Einfügen impliziter Traummarkierungen. Die Präsenz

---

ses régulières du wagon scandent un mot, toujours le même, qui est à peu près *Adéphaude*".

68 Die Formulierung „j'ai rêvé que" findet sich lediglich in zweien der drei von J. Baucomont mitgeteilten Kinderträume (7, 8).

69 Im ersten Satz erscheint das Traum-Ich in 31 von 41 Fällen. In den meisten anderen Fällen beginnt der Text mit einer Angabe des Ortes oder der Umstände oder aber einer erzählorganisatorischen Einleitung zur Orientierung des Lesers. Nur in zwei Fällen steht eine andere Figur am Anfang des Textes (15, 20). In beiden Fällen wird aber im nächsten Satz der Bezug zum Ich hergestellt. Nur zwei Texte von Leiris (29, 30) kommen ganz ohne Ich aus. Für die offensichtliche Nichtübereinstimmung von Autor und Traum-Ich bzw. dessen Instabilität gibt es lediglich drei Beispiele: In Text 28 von Leiris begegnet das Traum-Ich seinem Doppelgänger; das Traum-Ich in Text 36 von Noll ist Berater des Königs; und in Text 39 von Aragon ist bei einer Person nicht klar, ob es sich dabei um das Traum-Ich handelt: „un compagnon d'abord invisible, qui pourrait être moi-même, ou quelque parent éloigné d'une certaine dame Carnegie" (39).

70 „La première partie de ce rêve est consacrée …" (2), „Les personnes qui sont attablées avec moi sont celles qui habitent ordinairement la propriété rurale de mon oncle L." (23), „Les personnages de ce rêve datent de quelques années" (33), „Il faut dire, que dans le rêve qui va suivre […]" (34), „C'est un rêve de voyages" (38). In Text 41 erläutert ein eigener Abschnitt sogar die Umstände des Einschlafens. Diese Möglichkeit wird vor allem von Morise (23, 33, 34, 41) sowie je einmal von Breton (2) und Leiris (38) gewählt.

71 „[…] je me réveille dans l'angoisse de cette pensée" (1), „Mon rêve était fini" (6), „Pendant ce discours, les personnages du rêve se sont effacés…" (9), „[…] le rêve se termine au summum de mon indignation" (23), „[…] je suis éveillé pour des causes étrangères au rêve" (37). Der Text 41 enthält wiederum eine Beschreibung der Umstände beim Aufwachen. Erneut ist es vor allem Morise (9, 23, 41), der diese Form der Markierung verwendet, daneben de Chirico (1), ein Kind (6) und Noll (37).

72 Etwa „en rêve" (1), „dans le rêve" (3, 34).

des erzählenden Ich tritt relativ deutlich zutage in erzählorganisatorischen Hinweisen, die auf den Akt des Erzählens bzw. seine Schwierigkeiten aufmerksam machen, sowie durch Vergleiche mit der Realität. Meistens liegen diese Merkmale gekoppelt mit der expliziten Traummarkierung vor[73]; möglich ist jedoch auch die alleinige Markierung von Anfang oder Ende des Traums[74], ein einzelner Vergleich mit der Realität[75] oder in Ausnahmefällen die ausschließliche Existenz erzählorganisatorischer Hinweise[76]. Solche mehr oder weniger deutlichen Stellungnahmen des Traumberichterstatters kommen in knapp einem Drittel der Texte (13 von 41) vor. Ferner sind implizite Markierungen möglich, zum Beispiel durch Modalisierungen wie „il me semble", „sans doute" und die Verwendung von Fragezeichen oder durch die Betonung von Widersprüchen im Traumgeschehen, womit der wache Erzähler zeigt, daß ihm die Inkongruenzen bewußt sind[77]. Solche Formulierungen, die implizit die Diskrepanz zwischen Traumberichterstatter und Traum-Ich anzeigen, liegen in den „récits de rêves" von *La Révolution surréaliste* ebenfalls in knapp einem Drittel der Fälle vor (13 von 41), wobei die Anzeige von Unsicherheiten die der Widersprüche übersteigt, beide aber meist nur vereinzelt auftreten[78]. Dies heißt nicht, daß die Texte keine Widersprüche enthalten, diese sind oft sogar eklatant; sie werden jedoch nur selten durch den Traumberichterstatter ausdrücklich markiert. Bei Abwesenheit solcher linguistischen Merkmale sind es objektiv schwer bestimmbare Kriterien wie Inkohärenz, Bizarrheit oder der Verstoß gegen die Logik, die eine Passage als Traum erkennbar machen[79]. Eine solche Kennzeichnung kann auch durch die Verwendung der Adjektive erfolgen, etwa bei Morise: „[...] voici qu'on apporte une superbe pièce d'artillerie de taille gigantesque et de forme mal définie, mais à coup sûr bizarre" (9). Am auffälligsten ist die Verwendung des Adjektivs „bizarre", aber auch „gigantesque" und „mal définie" bezeichnen Charakteristika des über das Gewöhnliche hinausgehenden bzw. des Unscharfen und damit üblicher-

[73] Dies gilt für Texte von de Chirico (1), Breton (2, 3), Morise (9, 23, 33, 34, 41) und Leiris (38).

[74] Dies gilt für die Kinderträume (6-8) sowie Text 37 von Noll und evtl. Text 39 von Aragon (vgl. Fn 69).

[75] Dies ist der Fall für die Texte 4 von Breton, 5 von Renée Gauthier (in einer Fußnote) sowie 13 und 14 von Eluard.

[76] „*L'action* se passe dans le jardin de la maison, rue de Grenelle" (40).

[77] Vgl. dazu Gollut, *Conter les rêves*, 160-166 und 109 f.

[78] Modalisierungen liegen in den Texten 1, 2, 5, 18-21, 34, 38 und 40 vor, Widersprüche werden durch die Konnektoren „pourtant", „cependant" oder „bien que" in den Texten 1, 9, 10, 19, 21, 34, 37, 38 und 40 angezeigt.

[79] Vgl. Gollut, *Conter les rêves*, 86-109. Verstöße gegen das Prinzip der Identität sind hingegen sehr sicher auszumachende Anzeichen für Traumhaftigkeit (ebd., 110-116).

weise dem Traum zugeschriebene Attribute. Eine Markierung von Bizarrheit oder Hervorhebung des Ungewöhnlichen durch Adjektive ist jedoch insgesamt eher selten[80].

Der Gebrauch dieser Möglichkeiten scheint zum einen mit der Länge der Texte zusammenzuhängen, bringt aber auch unterschiedliche Effekte hervor. Auffällig ist, daß deutliche Markierungen vor allem in längeren Texten enthalten sind. Nur einer der dreizehn über eine Spalte hinausgehenden Texte, kommt ohne solche Markierungen aus (36), alle anderen enthalten explizite sowie teilweise auch implizite Stellungnahmen des erzählenden Ichs[81]. Dabei ist zu unterscheiden zwischen erstens solchen, die den Traum lediglich durch eine einmalige explizite Aussage kenntlich machen[82], zweitens solchen, die ausschließlich implizite Markierungen vornehmen[83], drittens solchen, die eine umfassende Präsenz des wachen Erzählers aufweisen[84], und viertens schließlich denjenigen, die explizite oder implizite Traummarkierung und Präsenz des Erzählers kombinieren[85]. Stark markierte Traumtexte finden sich vor allem in der ersten Ausgabe von *La Révolution surréaliste* sowie in späteren Nummern (Nr. 5, 7, 9-10). Die meisten Traummarkierungen weist dabei der erste, von Giorgio de Chirico stammende Text auf, der nicht nur Modalisierungen[86] enthält und Widersprüche anzeigt[87], vergessene Teile und das Aufwachen erwähnt[88] sowie Vergleiche mit der Realität vornimmt[89], sondern außer-

---

80 Caillois behauptet, daß die surrealistischen „récits de rêves" ihr „merveilleux" aus dem reichlichen Gebrauch von Adjektiven schöpfen. (Vgl. Caillois, *L'Incertitude qui vient des rêves*, 127). Diese Behauptung hält einer linguistischen Analyse jedoch nicht stand.

81 1, 3, 4, 5, 9, 23, 33, 34, 37, 38, 41.

82 Dies gilt für die Kinderträume (6-8), einen Text von Noll (37) sowie evtl. für Text 39 von Aragon (vgl. Fn 67).

83 Dies gilt für die Texte von Naville (19) und Queneau (21).

84 Dies gilt für den Text 3 von Breton sowie die Texte 9, 23, 33, 41 von Morise.

85 Dies gilt in schwächerem Maße für die Texte 5 von Renée Gauthier und 40 von Naville, bei denen sich die Präsenz des Erzählers nur in einer Fußnote (5) bzw. einem dezenten erzählorganisatorischen Hinweis („L'action se passe rue de Grenelle", 40) ablesen läßt. In ausgeprägterer Weise gilt das für Texte von de Chirico (1), Breton (2), Morise (34) und Leiris (38).

86 Einmal „je crois", viermal „peut-être", einmal „je ne sais si".

87 „C'est mon père qui m'apparaît ainsi en rêve et pourtant quand je le regarde il n'est pas tout à fait comme je le voyais de son vivant, au temps de mon enfance. Et pourtant c'est lui" (1).

88 „[...] un *intermezzo* pendant lequel je rêve peut-être encore, mais je ne me souviens de rien, que de recherches angoissantes le long de rues obscures", „je me réveille dans l'angoisse de cette pensée" (1).

89 „C'est mon père qui m'apparaît ainsi en rêve et pourtant quand je le regarde il n'est pas tout à fait comme je le voyais de son vivant, au temps de mon enfance. Et pourtant c'est lui ; il y a quelque chose de plus *lointain* dans toute l'expression de sa figure, quel-

dem Aussagen über die Klarheit und die Entwicklung des Traums aus einer distanzierten Perspektive macht[90]. Insgesamt entsteht hier der Eindruck eines verschwommenen, nicht mehr genau rekonstruierbaren Geschehens, das vom träumenden oder erinnernden Subjekt abhängt.

Umgekehrt etabliert nur einer der 28 kurzen Texte die volle Präsenz des Erzählers (2), während 17 ganz ohne erkennbare Markierungen des Erzählers[91] und zehn mit einer einfachen Markierung[92] auskommen. Ferner gibt es sechs Texte, die nur schwache Traummarkierungen aufweisen, nämlich durch einen flüchtigen Vergleich mit der Realität[93] oder durch die einmalige Verwendung modalisierender Ausdrücke bzw. die Anzeige eines Widerspruchs[94]. In knapp der Hälfte der Texte machen die Traumberichterstatter also gar keinen Gebrauch von den Möglichkeiten, sich vom Geschehen zu distanzieren und die Nichtidentität mit dem Traum-Ich anzuzeigen. Dadurch gelingt es ihnen, die Gesetzmäßigkeiten und die Logik des Traums als eigene, von der Realität unabhängige Welt darzustellen[95]. In der von Artaud herausgegebenen dritten Nummer sowie in der vierten Nummer, in der Leiris die Rubrik „Rêves" fast alleine bestreitet, dominiert diese unmarkierte, die Präsenz des erzählenden Ichs nicht anzeigende Form des Traumtextes. Dies läßt durchaus auf einen Einfluß der Artaudschen Vorgaben schließen, denn in der ersten Ausgabe entspricht noch keiner der Texte diesen Kriterien. Es sind vor allem drei Autoren, die damit die von Artaud gemachten Vorgaben in vorbildlicher Weise umsetzen: Artaud selbst, Leiris und Eluard. Es ist vielleicht auch kein Zufall, daß es sich dabei mit Leiris und Eluard um Autoren handelt, die auch versucht haben, die Atmosphäre des Traums mit den Mitteln des Prosagedichts herauszuarbeiten.

---

que chose qui existait peut-être quand je le voyais vivant et qui maintenant, après plus de vingt ans, m'apparaît dans toute sa puissance quand je le revois en rêve" (1).

90 „[...] puis les images se confondent", „les images se confondent", „le rêve s'éclaircit de nouveau" (1).

91 Dies gilt für die Texte 11-12, 15-17, 22, 24-32 und 35.

92 Die einfache Markierung wird entweder durch einen Vergleich mit der Realität (Texte 4, 13, 14), durch das Benennen von Anfang oder Ende des Traums (Texte 6, 7, 8, 39) oder durch den Gebrauch von Modalisierungen (Texte 18, 19, 21) vorgenommen.

93 Dies gilt für zwei Texte von Eluard (13, 14) und einen von Breton (4): „[...] c'est Picasso entre son état actuel et celui de son âme après sa mort" (4), „Au lieu d'une fille, j'ai un fils" (13), „*Le Journal littéraire*, d'ordinaire sans intérêt" (14).

94 „Il me semble" im Falle von Eluard (18), „sans doute" im Fall von Naville (20) bzw. „pourtant" bei Artaud (10).

95 Dies gilt für die Texte aus Fn 91 sowie den längeren Text 36, d. h. für 9 von 10 Texten von Leiris, für zwei von drei Texten von Artaud sowie für drei von sechs Texten Eluards, ferner für je einen Text von Morise und Noll sowie für den einzigen von Boiffard.

Generell läßt sich aber auch für die stärker markierten Texte feststellen, daß Probleme beim Erzählen bzw. das Vergessen selten thematisiert werden[96] und Modalisierungen oder Anzeigen von Widersprüchen sich auf ein Minimum beschränken[97]. Ferner sind Strategien zu beobachten, die das Problem der Ungenauigkeit im Traum kaum auf den Text durchschlagen lassen. Der Text 34 von Max Morise etwa löst das Problem der unklaren Identität der handelnden Figuren auf sehr ökonomische Weise zu Beginn: „Il faut dire que dans le rêve qui va suivre il règne la plus grande confusion sur le sexe et l'identité des personnages, quoique leur individualité ne laisse place à aucun doute". Diese Unsicherheiten werden im weiteren nicht mehr thematisiert, so daß eine stringente Erzählung möglich wird[98].

2.4.2 Der Gebrauch der Tempusformen des Verbs

Der Gebrauch der Zeiten im Traumbericht kann entscheidenden Einfluß auf das Verhältnis von Erzähler, Traum-Ich und Traumwelt haben, was Michel Crouzet am Beispiel von *Aurélia* gezeigt hat. Der Wechsel zwischen „imparfait" und „passé simple" erlaubt in der Erzählung normalerweise die Modellierung eines Hintergrunds sowie die Akzentuierung wichtiger Ereignisse. Gollut beobachtet nun, daß in Traumberichten oft auf solche Unterscheidungen verzichtet wird und das „imparfait" zum alleinigen Erzähltempus wird, was die Unbestimmtheit des Geschehens im Traum unterstreicht[99].

Der Gebrauch des Präsens hingegen stärkt die Illusion von der Unmittelbarkeit des Geschehens. Alfred de Maury etwa erzählt in den *Annales médico-psychologiques* fast alle seine Träume in der Vergangenheitsform, wobei der Bericht sich auch meistens durch Formulierungen wie „je me rappelle avoir rêvé" (Amp 11, 31) sehr deutlich als die Erinnerung des wachen Forschers an einen Traum gibt. Es findet sich lediglich eine Ausnahme, nämlich der Traum von seiner Guillotinierung, den er dem Leser als Beispiel für die mögliche Geschwindigkeit des Denkens im

---

[96] Das Vergessen einzelner Passagen etwa wird nur bei de Chirico (1) und Morise (33, 34) erwähnt.

[97] Nur sehr wenige Texte enthalten drei oder mehr solcher Elemente: 5 Modalisierungen sowie 2 Anzeigen von Widersprüchlichkeit enthält Text 1, 4 Modalisierungen und eine Anzeige eines Widerspruchs die Texte 34 und 40 sowie der Text 38 drei Modalisierungen.

[98] Die Personen werden dann wie folgt benannt: „ma sœur ?", „ma compagne", „la personne qui m'accompagnait", „mon ami", „mon amie", „ma tendre sœur" (34).

[99] Vgl. Gollut, *Conter les rêves*, 267-290.

Traum vorstellt. Dieser Traumbericht gestaltet den Übergang von der Beschreibung der Umstände zur Schilderung des Traums durch einen Wechsel ins Präsens, wobei das Präsens schon für den Akt des Träumens selbst, also anstelle des üblichen „j'ai rêvé que" gebraucht wird:

> J'étais un peu malade, et je me trouvais couché dans ma chambre, ayant ma mère à mon chevet. Je rêve de la terreur ; j'assiste à des scènes de massacre [...] (Amp, 2e s., 5, 418).

Im Präsens schildert Maury weiterhin das Aufwachen und den Fall des Bettaufsatzes, wodurch das ganze Geschehen eine Einheit bildet. Ganz offensichtlich versucht Maury hier, den Leser mittels des Verfahrens der Hypotypose am Traum teilhaben zu lassen, um ihn durch dieses Fallbeispiel von seinen Argumenten zu überzeugen. Ist der Gebrauch des Präsens bei Maury noch die Ausnahme im besonders motivierten Einzelfall, so wird er wenig später bei Hervey de Saint-Denys und den Autoren der *Revue philosophique* ebenso zur Regel wie bei Freud. Im Bereich der Psychologie ist der Gebrauch des Präsens also bereits gängig und auch in der Literatur zumindest von Baudelaire und Asselineau schon ausprobiert worden, bevor er zur Norm für die Traumtexte in *La Révolution surréaliste* wird[100]: mit Ausnahme der drei Kinderträume sowie der drei Texte von Artaud sind alle anderen, d. h. 35 von 41 Texten, ausschließlich im Präsens abgefaßt. Das Präsens als Zeit des Protokolls oder der Zusammenfassung trägt zum Zurücktreten des Erzählers bei, der auf die Rolle eines Protokollanten reduziert wird. Der ausschließliche Gebrauch des Präsens stellt einen ausdrücklichen Verzicht auf Gestaltungs- und Akzentuierungsmöglichkeiten über eine Variation der Tempusformen dar. Er hat weiterhin den Effekt, die Differenz zwischen Traum-Ich und nachträglich erzählendem Berichterstatter zu verwischen, da die Tatsache der nachträglichen Vermittlung durch das erzählende Ich im Text nicht eigens angezeigt wird. Die Differenz zwischen diskursiven Elementen des Textes, deren Präsens auf die Gegenwart des erzählenden Ichs referiert[101], und narrativen und deskriptiven Teilen, die auf das Traumgeschehen referieren, wird nicht mehr auf der Ebene der Tempusformen deutlich. Häufig vorkommende Formulierungen wie „je vois" oder „je sens" scheinen zudem eine Einheit von sprechendem und wahrnehmen-

---

[100] Gollut behauptet aufgrund seines Korpus, daß das Präsens als Basistempus seit der Mitte des 19. Jahrhunderts möglich ist. Er führt dafür jedoch nur zwei Beispiele an, die tatsächlich aus dem 19. Jahrhundert stammen, nämlich die von Baudelaire und Goncourt, so daß für den Bereich der Literatur wohl eher von Ausnahmen zu sprechen ist. Die anderen Beispiele stammen aus dem Umfeld der Surrealisten oder später (Gollut, *Conter les rêves*, 314-319).

[101] Etwa „Je ne me souviens de rien" (1), „J'oublie de dire" (3).

dem Ich herzustellen, obwohl es sich auch in diesen Fällen um das erzählte und nicht um das erzählende Ich handelt. Insgesamt trägt der Gebrauch des Präsens also dazu bei, die Anwesenheit einer Erzählin stanz zu verschleiern und die Illusion eines direkten Blickes auf die Traumwelt zu verstärken.

2.4.3 Strategien der Textkohärenz

Narrative Kohärenz gewinnt ein Text durch das Befolgen eines allgemeinen narrativen Schemas, das in der Abfolge verschiedener Situationen besteht, als „Abbildung eines Prozesses, der das Gleichgewicht eines Zustands aufhebt und über eine Folge von Veränderungen einen neuen Zustand erreicht, der sich zum ersten konträr verhält“[102]. Gollut bezeichnet das als Abfolge von „situation initiale“, „intrigue“ und „situation finale“. Einem solchen narrativen Schema werden Traumberichte oft nicht gerecht. Zwar enthalten sie in der Regel eine Anzahl von Ereignissen in chronologischer Folge, das allein reicht jedoch nicht aus, um von einer Geschichte sprechen zu können:

> Mentionner des faits ou des événements, même chronologiquement liés, ne produirait jamais qu'une simple « description d'actions » ; pour qu'il y ait *récit*, il faut encore que cette chaîne événementielle ait pour un sujet impliqué le caractère d'une *intrigue*[103].

Es müssen also zwei Bedingungen gegeben sein: Die Bestandteile des Handlungsgeschehens müssen eine logische Kausalverknüpfung mit Anfang, Mitte und Ende ergeben, und es muß ein darin verwickeltes Subjekt existieren. Diese zweite Bedingung ist für viele Traumtexte, in denen das Ich nur als neutraler Beobachter auftritt, nicht gegeben. So findet etwa am Ende des weiter unten besprochenen Textes 38 von Leiris zwar eine kausal verknüpfte Handlung statt, nämlich ein Schiffbruch, der im Ertrinken fast aller Reisenden endet, es fehlt jedoch ein darein verwickeltes Subjekt, da das Traum-Ich, obwohl es sich selbst auf dem Schiff befindet, völlig unberührt und passiv bleibt.

Die kausallogische Verknüpfung der einzelnen Ereignisse erfordert zudem die Annahme einer linear ablaufenden Zeit. Dies ist in vielen Traumtexten ebenfalls nicht gegeben. Oft zeichnen sie sich durch die

---

[102] Karlheinz Stierle, „Geschichte als Exemplum – Exemplum als Geschichte. Zur Pragmatik und Poetik narrativer Texte“, in: ders., *Text als Handlung. Perspektiven einer systematischen Literaturwissenschaft*, München 1975, 14-48, hier: 20.

[103] Gollut, *Conter les rêves*, 404.

bloße Aneinanderreihung von einzelnen Gegenwartsmomenten aus, die durch Ausdrücke wie „maintenant" oder „tout à coup" als diskontinuierlich ausgewiesen werden. Die eigentlichen Ereignisse werden in die Lükken dazwischen verwiesen:

> Je me vois debout, appuyée sur sa poitrine. Il [l'oiseau, S. G.] a maintenant la tête d'un homme, mais ses bras sont des ailes qui se ferment, s'ouvrent et se referment sur moi. Je chante à tue-tête :
> – C'est un oiseau qui bat de l'aile… (air de : *C'est un oiseau qui vient de France…*)
> Tout à coup je me sens allongée près de lui, la tête sur sa poitrine. Mon cœur et mes tempes battent très fort. Je viens d'être sa maîtresse (5).

Weder die Verwandlung des Vogelkopfes in den Menschenkopf, noch der Liebesakt finden als Ereignisse tatsächlich statt, sondern werden als sich ereignet habend präsentiert. Es werden lediglich Wahrnehmungszustände geschildert („je me vois debout", „je me sens allongée"), die aneinandergereiht werden. Die Privilegierung der Wahrnehmung über die Ereignishaftigkeit, die sich in den häufig vorkommenden Wendungen „je me trouve", „je me vois", „je me sens" spiegelt, bedingt auch einen hohen Anteil von Deskription in den Traumberichten, die in dieser Hinsicht nicht denselben Kriterien wie die Alltagserzählung gehorchen. Das hat nur teilweise mit der Besonderheit der Traumwelt zu tun, in der genaugenommen alles beschrieben werden müßte, weil nichts als bekannt vorausgesetzt werden kann[104]. Vielmehr hängt es auch mit den fehlenden Möglichkeiten der Hierarchisierung der Information zusammen. Da im „récit de rêve" die Narration oft defizitär ist, kann auch die Deskription nicht so deutlich wie in der realistischen Erzählung auf deren Erfordernisse hin ausgerichtet sein.

Mängel im Bereich der narrativen Kohärenz können als typisches Merkmal von Traumtexten gelten. Hier sollen nun verschiedene Umgangsweisen damit untersucht werden. Im wesentlichen sind zwei Strategien denkbar. Zum einen kann versucht werden, im Rahmen der Textorganisation zu einer Kohärenzstiftung beizutragen – das ist vor allem bei Max Morise zu beobachten –, zum anderen kann auf das Ziel der narrativen Kohärenz verzichtet werden, indem entweder eine Konzentration auf Zustandsbeschreibungen erfolgt oder die Inkohärenz als „effet de rêve" herausgestellt und die Kohärenzstiftung auf andere Ebenen verlegt wird. Schließlich ist die Etablierung einer anderen, zyklischen Zeit denkbar, die auf keine lineare Abfolge von Ereignissen angewiesen ist. Diese Möglichkeiten sollen anhand von Einzelbeispielen aufgezeigt werden.

---

[104] Ebd., 116-129.

2.4.3.1 Herstellung narrativer Kohärenz durch den Erzähler

Manche der durch starke Präsenz des Erzählers geprägten surrealistischen „récits de rêves“ weisen einen erstaunlich hohen Organisationsgrad auf. Besonders bei Max Morise ist die Strategie der Kohärenzstiftung auf der Ebene der Textorganisation immer wieder zu beobachten. Dies soll beispielhaft an Text 33 gezeigt werden, der sich sehr stark an einem narrativen Schema orientiert. Dieser Text beginnt mit einer Exposition, in der die handelnden Figuren, die eine Gemeinschaft von Verschwörern bilden, ausführlich vorgestellt werden. In der sich anschließenden Beschreibung des Ortes der Handlung wird dieser in der Art einer Regieanweisung ausgewiesen: „L'action se passe dans une ville de proportions restreintes.“ Ferner werden Hintergrundumstände geschildert wie das Exil des Vaters und dessen Briefe sowie die Verhaltensregeln im öffentlichen Raum und deren gelegentliche Verletzung. Diese Exposition umfaßt etwa die Hälfte des Textes. Ihr folgt das Eingeständnis eines nur teilweisen Erinnerns: „Je ne me rappelle que quelques épisodes de cette lutte contre le pouvoir établi“. Mit dieser Formulierung wird nicht nur ein Vergessen eingestanden, sondern zugleich auch die Existenz zusammenhängender Ereignisse angenommen, die eine Gesamtdeutung als „lutte contre le pouvoir établi“ erfahren. Das Herausgreifen einzelner Episoden widerspricht nicht dem Prinzip erzählerischer Ökonomie in einem Roman oder einer Erzählung, selbst die mangelhafte Erinnerung ließe sich bei weit zurückliegenden Ereignissen rechtfertigen. Die beiden Episoden werden im Text klar durch die Wendungen „une fois“ und „une autre fois“ markiert, und sie fügen sich bestens in den Rahmen einer Verschwörung ein: einmal werden Spione aus den eigenen Reihen enttarnt, das andere Mal bricht das Traum-Ich mit ein oder zwei Begleitern zu einer geheimen Mission auf, wobei der Aufbruch jedoch entdeckt wird und sie von Feuerwehrfahrzeugen verfolgt werden. Beide Einzelepisoden weisen eine vollständige, dreigliedrige oder fünfgliedrige Handlungsstruktur auf[105], nicht jedoch der Text als ganzer, bei dem das Verhältnis der Exposition zum Rest des Textes disproportioniert ist, und dessen Ende mit dem Ende der zweiten Episode zusammenfällt. Insgesamt jedoch trägt Morise durch die übersichtliche Gliederung des Textes

---

[105] Erste Episode: Verdacht auf Spionage, Überführung in flagranti, Triumph. Zweite Episode: Exposition: „[…] je pars en mission“; Komplikation: „Mais notre départ a été éventé“; Aktion: „Nous nous dissimulons dans un champ de blé“ – „[…] les pompiers […] battant toute la campagne, espèrent nous atteindre“; Lösung: „[…] nous échappons aux gouttes d'eau et entendons les pompiers s'en retourner vers leurs casernes“; Endsituation, die ein neues seelisches Gleichgewicht erlaubt: „Le cœur léger du péril évité, nous poursuivons notre mission“ (33).

in eine Exposition und die Darstellung einzelner Episoden sowie das Einfügen von Erzählerkommentaren an entscheidenden Stellen (Beginn, Ortsbeschreibung, Übergang von Exposition zur Handlung, Ende) dazu bei, daß ein relativ kohärenter Text entsteht, der beispielsweise einem Spionageroman entstammen könnte. Seinen Traumcharakter gewinnt dieser Text vor allem aus mit der Realität nicht kompatiblen Elementen wie der Miniaturgröße der Stadt, der Verfolgung durch die Feuerwehr und der eigenartigen Konstruktion ihrer Fahrzeuge. Zweifel darüber, ob es sich um einen Traum handelt, können allerdings deshalb nicht entstehen, weil der Erzähler dies dem Leser von Anfang an eindeutig signalisiert („les personnages de ce rêve“, „jamais rencontrés à l'état de veille“).

2.4.3.2 Narrative Kurzformen

Im Fall des Traumtextes von Morise gewährleistet die Anwesenheit des Erzählers den geordneten Ablauf der Erzählung. Wie oben gezeigt haben die meisten Traumtexte in *La Révolution surréaliste* jedoch keinen deutlich vom Traum-Ich unterschiedenen Erzähler, der textorganisierend eingreift. Ein Faktor, der die Einhaltung des narrativen Schemas, das in seiner kürzesten Form auf den Nenner „Veni, vidi, vici“ zu bringen ist[106], dennoch ermöglicht, ist oft die Kürze der Texte. Viele der kurzen Texte haben eine prägnante, geradezu pointenhafte Struktur, darunter alle Texte von Eluard, viele von Leiris und die Traumberichte der Kinder[107]. Als Beispiel genannt sei zunächst Text 14 von Eluard, in dem das Traum-Ich zunächst lustlos im *Journal littéraire* blättert, dann jedoch ein Bild seiner exzentrisch gekleideten Frau darin findet, das seine Zustimmung weckt: „J'apprécie vivement“. Durch dieses kurze Ereignis geht eine deutliche Veränderung im Traum-Ich vor, dessen anfängliche Lustlosigkeit sich in lebhafte Zustimmung verwandelt. Ähnlich klar strukturiert ist Text 27 von Leiris, in dem das Traum-Ich und André Masson Akrobatik in der Luft betreiben und auf den Zuruf einer Stimme hin den Horizont überqueren:

> André Masson et moi évoluons dans l'air comme des gymnasiarques.
> Une voix nous crie : « Acrobates mondiaux allez-vous bientôt descendre tous les deux ? » À ces mots, nous nous renversons par-dessus l'horizon et tombons dans un hémisphère concave (27).

Die Struktur von Anfangssituation, Ereignis, Endsituation läßt sich hier den drei Sätzen zuordnen, und durch die Formulierung „à ces mots“

---

106 Vgl. Stierle, „Geschichte als Exemplum – Exemplum als Geschichte“, 20.

107 Vgl. die Texte 6, 7, 8, 10, 13, 14, 15, 16, 17, 18, 20, 25, 27, 28, 30, 32, 35.

wird das Umkippen über den Horizont explizit als Folge des Anrufs der Stimme ausgewiesen[108].

Eine andere Möglichkeit ist die, daß im Text auf Narration vollständig verzichtet wird. Die Texte 24 und 29 von Leiris etwa stellen lediglich eine Beschreibung der Traumwelt dar[109]. Obwohl diese nicht nur statisch ist, kann von einer Handlung nicht gesprochen werden. In Text 24 etwa wird die beschriebene Bewegung zum Zustand, da kein Ende davon abzusehen ist:

> J'avance vers les globes de lumière en glissant doucement le long de la tige et je tiens par la main d'autres hommes qui montent comme moi vers le ciel, suivant chacun le rail qui les perfore. On n'entend pas d'autre bruit que le crissement de l'acier dans nos poitrines (24).

In Text 29 hingegen ist eine klare Veränderung zu erkennen, nämlich das allmähliche Verlöschen der Lampen und der Sterne. Hier fehlt allerdings ein darin verwickeltes Subjekt – der Text kennt gar kein Ich oder eine andere Figur – , um dieses Geschehen als Plot begreifen zu können. Wegen der Kürze gibt es so kein Problem mit der Textkohärenz, die jedoch nicht an eine Handlung gebunden ist, sondern auf einer Art Bild beruht.

Leiris' Traumtexte in *La Révolution surréaliste* zeichnen sich generell durch ein Überwiegen der Deskription gegenüber der Narration und ein meist sehr passives Traum-Ich aus. Vor allem in den ersten Texten (24-26) ist das Traum-Ich fast ausschließlich auf die Wahrnehmung beschränkt. Es erkennt dabei Gesetzmäßigkeiten in der Bewegung von Gegenständen in einer sehr geometrischen Traumwelt. Typisch ist das Aussparen der Gefühle des Traum-Ichs, die nur implizit durch das Ausstoßen von Schreien oder Weinen erkennbar werden (Text 25, 28, 32), ja

---

108 Auch kurze Texte können jedoch durch ihre Darstellung die eigentlich vorhandene dreigliedrige Handlungsstruktur verwischen. In den Texten 13 und 15 von Eluard etwa werden Hintergrundinformationen gegeben, die die Anfangssituation zunächst im Dunkeln lassen: „Au lieu d'une fille, j'ai un fils. Il s'est tiré une balle dans la tête, on l'a pansé, mais on a oublié de lui enlever le revolver. Il a recommencé. Je suis à table avec tous les gens que je connais. […]" (13) und: „G… a été coquette avec son voisin ; elle a même été jusqu'à lui proposer sa photographie et son adresse – sur un ton méprisant il est vrai. Nous sommes alors devant la gare du Nord" (15). Obwohl in diesen Fällen das „passé composé" benutzt wird, das die Ereignisse als bereits vorgefallen erscheinen läßt, hängen diese Informationen zunächst in der Luft, da noch keine Bezugszeit hergestellt ist. Danach entwickelt sich jedoch eine dreigliedrige Handlungsstruktur.

109 Leiris hat für *Le Disque vert* einen Text verfaßt, in dem er ausdrücklich den Weltcharakter seiner Träume betont: „Le monde de mes rêves est un monde minéral, dallé de pierres et bordé d'édifices sur le fronton desquels je lis parfois des sentences mystérieuses" (*Le Disque vert* 3, 2 (1925), *Des rêves*, 34 f.).

selbst die Empfindungsfähigkeit ist ausgeschaltet: „[...] l'une d'elle [sic! des tiges métalliques, S. G.] perce ma poitrine de part en part, sans que j'éprouve aucune douleur" (24). Dies unterscheidet die Traumtexte von Leiris sehr deutlich von denen Eluards, in denen fast immer das oft mit starken Emotionen verbundene Innenleben des Traum-Ichs geschildert wird[110]. Während der Traumberichterstatter bei Leiris so in erster Linie zum Zeugen einer anderen Welt wird, schildert er bei Eluard eigenes Erleben. Einen besonderen Status hat dabei Text 18 von Eluard, der einem Prosagedicht wesentlich näher kommt als einer Erzählung, obwohl ein sich auf inneres Erleben beziehendes Handlungsschema erkennbar ist:

> C'est sur un trottoir de Paris, dans une rue déserte, que je la rencontre. Le ciel, d'une couleur indécise, me donne le sentiment d'une grande liberté physique. Je ne vois pas le visage de la femme qui est de la couleur de l'heure, mais je trouve un grand plaisir à ne pas détacher mes regards de l'endroit où il est. Il me semble vraiment passer par les quatre saisons. Au bout d'un long moment, la femme défait lentement des nœuds de rubans multicolores qu'elle a sur la poitrine et sur le ventre. Son visage apparaît alors, il est blanc et dur comme le marbre.

Hier dominiert eine Zeit der Dauer, der Pause und der Langsamkeit sowie eine zyklische Struktur, wenn das Traum-Ich während des langen Moments der Erscheinung die vier Jahreszeiten zu durchqueren meint, wodurch der Verlaufscharakter reduziert wird. Die Gedichtartigkeit beruht außerdem darauf, daß im ersten Satz die Präsenz einer nicht näher bestimmten Frau evoziert wird, die nicht vorgestellt, sondern durch den Gebrauch des Objektpronomens als bekannt vorausgesetzt wird. Die Rätselhaftigkeit dieser Erscheinung, deren Gesicht zunächst unsichtbar bleibt, spiegelt sich dann auch in der Sprache durch die metaphorische Wendung „la couleur de l'heure" wider. Da der Text vor allem inneres Erleben des Traum-Ichs schildert, treten die Rätsel der Erscheinung in den Hintergrund, ohne gelöst werden zu müssen[111].

---

[110] „[...] un immense désespoir m'envahit" (13), „J'apprécie vivement" (14), „Ma douleur [...] m'affole complètement" (15), „J'ai alors l'impression [...] de tout comprendre" (17), „Le ciel [...] me donne le sentiment d'une grande liberté physique. [...] je trouve un grand plaisir" (18).

[111] Eine noch stärkere Ausarbeitung von Traumnotaten in Richtung auf das Prosagedicht nimmt Eluard vor allem in den späteren Traumtexten vor, die nicht mehr in der Rubrik „Rêves" erscheinen. Dabei erfolgt vor allem ein Verzicht auf das narrative Schema und seine lineare Zeitstruktur. Bei *La Dame de carreau* beispielsweise handelt es sich nicht um einen Traumbericht im eigentlichen Sinn, sondern um ein Sprechen über verschiedene Träume, das zunächst durch allgemeine Aussagen über die Liebe eingeleitet wird, bevor mit dem Satz „Je rêve toujours d'une vierge" einzelne Traumerlebnisse mit

Generell ist in den Traumtexten von Eluard der Charakter des Rätselhaften sehr stark ausgeprägt[112]. Das ist nicht zuletzt ein Resultat aus der starken Einbeziehung des Traum-Ichs und seines Nichtverstehens. Die Eigenheit des Rätsels besteht darin, daß es sich um eine Frage handelt, die eine Antwort verlangt[113]. Rätselhaftigkeit in den Traumtexten entsteht daher erst, wenn es zur Formulierung einer Frage kommt, nicht wenn Ungewöhnliches als Gesetzmäßigkeit präsentiert wird, wie das in den Texten von Leiris und Artaud bevorzugt der Fall ist. Die zunächst überraschende Präsenz des Doppelgängers in Text 28 von Leiris wirkt nicht rätselhaft, sondern wird zum Gesetz, weil auch Mutter und Bruder des Traum-Ichs in Begleitung ihres Doppelgängers auftreten.

2.4.3.3 Diskontinuität und Assoziativität

Im Gegensatz zu Leiris und Eluard markiert Queneau die Eigenheiten des Traums sehr deutlich, die dadurch nicht als gesetzmäßig, sondern als bizarr erscheinen. Sein Text 21, der auf der Oberfläche die Diskontinuität betont, zeigt jedoch auf einer assoziativen Ebene sehr viele Verbin-

---

dieser Jungfrau berichtet werden, die jedoch weder zeitlich noch örtlich verankert werden. Die Betonung des immer Gleichen in der Erscheinung („Et c'est toujours le même aveu, la même jeunesse, les mêmes yeux purs, le même geste ingénu de ses bras autour de mon cou, la même caresse, la même révélation. Mais ce n'est jamais la même femme", RS n° 6, 1) löst die Perspektive vom Einzeltraum, und die stetige Wiederholbarkeit weist auf eine Welt mit eigenen Gesetzen und einer eigenen, von der linearen abweichenden Zeit hin. In *Les Cendres vivantes* ist die Zeit vor allem durch einen Stillstand gekennzeichnet: „Plus j'avance, plus l'ombre s'accroît. [...] Je n'arriverai jamais. [...] Je déroule depuis trop longtemps la soie chatoyante de ma tête" (RS n° 8, 20); dieser Stillstand ähnelt sehr dem in Baudelaires Fragment zur Sektion „Onéirocritie" (vgl. infra Teil II, Kap. 3. 4). Im Fall von *L'Aube impossible* läßt sich anhand des zufällig erhaltenen Traumnotats sehr gut die Bearbeitung zeigen, die vor allem durch intertextuelle Verweise und eine andere Zeitstruktur eine starke Veränderung in der Atmosphäre herbeiführt und ein Prosagedicht entstehen läßt (vgl. dazu Susanne Goumegou, „Vom Traum zum Text. Die Prozesse des Stillstellens und In-Gang-Setzens in Traumprotokoll und Prosagedicht des Surrealismus", in: Andreas Gelhard, Ulf Schmidt, Tanja Schultz (Hgg.), *Stillstellen. Medien – Aufzeichnung – Zeit*, Schliengen 2004, 140-151).

112 In Text 16 etwa ist das Rätsel als unlösbares ausdrücklich enthalten: „Tous les gens qui m'accompagnent ont chacun une clef différente. Je dois deviner quelle est la bonne, sinon tout le monde s'en ira. Je propose de la jouer aux cartes. Refus". In Text 17 hingegen scheint der Traum eine Lösung bereitzuhalten: „[...] je cherche comment cette femme assez jolie mais si pauvre peut avoir un enfant de cette couleur. Mais soudain elle s'avance vers moi et m'embrasse sur la bouche. J'ai alors l'impression, mais seulement l'impression, de tout comprendre".

113 Jolles, *Einfache Formen*, 129.

dungen. Um diese darstellen zu können, muß der Text vollständig zitiert werden:

> Je suis à Londres, dans une des rues les plus misérables de la ville. Je marche rapidement en me demandant comment se dit urinoir en slang. Je passe devant une gare qui me paraît être avec évidence celle de Brompton Road. Dans la rue, une femme chante en français : *C'est jeune.* Je traverse ensuite un pont sur la Tamise, devenue excessivement petite et sur laquelle cependant naviguent quantité de navires d'un très fort tonnage. Des marins martiniquais hissent une barque sur le pont. L'animation est extraordinaire. Je me trouve alors, avec trois amis, J. B. P., L. P. et V. T. Ce dernier prétendant n'être pas encore assez « à sec » donne à chacun de nous un billet de cinq francs et une pièce de cinq centimes. Nous passons devant un magasin où sont exposées des antiquités orientales et des fétiches nègres. J. B. P. fait des passes magnétiques devant la vitrine en disant : « *Il n'y a pas d'époque tertiaire.* » Nous nous trouvons ensuite à la foire des Batignolles qui est d'ailleurs avenue de Clichy. Nous voulons entrer dans un musée anatomique, mais nous ne pouvons rien voir tant la foule est grande. Je veux acheter des bonbons, mais ce que je prenais pour des pastilles d'eucalyptus ce sont des cristaux d'un métal récemment découvert. A ce moment, P. me reproche de ne plus lui écrire ; et, aussitôt, je me trouve seul dans une rue, où l'embarras des voitures est considérable. La foule crie : « *Ce sont les curés qui encombrent les rues.* » Cependant, je n'en vois aucun. J'essaie en vain de traverser ; une femme me prend le bras et me dit : « *Matrice hypercomplexe.* » (21)

Neben der raschen Abfolge und der Zusammenhanglosigkeit unterschiedlichster Ereignisse und ungewöhnlicher Situationen tragen hier einige rhetorische Mittel ganz entscheidend zum Eindruck der Traumhaftigkeit bei, denn die meisten Ereignisse sind für sich genommen noch nicht unbedingt traumhaft. So ist leicht denkbar, daß jemand durch heruntergekommene Straßen von London läuft und sich nach dem Slang-Ausdruck für Urinoir fragt. Irritierend ist aber, daß dieser Frage keine Erklärung, warum sie ihn beschäftigt, oder eine Antwort beigefügt wird, daß also die motivierende Klammer fehlt. Die Angabe, daß das Traum-Ich an einem Bahnhof vorbeikommt, der ihm die Brompton Road Station zu sein scheint, verträgt sich nicht mit der Angabe der armseligen Straßen, denn die Brompton Road liegt in Chelsea, einem der besten Viertel Londons. Eine rationale Erklärung ist daher nur möglich, wenn man zwei verschiedenen Szenen ansetzt, die im Text übergangslos aneinandergereiht werden. Die Formulierung „une gare qui me paraît être avec évidence celle de Brompton Road", die einerseits die Vagheit, andererseits aber auch die Offensichtlichkeit hervorhebt, enthält durch diese Gegensätze einen Hinweis auf die Inkompatibilität. Auch eine „C'est jeune" singende Frau ist zwar nicht unmöglich, wirkt hier aber doch recht ungewöhnlich. Mit der Überquerung der Themse schließt sich die nächste Episode an, in der ein Widerspruch deutlich angezeigt wird: „[...] la Tamise, devenue excessivement petite et sur laquelle cependant naviguent quantités de navires d'un très fort tonnage". Durch die Verwendung der Superlative wird der bereits durch „cependant" markierte Widerspruch noch zusätzlich betont. Das Verb „devenir" zeigt zudem an, daß die Themse nicht immer so gewesen ist, und impliziert damit einen Bezug auf die real existierende Themse.

Diskontinuität entsteht auch durch die plötzliche Erwähnung der anwesenden Freunde, bei denen unklar bleibt, ab welchem Zeitpunkt sie anwesend sind, sowie durch die zahlreichen Ortswechsel. Insgesamt lassen sich in diesem relativ kurzen Text auf jeden Fall sechs verschiedene Orte ausmachen[114], dazwischen sind eventuell zwei weitere anzunehmen, denn es ist nicht klar, ob das wahrscheinlich fiktive Anatomiemuseum sich ebenfalls in der Avenue de Clichy befindet, und der Ort des Bonbonkaufs wird nicht erwähnt. Obwohl das Traum-Ich die ganze Zeit unterwegs ist („Je marche rapidement", „Je passe", „Je traverse", „Nous passons") ist seine Fortbewegung nicht zielgerichtet, die Ortswechsel finden ohne sein Zutun statt: „Je me trouve alors", „Nous nous trouvons ensuite", „[...] aussitôt, je me trouve seul dans une rue". Die Versuche einer zielgerichteten Fortbewegung hingegen („Nous voulons entrer dans un musée anatomique", „J'essaie en vain de traverser") mißlingen. Trotz der vielen Ortswechsel ähneln sich die meisten Orte durch eine große Geschäftigkeit und ein Durcheinander[115]. Dabei wird die Menge zunehmend größer und versperrt dem nun zum Stillstand gekommenen Traum-Ich die Sicht: „[...] nous ne pouvons rien voir tant la foule est grande". Dem Traum-Ich gelingt es nicht, eine Ordnung in die sich ihm präsentierende Welt zu bringen, sei es, weil es sie nicht überblickt, sei es weil es die Schreie der Menge nicht mit dem Geschehen in Verbindung bringen kann: „La foule crie : « *Ce sont les curés qui encombrent les rues* ». Cependant, je n'en vois aucun". Die Traumwelt entzieht sich der Regie des Traum-Ichs auch deshalb, weil seine eigenen Handlungsversuche mißlingen: weder zum Kauf der Bonbons, noch zum Überqueren der Straße ist es in der Lage. Die ausgeführten Handlungen, sieben an der

---

[114] 1. „Une des rues les plus misérables", 2. „devant une gare qui paraît être celle de Brompton Road", 3. „un pont sur la Tamise", 4. „devant un magasin", 5. „à la foire des Batignolles qui est d'ailleurs avenue de Clichy", 6. „je me trouve seul dans une rue" (21).

[115] „L'animation est extraordinaire", „la foire des Batignolles", „[...] la foule est grande", „[...] l'embarras des voitures est considérable" (21).

Zahl, gehen vielmehr von anderen, unterschiedlichen Akteuren aus[116]. Queneaus in hohem Maße desorientiertes und passives Traum-Ich vermag es nicht einmal, Gesetzmäßigkeiten in der Kontingenz der Traumwelt zu erkennen, geschweige denn zu handeln.

Auf der Textebene wird jedoch ein anderer Zusammenhang zwischen den Elementen deutlich. So lassen sich mehrere thematische Reihen bilden, beispielsweise zum Thema Wasser von „urinoir“ über „Tamise“ zu „à sec“, zum Thema Exotik von „marins martiniquais“ über „des antiquités orientales et des fétiches nègres“ zu „passes magnétiques“, oder zum Motiv der Ausstellung von „exposées“ über „foire“ zu „musée“. Der Ausruf der Menge „C'est les curés qui encombrent les rues“ ergibt zwar im Rahmen des Traumgeschehens keinen Sinn, stellt aber auf lautlicher Ebene eine Art Schüttelreim dar und gehorcht daher dem surrealistischen Prinzip, die Sprache von der Festlegung auf die semantische Funktion zu befreien[117]. Queneaus Traumtext gehorcht assoziativen Verbindungen auf thematischer und lautlicher Ebene, die auch für die „écriture automatique“ und die surrealistischen Wortspiele charakteristisch sind. Ferner gibt das Schlußwort der Frau „Matrice hypercomplexe“ bei genauer Analyse bereits einen versteckten Hinweis auf die Faszination der Surrealisten für die Hysterie. Die hyperkomplexe Matrix ist zunächst ein Fachbegriff aus der Algebra, der ein bestimmtes Rechenverfahren für den Bereich der hyperkomplexen Zahlen bezeichnet[118]. Hyperkomplexe Zahlen sind als Körper unvollständig, was sich leicht auf den Traum übertragen läßt, der ebenfalls ständig Lücken aufweist und keinen vollständigen und greifbaren Körper darstellt. In Verbindung mit dem Anatomiemuseum und der Frau, die die Worte ausspricht, wird eine weitere Bedeutung von „matrice“ aufgerufen, nämlich die der Gebärmutter, die lange Zeit als Ursache der Hysterie galt. Breton und Aragon bezeichnen 1928 die Hysterie in Anlehnung an eine Formulierung von Hippolyte Bernheim als „maladie complexe et protéiforme“[119], womit sich auch die lautliche Nähe zu „matrice hypercomplexe“ ergibt. Inso-

---

[116] Folgende Handlungen sind zu verzeichnen: „[...] une femme chante“, „Des marins martiniquais hissent une barque“, „V. T. donne à chacun de nous un billet de cinq francs et une pièce de cinq centimes“, „J. B. P. fait des passes magnétiques“, „P. me reproche“, „La foule crie“, „[...] une femme me prend le bras et me dit“ (21).

[117] Diese Forderung erhebt Breton in *Les Mots sans rides*, zuerst erschienen in: *Littérature (nouvelle série)* n° 7 (1er Décembre 1922), 12-14 (BrOC I, 284-286).

[118] Für die mathematische Beratung zu diesem Begriff danke ich Sandra Sdahl.

[119] Breton, Aragon, „Le Cinquantenaire de l'hystérie“, in: *La Révolution surréaliste* n° 11 (1928), 20-22, hier: 20. Hippolyte Bernheim ist der Verfasser eines Standardwerks über die Hysterie (*L'Hystérie*, Paris 1913), das auch Queneau bereits 1925 gekannt haben kann.

fern bringt dieser Text, der auf der Oberfläche die Diskontinuität des Geschehens und die Desorientierung des Traum-Ichs unterstreicht, zugleich Kohärenzen auf der assoziativen und lautlichen Ebene zum Ausdruck und exponiert geradezu vorbildlich das Programm des Surrealismus.

2.4.3.4 Kohärenz als Variation eines Themas

Der letzte Traumtext von Leiris in *La Révolution surréaliste* vom Juni 1926 (Text 38) unterscheidet sich sehr deutlich von seinen neun anderen. Er ist nicht nur wesentlich länger, sondern hat auch einen relativ präsenten Erzähler, der das Geschehen durch erzählorganisatorische Kommentare[120], Vergleiche mit der Realität, die Erwähnung von Sammelorten und Sammelpersonen sowie die Markierung von Unsicherheiten als traumhaft markiert. Im Unterschied zu Queneaus Traumbericht enthält dieser Text kaum Hinweise auf Widersprüche, sondern betont die zugrundeliegenden Gesetzmäßigkeiten, die die Erzählinstanz zu erläutern vermag, ohne daß sie dem Traum-Ich eigens mitgeteilt worden wären. Und im Unterschied zu Morise folgt der Text nur sehr rudimentär einem narrativen Schema, sondern reiht vor allem eine Beschreibung an die andere.

Die Exposition führt einen weiten örtlichen Rahmen „le continent entier" sowie Figuren (Marcel Noll und „Rimbaud (ou Limbour ?)") ein, die im folgenden nicht mehr vorkommen. Der größte Teil des Geschehens spielt dann in einem Zuchthaus, welches das Traum-Ich mit seiner Verlobten besucht und das sich als Folterkammer entpuppt. Obwohl die Exposition also auf der Handlungs- und Figurenebene kaum ihre Funktion erfüllt, leitet sie die den ganzen Text durchziehende Thematik von Verbrechen, Gericht, Strafen und Tod bereits ein. So steht die Erwähnung Rimbauds, – bei dem es sich aber möglicherweise auch um Limbour handeln könnte –, lediglich durch eine thematische Assoziation in Zusammenhang mit dem Rest des Textes. Da der Erzähler ihn als kränkliches Kind beschreibt, das denen ähnelt, die man „gibier de bagne" nennt, deutet diese Figur assoziativ auf den späteren Besuch im Zuchthaus voraus, obwohl sie im Rahmen der Handlung keine Funktion hat. Daneben finden aber auch andere, nicht damit verbundene Elemente wie etwa die 30 Meter lange Matratze von Marcel Noll, gleichberechtigt Eingang. Eine Hierarchisierung der Mitteilungen findet also nicht statt. Diese ersten beiden Absätze könnten als Exposition für den Besuch des

[120] „C'est un rêve de voyages", „Il traverse – comme tous les personnages de ce rêve – plusieurs cycles de mort et de résurrection" (38).

Zuchthauses gelten, sind jedoch nicht als solche markiert und enthalten viele für den Fortgang der Handlung überflüssige Details. Der Erzähler hält es nicht für nötig, seine Erinnerungen in eine Narration einzubinden und stellt damit die Leistung der Erinnerung in den Vordergrund.

Von den insgesamt 47 Sätzen des Textes enthalten lediglich 17 ein „je" oder „nous" als Subjekt, d. h. die Präsenz von Erzählinstanz und Traum-Ich ist relativ gering. Bei den zugehörigen Verben handelt es sich fast ausschließlich um Verben, die einen Zustand beschreiben (être, assister, savoir, avoir), um Verben der Wahrnehmung (lire, entendre, voir, apercevoir, prendre pour, apprendre) oder um Verben der Fortbewegung (descendre, visiter, pénétrer, sortir, embarquer, sombrer). Das Traum-Ich bewegt sich also in einer Welt, die es wahrnimmt, ohne darin einzugreifen, und die vom Erzähler durch genaue Deskription geschildert wird. Die beiden einzigen Verben, die nicht in diese drei Gruppen passen, sind bezeichnenderweise solche, die nicht eine Handlung, sondern den Verzicht auf eine Handlung bezeichnen: „[…] nous *gardons* notre sang-froid et *restons* sur le bateau" [Hervorhebungen von mir, S. G.]. Auch emotionale Reaktionen angesichts der allgegenwärtigen Grausamkeiten und des Todes[121] bleiben aus; lediglich im Vorfeld wird die Möglichkeit der Angst erwähnt[122].

Am Ende des Textes sieht das Traum-Ich ein Bild, das in einer Art „mise en abyme" den gerade erlebten Schiffbruch nochmals darstellt, wobei die Identität der an der Wasseroberfläche treibenden Gegenstände zwischen Schemeln, Kängurulis und Pferden schwankt:

> […] on nous montre, dans le catalogue du Musée, une gravure burlesque d'un artiste inconnu, représentant un accident semblable arrivé quelque temps auparavant à un bateau de la même compagnie. Je vois des gens qui tentent de se sauver à la nage, des épaves, et, flottant à la surface de l'eau, des sortes de trépieds renversés que je prends pour des kangourous. Mais j'apprends que ce sont en réalité des chevaux qui sont tombés à l'eau la tête la première et se sont noyés. Leurs queues et leurs membres postérieurs raidis émergent seuls, et c'est cela que je prenais pour des trépieds (38).

War das Traum-Ich bis dahin noch zumindest formal am Geschehen beteiligt – Emotionen und Konsequenzen war es ja auch vorher nicht

---

[121] „[…] j'assiste à une condamnation à mort", „[…] les bagnards […] subissent des supplices horribles", „[…] des bourreaux dissèquent des hommes vivants" und „Tous les passagers se jettent par-dessus bord et, malgré les efforts qu'ils font pour surnager, ne tardent pas à se noyer" (38).

[122] „[…] nous pénétrons en redoutant la sorcellerie" und „Nous n'avons pas encore très peur" (38).

ausgesetzt–, so erfolgt hier ganz ausdrücklich der Übergang von der Handlungsebene auf die Ebene der Wahrnehmung und ihrer Problematik. In dieser letzten Passage erscheint die ins Bild distanzierte Traumwelt als eine, die dem Traum-Ich, dem in der Wahrnehmung mehrere Fehler unterlaufen, die Orientierung sehr schwer macht. Es erweist sich, daß jede Wahrnehmung interpretationsbedürftig ist und der Gefahr falscher Interpretation unterliegt. So wird die im Traum mögliche Täuschung am Ende des Textes selbst thematisiert.

Wie schon in anderen Texten beobachtet, wird der Effekt der Traumartigkeit auch in diesem letzten Text von Leiris durch die offensichtliche Disparatheit und Diskontinuität erzielt. Dabei wird kaum versucht, narrative Kohärenz herzustellen. Vielmehr entsteht thematische Kohärenz als Variation des Todesthemas auf verschiedenen Ebenen.

2.4.4 Die surrealistische Traumwelt: Topographie, Personal und Inhalt der Träume

In den vorhergehenden Abschnitten, die sich vor allem mit der formalen Seite der Traumdarstellung beschäftigt haben, ist nicht nur das Verhältnis von Erzählinstanz und Traum-Ich thematisiert worden, sondern auch das Verhältnis des Traum-Ichs zu seiner Traumwelt, das in dieser oft desorientiert erscheint. Daher sollen nun in einem letzten Schritt die Ausgestaltung der Traumwelt und die inhaltliche Seite der Texte betrachtet werden.

Die Kulisse des surrealistischen „récit de rêve“ entspricht meistens der realen Welt. In 17 Fällen werden präzise Ortsangaben gemacht, wobei nur in Einzelfällen fremde Städte genannt werden[123], meistens jedoch von den Autoren häufig frequentierte Orte in Paris. Dabei handelt es sich zum einen um dem engen Lebenskreis des jeweiligen Träumers entnommene und als solche gekennzeichnete Orte, wodurch auch die Identität zwischen Autor und Traum-Ich betont wird[124], ferner um konkrete Orte in Paris, die durch Straßennamen lokalisiert werden, wodurch der Bezug distanzierter ist und keine Einheit von Autor und Traum-Ich

123 London (21), Strasbourg (36), Odessa (37).

124 „Chez moi“ (4), „dans ma chambre“ (7, 28), „à mon bureau“ (17) sind der aktuellen Lebenswelt entnommen, andere waren in der Vergangenheit wichtig: „à Pantin, la route d'Aubervilliers […], devant une maison que j'ai habitée“ (2), „la maison que j'habitai à Sceaux avec mes parents“ (34).

postuliert wird[125]. In 12 Fällen werden unbestimmte, aber in der Realität vorkommende Orte angegeben[126], in 11 Fällen wird auf eine Ortsangabe völlig oder weitgehend verzichtet[127]. Nur wenige Orte können als Traumindikatoren gelesen werden. Dies gilt für drei Orte, die Ähnlichkeiten zur Realität aufweisen, aber nicht ganz identisch sind bzw. sich aus mehreren verschiedenen Orten zusammensetzen[128] und für vier gänzlich unrealistische Orte[129].

Ebenso gilt für die vorkommenden Figuren, daß sie überwiegend der Wirklichkeit und vor allem dem Bekanntenkreis der Autoren zuzurechnen sind. In 15 Fällen werden sie als Familienangehörige oder Freunde gekennzeichnet, womit wiederum sehr deutlich eine Beziehung zwischen Traum-Ich und Autor hergestellt wird[130]. In 18 Fällen kommen Figuren vor, die der surrealistischen Bewegung angehören oder in ihrem Umkreis stehen, wodurch die Traumtexte im surrealistischen Milieu verortet werden[131]. Manche Figuren werden mit Initialen bezeichnet, deren Identität

---

125 „Devant la gare du Nord" (15), „boulevard Pasteur" (20), „avenue de Clichy" (21), „avenue Henri-Martin" (34), „rue de Grenelle" (40), „rue du Château" (41). Bei den letzten zwei Angaben handelt es sich um Orte, die wichtig für die Entstehung der surrealistischen Bewegung waren. In der Rue de Grenelle befand sich das ‚Bureau de recherches surréalistes', in der Rue du Château traf sich die Gruppierung um Prévert, Tanguy und Duhamel.

126 „Un champ" (5), „une vaste prairie" (9), „un jardin comme je les aime" (16), „un trottoir de Paris" (18), „une place" (19), „une rue de banlieue" (29), „un petit port fluvial" (31), „au bord de la mer, sur une plage du genre de Palm-Beach" (32), „la grange où je me suis réfugié" (35), „une rue d'un faubourg de Paris" (38), „une ville que nous visitons" (38), „un compartiment de troisième classe" (39).

127 Die Texte 8, 11, 12, 14, 24, 25, 26, 30 nennen gar keinen Ort, in manchen Texten läßt sich eine sehr allgemeine Angabe wie „à table" (13, 23), „dans le train" (23), „une route" (22) erkennen.

128 „C'est la piazza Cavour à Florence peut-être ; ou peut-être aussi une de ces très belles places de Turin, ou peut-être aussi ni l'une ni l'autre" (1), „[…] une gare assez semblable à la gare de l'Est" (3), „Ce lieu tient à la fois du Musée Grévin, du Musée Carnavalet, du Parc des Attractions, de l'Exposition des Arts Décoratifs, du Salon de l'Aéronautique et du Jardin des Supplices d'Octave Mirbeau" (38).

129 „Chez le diable" (6), „un cinématographe aérien" (10), „André Masson et moi évoluons dans l'air comme des gymnasiarques" (27), „une ville de proportions restreintes" (33).

130 „Mon père" (1), „ma sœur" (12), „ma mère" (12), „mon fils" (13), „ma femme" (14), „les personnes […] qui habitent ordinairement la propriété rurale de mon oncle L." (23), „mon frère A" (23), „ma mère" (28), „mon frère" (31), „une amie nommée Nadia" (32), „mon père et ma mère" (33), „mes frères et sœurs" (33), „ma sœur" (34), „mon père" (34), „ma fiancée" (38).

131 Picasso (4), Apollinaire (4), Rigaut (9), Max Jacob (12), Paul Eluard (23), René Crevel (23), André Masson (27), André Breton (30), Robert Desnos (30), Jacques Baron (34), Robert Desnos (34), Braque (34), Roland Tual (34), Bataille (36), Marcel Noll (38), Limbour (38), Jacques et Simone Prévert (41).

sich nur für Eingeweihte erschließt[132]. Schließlich erscheinen mehrere Generäle, teils namentlich benannte[133], teils nicht weiter bestimmte[134] sowie Angehörige der Truppe von José Padilla[135]. Weiterhin werden in 20 Fällen anonyme Figuren[136] und in 26 Fällen anonyme Menschenmengen[137] erwähnt. Unrealistisch ist nur das Auftreten einer Präsidentin der Republik (16), eines Königs und seiner Tochter Augustina (36), einer Dienerin des Marquis de Sade (22), von Molière (34), Rimbaud (38) und Nerval (38) sowie von Teufeln in den Kinderträumen (6, 7) Werther (20) und Justine (36). Auch hier ist gelegentlich die Existenz von Sammelpersonen und Figuren unklarer oder wechselnder Identität zu beobachten[138].

---

[132] Aufgrund des Erscheinungsortes liegt die Annahme nahe, daß die in Text 22 gebrauchten Initialen L. A. und M. M. für Louis Aragon bzw. Max Morise stehen. S. B. (19) könnte für Simone Breton stehen. Der Kontext legt nahe, daß es sich bei S. (23) bzw. G. (13) um die Lebensgefährtinnen von Morise bzw. Eluard (Gala) handelt, sowie bei dem nur mit Vornamen genannten „Jim" in Text 5 um den Lebensgefährten von Renée Gauthier. Rätselhaft bleiben die Angaben J. B. P., V. T. und L. P. von Queneau (21), die jedoch wie alle Initialen eine Referenz auf eine real existierende Person, die nicht genannt werden soll, vermuten lassen.

[133] „Le lieutenant Flori, du 104e régiment d'infanterie, un Corse à la cervelle exiguë, sous les ordres de quoi j'ai fait mon service militaire et à quoi je n'ai jamais pu penser depuis sans nausées" (23), „le général Gouraud" (40).

[134] „Le général est un personnage ventru en uniforme d'opérette, doué d'un prodigieux crâne en carton de forme pointue et couronné de quelques cheveux roux" (9), „un général Boër avec une longue barbe, une redingote et un chapeau haut-de-forme" (14), „les deux autres généraux" (40).

[135] „Une jeune femme [...] que je sais être l'étoile de la troupe José Padilla" (37).

[136] „Un homme d'un certain âge" (2), „un homme de moins de trente ans" (3), „un jeune homme" (5), „un garçon de café" (5), „les mécaniciens" (10), „un acteur connu" (11), „une jeune femme" (17), „un enfant nègre" (17), „la femme" (18), „une femme" (19), „une jeune femme" (21), „des marins martiniquais" (21), „une femme" (21), „trois concurrents" (23), „trois prisonniers et quatre ou cinq gardiens" (34), „le roi" (36), „deux conseillers" (36), „un homme seul" (37), „une jeune dame" (39), „un compagnon" (39).

[137] „Un groupe de personnes" (1), „sept ou huit jeunes femmes" (4), „des femmes" (5), „les convives" (9), „des vierges, [...], des actrices, des prostituées" (11), „tous les gens" (11), „tous les gens que je connais" (13), „des personnes indistinctes" (19), „la foule" (21), „des groupes de patineurs et de patineuses" (23), „des coureurs de vitesse" (23), „des coureurs de fond" (23), „les personnes présentes" (23), „quelques personnages que je ne me rappelle pas avoir jamais rencontrés à l'état de veille" (33), „des pompiers" (33), „d'inexorables gendarmes" (34), „des servantes" (36), „des spectateurs" (37), „nous sommes plusieurs" (38), „des femmes assez jolies" (38), „des femmes d'aspect aristocratique" (38), „ces enfants" (38), „les bagnards" (38), „les passagers" (38), „un nombre énorme de policiers et de juges d'instructions" (40), „quelques autres visiteurs" (41).

[138] „Un personnage qui joue le rôle d'André Breton, mais qui ressemble à la fois à Nikita Balieff, à Joë Zelli et au violoniste-chef du célèbre jazz-band espagnol des « Fusellas », actuellement en tournée à Chamonix" (Morise 9), „S... est toujours avec moi, mais chaque fois que les nécessites militaires passent au premier plan, par exemple dans les

In bezug auf die Orte und das Personal der Texte handelt es sich also um eine realitätsnahe Welt, die der tatsächlichen Erfahrungswelt der Autoren sehr nahe kommt. Neben Familienangehörigen spielen dabei die Mitglieder der surrealistischen Gruppe eine wichtige Rolle. Dies gilt in besonderem Maße für vier Texte von Morise (9, 23, 34, 41) und drei von Leiris (27, 30, 38). Die Präsenz der Mitglieder der Gruppe unterstreicht sicherlich die surrealistische Seite der Texte. Sie ermöglicht es, das Verhältnis der Surrealisten untereinander und die Rollenzuteilungen innerhalb der Gruppe zu thematisieren. Dies wird besonders deutlich in Text 30 von Leiris, in dem André Breton als Kopf der Gruppe eine abstrakte theoretische (und unsinnige) Formulierung vorgibt, auf die Robert Desnos, der für seine Fähigkeit, sich in tranceartige Zustände versetzen zu lassen, bekannt war, nichtsprachlich mit einer Verwandlung reagiert, die Breton quasi zum Magier macht:

> Dialogue entre André Breton et Robert Desnos :
> *A. B.*, à R. D. – La tradition sismotérique…
> *R. D.* (se transforme en pile d'assiettes).

Eine explizite Thematisierung des Surrealismus findet sich auch in Text 9 von Morise, der ein Bankett zu Ehren des Surrealismus inszeniert. Auch hier ist eine Figur zentral, die die Rolle von Breton spielt. Sie tritt als Marktschreier auf und plädiert für eine russische Version des Faschismus, um den Faschismus zu beseitigen. Am Ende des Banketts findet eine Waffenübung statt, bei der eine neuartige Waffe benutzt wird: statt Kugeln treten malvenfarbige Raketen aus bzw. ein riesiges malvenfarbiges Geschoß, das einer Seifenblase gleicht und auf dem Kopf eines Generals in Operettenkostüm platzt. Hier werden nicht nur die Experimente der Gruppe thematisiert, sondern auch politische Ziele, die jedoch nicht von einer ästhetischen Dimension zu trennen sind. Denn die Waffenübung, die am Ende mit dem General in Operettenuniform und dem absurde Rechtfertigungen vorbringenden Marktschreier zur Farce verkommt, ist eher von ästhetischem als militärischem Interesse: „[…] une belle fusée mauve s'élève à quelques mètres et retombe en décrivant une gracieuse parabole“ (9).

Die Bewältigung persönlicher Konflikte steht nur selten im Vordergrund. Lediglich in Text 1 von de Chirico ist ein Kampf mit dem Vater unverhüllt zu erkennen, Text 15 enthält einen aggressiv geführten Konflikt mit G., und Text 34 thematisiert die eigene Haltung zum Tod. Manche Texte enthalten Erinnerungen an früher bewohnte Häuser oder an

---

rassemblements, elle est remplacée à mes côtés par René Crevel“ (Morise 23), „Rimbaud (ou Limbour ?)“ (38).

die Armeezeit, ohne daß jedoch ohne nähere Kenntnis der Biographie der Autoren ein persönlicher Konflikt erkennbar wäre. Bei Breton etwa dominiert in diesen Fällen ein programmatischer Impetus, was Sarane Alexandrian überzeugend herausgearbeitet hat. Seine Deutung der Beerdigung in Text 2 als Beerdigung des Dadaismus und des „urinoir volant" in Text 3 als Hinweis auf Duchamp erscheint ebenso überzeugend wie der Hinweis auf Picassos Bild *Les Demoiselles d'Avignon* in Text 4[139]. In allen Fällen funktionalisiert Breton seine Träume, um die Position des Surrealismus als Weiterführung anderer Avantgarderichtungen zu fundieren. Besonders deutlich wird dies im Gespräch des Traum-Ichs mit dem Schatten Apollinaires in Text 4, dessen Tod nicht als Verlust empfunden wird: „Estime-t-il que sa mort fut prématurée, jouit-il un peu de sa gloire. « Non et non »". Auch die Tatsache, daß als erster Traumtext ein Text von de Chirico gewählt wird, dessen Beschreibungen der Plätze stark an seine von den Surrealisten bewunderten Bilder der metaphysischen Phase erinnern[140], ist programmatisch lesbar. Surrealistischer Praxis entspricht zudem die Verwendung von lautlichen Assoziationen und Wortspielen in verschiedenen Texten (21, 32, 38, 39).

Ein weiteres für die Surrealisten wichtiges Thema in vielen Texten ist die auf unterschiedlichen Ebenen stattfindende Transgression gesellschaftlicher Normen. Diese betreffen den Bereich der Sexualität, der Drogen sowie revolutionäre oder „surrealistische" Akte. Drogenerfahrungen werden lediglich zweimal thematisiert (Texte 34 und 41), Transgressionen im Bereich der Sexualität jedoch häufiger. In Text 5 vollzieht das Traum-Ich den Sexualakt mit einem Vogel, in Text 11 findet eine öffentliche Entjungferung der zu verheiratenden Jungfrauen statt, die mit Schauspielerinnen und Prostituierten auf eine Ebene gestellt werden. In Text 12 gehen die sexuellen Handlungen bis hin zum Inzest mit der Schwester, und in Text 31 werden die Regeln eines Spiels beschrieben („Visite au Tact"), bei dem ein junger Mann mit verbundenen Augen junge Mädchen durch Geschlechtsverkehr erkennen muß. Schließlich wäre noch Text 19 zu nennen, der sehr offen eine Kastration inszeniert: „Sur le comptoir, une verge coupée longitudinalement, semble servir de sujet de conservation. Sur la gauche, on emmène un homme défaillant".

---

139 Alexandrian, *Le Surréalisme et le rêve*, 241-261. Die biographischen Deutungen, die er gleichzeitig vornimmt, erscheinen hingegen weniger überzeugend.

140 „[…] on voit d'un côté des portiques surmontés par des appartements aux volets clos, des balcons solennels. A l'horizon on voit des collines avec des villas ; sur la place le ciel est très clair, lavé par l'orage, mais cependant on sent que le soleil décline car les ombres des maisons et des très rares passants sont très longues sur la place" (1).

In den späteren Nummern (von Nr. 5 an) werden bevorzugt Traumtexte abgedruckt, die revolutionäre oder surrealistische Akte enthalten. In Text 33 geht es um den Kampf gegen die etablierte Macht („cette lutte contre le pouvoir établi"), in Text 34 verkleidet sich das Traum-Ich als „prestidigitateur grotesque" und vollführt mit seiner Gefährtin eine „mimique hurluberlue", was die Festnahme durch die Gendarmen nach sich zieht. In den Texten 36 und 37 werden Orts- und Zeitangabe mit dem Begriff der Revolution verknüpft[141], wobei Text 36 auch noch die Figur des Marquis de Sade einführt. In Text 40 schließlich wird ein Attentat auf einen General verübt. Die stärkere Ausrichtung der Surrealisten auf gesellschaftliche Revolution von 1925 an spiegelt sich also auch in den Traumtexten wider, wobei nicht zu klären ist, ob dies der Auswahl der Texte zu schulden ist oder ob diese repräsentativ für Veränderungen in den Träumen ihrer Autoren ist. Immerhin ist auffällig, daß unter den späteren Texten derjenige von Leiris keine solche Thematik enthält.

2.4.5 Definition des surrealistischen „récit de rêve"

Der surrealistische „récit de rêve" beruht auf dem Anspruch, einen zuvor geträumten Traum getreu wiederzugeben; dieser Bericht findet in der ersten Person Singular und im Präsens statt. Die Markierung als Traum wird durch den Paratext hinreichend gewährleistet, zusätzliche textinterne Indikatoren sind möglich, aber eher selten. Die Wahrscheinlichkeit ihres Auftretens steigt mit der Länge der Texte. Obwohl der Traum in seiner sprachlichen Form sich erst im Akt des Erzählens und durch die Leistung der Erinnerung konstituiert, werden diese Abhängigkeiten im surrealistischen „récit de rêve" fast vollständig ausgespart. Vielmehr werden die Unterschiede zwischen Autor, Erzählinstanz und Traum-Ich weitgehend verwischt. Die Textkohärenz in den nicht pointiert angelegten Texten entsteht in der Regel auf assoziativer, thematischer oder lautlicher Ebene, nicht aber auf narrativer oder Handlungsebene. Hierbei sind jedoch bei den einzelnen Autoren sehr verschiedene Verfahren zu beobachten.

Das fast durchgehend stabile Traum-Ich erscheint oft desorientiert in der Traumwelt, deren Gesetzmäßigkeiten es unterworfen ist. Die von Artaud geforderte Herausstellung solcher Gesetzmäßigkeiten, die entweder als notwendig akzeptiert oder aber als rätselhaft erfahren werden können, gelingt vor allem in seinen eigenen Texten sowie in denen von

---

[141] „C'est la révolution" (36), „C'est à Odessa, pendant la révolution" (37).

Leiris und Eluard. Ob das Traum-Ich selbst um diese Gesetze weiß, oder ob dieses Wissen einer auktorial gehaltenen Erzählinstanz zuzuschreiben ist, läßt sich dabei nicht klären. Markierung und Problematisierung der regelmäßig vorhandenen absurden Elemente sind eher selten, die meisten Texte tendieren zu einem rein deskriptiven Bericht ohne Kommentar über die Absurdität. Diese Strategie, die die Eigenständigkeit der surrealistischen Traumwelt unterstreicht, ist vor allem bei Michel Leiris sehr ausgeprägt, bei dem die Traumwelt zudem oft als sehr kalt, technisch und geometrisch beschrieben wird.

In der Regel bezieht die Traumwelt ihre Orte und Figuren aus der Realität, wobei das surrealistische Milieu neben der Familie eine entscheidende Rolle spielt. Auch die Thematik vieler Texte ist offen surrealistisch, sei es durch die Auseinandersetzung mit Vorbildern, die Thematisierung surrealistischer Verfahren oder Akte der gesellschaftlichen Transgression. So gesehen lassen sich die meisten Texte auch als programmatische Veröffentlichungen lesen. Eine Auswahl der Texte im Hinblick auf solche Themen darf angenommen werden, entweder auf der Ebene der Herausgeberschaft oder bereits von den Autoren selbst[142].

---

142 Nachvollziehen läßt sich das nur im Fall von de Chirico. Von ihm lagen der Redaktion für die erste Nummer zwei Traumberichte vor, von denen nur einer gedruckt wurde (vgl. *Cahier de la permanence*, 57).

3. André Bretons *Les Vases communicants*: Traumtheorie zwischen Psychoanalyse, dialektischem Materialismus und surrealistischer Ästhetik

Im *Manifeste du surréalisme* beschließt Breton seine Ausführungen zum Traum mit folgender Bemerkung:

> Il y aurait encore beaucoup à dire mais, chemin faisant, je n'ai voulu qu'effleurer un sujet qui nécessiterait à lui seul un exposé très long et une tout autre rigueur : j'y reviendrai (BrOC I, 319).

Dieses 1924 schon geplante „exposé très long et [d']une tout autre rigueur" läßt lange auf sich warten. Erst 1932 veröffentlicht Breton mit *Les Vases communicants* einen Text, in dem er – hauptsächlich im ersten Teil – eine vor allem von seiner Lektüre der *Traumdeutung* inspirierte Auseinandersetzung mit vorhandenen Traumtheorien unternimmt, um daraus den Ansatz für eine eigene, nun „dialektisch-materialistisch" konzipierte Traumtheorie zu gewinnen[1]. Außer Freud hat Breton offensichtlich Hervey de Saint-Denys und Maury gelesen, wichtiger für seine Schrift werden aber Hegel, Engels und Lenin, deren Lektüre gleichfalls Spuren im Text hinterlassen hat[2]. Letztlich zielt jedoch auch dieser Text auf eine Darlegung surrealistischer Positionen und eine Begründung poetischer Verfahren ab, für die der Traum teilweise zum Vorbild wird.

---

1 Ich unterziehe die Benutzung der Begriffe „Materialismus" und „Idealismus" keiner kritischen Analyse, sondern verwende sie so wie Breton als Etikettierungen. Vgl. dazu auch Jean-Louis Houdebine, „André Breton et la double ascendance du signe", in: *La nouvelle critique* 31 (1970), 43-51, der die Ansicht vertritt, daß der materialistische Diskurs bei Breton immer unter der Vorherrschaft eines idealistischen steht, und Jean Decottignies, „L'Œuvre surréaliste et l'idéologie", in: *Littérature* 1 (1971), 30-47, nach dem Breton den Begriffen letztlich jede Bedeutung abspricht.

2 Von Hegel ist für *Les Vases communicants* vor allem die *Philosophie des Geistes* wichtig, d. h. der dritte Teil der *Enzyklopädie der philosophischen Wissenschaften*, den Breton in der Übersetzung von Augusto Véra gelesen hat (Hegel, *Philosophie de l'esprit*). Ich zitiere hier jedoch in der Regel nach der deutschen Ausgabe. Für Bretons Theorie der Liebe liegt u. a. eine Orientierung an Friedrich Engels *Der Ursprung der Familie, des Privateigentums und des Staats* (Zürich 1884) vor, der gegen Ende des Kapitels zur Familie Gedanken zum Zusammenhang von freier Ehegattenwahl und Kapitalismus äußert. Während der Abfassung von *Les Vases communicants* las Breton zudem die 1928 erschienene französische Übersetzung von Lenins philosophischem Hauptwerk *Materialismus und Empiriokritizismus* (1909), das stark gegen den neukantianischen Idealismus polemisiert. Diese Lektüre hatte eine deutliche Schwerpunktverschiebung und zunehmende Kritik an Freud zur Folge (Vgl. die „Notice" von Bonnet und Hubert in BrOC II, 1348-1369 und die Nachweise zahlreicher Gedanken aus diesem Werk im Kommentar).

Ähnlich wie das ursprünglich nicht als Manifest entworfene *Manifeste du surréalisme* ist auch *Les Vases communicants* ein nicht leicht einzuordnender Text, in dem Breton mehrere Themen angeht, die er auf mitunter recht eigenartige Weise verbindet. Im ersten Teil gibt sich der Text als relativ kohärent strukturierte, an wissenschaftlichen Maßstäben orientierte Abhandlung über den Traum bzw. über das Verhältnis von Traum und Wirklichkeit. Darin nimmt Breton auch in Anlehnung an Freud eine Analyse von eigenen Träumen bzw. im zweiten Teil einer als eine Art Wachtraum qualifizierten Periode seines Lebens vor. So wird der Text zugleich zu einem Dokument menschlicher Selbsterkenntnis, was Rechtfertigungen gegenüber der Position der Kommunistischen Partei erfordert, für die die Aufgabe der Intellektuellen nicht darin besteht, über sich selbst zu reflektieren, sondern das Bewußtseinsniveau des Proletariats als Klasse zu heben. Daher nimmt Breton immer wieder auf das Verhältnis von Traum und Aktion, von rationeller und intuitiver Erkenntnis, von Subjektivität und Kommunismus Bezug. Die Aufgabe des Surrealismus definiert er schließlich als die Aufrechterhaltung eines auf Individualität gerichteten und irrationalen „désir". Hebt man die Aussagen zur Poesie und die Positionsbestimmung gegenüber dem Kommunismus hervor, so kann *Les Vases communicants* als eine Art drittes Manifest des Surrealismus gelesen werden[3]. Gleichzeitig stellt der Text jedoch ein autobiographisch angelegtes Dokument zur Erforschung des Menschen dar, wobei die individuelle Perspektive durch allgemeine Überlegungen zum Wesen des Menschen ergänzt wird. Dabei orientiert Breton sich an Hegels *Philosophie des Geistes*, in der gleich in der Einleitung der Wert der Selbsterkenntnis als Beitrag zur „Erkenntnis des Wahrhaften des Menschen" sowie des Geistes an sich hervorgehoben wird[4]. Insgesamt übernimmt Breton allerdings nur bedingt die Gedankengänge von Hegel. So betont er zwar in Anlehnung an Hegels Übergang vom subjektiven zum objektiven Geist die Notwendigkeit, vom Subjektiven zum Objektiven fortzuschreiten[5], aber die Stufe des absoluten Geistes spielt keine Rolle mehr. Das

---

3 Während der Ausarbeitung hat Breton den Text als ein „petit livre, genre troisième manifeste" bezeichnet (an André Thirion adressierte Postkarte mit Stempel vom 23. 08. 1931, zitiert nach Bonnet, Hubert, „Notice", in: BrOC II, 1348-69, hier: 1355).

4 „Die Erkenntnis des Geistes ist die konkreteste, darum höchste und schwerste. *Erkenne dich selbst*, dies absolute Gebot hat weder an sich noch da, wo es geschichtlich als ausgesprochen vorkommt, die Bedeutung nur einer *Selbsterkenntnis* nach den *partikulären* Fähigkeiten, Charakter, Neigungen und Schwächen des Individuums, sondern die Bedeutung der Erkenntnis des Wahrhaften des Menschen wie des Wahrhaften an und für sich, – des *Wesens* selbst als Geistes" (Hegel, *Die Philosophie des Geistes*, 9).

5 „C'est en allant, encore une fois, de l'abstrait au concret, du subjectif à l'objectif, en suivant cette route qui est la seule route de la connaissance, qu'on est parvenu à arra-

wird besonders im dritten Teil deutlich, wo Breton, der zu einer Aufwertung des Unmittelbaren und Subjektiven tendiert, sich an Hegels Ausführungen über die Seele orientiert, d. h. an Teil A der ersten Abteilung der *Philosophie des Geistes*. Er endet also dort, wo Hegel, für den dieser Bereich lediglich eine erste Stufe darstellt, beginnt.

Als Dokument der Selbsterkenntnis steht *Les Vases communicants* in einer Linie mit *Nadja* und *L'Amour fou*[6]. Die in diesen Texten angestrebte Darstellungsweise beschreibt Breton in *L'Amour fou* als die einer möglichst objektiven, am Ideal der medizinischen Beobachtung orientierten Selbstbeobachtung[7]:

> À maintes reprises* [Fußnote von Breton mit Verweis auf *Nadja* und *Les Vases communicants*, S. G.] j'ai été amené à situer, par rapport à diverses circonstances intimes de cette vie [celle de Breton, S. G.], une série de faits qui me semblaient de nature à retenir l'attention psychologique, en raison de leur caractère insolite. Seule, en effet, la référence précise, absolument consciencieuse, à l'état émotionnel du sujet au moment où se produisirent de tels faits, peut fournir une base réelle d'appréciation. C'est sur le modèle de l'observation médicale que le surréalisme a toujours proposé que la relation en fût entreprise (BrOC II, 710).

Diese Selbstbeobachtung geschieht nicht wirklich aus einer autobiographischen Perspektive, auch wenn sich die Nähe zur Autobiographie aus der auf Authentizität ausgerichteten Selbstschilderung ergibt. Bretons eigene Verarbeitung seiner Trennung von der Geliebten erschließt sich jedoch nur auf Umwegen, es werden lediglich einzelne, für die Argumentation wichtige Momente herausgegriffen. Hierfür gelten Bürgers Betrachtungen zu *Nadja* mit gleichem Recht: „Weniger das erlebende Individuum als eine theoretische Position bildet den Fluchtpunkt, auf den

---

cher une partie du rêve à ses ténèbres et qu'on a pu entrevoir le moyen de le faire servir à une connaissance plus grande des aspirations fondamentales du rêveur en même temps qu'à une appréciation plus juste de ses besoins immédiats" (BrOC II, 115).

[6] Schon 1939 äußert Breton die Absicht, die Nähe von *Les Vases communicants* zu den beiden anderen Texten durch das Einfügen von Photographien in den Text noch stärker zu betonen (Brief an Jean Paulhan vom 2. 12. 1939, in: BrOC I, 1560, Fn 2 zu S. 751), was in der zweiten Auflage von 1955 schließlich geschieht. Damit wird eine Einheit in den Vordergrund gerückt, die sich aufgrund der Darstellungsweise persönlicher Erlebnisse und thematischer Bezüge ergibt. Ich gehe auf die Photographien nicht ein, weil ich den Text zum Zeitpunkt seiner Veröffentlichung betrachten will, vgl. dazu jedoch Gérard Durozoi, „Les Vases communicants: Marx-Freud", in: *Surréalisme et philosophie*, Paris 1992, 21-48, besonders 42-48. Aus demselben Grund bleiben auch die Briefe von Freud, die Breton der zweiten Auflage hinzufügte, hier unbeachtet.

[7] Michel Beaujour weist allerdings zu Recht darauf hin, daß diese Orientierung vor allem dem Stil der Darstellung gilt, weniger dem Inhalt, und daß dieser Stil nicht durchgängig verwendet wird (Michel Beaujour, „Qu'est-ce que « Nadja » ?", in: *La nouvelle revue française* 15 (1967), 780-799, hier: 787 f.).

das Material zugeordnet ist"[8]. Die Selbstanalyse hat für Breton zwar eine grundlegende Bedeutung, steht jedoch im Dienst eines allgemeinen Erkenntnisinteresses und einer Neubestimmung der Aufgabe des Surrealismus, bei der das Verhältnis von Traum und Aktion zentral ist.

Breton selbst rechnet im *Prière d'insérer* seinen Text einer neuen Gattung zu, die zwischen Roman und Psychopathologie anzusiedeln sei und analytische sowie poetische Momente miteinander verbinde:

> […] un genre tout nouveau, situé aux confins du roman d'analyse et de la monographie psychopathologique, sans que pour cela l'auteur y témoigne d'un détachement appréciable de la poésie (BrOC II, 1351).

Vorbilder für diese neue Gattung sind in den Motti zu erkennen, die Breton den einzelnen Teilen seines Textes voranstellt. Es ist sicher bezeichnend, daß der erste Teil nicht unter einem Motto von Freud steht, sondern unter dem von Wilhelm Jensens *Gradiva*, die Breton freilich durch die Vermittlung von Freud kannte[9]. Auch mit den Motti der anderen beiden Teile nimmt Breton Bezug auf Texte von Dichtern, die psychopathologische Phänomene beschreiben: auf Nervals *Aurélia* und seinen eigenen Text *Nadja*. Alle drei Texte können als Vorbilder für die angestrebte neue Gattung gelten, am deutlichsten ist diese Aufgabe des Schriftstellers bei Nerval formuliert, mit dem Breton trotz aller Divergenzen in dieser Hinsicht übereinstimmt: „[…] la mission d'un écrivain est d'analyser sincèrement ce qu'il éprouve dans les graves circonstances de la vie" (NOC III, 700). Breton, der wie Nerval an die Nützlichkeit seines Berichts für andere denkt[10], dehnt diese Mission von den wichtigen Umständen des Lebens auf alle Aspekte des Gefühlslebens aus und setzt an die Stelle des Schriftstellers den (intellektuellen) Revolutionär:

> Un révolutionnaire rêve comme un autre homme, il lui arrive quelquefois de s'occuper de lui seul, il sait que de sage on peut devenir fou, une femme belle n'étant pas moins belle pour lui que pour un autre, il peut être malheureux à cause d'elle et l'aimer. On souhaiterait qu'à tous ces égards il nous fît connaître son comportement (BrOC II, 164).

---

8 Peter Bürger, „Bretons ‚Nadja' (1928)", in: ders., *Der französische Surrealismus*, 119-133, hier: 121.

9 Das Zitat ist dem Freudschen Text über die *Gradiva* entnommen, der im Jahr 1931 in der Übersetzung von Marie Bonaparte erschien (*Délire et rêves dans la « Gradiva » de Jensen par Sigmund Freud*). Die Übersetzung der Novelle leistete Georges Sadoul, mit dem Breton im Sommer 1931 längere Zeit auf der Île de Sein verbrachte (vgl. BrOC II, 1386, Fn 2 zu S. 122).

10 Vgl. „[…] comment ne pas vouloir qu'un homme, qui aura lu ces lignes, soit, un peu à cause d'elles, moins malheureux que moi ? […] Tant mieux si mon témoignage aide cet homme à se défaire, comme je veux m'en être défait, de toute attache idéaliste" (BrOC II, 153).

Mit dem Versuch, eine neue Gattung zu etablieren, führt Breton auch seine Romankritik aus dem *Manifeste du surréalisme* fort. Dies zeigt sich vom ersten Satz seines Textes an, der sich durch die genauen Angaben zu Autor und Werk zunächst als Auftakt zu einer wissenschaftlichen Abhandlung gibt, in dem der Autor aber zugleich mit Elementen des Romans spielt, um diesen dann ad absurdum zu führen:

> Le marquis d'Hervey-Saint-Denys, traducteur de poésies chinoises de l'époque des Tang et auteur d'un ouvrage anonyme paru en 1867 sous le titre : *Les Rêves et les Moyens de les diriger. Observations pratiques*, ouvrage devenu assez rare pour que ni Freud ni Havelock Ellis – qui le spécifient tous deux – n'ait réussi à en prendre connaissance, semble avoir été le premier homme à penser qu'il n'était pas impossible, sans pour cela recourir à la magie dont les moyens n'arrivaient plus de son temps à se traduire que par quelques recettes impraticables, de vaincre à son profit les résistances de la plus aimable des femmes et d'obtenir rapidement qu'elle lui accordât ses dernières faveurs (BrOC II, 103).

Romanhaft hieran erscheinen zum einen bestimmte Wendungen wie „la plus aimable des femmes" oder „accorder ses dernières faveurs", zum anderen die konzise Art der Darstellung: in einem Satz werden die Grundvoraussetzungen der Situation sowie eine Intrige geschildert, die einen typischen Liebesroman skizziert, in dem ein außerordentlicher Mann (der erste, der auf eine neue Idee kommt) alle Hindernisse beseitigt und von der verehrten und begehrenswerten Frau schließlich erhält, was er begehrt[11]. Dieser Roman wird jedoch für Breton der Ernsthaftigkeit der Thematik nicht gerecht: „La passion, en tout ce qu'elle comporte à la fois d'éblouissant et d'atterrant, n'était forcément pas intéressée" (BrOC II, 105). Der Roman kann für Breton die Problematik des „amour unique et réciproque" nicht bewältigen[12], und so ist es nur folge-

---

[11] Marja Warehime nennt diesen Anfang ein „pseudobeginning", das es Breton erlaube, wissenschaftliche und poetische Gesichtspunkte gleichermaßen einzubringen und mit einer indirekten Kritik an Freud zu verbinden. Sie setzt den eigentlichen Beginn des Textes mit der Kritik an der Traumliteratur an, womit sie den wissenschaftlichen Aspekt in den Vordergrund stellt (Warehime, „Beginning and Ending: the Utility of Dreams in *Les Vases communicants*", in: *French Forum* 6, 2 (1981), 163-171). Sie übersieht, daß Breton im dritten Teil den Bogen zurück zu Hervey de Saint-Denys schlägt, wenn er ernsthaft durchgeführte Experimente mit dem Traum einfordert: „Avec quelque ingéniosité il n'est pas impossible qu'on parvienne à provoquer certains rêves chez un autre être, pour peu qu'à son insu l'on s'applique à le faire tomber dans un système assez remarquable de coïncidences" (BrOC II, 205).

[12] Breton verurteilt im dritten Teil die „vies romancées", weil sie nicht in der Lage seien, den Bereich der Subjektivität angemessen zu ergründen: „Cette subjectivité, pour sa part la misère littéraire tour à tour la couvre et la découvre à plaisir, évitant autant que possible de la suivre dans ses retranchements et de la cerner. N'a-t-on pas vu ces der-

richtig, daß zu Beginn des zweiten Teils, in dem er durch Nennung von Ort, Datum und der Person Eluards die Authentizität seines Berichts unterstreicht, sein romanhafter Versuch, einer Unbekannten einen Heiratsantrag zu machen, bereits an der Übermittlung der Nachricht scheitert. Die möglicherweise romanhaften Vorstellungen von der Liebe werden mit der Realität konfrontiert: statt die „dernières faveurs" zu erhalten, gelingt Breton nicht einmal die Kontaktaufnahme.

Schon dieses Beispiel macht deutlich, daß *Les Vases communicants* nicht nur ein Beitrag zur Erweiterung der Selbsterkenntnis, nicht nur der Versuch einer dialektisch-materialistischen Traumtheorie ist, sondern daß der Text – implizit und explizit – auch einige, meist wenig beachtete Positionen zur Ästhetik enthält. Dabei versucht Breton, Wirkungsweisen von Kunst und Literatur durch Freuds Annahmen über den Traum zu erklären, wobei die Begriffe der Interpretation und des „détour" zentral werden. In seinen Aussagen zur surrealistischen Kunst und den Kommentaren zu anderen Kunstrichtungen und deren Ästhetiken wird jedoch deutlich, daß die im *Manifeste* formulierte Bildtheorie maßgeblich bleibt. Diese Aussagen beziehen sich nicht nur wie die meisten Stellungnahmen im *Manifeste* mit den Anleitungen zur „écriture automatique" auf die Seite der Produktion, sondern auch auf eine besondere Weise der Wahrnehmung, die Poesie auch dort ausmacht, wo sie nicht intendiert ist, die sogenannte „poésie involontaire". Die Konstruktion einer Traumästhetik bei Breton darf allerdings nicht bei seinen Aussagen zur Kunst und seinen Interpretationsversuchen stehenbleiben, sie muß genauso die Strategien in Betracht ziehen, die im Text dafür sorgen, daß eine Periode des Wachlebens als traumartig erscheinen kann. Wenn ich also versuche, aus *Les Vases communicants* eine Traumästhetik herauszulesen, so geschieht das nicht unter dem Blickpunkt einer auf unbewußte Verfahren abhebenden Produktionsästhetik, unter dem die surrealistische Ästhetik zumeist betrachtet wird[13], sondern mit dem Versuch, auch aus der Textstruktur Anhaltspunkte zu gewinnen.

---

niers temps la *mode*, en lecture, se mettre à quelque chose d'aussi ridicule et d'aussi abject que les « vies romancées » ?" (BrOC II, 207).

13 Ein Beispiel für eine solche Betrachtungsweise unter dem Blickfeld der Produktionsästhetik bietet Herbert S. Gershman, nach dem die surrealistische Ästhetik auf ein Thema reduziert werden kann: „the attempt to actualize *le merveilleux*", wozu verschiedene Verfahren wie „écriture automatique", spiritistische Methoden und der „amour fou" angewandt werden (Herbert S. Gershman, „Towards a Definition of The Surrealistic Aesthetics", in: ders., *The Surrealist Revolution in France*, Ann Arbor 1969, 1-15). In ähnlicher Weise wird auch in den gängigen Einführungen die surrealistische Ästhetik beschrieben. Während es viele Studien zum Projekt der surrealistischen Revolution gibt,

Die Gesamtheit der Thematik von *Les Vases communicants*, insbesondere die ästhetische Dimension, ist in den bisher veröffentlichten Studien, die sich vorwiegend auf Einzelaspekte konzentrieren, nicht hinreichend berücksichtigt worden. Relativ gängig sind Lektüren, die in *Les Vases communicants* vor allem ein Projekt von Selbstanalyse in Freudschem Stil sehen und entsprechende Interpretationen vornehmen; dabei wird der Schwerpunkt auf den ersten Teil gelegt und der Rest zumeist vernachlässigt. Der Psychoanalytiker Jean Guillaumin versucht mit den Mitteln seiner Disziplin eine Interpretation des Traums, wobei er zu interessanten Ergebnissen kommt, die sich jedoch ausschließlich auf die Mitteilung des Traums und die Assoziationen dazu beziehen[14]. Auch Jean Bellemin-Noël, der versucht, den Text als Autobiographie zu lesen, läßt die manifestartigen Teile beiseite[15]. Dem Verhältnis von Psychoanalyse und Surrealismus sind einige Arbeiten gewidmet worden, die teilweise recht gut den anderen Ansatz Bretons herausarbeiten, aber sich damit ebenfalls auf einen Einzelaspekt beschränken[16]. Bereits ausreichend hervorgehoben

---

wird die surrealistische Ästhetik jenseits der „écriture automatique" und der bildenden Kunst kaum ins Blickfeld genommen.

14 Jean Guillaumin, „Rêve, réalité et surréalité dans la cure psychanalytique et ailleurs. Rêve et poésie, avec une étude sur un rêve d'André Breton", in: ders., *Le Rêve et le moi*, 173-209.

15 Jean Bellemin-Noël, „Des Vases trop communiquant", in: ders., *Biographies du désir*, 123-208. Bellemin-Noël bezieht sich nur auf die Träume und die „konkreten" Ereignisse, d. h. er liest nur die beiden Träume und den zweiten Teil bis zum Treffen mit André Derain. Bretons eigene Interpretationen und Überlegungen läßt er ebenso beiseite wie die Traumdiskussion im ersten Teil und den gesamten dritten Teil. Die ersten zehn Seiten des zweiten Teils erfahren keine detaillierte Behandlung, weil sie kaum konkrete Ereignisse, sondern vor allem allgemeine Überlegungen enthalten, so daß keine unbewußten Bewegungen freigelegt werden könnten (vgl. 166). Bellemin-Noël zielt – sicherlich im Anschluß an Guillaumins psychoanalytische Deutung – darauf, die unbewußten homosexuellen Regungen und Motive aufzuspüren: „La dominante d'angoisse devant le bloc « mère phallique – narcissisme homosexuel – poursuite éperdue de la figure paternelle » est bien ce qui fournirait le fil rouge d'une interprétation de tout ce que nous avons analysé depuis le début de notre parcours" (174 f.). So faßt er alle Frauenfiguren als Manifestationen der phallischen Mutter, der Hure oder der Jungfrau auf. Bellemin-Noëls Lektüre, die vielen Details nachspürt, ist in manchen Punkten anregend, insgesamt aber recht einseitig und reduziert den vielschichtigen Text auf eine Dimension.

16 Zu nennen sind vor allem Jean-Pierre Morel, „Aurélia, Gradiva, X: Psychanalyse et poésie dans *Les Vases communicants*", in: *Revue de littérature comparée* 46 (1972), 68-89; Jean-Bertrand Pontalis, „Les Vases non communicants", in: *La nouvelle revue française* 44 (1978), 26-45; Warehime, „Beginning and Ending". Morel zeigt in Fortführung der Studie von Starobinski („Freud, Breton, Myers"), daß auch in bezug auf die Traumtheorie die Psychoanalyse nicht geeignet ist, Bretons Bedürfnissen gerecht zu werden und daß sein Bezug darauf eigentlich paradox ist. Pontalis zeigt aus der Perspektive des Psychoanalytikers die Unvereinbarkeit der Psychoanalyse mit Bretons Vorstellung vom

wurde die Inkonsistenz der Bretonschen Traumtheorie[17]. Die Studien zu diesem Thema konzentrieren sich vor allem auf die manifestartigen Teile und widmen wiederum den Traumerzählungen nur spärliche Bemerkungen. Am ehesten wird noch Gerd Hötter dem doppelten Aspekt des Textes gerecht, wenn er in seiner Dissertation über *Surrealismus und Identität* in einer poststrukturalistischen Lektüre versucht, aus den Texten Bretons eine surrealistische Schrifttheorie herauszuarbeiten. In seinem Kapitel zu *Les Vases communicants* zeichnet er „die Umwandlung der Freudschen Theorie in eine Theorie des Kryptogramms" nach, womit der theoretische Aspekt erneut stark im Vordergrund steht[18]. Mir geht es im folgenden weder darum, Bretons Träume „richtig" zu deuten, noch den Autor mangelnder Folgerichtigkeit in der Argumentation zu überführen. Vielmehr sollen die wesentlichen intertextuellen Bezüge, vor allem natürlich die Freud-Rezeption, untersucht und dabei ausgelotet werden, in welcher Hinsicht der daraus entwickelte Traumbegriff zur Konstitution des Textes beiträgt und zum Vorbild für eine Ästhetik wird[19]. Als zentral wird sich dabei der Begriff des „désir" erweisen, wobei die Vorgehensweisen, die Breton ihm zuschreibt, auch für seinen eigenen Umgang mit dem „Material" (den Traumtheorien, den erlebten Ereignissen und den Referenztexten) zutreffen:

> […] l'exigence du désir à la recherche de l'*objet* de sa réalisation dispose étrangement des données extérieures, en tendant égoïstement à ne retenir d'elles que ce qui peut servir sa cause. […] Le désir est là, taillant en pleine pièce dans l'étoffe pas assez vite changeante, puis laissant entre les morceaux courir son fil sûr et fragile (BrOC II, 177).

Unbewußten, und Warehime geht vor allem von der Rivalität zwischen Freud und Breton aus und untersucht die Rolle, die sie der Literatur in der Erforschung der Träume zuweisen.

17 Vgl. v. a. Bürger, „Die Bedeutung des Traums im Surrealismus" und „Theorie und Praxis", in: ders., *Der französische Surrealismus*, 84-91 bzw. 92-99 sowie Gerd Hötter, „Der Begriff der Interpretation bei Breton", in: ders., *Surrealismus und Identität*, 119-162.

18 Ebd., 121 f. Nach Hötter sind Träume wie einzelne automatische Sätze, surrealistische Bilder und die „Texttatsachen" in *Nadja* „entzifferbare Hieroglyphen" (145). Dabei macht er zwei Pole aus: den der Kommunikation, die jenseits der Schrift – in der Gemeinschaft der Schlafenden – stattfinden soll, und den Pol der Übersetzung, Entzifferung, für den Breton den Begriff der „interprétation"/Deutung bei Freud entleihe. Deutung habe bei Breton den minimalisierten Sinn „Produktion eines ‚kohärenten' Textes" zu sein (133).

19 Zwei wichtige Bereiche hingegen wird meine Analyse nicht berühren, weil sie nur geringe Affinitäten zur Traumproblematik aufweisen: das sind zum einen die in den ersten beiden Teilen latent und im dritten Teil explizit vorhandene Selbstmordthematik und zum anderen die Rückgriffe auf Lenin, die von Bonnet in ihrem Kommentar nachgewiesen werden, aber noch keine eingehende Untersuchung erfahren haben. Vgl. dazu lediglich Durozoi, „Les Vases communicants: Marx-Freud".

So verfügt auch Breton in merkwürdiger Weise über die verschiedenen Theorien und Begriffe und berücksichtigt ganz egoistisch nur das, was seinem Zweck dient. Die Verbindungen zwischen einzelnen, heterogen aneinandergefügten Stücken folgen nicht der Argumentationslogik, stellen aber durchaus einen „fil sûr et fragile" dar, den es im folgenden aufzuspüren gilt.

3.1 Eine „dialektisch-materialistische" Traumtheorie

Die Hinwendung zum Traum erfolgt in *Les Vases communicants* von einer gegenüber dem *Manifeste du surréalisme* veränderten Ausgangsposition aus. Diese verdankt sich nicht nur einer besseren Kenntnis der *Traumdeutung*, die differenziertere Urteile über Freud und ältere Traumtheorien zuläßt[20], sondern es liegt vor allem eine starke Orientierung an Prinzipien des dialektischen Materialismus vor. Diese führt dazu, daß Breton eine Herausforderung darin sieht, Freuds *Traumdeutung* in eine Traumtheorie mit dialektisch-materialistischen Ambitionen zu transformieren und Freud zu übertreffen. War im *Manifeste du surréalisme* das Interesse für den Traum noch ein weitgehend unspezifisches, sammelte das ‚Bureau de recherches surréalistes' Träume zu einem noch nicht erkennbaren Zweck, so ist in *Les Vases communicants* das Ziel der Beschäftigung mit dem Traum klar: Fortschritte in der Selbsterkenntnis tragen auch zur Erweiterung der Welterkenntnis und damit zu einem Fortschritt in der Gewinnung eines neuen Weltbildes bei[21]. Die Frage, ob der Traum zur Lösung der Probleme des Wachlebens beitragen könne, die im *Manifeste* noch unentschieden war, wird nun klar bejaht: „J'affirme ici son utilité capitale" (BrOC II, 135). Diese klaren Stellungnahmen sind auch deshalb nötig, weil die Traumdiskussion in *Les Vases communicants* auch im Rahmen

---

[20] Breton las die nach der 7. Auflage (1922) der deutschen Ausgabe angefertigte Übersetzung von Ignace Meyerson, die fast alle Zusätze enthält, die in unseren modernen, der 8. Auflage folgenden Ausgaben enthalten sind. Die 7. Auflage enthielt außerdem die seit der 4. Auflage (1914) an hinzugefügten Beiträge von Otto Rank zu „Traum und Dichtung" und „Traum und Mythus", die mit der 8. Auflage (1929) wieder entfallen sind. Bretons Notizen zur Lektüre sind erhalten und als Faksimiledruck unter dem Titel *Cahier de la girafe* zugänglich in: Hulak (Hg.), *Folie et psychanalyse*, 148-170. Sie bezeugen, daß Breton sich sehr intensiv mit der Traumdeutung auseinandergesetzt hat.

[21] „À supposer que cette épreuve soit satisfaite dans ses résultats, qu'elle nous rende conscients d'un progrès accompli dans la connaissance de nous-mêmes et par suite, concurremment, dans celle de l'univers, il nous sera loisible de confronter cette nouvelle image des choses avec l'ancienne, puis de puiser dans cette confrontation de nouvelles forces pour nous affranchir de certains préjugés qui nous restaient encore et porter un peu plus loin notre position de combat" (BrOC II, 116).

einer Auseinandersetzung mit der Kommunistischen Partei steht, der gegenüber eine Positionsbestimmung des Surrealismus vorgenommen werden muß. Die Traumdiskussion wird im ersten Teil aus einer betont wissenschaftlichen Perspektive geführt, in der Freuds Methode der Traumdeutung nun die im *Manifeste* noch eingestandene methodische Lücke ausfüllt. Dabei argumentiert Breton wie im *Manifeste* über den Aspekt der Quantität, um die mangelnde Erforschung des Traums zu kritisieren (BrOC II, 112-114), und bleibt bei seiner Annahme der Kontinuität des Traums während der ganzen Dauer des Schlafs (BrOC II, 114). Der Hauptansatzpunkt erfolgt aber über die nach Breton grundlegende Fragestellung nach Zeit, Raum und Kausalitätsprinzip im Traum, die sich aus Lenins *Materialismus und Empirokritizismus* ergibt: „[…] que deviennent dans le rêve le temps, l'espace, le principe de la causalité ?" (BrOC II, 107)

Wie im *Manifeste* verfolgt Breton eine doppelte Strategie: einerseits will er zeigen, daß der Traum nicht von der Realität abweicht, andererseits versucht er, die Realität wie einen Traum erscheinen zu lassen. Während er im ersten Teil zu dem Schluß kommt, daß Kausalität im Traum nur anders dargestellt, aber keineswegs aufgehoben sei, und daß die andersartige Erscheinungsweise von Raum und Zeit auf Verdichtung und die Rücksicht auf Darstellbarkeit zurückzuführen sei, so zeigt er im zweiten Teil mit dem Bericht von seinem „Tagtraum", daß auch das Wachleben Zustände kennt, in denen diese Kategorien scheinbar aufgehoben sind, daß es sich also dem Traum angleicht:

> Il doit être impossible […] de ne pas être frappé de l'analogie qui existe entre l'état que je viens de décrire pour avoir été le mien à cette époque et l'état de rêve, tel qu'on le conçoit généralement (BrOC II, 177).

Im Rahmen einer materialistischen Position bringt die Analogisierung von Traum und Realität allerdings erhebliche Schwierigkeiten mit sich. Breton insistiert daher auch wiederholt auf der grundsätzlichen Möglichkeit ihrer Unterscheidung. Am Ende des ersten Teils postuliert er, daß die Gesellschaftsfähigkeit des Menschen von dieser Unterscheidungsfähigkeit abhänge[22] und bezeichnet deren Verlust als pathologisch: „Rien ne pourra faire que l'homme, placé dans des conditions non pathologiques, hésite à reconnaître la réalité extérieure où elle est et à la nier où elle n'est pas" (BrOC II, 146). Im zweiten Teil betont er, daß ihm diese Fähigkeit selbst während der Phase der stärksten Verzweiflung und

---

22 „[…] si la moindre confusion durable se produit en lui à ce sujet [l'équilibre mental, S. G.], l'homme, en effet, se trouve suffisamment désaxé pour qu'aucune société ne puisse plus lui faire place" (BrOC II, 142 f.).

Weltabwendung nie verloren gegangen sei, und verurteilt sowohl Pascals Zweifel an der Möglichkeit der Unterscheidung als „procès intenté à la vie réelle" (BrOC II, 180) und „expression du découragement personnel" (BrOC II, 184) als auch die Position der Fichteschen Philosophie, nach der die Außenwelt nur eine Schöpfung des Ichs sei[23]. Im dritten Teil schließlich beschäftigt er sich ausführlich mit dem auch von Hegel zitierten Beispiel Napoleons, der bei einem Besuch an der Universität von Pavia die Frage nach der Unterscheidung von Traum und Realität, die Hegel zur Vexierfrage der Philosophie erklärt, an die Klasse der Ideologie gerichtet haben soll[24].

Breton wendet sich ferner wiederholt gegen Versuche, den Traum als übernatürliches Phänomen zu erklären, und besteht darauf, daß es ihm gelungen sei, diesen ohne Annahme einer übernatürlichen Instanz vollständig aus den „données de la vie vécue" zu erklären:

> J'insiste très vivement sur le fait qu'elle [l'interprétation, S. G.] *épuise*, selon moi, le contenu du rêve et réduit à néant les diverses allégations qui ont pu être portées sur le caractère « inconnaissable » (incohérent) de celui-ci... Nul mystère en fin de compte (BrOC II, 134).

Mit dieser klaren Verankerung des Traums in der Realität und einer Absage an alle Versuche, übernatürliche Erklärungen zu geben, richtet Breton sich nicht nur klar gegen Ansätze des 18. und 19. Jahrhunderts, wie sie bei Swedenborg und Nerval zu finden sind, sondern auch gegen den zeitgenössischen Okkultismus[25] und die Religion[26].

---

23 „Ce monde, je savais qu'il existait en dehors de moi, je n'avais pas cessé de lui faire confiance. Il n'était pas pour moi, comme pour Fichte, le non-moi créé par mon moi" (BrOC II, 179).

24 „Bonaparte me trouble quand, venant de faire briser à coups de canon les portes de Pavie et fusiller les éléments rebelles, il se mêle de poser [...] à la classe d'idéologie de l'université qu'il visite l'embarrassante question de la différence entre la veille et le sommeil" (BrOC II, 196). Vgl. dazu Hegel, *Philosophie des Geistes*, § 398, 87 f.

25 Im zweiten Teil, wo im Zusammenhang der Diskussion über Analogien von Traum- und Wachzustand relativ unvermittelt der Satz fällt „Il me paraît y avoir quelque chose de fallacieux dans le sort que des poètes [Fn: Cf. *Le Grand Jeu*, n° 3, automne 1930.] ont cru devoir faire récemment à la phrase de Nerval: « Chacun sait que dans les rêves on ne voit jamais le soleil, bien qu'on ait souvent la perception d'une clarté beaucoup plus vive »" (BrOC II, 178), wird deutlich, daß Breton hier eine Polemik mit René Daumal und der Gruppe des *Grand jeu* fortsetzt. In *Nerval le Nyctalope* hatte Daumal behauptet, eine Technik gefunden zu haben, mit der es möglich sei, den eigenen Körper zu verlassen und die Traumwelt zu betreten, die tatsächlich so aussehe, wie Nerval sie beschreibe. Für Daumal ist die Existenz einer universellen Traumwelt unbestreitbar: „[...] le monde du Songe [...] est universel ; je veux dire à la fois commun, *a priori*, à tout esprit humain, et constituant un univers, ou plutôt un aspect de l'Univers" (René Daumal, „Nerval le Nyctalope", in: *Le Grand jeu* n° 3 (1930), 20-31, hier: 21). Zur Polemik vgl. *Second manifeste* (BrOC I, 817 f.) und René Daumal, „Lettre ouverte à André

Die Unterschiede zum *Manifeste* bestehen also vor allem in einer kritischen Haltung gegenüber allem, was des Idealismus verdächtig ist, und folgen dabei marxistischen Prinzipien. Jetzt wird Novalis' „idealistische" Traumauffassung, derzufolge der Traum die „freye Erholung der gebundenen Phantasie" (HO 244) ist, als „improvisation à bas prix de gens exaltés" verurteilt, weil sie nicht auf „nécessité" und „utilité" des Traums eingehe und nicht versuche, die Selbstbezogenheit des Traums in Hinsicht auf die Allgemeinheit zu überschreiten:

> [...] rien qui repose sur l'acceptation du rêve comme nécessité naturelle, rien qui tende à lui assigner son utilité véritable, rien moins que jamais qui, de la « chose en soi » sur laquelle on se plaît à faire tomber le rideau du rêve, parvienne, non seulement *malgré* le rêve mais *par* le rêve, à faire une « chose pour nous » (BrOC II, 115).

Der Traum steht hier also nicht mehr im Gegensatz zu „nécessité" und „utilité" wie noch im *Manifeste*, vielmehr gilt er jetzt als diesen Prinzipien unterworfen, was sich für Breton leicht daran erkennen läßt, daß der Mensch jede Nacht träumt[27]. Durch seine marxistische Orientierung wird Breton gezwungen, manche Positionen des *Manifeste*, in dem der Traum als rein geistiges Phänomen entworfen wurde, zu relativieren, um nicht selber als idealistisch zu erscheinen. In Zusammenhang damit stehen sicherlich auch die zahlreichen Hinweise auf körperliche Auslöser einzelner Traumelemente in der Traumanalyse, ein Aspekt, der im *Manifeste* überhaupt nicht erwähnt wurde und bei Freud nur sekundäre Bedeutung hat, wohl aber bei Maury wichtig ist. Vor allem aber werden nicht mehr

---

Breton sur les rapports du surréalisme et du Grand Jeu", in: *Le Grand jeu* n° 3 (1930), 76-83. Während Daumal die weitgehende Einigkeit bezüglich einer revolutionären Aktivität unterstreicht, valorisiert er andere Verfahren als Breton. Der „écriture automatique", die er als „science amusante" bezeichnet, setzt er verschiedene Verfahren des Okkultismus entgegen: „Nous avons, pour répondre à votre *science amusante*, l'étude de tous les procédés de dépersonnalisation, de transposition de conscience, de voyance, de médiumnité ; nous avons le champ illimité (dans toutes les directions mentales possibles) des yogas hindoues ; la confrontation systématique du fait lyrique et du fait onirique avec les enseignements de la tradition occulte [...] et ceux de la mentalité dite primitive... et ce n'est pas fini" (79).

[26] Diese Stoßrichtung erklärt sich, wenn man sich den Zusammenhang vor Augen führt, in dem der Text abgefaßt wurde und der im zweiten Teil dargelegt wird. In ihrer Krise um 1930 konnte die surrealistische Gruppe sich als einzige gemeinsame Aktivität auf eine antireligiöse Aktion einigen, so daß wohl aus diesem Kontext die Motivation herrührt, sich mit der Existenz imaginärer Wesen auseinanderzusetzen, wie es in einem sonst recht unmotiviert wirkenden Einschub geschieht (BrOC II, 137-139).

[27] „La nécessité du rêve a beau ne pas être connue, il est clair qu'elle existe" (BrOC II, 114). „La nécessité du rêve serait déjà hors de question du fait que nous rêvons" (BrOC II, 115).

die phantastischen Elemente des Traums hervorgehoben, sondern seine Nähe zur Realität:

> Je ne vois rien dans tout l'accomplissement de la fonction onirique, qui n'emprunte clairement, pour peu qu'on veuille se donner la peine de l'examiner, aux seules données de la *vie vécue* (BrOC II, 134).

Insgesamt jedoch bleiben die Grundeinstellungen zum Traum aus dem *Manifeste du surréalisme* erstaunlich konstant. Das betrifft vor allem die Aufhebung der Gegensätze zwischen Traum und Realität als Zielsetzung, denn Breton hofft auch hier auf die „conciliation extrême entre les deux termes qui tendent à opposer […] le monde de la réalité à celui du rêve, […] la conversion de plus en plus nécessaire […] de l'imaginé au vécu" (BrOC II, 104).

Die Art und Weise, wie der Geist im Traum reagiert, hält Breton weiterhin für einen Beweis seiner Freiheit (BrOC II, 114)[28]. Er unterstreicht nach wie vor die Nähe des Traums zu den Fehlleistungen und Geisteskrankheiten (BrOC II, 115) und zum „merveilleux poétique" (BrOC II, 134), für das er sich in den Passagen, die sich gegen religiöse Wunder richten, bemüht ein Schlupfloch zu lassen[29]. Im dritten Teil allerdings nimmt seine vor allem stärker auf den Schlaf gerichtete Argumentation Züge ins Irrationale an, wenn er sich zustimmend auf Heraklits Diktum: „[…] les hommes dans leur sommeil travaillent et collaborent aux événements de l'univers" (BrOC II, 199) bezieht und am Ende poetisch den Zustand des Schlafs beschwört.

Bezüglich Freud nimmt Breton in *Les Vases communicants* eine wesentlich kritischere Haltung ein als im *Manifeste*. Hatte er dort noch unkritisch Freuds Erkenntnisse zur Basis seines Herangehens an den Traum gemacht[30], so hält er es nun für wichtig, Freuds Erkenntnisse selbst zu überprüfen:

> La seule possibilité qui s'offre à nous d'éprouver la valeur des moyens de connaissance mis le plus récemment à notre disposition pour l'étude du rêve consiste à voir par nous-mêmes si la vérité objective de la théorie qu'on nous soumet est susceptible de trouver sa confirmation dans le critérium de la pratique (BrOC II, 116).

---

[28] Pontalis weist darauf hin, daß hier ein ganz entscheidender Unterschied zu Freud besteht: „Ce qu'il [Freud, S. G.] trouve dans le rêve, c'est assurément le pouvoir de la pensée (de la *pensée*, non de l'esprit), mais ce n'est pas l'affranchissement de toute contrainte logique ou morale" (Pontalis, „Les Vases non communicants", 38).

[29] „[…] du point de vue du merveilleux poétique : quelque chose peut-être ; du point de vue du merveilleux religieux : absolument rien" (BrOC II, 134 f.).

[30] „Sur la foi de ces découvertes […] l'explorateur humain poussera plus loin ses investigations" (BrOC I, 316).

Obwohl er explizit äußert, dazu nur die Interpretationsmethode zu benötigen, übernimmt er stillschweigend auch Freuds grundsätzliche Prämissen, der Traum sei ein vollwertiger psychischer Akt und sein Antrieb eine Wunscherfüllung. Die metapsychologischen Implikationen hingegen lehnt er radikal ab und attackiert Freud in auffälliger und teilweise ungerechtfertigter Weise. Dies läßt sich nur erklären, wenn man sich Bretons Anspruch vor Augen führt: er will eine neue, dialektisch-materialistische Traumtheorie begründen. Dazu braucht er einerseits Freud und dessen Methode, auf der anderen Seite muß er sich selbst die Position des großen Erneuerers erschreiben und sich dabei möglichst von Freud absetzen, den er als „esprit philosophiquement assez inculte" (BrOC II, 117) bezeichnet und des Fideismus bezichtigt[31]. Die Tendenz zur Herabsetzung Freuds ist von Beginn an zu verzeichnen, wenn Breton bereits im ersten Satz herausstellt, daß er das Freud nicht zugängliche Werk des Marquis d'Hervey Saint-Denys gelesen habe. Zwar hält er an dem durch das Erscheinen der *Traumdeutung* markierten historischen Datum fest (BrOC II, 107) und übernimmt im übrigen, ohne das im einzelnen auszuweisen, die gesamte Auseinandersetzung mit der Literatur zum Traum von Freud[32], aber er bezweifelt Freuds Originalität. Dazu führt er nicht nur an, daß der Marquis d'Hervey de Saint-Denys einiges schon praktisch vorausgenommen habe[33], sondern wirft Freud auch vor, seine Vorstellungen zur symbolischen Interpretation von Volkelt zu übernehmen, ohne ihn in der Bibliographie aufzuführen (BrOC II, 109)[34]. Jedes Mittel

---

31 Zu den Strategien Bretons zur Disqualifizierung Freuds und seinen Mißverständnissen dabei vgl. auch Hötter, *Surrealismus und Identität*, 128-134.

32 Gerd Hötter nennt das treffend „eine mit materialistischem Jargon vermischte Collage aus dem ersten und letzten Kapitel der *TD*" (*Surrealismus und Identität*, 126). Breton übernimmt beispielsweise die von Freud unterschiedenen drei Hauptrichtungen der vorhandenen Traumtheorien, die er in Anlehnung an Lenin je nach Maß und Art der psychischen Tätigkeit im Traum als materialistisch, positivistisch oder idealistisch etikettiert. Als materialistisch dürfen dabei diejenigen gelten, die annehmen, daß sich die volle psychische Tätigkeit des Wachens im Traum fortsetzt. Allerdings wirft er seinen Vorgängern vor, daß sie inkonsequente Schlußfolgerungen zögen oder sich ihres Materialismus nicht bewußt seien, weshalb es sich auch nur um einen „matérialisme primaire" und noch nicht um einen dialektischen Materialismus handele. Als positivistisch gelten Theorien, die den Traum als partielles Wachen betrachten. Der wahre Angriff gilt jedoch den Idealisten, die „der träumenden Seele die Fähigkeit und Neigung zu besonderen psychischen Leistungen zuschreiben, die sie im Wachen entweder gar nicht oder nur in unvollkommener Weise ausführen kann" (TD 103).

33 „Bien avant qu'eût cours la théorie de moins en moins controversée selon laquelle le rêve serait toujours la réalisation d'un désir, il est remarquable qu'un homme se soit trouvé pour tenter de réaliser pratiquement ses désirs dans le rêve" (BrOC II, 104 f.).

34 Diese Behauptung ist Freud aufgestoßen, und er hat Breton drei Briefe zu diesem Thema geschrieben, die dieser zunächst in *Le Surréalisme au service de la révolution* n° 5

scheint recht zu sein, um den großen Vorgänger ein bißchen kleiner zu machen.

Schließlich vermeint Breton, auch Freud des Idealismus bezichtigen zu können, was aus seiner materialistischen Position heraus als großer Fehler erscheint:

> Freud, pour qui toute la substance du rêve est pourtant prise dans la vie réelle, ne résiste pas à la tentation de déclarer que « la nature intime de l'inconscient [essentielle réalité du psychique (Zusatz von A. B.)] nous est aussi inconnue que la réalité du monde extérieur » (BrOC II, 109).

Breton verzerrt hier durch das Weglassen eines wichtigen Teilsatzes Freuds Argumentation, die sich offensichtlich im Sinne einer Kantischen Unerkennbarkeit des Dings an sich abspielt, eine Position, die Breton als idealistisch verwirft. Freud erklärt in seinem Vergleich unser Bewußtsein für ebenso unfähig, das Unbewußte vollständig zu erkennen, wie wir über unsere Sinnesorgane in der Lage seien, die Außenwelt zu erkennen[35]. Neben der als idealistisch verworfenen Erkenntnistheorie, die dieser Aussage zugrunde liegt, muß Breton die darin zum Ausdruck kommende Unzulänglichkeit des Bewußtseins stören. Er kann sich offensichtlich nicht auf ein Unbewußtes Freudscher Prägung einlassen, weil die Loslösung vom Bewußtsein für ihn eine Gefahr darstellt, die die Möglichkeit zur Spiritualisierung biete. So spricht er dem Traum noch Bewußtsein zu und leitet daraus seine Annahme des kontinuierlichen Träumens ab:

> Je ne vois ni avantage théorique ni avantage pratique à supposer quotidiennement l'interruption et la reprise de courant que nécessiterait, entretemps, l'admission d'un repos complet et de son seuil à franchir, on ne sait comment, dans les deux sens. Un inconvénient grave me paraîtrait en résulter touchant à ce très singulier exil de l'homme, rejeté chaque nuit hors de sa conscience, disloqué en matière de conscience et invité de la sorte à spiritualiser dangereusement cette dernière (BrOC II, 114).

(1933) und dann im Anhang der Auflage von 1955, zusammen mit einer „réplique" veröffentlicht, in der er versucht, Freuds „Fehlleistung" zu interpretieren und so zu dessen Analytiker zu werden (BrOC II, 210-215).

[35] Bei Freud lautet der vollständige Satz: „Das Unbewußte ist das eigentlich reale Psychische, uns nach seiner inneren Natur so unbekannt wie das Reale der Außenwelt und uns durch die Daten des Bewußtseins ebenso unvollständig gegeben wie die Außenwelt durch die Angaben unserer Sinnesorgane" (TD, 580). Hötters Erklärung für dieses Mißverständnis – Breton mißverstehe den Satz als Eingeständnis von Lücken im Deutungstext (Hötter, *Surrealismus und Identität*, 130) – greift zu kurz, weil er Bretons Ablehnung der Kantischen Erkenntisposition nicht einbezieht.

Diese Aussage verdankt sich einer kartesianisch geprägten philosophischen Tradition. Wenn mit Descartes die Existenz des Menschen durch sein Denken bewiesen wird, dann darf dieses nicht einfach aussetzen, wie es bei der Annahme eines traumlosen Schlafs der Fall wäre. Ferner schlägt Breton sich in der Frage des Leib-Seele-Problems ganz klar auf die Seite der Materialisten und hält die Annahme eines traumlosen Schlafs für ein mögliches Einfallstor des Spiritualismus. Diese Stelle sagt möglicherweise mehr über sein Verhältnis zu Freud aus als die vielen expliziten Bezugnahmen. Freuds Vorstellung vom Unbewußten stellt die kartesianische Subjektkonzeption radikal in Frage, ein Schritt, den Breton bei aller Kritik am Rationalismus nicht mitzugehen in der Lage ist. Bretons Modell des Unbewußten, oder besser des Unterbewußten, verbleibt im Rahmen der Vorstellungen von Janet und Bergson, deren Unbewußtes allenfalls Freuds Vorbewußtem entspricht, und beruht auf der Entsprechung von Untergrund und Oberfläche, die durch Deformation und Verwesung geprägt ist: dem „bouillonnement" an der Oberfläche entspricht ein „fond marécageux", aus dem „des bulles troubles, déformantes", „des germes corrupteurs" aufsteigen (BrOC II, 196).

Genauso unverständlich bleibt für Breton Freuds Annahme von einer speziellen psychischen Realität, die er als Indiz für eine spiritualistische Trennung von Leib und Seele liest:

> Plus désolant encore est que Freud, après avoir expérimentalement retrouvé et fait expressément valoir dans le rêve le principe de conciliation des contraires et témoigné que le profond fondement inconscient de la croyance à une vie après la mort ne résultait que de l'importance des imaginations et des pensées inconscientes sur la vie prénatale, plus désolant encore est que le moniste Freud se soit laissé aller finalement à cette déclaration au moins ambiguë, à savoir que la « réalité psychique » est une forme d'existence particulière *qu'il ne faut pas confondre* avec la réalité matérielle (BrOC II, 110 f.).

In der Akzentuierung dieser Passage wird besonders deutlich, daß Breton Freud durch die Brille des dialektischen Materialismus liest. Denn die Versöhnung der Gegensätze, die Breton als dialektische Aufhebung liest, beruht bei Freud lediglich auf der Art der Darstellung des Traums[36], und die Bemerkung zum Glauben an das Leben nach dem Tod erwähnt Freud nur in einer Fußnote (TD 391). Der Gegensatz von psychischer und materieller Realität hingegen ist zentral für sein Modell der Psyche.

---

[36] „Gegensätze werden mit besonderer Vorliebe zu einer Einheit zusammengezogen oder in einem dargestellt" (TD 316).

Diese Dimension erfaßt Breton, der überall nach Merkmalen des dialektischen Materialismus sucht, keineswegs[37].

An die Stelle von Freuds durch die Zensur bestimmtem Modell der Psyche setzt Breton, der die Funktion der Zensur weitgehend unterschlägt[38], eines, das auf dem Prinzip des Austauschs und der gegenseitigen Beeinflussung beruht[39]. Wie im *Manifeste*, wo er den Wachzustand als

---

[37] Nach Cornelius Castoriadis liegt in der Dimension der psychischen Realität ein entscheidender Unterschied zwischen Philosophie und Psychoanalyse: „Und sie [die Psychoanalyse, S. G.] ist auch deshalb nicht Philosophie, weil ihr theoretischer Diskurs seinen Wert und seine allgemeinen und philosophischen Bedeutungen aus der Bearbeitung eines ganz besonderen Gegenstandes gewinnt: der psychischen Realität" (Castoriadis, *Durchs Labyrinth*, 51 f.). Breton hingegen mißt die Aussagen am Diskurs des Materialismus, in dessen Rahmen die Aussage nicht bestehen kann. Man muß ihm jedoch zugute halten, daß aus der Stelle in der *Traumdeutung* ein Verständnis des Begriffs nur schwer möglich ist. In den *Vorlesungen zur Einführung in die Psychoanalyse* gibt Freud eine genauere Definition, in der deutlich wird, daß der Begriff der psychischen Realität sich lediglich auf die Phantasien bezieht, nicht aber auf das innere Leben insgesamt, wie Breton das annimmt (Vgl. Freud, SA Bd. 1, 359). Allerdings belegt Freud die Phantasien hier durchaus mit dem Merkmal des Pathologischen und hält eine Richtigstellung durch die Vernunft für möglich. In diesem Sinn wird man Breton nicht vorwerfen dürfen, er mißverstehe, daß die Unterscheidung bei Freud nur epistemologischen Wert habe (vgl. zu dieser Behauptung Guillaumin, „Rêve, réalité et surréalité", 195 und Hötter, *Surrealismus und Identität*, 131 f.). Vielmehr hat er durchaus einen wunden Punkt in Freuds Theorie ausgemacht, wie auch die Psychoanalytiker Maria Torok und Nicholas Rand in ihrem Aufsatz „Fragen an die Freudsche Psychoanalyse: Traumdeutung, Realität, Fantasie" befinden, in dem sie der Frage nach dem Begriff der psychischen Realität großen Raum widmen (in: *Psyche* 50, 4 (1996), 289-320). Für sie liegt hier einer der Punkte, an denen „die Freudsche Theorie von Widersprüchen und inneren Rissen befallen zu sein" scheint (317). Zumindest Freuds Begriffswahl halten sie für fraglich, denn der Begriff der psychischen Realität suggeriere „die Unabhängigkeit oder vielmehr die Autonomie psychischer Phänomene gegenüber der äußeren, objektiven Realität", und es scheine, als habe der psychische Bereich „seine eigenen Gesetze, die in anderen Bereichen völlig unbekannt sind" (302). Nicht nur Breton, der die Position Freuds als „au moins ambiguë" bezeichnet, sondern auch Torok und Rand bezweifeln also den Sinn der Gegenüberstellung von psychischer und materieller Realität: „Ist es notwendig, seelische Phänomene in einen diametralen Gegensatz zu der sogenannten materiellen Welt zu stellen? Mit dem Terminus *psychische Realität* behauptet Freud zugleich etwas und dessen Gegensatz: ‚psychische Realität' behauptet gleichzeitig Wahrheit und Falschheit; der Ausdruck ‚psychische Realität' verschmilzt Realität und deren Fälschung" (313).

[38] Zu Bretons Verständnis der Zensur vgl. Etienne-Alain Hubert, „Autour d'un carnet d'André Breton (1920-1921) : écriture automatique et psychanalyse", in: Hulak (Hg.), *Folie et psychanalyse*, 137-145. Auch wenn Hubert sich auf Texte der frühen 20er Jahre bezieht, so lassen doch Bretons Ausführungen in *Les Vases communicants* kein besseres Verständnis der Zensur erkennen. Der Begriff selbst fällt nur einmal (BrOC II, 142).

[39] Pontalis hält dieses Modell für sehr weit von Freuds Vorstellungen entfernt: „Cette visée *syncrétique* est, à mon sens, à l'antipode de la visée *analytique* de Freud dont toute la pensée est axée sur l'*inconciliable*, sur l'infinie aptitude au conflit qu'il détecte au sein de

Interferenzphänomen bezeichnet hatte, wählt er auch hier mit dem Ausdruck der „vases communicants" zunächst ein Bild aus der Physik. Im weiteren verwendet er aber auch das organische Prinzip des Blutkreislaufs:

> Il m'a paru et il me paraît encore, c'est même tout ce dont ce livre fait foi, qu'en examinant de près le contenu de l'activité la plus irréfléchie de l'esprit, si l'on passe outre à l'extraordinaire et peu rassurant bouillonnement qui se produit à la surface, il est possible de mettre à jour un *tissu capillaire* dans l'ignorance duquel on s'ingénierait en vain à vouloir se figurer la circulation mentale (BrOC II, 202).

Obwohl es sich beim Kapillargewebe um ein biologisches und nicht um ein textiles Modell handelt, führt Breton hier eine Gewebemetaphorik ein, die durchaus an Freuds „netzartige Verstrickung der Gedankenwelt" (TD 503) anschließt, aber dabei den zentralen Punkt außer acht läßt. Für Breton überwiegt die Vorstellung des Kreislaufs, während Freud damit die grundsätzliche Unabschließbarkeit der Deutung betont:

> In den bestgedeuteten Träumen muß man oft eine Stelle im Dunkel lassen, weil man bei der Deutung merkt, daß dort ein Knäuel von Traumgedanken anhebt, der sich nicht entwirren will, aber auch zum Trauminhalt keine weiteren Beiträge geliefert hat. Dies ist dann der Nabel des Traums, die Stelle, an der er dem Unerkannten aufsitzt. Die Traumgedanken, auf die man bei der Deutung gerät, müssen ja ganz allgemein ohne Abschluß bleiben und nach allen Seiten hin in die netzartige Verstrickung unserer Gedankenwelt auslaufen (TD 503).

Breton, der sich diese Stelle in seinem Notizheft mit einem dicken Kreuz markiert, nimmt die Metapher des Knäuels (bzw. des Knotens in der französischen Übersetzung[40]) im Zusammenhang mit dem Zentrum des Traums wieder auf, das ihn im Kapitel über die Verschiebung beschäftigt. Er notiert sich dazu: „Il semble s'agir d'un accent posé surtout sur les éléments transitoires (les extrémités de la ficelle avec lesquelles est fait le nœud.) ?"[41]. Sein Bestreben ist es nun, diesen Knoten wieder aufzuknoten und von den „éléments transitoires" zum Zentrum vorzusto-

---

la psychè. Quelle pensée est aussi continuement, aussi irréductiblement dualiste ?" (Pontalis, „Les Vases non communicants", 36).

40 „Les rêves les mieux interprétés gardent souvent un point obscur ; on remarque là un nœud de pensées que l'on ne peut défaire, mais qui n'apporterait rien de plus au contenu du rêve. C'est l'« ombilic » du rêve, le point où il se rattache à l'Inconnu. Les pensées du rêve que l'on rencontre pendant l'interprétation n'ont en général pas d'aboutissement, elle [sic!] se ramifient en tous sens" (Freud, *La Science des rêves*, 520).

41 *Cahier de la girafe*, 160. Breton notiert sich dazu dick eingerahmt:: „Le centre du rêve".

ßen[42]. Darauf deutet jedenfalls eine Wendung hin, die gerade den Abschluß der Explorationsarbeit betont: „[...] les carrefours qu'il présente ont été, je crois, explorés en tous sens" (BrOC II, 134).

Aus der massiven Verkennung des Unbewußten erklären sich sowohl die Schwächen von Bretons Traumdeutung[43] als auch einige seiner heftigen Angriffe auf Freud. Inhaltlich konzentriert sich die rhetorisch äußerst scharf ausfallende Kritik im wesentlichen auf die mangelnde Dialektik in der Konzeption des Traums[44]. Vor allem jedoch listet Breton minutiös alle Stellen auf, wo Freud erklärt, Informationen zurückgehalten zu haben, und beschuldigt ihn, aus kleinbürgerlicher Rücksichtnahme heraus seine Deutungen nicht zu Ende geführt, mögliche sexuelle Inhalte verschwiegen und damit sein eigentliches Vorhaben verraten zu haben: „C'est là une désertion" (BrOC II, 118). Das reicht eigentlich schon, um Freud zu diskreditieren und nun selber das Unternehmen einer besseren und vollständigeren Traumanalyse in Angriff zu nehmen, die der „histoire *réelle* de l'individu" (BrOC II, 118) dienen soll. Breton holt sich die Legitimation aber noch bei Freud: „Wer mit dem Tadel für solche Reserve rasch bei der Hand ist, der möge nur selbst versuchen, aufrichtiger zu sein als ich", hatte dieser seine Zurückhaltung kommentiert (TD 139 f.). Diese Aufforderung begreift Breton als Herausforderung, die er gerne annimmt – "défi à relever" notiert er sich dazu[45] –, und seine Traumanalyse leitet er mit dem Satz ein: „Tâchons d'être cet observateur imprudent et sans tache" (BrOC II, 118).

3.2 Bretons Traumanalyse

Bretons Analyse seines Traums vom 26. August 1931 lehnt sich eng an Freuds Analyse des sogenannten Irma-Traums im zweiten Kapitel der *Traumdeutung* an. Breton gibt zunächst den Traum in „notation immédiate" wieder, wobei er als Basistempus das Präsens wählt. Am Anfang

---

42 Für den Einsatz der Gewebemetaphorik ist vielleicht auch eine Bestimmung Hegels nicht ganz ohne Einfluß, der die Empfindung als „die Form des dumpfen Webens des Geistes in seiner bewußt- und verstandlosen Individualität" beschreibt und auf einer Stufe ansiedelt, wo alle Bestimmtheit noch unmittelbar ist und keine Vermittlung stattfindet (Hegel, *Die Philosophie des Geistes*, 97).

43 „Le moins qu'on puisse dire c'est qu'il est passé à côté de son inconscient, pour ne déchiffrer de son matériel que les corrélations manifestes les mieux admises par la censure" (Guillaumin, „Rêve, réalité et surréalité", 203 f.).

44 Breton bemängelt „le manque à peu près complet de conception dialectique" (BrOC II, 111).

45 *Cahier de la girafe*, 156.

allerdings enthält der Text eine ganze Reihe von Erklärungen zu weiter zurückliegenden Ereignissen im „passé composé“, von denen nicht immer ganz klar ist, ob sie sich auf den Traum oder die Realität beziehen. Der Text ist in vier Absätze gegliedert, die mit Ortswechseln zusammenfallen, wobei zwischen dem zweiten und dritten Absatz eine trennende Linie von Punkten eingefügt ist. Die Präsenz des Erzählers ist im Text nur an zwei Einzelstellen in Klammerzusätzen deutlich spürbar, wenn er erläutert, ob Analyse und Präzision bereits Teil des Traumes sind[46]; Kommentare für den Leser bleiben auf die Fußnoten beschränkt. Häufiger vorhandene Modalisierungen lassen gelegentliche Unsicherheiten erkennen, und zwar in höherem Maße als das in den „récits de rêves“ in *La Révolution surréaliste* der Fall war[47]. Die Sätze sind fast immer vollständig – lediglich der erste Satz zu Beginn des zweiten Abschnitts beschränkt sich auf eine Ortsangabe – und vor allem in der ersten Texthälfte reich an hypotaktischen Konstruktionen. Der Text enthält keinerlei Elemente, die den Gesetzen des Wachlebens klar widersprechen, wenn auch an einigen Stellen Zweifel entstehen können[48]. Insofern unterscheidet dieser Traumbericht sich in einigen Punkten von den Traumtexten aus *La Révolution surréaliste* und erscheint weniger stilisiert. Im Anschluß fügt Breton eine „Note explicative“ ein, die nicht ganz dem Vorbericht bei Freud entspricht, und zwar nicht nur deshalb, weil Breton die Reihenfolge von erläuternden Bemerkungen und Traumbericht vertauscht[49]. Während Freud im Vorbericht detaillierte Vorgänge schildert, evoziert Breton recht allgemein die Trennung von seiner Freundin und seine Vorstellung eines „amour unique“ und nennt Schwierigkeiten innerhalb der surrealistischen Gruppe. In der Analyse geht er jedoch sehr ähnlich vor wie Freud, d. h. er gibt zu den einzelnen Elementen des Traums alle ihm einfallenden Verbindungen an. Allerdings bedient er sich dazu auch der Mitarbeit seines Freundes Georges Sadoul, dessen Hilfe er als unverzichtbar hervorhebt (BrOC II, 147). Damit weist er den Elementen einen anderen Stellenwert zu als Freud. Breton geht es um eine möglichst voll-

---

46 „[...] sentiment analysé très vite dans le rêve“ (BrOC II, 119), „ce nombre non précisé dans le rêve“ (BrOC II, 119).

47 „[...] un ami, qui doit être Georges Sadoul“ (BrOC II, 119), „la rue (de Rome ?)“ (BrOC II, 119), „peut-être“ (BrOC II, 119), „un mot tendre tel que *ma chérie*“ (BrOC II, 119), „à qui j'ai dû faire part de ma rencontre“ (BrOC II, 119), „on emmènera B... et, je crois, René Clair (il nomme deux fois B....)“ (BrOC II, 120).

48 Unwahrscheinlich erscheinen vor allem drei Dinge: erstens, daß das Traum-Ich selbst von dem überrascht ist, was es auf das Papier geschrieben hat, zweitens, daß es auf einmal einen Revolver hat, sowie drittens die Gestaltung der Krawatte.

49 Hier zeigt sich eventuell schon ein erster Hinweis auf die spätere programmatische Absage an die Chronologie.

ständige, sozusagen objektiv überprüfbare Zusammenstellung aller Elemente, die in den Traum eingegangen sind, woran er die Vollständigkeit der Deutung mißt: „On m'accordera, j'espère, que l'analyse précédente […] ne laisse de côté aucun des éléments plus ou moins récents qui ont pu contribuer à sa formation" (BrOC II, 134). Für Freud hingegen sind nur diejenigen Elemente von Bedeutung, deren sich der Patient erinnert, denn wenn das Interesse der „netzartigen Verstrickung" der Gedankenwelt gilt, können gerade Erinnerungslücken signifikant sein. Viel Raum nimmt in Bretons Deutung, und hierin liegt eine deutliche Orientierung an Freud vor, die Auflösung der Sammelpersonen ein[50]. Anderen Hinweisen auf Darstellungsmittel des Traums, die sich aus der Freudschen *Traumdeutung* ergeben, wie beispielsweise der Umwandlung von monetären Einheiten in Jahre, von Raum in Zeit, dem Verhältnis von Vortraum und Haupttraum geht Breton sehr genau nach. Außerdem zieht er immer wieder die Freudschen Symboldeutungen heran, die ihm vor allem dazu dienen, Verbindungen zwischen verschiedenen, sonst recht disparaten Elementen herzustellen. Daß dabei oft sexuelle Inhalte aufscheinen, scheint eher ein Nebeneffekt zu sein, der aber seine Aufrichtigkeit dokumentieren und beweisen soll, daß er der Freudschen Herausforderung gewachsen ist: „[…] je ne crois pas avoir cherché le moins du monde à dérober [la pensée du rêve, S. G.] derrière ma vie intime" (BrOC II, 134). Obwohl Breton die Entdeckung der Sexualität durch Freud für die „acquisition la plus importante de la psychanalyse" (BrOC II, 118) hält, unterläßt er eine tiefergehende Deutung auf dieser Ebene. In seinen provokativen Äußerungen an die Adresse der Psychoanalytiker legt er vielmehr Distanz gegenüber deren Deutungen an den Tag[51], und die Kindheitserinnerungen, die dem Traum zugrunde liegen müßten und die

---

50 Diesem Phänomen geht Freud bezüglich des Irma-Traums im Kapitel über die Verdichtung sehr ausführlich nach (TD 294-296).

51 „[…] ce complément d'information [es handelt sich um das Bekenntnis, er vermeide es nach Möglichkeit, sich ohne Erektion nackt von Frauen sehen zu lassen, S. G.] me paraît dû aux psychanalystes que révolterait le terre-à-terre de mon interprétation" (BrOC II, 129). Die Psychoanalyse läßt es sich natürlich nicht nehmen, genau diesen Widerstand zu deuten. Jean Guillaumin etwa nimmt folgende Deutung vor: „En réduisant la sexualité du rêve aux traces du désir génital conscient éprouvé pour des femmes adultes bien repérées et plus ou moins contemporaines, dont il peut parler sans vergogne, et en considérant tout le reste comme sans rapport avec la libido, Breton, qui paraît fuir en avant sur le mode exhibitionniste et provocateur, fuit en fait en arrière. Il se met à l'abri […] de ce qui pouvait l'inquiéter : de la sexualité *infantile*, des pulsions partielles et du désir homosexuel inconscient" („Rêve, réalité et surréalité", 197). Der Hinweis auf die „île de Sein que son nom doit rendre chère aux psychanalystes" (BrOC II, 122) enthält eine weitere solche Komponente, die den Psychoanalytikern erst durch Bretons Erwähnung Stoff zur Interpretation bietet.

auf die Ebene der Sexualität führen würden, läßt er beiseite, weil er ihnen nur nachgeordnetes Interesse beimißt (BrOC II, 134).

Dennoch wäre es verkehrt zu behaupten, Breton begnüge sich „im wesentlichen damit, die Herkunft des Traummaterials aus der Wirklichkeit aufzuzeigen"[52]. Er gelangt durchaus zu einer Deutung des Traums, die sich strukturell gar nicht so sehr von der Freudschen unterscheidet. Freud ist der Ansicht, daß sein Traum ihn von einer möglichen Schuld gegenüber Irma freispricht und Rache an Freund Otto übt. Damit deutet er den Irma-Traum nicht sehr weitgehend und erwähnt ebenfalls keine Kindheitsszene. Er führt ihn vor allem als Beleg für seine These an, daß jeder Traum eine Wunscherfüllung sei. So gesehen kommt Breton zu einem ähnlichen Ergebnis, denn er behauptet, daß der Traum ihn einer tatsächlichen Unruhe entledigen wolle und seinen Groll gegenüber X versteckt zum Ausdruck bringe. Breton geht es wie Freud im Rahmen seiner Argumentation nicht so sehr um die Deutung, sondern vor allem um die Funktion des Traums. Daß der Traum eine Wunscherfüllung ist, hält Breton für erwiesen, darüber hinaus betont er aber den Beitrag des Traums zur Konfliktlösung[53]:

> Tout se passe comme si ce dernier [le rêve principal, S. G.] entendait résoudre de la sorte un problème affectif particulièrement complexe qui, en raison même de son caractère trop émouvant, défie les éléments d'appréciation consciente qui déterminent, pour une part, la conduite de la vie (BrOC II, 127).

Der Traum erweist sich für Breton als Helfer, um Konflikte zu überwinden, als ein Aufruf zum Handeln. Dies sei an einem Beispiel ausgeführt, das zudem Bretons Vorgehen bei der Deutung zeigt. Als Zentrum der latenten Traumgedanken betrachtet Breton nicht die den manifesten Traum dominierenden Krawatten, sondern ein abstrakter formuliertes Problem: „la nécessité de rompre avec un certain nombre de représentations affectives, de caractère paralysant" (BrOC II, 135). Symbolisiert werde diese Notwendigkeit durch die wiederholte Anspielung des Traums auf das Motiv der Brückenüberquerung (BrOC II, 132). Damit folgt Breton Freuds Bemerkungen zur Verschiebung, nach denen das Zentrum der Traumgedanken im Traum gar nicht vertreten zu sein

---

52 Bürger, *Der französische Surrealismus*, 88.

53 Die neueste psychoanalytische Forschung teilt übrigens diese Überzeugung Bretons. Der Traum stelle die dominierenden Gefühle des Träumers in einen Sinnzusammenhang mit anderen Erinnerungen, werde damit zum Korrektiv für Einstellungen und Erfahrungen des Träumers und ähnele einer Selbsttherapie (vgl. etwa Bareuther u. a. (Hgg.), *Traum, Affekt und Selbst*, besonders den Beitrag von Harry Fiss, „Der Traumprozeß. Auswirkung, Bedeutung und das Selbst", 181-212).

braucht: „Der Traum ist gleichsam *anders zentriert*, sein Inhalt um andere Elemente als Mittelpunkt geordnet als die Traumgedanken" (TD 305). Tatsächlich kommt die Brücke selbst im Traum nicht vor, ist aber durch verschiedene, teilweise recht weit entfernt liegende Assoziationen damit verknüpft. Erstens führt Breton das Alter des etwa 12jährigen Kindes auf ein Schild zurück, das er am Vortag gesehen hat und das die Entfernungsangabe von 12 km zu einem Ort namens „Pont-de-Soleils" enthielt[54] (BrOC II, 126 f.). Zweitens führen die Assoziationen zu der Krawatte ihn zu einem Satz aus dem Stummfilm Nosferatu, der mit dem Übergang über die Brücke eine Gefahr verbindet: „Quand il fut de l'autre côté du pont, les fantômes vinrent à sa rencontre" (BrOC II, 130). Weiter bringt Breton, der auch auf die sexuelle Symbolbedeutung der Brücke hinweist[55], die Brückenüberquerung mit der jungen deutschen Frau vom Vortag in Verbindung:

> Elle était partie [...] à la rencontre de son mari et je l'avais perdue de vue au tournant du petit pont de Demandolx, [...] pont sur lequel je ne m'étais pas engagé (BrOC II, 131).

Das „passer le pont" ist für Breton also sowohl gefahrvoll als auch lustbringend. Einerseits warten auf der anderen Seite die Gespenster, andererseits geschieht dort das Zusammentreffen der Eheleute, womit auf eine Verbindung verwiesen wird, die er nicht eingegangen ist.

Die Brücke erfährt noch eine zweite Deutung, die mit der surrealistischen Gruppe in Zusammenhang steht. Für Breton ist die Deutsche nicht nur als Frau interessant, sondern steht auch für ihr Land: „[...] le merveilleux pays, tout de pensée et de lumière, qui a vu naître en un siècle Kant, Hegel, Feuerbach et Marx" (BrOC II, 132). Breton möchte, ganz im Geist der kommunistischen Internationale, alle Mißverständnisse zwischen den beiden Ländern aus dem Weg räumen, die von patriotistischen Bewegungen ausgenutzt werden können. Die im Osten verschwimmende Frankreichkarte, als welche sich Nosferatus Kopf auf der Krawatte präsentiert, deutet Breton daher als

---

54 Dieses Schild verknüpft über das Element „soleils" auch Vor- und Haupttraum, denn als letzte Assoziation zum Vortraum fällt Breton eine Erinnerung von X ein, die ihm erzählt hat, daß sie zu ihrem 20. Geburtstag ein Bidet voller Sonnenblumen „un bidet de « soleils » (tournesols)" bekommen habe(BrOC II, 125).

55 In seinem Notizheft notiert er: „Pont (organe fém[inin])" (*Cahier de la girafe*, 162). Bei Freud heißt es an der betreffenden Stelle nur: „Viele Landschaften der Träume, besonders solche mit Brücken oder mit bewaldeten Bergen, [sind] unschwer als Genitalbeschreibungen zu erkennen" (TD 351) bzw. „[...] on reconnaît sans peine que dans le rêve beaucoup de paysages, ceux en particulier qui présentent des ponts ou des montagnes boisées, sont des descriptions d'organes génitaux" (Freud, *La Science des rêves*, 318).

> [...] nouvelle invitation à *passer le pont*, cette volonté si insistante du rêve continuant [...] à me persuader de la nécessité pour vivre de me libérer des scrupules d'ordre affectif et moral qu'on a pu voir bouillonner en son centre (BrOC II, 132).

Der tatsächliche Übergang zum Lösen der Konflikte ist dann der Übergang zum Schreiben des Buches, der gegen Ende des Traums angedeutet wird. Breton will für einen Vortrag in Deutschland auf Elemente des Buchs zurückgreifen, das er seit langem zu schreiben plant. Eine Fußnote präzisiert, daß es sich tatsächlich um *Les Vases communicants* handelt, und ein Brief von Sadoul attestiert, daß Breton der Aufforderung des Traums nachgekommen ist[56]. Die Lösung deutet sich für Breton bereits im Traum an, das – indirekte, nur über das Motiv des Geldes erkennbare – Wiederauftauchen von X kommentiert er: „[...] le « pont » est passé" (BrOC II, 133). Breton hat sich demnach im Lauf des Traums von X gelöst und den Anfang des Schreibens gefunden. Damit tritt das zu schreibende Buch an die Stelle der geliebten Frau, ein Muster der Ersetzung, das im Text noch häufiger begegnet. Der Traum rückt so in die Position eines Initialtraums, wie ihn Freuds Irma-Traum für die Psychoanalyse darstellt, und wird zum Initialtraum einer dialektisch-materialistischen Traumtheorie. Zugleich aber wird er zum Vorbild für eine bestimmte Art der Textproduktion, wobei der Traumbegriff sehr deutlich durch Freuds Mechanismen der Traumarbeit bestimmt ist.

3.3 Der Faden des „désir": surrealistische Programmatik und Patchwork-Ästhetik

Obwohl Breton darauf besteht, daß Traum und Realität nicht verwechselt werden können, versucht er im zweiten Teil ihre Ähnlichkeit darzulegen. Dazu bezieht er sich auf einen Zeitraum, in dem ihn besondere emotionale Enttäuschungen im Bereich der Liebe und der surrealistischen Gruppe allein auf die subjektive Seite des Daseins zurückgeworfen hätten:

> C'est à dessein que j'ai choisi, pour la retracer, l'époque de ma vie que je puis considérer, par rapport à moi, comme moment particulièrement irrationnel. Il s'agissait, comme on l'a vu, du moment où [...] de sujet et objet que j'avais jusqu'alors été et que je suis redevenu, je ne parvenais plus à me tenir que pour sujet (BrOC II, 180).

---

[56] „Breton prépare son livre en travaillant huit heures par jour" (Brief von Georges Sadoul an André Thirion von Ende August 1931, zitiert nach BrOC II, 1349).

Diese Feststellung lehnt sich an Hegels Bestimmung der fühlenden Seele als bloß mit ihren inneren Bestimmungen verkehrend und noch über kein objektives Bewußtsein verfügend an. Die „Stufe des Träumens und Ahnens der fühlenden Seele" ist für Hegel lediglich eine erste Entwicklungsstufe, auf der die Seele in ihrer individuellen Welt befangen und der Vermittlung mit dem Bewußtsein noch nicht fähig ist. Wenn der zu Bewußtsein und Verstand schon entwickelte Geist wieder darauf hinabsinkt, spricht Hegel sogar von einem „Krankheitszustand", dem das „gesunde, verständige Bewußtsein" entgegengesetzt wird[57]. Obwohl Breton im dritten Teil im Anschluß an Hegel im Gefühl die Ursache allen Übels zu sehen vorgibt: „Le mal sacré, la maladie incurable réside et résidera encore dans le sentiment" (BrOC II, 203), gilt sein Interesse letztlich dem irrationalen und gefühlsgesteuerten Teil des Menschen. Die Sphäre des Gefühls, der er auch den Traum zurechnet, bestimmt für ihn die Individualität[58]. Daher plädiert Breton immer wieder für das Subjektive und erklärt gerade die Aufrechterhaltung des „désir" zur Aufgabe des Surrealismus.

Die Schilderung des „moment particulièrement irrationnel" geschieht zunächst unter offensichtlicher Bezugnahme auf Nervals *Aurélia*. Breton beschreibt als Anlaß für seinen Gemütszustand „la disparition d'une femme que je n'appellerai d'aucun nom, pour ne pas la désobliger, sur sa demande" (BrOC II, 149). Damit unterstreicht er die Vergleichbarkeit der Situation mit der von Nervals Erzähler, dessen Bretons zweiten Teil vorangestellte Aussage über den Verlust der Geliebten dem Leser auf jeden Fall präsent ist: „Une dame que j'avais aimée longtemps et que j'appellerai du nom d'Aurélia, était perdue pour moi" (NOC III, 695). In seinem ironischen Zitat unterstreicht Breton zugleich den dokumentarischen Charakter seiner Erzählung gegenüber den Fiktionalisierungsstrategien bei Nerval[59]. Im Gegensatz zu Nerval, der ein religiöses Deutungs-

---

[57] Hegel, *Die Philosophie des Geistes*, 121-127.

[58] „[…] la sphère du sentiment à laquelle le rêve appartient en propre, ce qui le désigne sélectivement comme terrain d'expérience dès qu'il s'agit, comme il continuera toujours à s'agir, de sonder la nature individuelle entière" (BrOC II, 205).

[59] Auch im weiteren lehnt er sich an den Wortlaut Nervals an, spricht aber auf einer allgemeineren Ebene: „J'étais, dis-je, dans l'état d'un homme qui […] devait se rendre à cette évidence que l'être qui lui avait été longtemps le plus nécessaire s'était retiré, que l'objet même qui, pour lui, avait été *la pierre angulaire du monde matériel* était perdu" (BrOC II, 149). Breton macht damit die geliebte Frau zum Eckstein seiner materiellen Welt. Mit ihrem Verlust gerät auch seine Welt ins Wanken: „[Je sentais, S. G.] à chaque seconde le sol se dérober sous les pieds […]. Sous mes yeux les arbres, les livres, les gens flottaient, un couteau dans le cœur" (BrOC II, 150). Allerdings droht Breton in erster Linie die materielle Welt zu entgleiten, während Nerval durch die Zuflucht zu den „enivrements vulgaires" mit den Werten von Gut und Böse die Grundpfeiler der

schema für den Verlust der geliebten Frau heranzieht und sie im Nachhinein zu einer Laura oder Beatrice idealisiert, sucht Breton die Erklärung im Rahmen des Materialismus. Nach seiner Überzeugung ist seine Liebesbeziehung an den herrschenden ökonomischen Verhältnissen gescheitert, die unvermeidlich jede Beziehung bestimmen[60]. An die Stelle von Sühne und Vergebung tritt daher bei Breton folgerichtig die Forderung nach der Beseitigung des Kapitalismus, die alleine eine andere Form der Liebe möglich machen würde. Zwischen der theoretischen Reflexion und dem tatsächlichen Empfinden zeigt sich jedoch eine Kluft: „De telles idées ne m'étaient, à vrai dire, d'aucun réconfort appréciable" (BrOC II, 150). Breton zeigt vielmehr, daß in dieser Phase das „désir", das er zur einheitlichen Wirkungsweise des Geistes in Traum und Wachleben erklärt, die Leitung übernimmt.

Alle drei Fäden der Bretonschen Argumentation – seine Traumtheorie, seine Überlegungen zur Liebe und seine Bestimmung der Aufgabe des Surrealismus – münden im Leitbegriff des „désir". Neben einem recht unspezifischen Gebrauch des französischen Wortes für „Verlangen" in Formulierungen wie „cette personne éminemment désirable" (BrOC II, 158) oder „un vif désir pour une jeune fille d'origine russe" (BrOC II, 175) verwendet Breton den Begriff einerseits als Übersetzung von Freuds Wunsch, andererseits aber in Anlehnung an Hegels Konzept der Begierde. Bei der Analyse des Traums und des Wachtraums benutzt er den Ausdruck immer wieder, um einfache, bewußte Wünsche zu bezeichnen, so zum Beispiel:

> Il faut voir ici l'expression commune de mon désir, déjà formulé, de ne plus me retrouver en présence de Nadja […] et de celui d'éviter, avec X, toute espèce de nouvelle explication inutile et navrante (BrOC II, 124)[61].

---

geistigen Welt versetzt: „[…] il ne me restait qu'à me jeter dans les enivrements vulgaires ; […], il me semblait que je déplaçais ainsi les conditions du bien et du mal" (NOC III, 696). Breton lehnt das ausdrücklich ab: „Je ne suis, en pareille circonstance, pas très capable de recourir aux enivrements vulgaires" (BrOC II, 150).

60 „Je m'étais pris à songer que l'erreur initiale que j'avais pu commettre, et que je payais à ce moment d'un détachement de moi cruel, résidait dans la sous-estimation du besoin de bien-être matériel qui peut exister naturellement, et presque à son insu, chez une femme oisive qui par elle-même ne dispose pas des moyens de s'assurer ce bien-être, d'un certain progrès en ce sens qu'elle peut tenir à réaliser au cours de sa vie. Il fallait bien reconnaître que de ce côté je n'avais jamais été capable que de la décevoir, de la desservir" (BrOC II, 151).

61 In der Traumanalyse lassen sich folgende weitere Beispiele anführen: „Cet acte manqué était déjà par lui-même révélateur du désir de m'asseoir dehors à la table rectangulaire, en compagnie de la jeune femme" (BrOC II, 124), „Le rêve, encore une fois, réalise […] deux sortes de désirs, le premier étant celui de parler librement à cette femme, le second celui de supprimer toute cause d'incompréhension, patriotiquement

Keiner dieser Wünsche ist unbewußt, wie es nach Freuds Theorie der Fall sein müßte[62]. Wichtiger jedoch ist, daß Breton das „désir" als eine Art Agens betrachtet, das die Art der Wahrnehmung der Realität während der als Wachtraum bezeichneten Phase des zweiten Teils ebenso lenkt wie die Herstellung der Traumwelt: „[...] le désir qui, dans son essence, est le même, s'empare au petit bonheur de ce qui peut être utile à sa satisfaction" (BrOC II, 181). Hier entsteht eine gewisse Zweideutigkeit, die der Tatsache gedankt sein dürfte, daß Breton sich sowohl auf Freud als auch auf Hegel bezieht. Der Begriff der „satisfaction du désir" ist in der von Breton benutzten Hegel-Übersetzung für „Befriedigung der Begierde" zu finden[63], während in seiner Ausgabe der *Traumdeutung* „Wunscherfüllung" mit „réalisation du désir" oder „accomplissement du désir" übersetzt wird[64]. Überall dort, wo Breton den Begriff des „désir" weniger im Rahmen des Traums als vielmehr in Zusammenhang mit seiner Liebeskonzeption benutzt, ist eher eine Nähe zu Hegels Konzept der Begierde zu beobachten[65]. Breton beschäftigt sich vor allem mit der Frage nach der Unmittelbarkeit und der Vermittlung bezüglich des Liebesobjekts[66], die bei Hegel mit der Entwicklung des Selbstbewußtseins vom begehrenden über das anerkennende zum allgemeinen Selbstbe-

---

exploitable, entre la France où je vis et le merveilleux pays, tout de pensée et de lumière, qui a vu naître en un siècle Kant, Hegel, Feuerbach et Marx" (BrOC II, 132), „Il [le thème de la conférence, S. G.] exprime mon désir de ne pas être pris au dépourvu" (BrOC II, 134).

[62] Bei Freud gibt es drei Möglichkeiten für den Ursprung des Wunsches: Es kann erstens ein bei Tage anerkannter, aber unerledigter Wunsch sein, zweitens ein unerledigter und unterdrückter Wunsch oder drittens ein Wunsch aus dem Unbewußten, der ohne Beziehung zum Tagesleben ist. Diese dritte Kategorie von Wünschen kann überhaupt nicht vorbewußt oder bewußt werden. Bewußte Wünsche können nur dann zum Traumerreger werden, wenn es ihnen gelingt, einen gleichlautenden unbewußten Wunsch zu wecken, durch den er sich verstärkt (TD 526-528). Breton hingegen bleibt in seiner ganzen Deutung bei den ersten beiden Kategorien von Wünschen stehen.

[63] Vgl. vor allem §§ 429, 430 in Hegel, *Philosophie de l'esprit*, die §§ 428, 429 in der deutschen Ausgabe entsprechen).

[64] So die Überschriften des dritten Kapitels bzw. von Unterkapitel C im siebten Kapitel der französischen Übersetzung von Freuds *Traumdeutung* (Freud, *La Science des rêves*).

[65] Hier kann noch kein Einfluß von Kojève vorliegen, der seine Vorlesungen, in denen er das „désir" zum Leitpunkt der Interpretation der *Phänomenologie des Geistes* macht, erst im Jahr 1933 begonnen hat. Die *Phänomenologie des Geistes* selbst ist erst 1939 in der Übersetzung von Jean Hyppolite auf Französisch erschienen und war Breton daher nicht zugänglich. Als Textbasis kann lediglich der Abschnitt zur Begierde in der *Philosophie des Geistes* (§§ 426-429) angenommen werden.

[66] Breton spricht davon, daß im Prozeß der gegenseitigen Anerkennung aus einem unmittelbaren Wesen ein reales werden müsse, was ihm nicht gelungen sei: „[...] d'un être immédiat [...] je n'avais pas su faire pleinement pour moi un être réel" (BrOC II, 153).

wußtsein zusammenhängt. Hegel bestimmt die Begierde dabei als Trieb, der ohne Vermittlung durch das Denken „auf ein *äußerliches* Objekt gerichtet ist, in welchem er sich zu befriedigen sucht“[67]. Dieses Gerichtetsein auf ein Objekt, das in Freuds *Traumdeutung* nicht genannt wird[68], liegt auch bei Breton vor, wenn er vom „désir“ spricht: „l'exigence du désir à la recherche de l'*objet* de sa réalisation“ (BrOC II, 177). Auch in der Beschreibung des recht früh wirksam werdenden sexuellen Automatismus findet sich die Suche nach einem Objekt:

> [...] l'automatisme sentimental, sexuel, tentait plus ou moins vainement de faire valoir ses droits. [...] La tentation absurde, mais immédiate, de substituer à l'objet extérieur manquant un autre objet extérieur qui comblât, dans une certaine mesure, le vide qu'avait laissé le premier, cette tentation se faisait place violemment à certaines heures, entraînant de ma part un commencement d'action (BrOC II, 151).

Auf der Suche nach einem solchen Objekt erweist sich nun das Prinzip der Substitution als wesentlich: „[...] le *désir* dans l'essence duquel il est de passer d'un objet à un autre en ne valorisant sans cesse, de ces objets, que le dernier“ (BrOC II, 195). Dieses Prinzip spielt Breton zugleich in seinem Text durch, in dem immer neue Frauen auftauchen, auf die sich die Begierde zu richten scheint[69], ohne daß sie jemals befriedigt werden

---

[67] Hegel, *Die Philosophie des Geistes*, 215. Auf der zweiten Stufe entsteht dann das Verhältnis eines Selbstbewußtseins zu einem anderen Selbstbewußtsein. Zwischen diesen spielt sich der Prozeß des Anerkennens ab, mit dem die Vereinigung von Einzelheit und Allgemeinheit beginnt. Auf der dritten Stufe schließlich bildet sich mit der Aufhebung des Andersseins der sich gegenüberstehenden Selbste das allgemeine Selbstbewußtsein.

[68] Bei Freud ist der Trieb auf ein Objekt gerichtet, nicht jedoch der Wunsch. Der Triebbegriff wird in der *Traumdeutung* allerdings noch nicht verwendet, sondern erst 1905 in den *Drei Abhandlungen zur Sexualtheorie* eingeführt (die aber schon 1923 übersetzt wurden) und später in *Triebe und Triebschicksale* (1915) weiter ausgeführt (vgl. Laplanche, Pontalis, *Das Vokabular der Psychoanalyse*, 526 und 336).

[69] Zu nennen wären nach dem Verlust von X zunächst die noch namenlosen Frauen, die Breton wahllos anspricht, und die, denen er Rosen schenkt (BrOC II, 154), dann die junge deutsche Frau, die er am 5. April im Café trifft, die Tänzerin vom 12. April und die Tänzerin Parisette, die er am Dienstag, den 21. April zum Essen einlädt. Diese Frauen erinnern ihn jeweils an Frauenfiguren aus Kunst und Literatur. Bei der Erklärung des beim Aufwachen erinnerten Satzes werden eine Prostituierte mit violetten Augen, die Breton im Alter von 13 oder 14 Jahren in Begleitung seines Vaters getroffen hat, und eine junge Russin namens Olga erwähnt, für die er ein „vif désir“ hatte (BrOC II, 175). Die Verrückte in seinem Traum erinnert ihn an Nadja, die in dem gleichnamigen Text X Platz gemacht hatte, und auch eine weitere deutsche Frau im Hotel wird im Zusammenhang mit dem Traum erwähnt. Im Traum vom 5. April kommen außerdem zwei kleine Mädchen vor.

könnte, und die ihrerseits wieder durch Bücher substituierbar sind[70]. Die Unmöglichkeit der Befriedigung der Begierde ist bereits bei Hegel angelegt, der in dem Zusammenhang vom „Progreß ins Unendliche" spricht[71]; Breton akzentuiert jedoch wieder die Freudsche Seite des Begriffs, wenn er die Befriedigung nicht in der Erlangung des begehrten Objekts, sondern in der Vielfalt der Ausdrucksmöglichkeiten sieht: „À défaut de ce qu'il trouve, je suppose, au contraire, qu'autre chose lui serait bon, tant il est vrai qu'il dispose de moyens multiples pour s'exprimer" (BrOC II, 181). Diese Ausdrucksweise gehorcht für Breton den allerdings nicht exakt von Freud übernommenen Mechanismen der Traumarbeit, als die er ausdrücklich auch die Substitution anführt:

> Que ce soit dans la réalité ou dans le rêve, il [le désir, S. G.] est contraint, en effet, de la [la matière première, S. G.] faire passer par la même filière : condensation, déplacement, substitution, retouches (BrOC II, 181 f.).

Als nicht weiter erläutertes Leitprinzip für das „désir" werden die Augen der Frauen genannt: „[…] les yeux des femmes étaient […] tout ce sur quoi je pouvais prétendre me guider alors" (BrOC II, 175). Die Konzentration auf die Augen erscheint vor allem als poetisches Verfahren des pars pro toto, das die rasche Substitution einer Frau durch die andere erlaubt. Bretons Theorie des „désir" stellt sich also wie folgt dar: das „désir" wählt nach seinen eigenen Kriterien, die nicht weiter erläutert werden, sondern auf einer frühen Fixierung beruhen[72], die Elemente aus der Wirklichkeit aus, die seiner Befriedigung dienen und stellt daraus einen dem manifesten Traum vergleichbaren Stoff her, der jedoch nicht – das wird noch zu zeigen sein – auf einen latenten Inhalt zurückgeführt werden kann. Die Analogie zwischen Traum und Wachen ist damit eine

---

[70] „[…] les livres – de même, semble-t-il, que les femmes – tendaient à se substituer les uns aux autres et celui qu'à cet endroit l'on m'avait remis empaqueté n'était pas celui que je voulais" (BrOC II, 166).

[71] „Wie der Gegenstand der Begierde und diese selber, so ist aber notwendigerweise auch die *Befriedigung* der Begierde etwas *Einzelnes, Vorübergehendes*, der immer von neuem erwachenden Begierde Weichendes, eine mit der *Allgemeinheit* des Subjekts beständig in Widerspruch bleibende und gleichwohl durch den gefühlten Mangel der unmittelbaren Subjektivität immer wieder angeregte Objektivierung, die *niemals* ihr Ziel absolut erreicht, sondern nur den *Progreß ins Unendliche* herbeiführt" (Hegel, *Die Philosophie des Geistes*, 218).

[72] Als grundlegend für seine Faszination für die Augen, die zum Leitprinzip der Zeit werden, nennt Breton die Begegnung mit einer Prostituierten im Alter von 13 oder 14 Jahren: „Maintes fois, et très récemment encore, je m'étais ouvert à quelque ami de l'extraordinaire nostalgie où me laissaient, depuis l'âge de treize ou quatorze ans, de tels yeux violets qui m'avaient fasciné chez une femme qui devait faire le trottoir à l'angle des rues Réaumur et de Palestro" (BrOC II, 175).

strukturelle, die in der Wahrnehmung des Individuums entsteht, jedoch nie zur Gefahr für die Unterscheidung von Traum und Realität wird.

Man könnte Bretons Ästhetik als eine Patchwork-Ästhetik bezeichnen, in der das „désir" den Faden führt, um die verschiedenen Stücke zusammenzufügen. Dieser Begriff ergibt sich bei einer genaueren Betrachtung der bereits eingangs zitierten Stelle, in der vom Faden des „désir" die Rede ist, das aus dem großen Stoff Stücke ausschneidet, die es dann zusammennäht:

> Le désir est là, taillant en pleine pièce dans l'étoffe pas assez vite changeante, puis laissant entre les morceaux courir son fil sûr et fragile (BrOC II, 177).

Der Traumbegriff, der diesen Vergleichen zugrunde liegt, verdankt sich nicht nur Freud und den Mechanismen der Traumarbeit, sondern auch den älteren Vorstellungen von Maury und Hervey de Saint-Denys, bei denen ebenfalls die Kombination von aus der Realität entlehnten Elementen konstitutiv für den Traumbegriff ist[73]. Bei Hervey de Saint-Denys findet sich sogar die Idee des Patchworks:

> Le tissu du rêve ressemble alors à quelque tenture dans laquelle on aurait fait entrer des morceaux de tapisserie usées ou passées, cousus bord à bord avec d'autres morceaux d'une éclatante fraîcheur[74].

Die Idee des Patchworks verbindet Breton darüber hinaus mit der des Leitfadens, mittels dessen der Surrealismus heterogene Gebiete miteinander verknüpfen wolle:

> Je souhaite qu'il [le surréalisme, S. G.] passe pour n'avoir tenté rien de mieux que de jeter un *fil conducteur* entre les mondes par trop dissociés de la veille et du sommeil, de la réalité extérieure et intérieure, de la raison et de la folie, du calme de la connaissance et de l'amour, de la vie pour la vie et de la révolution, etc. (BrOC II, 164).

Die Idee des Fadens begegnet auch in der Metapher der „filière" (BrOC II, 181), durch die das Rohmaterial des „désir" hindurch muß.

---

73 „Les créations de l'imagination n'étant, à proprement parler, que des combinaisons nouvelles formées par elle avec des matériaux tirés des magasins de la mémoire" (Hervey de Saint-Denys, *Les Rêves et les moyens de les diriger*, 102) und Maury: „Vous ne créez rien, ou presque rien ; vous ne faites guère que reproduire les actes de la vie réelle, d'une manière plus ou moins confuse, suivant que des sensations internes viennent jeter à la traverse d'autres hallucinations" (Amp, 2e s., 5, 419). Zur Bedeutung der Kombinatorik für den Surrealismus vgl. Hans Holländer, „Ars inveniendi et investigandi: zur surrealistischen Methode", in: Bürger (Hg.), *Surrealismus*, 244-312. Der von Holländer hervorgehobene Lullus mit seiner *Ars magna* wird von Breton explizit erwähnt (BrOC II, 165).

74 Hervey de Saint-Denys, *Les Rêves et les moyens de les diriger*, 98.

Die „filière" bezeichnet sowohl die Spinndrüse der Spinne als auch die Schneidkluppe der Metallverarbeitung, und bietet so zwei von Breton genutzte Modelle für die Tätigkeit der Mechanismen der Traumarbeit: im einen steht die Herstellung eines Fadens im Vordergrund, im anderen das Zerschneiden des Materials. Auf der sprachlichen Ebene schließlich wird die Kette der Wörter „filer", „fil", „filière" bis zu „filou" fortgesetzt.

Im dritten Teil schließlich macht Breton das „désir" zum Leitbegriff für das surrealistische Verständnis des Menschen, wobei er es einerseits in biologischen Begriffen als Wunsch nach Arterhaltung erklärt (BrOC II, 189), zum anderen aber, und das ist der wichtigere Aspekt, dem Bereich der Individualität zuschreibt:

> Ce désir que je lui [à l'homme, S. G.] prête, que je lui connais, qui est d'en finir au plus tôt avec un monde où ce qu'il y a de plus valable en lui devient de jour en jour plus incapable de donner sa mesure, […] comment ce désir parviendrait-il à se maintenir opérant, s'il ne mobilisait à chaque seconde tout le passé, tout le présent personnels de l'individu ? (BrOC II, 189)

Stellt die Begierde in der Hegelschen Philosophie eine erste, zu überwindende Stufe dar, so weist Breton gerade der Aufrechterhaltung des „désir" eine zentrale Rolle zu und erklärt sie zur Aufgabe des Surrealismus:

> Bien plutôt importe-t-il, de ce côté de l'Europe, que nous soyons quelques-uns à maintenir ce désir en état de se recréer sans cesse (BrOC II, 189).

Breton übernimmt also Elemente von Hegel, ohne die Struktur zu übernehmen; er bleibt quasi auf der Stufe des begehrenden Selbstbewußtseins stehen und wertet vor allem im dritten Teil den Bereich der Subjektivität entschieden auf[75]. In der Art und Weise, wie er das „désir" beschreibt, macht er zudem Anleihen bei Freuds Mechanismen der Traumarbeit, überarbeitet diese jedoch so, daß er neu den Begriff des „détour" einführt, der immer wieder an zentralen Stellen auftaucht. Dieser „détour", der entsprechend der Freudschen Theorie eine Wirkungsweise der Zensur wäre, wirkt sich auch auf das „désir" aus:

> Comment pourrais-je admettre qu'un tel désir échappe seul au processus de réalisation de tout désir, c'est-à-dire ne s'embarrasse pas des mille élé-

[75] Insofern ist Bürgers einseitige Festlegung des „désir" auf „das Verlangen, ein Gesellschaftssystem abzuschaffen, das der Verwirklichung des Menschen immer größere Hindernisse entgegenstellt" mehr als fragwürdig (Bürger, „Theorie und Praxis", 95).

> ments de vie composite qui sans cesse, comme des pierres un ruisseau, le détournent et le fortifient (BrOC II, 189).

Nach diesem Modell wird das „désir" bei seiner Realisierung durch die Elemente des Lebens verändert und verstärkt. Den Wirkungsweisen des „désir", der Art und Weise, wie es sich der „mille éléments de vie composite" bemächtigt, sowie ganz besonders der Bedeutung des „détour" ist am Beispiel des Wachtraums und den Aussagen zur Kunst nun weiter nachzugehen.

3.4 Die Textstruktur des Wachtraums

Den im zweiten Teil von *Les Vases communicants* geschilderten „moment particulièrement irrationnel" seines Lebens bezeichnet Breton auch als „rêve éveillé, traînant sur plusieurs jours" (BrOC II, 180). Dabei benutzt er den Begriff des Tagtraums anders als Freud, denn sein Tagtraum ist keine Phantasie, sondern besteht aus tatsächlichem Erleben. In der Darstellung läßt sich allerdings ein Aufbau nachweisen, der dem der unbewußt ablaufenden Tagesphantasien bei Freud entspricht:

> Wenn man ihrem Aufbau [dem der Tagesphantasien, S. G.] nachspürt, so wird man inne, wie das Wunschmotiv, das sich in ihrer Produktion betätigt, das Material, aus dem sie gebaut sind, durcheinandergeworfen, umgeordnet und zu einem neuen Ganzen zusammengefügt hat (TD 473).

Diesem Durcheinanderwerfen und Umordnen des Materials gilt Bretons besonderes Interesse. Dabei betrachtet er die Mechanismen der Traumarbeit als Darstellungsprinzipien. So betont er vor allem die Rolle der Verdichtung für den Bericht der Ereignisse im zweiten Teil, in dem die knapp drei Wochen auf wenige Stunden gekürzt werden:

> Tout ce qui s'est déroulé pour moi de ce 5 à 24 avril tient dans le petit nombre de faits que j'ai rapportés et qui, mis bout à bout, les temps d'attente naturellement non comptés, n'occuperaient pas plus de quelques heures (BrOC II, 182).

Diese Verdichtung erfolgt durch die Selektion und die neue Art der Kombination, die Breton zwangsläufig vornehmen muß. Dabei löst er einzelne Ereignisse aus ihrem Zusammenhang und setzt sie neu zusammen. Anstatt eine kontinuierliche Erzählung der Ereignisse zu geben, zerstückelt er das Geschehen in kleine Elemente, die disparat über den Text verstreut und vor allem über den Aspekt der Ähnlichkeit miteinander verknüpft werden. So werden die verschiedenen Frauengestalten fast ausschließlich durch ihre Augen und Beine beschrieben[76]. Das Prinzip der Assoziation bestimmt den Bericht und macht aus den Frauen Gestalten aus Bretons Imagination, die als „trompe-l'œil" defilieren (BrOC II, 161). Da so keine wirklichen Begegnungen möglich werden, verharrt Breton in völliger Selbstbezogenheit, in der die Außenwelt zum „pur décor", also gewissermaßen zum Bühnenbild für das innere Theater gerät (BrOC II, 165):

> J'étais tenté de croire que les choses de la vie, dont je retenais à peu près ce que je voulais, plus exactement dont je ne retenais que ce dont je pouvais avoir le besoin immédiat, ne s'organisaient ainsi que pour moi (BrOC II, 180).

Das Verfahren unterstützt zudem Bretons Absicht, die Verkehrung von Chronologie und Kausalität auch im Wachleben nachzuweisen. Chronologisch geordnet würde sich folgende Reihenfolge der Ereignisse ergeben: Ausgangssituation wäre der Verlust von X, der Breton in tiefe Depressionen stürzt. Durch die Kraft des sexuellen Automatismus beginnt er, sich wieder zunächst noch wahllos getroffenen Frauen zuzuwenden, die so etwas wie eine Sammelperson, die „Frau an sich" bilden: „[...] la personne collective de *la* femme, telle qu'elle se forme, par exemple, au cours d'une promenade solitaire un peu prolongée, dans une grande ville" (BrOC II, 152). Nach dem Traum vom 5. April gilt Bretons Interesse zum ersten Mal wieder einer bestimmten Frau, die er im Café bemerkt und auf die in der Zeit vom 5.-24. April verschiedene andere Frauen folgen. In dieser Zeit fühlt er sich ohne jeden Kontakt zur Außenwelt, und erst mit der Interpretation des Satzes, der ihm am 22. April nach dem Aufwachen im Gedächtnis bleibt, setzt seine „faculté critique" wieder ein. Vollständig zurückgewonnen wird sie erst nach dem Traum vom 26. August, der ihn auffordert, den Verlust zu überwinden und mit

---

[76] Die erste relativ ausführlich geschilderte Frau fasziniert Breton vor allem wegen ihrer Augen und Beine: „La jambe parfaite, très volontairement découverte par le croisement bien au-dessus du genou, se balançait vive, lente, plus vive dans le premier pâle rayon de soleil – le plus beau – qui se montrait de l'année. Ses yeux (je n'ai jamais su dire la couleur des yeux ; ceux-ci pour moi sont restés des yeux clairs), comment me faire comprendre, étaient de ceux *qu'on ne revoit jamais*" (BrOC II, 148). Auch die anderen Frauengestalten des zweiten Teils sind im wesentlichen aus Augen und Beinen zusammengesetzt und zudem Produkte von Bretons Imagination, die der Konfrontation mit der Wirklichkeit nicht standhalten. Statt dessen erinnern sie an andere imaginäre Frauengestalten aus Kunst und Literatur. So ruft die Tänzerin vom 12. April Assoziationen an die „amie éclatante et brune" von Charles Cros und – durch ihre Augen – an die Dalilà von Gustave Moreau hervor. Die Frau, mit der Breton später im Café Batifol zu Mittag ißt, als diese erste Frau nicht zum vereinbarten Rendezvous erscheint, erinnert ihn an die Juliette des Marquis de Sade (BrOC II, 172).

dem Schreiben des Buches zu beginnen. Der Beginn des Schreibens bedeutet dann die Überwindung des Verlustes von X. Würde Breton die Ereignisse so schildern, könnte man den Text als autobiographischen Bericht über den genannten Zeitraum lesen. Diese Entwicklung steht jedoch gar nicht im Zentrum seines Interesses, und er macht es dem Leser schwer, sie wieder aufzuspüren. Schuld daran ist erstens eine Verkehrung der Chronologie, zweitens die Ersetzung der Kausalität durch das Prinzip des „hasard objectif" und drittens das Aufbrechen einer handlungsorientierten Textstruktur.

Die Verkehrung der Chronologie, der im ersten Teil eine programmatische Absage erteilt wird[77], erfolgt durch mehrere Kunstgriffe. Zum einen geht der Traum vom 26. August, dessen Erzählung und Analyse in eine wissenschaftliche Argumentation über den Traum eingebunden werden, dem Bericht der April-Ereignisse voraus. Was zwischen dem 24. April und dem 26. August geschieht, erfährt der Leser nur anhand einzelner Bruchstücke, die für den Traum vom 26. August relevant sind. Diese werden im Text aus der Chronologie der Ereignisse gelöst, weil sie im Rahmen der Analyse erläutert werden, d. h. sie gehen in der Reihenfolge in den Text ein, in dem sich die Assoziationen dazu einstellen. Der Traum vom 5. April, der am Ende des ersten Teils berichtet wird, scheint zunächst nur wegen seines Inhalts und dessen Bedeutung für die theoretische Diskussion gewählt, und erst im zweiten Teil merkt der Leser, daß er auch in der Chronologie der Ereignisse eine Bedeutung hat, denn der zweite Teil des Textes setzt an dem Morgen ein, an dem Breton diesen Traum zusammen mit Eluard in einem Café interpretiert. Inhaltliche Zusammenhänge bleiben jedoch ausgespart und erschließen sich nur implizit. Mit den Informationen aus dem zweiten Teil ist es unschwer möglich, den Traum vom 5. April, in dem Breton von zwei kleinen Mädchen träumt, die nackt auf ihm spielen und auf ihn urinieren, als eine Manifestation des sexuellen Automatismus zu interpretieren[78]. Die Erei-

---

[77] Breton beruft sich dabei auf Lenin, den er wie folgt zitiert: „« La chronologie est-elle obligatoire ? Non ! » (Lénine)" (BrOC II, 137).

[78] Zwar enthält der Traumbericht die Worte „Sexuellement portant, je ne prends aucun intérêt à ce qui se passe" (BrOC II, 144), aber die „impression merveilleuse (la plus forte que j'aie atteinte en rêve)" ist unschwer als Orgasmus zu deuten, und das „Nein" des Traums kann, wie jedes Element im Traum, laut Freud auch als Affirmation gedeutet werden (vgl. dazu auch Bellemin-Noël, „Des Vases trop communiquant", 169-175). Bretons Bemerkung, er habe nie mit einer Prostituierten geschlafen und auch kein Bedürfnis nach sexuellen Beziehungen außerhalb einer Liebesbeziehung tendiert ebenfalls zur Reduktion der Bedeutung der Sexualität (vgl. BrOC II, 150). Die äußerst sinnliche Beschreibung der jungen deutschen Frau und ihres Beines findet genau am Tag nach diesem Traum statt.

gnisse des zweiten Teils, die sich vom 5. bis zum 24. April erstrecken, werden zwar in sich weitgehend chronologisch, aber doch mit manchen Rückblenden und allerlei Erläuterungen und allgemeinen Betrachtungen versehen erzählt. Damit zerstört Breton die Kontinuität der Erzählung, nähert aber die Wahrnehmung des Lesers seiner eigenen an, die, wie er sagt, auch fragmentarisch und zerrissen war. In dem fraglichen Zeitraum wird vor allem von den Sonntagen berichtet (der 5., der 12., der 19. April und ein nicht näher festgelegter Sonntag vorher), während die Zeit dazwischen weitgehend ohne Erwähnung bleibt. Bedeutend wird die Woche vom 20.-24. April, wobei hier die Datierung extrem heikel ist. Breton bezeichnet sowohl den 20. als auch den 21. und 22. April als Dienstag, womit der Dienstag besonderes Gewicht erhält und der Eindruck eines Stillstehens der Zeit erweckt wird[79]. Die Ereignisse, die sich in diesen Tagen und vor allem am Dienstag abspielen, erwecken durch merkwürdige Zufälle und Koinzidenzen einen Eindruck von Kausalität, der nur unter Rückgriff auf die in Anlehnung an Engels gebrauchte Formel des „hasard objectif" erklärbar ist (BrOC II, 168). Breton gibt allerdings zu, daß manche Übereinstimmungen, wie beispielsweise das Eintreffen der Post seines Freundes Samson an dem Tag, an dem er eine Verabredung mit der Frau mit den Dalila-Augen hat, als „délire d'interprétation" erscheinen mögen[80]. Zudem sei nicht nur die Kausalität für ihn am Morgen dieses Dienstags „chose retorse et particulièrement suspecte" gewesen, sondern auch seine Zeitwahrnehmung sei ihm durcheinander geraten, denn er habe den Eindruck gehabt, daß die ihn transportierenden Fahrzeuge entweder zu langsam oder zu schnell fuhren (BrOC II, 169).

Breton durchsetzt seinen Bericht so mit Interpretation und theoretischen Überlegungen, daß es ungemein schwierig ist, ihm zu folgen. Der Text kann als ein Patchwork aus verschiedenen disparaten Stücken betrachtet werden, deren Zusammenhang eine gewisse Willkür aufweist und der nur durch den „fil sûr et fragile" des „désir" entsteht. In einem Selbstkommentar thematisiert der Autor selbst die Sprunghaftigkeit des Erzählens und weist auf die Nähe zum Traum explizit hin:

> Que voilà donc un récit qui tourne court ! Un personnage n'est pas plus tôt donné qu'on l'abandonne pour un autre, – et, qui sait même, pour un autre ? À quoi bon, dès lors, ces frais d'exposition ? Mais l'auteur, qui pa-

---

[79] Bellemin-Noël sieht darin einen ungewollten, aber bedeutungsvollen Lapsus („Des Vases trop communiquant", 143). Ich halte es aber auch für möglich, daß Breton bewußt so vorgeht, um den Eindruck einer anderen Zeit zu verstärken.

[80] Dem Leser stellt sich nun die Frage, ob die Erinnerung an das Gemälde der Dalilà sich nicht erst nach dem Eintreffen des Briefes von Samson eingestellt hat.

> raissait avoir entrepris de nous livrer quelque chose de sa vie, parle dans un rêve ! – *Comme dans un rêve* (BrOC II, 155).

Traumtypisch hieran sind laut Breton die Sprunghaftigkeit der Erzählung mit ihren Substitutionen und das Mißverhältnis von Exposition und Handlung, das tatsächlich beträchtlich ist. Nach einer kurzen Schilderung der jungen Frau im Café legt Breton umständlich und mit Bezug auf Nerval seine Verfassung zu der Zeit dar, knüpft daran grundlegende Überlegungen zur Liebe im Anschluß an Marx und Engels an, entwickelt eine Theorie des „automatisme sexuel et sentimental" und liefert eine Abhandlung über den menschlichen Geist in Anlehnung an Hegel. Ferner geht eine Rückblende auf Aktivitäten vor dem 5. April der Fortsetzung der Schilderung voraus. Bei der nächsten Begegnung kommt es jedoch zu keinem Kontakt mit der Frau, da es Breton nicht gelingt, ihr die an sie gerichtete Karte zukommen zu lassen oder etwas über sie zu erfahren. So bleibt er auf seine eigenen Vorstellungen verwiesen und verharrt im Bereich der Selbstbezogenheit. Es findet kein Ereignis statt, das nach der Exposition zu erwarten gewesen wäre. Der Text verweigert sich dem üblichen narrativen Schema und folgt statt dessen dem Prinzip der Assoziation.

Als Charakteristika des Textes, die die Nähe zum Traum beweisen sollen, lassen sich also erstens die Selbstbezogenheit und die Theatralität, zweitens die Verkehrung der Chronologie und die Fragmentarität, drittens die eigenartigen Kausalbeziehungen, die einen Eindruck von Bizarrheit und mangelnder logischer Konsistenz hinterlassen, sowie schließlich die Sprunghaftigkeit in der Darstellung, die Widerständigkeit gegenüber dem narrativen Schema und die Assoziativität nennen. Sie alle tragen dazu bei, den Text als Patchwork heterogener Elemente erscheinen zu lassen.

3.5 „Interprétation" und „détour"

Aus der Ähnlichkeit seines Zustands mit dem Traum ergibt sich für Breton die Möglichkeit, diesen nach den Regeln der Freudschen *Traumdeutung* zu deuten. Allerdings weist seine Fußnote zu Beginn des zweiten Teils einige Differenzen zu Freuds Methode der freien Assoziationen auf:

> Ce secours d'un témoin de notre vie de la veille est des plus précieux […] en ce que la mémoire de ce témoin est de nature à restituer la part des éléments réels la plus riche de signification, puisque c'est celle même qui tendait à être détournée (BrOC II, 147).

Für Breton geht es in der Interpretation darum, wieder – möglichst vollständig – zu den Elementen zurückzufinden, die einen „détour“ erlitten haben, es gilt herauszufinden, wie sie verformt worden sind. Als ein Beispiel sei hier seine Verwechslung des ‚Hôpital Lariboisière‘ mit der ‚Maternité‘ betrachtet, die er als eine traumähnliche Fehlleistung interpretiert, die wie der Traum auf Wunscherfüllung hinarbeite. Dabei legt er einen Begriff des „désir“ zugrunde, der nicht auf der individuellen Vergangenheit des Subjekts beruht, sondern einer biologisch vorbestimmten „nécessité subjective“ des Menschen entspricht, die er im dritten Teil als „nécessité de sa conservation et de celle de son espèce“ (BrOC II, 189) bezeichnet:

> Cette confusion, très semblable à celles qui peuvent se produire en rêve, témoigne, selon moi, de la reconnaissance de la merveilleuse *mère* qui était en puissance chez cette jeune femme. Ainsi se réalisait, comme on voit, mon plus impérieux désir d'alors, celui sinon de ne pas mourir, du moins de me survivre en ce qu'avant de mourir j'avais pu considérer comme admirable et comme viable (BrOC II, 158).

Diese Abhängigkeit des Menschen von seiner subjektiven Notwendigkeit, um zum gesellschaftsfähigen Wesen zu werden, bezeichnet Breton als „la réalité du détour infligé à l'homme par sa propre nature“ (BrOC II, 189). Die „réalité du détour“ wird auch zum bestimmenden Element in seiner Auffassung der Traumarbeit. Allerdings zeigen sich dabei Unterschiede in der Beschreibung des „détour“. Scheint für Breton einerseits ein „détour“ vorzuliegen, wenn das Persönliche sich im Allgemeinen ausdrückt, so kommt dieser andererseits auch durch die Mechanismen der Traumarbeit zustande. Es wird zu zeigen sein, daß diesen Unterschieden auch Unterschiede im Begriff der Interpretation entsprechen. „Détour“ und „interprétation“ können also als komplementäre Prozesse betrachtet werden.

Für seinen Traum ist es Breton weitgehend gelungen, die Elemente, die zu seiner Entstehung beigetragen haben, ausfindig zu machen. Wie steht es nun um den Tagtraum? Der Versuch, diesen gemäß den Regeln der Freudschen *Traumdeutung* zu deuten, besteht in erster Linie in der Anwendung des Freudschen Vokabulars. Breton spricht so beispielsweise vom manifesten Inhalt:

> De ce rêve éveillé, traînant sur plusieurs jours, le contenu manifeste était, à première vue, à peine plus explicite que celui d'un rêve endormi (BrOC II, 180).

Die Zuordnung von manifestem Inhalt und latenten Traumgedanken ist dabei jedoch höchst problematisch. Um den manifesten Inhalt greifbar zu machen, braucht Breton so etwas wie einen Text. Daher meint er, dieser wäre in seinem Tagebuch enthalten gewesen, wenn er denn damals eines geführt hätte[81]. Dieser nichtexistente Tagebuchtext entspräche demnach dem Traumnotat, das die Basis für eine Deutung darstellt. Vorhanden ist jedoch nur der Bretonsche Bericht, der bereits durch das Gedächtnis, das Breton als ebenfalls den Gesetzen des „désir" unterworfen begreift, entstellt ist:

> La mémoire ne me restitue de ces quelques jours que ce qui peut servir à la formulation du désir qui primait à ce moment pour moi tous les autres (BrOC II, 182).

Gerade dieser zeitliche Abstand führe dazu, daß der Text, den wir lesen, nicht mehr mit dem Tagtraum identisch sei, sondern schon Interpretation enthalte. Das Gedächtnis bzw. das Vergessen setzen also nicht wie bei Freud den Einfluß der Zensur fort, sondern machen sie teilweise schon wieder rückgängig:

> Le fait que le récit qu'on vient de lire soit celui d'événements déjà lointains, de sorte que s'y mêle fatalement une part d'interprétation tendant à le regrouper autour de son véritable noyau, rend peut-être moins aisé à saisir le travail de déplacement (BrOC II, 182).

Dieses Rückgängigmachen der Traumarbeit schreibt Breton den „retouches" zu, die er in Parallele zur „sekundären Bearbeitung" setzt. Diese ist bei Freud ein Mechanismus der Traumarbeit, der ähnlich wie unser waches (vorbewußtes) Denken darauf zielt, Ordnung zu schaffen und intelligible Zusammenhänge herzustellen (TD 480): „[…] dies unser viertes Moment sucht aus dem ihm dargebotenen Material *etwas wie einen Tagtraum* zu gestalten" (TD 474). Breton schreibt dieser sekundären Bearbeitung eine entscheidende Rolle am Zustandekommen des Berichts zu: „C'est à lui que le récit précédent est évidemment redevable de tous ses éléments critiques" (BrOC II, 183). Allerdings gehen die „éléments critiques" dabei weit über die Herstellung intelligibler Zusammenhänge hinaus, sondern entwerfen eine ganze Theorie der Liebe und der Subjektentwicklung. Vor allem stehen sie im Gegensatz zu den anderen drei Mechanismen, die Breton in Anlehnung an Freud beschreibt und die durch die „retouches" teilweise rückgängig gemacht werden.

Nur aus der Wirkungsweise der Verschiebung ergibt sich ein Hinweis auf das, was Breton als latente Traumgedanken verstehen würde. Als

[81] „Celui-ci [le travail de déplacement, S. G.] n'en a pas moins contribué à l'élaboration de ce qui, si j'avais à l'époque tenu un journal de ma vie, se fût imposé comme contenu manifeste à l'attention" (BrOC II, 182).

Verschiebung setzt er an, daß zu der Zeit sein Leben auf die antireligiöse Aktivität der surrealistischen Gruppe fokussiert war[82], obwohl ihn im Inneren anderes beschäftigte, was dann als latenter Inhalt zu bezeichnen wäre. Implizit erschließt sich so, daß das der Verlust von X und seine Liebeskonzeption sein müssen. Wenn er den Mechanismus der Verdichtung („condensation") im Hinblick auf seine Haltung gegenüber Frauen als die Herstellung einer Sammelperson beschreibt, so ist diese Sammelperson allerdings mehr Bretons Interpretation, seiner Annahme eines „détour par l'essence" zu verdanken als dem Wirken des „désir"[83]. Damit dient die Interpretation in diesem Fall nicht der Aufdeckung eines latenten Gedankens, sondern erst der Herstellung dessen, was Breton dann als manifesten Inhalt bezeichnet und deuten will. Der vierte Mechanismus der Traumarbeit ist bei Freud die Rücksicht auf Darstellbarkeit. Diese ersetzt Breton durch die Substitutionen, für die er viele Beispiele anführt:

> Les substitutions d'êtres ou d'objets les uns aux autres ont [...] été, je crois, des plus sensibles. Le passage flagrant des yeux du 5 avril aux yeux du 12, aux yeux d'une figure d'aquarelle et aux yeux violets, la confusion de J.-P. Samson et H. Jeanson, le rapprochement d'ailleurs peu raisonnable et précipité de l'incident du boulevard Malesherbes et de l'arrestation de cinq aimables filous, permettent même de leur assigner au cours de cette quinzaine un rôle des plus actifs (BrOC II, 182).

Diese Substitutionen sind so offensichtlich, wie er behauptet, allerdings handelt es sich bei seinen Beispielen nicht um die Ersetzung von Latentem durch Manifestes, sondern um Substitutionen auf der Ebene des manifesten Inhalts. Insofern ist zu fragen, ob das Prinzip der Substitution nicht vor allem den Text kennzeichnet, in den Breton zudem zahlreiche Verweise und Anspielungen auf Kunstwerke und Mythen einflicht, die weniger zur Deutung beitragen, als vielmehr wieder neue Verbindungen eröffnen, denen nachzugehen mehr Raum benötigen würde als hier ist. Ich belasse es daher bei dem Hinweis auf diese Verfahren, mit denen der Text in seiner „netzartigen Verstrickung" (TD 503) selbst zum Traumtext wird und eine entsprechende Deutung erfordern würde[84].

---

82 „Très probablement, c'est autour de l'activité antireligieuse que tout, alors, eût paru se centrer" (BrOC II, 182).

83 Der „détour par l'essence" besteht nach Breton darin, daß der Verlust eines geliebten Wesens zunächst nur dadurch überwunden werden könne, daß eine Hinwendung zum Allgemeinen erfolge (BrOC II, 153).

84 Bellemin-Noël versucht sich an einer solchen Deutung, in der beispielsweise der Mythos von Samson und Dalilà in Zusammenhang mit dem Friseurbesuch gebracht wird und für die Kastrationsangst steht (vgl. „Des Vases trop communiquant", 154-157). Ihm sind auch die Hinweise auf die verschiedenen Filme von Louis Feuillade

Wenn Breton also die Mechanismen der Traumarbeit bzw. die vier von ihm angenommenen Mechanismen „déplacement", „condensation", „substitutions" und „retouches" an seinem Material nachweist, so unternimmt er gar nicht erst den Versuch einer Hermeneutik, sondern will zeigen, daß sein Text bzw. die Ereignisse, wie sie sich in seiner Erinnerung darbieten, einer Traumgrammatik gehorchen. Er entlehnt zwar den Begriff der „interprétation" bei Freud, doch ist Deutung für ihn trotz seiner gegenteiligen Behauptung nicht die sukzessive Aufdeckung eines vorgängigen latenten Inhalts, sondern vielmehr die Fortschrift des Traums[85]. Freuds Übersetzungsmodell funktioniert bei ihm nicht, weil er eine gegenseitige Beeinflussung von Wachleben und Traum annimmt, bei der sich alles auf der Ebene des Bewußten abspielt. Eine Zuordnung, was manifest und was latent sein soll, läßt sich daher nicht vornehmen, und sein Versuch, in seinem Tagtraum manifesten und latenten Trauminhalt zu unterscheiden, erweist sich als höchst fragwürdig. Statt mit den Gegensätze von „latent" und „manifest" arbeitet Breton vielmehr mit den bei Hegel entlehnten von „objektiv" und „subjektiv", wenn er die besondere subjektive Bedeutung der antireligiösen Aktivität hervorhebt: „L'activité antireligieuse prenait, de la sorte, pour moi, en dehors de la valeur objective qu'avec mes amis je lui accordais, un sens subjectif très particulier" (BrOC II, 182).

Eine an Freud orientierte Deutung nimmt Breton nur für einen kleinen Teil des Textes vor, nämlich für einen Satz, der ihm morgens beim Erwachen im Gedächtnis bleibt: „Dans les régions de l'extrême Extrême-Nord, *sous* les lampes qui filent...... erre, en t'attendant, Olga" (BrOC II, 174). Im Gegensatz zum *Manifeste*, wo er in einer ähnlichen Situation das Wort „Béthune" als Aufruf verstanden hatte, dorthin zu fahren (was er allerdings nicht tat), mißtraut er hier der Nachricht, die ihn scheinbar in den hohen Norden locken will, und „interpretiert" sie, indem er die Herkunft fast aller Elemente nachweist. Wieder bringt seine „Interpretation" keinen latenten Inhalt zum Vorschein, sondern erläutert nur das Material, aus dem der Satz entstanden ist, ohne die Erklärungen allerdings wirklich zu Ende zu führen. Bezeichnenderweise läßt er gerade den Ausdruck „*sous* les lampes filent", der im Traumsatz besonders hervorgehoben ist und über das Verb „filer" an die Gewebemetaphorik

---

aufgefallen, die teils erwähnt werden (*Parisette* und sein Schauspieler Bout-de-zan), teils implizit in den Motiven des Vampirs und des „objet-fantôme" wiederkehren (*Les Vampires* und *Fantômas*). Zudem gelingt es Bellemin-Noël, die Hauptthemen der Psychoanalyse (Narzißmus, Sadismus, Perversionen, Ödipuskomplex, Kastrationsangst) auszumachen, ohne allerdings eine Interpretation dazu liefern zu können.

85 Auf diese Differenz hat vor allem Hötter hingewiesen (*Surrealismus und Identität*, 145 f.).

anschließt, offen bzw. reduziert ihn auf eine bloße Reminiszenz an den am Vortag gesehenen und seinerseits sehr assoziationsreichen Seidenraupenstrauß (BrOC II, 176). Dennoch ermöglicht ihm dieser Versuch der Interpretation die Erlösung vom „délire d'interprétation", das in der willkürlichen Herstellung von Kausalbeziehungen zwischen völlig auseinander liegenden Ereignissen besteht.

Ein weiterer Versuch von Deutungen im Anschluß an Freud bezieht sich auf die Kunst. Schon im ersten Teil von *Les Vases communicants* deutet Breton an, daß die Freudsche Interpretationsmethode weitergehende Anwendungen erlaube als nur die auf den Traum, und erklärt mit Bezug auf die Werke von Dalì, Picasso, de Chirico, Duchamp, Ernst und Giacometti: „Rien, en ces figures, qui puisse finalement se soustraire à une interprétation analogue à celle que j'ai fait porter sur cet objet de rêve : la cravate « Nosferatu »„ (BrOC II, 139). Genauso wie Kunstobjekte hält Breton es auch für möglich, surrealistische Gedichte oder Texte analog zum Traum zu interpretieren. Leider unterläßt er – angeblich aus Platzgründen – dieses Unterfangen, von dem er glaubt, daß das Ergebnis absolut überzeugend wäre. Er interpretiert lediglich seine auch als „objet poétique" bezeichnete Zeichnung einer „enveloppe-silence" im Rahmen eines „cadavre exquis"-Spiels[86]. Gemäß den Freudschen Vorgaben macht er einen latenten und einen manifesten Inhalt aus, wobei letzterer durch die Mechanismen der Verdichtung und der Verschiebung aus ersterem entstehe. Die Einfälle, die ihm kommen, scheinen allerdings weniger von individuellen Erinnerungen als von seiner Lektüre der Traumdeutung beeinflußt zu sein, denn als Assoziationen zu der „enveloppe-silence" liefert er ausschließlich Anspielungen auf von Freud berichtete Träume[87]. Dies zeigt einmal mehr, daß Bretons Begriff der Interpretation nicht auf

86 Vgl. die Beschreibung BrOC II, 139 f. und die Zeichnung in *Le Surréalisme au service de la révolution* n° 3 (1931), 21, die dort einen Textauszug aus *Les Vases communicants* illustriert (Breton, „L'objet fantôme", ebd. 20-22). Ein „cadavre exquis" mit dieser „enveloppe-silence" , allerdings in etwas anderer Form, figuriert in *La Révolution surréaliste* n° 9-10 (1927), 44.

87 Es handelt sich um einen als Wassertraum bezeichneten Traum einer Patientin (TD 391), Träume von nächtlichen Räubern oder Gespenstern, hinter denen Freud die Eltern zu erkennen meint, die das Kind nachts auf den Topf setzen oder seine Hände kontrollieren (TD 394), und um einen Traum von Freud, der von einem Abort im Freien handelt (TD 452 f.). Ähnlich wie bei seinem Traum läßt Breton auch hier die Ebene der Sexualität aus dem Spiel. Bellemin-Noël hat jedoch gezeigt, daß sich auch die „enveloppe-silence" noch wesentlich weiter und unter Einbeziehung der Sexualität deuten läßt („Des Vases trop communiquant", 175-181).

einer Deutung im Freudschen Sinne beruht, auch wenn er sich zunächst von Freud ableitet[88].

Theoretisch begründet Breton die Anwendung der Freudschen Deutungstechnik auf die Kunst folgendermaßen: Kunst sei ein Ausdrucksmittel menschlicher Grundbefindlichkeiten, das sich einer „forme détournée“ bediene:

> [...] des préoccupations rigoureusement personnelles à l'auteur, mais liées dans leur essence à celles de tous les hommes, trouvent ici moyen de s'exprimer sous une forme détournée (BrOC II, 139).

„Détour“ und „interprétation“ aufzuzeigen ist daher eines von Bretons Anliegen, wobei er sich explizit in erster Linie der Sexualsymbolik Freuds bedient. Bei näherem Hinsehen zeigt sich jedoch, daß sich dahinter die Bildtheorie aus dem *Manifeste du surréalisme* verbirgt. So ergibt sich aufgrund von Freuds Schlüssel sexueller Symbole für Lautréamonts berühmten Satz von der Nähmaschine und dem Regenschirm folgende Festlegung:

> [...] le parapluie ne peut ici représenter que l'homme, la machine à coudre que la femme [...] et la table de dissection que le lit, commune mesure lui-même de la vie et de la mort (BrOC II, 140).

Breton betont, daß der Reiz der Kunst gerade darin bestehe, diese sexuelle Komponente nur auf der latenten Ebene zum Ausdruck zu bringen. Daher hat er auch Vorbehalte gegenüber Dalìs Fabrikation surrealistischer Objekte mit erotischer Bedeutung, die sexuelle Inhalte direkt darstellten und so den latenten Inhalt auf der Ebene des Manifesten zum Ausdruck brächten (BrOC II, 142). Betrachtet man Bretons Interpretation näher, so stellt sich jedoch heraus, daß der Reiz für ihn nur bedingt in Zusammenhang mit dem Spiel von „détour“ und Interpretation steht. Die eindeutige Festlegung, die Breton in seiner Interpretation von Lau-

---

88 Daher greift auch Gerd Hötter zu kurz, wenn er nur ein Signifikantenspiel darin sieht: „Bei Breton ist die Deutung nicht *Aufdeckung* eines ursprünglichen latenten Gedankens, sondern Fortschrift des kryptogrammatischen Traumtextes, *Produktion* eines latenten Gedankens, genauer: da diese Produktion nicht intentional ist: Produktion der Produktion. Ausgehend von den Traumsignifikanten und gestützt auf die Kenntnis der Traumgrammatik, entfaltet Breton in der Deutung ein Signifikanten*spiel*“ (*Surrealismus und Identität*, 152). Hötter konzentriert sich auf die Überführung des Begehrens in Schrift und damit in den Bereich der Verfügbarkeit, die aber durch Phantomatisierung erkauft wird (vgl. v. a. das Kapitel „« La nappe blanche » – über eine Szene der Schrift (ein Traum-Traum)“, 155-162). Nach Hötters Modell würde eine Bewältigung nur auf der Schriftebene stattfinden. Ihm entgeht jedoch der Hegelsche Anteil, der zum Verständnis des Menschen beitragen soll, weil er nur die Unvereinbarkeit von Hegelscher Dialektik und Bretons „désir“ sieht.

tréamonts Bild vornimmt und die der Vieldeutigkeit der Elemente nicht Rechnung trägt[89], mag zunächst erstaunen, erhellt sich jedoch dadurch, daß Breton auf die im *Manifeste* schon vertretene Theorie der poetischen Bilder zurückkommt, derzufolge die Entfernung zwischen den Ebenen die Stärke des Bilds ausmacht: „[...] la plus forte [image] est celle qui présente le degré d'arbitraire le plus élevé"(BrOC I, 338). Diesen Kontrast erklärt er zum Auslöser für das Funktionieren des Bildes bei Lautréamont:

> Le contraste entre l'acte sexuel immédiat et le tableau d'une extrême dispersion qui en est fait par Lautréamont provoque *seul* ici le saisissement (BrOC II, 140, Hervorhebung von mir, S.G.).

Freuds Vorstellung einer individuellen Symbolik jedes Träumers[90] kommt Bretons Bildtheorie sehr entgegen. Daher wird es ihm möglich, die Wirkungsweise des „désir", das sich schließlich jedes Gegenstandes bedienen könne, um sich auszudrücken, im Rahmen der surrealistischen Bildtheorie zu beschreiben:

> On finira bien par admettre, en effet, que tout *fait image* et que le moindre objet, auquel n'est pas assigné un rôle symbolique particulier, est susceptible de figurer n'importe quoi (BrOC II, 181).

Die Traumsymbolik, die Breton in seiner Deutung des Traums reichlich bemüht, kommt also genau den von ihm ohnehin schon vertretenen Überzeugungen entgegen, wenn er auch mit der Behauptung, daß jeder Gegenstand jede beliebige Bedeutung annehmen könne, noch einen Schritt weiter geht als Freud, bei dem doch der Aspekt der Ähnlichkeit erhalten bleiben muß[91]. Breton hingegen leitet gerade aus der Entfernung der Bezugswelten ein Kriterium zur Bewertung der Dichter ab[92].

---

89 Sie stimmt im übrigen nicht mit Freuds Symbolik überein: „Alle komplizierten Maschinerien und Apparate der Träume sind mit großer Wahrscheinlichkeit Genitalien – in der Regel männliche [1919]" (TD 350).

90 „Ein Träumer [kann] sich aus speziellem Erinnerungsmaterial das Recht schaffen, alles mögliche als Sexualsymbol zu verwenden, was nicht allgemein so verwendet wird. Wo ihm zur Darstellung eines Inhalts mehrere Symbole zur Auswahl bereitstehen, wird er sich für jenes Symbol entscheiden, das überdies noch Sachbeziehungen zu seinem sonstigen Gedankenmaterial aufweist, also eine individuelle Motivierung neben der typisch gültigen gestattet" (TD 347).

91 „Lange, feste Gegenstände und Waffen als Symbole des weiblichen Genitales zu gebrauchen oder hohle (Kasten, Schachteln, Dosen usw.) als Symbole des männlichen, gestattet eben die Phantasie nicht" (TD 353).

92 „L'esprit est d'une merveilleuse promptitude à saisir le plus faible rapport qui peut exister entre deux objets pris au hasard et les poètes savent qu'ils peuvent toujours, sans crainte de tromper, dire de l'un qu'il est *comme* l'autre : la seule hiérarchie qu'on puisse établir des poètes ne peut même reposer que sur le plus ou moins de liberté

Schließlich nimmt er im dritten Teil noch eine überraschende Volte in Zusammenhang mit dem Interpretationsbegriff vor. Mit Bezug auf die berühmte Marxsche Feuerbachthese zur Veränderung der Welt macht er die Interpretation zur Voraussetzung dieser Veränderung[93]:

> Toute erreur dans l'interprétation de l'homme entraîne une erreur dans l'interprétation de l'univers : elle est, par suite, un obstacle à sa transformation (BrOC II, 196).

Damit macht er die vom Surrealismus betriebene Erforschung des Irrationalen zur menschlichen Selbsterkenntnis und zur Grundlage der Deutung der Welt. Dem Surrealismus gelinge es, so Breton, Interpretation und Veränderung miteinander zu verbinden:

> Ainsi parvenons-nous à concevoir une attitude synthétique dans laquelle se trouvent conciliés le besoin de transformer radicalement le monde et celui de l'interpréter le plus complètement possible (BrOC II, 193).

Trotz des immer wiederkehrenden Bezugs auf Freud, Hegel und den Marxismus verteidigt Breton also entschieden Positionen des Surrealismus. Gerade im dritten Teil erteilt er den auf Rationalismus zielenden Erklärungen von Materialismus und Psychoanalyse letztlich eine Absage zugunsten der Poesie. In der Auseinandersetzung mit der Kommunistischen Partei über die Rolle der Literatur allgemein und des Surrealismus im besonderen entwirft er die Utopie einer Gesellschaft, in der die Poesie und die surrealistischen Experimente eine tragende Rolle spielen und zur Aufhebung der Gegensätze beitragen:

> L'opération poétique, dès lors, sera conduite au grand jour. On aura renoncé à chercher querelle à certains hommes, qui tendront à devenir tous les hommes, des manipulations longtemps suspectes pour les autres, long-

---

dont ils ont fait preuve à cet égard" (BrOC II, 181). Breton kommentiert damit zugleich sein eigenes Verfahren, denn implizit hat er kurz zuvor Krawatte und Azalee verglichen: „La cravate ou l'azalée, le mendiant ou la folle, la nappe blanche ou la place Blanche – je n'y avais pas encore pensé – […] servent, au cours de ce qui précède, à évoquer deux dames allemandes distinctes" (BrOC II, 180 f.). Zumindest für den ersten Vergleich – die Krawatte und die Azalee – nimmt er sich viel Freiheit heraus, denn die beiden haben auf den ersten Blick relativ wenig miteinander zu tun. Möglicherweise will Breton damit suggerieren, daß auch sein Geschenk der Azalee an die junge Tänzerin als Sexualsymbol zu deuten ist.

93 Die Einheit von Interpretation und Transformation beschäftigt ihn auch bei seiner Freud-Lektüre, wie seinen Notizen zur Lektüre der *Traumdeutung* zu entnehmen ist. Breton exzerpiert: „Le travail du r[êve] ne pense ni ne calcule, il ne juge pas, il se contente de transformer" (*Cahier de la girafe*, 165) und notiert auf der gegenüberliegenden Seite das unterstrichene Wort „Transformer". In der französischen Übersetzung des deutschen Worts „umformen" scheint eine Verbindung zur berühmten Feuerbachthese nahezuliegen, in der von Interpretation und Veränderung der Welt die Rede ist.

temps équivoques pour eux-mêmes, auxquelles ils se livrent pour retenir l'éternité dans l'instant, pour fondre le général dans le particulier (BrOC II, 208 f.)[94].

Damit etabliert er am Ende an der Stelle von Hegels absolutem Geist die Poesie als Wahrheit, in der sich die Gegensätze aufheben. Der Dichter wird bei Breton zu einer Figur, die sich durch besondere Wahrnehmungsfähigkeiten auszeichnet und der es gelingt, die Kluft zwischen Traum und Realität zu überwinden: „Le poète à venir surmontera l'idée déprimante du divorce irréparable de l'action et du rêve" (BrOC II, 208). Der von Breton verwendete Begriff der Poesie ist dabei keineswegs an die Dichtung im engeren Sinn gebunden, sondern kann überall vorkommen, im Traum genauso wie im Alltagsleben.

3.6 „Objet insolite" und „poésie involontaire"

Im *Dictionnaire abrégé du surréalisme* (1938) zitieren Breton und Eluard im Artikel über den Traum Ludwig Heinrich von Jakob mit seiner Aussage, daß der Traum unwillkürliche Dichtkunst sei[95]. Auch der Begriff der „poésie involontaire" entbehrt also nicht einer Nähe zum Traum, wenn auch ganz andere Annahmen dahinter stehen als die von „détour" und „interprétation". Allerdings erweitert Breton den Begriff der „poésie involontaire" auf Bereiche des Wachlebens und entmystifiziert ihn, wenn er die „imbécillité" als ästhetische Kategorie einführt.

Wenn, wie oben zitiert, dem geringsten Objekt die Fähigkeit zur Symbolisierung innewohnt (BrOC II, 181), so muß das auch für Alltagsgegenstände gelten, die Breton Dalìs „objets à signification érotique" vorzieht, weil er in ihnen eine höhere Suggestionskraft als in den von Künstlern gefertigten Objekten erkennt. Als Beispiel führt er das „Goldblätter-Elektroskop" an: „[...] les deux feuilles sont parfaitement jointes au centre d'une cage, on approche un bâton frotté, les feuilles s'écartent" (BrOC II, 142). Im zweiten Teil gibt Breton selbst ein Beispiel für einen

---

94 Der Text kann hier als Antwort auf die ‚Zweite Internationale Konferenz revolutionärer Schriftsteller' in Kharkov (1930) gelesen werden, wo die Surrealisten durch Aragon und Sadoul vertreten wurden, die dort eine „Lettre autocritique" verfassen mußten, in der sie Kritik an der Autonomie der surrealistischen Aktivitäten üben und Abstand vom *Second Manifeste* nehmen mußten (vgl. Durozoi, *Histoire du mouvement surréaliste*, 233 f.).

95 „Le rêve n'est rien autre que poésie involontaire" (BrOC II, 838). Diese Formel ist allerdings keine Erfindung Jakobs, sondern kursiert seit der Mitte des 18. Jahrhunderts in nur geringfügig differierenden Formulierungen (vgl. dazu Schmidt-Hannisa, „Der Traum ist unwillkürliche Dichtkunst", 100).

solchen Gegenstand: ein beim abendlichen Flanieren im Schaufenster eines Strumpfgeschäfts entdecktes „objet insolite", ein Alltagsgegenstand, der zunächst keine weitere Bedeutung hat:

> C'était à la vitrine d'un petit marchand de bas, un bouquet très poussiéreux de cocons de vers à soie suspendus à des branchages secs qui montaient d'un vase incolore. Une réclame à rebours entre toutes (BrOC II, 173).

Dabei geht Breton davon aus, daß der unbewußt wahrgenommene erotische Gehalt seine Aufmerksamkeit geweckt und dann einen Wunsch nach weiterer Inszenierung wachgerufen habe:

> L'idée purement sexuelle du ver à soie et de la jambe que le bas exposé le plus près du vase était fait pour gainer me séduisit sans doute inconsciemment quelques secondes puis elle fit place au désir d'inventer pour le bouquet gris un fond qui le mît particulièrement en valeur (BrOC II, 173).

Aus der erotischen Faszination entwickelt sich schnell eine ästhetische Komponente im Wunsch („désir"), den grauen Strauß zur Geltung kommen zu lassen. Breton denkt an einen Bücherschrank, in dem er seine Schauerromane unterbringen will und verbringt einen ganzen Abend damit, sich auszumalen, wie das aussehen könnte. Im Aufbau der Passage folgt Breton dem Assoziationsprinzip, das ihn von dem zufällig bemerkten Strauß, der ihm wahrscheinlich wegen des daneben exponierten Strumpfes aufgefallen ist, zu der Vitrine mit den Schauerromanen führt, die schließlich Erinnerungen an die Kindheit wachrufen:

> Ils me rappelaient aussi ma lointaine enfance, le temps où, à la fin des classes, des histoires beaucoup plus terrifiantes, dont je n'ai jamais pu savoir où il les prenait, nous étaient contés (sic!), à moi et à mes petits camarades de six ans, par un singulier maître d'école auvergnat nommé Tourtoulou. N'importe, ce meuble eût été très beau, je m'intéressai toute une soirée à sa réalisation impossible (BrOC II, 174).

Breton evoziert in seiner Schilderung der Schlösser aus den Schauerromanen und der in ihren Grabgewölben, unterirdischen Gängen und Ritzen stattfindenden „vie factice" zwar eine untergründige Ebene, die mit dem Ausdruck „le coin le plus enténébré de mon esprit" (BrOC II, 174) in die Nähe des Unbewußten gerückt wird[96]. In dem Moment aber, wo die Erinnerung an die Kindheit nach der Freudschen Methode einen Schlüssel zur Deutung geben könnte, betont Breton vor allem den Affekt, der bei ihm ausgelöst wird, äußert eine ästhetische Wertung („ce

---

96 In *Limites non-frontières du surréalisme* führt Breton die Vorstellung, daß der latente Gehalt einer Epoche sich in ihrer phantastischen Literatur spiegele, gerade am Beispiel des englischen Schauerromans aus (BrOC III, 666).

meuble eût été très beau") und endet schließlich mit der lapidaren und nicht viel erklärenden Feststellung: „Je voulais sans doute par-dessus tout, à ce moment-là, édifier ce petit temple à la Peur" (BrOC II, 174).

Als Merkmal des „objet insolite" ergibt sich also außer der versteckten sexuellen Komponente die große Suggestionskraft aufgrund von Assoziationen, die im Bereich des Affektiven freigesetzt werden. Damit steht die Wirkungsweise dieser Gegenstände im Gegensatz zu Bretons Theorie von „détour" und „interprétation". Die Methode der Interpretation wird zwar postuliert, jedoch immer wieder in Frage gestellt. Dies zeigt sich auch an dem Schlußwort, das Breton dem Bericht seines „Tagtraums" hinzufügt und das sich nicht glatt in die Logik der Entzifferungsmethode einfügt. Er berichtet von einem Treffen mit André Derain, bei dem im Moment des Händedrucks ein großes Unwetter losbricht. Breton stellt daraufhin die Frage nach der Interpretation: „Comment l'interprétez-vous ?" (BrOC II, 177), auf die er eine sich jeder Sinnhaftigkeit entziehende Antwort erhält: „Il y aura du bon vin cette année" (BrOC II, 177)[97]. Damit stellt das Derainsche Schlußwort die soeben gefundene Methode der Interpretation wieder in Frage, denn es zeigt die Willkürlichkeit von Interpretation auf. Es gehorcht vielmehr der surrealistischen Ästhetik des Dialogs, indem es sowohl überraschend kommt als auch einen blödsinnigen Zusammenhang zwischen den Ereignissen herstellt[98]. Es läßt sich auch als Parodie auf Nerval – und als Replik an Daumal, der versucht, Nerval zu rechtfertigen[99] – lesen: ein sintflutartiger Regen endet in *Aurélia* schlagartig in dem Moment, als der Erzähler einen in Saint-Eustache gekauften Silberring an die tiefste Stelle des Wassers wirft, um so die Überschwemmung zu stoppen. Nach Bretons Darstellung bleibt dieser mit der Ansicht, das Ende des Regens als Verzeihung der Götter interpretieren zu können, weiter im „délire d'interprétation" verhaftet. Breton hingegen erkennt die Willkürlichkeit der Interpretation und löst sich von der Annahme, die Dinge der äußeren Welt bezögen sich auf sein individuelles Dasein.

Die Elemente der Überraschung und der Blödsinnigkeit kennzeichnen für Breton die „poésie involontaire", der er immer wieder poetische

---

97 Bellemin-Noël versucht mit teils weithergeholten Assoziationen einen Sinn darin ausfindig zu machen („Des Vases trop communiquant, 138-142).

98 In *La Révolution surréaliste* n° 11 (1928) wurden zwei Seiten solcher im „cadavre-exquis"-Spiel gewonnenen Dialoge veröffentlicht („Le dialogue en 1928", RS n° 11, 7-8).

99 Daumal begründet die Ausübung magischer Fähigkeiten wie das Stoppen der Sintflut durch die Opfergabe des Rings mit Annahmen des Hinduismus (Daumal, „Nerval le Nyctalope", 29).

Wirkung zuschreibt, die über die Wirkung der geschriebenen zeitgenössischen Poesie hinausgehe:

> Il y a plusieurs années, en réponse à une enquête du Figaro sur les tendances de la poésie moderne, je m'étais plu à opposer la poésie tout involontaire de ce film [*Parisette* von Louis Feuillade, S. G.] à la poésie écrite aujourd'hui. Celle-ci, d'après ma déclaration d'alors, ne vaut plus même la peine qu'on s'en occupe : „Autant suivre *Parisette* et les interrogatoires de cours d'assises" (BrOC II, 173)[100].

Die „poésie involontaire" macht er in dem Episodenfilm *Parisette* ebenso aus wie in dem für ihn hochpoetischen Gespräch („sa conversation, pour moi des plus poétiques", BrOC II, 172) mit einer Tänzerin im Café Batifol, die den Künstlernamen Parisette trägt. Die früher geschriebene Formulierung „suivre Parisette" erhält so einen neuen Sinn[101], wobei die Poetizität des Gesprächs sich im Überraschungselement einerseits und der erstaunlichen Blödsinnigkeit der von ihr vorgelesenen Briefe andererseits festmacht:

> [...] un dialogue plein de surprises, entrecoupé délicieusement de lettres de sa mère et de sa jeune sœur qu'elle me lisait, lettres d'une niaiserie stupéfiante (BrOC II, 172).

Ähnlich wie die „objets insolites" ist auch die „poésie involontaire" in den „données de la vie réelle" zu finden. Zu ihrer Entfaltung bedarf es lediglich eines Rezipienten, der in der Lage ist, sie wahrzunehmen. Als Beispiel sei hier die Szene des Saure-Gurken-Kaufs vom 12. April genannt. Die junge Tänzerin, die Breton angesprochen hat, lädt ihn ein, sie beim Kauf von sauren Gurken zu begleiten, ein Ereignis, das grenzenlose Verwunderung bei ihm hervorruft, die er umständlich kommentiert:

> Mon émerveillement, je le dis sans crainte de ridicule, mon émerveillement ne connut plus de bornes quand elle daigna m'inviter à l'accompagner jusqu'à une charcuterie voisine où elle voulait faire l'emplette de cornichons. [...] Il fallait bien que ce mot fût ici prononcé. La vie est faite aussi de ces petits usages, elle est fonction de ces goûts minimes qu'on a, qu'on n'a pas (BrOC II, 158).

---

[100] In dem zitierten Artikel bestimmt Breton drei Gruppen von Dichtern, wobei er nur in die dritte Hoffnung setzt: „3° Ceux du sort de qui je ne désespère pas encore complètement : trois ou quatre, en m'y comprenant. Rien ne prouve d'ailleurs, que le secret poétique de demain leur appartienne. Autant suivre, évidemment, *Parisette* [ciné-roman en douze épisodes autour d'une danseuse de l'Opéra, S. G.] et les interrogatoires de cours d'assises" (in: „Réponse à une enquête (du Figaro)", in: BrOC I, 267 f., hier: 268).

[101] Die Passage situiert sich in einem Kontext, wo Breton die Kausalität in Frage stellt und die Kategorie des „hasard objectif" einführt.

Breton wendet sich damit ausdrücklich gegen die Regeln der klassischen Ästhetik, gegenüber denen er es doch für nötig hält, das Nennen der sauren Gurken zu rechtfertigen, was nicht ohne eine gewisse Ironie vonstatten geht: „Ces cornichons m'ont tenu lieu de providence, un certain jour" (BrOC II, 158). Auch diese Aussage entbehrt nicht der „imbécillité", aus der Breton ästhetischen Genuß zieht. In diesem Zusammenhang kann er nun auch den Naturalisten etwas abgewinnen, die er trotz aller Vorbehalte in einer langen Passage in Klammern dafür lobt, daß sie eine solche Szene hätten gestalten können. Gleichzeitig verurteilt er die Symbolisten: „Je les trouve, en moyenne, beaucoup plus poètes que les symbolistes qui, à la même époque, s'efforçaient d'abrutir le public de leurs élucubrations plus ou moins rythmées" (BrOC II, 159). Hier wird nochmals deutlich, daß Poetizität für Breton nicht einer bestimmten Form der Sprache zu verdanken ist, sondern in einer Situation des realen Lebens liegt und nur erkannt werden muß.

Wollte man den Tagtraumbericht gemäß den Freudschen Vorgaben deuten, so müßte man sicherlich die unangemessene Begeisterung über die Einladung zur Begleitung beim Kauf der sauren Gurken untersuchen und eine Affektverschiebung wie im Traum annehmen, bei der Affekte nicht mit den eigentlich sie auslösenden Ereignissen verbunden sind, sondern mit anderen, scheinbar nebensächlichen. Gemäß Bretons eigenen, weiter oben getroffenen Aussagen zur Suggestionskraft von Alltagsgegenständen und seinen Bezugnahmen zur Freudschen Symbolik ließe sich der umständlichen Rechtfertigung der Erwähnung der sauren Gurken, zu der er sich auf Feuerbach beruft und die der Rechtfertigung eines Tabubruchs gleichkommt, sicher auch eine sexuelle Konnotation unterlegen[102]. Breton selbst unterläßt das, es ist jedoch nur schwer vorstellbar, daß sie ihm entgangen ist. Mit dem Goldblätter-Elektroskop und dem Seidenraupenstrauß hat er genug Hinweise gegeben, um auf die Sensibilität des Lesers zählen zu können. Breton begnügt sich in diesen Fällen mit dem Evozieren eines „latenten Inhalts", sprich sexuell konnotierter Assoziationen, ohne zu einer Deutung im Freudschen Sinn vorzudringen. Diese Feststellung sollte nicht als Kritik an Breton verstanden wer-

---

102 Bellemin-Noël verfolgt zum einen die etymologische Linie: „[…] le même dictionnaire Guiraud [dictionnaire érotique, Payot, S. G.] établit l'équivalence peu surprenante de *cornichon* avec « pénis », rappelant l'étymologie par « cornet », petite corne, – lui-même lié à une série « cornard », au sens de niais […] utilisé comme synonyme de « cocu » – : que la demoiselle aille chercher des cornichons pour « *dîner avec sa mère* » ne nous étonne guère, puisque ces dames châtreuses sont en quête d'un phallus" („Des Vases trop communiquant", 164, Fn 4). Zum anderen weist er auf die lautliche Nähe zu den Wörtern „corps" und „nichon" hin. Die sauren Gurken wären also überdeterminiert als männliche und weibliche Sexualsymbole.

den, sondern soll das unterschiedliche Interesse betonen. Breton versucht zwar, eine Theorie über das Funktionieren der Kunst aufzustellen, in der er sich der Freudschen Unterscheidung von manifest und latent bedient, kann aber nie einen Inhalt für die latenten Gedanken angeben. Tatsächlich geht seine Ästhetik nicht in der interpretierenden Rückübersetzung auf, sondern setzt vielmehr auf die Suggestionskraft. Dies soll abschließend an einer ausgewählten Passage gezeigt werden.

3.7 Poesie als Patchwork

Während er den dritten Teil mit einer dezidiert politischen Argumentation beginnt, verläßt Breton am Ende mit seiner Vision für die Zukunft den Bereich des rationalen Diskurses und benutzt eine poetische Sprache, die auf der Simultaneität pluraler Kontexte beruht. Hier erfolgt eine Annäherung an seinen Wunsch aus dem *Manifeste*, als schlafender Philosoph zu sprechen. Der Schlaf tritt nun an die Stelle des Traums im ersten und des Tagtraums im zweiten Teil, wobei Freud mehr und mehr an Bedeutung zugunsten von Hegels Betrachtungen zur fühlenden Seele verliert. In Anlehnung an Hegel bestimmt Breton den Schlaf als besondere Fähigkeit des Menschen:

> […] cette faculté fondamentale qui est de dormir, c'est-à-dire de se retremper, chaque fois qu'il est nécessaire, au sein même de cette nuit surabondamment peuplée dans laquelle tous, êtres comme objets, sont lui-même [l'homme, S. G.], participent obligatoirement de son être éternel, tombant avec la pierre, volant avec l'oiseau (BrOC II, 201).

Zwar lassen sich hier noch Charakteristika des Traums nach Freud ausmachen, etwa die Verwandelbarkeit des Ichs, das Freud zufolge im Traum mehrmals und in verschiedenen Gestalten vorkommen kann (TD 320), aber deutlicher zu erkennen sind Hegels Überlegungen, in denen die Unterschiede zwischen Subjekt und Objekt aufgehoben werden:

> Der *Schlaf* ist der Zustand des Versunkenseins der Seele in ihre unterschiedslose Einheit, das *Wachen* dagegen der Zustand des Eingegangenseins der Seele in den Gegensatz gegen diese einfache Einheit[103].

Da es für Breton keinen traumlosen Schlaf gibt, minimiert sich der Unterschied von Traum und Schlaf. Hier sollen allerdings weniger die theoretischen Aussagen untersucht werden, als vielmehr ein Abschnitt genau

---

[103] Hegel, *Die Philosophie des Geistes*, 90.

analysiert werden, in dem Breton einen poetischen Blick auf Paris am frühen Morgen wirft, mit dem er das Reich der Möglichkeiten und den Reichtum, den das „allgemeine Wesen der Subjektivität" (Hegel) bietet, vorführen will[104]. Dieser Abschnitt ist als eins der schönsten Prosagedichte gelobt worden[105], entspräche aber auch Bretons Kriterien zur Beurteilung der „écriture automatique"[106]. Vor allem aber läßt die Passage sich als Patchwork aus Elementen des Gesamttextes lesen, die in einem Prozeß der Verschiebung und Verdichtung zusammengeführt werden. Einige wesentliche Gedanken des Textes sowie bestimmte wiederkehrende Elemente sollen im folgenden nachgewiesen und Funktionsweisen hervorgehoben werden, die ein Licht auf die Konstruktion des Textes werfen. Dafür spielt es keine Rolle, ob dieser Text der „écriture automatique" oder der bewußten Komposition seine Entstehung verdankt.

> Il faut aller voir de bon matin, du haut de la colline du Sacré-Cœur, à Paris, la ville se dégager lentement de ses voiles splendides, avant d'étendre les bras. Toute une foule enfin dispersée, glacée, déprise et sans fièvre entame comme un navire la grande nuit qui sait ne faire qu'un de l'ordure et de la merveille. Les trophées orgueilleux, que le soleil s'apprête à couronner d'oiseaux ou d'ondes, se relèvent mal de la poussière des capitales enfouies. Vers la périphérie les usines, premières à tressaillir, s'illuminent de la conscience de jour en jour grandissante des travailleurs. Tous dorment à l'exception des derniers scorpions à face humaine qui commencent à cuire, à bouillir dans leur or. La beauté féminine se fond une fois de plus dans le creuset de toutes les pierres rares. Elle n'est jamais plus émouvante, plus enthousiasmante, plus folle, qu'à cet instant où il est possible de la concevoir unanimement détachée du désir de plaire à l'un ou à l'autre, aux uns ou aux autres. Beauté sans destination immédiate, sans destination connue d'elle-même, fleur inouïe faite de tous ces membres épars dans un lit qui peut prétendre aux dimensions de la terre ! La beauté atteint à cette heure à son terme le plus élevé, elle se confond avec l'innocence, elle est le miroir parfait dans lequel tout ce qui a été, tout ce qui est appelé à être, se baigne adorablement en ce qui va être *cette fois*. La puissance absolue de la subjectivité universelle, qui est la royauté de la nuit, étouffe les impatientes déterminations au petit bonheur : le chardon non soufflé demeure sur sa construction fumeuse, parfaite. Va-t-il faire beau, pleuvra-t-il ? Un adoucissement extrême de ses angles fait tout le soin de la pièce occupée, belle

---

[104] „L'essence générale de la subjectivité, cet immense terrain et le plus riche de tous est laissé en friche" (BrOC II, 205).

[105] Edmond Jaloux in der Rubrik „L'Esprit des livres", in: *Nouvelles littéraires* vom 28. Januar 1933, zitiert nach BrOC II, 1370.

[106] [...] l'illusion d'une verve extraordinaire, beaucoup d'émotion, un choix considérable d'images d'une qualité telle que nous n'eussions pas été capables d'en préparer une seule de longue main, un pittoresque très spécial et, de-ci de-là, quelque proposition d'une bouffonnerie aiguë (BrOC I, 326).

> comme si elle était vide. Les chevelures infiniment lentes sur les oreillers ne laissent rien à glaner des fils par lesquels la vie vécue tient à la vie à vivre. Le détail impétueux, vite dévorant, tourne dans sa cage à belette, brûlant de brouiller de sa course toute la forêt. Entre la sagesse et la folie, qui d'ordinaire réussissent si bien à se limiter l'une l'autre, c'est la trêve. Les intérêts puissants affligent à peine de leur ombre démesurément grêle le haut mur dégradé dans les anfractuosités duquel s'inscrivent pour chacun les figures, toujours autres, de son plaisir et de sa souffrance. Comme dans un conte de fées cependant, il semble toujours qu'une femme idéale, levée avant l'heure et dans les boucles de qui sera descendue visiblement la dernière étoile, d'une maison obscure va sortir et somnambuliquement faire chanter les fontaines du jour. Paris, tes réserves monstrueuses de beauté, de jeunesse et de vigueur, – comme je voudrais savoir extraire de ta nuit de quelques heures ce qu'elle contient de plus que la nuit polaire ! Comme je voudrais qu'une méditation profonde sur les puissances inconscientes, éternelles que tu recèles soit au pouvoir de tout homme, pour qu'il se garde de reculer et de subir ! La résignation n'est pas écrite sur la pierre mouvante du sommeil. L'immense toile sombre qui chaque jour est filée porte en son centre les yeux médusants d'une victoire claire (BrOC II, 205 ff.).

Zu Beginn läßt sich der Abschnitt, den Breton durch die präzise Ortsangabe in der Realität verankert, als eine moderne städtische Form von Matinalpoesie lesen, denn Breton arbeitet mit recht konventionellen poetischen Bildern, die insofern kohärent sind, als sie alle der Idee des morgendlichen Erwachens im konkreten oder übertragenen Sinn zuzuordnen sind. Das Erwachen am Morgen beschreibt Breton auf vier Ebenen: als das Aufstehen einer Frau, die sich ihrer Schleier entledigt und die Arme ausbreitet, als erstes Agieren einer noch verstreuten Menge, als das Erstrahlen des Lichts, das nach der einheitsstiftenden Nacht die Gegensätze hervorhebt, und als das erwachende Bewußtsein der Arbeiter. Auf der ersten Ebene wird die Stadt personifiziert und mit dem Bild der Schleier das Bild der Morgengöttin zitiert. Auf diese Ebene wird im Zusammenhang mit der weiblichen Schönheit noch zurückzukommen sein. Das erste Agieren einer noch verstreuten Menge knüpft an Beschreibungen der surrealistischen Aktivitäten an[107]. Die Beschreibung der Nacht als einheitsstiftend („qui ne sait faire qu'un de l'ordure et de la merveille"), die dann dem Tag mit seinen Gegensätzen weicht („les trophées orgueilleux, que le soleil s'apprête à couronner d'oiseaux ou d'ondes, se relèvent mal de la poussière des capitales enfouies") transponiert Hegels Bestim-

[107] „Qui sait s'il ne convient point qu'aux époques les plus tourmentées se creuse ainsi malgré eux la solitude de quelques êtres, dont le rôle est d'éviter que périsse ce qui ne doit subsister passagèrement que dans un coin de serre, pour trouver beaucoup plus tard sa place au centre du nouvel ordre" (BrOC II, 201).

mung der Nacht auf die poetische Ebene, und das Bild der Fabriken drückt den Wunsch nach einer sozialen Revolution aus.

Das Wort „voile“ ist in dieser Passage im Freudschen Sinn überdeterminiert. Es trägt nicht nur in der Bedeutung von „Schleier“ zur Personifizierung der Stadt bei und rückt die Frauengestalt in die Nähe der Morgengöttin, sondern leitet zugleich einer Metaphernreihe („voile“, „navire“, „onde“) ein, welche die Nacht zum Meer werden läßt. Einen Bruch in der Kohärenz gibt es erst mit dem Bild der in ihrem Gold kochenden Skorpione mit menschlichem Antlitz, das sich nicht mehr in die Metaphorik des Aufwachens einordnen läßt und sehr ungewöhnlich ist. Hier sind nur noch lose Verknüpfungen zum Bild von Paris am Morgen auszumachen; allenfalls läßt das Gold an die goldenen Dächer einer Stadt im ersten Morgenlicht, an das Gold der „trophées orgueilleux“ denken. Durch die Kontrastierung mit den Arbeitern stellt sich eventuell der Gedanke an das Gold der Kapitalisten ein. Diese Verbindungen werden jedoch nur gestreift, der Text folgt jetzt einer anderen Linie. Statt um den Sonnenaufgang gruppieren sich die Bilder um die Idee des Schmelztiegels: „bouillir dans leur or“ – „creuset de toutes les pierres rares“ – „la beauté se confond avec l’innocence“ – „tout ce qui a été, tout ce qui est appelé à être, se baigne adorablement en ce qui va être *cette fois*“.

Mit dieser Verschmelzung der Zeiten in einem Punkt der Gegenwart („cette fois“) ist der Moment charakterisiert, den Breton beschreiben will. Er läßt sich als der im *Second manifeste* angestrebte Punkt der Aufhebung der Gegensätze lesen[108]. Auf der einen Seite stellt Breton diesen Punkt bildlich dar, indem er an Beispielen die Aufhebung der Gegensätze vorführt: die Ecken runden sich, das belegte Zimmer ist schön wie leer, Vergangenheit und Zukunft („vie vécue“ und „vie à vivre“) fallen zusammen, Langsamkeit und Geschwindigkeit, Weisheit und Wahnsinn. Andererseits durchzieht er die ganze Passage mit Hegelschem Vokabular die Unmittelbarkeit und das Selbstbewußtsein betreffend, zum Beispiel: „La puissance absolue de la subjectivité universelle, qui est la royauté de la nuit, étouffe les impatientes déterminations au petit bonheur“[109]. Ein diskursiver Zusammenhang ist dabei nicht herzustellen, aber die assoziationsreichen Bilder, die an dieser Stelle eingefügt werden, verbinden mehrere Bildebenen miteinander: „[…] le chardon non soufflé demeure

---

[108] „Tout porte à croire qu’il existe un certain point de l’esprit d’où la vie et la mort, le réel et l’imaginaire, le passé et le futur, le communicable et l’incommunicable, le haut et le bas cessent d’être perçus contradictoirement“ (BrOC I, 781).

[109] Hegel bestimmt den Schlaf als „Rückkehr aus der Welt der *Bestimmtheiten* […] in das allgemeine Wesen der Subjektivität, welches die Substanz jener Bestimmtheiten und deren absolute Macht ist“ (Hegel, *Die Philosophie des Geistes*, 87).

sur sa construction fumeuse, parfaite. Va-t-il faire beau, pleuvra-t-il ?“ Mit der Frage nach dem Wetter wird an den Zeitpunkt des frühen Morgens erinnert, an dem noch nicht entschieden ist, was der Tag bringt, und es noch keine Bestimmung gibt. Das Bild von der Distel evoziert, ähnlich wie das der Frau, die sich der Schleier entledigt, die Arme aber noch nicht ausgebreitet hat, einen nur kurz andauernden Moment, in dem die Blüte noch intakt ist und in ihrer Perfektion verharrt, bevor sie in alle Himmelsrichtungen auseinandergetragen wird. Sie stellt in gewisser Weise das Gegenbild zur „fleur faite de tous les membres épars“ dar. Breton verwendet das Bild der Distel in anderen Texten unter Verweis auf das Emblem der Wörterbücher von Larousse, wo eine Frau die Samen einer Distel in die Welt bläst, begleitet von dem Spruch „je sème à tout vent“[110]. Auf der Bildebene verbindet Breton diesen Moment durch den versteckten Hinweis wieder mit dem Bild einer Frau, die kurz vor dem Beginn einer Handlung steht. Lexikalisch ergibt sich über das Adjektiv „fumeux“ zudem eine Nähe zum „bouquet fumeux“ aus der Strumpfreklame, der zuvor schon über das Element „les lampes qui filent“ in dem beim Erwachen erinnerten Satz wieder aufgerufen wurde. Der selbst unklar bleibende Ausdruck der „construction fumeuse“ findet seine Motivation möglicherweise auch in der lautlichen Ähnlichkeit der Wörter „chardon“ und „charbon“.

Auf einer solchen Ebene läßt sich auch das „désir“ wieder im Text ausmachen, und zwar in dem Satz: „Le détail impétueux, vite dévorant, tourne dans sa cage à belette, brûlant de brouiller de sa course toute la forêt“. Dieser zunächst sehr plastische, aber auch unverständliche Satz, der im Gegensatz zu den „chevelures infiniment lentes sur les oreillers“ steht, erfordert etwas umfangreichere Erläuterungen. Zu Beginn des zweiten Teils von *Les Vases communicants*, kurz vor dem Auftreten des sexuellen Automatismus, der die Beschreibung des „désir“ einleitet, gibt es einen Satz, der mit einem ähnlichen Bild arbeitet: „[...] les pensées amères qui venaient chaque matin m'assaillir s'étaient lassées de tourner dans ma tête comme des écureuils brûlés“ (BrOC II, 151). Auf lexikalischer Ebene ergeben sich drei Parallelen: die Verben „tourner“ und „brûler“ sowie die Tiere (Eichhörnchen respektive Wiesel). Wenn man weiß, daß es spezielle, sich drehende Eichhörnchenkäfige gibt, läßt sich der Vergleich der sich im Kopf drehenden Gedanken mit Eichhörnchen

---

110 Auf diesen Zusammenhang weist Bonnet in ihrem Kommentar unter Berufung auf einen Satz von Breton aus „Le Surréalisme et la Peinture“ (*La Révolution surréaliste*, n° 6 (1926), 32) hin, wo es heißt: „La « réalité » est aux doigts de cette femme qui souffle à la première page des dictionnaires“. Bonnet folgert daraus, daß in *Les Vases communicants* gemeint ist, daß die Realität noch nicht begonnen hat, ihre Gesetze zu diktieren.

in ihren Käfigen als im Sinne der surrealistischen Bildtheorie besonders treffend, weil weit auseinander liegende Realitäten miteinander in Verbindung bringend, verstehen. Ein weiterer Vergleich, der die Metapher zu einer Reihenmetapher erweitert[111], ergibt sich durch das Element des Feuers, das zur Erhöhung der Geschwindigkeit eingeführt wird: angesengte Eichhörnchen rennen schneller. An der hier zu analysierenden Stelle handelt es sich nun um das Detail, das sich in einem Wieselkäfig dreht. Über die Frage, warum an die Stelle des Eichhörnchens hier das Wiesel tritt, läßt sich nur spekulieren[112]. Zum einen paßt der Lauf durch den Wald besser zum Wiesel, zum anderen hängt es vielleicht mit der Lobrede auf die Schönheit zusammen, denn „belette" ist etymologisch die Diminutivform von „belle"[113]. Auch das Wort „détail" verdankt sein Auftreten an dieser Stelle möglicherweise mehr Assonanzen als der semantischen Ebene. Die Eigenschaften, die ihm zugeschrieben werden, entsprechen Charakteristika des Bretonschen „désir": es ist ungestüm („impétueux"), bemächtigt sich des vorgefundenen Materials („vite dévorant") und strebt eine Umordnung und ein Durcheinander an: „[...] il brûle de brouiller de sa course toute la forêt". Es lassen sich zwei Ebenen beschreiben, auf denen man vom „désir" zum „détail" kommt: zum einen entnimmt das „désir" aus der Realität nur ihm gelegen kommende Details wie beispielsweise die Augen einer Frau: „Cette femme qui a tels yeux il [le désir, S. G.] n'en veut pas, il veut seulement de ses yeux" (BrOC II, 178); zum anderen ergibt sich in der Beschreibung der Wirkungsweise des „désir" eine Assonanz zum Wort Detail[114]: „Le *dé*sir est là, *tail*lant en pleine pièce dans l'étoffe pas assez vite changeante" (BrOC II, 177, Hervorhebung von mir, S. G.). Gleichzeitig enthüllt sich auch der Ungestüm des „désir". Schließlich stellt sich auch die Gewebemetaphorik wieder ein: das „désir" läßt seinen Faden laufen und das „détail", das durch den Wald laufen will (beide Male das Verb „courir"), dreht sich in einem Käfig, für den es auch das Wort „tournette" gibt, ein Wort, das in seiner zweiten Bedeutung auch Haspel heißt. Über diese „tournette", die im Text so wenig auftaucht wie die Brücke im Traum, werden die verschiedenen Stellen zusammengehalten, und es bleiben keine Fäden lose, wie Breton betont: „Les chevelures infiniment lentes

---

111 Zur Reihenmetapher vgl. Michael Riffaterre, „La Métaphore filée dans la poésie surréaliste", in: *Langue française* n° 3 (1969), 46-60.

112 Über die Existenz bzw. die Konstruktion von Wieselkäfigen habe ich leider nichts herausfinden können.

113 Vgl. den Eintrag „belette" im *Petit Robert*.

114 Weiterhin wäre eventuell an den Einfluß des Verbs „détaler" zu denken, das bei Breton aber sonst nicht vorkommt.

sur les oreillers ne laissent rien à glaner des fils par lesquels la vie vécue tient à la vie à vivre". Damit wird das Gewebe betont, das der Traum aus den „données de la vie vécue" herstellt, um Aufforderungen für die „vie à vivre" zu geben.

Das Bild der Haare wird später bei der idealen Frau, die schlaftrunken den Tag herbei singt, wieder aufgenommen:

> [...] il semble toujours qu'une femme idéale, levée avant l'heure et dans les boucles de qui sera descendue visiblement la dernière étoile, d'une maison obscure va sortir et somnambuliquement faire chanter les fontaines du jour (BrOC II, 206).

Das Bild dieser Frau weist einerseits auf die Wahrheit mit ihren lichterfüllten Haaren am Ende des Textes voraus: „[...] la vérité [...] viendra secouer sa chevelure ruisselante de lumière à leur fenêtre noire" (BrOC II, 209), andererseits nimmt es auch die Anfangsthematik der Schönheit auf, die in erster Linie als weiblich entworfen wird. Breton macht aus der Schönheit dann eine Blume, die aus den verstreuten Gliedern zusammengesetzt ist: „fleur inouïe faite de tous ces membres épars". Hier findet sich also die Idee des Patchworks in leicht abgewandelter Form wieder, es handelt sich um die Zusammensetzung aus Einzelelementen. Sie entspricht dem Schönheitsideal der Frau von Paris, die zuvor als „créature composite" beschrieben wurde:

> Quelle beauté en cela, quelle valeur, quelle netteté malgré tout ! La femme de Paris, cette créature composite faite journellement de toutes les images qui viennent se mêler dans les glaces du dehors, comme elle est défavorable aux pensées repliées sur elles-mêmes, comme elle chante, comme elle est confondante dans la solitude et dans le malheur ! (BrOC II, 152)

Breton valorisiert hier also Techniken des Surrealismus ebenso wie seine Anliegen. Die Blume kann auch als die Pflanze gelesen werden, die vorübergehend nur von den Surrealisten gehegt wird[115], und mit dem Anruf an die Nacht zeigt die Schönheit sich als eine subjektive, womit Breton noch einmal seine Absetzung von der Kommunistischen Partei betont:

---

[115] „Qui sait s'il ne convient point qu'aux époques les plus tourmentées se creuse ainsi malgré eux la solitude de quelques êtres, dont le rôle est d'éviter que périsse ce qui ne doit subsister passagèrement que dans un coin de serre, pour trouver beaucoup plus tard sa place au centre du nouvel ordre, marquant ainsi d'une fleur absolument et simplement présente, parce que *vraie*, d'une fleur en quelque sorte *axiale par rapport au temps*, que demain doit se conjuguer d'autant plus étroitement avec hier qu'il doit rompre d'une manière plus décisive avec lui ?" (BrOC II, 201).

> Paris, tes réserves monstrueuses de beauté, de jeunesse et de vigueur, – comme je voudrais savoir extraire de ta nuit de quelques heures ce qu'elle contient de plus que la nuit polaire ! (BrOC II, 206 f.)

Mit dieser Aussage stellt Breton die Erforschung der Subjektivität des Menschen über die Erforschung unbekannter Regionen der Erde, womit er sich erneut vom Kommunismus absetzt, den er etwas ironisch dafür lobt[116]. Die Pariser Nacht, in der Tausende von Menschen träumen, erscheint Breton reicher als die menschenleere Polarnacht. Mit ihren enormen Reserven an Schönheit, Jugend und Kraft birgt die Pariser Nacht zudem auch ein gehöriges Maß an latenter Erotik, das die ganze Passage durchzieht. Teils versteckt sie sich in als Sexualsymbolen lesbaren Bildern („le détail, vite dévorant, brûlant de brouiller de sa course toute la forêt"[117], „les anfractuosités [dans lesquelles, S. G.] s'inscrivent pour chacun les figures [...] de son plaisir et de sa souffrance"), teils in den verschiedenen Bewegungen, die der Text der Schönheit zuschreibt: vom „terme le plus élevé" zum „adoucissement extrême", von der Emotionalität zur Verschmelzung. Damit gehorcht die Passage Bretons eigenen Ansprüchen an die Suggestionskraft eines Textes. In den letzten Sätzen dieser Passage greift Breton die zwei wichtigsten Bilder des Textes auf: das Gewebe und die Augen, die hier vom klaren Sieg künden. An dem Gewebe, das hier in erster Linie, aber nicht nur als Spinnennetz entworfen ist, wird jeden Tag gewoben.

In diesem Sinn ließen sich noch weitere Verbindungen aufzeigen[118], die hier untersuchten reichen jedoch aus, um Bretons Verfahren offensichtlich zu machen. Der analysierte Abschnitt ist aus Elementen zusammengesetzt, die zuvor im Text sinntragende Funktion hatten, jetzt aber poetische Bilder heraufbeschwören. Es findet eine Verdichtung statt, die entscheidende Elemente des Textes in komprimierter Form wieder zusammenführt. Das sind im einzelnen – ohne Anspruch auf Vollständigkeit – der Gedanke an die Revolution und die Veränderung der Welt, der Bezug auf Hegel, die Verschmelzung der Gegensätze, das „désir" und seine Wirkungsweisen, die Schönheit der Frauen, das Prinzip des Zusammensetzens und die Gewebemetaphorik. Die Art und Weise, in der die Elemente aus ihren Zusammenhängen gerissen und neu kombiniert werden, läßt ein Patchwork entstehen, in dem zwar die einzelnen Teil-

---

[116] „Il est bien, il est heureux que des expéditions soviétiques, après tant d'autres, prennent aujourd'hui le chemin du Pôle" (BrOC II, 190).

[117] Freud führt den Wald an derselben Stelle wie die Brücke als Beispiel für ein Sexualsymbol an (TD 351), so daß diese Kenntnis bei Breton angesetzt werden kann.

[118] So wäre beispielsweise das Bild der Mauer, die im dritten Teil immer wieder auftaucht, genauer zu verfolgen.

stücke erkennbar sind, ihre Sinnzusammenhänge jedoch nicht mehr. Die Elemente werden aufgrund loser Zusammenhänge miteinander verknüpft, wobei jedes Element und jeder Gedanke wie im Traum überdeterminiert ist, d. h. sie sind jeweils mehrfach vertreten[119].

Damit beruht dieser Textabschnitt auf Mechanismen, die Bretons Traumbegriff und der daraus entwickelten Ästhetik entsprechen. Allerdings bestimmt Breton das Verhältnis von Traum und Dichtung mehrfach so, daß er im Traum eine dichterische Tätigkeit annimmt und nicht umgekehrt in der Dichtung eine träumerische. Die Umgestaltung, die der Traum den aus dem Leben entnommenen Elementen angedeihen läßt, sei, so Breton, eine poetische Bearbeitung durch die Imagination: „ces données [de la *vie vécue*, S. G.] sur lesquelles s'exerce poétiquement l'imagination" (BrOC II, 134). Daher können dann auch die poetischen Bilder zum Ausgangspunkt für die weitere Erforschung des Traumprozesses werden:

> [...] rien ne serait [...] plus nécessaire que de faire porter un examen approfondi sur le processus de formation des images dans le rêve, en s'aidant de ce qu'on peut savoir, par ailleurs de l'élaboration poétique (BrOC II, 203 f.).

Breton leitet damit seine Ästhetik nicht vom Traum ab, sondern findet Übereinstimmungen zwischen dem Traum und seiner Ästhetik, die es ihm erlauben, der Dichtung auch für die Erforschung des Traums große Bedeutung zuzuweisen. Bretons Vorstellung von der Poesie hat viel mit der Zusammenstellung von Heterogenem zu tun, weshalb ihr die Idee des Patchworks sehr nahe kommt.

Sein nun deutlich von Freud geprägter Traumbegriff hebt gerade auf die Disparatheit der Elemente ab. Wichtiger als die nur oberflächlich zitierte Unterscheidung von latent und manifest ist vielmehr die Assoziativität und die Substituierbarkeit der Elemente sowie die – von Breton als dialektisch begriffene – Vereinigung der Gegensätze. Im Gegensatz zu Nerval hat der Traum hier jegliche metaphysische Dimension verloren und kommt nur noch aus dem Inneren des Subjekts. Wichtiger als eine

---

[119] Auffallend ist auch, daß Breton bestimmte Bilder immer wieder verwendet; so begegnet das Bild des Drehens im Käfig schon im *Manifeste*: „[...] l'expérience même s'est vu assigner des limites. Elle tourne dans une cage d'où il est de plus en plus difficile de la faire sortir" (BrOC I, 316), und das Bild der auf die Distel blasenden Frau schon in *Le Surréalisme et la peinture* (vgl. RS, n° 6, 32). Den Satz aus *Le Surréalisme et la peinture* nimmt Breton auch im *Dictionnaire abrégé du surréalisme* (1938) unter dem Eintrag „réalité" wieder auf.

Botschaft des Traums sind seine Verfahren[120]. Der letztere Aspekt war auch in der Frühphase des Surrealismus schon zu erkennen, daneben gab es aber immer, vor allem bei Artaud und Leiris, Tendenzen, eine eigene Traumwelt anzunehmen. Dies ist in *Les Vases communicants*, wo Breton den Traum als Patchwork aus der Wirklichkeit betrachtet, ganz entschieden nicht der Fall.

---

120 Ähnliches setzt Donald Kuspit auch für die surrealistische Malerei an, wenn er grundsätzlich zwei Arten von Traumbildern unterscheidet: symbolistische Traumvisionen mit einer verläßlichen Struktur und surrealistische, die auf der Desintegration beruhen: „Im Gegensatz zur symbolistischen Traumvision, die im Grunde auf die verläßliche Beziehung zwischen Selbst und Universum, Teil und Ganzem verweist, hat das surrealistische Traumbild keine verläßliche Struktur“ (Donald Kuspit, „Von der Vision zum Traum. Die Säkularisierung der Einbildungskraft“, in: Lynn Gamwell (Hg.) *Träume 1900-2000. Kunst, Wissenschaft und das Unbewußte*, 77-88, hier: 83).

IV.
Michel Leiris
oder
der Traum nach dem Surrealismus

Um die Mitte des 20. Jahrhunderts tritt die in ihren Anfängen in Frankreich hauptsächlich von Maury und Vaschide initiierte experimentelle Traumforschung in ihre wissenschaftliche Phase ein. Dank der neuen technischen Möglichkeiten zur Messung der Gehirnströme u. ä. nimmt sie den Versuch des 19. Jahrhunderts wieder auf, den Traum auf seine physiologischen Grundlagen hin zu untersuchen. Damit wird dieser zum Gegenstand der Neurophysiologie. Im Jahr 1953 entdecken die Neurobiologen Eugene Aserinsky und Nathaniel Kleitman in Detroit, daß während mancher Schlafphasen schnelle Augenbewegungen, die sogenannten „rapid eye movements", zu beobachten sind. Weckt man die Versuchspersonen während dieser Phase, so erinnern sie in etwa 80% der Fälle Träume. Der französische Neurologe Michel Jouvet findet 1957 durch Experimente an Katzen, denen er in die Hauptstrukturen des Gehirns und in bestimmte Muskelgruppen Elektroden implantiert, heraus, daß während dieser Phasen hohe Gehirnaktivität bei gleichzeitiger Muskelatonie herrscht. Dieses Stadium bezeichnet er als paradoxen Schlaf, der vom Wachen ebenso deutlich unterschieden sei wie vom normalen Schlaf. Durch den Einsatz von Medikamenten läßt sich die Muskelatonie aufheben, und das Verhalten der Katzen legt die Annahme nahe, daß sie träumen. An dieser Stelle gelingt es der Forschung also, auf den Traumbericht zu verzichten und das Traumverhalten sichtbar zu machen[1].

Während gegenüber dem psychologisch ausgerichteten Traumdiskurs Positionierungen in der Literatur festzustellen waren – um 1850 vor allem eine kritische Distanzierung vom Diskurs der Psychopathologie, zu Beginn des 20. Jahrhunderts eine zunächst enthusiastische, wenn auch nicht immer angemessene Vereinnahmung der Psychoanalyse –, so muß in bezug auf die zweite Hälfte des 20. Jahrhunderts vor allem von Unkenntnis oder Gleichgültigkeit gegenüber den Ergebnissen der modernen Traumforschung gesprochen werden. Lediglich in einer Ausgabe der Zeitschrift *La Tour de feu* von 1968 mit dem Thema *Délivrons-nous des rêves* nimmt Pierre Boujut auf die Forschungen Jouvets Bezug und geht in seinem Anliegen der Demystifizierung des Traums soweit, den Traum als Abfallprodukt des Denkens zu bezeichnen: „Les rêves sont les déchets de la pensée, comme il y a les déchets de l'intestin"[2]. Das kommt der 1983 im Zuge der neurophysiologischen Forschung vorgebrachten These der Naturwissenschaftler Francis Crick und Graeme Mitchison nahe,

---

1 Vgl. Jouvet, *Le Sommeil et le rêve*, 79-105.

2 Pierre Boujut, „Sur les ruines du rêve ou la fin d'une illusion", in: *La Tour de feu* n° 98-99 (1968), 4-12, hier: 8.

die Träumen als eine Art von „Unlearning", d. h. als Entlastung des Gehirns von dem im Laufe des Tages dort angesammelten Material betrachten[3]. Vor allem aufgrund des Desinteresses am Inhalt der Träume seitens der experimentellen Traumforschung bieten sich kaum Anknüpfungspunkte für die Literatur. Jouvet versucht, das Manko der gegenseitigen Ignorierung dadurch zu beheben, daß er selbst einen – literarisch nicht besonders gelungenen – Roman schreibt, in dem ein Chirurg des 18. Jahrhunderts zum Traumforscher wird und die Ergebnisse der modernen Forschung vorwegnimmt[4].

Nicht nur im literarischen Diskurs werden die neuen Erkenntnisse weitgehend ignoriert, auch für den Bereich der Philosophie ist eine vergleichbare Unkenntnis der Traumforschung festzustellen. Roger Caillois, der im Mai 1957 nach der Veröffentlichung seines Buches *L'Incertitude qui vient des rêves* (1956) einen Vortrag über den Traum in der ‚Société française de philosophie' hält, in dem er behauptet, der Traum sei nur eine Illusion des Erwachens, hat später bemerkt, daß in der Diskussion keiner der Anwesenden auf die neuen Erkenntnisse zu sprechen gekommen sei[5]. Während im Rahmen des psychopathologischen Diskurses um 1850 und des experimentalpsychologischen Diskurses um 1900 auch Philosophen das Wort ergriffen hatten, ist nun eine Trennung von naturwissenschaftlichem und philosophischem Diskurs zu verzeichnen.

Während der naturwissenschaftliche Diskurs in der zweiten Hälfte des 20. Jahrhunderts zunehmend dominant wird, kommt der philosophische Traumdiskurs weitgehend zum Erliegen. Obwohl Freuds *Traumdeutung* nun erstmals ernsthaft im Bereich der Philosophie rezipiert wird, hat das keine Auswirkungen auf den Traumdiskurs, da der Traum nicht im Zentrum dieser Rezeption steht[6]. Jacques Derrida etwa liefert in *La Scène de l'écriture* zwar eine interessante Analyse der Freudschen Metaphorik und übernimmt so wichtige Begriffe wie den der Nachträglichkeit, aber er

---

[3] Vgl. Francis Crick, Graeme Mitchison, „The Function of Dream Sleep", in: *Nature* n° 304 (1983), 111-114. Allerdings ist diese Theorie nicht grundsätzlich neu, sondern wird von Crick und Mitchison lediglich informationstheoretisch neu formuliert. Tatsächlich schlägt bereits 1886 der deutsche Forscher W. Robert ein vergleichbares Modell vor (vgl. Jouvet, *Le Sommeil et le rêve*, 144).

[4] Jouvet, *Le Château des songes*.

[5] Roger Caillois, „Problèmes du rêve", in: *Bulletin de la Société de philosophie française* 51, 2 (1957), 105-143 und ders., *La Lumière des songes*, 41. Tatsächlich wird im *Bulletin de la Société de philosophie française* erst in einem Brief von Henri Piéron auf diese Erkenntnisse verwiesen (vgl. „Lettre de M. Henri Piéron, in: *Bulletin de la Société de philosophie française* 51, 2 (1957), 143).

[6] Vgl. dazu u. a. Hans-Dieter Gondek, „Der Freudsche Traum und seine französische Deutung. Foucault, Lacan, Derrida als Leser der *Traumdeutung*", in: Marinelli, Mayer, *Die Lesbarkeit der Träume*, 189-250.

orientiert sich mehr an der Freudschen Metapsychologie und den Strukturen des Unbewußten als am Traum selbst. Was die klassische philosophische Frage nach der Möglichkeit der Unterscheidung zwischen Traum und Realität angeht, so wird diese aus Sicht der nach dem Krieg dominierenden Phänomenologie hinfällig. Außer bei Caillois wird sie nur noch gelegentlich diskutiert, scheint aber im wesentlichen mit Sartres Argument, daß es sich beim Traum um keine Form der Wahrnehmung handle, erledigt zu sein[7]. Maurice Merleau-Ponty etwa zitiert in *Le Visible et l'invisible* (1964) im Zusammenhang mit der Wahrnehmungstäuschung noch das „argument séculaire du rêve", aber er diskutiert es nicht mehr. Der Traum gehört für ihn wie die Wahrnehmung der Realität in den Bereich der Erfahrung, der nicht auf das Kriterium der Wahrhaftigkeit hinterfragt werden kann[8].

Auch im Bereich der Psychoanalyse tritt der Diskurs über den Traum zugunsten der Verwendung in der Praxis zurück. Die Träume sind, so Jens Heise, „sobald sie die Psychoanalyse wissenschaftlich rekonstruiert hatte, in der Klinik verschwunden"[9]. Jacques Lacan, der entscheidende Umformulierungen der Psychoanalyse vornimmt, macht kaum Aussagen über den Traum, obwohl die *Traumdeutung* eine der Schriften Freuds ist, auf die er am häufigsten Bezug nimmt. Sein Interesse gilt in erster Linie der Struktur des Unbewußten und nur sehr marginal den Traumvorgängen[10]. Erst zu Beginn der siebziger Jahre sind Neuerungen gegenüber Freuds Traumtheorie zu verzeichnen, die vor allem das Konzept des Traumraums betreffen[11]. Eine Vermittlung von neurophysiologischer

---

7 Sartre baut sein Kapitel zum Traum in *L'Imaginaire* noch um die einschlägige Passage von Descartes auf (Sartre, *L'Imaginaire*, 308-339). Auf einer gemeinsamen Tagung der ‚Aristotelian Society' und der ‚Mind association' im Jahr 1956 wird die Problematik ebenfalls noch diskutiert, ohne daß neue Argumente zu verzeichnen wären (*Dreams and Self-knowledge*, hier: 197-207).

8 Merleau-Ponty, *Le Visible et l'invisible*, 19-21.

9 Heise, *Traumdiskurse*, 47.

10 Zwar nimmt Lacan Neuinterpretationen der Träume aus der *Traumdeutung* vor, deren markanteste sicher die Deutung des Irma-Traums ist, aber er folgt dabei den Freudschen Prinzipien und zieht wie dieser den Traum heran, um den psychischen Apparat zu erläutern (Jacques Lacan, „Le Rêve de l'injection d'Irma", in: ders., *Le Moi dans la théorie de Freud*, 177-204). Lediglich in seinen Überlegungen zu *Tuché et automaton* hebt er in bezug auf den Traum weniger die Funktion der Wunscherfüllung hervor, sondern macht ihn zum Ort, an dem sich die verfehlte Realität als insistierende Präsenz inszeniert (Jacques Lacan, „Tuché et automaton", in: ders., *Les quatre concepts fondamentaux de la psychanalyse*, 63-75). Reflexionen zum Traum bei Lacan finden sich auch bei Helmut Pfeiffer, „Traumatisches Gedächtnis: Claude Simons *Route des Flandres*", in: Herbert Jaumann u. a. (Hgg.), *Domänen der Literaturwissenschaft*, Tübingen 2001, 315-338, hier: 336-338).

11 Vgl. Lesourne, „Le Rêve aujourd'hui".

Traumforschung und Psychoanalyse ist erst in jüngster Zeit möglich[12]. Im Gegensatz zu den vorhergehenden Teilen verzichte ich daher auf ein eigenes Kapitel zum Traumdiskurs um 1950. Lediglich einzelne Aspekte der phänomenologischen Perspektive seien hier vorgestellt, weil sie Affinitäten zum Traumdiskurs, aber auch zur Traumästhetik bei Leiris aufweisen.

Da die phänomenologische Fragestellung immer von Intentionalität und Bewußtsein ausgeht, unterscheidet sie sich klar von der Psychoanalyse und hat im Gegensatz zu dieser keine Schwierigkeiten damit, den Traum als Erfahrung zu begreifen[13]. Freuds Verständnis der Traumentstehung als Übersetzung der latenten Traumgedanken in eine Bildersprache hingegen wird von Merleau-Ponty als falsch kritisiert:

> Le rêveur ne commence pas par se représenter le contenu latent de son rêve, celui qui sera révélé par le « second récit », à l'aide d'images adéquates ; il ne commence pas par percevoir en clair les excitations d'origine génitale comme génitales, pour traduire ensuite ce texte dans un langage figuré. Mais pour le rêveur, qui s'est détaché du langage de la veille, telle excitation génitale ou telle pulsion sexuelle *est* d'emblée cette image d'un mur que l'on gravit ou d'une façade dont on fait l'ascension que l'on trouve dans le contenu manifeste[14].

Merleau-Ponty versucht hier offensichtlich, sich auf den Standpunkt des im Traum versunkenen Träumers zu stellen, was mit Freuds Perspektive des mächtigen Deuters nicht zu vereinbaren ist. Für den phänomenologischen Diskurs bietet Freuds *Traumdeutung* daher nur bedingt Anknüpfungspunkte. Wesentlich besser geeignet erscheint die von Ludwig Binswanger vertretene Daseinsanalyse, innerhalb deren der Traum als eine eigene Existenz, als eine bestimmte Art des Menschseins überhaupt begriffen wird. Binswangers ursprünglich 1930 erschienener Aufsatz *Traum und Existenz*, auf den sich schon Merleau-Ponty beruft[15], wird 1954

---

12 Vgl. dazu die in der Einleitung erwähnten Publikationen des Sigmund-Freud-Instituts (S. 9, Fn 1) und die in Teil I, Kap. 1 besprochene Arbeit von Moser und von Zeppelin, *Der geträumte Traum*.

13 Während für Ulrich Moser vor allem problematisch ist, daß der Begriff des Erlebens oder der Erfahrung auf bewußt ablaufende Prozesse beschränkt ist (Moser, „Selbstmodelle und Selbstaffekte im Traum"), unterstreicht Héloïse Castellanos-Colombo vor allem die Gefahren der Irrationalisierung, wenn man den Traum nicht als Sprache, sondern als innere Erfahrung begreift („La Place de la théorie freudienne du rêve dans la psychanalyse actuelle", in: *Topique: Revue freudienne* 20, n° 45 (1990), 63-75).

14 Merleau-Ponty, *Phénoménologie de la perception*, 196.

15 Ebd., 328 ff.

ins Französische übersetzt und von Foucault mit einem Vorwort versehen, das mehr als doppelt so lang ist wie Binswangers Text selbst[16].

In diesem frühen Text spielt der Begriff der Erfahrung auch bei Foucault eine entscheidende Rolle. Der spätere Diskurstheoretiker bewegt sich noch in einem phänomenologischen Horizont, auch wenn er die Traumerfahrung vor allem als Begegnung mit dem Tod versteht und von einem kartesianischen Subjektbegriff löst[17]. Seine Kritik an Freud formuliert er dahingehend, daß Freud dem Traum zwar eine psychologische Bedeutung gegeben, jedoch keinen Wert als Erfahrung zugestanden habe. Damit gehe dieser nicht über das Postulat des 19. Jahrhunderts hinaus, daß der Traum eine Rhapsodie von Bildern sei. Foucault hingegen betrachtet ihn als „expérience imaginaire", als Möglichkeit der Erfahrung der Existenz selbst: „Le rêve, c'est l'existence se creusant en espace désert, se brisant en chaos, éclatant en vacarme, se prenant, bête ne respirant plus qu'à peine, dans les filets de la mort"[18]. Der Tod wird Foucault dabei zur Vollendung der Existenz und zum absoluten Sinn des Traums:

> La mort porte alors le sens de la réconciliation, et le rêve où se trouve figurée cette mort est alors le plus fondamental qu'on puisse faire : il ne dit plus l'interruption de la vie, mais l'accomplissement de l'existence ; il montre le moment où elle achève sa plénitude dans un monde près de se clore[19].

Der Traum als Erfahrung des Todes führt so an die Grenzen der Existenz und ermöglicht einen anderen Selbstbezug. Foucault zielt in seiner Einleitung auf eine Anthropologie der Imagination, deren Thesen hier nur angedeutet werden können. Der Traum ist für ihn keine Modalität der Imagination, sondern die Grundvoraussetzung ihrer Möglichkeit. Die Imagination im Traum stellt für ihn eine reale Begegnung mit und die Bewegung zum Ursprung dar, die vom Wachbewußtsein her jedoch nur im stillgestellten Modus des Bildes erfaßt werden können:

> […] l'image est une prise de vue sur l'imagination du rêve, une manière pour la conscience vigile de récupérer ses moments oniriques. En d'autres

---

[16] Ludwig Binswanger, *Le Rêve et l'existence*, traduit de l'allemand par Jacqueline Verdeaux. Introduction et notes de Michel Foucault, Paris 1954. Der Text von Foucault wird hier zitiert nach Michel Foucault, „Introduction", in: ders., *Dits et écrits 1954-88*, Bd. 1, 65-119.

[17] Vgl. dazu Wolfgang Schäffner, „Wahnsinn und Literatur. Zur Geschichte eines Dispositivs bei Michel Foucault", in: Gerhard Neumann (Hg.), *Poststrukturalismus. Herausforderung an die Literaturwissenschaft*, Stuttgart, Weimar 1997, 59-77, hier: 65.

[18] Foucault, „Introduction", 100.

[19] Ebd., 95.

> termes, au cours du rêve, le mouvement de l'imagination se dirige vers le moment premier de l'existence où s'accomplit la constitution originaire du monde. Or, lorsque la conscience vigile, à l'intérieur de ce monde constitué, tente de ressaisir ce mouvement, elle l'interprète en termes de perception, lui donne pour coordonnées les lignes d'un espace presque perçu et l'infléchit vers la quasi-présence de l'image ; bref, elle remonte le courant authentique de l'imagination et, au rebours de ce qu'est le rêve lui-même, elle le restitue sous forme d'images[20].

Der Traum wird so bei Foucault zum Ort der Authentizität, der Ursprünglichkeit, der Imagination und der Erfahrung. Ohne sich auf die Hieroglyphen zu beziehen, schreibt er dem Traum deren Attribute zu, die dem Wachbewußtsein unzugänglich seien. Lediglich der Poesie gesteht er, unter der Voraussetzung, daß sie sich von der einfachen Suche nach Bildern abwende und statt dessen wieder zu träumen lerne, zu, die „plénitude d'une présence"[21] evozieren zu können.

Obwohl gelegentlich terminologische Affinitäten zu Sartres *L'Imaginaire* (1940) auffallen, unterscheidet sich Foucaults euphorische Aufwertung des Traums als Zugang zum Ursprung der Existenz sehr deutlich von Sartres Überlegungen zur Fiktionalität des Traums. Für Sartre ist der Traum die „réalisation parfaite d'un imaginaire clos"[22], aus welchem dem Bewußtsein, das keiner Reflexion fähig ist, kein Ausweg gelingt. Der im Rahmen des Traums nicht aufhebbare Glaube an die Wirklichkeit des Geschehens ist für Sartre das entscheidende Moment, das es auch verbietet, den Traum als Wahrnehmung zu begreifen. Damit stellt sich die Frage nach der Unterscheidungsmöglichkeit von Traum und Realität nicht mehr. In Anlehnung an eine Formulierung von Coleridge könnte man sagen, daß für Sartre im Traum eine „unwilling suspension of disbelief" stattfindet, da der Träumer, solange er träumt, über keine Reflexionsfähigkeit verfügt. Obwohl Sartre die Existenz einer imaginären Welt bestreitet, spricht er davon, daß der Träumer seinen Traum als Welt erlebt: „[...] dans le rêve chaque image s'entoure d'une atmosphère de monde"[23]. Dadurch gewinne das Erleben des Traums den Charakter der Unmittelbarkeit, der Traum werde zum „monde vécu immédiatement"[24]. Diese Welt, und damit widerspricht Sartre der surrealistischen Traumauffassung, sei jedoch kein Reich der Möglichkeiten oder des Wunderbaren, sondern eines der Fatalität. Die Gegenwärtigkeit oder

---

20 Ebd., 117.
21 Ebd., 118.
22 Sartre, *L'Imaginaire*, 319.
23 Ebd., 323.
24 Ebd., 332.

Präsenz des Traums erhält bei ihm daher auch eine wesentlich pessimistischere Färbung als bei Foucault: „Il [le monde imaginaire, S. G.] y gagne une sorte de présence sourde et sans distance par rapport à ma conscience“[25]. Obwohl Foucault und Sartre beide auf die Begriffe von Unmittelbarkeit und Präsenz zurückgreifen, um den Traum zu charakterisieren – und vor allem mit letzterem einen Begriff verwenden, der in der Ästhetik von Leiris eine zentrale Rolle spielt –, kommen sie zu sehr unterschiedlichen Bewertungen. Während für Foucault der Traum Zugang zu ansonsten entzogenen Erfahrungen ermöglicht, zum Wesen der Dinge und zum Ursprung führt, ist für Sartre die bei Foucault gefeierte Unmittelbarkeit in erster Linie die fehlende Möglichkeit der Distanznahme. Der Traum ist bei ihm keine Wahrheit, sondern eine Fiktion, welcher der Träumer hilflos ausgeliefert ist.

Obwohl diese philosophischen Überlegungen durchaus Nähe zur Literatur aufweisen, bleiben die wichtigsten Bezugspunkte des literarischen Traumdiskurses in der zweiten Hälfte des 20. Jahrhunderts der Surrealismus und die Freudsche Psychoanalyse. Das zeigt nicht zuletzt die teils vehement formulierte Kritik: Roger Caillois etwa wirft den Surrealisten vor, in ihren „récits de rêves“ dem Traum Gewalt angetan zu haben, um ihn in ihre Vorstellungen vom Wunderbaren einpassen zu können[26]. Und die von Pierre Boujut herausgegebene Zeitschrift *La Tour du feu* erscheint 1968 mit einer Nummer zum Traum, die vor allem gegen die surrealistische Gleichsetzung von Traum und Poesie gerichtet ist:

> Les rapports entre rêve et poésie ne sont qu'apparents et superficiels. Mais nous avons depuis si longtemps vécu sur ce lieu commun : *poésie = rêve*, que l'idée ne venait plus aux poètes de mettre en doute la poésie du sommeil[27].

Daneben gibt es jedoch auch Fortsetzungen des surrealistischen Bestrebens, wie etwa die wachsende Zahl kontextloser Traumpublikationen und die Übernahme wichtiger formaler Elemente des surrealistischen „récit de rêve“ zeigen[28]. Um die Vielfalt des „récit de rêve“ in der zweiten

---

25 Ebd.

26 Caillois, *L'Incertitude qui vient des rêves*, 126 f.

27 Boujut, „Sur les ruines du rêve ou la fin d'une illusion“, 5.

28 Für die kontextlosen Traumpublikationen vgl. die Hinweise in der Einleitung (infra, S. 14); für die Übernahme einzelner Elemente sei vor allem auf *Matière de rêves* (1975-85) von Michel Butor hingewiesen. Butor protokolliert den Traum zwar nicht mehr stenographisch, sondern macht ihn wieder zum Ausgangsmaterial seiner Textkomposition, aber er übernimmt dabei formale Elemente des surrealistischen „récit de rêve“. Besonders augenscheinlich wird das im fünften Band des Werks, in dem er klassische literarische Traumtexte wie die große Vision aus Nervals *Aurélia* (NOC III, 702-708) oder Baudelaires Brief an Asselineau (BC 338-341) verwendet, diese jedoch konse-

Hälfte des 20. Jahrhunderts aufzuzeigen, böte es sich an, eine ganze Reihe von Autoren in die Untersuchung einzubeziehen. Vor allem Georges Perec und Michel Butor, aber auch Yves Bonnefoy und Hélène Cixous produzieren Traumtexte, deren Analyse unter Gattungsgesichtspunkten ergiebig wäre[29]. Die Beschränkung auf das Werk von Michel Leiris erfolgt hier nicht nur aus pragmatischen, sondern auch aus zwei systematischen Gründen. Zum einen ist er der Autor, der die Gattung des „récit de rêve“ lebenslang am intensivsten praktiziert, variiert und weiterentwickelt hat. Zum anderen findet sich bei ihm, im Gegensatz zu den anderen genannten Autoren, in der *Règle du jeu* (1948-76) zumindest ansatzweise ein Diskurs über den Traum. Am intensivsten problematisiert er dabei das Aufschreiben des Traums und dessen Problematik.

Obwohl die Bedeutung des Traums bei Leiris allgemein anerkannt ist, gibt es kaum detaillierte Studien dazu. Neben verschiedenen Analysen einzelner Traumtexte unter psychoanalytischen Prämissen[30] sind vor allem die Arbeiten von Philippe Lejeune und Catherine Maubon zu nennen, die dem Traum jeweils ein Kapitel widmen. Bei Lejeune findet sich in *Lire Leiris* ein Kapitel zum Thema „Rêve et autobiographie“[31], in dem drei Verwendungsweisen des Traums bei Leiris unterschieden werden: erstens die stilisierte Notation des Traums, die entweder eine poetische oder eine autobiographische Lektüre nahelege, zweitens die Verarbeitung zu „petits romans“ in der surrealistischen Phase (vor allem *Le Point cardinal* und *Aurora*), in der die Träume das Material bereitstellten, dessen tiefere Bedeutung poetisch entwickelt werde[32], und drittens die Integration in das autobiographische Schreiben, wozu Lejeune auch *Afrique fantôme* zählt. Ausführlicher beschäftigt er sich nur mit dieser dritten Verwendung, wobei er besonders betont, daß der Traum bei Leiris auch auf der Ebene des schreibenden Ichs und nicht nur wie in der klassischen Autobiographie auf der des erlebenden Ichs zur Markierung entscheidender Wendepunkte zum Einsatz komme. So gelinge es, einen dem Bewußtsein nicht zugänglichen Teil des Ichs in die Autobiographie zu

---

quent ins Präsens transponiert und auf die orientierende Einleitung verzichtet (vgl. Michel Butor, *Mille et un plis. Matière de rêves V et dernier*, Paris 1985, 37-85).

29 Zumindest angedeutet habe ich die Richtung, in die eine solche Analyse gehen müßte, in: Susanne Goumegou, „Le Récit de rêve surréaliste et ses avatars“, in: Vandendorpe (Hg.), *Le Récit de rêve*, 183-202.

30 Jean-Bertrand Pontalis, „Michel Leiris oder die unendliche Psychoanalyse“, in: ders., *Nach Freud*, Frankfurt am Main 1974, 273-293 [*Après Freud*, Paris 1965]; Jean Bellemin-Noël, „Acharnement herméneutique sur un fragment de « Fibrilles »“, in: *Littérature. Revue trimestrielle* n° 79 (1990), 46-62.

31 Lejeune, *Lire Leiris*, 91-100.

32 Vgl. hierzu auch Lejeune, *Le Pacte autobiographique*, 249-261.

integrieren, ohne den Pakt von Aufrichtigkeit und Genauigkeit zu verletzen. Die Texte aus *Nuits sans nuit et quelques jours sans jour*, die er nur gelegentlich heranzieht, liest Lejeune nahezu ausschließlich autobiographisch und verwendet sie für psychoanalytische Deutungen.

Catherine Maubon gebührt das Verdienst, in dem Teil „Rêver" ihres Buchs *Michel Leiris en marge de l'autobiographie* als erste nach Blanchots Rezension zu *Nuits sans nuit et quelques jours sans jour* (1961) die Eigenständigkeit dieses Bandes erkannt zu haben[33]. Sie zeigt einige Tendenzen in der Entwicklung des „récit de rêve" auf und macht Ansätze zu einem Vergleich der beiden Fassungen von 1945 und 1961, greift allerdings ebenfalls einzelne Texte heraus und vertraut meistens darauf, daß diese für sich sprechen. Die Kommentierung erfolgt lediglich unter Bezug auf Zitate über den Traum aus der *Règle du jeu*, die ihrerseits nicht hinterfragt und analysiert werden.

Meines Erachtens fehlen vor allem drei Aspekte in diesen Untersuchungen[34]. Erstens sollte in bezug auf die *Règle du jeu* nicht nur gefragt werden, welche Rolle der Traum im Werk von Leiris spielt, sondern auch welche Aussagen Leiris über den Traum macht und inwiefern er das Aufschreiben desselben problematisiert. Denn dies ist nicht nur exemplarisch für das Traumverständnis des 20. Jahrhunderts, sondern auch von zentraler Bedeutung für seine Ästhetik. Zweitens ist zu zeigen, daß die beiden Bände mit Traumtexten nicht nur als Sammlung von Einzeltexten, sondern auch als kompositorisches Ganzes zu lesen sind. Und drittens schließlich kann anhand von *Nuits sans nuit* (1945) und *Nuits sans nuit et quelques jours sans jour* (1961) sowie den Traumfragmenten im Spätwerk – gemeint sind damit vor allem *Frêle bruit* (1976), *Le Ruban au cou d'Olympia* (1981) und *À cor et à cri* (1988) – die Weiterentwicklung der Gattung des „récit de rêve" verfolgt werden, in der auch Veränderungen in Leiris' Einstellung zu Traum und Realität deutlich werden, die in der *Règle du jeu* eher diskursiv abgehandelt werden[35].

---

33 Maubon, *Michel Leiris en marge de l'autobiographie*, 23-81 und Maurice Blanchot, „Rêver, écrire", in: ders., *L'Amitié*, Paris 1971, 162-170. Blanchot nimmt Leiris' Traumtexte als literarische Texte ernst und begreift sie als „supplément au projet de se décrire" (ebd., 162) und als eine „transcription en langage nocturne" (ebd., 163) des Versuchs der Introspektion. Vor allem jedoch schließt Blanchot eigene Überlegungen zum Subjektstatus des Traum-Ichs an.

34 Ein kurzes Kapitel zu *Nuits sans nuit et quelques jours sans jour* findet sich auch bei Seán Hand (*Michel Leiris. Writing the Self*, 38-44). Sein Interesse richtet sich dabei vor allem auf die Thematik der Selbstspaltung im Traum und deren Auswirkungen auf das autobiographische Schreiben. Daß die 1961 veröffentlichten Texte meistens nicht mit den Originalfassungen identisch sind, vernachlässigt er vollständig.

35 Das surrealistische Frühwerk, die Traumberichte in *L'Afrique fantôme* (1934) und in *L'Âge d'homme* (1939) bleiben hier ausgespart. Obwohl Maubon einige Grundzüge der

Daher werde ich in diesem Teil das Leirissche Werk unter zwei Gesichtspunkten untersuchen. In einem ersten Kapitel soll der Traumdiskurs in der *Règle du jeu* analysiert werden, wobei allerdings sowohl die traumartigen Zustände nach dem Erwachen aus dem Koma, die Leiris als Deformation der Traumwelt begreift, als auch die Art des Traumberichts weitgehend ausgespart bleiben müssen. In einem zweiten Kapitel stehen dann die eigenständig publizierten Traumtexte im Zentrum, wobei neben der Eigenart des Genres auch die Wandlungen des „récit de rêve" von den Anfängen in der surrealistischen Zeit bis hin zum Spätwerk untersucht werden sollen.

Traumtexte in diesen Werken andeutet (Maubon, *Michel Leiris en marge de l'autobiographie*, 36-42) und Bellemin-Noël in seine Studie zu *L'Âge d'homme* einige der Traumtexte einbezieht („Michel Leiris: Hommages dommages", in: ders., *Biographies du désir*, 209-263), bleibt eine ausführliche Studie ein Forschungsdesiderat.

1. Der Traumdiskurs in der *Règle du jeu*

Bei Leiris gibt es keine kohärente Argumentation zum Thema des Traums, sondern lediglich eine Vielzahl relativ weit gestreuter Bemerkungen, die hier zusammengetragen und analysiert werden sollen. Das hängt auch damit zusammen, daß Leiris keine Auseinandersetzung mit den Diskursen des Wissens führt, wie das bei Breton in seiner Beschäftigung mit philosophischen, psychologischen und psychoanalytischen Diskursen weitgehend der Fall war. Über Kenntnis der Ergebnisse der experimentellen Traumforschung scheint Leiris gar nicht zu verfügen, oder aber sie interessieren ihn nicht. Will man bei ihm von einem Traumdiskurs sprechen, so wäre das ein literarischer Diskurs, der den Traum zur Gewinnung ästhetischer Positionen heranzieht. Im Zentrum dieses Kapitels stehen die ersten drei Bände der *Règle du jeu*, in denen sich die meisten Aussagen über den Traum finden lassen. Die neue Form des Schreibens ab *Frêle bruit* hingegen geht mit dem fast vollständigen Verzicht auf explizite Stellungnahmen zum Traum einher. Statt dessen werden Strukturmerkmale des Traumtextes zur Grundlage der Textorganisation des ganzen Bandes, in dem der Traumtext zudem, wie im nächsten Kapitel zu zeigen sein wird, einen anderen Stellenwert erhält.

Obwohl es schwierig ist, den Traumdiskurs in der *Règle du jeu* von der Einbindung der Traumerzählungen in den Gesamttext zu lösen, soll gerade dies hier versucht werden[1]. Nach einer kurzen Skizze zur Einstellung von Leiris gegenüber den wichtigsten Traumdiskursen gilt das Interesse den einschlägigen Passagen in der *Règle du jeu*. Das Hauptaugenmerk liegt dabei zunächst auf dem Verhältnis von Traum und Realität, das sich mit der angenommenen Doppelstruktur der Existenz auch in einer Ästhetik niederschlägt, in der der Traum zum Ort der Poesie werden kann. Schließlich soll der Diskurs zum Fixieren des Traums in drei Schritten verfolgt werden: erstens das Erinnern, zweitens das Aufschreiben und drittens die Lektüre und Entzifferung.

1.1 Leiris und die Traumdiskurse seiner Zeit

Zu Leiris' Traumverständnis in der surrealistischen Zeit liegen nur vereinzelte Eintragungen aus dem Tagebuch vor, die hier als Einleitung

---

[1] Zur Integration der Träume in den Gesamttext vgl. z. B. Sauret, *Inventions de lecture chez Michel Leiris*, 98-103 und Maubon, *Leiris en marge de l'autobiographie*, 42-48.

dienen mögen. Am Beginn der Beschäftigung mit dem Traum steht bei Leiris kein psychologisches oder psychoanalytisches Interesse, sondern die immer noch verbreitete Vorstellung, der Traum könne metaphysische Offenbarungen enthalten. Rückblickend auf seine dichterischen Anfänge äußert er sich später wie folgt:

> [...] je me bornais à miser sur la manipulation du langage et sur mes rêves de la nuit pour obtenir je ne sais quelle révélation métaphysique qui, momentanément du moins, m'aurait arraché à mes tourments[2].

So zieht er zunächst das Traumbuch des Artemidor zu Rate, um die Botschaften seiner Träume entziffern zu können. Entsprechende Interpretationsversuche sind in den Tagebuchnotizen von Oktober und November 1924 zu finden, wo Leiris sich die Bedeutungen der einzelnen Elemente nach Artemidor notiert[3]. Zugleich beklagt er, daß er zwar viel träume, seine Träume jedoch nur in die Kategorie des „rêve", nicht aber in die des eine Offenbarung enthaltenden „songe" einzustufen seien (J 78). Dennoch steht seine Rezeption des Traumbuchs bereits im Zeichen der Psychoanalyse, wenn er die antiken Traumdeuter mehr als Seelendoktoren denn als Wahrsager einordnet und einen Vergleich mit Freud für gerechtfertigt hält[4]. Wie ernsthaft Leiris an die Gültigkeit der mantischen Deutung glaubt, ist nicht zu belegen, denn seine Deutungsversuche verknüpft er vor allem mit Überlegungen zur literarischen Verwendung der Traumnotate[5].

Von Anfang an hebt Leiris aber auch den besonderen Denkmodus des Traums hervor:

> Seule me semble importante cette merveilleuse libération de l'esprit, qui permet d'aborder les spéculations les plus graves au moyen de l'analyse des mots, cette logique spéciale moins rigoureuse sans doute que la logique habituelle, mais combien plus suggestive dans ses révélations d'oracle...

---

2 Michel Leiris, „45, Rue Blomet", in: ders., *Zébrage*, 219-229, hier: 227.

3 Michel Leiris, *Journal 1922-89*, 69 f., 75, 77, 79. Das Tagebuch wird im folgenden mit der Sigel J zitiert, die anderen Werke von Leiris wie folgt: ES: *L'Évasion souterraine*; PC: „Le Point cardinal", in: *Mots sans mémoire*, 25-69, AH: *L'Âge d'Homme*, HM: *Haut mal suivi de Autres lancers*, N: *Nuits sans nuit* (1945), Au: *Aurora*, Bif: *Biffures*, Fou: *Fourbis*, NJ: *Nuits sans nuit et quelques jours sans jour* (1961), Br: *Brisées*, Fib: *Fibrilles*, FB: *Frêle bruit*, RO: *Le Ruban au cou d'Olympia*, LT: *Langage tangage*, AC: *À cor et à cri*.

4 Einen solchen Vergleich nimmt etwa Jean Vinchon in *Le Disque vert* vor: ders., „Le Songe de Poliphile ou la tradition dans Freud", in: *Le Disque vert* 2 (1924), n° spécial *Freud et la psychanalyse*, 62-69, hier: 63 f.

5 „[...] s'aider de l'oniromancie [sic] pour déterminer l'atmosphère. Grouper les rêves selon leurs analogies de présages" (J 76).

> C'est ce mode particulier de pensée qui toujours constitue la trame secrète de mes rêves, le signe permanent que je retrouve dans toutes les aventures de mon sommeil[6].

Die Formulierungen in diesem am 24. 1. 1925 im Tagebuch notierten Text für *Le Disque vert* nennen neben der weiterhin erkennbaren Orientierung am Orakel auch deutlich surrealistische Ziele wie die Befreiung des Geistes. Tatsächlich fällt in diesen Zeitraum Leiris' Anschluß an die Gruppe um Breton. Am 23. 12. 1924 macht er in Begleitung von Masson, dessen Atelier in der Rue Blomet er schon länger frequentiert, einen ersten Besuch im ‚Bureau de recherches surréalistes'. Ende Januar wird er dann von Artaud mit verschiedenen Aufgaben betraut und übernimmt Präsenzzeiten im Büro[7].

Michel Leiris liest wie Breton begeistert die ersten Übersetzungen der Freudschen Werke, die *Introduction à la psychanalyse* (1922), die *Trois essais sur la théorie de la sexualité* (1923) und die *Psychopathologie de la vie quotidienne* (1923)[8]. Die *Traumdeutung* hingegen hat er im Gegensatz zum *Traumbuch* des Artemidor nach eigenem Bekunden nie gelesen[9], was darauf schließen läßt, daß beim Erscheinen der französischen Übersetzung 1926 sein Interesse an einer Deutung seiner Träume schon erloschen war. Auch die Tagebuchnotizen zur Lektüre von *Les Vases communicants* im Jahr 1933 zeigen, daß sein Interesse nicht der Deutungsmethode, sondern dem Verhältnis von Traum, Realität und Poesie bzw. dem von Innenwelt und Außenwelt gilt[10]. Eine Kenntnis der Freudschen Grundannahmen

---

6 *Le Disque vert* 3, 2 (1925), 34 f. Der Herausgeber des Tagebuchs liest „ce monde particulier de pensée" (J 94), was weniger überzeugend scheint.

7 Vgl. zu diesen Angaben Armel, *Michel Leiris*, 217, sowie *Bureau de recherches surréalistes. Cahier de la permanence.* Der Besuch von Leiris und Masson am 23. 01. 1924 ist dort ebenso verzeichnet wie seine Teilnahme an den Versammlungen vom 23. und 27. Januar und seine Präsenzzeiten mit Artaud gemeinsam am 5. und 19. März sowie am 2. April.

8 Vgl. Philippe Lejeune, „Post-scriptum à « Lire Leiris »", in: ders., *Moi aussi*, Paris 1986, 164-177, hier: 169.

9 Ebd., 170.

10 Leiris erwähnt *Les Vases communicants* dreimal in seinem Tagebuch: Am 21. April 1933 notiert er, daß er die Lektüre fast beendet habe, am 24. April 1933 beendet er sie und gibt einen kurzen Kommentar, und schließlich kommt er im Februar/März 1936 nochmals darauf zurück. Am 24. April 1933 greift Leiris Bretons Argumentation, daß der Inhalt der Traumwelt auf den Inhalt der realen Welt reduzierbar sei und als Rest allenfalls ein „merveilleux poétique" bleibe, als inkonsistent an: „Pourtant de deux choses l'une : ou bien ce résidu est négligeable, et alors la poésie est elle-même une chose négligeable ; ou il ne l'est pas et alors le monde du rêve n'est pas réductible au monde réel, la poésie tirant toute sa force de l'irréductibilité des deux" (J 215). Er deckt damit den Widerspruch auf, der bei Breton aus der versuchten Vereinbarung von „materialistisch-dialektischer" Traumtheorie und dem Programm des Surrealismus

zum Traum ist bei Leiris, der die Grundlinien der Psychoanalyse nicht nur aus der Lektüre, sondern auch aus seiner psychoanalytischen Behandlung bei Adrien Borel kennt, offensichtlich. Es bedarf jedoch keiner expliziten Auseinandersetzung mehr wie noch bei Breton, ja zumeist gar keiner gesonderten Erwähnung. So verwendet Leiris in seiner Argumentation in *Biffures* (1948) den Freudschen Begriff des Wunschtraums und erwähnt das mögliche Wiederauftauchen von Kindheitswünschen ohne direkte Bezüge[11]. Ebenso zeigen einige Aussagen über den Traum in *Fibrilles* (1966) eine selbstverständliche Akzeptanz der Prinzipien von Freuds *Traumdeutung*; dennoch orientiert er sich in seinen Schriften nur teilweise an einem psychoanalytischen Umgang mit dem Traum. Auch das häufig zu beobachtende assoziative Verfahren ist nicht in erster Linie auf die Kenntnis der Psychoanalyse zurückzuführen. In *Frêle bruit* (1976) teilt Leiris mit, daß er seit seiner Gymnasialzeit von der Lehre der Ideenassoziation fasziniert war und diese zu seiner Untersuchungsmethode gemacht habe (FB 33 f.)[12]. Damit bewegt er sich in einem Rahmen, der auch den psychologischen Traumdiskurs des 19. Jahrhunderts bestimmte. Gleichzeitig bezieht Leiris sich gerade im Zusammenhang mit dem Traum immer wieder auf Nerval, was meistens latente metaphysische Vorstellungen impliziert. Allerdings verweist er die Existenz dieser zweiten Welt deutlicher als Nerval in einen eigens ausgewiesenen Raum des Imaginären. Es ist vor allem ein Nerval-Zitat, das für Leiris zentrale

---

entsteht. Leiris will die Poesie allerdings keinem der beiden Bereiche, sondern vielmehr ihrer Differenz zuordnen. Im Februar/März des Jahres 1936 kommentiert er vor allem das Verhältnis von Individuum und Gesellschaft: „Décidément, apparaît comme bien risible le principe des *Vases communicants* : vie intérieure, vie extérieure sont peut-être égales ; mais il importe de ne pas fausser le problème : ce qui se passe en *tous* peut être tenu pour égal à ce qui se passe dans le monde extérieur (mettons le monde matériel, abstraction faite des consciences), mais il serait bouffon de prétendre que ce qui se passe en *moi* est d'importance égale à ce qui se passe dans l'ensemble du monde extérieur“ (J 299).

11 „Rêve de pur désir“ (Bif 255), „Non qu'une si enfantine envie, portant sur un objet futile, soit demeurée plantée en moi telle une écharde et ressurgisse dans mon âge mûr (ce serait un reliquat bien étrange que pourraient concurrencer trop aisément, pour en meubler mes songes, tant de désirs anciens comparables à celui-là et comme lui restés inassouvis)“ (Bif 255 f.).

12 Eine zutreffende Beschreibung der Ähnlichkeit der Verfahren gibt Christian Vereekken, „Rides = Leiris, Lacan et les mots“, in: *Revue de l'Université de Bruxelles* (1990), 169-178. Lejeune kommt nach einem Gespräch mit Leiris zu dem Schluß, daß Leiris die Psychoanalyse lediglich als poetische Methode akzeptiere, die es erlaube, Analogie- und Verweissysteme zwischen verschiedenen Bildern zu etablieren, sie als Interpretationsmethode jedoch ablehne und sie darüber hinaus nicht gut kenne (Lejeune, „Postscriptum à Lire Leiris“, 173). Jean-Bertrand Pontalis hingegen mißversteht aufgrund der Nähe der Verfahren der Textproduktion die *Règle du jeu* als eine Form der Psychoanalyse („Michel Leiris oder die unendliche Psychoanalyse“).

Bedeutung erlangt: Den Eingangssatz von *Aurélia* „Le rêve [sic!] est une seconde vie“ stellt er sowohl *Nuits sans nuit* als auch *Nuits sans nuit et quelques jours sans jour* als Motto voraus, und zitiert ihn auch im Spätwerk noch des öfteren. In *Le Ruban au cou d'Olympia* zieht er ihn heran, um zu bekunden, daß Schreiben für ihn eine andere Form der Realität bedeutet: „[…] quelque chose que je baptiserai *seconde vie* en reprenant sans vergogne l'expression que Nerval appliquait au rêve pour faire entendre que lui aussi il est réalité“ (RO 169). Und auch in *À cor et à cri* finden sich zwei Anspielungen auf dieses Zitat (AC 28, 127). Hier allerdings betont Leiris, daß er die früher für poetisches Genie gehaltene Tatsache, daß Nerval Schwierigkeiten hatte, zwischen Traum und Realität zu unterscheiden, mittlerweile für beängstigend hält (AC 127 f.).

1.2 Traum und Realität

In der *Règle du jeu* wird das Verhältnis von Traum und Realität immer wieder und in verschiedenen Akzentuierungen thematisiert. Dabei kommt Leiris, für den Theatralität ohnehin ein wichtiges Darstellungsprinzip ist, kaum ohne Theatermetaphorik aus[13]. Der Bezug aufs Theater erlaubt immer wieder die Reflexion über die Wechselwirkungen von Imaginärem und Realem sowie über die Selbstanzeige der Fiktion. Die hier zu analysierenden drei Passagen beschäftigen sich mit dem Bereich der Imagination, einem Begriff des Jenseits und der Zuordnung von Traum, Schlaf und Wachen, wofür sie alle der Idee des Theaters und der Struktur des Vorhangs bedürfen.

In *Biffures* (1948) beschreibt Leiris rückblickend, wie er in jungen, das heißt auch: surrealistisch geprägten Jahren, das Verhältnis von Traum und Realität empfunden hat. Dazu greift er auf das Beispiel seines Erlebens einer Aufführung von Saties *Parade* durch die ‚Ballets Russes‘ in den zwanziger Jahren zurück:

> Capable de confronter rêve et réalité sans ironie ou tentative d'accommodement et de ressentir leur différence comme une plaie béante, je ne ratiocinais pas encore sur les raisons qu'on peut avoir d'écrire et avais seulement la volonté de devenir poète, pour me guérir de la réalité par le rêve […]. Comparant le grand cheval que me présentait le rideau à son double risible qui se mouvait sur la scène, je pensais à ce rêve et à cette réalité

---

[13] Die Dimension der Theatralität wurde in bisherigen Forschungsarbeiten noch kaum berücksichtigt. Vgl. erst neuerdings Albers, Pfeiffer (Hgg.), *Michel Leiris: Szenen der Transgression* sowie vorher schon Catherine Masson, *L'Autobiographie et ses aspects théâtraux chez Michel Leiris.*

> comme à deux mondes contraires que sépare un terrible hiatus et m'abîmais dans le désir lancinant d'une impossible identification avec le grand cheval (Bif 157).

„Une plaie béante", „un terrible hiatus" – deutlicher kann man die Trennung von Traum und Realität, den Entwurf zweier verschiedener Welten wohl nicht formulieren. Die Welt des Traums setzt Leiris hier in Verbindung mit Poesie und Mythologie. Zum Symbol dafür wird der von Picasso gestaltete Vorhang, auf dem ein geflügelter weißer Pegasus zu sehen ist. Dieses Vorhangpferd hat ein „double risible" auf der Bühne, ein „quadrupède caricatural" (Bif 156), das von zwei Tänzern mit einem übergeworfenen Kostüm dargestellt wird. Während Leiris den Pegasus auf dem Vorhang in seiner Symbolfunktion und nicht in seiner Materialität deutet, sieht er auf der Bühne kein Pferd, sondern nur die beiden es repräsentierenden Tänzer mit ihrem Kostüm. Damit verweigert er die imaginäre Perspektive, von deren Annahme durch den Zuschauer das Theater lebt und konzentriert sich auf die materiellen Grundlagen der Aufführung[14].

Die Wirkung der Aufführung resultiert für Leiris aus der Diskrepanz zwischen dem „coursier qui fait rêver" (Bif 156) und der tänzerischen Karikatur:

> [...] tout s'est joué, en somme, dans la distance qui sépare ces deux figures dont chacune réalise un portrait de ce qu'ont imaginé, d'une part, faiseurs de mythes, d'autre part, baladins, à propos du cheval (Bif 156).

Diese Distanz wird im weiteren allerdings nicht mehr als Kluft zwischen den Welten beschrieben, sondern als Feld zwischen zwei Polen begriffen, zwischen denen das Geschehen oszilliert. Damit ist die Kluft zwischen Traum und Wirklichkeit nicht nur überbrückbar geworden, die Welten – so sie noch als Welten denkbar sind – sind jetzt auch aufeinander bezogen und stehen in einem Verhältnis der gegenseitigen Bedingtheit zueinander:

> La retombée du rideau, ensuite, renvoie tout dans le rêve dont ce « plus vrai que le vrai » ne saurait, au demeurant, se passer. Car tout s'obstine à osciller entre deux pôles : l'un, de réalité aussi nue et présente que possible ; l'autre de mythologie, ici fabuleuse au sens strict ainsi que l'est Pégase, alors qu'elle peut prendre ailleurs la forme d'une reconstruction nostalgique du passé, opérée par la mémoire et répondant à une hantise de *là-*

---

14 Zur imaginären Perspektive im Theater vgl. Octave Mannoni, „L'Illusion comique ou le théâtre du point de vue de l'imaginaire", in: ders., *Clefs pour l'Imaginaire ou l'Autre Scène*, 161-183, hier: 161 f.

> *bas* ou d'*au-delà* analogue à celle que tend à satisfaire l'exercice de l'imagination (Bif 156).

Die Faszination des Theaters beruht also gerade auf dem Spannungsverhältnis zwischen den beiden Welten. Mythologie buchstabiert Leiris dabei auf unterschiedliche Art und Weise: als eine von der Imagination gesteuerte Fabelwelt im eigentlichen Sinn, aber auch als nostalgische Erinnerungswelt. In diesen Kontext gestellt, erhält der Traumbegriff eine Bedeutungserweiterung, die unter anderem auch all das aufnimmt, was durch die Rousseausche *Rêverie* bezeichnet ist. Wenn Leiris die Erzeugung einer anderen Welt bzw. des Wunsches danach Erinnerung und Imagination zur Last legt, dann sind das jene Vermögen, die im 19. Jahrhundert im Rahmen der vermögenspsychologischen Argumentation für den Traum verantwortlich waren. Sie sind bei Leiris allerdings nicht erkennbar als Seelenvermögen konzipiert, vor allem spricht er nicht mehr von ihrem Zusammenspiel. Während die Erinnerung für die Nostalgie zuständig ist, zeichnet die Imagination für die Fabelwelt verantwortlich. Der Impetus, nämlich die Abkehr von der Realität und die Errichtung einer eigenen Welt, ist jedoch der gleiche. Durch die Begriffswahl – „là-bas" oder „au-delà" – wird der Traum dabei mit dem metaphysischen Wunsch nach einem Jenseits korreliert.

Eine wichtige Rolle in dieser Situation spielt der Vorhang. Denn die Aussage, sein Fall weise alles in die Welt des Traums zurück, kann hier doppelt verstanden werden. Einerseits symbolisiert die Vorhangbemalung die Welt der Poesie, der Mythologie und des Traums, die sich von der als der Realität zugerechneten karikaturalen Darstellung des Pferdes auf der Bühne abhebt, so daß der Fall des Vorhangs die Beziehung zur Welt des Traums wiederherstellt. Andererseits fungiert dieser Fall auch als Fiktionssignal; er ruft die Rezeptionssituation und somit das außerfiktionale Geschehen in Erinnerung und macht deutlich, daß das Bühnengeschehen nur Fiktion war. Das Oszillieren zwischen Traum und Realität betrifft dann nicht nur die beiden Arten der Repräsentation des Pferdes, sondern auch die Elemente der Darstellung, die ebenfalls zwischen beiden Polen oszillieren.

Ist in *Biffures* in der Rückschau auf die surrealistische Zeit die andere Welt von der Faszination der Mythologie und der Poesie geprägt, so kehrt die Vorstellung eines „autre monde" in *Fourbis* (1955) in wesentlich düstererer Einkleidung wieder. Im Kapitel *Mors* stellt Leiris Überlegungen zum Tod an, die auf die Vorstellung eines Jenseits nicht verzichten können und ebenfalls das Theater als Referenzbereich einführen[15]. In diesem Zusammenhang treten die metaphysischen Dimensionen des Begriffs „autre monde" deutlich zutage:

> [...] quand j'essaie de me représenter ce que c'est que la mort, bien plutôt qu'à celle-ci vue comme limite en tranchant de rasoir séparant un état de l'absence d'état, c'est à une sorte d'autre monde d'existence que je songe (jouant ici, naturellement, et contre toute raison, l'appétit furieux de survie) (Fou 23).

Nicht nur über das Verb „songer" wird die andere Welt mit dem Bereich der Imagination verbunden[16], sondern auch das Theater fungiert als Bindeglied; als dessen Hauptziel nennt Leiris die Vermittlung zwischen den Welten: „son but premier – jeter un pont de notre monde à l'autre monde" (Fou 45). Denn nach Leiris ermöglicht das Theater den Beteiligten das Vorstoßen zu den Grenzen zwischen den Welten:

> N'est-ce pas précisément parce qu'acteurs et spectateurs (les uns dans l'éclat de l'électricité, les autres dans la noirceur de la caméra de photographe où ils se sont fait enfermer) y effectuent de tels voyages imaginaires aux confins de la vie et de la mort que le théâtre nous fascine ? (Fou 44)

Diese Vorstellung wird von Leiris, der das Theater als „ce lieu de la mort feinte" (Fou 44) einführt, zunächst mit der Kunst des Bühnentodes verknüpft. Wenig später begründet er die Affinität des Theaters mit dem Tod jedoch in erster Linie mit der Struktur der Fiktionalität, die beiden eigen sei:

> Il semble donc, tout compte fait, que la mort – bien qu'elle soit assurément l'événement théâtral entre tous – n'ait pas besoin d'être manifestée sur les planches ou explicitée par un récit pour hanter le théâtre : la seule présentation d'individus grimés et costumés se mouvant dans la réalité truquée d'un décor et insérés dans un temps qui n'est pas le temps ordinaire fait de la scène – pourvu qu'y soient données avec assez de netteté le nombre voulu d'entorses à la vérité – une antichambre de cet autre monde qu'on ne peut s'empêcher de construire dès qu'on essaie de se représenter la mort (Fou 46).

Daß das Theater zum Vorraum jenes „autre monde" werden kann, hängt also in erster Linie mit seiner Struktur zusammen, durch die ein imaginä-

---

15 Eine detailliertere Analyse der von Leiris angesetzten Theatralität und der Konventionen des modernen europäischen Theaters findet sich in: Susanne Goumegou, „Traum, Tod und Theater: Strategien der Inszenierung in *Nuits sans nuit et quelques jours sans jour*", in: Albers, Pfeiffer (Hgg.), *Michel Leiris: Szenen der Transgression*, 189-205.

16 Der *Petit Robert* nennt als Bedeutung von „songer à" nicht nur „penser à, réfléchir à", sondern auch „évoquer par la mémoire, par l'imagination, ou par simple association d'idées".

rer Raum mit einer eigenen Zeitlichkeit eröffnet wird. Dazu gehören nicht nur deutliche Fiktionssignale („entorses [données] à la vérité") und Bühnenelemente, die gleichzeitig zur Illusionsbildung und zur Selbstanzeige der Fiktion beitragen wie Schminke, Kostüme und Bühnenbild, sondern auch die Beleuchtung und die Theaterarchitektur, welche die strikte Distanz zwischen Schauspielern und Zuschauern betonen. Der so evozierte Bereich des Imaginären bildet die Basis für den Vergleich des Theaters mit dem Traum, den Leiris in diesem Zusammenhang vornimmt und der ebenfalls der Dimension des Todes bedarf:

> Il faut ici, [...], faire intervenir la poésie, le merveilleux et, d'une manière générale, tout ce qui fait que le théâtre décolle de la réalité et – tel que nous le voyons se découper dans le parallélépipède de la scène à l'éclairage diurne ou nocturne – se présente comme un rêve qui se déroulerait sous nos yeux sans que nous y soyons insérés. Et c'est cette apparence de rêve objectivé qui nous permettra, peut-être, de retrouver là aussi, nous attendant patiemment, la mort (Fou 45 f.).

Die Loslösung von der Realität ist hier das entscheidende Moment, das dem Theater das Grenzgängerische verleiht, es in die Nähe des Todes bringt und auf dem für Leiris die strukturellen Parallelen von Theater und Traum beruhen[17]. Trotz aller Parallelen spricht Leiris beim Theater jedoch von einem „rêve objectivé". Diese Objektivierung beruht vor allem darauf, daß die Position des Zuschauers im Theater nicht durch unmittelbare Teilnahme, sondern durch ein auf luzider Distanz beruhendes Interesse bestimmt ist: „Un rêve objectivé, un rêve que nous regardons, qui nous touche quoique nous ne soyons pas dedans" (Fou 46). Das Involviertsein des Träumers wird so zum entscheidenden Unterschied. Denn der Träumer kann im Traum mehrere Rollen einnehmen, er kann gleichzeitig Autor, Regisseur, Darsteller und Zuschauer sein[18].

---

[17] Die Parallelisierung von Traum und Theater ist seit dem 18. Jahrhundert immer wieder zu verzeichnen (vgl. dazu Schmidt-Hannisa, „Der Träumer vollendet sich im Dichter", 88 f.). Freuds Rede vom „anderen Schauplatz" des Traums hat bekanntlich weiter zu der Parallelisierung beigetragen (vgl. hierzu auch Mannoni, „L'Illusion comique ou le théâtre"). In den achtziger Jahren sind in der psychoanalytischen Forschung im Rahmen des Konzepts des Traumraums vor allem in der britischen Schule der an Melanie Klein und Wilfred R. Bion anknüpfenden Objektbeziehungstheorie verschiedene Arbeiten entstanden, die sich auf die Parallele von Traum und Theater berufen: Resnik, *The Theatre of the Dream*; Meltzer, *Traumleben*; Christopher Bollas, „Figur im Stück des anderen sein: Träumen", in: ders., *Der Schatten des Objekts*, 75-92. Wichtigstes Prinzip in diesen Theorien ist die Gleichsetzung der auftretenden Traumgestalten mit verschiedenen, miteinander im Konflikt stehenden Teilen der Psyche des Träumers.

[18] Dies betont besonders Salomon Resnik „The dream is a performance in which all the actors are part of the world of the dreamer, who, in the multiplicity of his roles, be-

Das heißt aber auch, daß er im Bereich des Imaginären verharrt, ohne das Spannungsverhältnis zur Realität zu empfinden.

Als Elemente der Theaterarchitektur, die zur Herstellung der Luzidität gewährleistenden Distanz beitragen, nennt Leiris in den zitierten Passagen den Rahmen und die Beleuchtung, nicht jedoch den Vorhang, der im modernen europäischen Theater ebenfalls eine entscheidende Rolle spielt. Durch das Verbergen der Umbauten ermöglicht er einerseits die Aufrechterhaltung der Fiktion, andererseits markiert sein Fall auch das Ende des fiktionalen Geschehens auf der Bühne und führt den Zuschauer in den Theatersaal zurück[19]. Zu Beginn von *Fourbis* jedoch, das mit dem Ausdruck „Rideau de nuages" aus den Libretti Richard Wagners einsetzt, spielt der Vorhang eine prominente Rolle. Hatte Leiris in der oben zitierten Passage aus *Biffures* vor allem dessen Bemalung in Betracht gezogen und die Bedeutung seines Falls nur am Rande erwähnt, so rückt er in *Fourbis* dessen Funktion stärker in den Vordergrund. Durch ein kunstreiches Spiel mit Analogien wird der Wolkenvorhang sowohl mit der Pause zwischen dem ersten und zweiten Band der *Règle du jeu* als auch mit den Augenlidern beim Erwachen gleichgesetzt: „Rideau de nuages. C'est ainsi que se présente parfois le rideau des paupières lorsque, dormant encore, on est déjà pour s'éveiller" (Fou 7). Diesem an Schlaf und Wachen partizipierenden Übergangsbereich gilt Leiris' besonderes Interesse. Obwohl der Traum hier nicht genannt wird, ist auch dieser laut einer Aussage in *Fibrilles* in einem solchen Zwischenraum anzusiedeln: „[...] veille et sommeil, avec entre les deux la frange du rêve" (Fib 274). Leiris schlägt den Traum damit nicht umstandslos dem Schlaf zu, wie Breton das im wesentlichen getan hatte, sondern er räumt ihm einen eigenen Platz ein.

In *Fourbis* vergleicht Leiris den Übergangsbereich zwischen Schlafen und Wachen mit der bei Wagner vom Wolkenvorhang markierten Zäsur zwischen zwei Bildern[20]. Dabei geht es ihm nicht nur um die Funktion des Vorhangs, sondern auch um die darauf dargestellten Wolken, die das Unendliche evozieren[21] und schließlich eine Negierung der zeitlichen und räumlichen Koordinaten unserer Welt bedeuten:

---

comes at the same time the producer and the public" (Resnik, *The Theatre of the Dream*, 13).

19 Vgl. hierzu Banu, *Le Rouge et or*, 239-252.

20 „[...] marquant la césure entre deux tableaux" (Fou 7). In dieser Passage wird die Realität mit den Vorzeichen des Theaters versehen, indem die ganze Theatermaschinerie bis hin zu den Gongschlägen vor Vorstellungsbeginn aufgeboten wird, um das Öffnen der Augen mit dem Beginn einer Theatervorstellung gleichzusetzen.

21 „[...] évocatrice d'un espace scénique élargi aux proportions de l'infini" (Fou 7).

> […] c'est à ce « rideau de nuages » que je songe, figure d'une nébulosité tirée devant la vue comme pour signifier doublement l'interruption de la durée : rideau qu'elle est, d'abord, de toile peinte ou de gazes presque transparentes superposées comme les volants d'une jupe de tulle ; image vague, ensuite, suggérant le chaos qui est la négation du monde temporel et spatial où règnent nos coordonnées (Fou 7).

Die Erweiterung des Raums geht also einher mit einer Unterbrechung der Dauer, die der Funktion des Aktvorhangs im Theater korrespondiert[22]. Sie wird zur Aufhebung der linear ablaufenden Zeit bzw. zur prinzipiellen Negation der zeitlichen und räumlichen Koordinaten. Das in diesem Zusammenhang genannte Chaos impliziert bei Leiris immer auch die Idee eines ursprünglichen Zustandes. In *L'Âge d'homme* etwa wird es auf phylo- sowie auf ontogenetischer Ebene als erstes Stadium des Lebens beschrieben und mythologisch konnotiert[23]. Der Übergang vom Schlafen zum Wachen wird so (wie vermutlich der Schlaf als ganzer) zu einer Zäsur im Dasein, die so etwas wie eine Rückkehr zu einem ursprünglichen, von Raum und Zeit befreiten Zustand bedeutet.

Daß Leiris *Fourbis* – in einer Umkehrung von Nervals am Anfang von *Aurélia* stehender Schilderung des Einschlafens als Vernebelung und Durchgang durch den Limbus– mit einer Beschreibung des Aufwachens beginnt, führt so etwas wie die Rekonstitution des Subjekts, gleichzeitig aber auch die Rückkehr aus einer anderen Welt vor. Denn dieser Prozeß wird nicht nur als allmähliche Sammlung der Persönlichkeit beschrieben, sondern auch als Wiederauftauchen aus dem Bereich des Schwarzen und Unbeweglichen, der durch die Verwendung des Begriffs vom Jüngsten Gerichts zudem als jenseitig charakterisiert wird. Die Veränderung der Persönlichkeit beim Übergang vom Schlafen zum Wachen verknüpft auch Leiris mit dem Durchgang durch den Limbus: „[…] ce retour [à l'éveil, S. G.] exige que nous restions ainsi lucidement suspendu dans les limbes durant un temps indéterminé" (Fou 8). Leiris' Interesse gilt hier allerdings weniger dem, was sich nach dem Augenöffnen ereignet, dem „recommencement quotidien de l'action" (Fou 7), sondern dem so geschaffenen Übergangsraum, in dem die Zeit suspendiert ist und der an

---

22 Der bemalte Vorhang ist im modernen europäischen Theater in der Regel ein Aktvorhang, der die Unterbrechung, aber nicht das Ende der Vorstellung markiert (Banu, *Le Rouge et or*, 248 f.).

23 „[…] ce chaos qu'est le premier stade de la vie, cet état irremplaçable où comme aux temps mythiques, toutes choses sont encore mal différenciées, où, la rupture entre microcosme et macrocosme n'étant pas encore entièrement consommée, on baigne dans une sorte d'univers fluide de même qu'au sein de l'absolu" (AH 34 f.). Auch in *Fibrilles* kehrt das Chaos als Beschreibungskategorie für den mentalen Zustand des Babys wieder: „[…] chaos mental où le bébé est plongé" (Fib 286).

die Idee des Vorraums zum Jenseits erinnert, als den er das Theater betrachtet. In diesem in gewisser Hinsicht privilegierten, da an beiden Welten partizipierenden Bereich siedelt Leiris auch die Traumerinnerung an: „[…] dormeur mal réveillé qui se remémore ses rêves avant de se jeter dans la vie diurne“ (Fou 9).

Diese Ausführungen haben gezeigt, daß Traum und Realität bei Leiris in einem Spannungsverhältnis stehen, in dem der Traum das Andere, Faszinierende und Entzogene darstellt. Leiris operiert immer wieder mit einem Jenseits der Realität, nimmt eine Doppelstruktur der Existenz an, wonach hinter der offensichtlichen und kontingenten Tatsachenebene noch eine andere, verborgene Ebene liegen soll, die tiefere Wahrheiten enthält. Bevor im weiteren die Aussagen zur Traumerinnerung und zur Einholung des Traums in den Bereich des Diskursiven untersucht werden sollen, empfiehlt es sich, auch die ästhetische Funktion dieser Doppelstruktur auszuloten. Dies soll anhand einer Passage aus *Fourbis* geschehen, an der sich nicht nur wichtige Facetten von Leiris' Traumbegriff, sondern auch Funktionen des Traums in seiner Ästhetik ablesen lassen.

1.3 Der Traum als Ort der Evidenz oder der Poesie

Im Kapitel *« Vois ! Déjà l'ange »* beschreibt Leiris ausführlich seine Begegnung mit der algerischen Prostituierten Khadidja, die er während seiner Stationierung in Revoil-Béni-Ounif kennengelernt hat. Die sexuelle Vereinigung, bei der er ihren Orgasmus spürt, wird ihm zur Enthüllung eines großen Geheimnisses, das er mit Rückgriff auf Metaphern aus dem Bereich des Bergbaus, der Alchimie und der Molekularbiologie sowie mit der Erinnerung an einen fast dreißig Jahre alten Traum zu fassen versucht:

> […] quelque chose […] me rappela, bien après l'éphémère conjonction de mon destin avec celui de Khadidja, cette réalité dernière à laquelle il me semblait miraculeusement parvenir dans un rêve ou songerie nocturne d'il y a maintenant près de trente ans : ayant passé la journée dans l'atelier de cet ami pour qui le mot « éternel » avait un prestige si grand et vu de lui des dessins figurant des nus dans des architectures, ces tracés me revinrent à l'esprit tandis que je dormais et me parurent, plutôt que des dessins, être des graphiques divinatoires, des diagrammes ou, mieux encore, les *schémas de la vérité* ; à travers ces schémas, je voyais ma vie (dont les grandes lignes coïncidaient avec eux) et derrière ma vie une chose, de forme et de matière inqualifiables, que j'appelais « résistance ». C'est presque à ce cœur de la

> terre, âme minérale, tréfonds du sort et des choses que j'avais cru toucher en percevant les signes tangibles de la jouissance de Khadidja (Fou 210).

Dieser Rückgriff auf den Traum, um eine Erfahrung möglichst präzise zu erfassen, ist charakteristisch für die Verwendung des Traums in den ersten beiden Bänden der *Règle du jeu*. Hier interessiert jedoch vor allem die Vorstellung, daß es hinter der Kontingenz der Ereignisse eine Ebene des Zusammenhangs geben müsse, denn diese zeigt sich nicht nur in den geträumten Schemata der Wahrheit, sondern kommt immer wieder auch in anderen Kontexten zum Ausdruck. In *Biffures* etwa äußert Leiris die Annahme, es gebe ein „soubassement", ein Scharnier, wo die heutigen Tätigkeiten und die früheren Wünsche ineinandergreifen und das beweise, daß das Leben nicht aus einer Aneinanderreihung von Zufällen bestehe[24]. Hier wird ein Verlangen nach Sinnstiftung erkennbar, das allerdings unbefriedigt bleiben muß.

Mit der Metapher des „soubassement" schließt Leiris nicht wirklich an Freuds Konzeption des Unbewußten an, auch wenn die Vorstellung, daß frühere Wünsche die Gegenwart bestimmen, durchaus in diesen Rahmen passen würde. Will man dieses „soubassement" psychologisch denken, dann wäre es jedoch eher als Unterbewußtes im topographischen Sinn zu verstehen. An einer Stelle in *Fourbis* führt Leiris diese Vorstellung weiter aus. Danach gibt es eine doppelte Textur des Buches: „[...] la trame consciente de mon livre – celle qui est artifice dans la mesure où, préexistant nécessairement à chaque page que j'écris, elle lui imprime *ipso facto* un caractère d'objet fabriqué" (Fou 19). Er vermeidet den Begriff der „trame inconsciente", der sich als Gegensatz zur „trame consciente" anbieten würde und spricht statt dessen von der „trame que j'ignore", vom „inconnu", von der „présence en coulisse" (Fou 19 f.). Diese Ausdrücke sind alle davon geprägt, daß hinter der evidenten Ebene eine zweite, dem Bewußtsein entzogene angenommen wird. Diese Doppelstruktur, die eine zweite Bedeutungsebene entstehen läßt, findet sich

---

24 Der Begriff des „soubassement" fällt im Zusammenhang mit dem Versuch, die eigene Existenz dahingehend zu verstehen, ob es für den Beruf des Ethnographen und das Schriftstellerdasein keine Wurzeln in Kindheit und Jugend gegeben hat: „En procédant en sens inverse – partant du présent pour remonter vers le passé – peut-être ai-je plus de chances de découvrir le joint ou la charnière qui rattache mes occupations de maintenant à des désirs anciens, plus ou moins expressément formulés. À défaut d'idées explicites de carrière, en l'absence même de toute vocation définissable, je trouverai du moins un soubassement et de quoi me prouver que ma vie n'est pas entièrement faite de hasards" (Bif 230). Zum „soubassement" als nichtkontingenter Tiefenschicht der Existenz vgl. auch Helmut Pfeiffer, „Simulakren der Sorge. Michel Leiris' *La Règle du jeu*", in: Maria Moog-Grünewald (Hg.), *Autobiographisches Schreiben und philosophische Selbstsorge*, Heidelberg 2004, 199-224.

auch, wenn Leiris die Textur als Reise entwirft, als „cheminement souterrain" im Gegensatz zum „parcours officiel" (Fou 19), als „pèlerinage de lieux dits […], de lieux sans aucun signe spectaculaire" (Fou 20), wobei er die Hoffnung formuliert, daß die Reisewege eine Hieroglyphe ergeben könnten:

> Lieux quant auxquels la question serait de savoir si, une fois les honneurs rendu à chacun de ceux d'entre eux que la chance m'aura fait repérer, je saisirai ou ne saisirai pas l'hiéroglyphe qu'inscrit peut-être, sur Dieu sait quel sol ! l'itinéraire qu'ils jalonnent à eux tous, tels les reposoirs d'une sorte de voyage initiatique (Fou 20).

Dies entspricht sehr genau der von Novalis zu Beginn der *Lehrlinge zu Sais* entwickelten Vorstellung, nach der die Wege der Menschen Figuren einer großen Chiffernschrift bilden. Der Rückgriff auf die Hieroglyphe in Zusammenhang mit der Hoffnung auf eine aus einer anderen Perspektive erkennbaren Einheit im Leben ist nur im Rahmen ihrer romantischen Lesart zu verstehen. Die Hieroglyphe steht hier nicht für das Anliegen der Entzifferung, sondern für die Hoffnung, daß durch das Verknüpfen einzelner Elemente ein die Wahrheit enthaltendes Ganzes entstehen könnte. Im Traum von den Schemata der Wahrheit erscheint sie nicht als Ergebnis eines langwierigen Unterfangens, wie Leiris es sich von seinem Schreiben erhofft, sondern im Modus der Evidenz. Diese Ebene der integralen Wahrheit, die hinter den einzelnen Ereignissen verborgen ist, wird im Bericht des Traums von der Erzählinstanz durch Ausdrücke des Wunderhaften, Ewigen und Divinatorischen als eine metaphysische konnotiert[25]. Trotz der oft vorgebrachten Beteuerungen, sich von sol-

---

[25] Ein Blick auf das ursprüngliche Tagebuchnotat vom 17. 12. 1924 zeigt, wie Leiris durch die Überarbeitung des Textes diese Aspekte hervorkehrt. Im Tagebuch heißt es relativ nüchtern: „Toute la nuit, des dessins de Masson que j'avais vus dans la journée, me parurent [être] les schémas de la vérité. À travers ces schémas, je voyais ma vie, dont les grandes lignes coïncidaient avec eux, et derrière ma vie une chose, de forme et de matière inqualifiable [sic!], que j'appelais résistance" (J 85). In der Bearbeitung für *Fourbis* hingegen evoziert Leiris durch die Einfügung des Adverbs „miraculeusement", die Umschreibung des im Tagebuch direkt genannten Masson als „cet ami pour qui le mot « éternel » avait un prestige si grand" sowie durch eine suchende Annäherung an den Begriff der „schémas de la vérité", welche die Möglichkeit gibt, auch den Ausdruck „graphiques divinatoires" zu verwenden, eine stärker metaphysisch konnotierte Ebene. Ferner wird in *Fourbis* durch die Beschreibung der Zeichnungen als Aktzeichnungen die erotische Komponente verstärkt und somit die Verbindung zum Liebesakt mit Khadidja hervorgehoben. Unverändert bleibt jedoch die Schilderung des Gegenstandes, der sich hinter den Linien des Lebens abzeichnet, der in seinem materiellen Aspekt nicht beschreibbar, sondern einzig durch einen Namen qualifizierbar ist, der ihm im Akt des Benennens zugewiesen wird und der genau die Widerständigkeit des Gegenstands gegenüber seiner Beschreibung bezeichnet.

chen Vorstellungen lösen zu wollen, kommt Leiris bezüglich seines Traumbegriffs letztlich nicht ohne die Vorstellung einer zweiten Welt aus.

Der Modus der Evidenz steht weiterhin in engem Zusammenhang mit seiner Ästhetik der Präsenz. In der oben zitierten Passage fällt auf, daß die Flüchtigkeit des Traums ein nicht unwichtiges Merkmal ist, das ihn für den Vergleich mit der „éphémère conjonction" mit Khadidja qualifiziert. Der Name des im Traum gesehenen Gegenstands – „résistance" – exponiert zugleich eine zentrale Eigenschaft im Rahmen von Leiris' Konzept der Präsenz: die Widerständigkeit gegenüber der Schrift, die die Präsenz auch zu einer differentiellen Struktur werden läßt, zur Spaltung von Umweg und Evidenz[26]. Von Beginn der *Règle du jeu* an thematisiert Leiris sein Schreiben als vergebliche Suche nach einer Präsenz, wobei die Erinnerung, der Traum und der gegenwärtige Moment als gleichermaßen flüchtig behandelt werden. Präsenz ist immer nur momenthaft und fragmentarisch möglich. Insofern ist dem Traum, der im Moment des Erzählens immer schon vergangen und entzogen ist, die Struktur der sich entziehenden Präsenz von vornherein inhärent. Die Tatsache, daß der Gegenstand hinter dem Leben nicht beschrieben, sondern nur benannt werden kann, zeigt zudem die Überlegenheit des poetischen Akts des Benennens gegenüber dem diskursiven Akt der Beschreibung an. Bekanntlich erklärt Leiris am Ende von *Fibrilles* sein Projekt der *Règle du jeu* für gescheitert: „Attendre d'une méthode discursive, prosaïque, l'impression de présence absolue et de saisie totale que seule peut donner la poésie, [...], c'est – bien sûr – espérer l'impossible" (Fib 223). Die euphorische Aufwertung der Poesie in der *Règle du jeu* ist möglicherweise vor allem damit zu erklären, daß sie gegenüber dem diskursiven Schreiben das Andere darstellt, dem die angestrebte Präsenz zugeschrieben werden kann, ohne eingelöst werden zu müssen. Es stellt sich die Frage, ob die Privilegierung des Traums gegenüber der Realität nicht auch damit zusammenhängt, daß er das jeweils Andere, das nicht Erreichbare darstellt. Die Hoffnung, mit dem poetischen Schreiben Präsenz erzeugen zu können, schlägt sich jedenfalls auch des öfteren im Diskurs über das Fixieren des Traums nieder.

---

[26] Vgl. zu Leiris' Ästhetik der Präsenz Helmut Pfeiffer, „Kultur und Präsenz. *Le Ruban au cou d'Olympia*", in: Albers, Pfeiffer (Hgg.) *Michel Leiris: Szenen der Transgression*, 87-115.

1.4 Erinnern

Zu Beginn von *Biffures* beschreibt Leiris den Traum unter Rückgriff auf eine Tagebuchnotiz vom 21. November 1924 (J 82) entgegen üblichen Konventionen nicht als an sich flüchtig und immateriell, sondern als ein sehr genau konturiertes Objekt, das sich allerdings dem Zugriff entziehe:

> Autrefois, il m'arrivait fréquemment de faire des rêves dont je ne parvenais pas à me rappeler le détail. Ils étaient comme des objets dont je n'aurais connu que les angles, sous leur forme la plus abstraite : leur mesure en degrés. Un de ces angles apparaissait dans ma mémoire, mais, malgré mes efforts, il restait dépouillé, ne pouvait se revêtir d'aucune matière ; je n'avais que la perception de son acuité, comme du coude d'un passant qui m'aurait heurté le côté, sans que j'eusse le temps ni la possibilité de dévisager cet inconnu, qui se perdait dans la foule (Bif 22 f.).

Leiris präsentiert die nur lückenhaft erinnerten Träume hier als ihrer Materialität entkleidete Objekte, von denen nur sehr abstrakte Aspekte wie das Gradmaß der Winkel bleiben, denen die konkrete Ausfüllung fehlt. Nicht einmal die sinnliche Wahrnehmung der Spitze vermag sie aus der Anonymität herauszuholen. Der erinnerte Traum wird Leiris in der folgenden Beschreibung des Erinnerungsversuchs zur Geometrie, die der sinnlichen Wahrnehmung entgegensteht und Volumen, Farbe und Atmosphäre des geträumten Traums nicht kennt:

> Tenter de ressusciter le rêve, de lui faire prendre volume et couleur, de le tirer de la plate et morte géométrie en laquelle – infidèlement – il se résumait ; lui injecter, comme un souffle de nouvelle vie, la très vague atmosphère qui, de ce qui lui avait été essentiel, était tout ce qu'il me restait [...] (Bif 23).

Sehr prägnant ist die Formulierung von der fast als Wiederbeatmung beschriebenen Wiederbelebung des Traums, der in seiner geometrischen Fassung daher als mortifiziert zu gelten hat. Dieser Versuch ist jedoch zum Scheitern verurteilt, weil an die Stelle des sinnlich erfahrbaren, aber vergessenen Traums nur ein „rêve fabriqué" treten würde. Der Erinnerungsprozeß, der mit Metaphern der Nahrungszerkleinerung belegt („triturer", „remâcher") und dadurch als sinnlich erfahrbar beschrieben wird, führt zur Zerstörung und Verfälschung der noch erinnerten Bruchstükke, zur Auflösung der Atmosphäre, zum Verlust des „contenu sensible" und schließlich zu körperlicher Übelkeit[27]. Während der Traum als volles,

---

[27] „[...] triturer les bribes de décor, de personnages et d'événements que ma mémoire, avec beaucoup d'effort, parvenait à faire apparaître à un instant, ici où là ; les sentir se dissoudre avant même d'avoir pu commencer à les réajuster ; reprendre ce travail un

lebendiges Objekt gilt, führt der Prozeß des Einholens ins Wachleben zu Substanzverlust, Leere und Inauthentizität. Bestimmend in diesen Beschreibungen ist gerade die Diskrepanz zwischen der von Fülle geprägten Traumerfahrung und der Entleerung bei dem Versuch, sie reproduzierbar zu machen.

Die zitierte Passage steht im Kapitel *Chansons*, in dem Leiris verschiedene Fragmente von Kinderliedern und ihre suggestive Kraft auf die Seele des Kindes, für das die Sprache noch zahlreiche Geheimnisse birgt, zu erinnern versucht. Wie beim Traum handelt es sich auch bei den Kindheitserlebnissen um nichtdiskursive Erfahrungen. Die Passage über die Traumerinnerung kann daher als Exemplifizierung des Erinnerungsprozesses gelten, der im Falle anderer Erinnerungen ähnlich abläuft und aus einem „moment présent" eine bloße Anhäufung von Wörtern macht:

> [...] j'aligne des phrases, j'accumule des mots et des figures de langage, mais dans chacun de ces pièges, ce qui se prend, c'est toujours l'ombre et non la proie (Bif 24).

Die Sprache erweist sich damit auch hier als dem Versuch, vergangenes Erleben wieder erlebbar zu machen, nicht gewachsen, sie erfaßt lediglich den Schatten, d. h. sie verfehlt wiederum das materielle Objekt und muß sich mit einer flüchtigen Form begnügen, die nur ein schemenhafter und defizienter Modus des Eigentlichen ist.

Paradigmatisch für die Darstellung des Verlusts der Fülle steht in *Biffures*, aber auch noch in *Fourbis*, der Traum von der verlorenen Schallplatte, den Leiris als „l'un des plus insistants parmi les rêves de mon enfance" (Bif 255) bezeichnet und dessen Insistenz durch die häufigen Bezugnahmen innerhalb der *Règle du jeu* bekräftigt wird[28]. Dabei ebnet Leiris explizit die Unterschiede zwischen dem gegenwärtigen Moment, einer entfernten Erinnerung oder einem imaginären Objekt ein, wenn er als Ziel seiner Suche einzig jene verlorene Schallplatte nennt:

> Que je fasse la chasse à l'instant présent qui me fuit, la chasse au souvenir qui est tombé en poussière ou la chasse à ces objets imaginaires qui semblent se cacher derrière les fausses fenêtres de mots peints en trompe-l'œil

---

nombre indéfini de fois et dans des conditions à chaque fois plus mauvaises (car l'atmosphère peu à peu se diluait, ou se corrompait, et les bribes elles-mêmes, à force d'être triturées, s'amenuisaient ou se faussaient, et ç'eût été bientôt un rêve fabriqué de toutes pièces – et dépourvu, d'ailleurs, de tout contenu sensible – que j'aurais vu se dresser dans ma tête, si j'avais plus longtemps continué) ; [...] remâcher tout cela sans avoir le courage de le recracher avant que ma certitude de n'aboutir à rien se fût manifestée par une impression presque physique de nausée : telles étaient parfois, à cause de tels rêves, mes occupations de toute une journée" (Bif 23).

28 Vgl. Bif 24, 255 f., 260, 262, Fou 20, 188, 228 und FB 117.

> sur la façade de mon esprit, c'est toujours un même gibier que je poursuis : cette chose précieuse et seule réelle qui apparaît fréquemment dans mes rêves sous la forme d'un disque merveilleux de musique nègre américaine que je me rappelle avoir entendu mais que je ne puis me remémorer que très confusément, dont je sais pourtant qu'il est en ma possession mais que je ne parviens pas à retrouver malgré les essais que je fais d'un monceau d'autres disques (Bif 24).

Die Satzstruktur spiegelt hier das widersprüchliche Wissen um die Existenz der Schallplatte, denn jeder Teilsatz stellt den vorhergehenden durch Widerspruch anzeigende Konnektoren („mais", „pourtant", „mais", „malgré") in Frage. Die Existenz der Schallplatte, die dem Traum zunächst vorauszugehen scheint, aber nur in diesem besonderen Modus gegeben sein kann, wird so selbst fraglich und in den Bereich des Traums verwiesen. Die Tatsache, daß es sich bei dieser „pièce unique" (Bif 255), dieser „chose précieuse et seule réelle" (Bif 24) um eine Schallplatte handelt, weist Leiris explizit als unwichtig aus: „[…] le disque en lui-même ne compte pas et ne tire son privilège de nulle possibilité de cumul avec son habituel usage" (Bif 256). Dies mag erstaunen, da er zugleich die Schallplatte zur neuen Metapher für die Herzensschrift macht[29], tatsächlich jedoch gewinnt das gesuchte Objekt seine Einzigartigkeit in erster Linie daraus, daß es verloren und dem Zugriff entzogen ist[30]. In *Fourbis* äußert er den naheliegenden Schluß, daß nicht nur die Schallplatte, sondern auch der Traum selber ein solches verlorenes Objekt ist: „[…] c'est le rêve lui-même qui est cet objet décevant qu'on se désole de ne pas tenir dans sa main" (Fou 188). Flüchtigkeit und Immaterialität eignen jedoch nicht nur dem Traum, sondern auch den anderen Erinnerungen, die Leiris im Aufschreiben zu bewahren sucht. Der „contenu sensible" ist nie darstellbar, so daß in der Schrift nur der Verlust der Fülle zu beklagen bleibt.

Am Ende von *Biffures* sieht sich Leiris daher mit einem Scheitern konfrontiert. Denn was er in seinem Schreiben anstrebt, „opérer une *mise en présence*" (Bif 285), ist mittels der Schrift nicht zu erreichen: „[…] pas grand-chose n'a surgi de la « mise en présence »" (Bif 287). Das hängt vor allem damit zusammen, daß Präsenz für Leiris immer nur mo-

---

29 Zur Metapher der Schallplatte als Herzensschrift bei Leiris vgl. Manfred Schneider, „Michel Leiris: Die *Spielregel* des Todes" in: ders., *Die erkaltete Herzensschrift. Der autobiographische Text im 20. Jahrhundert*, München, Wien 1986, 199-244.

30 Zum Thema der Objektsuche vgl. Poitry, *Michel Leiris*, der auch dem Schallplattentraum einige Seiten widmet (211-214), wobei er besonders hervorhebt, daß die Schallplatte jedesmal als „merveilleux" bezeichnet wird.

menthaft möglich, an Empfindungen gebunden und als Herstellung einer Verbindung zwischen dem Individuum und der Welt konzipiert ist:

> [...] j'attends plutôt qu'entre les choses et moi une complicité s'instaure – fugacement, en rapt – comme si c'était maintenant [...] le fait pur de ma rencontre d'un instant avec un monde, pour ce temps, complice qui avait à mes yeux valeur de conquête féerique. Un gage d'accord, tel est donc le véritable but de ma recherche quand je rêve de ce disque perdu que je voudrais récupérer (Bif 260).

Wie aber soll die dauerhafte Schrift zu diesem momenthaften „gage d'accord" werden und darüber hinaus den Kontakt zu den Dingen vermitteln? Der Ausweg besteht darin, der poetischen Sprache, genauer der „parole poétique" einen Sonderstatus zuzuweisen:

> Parvenir à obturer ce trou (ou supprimer un vide) n'est-ce pas, traduit en négatif, ce que j'entends quand je parle de découvrir un objet, c'est-à-dire de trouver un plein, une sorte de pulpe vitale ou de condensé de saveur ? La parole poétique, seul type de parole qu'on puisse dire *fruitée*, est certainement l'unique à conduire vers quelque chose qui ressemble à cela (Bif 294 f.).

Fülle ist also in der poetischen Sprache denkbar, und sie wird hier erneut metaphorisch an den Geschmackssinn gebunden. Möglicherweise ist es gerade die Diskrepanz zwischen autobiographischem Schreiben und Poesie, die es Leiris erlaubt, die gesuchte Erfahrung im anderen Medium anzusetzen, in der Welt der Poesie, im „là-bas", das auch das Reich des Traums ist.

1.5 Aufschreiben

Vor allem in *Fibrilles* nehmen die Selbstreflexionen über das Schreiben großen Raum ein. Leiris appelliert nicht nur wieder an die Poesie, sondern spekuliert auch über eine Schrift, in der Form und Inhalt übereinstimmen würden. Ausgangspunkt sind die ständig fehlschlagenden Versuche, die Erlebnisse der Chinareise adäquat wiederzugeben:

> Comment ces cinq semaines de plénitude [...] se sont-elles vidées de leur substance à tel point que je me demanderais pour un peu si je ne les ai pas rêvées ? (Fib 8)

Der Substanzverlust als Charakteristikum der Traumerinnerung wird zum Merkmal, das es erlaubt, nicht aufgeschriebene Erlebnisse und

Träume zu parallelisieren[31]. Das Verfehlen von Fülle und Präsenz im Erinnern und Aufschreiben hängt für Leiris auch damit zusammen, daß er keine Harmonie zwischen Schrift und Leben findet, wie sie ihm vorschwebt. Als mögliches Vorbild dafür nennt er das Buch *Tao-te-ching* des Lao-tse, das für den jungen Leiris nicht nur ein ideales System von Philosophie verkörperte, sondern auch eine ideale Art von Schrift:

> Le *Tao te king* de Lao tseu, que j'ai lu dans une traduction française quand j'avais vingt et quelques années, a répondu longtemps à ce qui était ma première exigence quant aux livres de philosophie : que le système proposé se formulât en sentences sibyllines, simples apparemment et fondées sur notre expérience de tous les jours, mais à la fois bouclées sur elles-mêmes et douées d'étranges prolongements, comme si les lois ainsi énoncées arrivaient de très loin, chargées d'une vérité trop ancienne et trop élémentaire pour n'être pas incontestable, mais aussi d'un mystère en l'occurrence égal à celui des idéogrammes qui ont servi à les fixer et, comme eux, impossible à déchiffrer pour qui n'est pas armé d'une bonne dose de patience et de sagacité : sentences donc à l'autorité de dictons et à structure parfaitement claire et balancée, mais dissimulant autant qu'elles révèlent et riches d'un contenu si profond qu'il ne peut être mis au jour sans un dur effort de décortication (Fib 13 f.).

In dieser Passage am Anfang von *Fibrilles* beschwört Leiris, obwohl – oder vielleicht auch gerade weil – er eine französische Übersetzung liest, eine Schrift, in der die Attribute der Hieroglyphen erkennbar werden. Inhalt ist eine uralte, unbestreitbare Wahrheit, die von einem großen Geheimnis umgeben ist, das sich in der Form der Schrift wiederfindet, die verhüllend und offenbarend zugleich ist und über die Entzifferungsprobleme auch die Struktur des Geheimnisses transportiert. Zu Leiris' Enttäuschung erreicht sein Schreiben über die in China erlebte fabelhafte Harmonie keineswegs das elegante Gleichgewicht der Ideogramme; statt eines harmonischen Ganzen stellen seine Aufzeichnungen nur disparate Stücke dar, die er mit dem Ausdruck „miettes de Chine" belegt. Damit kehrt er das Mißverhältnis zwischen der Totalität der Erfahrung und den übrigbleibenden Bruchstücken in ähnlicher Weise hervor, wie er das am Anfang von *Biffures* mit dem Begriff von den „bribes du rêve" getan hatte, und wie er es auch anläßlich eines Traumberichts in *Fibrilles* wieder tut:

---

31 Eine solche Parallelisierung nimmt Leiris auch vor, wenn er zu Beginn von *Fourbis* das Nichtschreiben zum metaphorischen Schlaf macht und die Fortführung des Schreibens mit dem Aufwachen gleichsetzt: „[…] ne dois-je pas avancer malgré tout et – dormeur mal réveillé qui se remémore ses rêves avant de se jeter dans la vie diurne – indiquer tout d'abord ce qui s'est déroulé derrière ce rideau de nuées qu'il me faut censément lever ou déchirer" (Fou 9).

> Un rêve (comme il en est souvent) cassé dès mon réveil en morceaux disparates et pas toujours immédiatement identifiables, mais dont je sais qu'à l'origine ils constituaient un même ensemble (Fib 45).

Die Formulierung „Il ne me reste que des bribes“ ist laut dem Psychoanalytiker Jean-Bertrand Pontalis eine typische Einleitung von Patienten am Beginn einer Traumerzählung. In manchen Fällen jedoch liegt hinter der Verwendung dieser Floskel ein tieferer Sinn, nämlich der Versuch, einen privilegierten Bezug zum Traum herzustellen, den nur der Patient in seiner Totalität genießen kann, während dem Analytiker nur Bruchstücke präsentiert werden[32]. Die Exklusivität des Bezugs zur Totalität des Traums als der sprachlichen Vermittlung nicht zugänglich wird auch von Leiris hervorgehoben, indem er mit seinen Aussagen einen Bereich konstruiert, der mit der Sprache, zumindest mit der diskursiven Sprache, nicht vermittelbar ist.

Leiris ruft daher immer wieder die Macht der Poesie auf und greift an einer Stelle auch tatsächlich in der Darstellung darauf zurück, wenn er einen Traumbericht mit einem kursiv vom Gesamttext abgehobenen und in Verse gesetzten Zitat aus dem Traum beginnt: „Il vole sur l'étendue de la neige / et le voilà perle blanche…“ (Fib 46). Diese Worte bezeichnen die vom visuellen Eindruck her unklar gebliebene Farbe des geträumten Pferdes und erscheinen Leiris im Nachhinein als Essenz des Traums, die in diesem poetisch gegeben ist, nach dem Erwachen jedoch in diskursive Begriffe übersetzt werden muß:

> Je prononçais alors les paroles qui fixaient la couleur du cheval et celle de l'ensemble du panorama – ce blanc neigeux à la douceur de perle, que mes yeux n'avaient pas observé – en même temps que, représentant l'aboutissement et comme la moralité du rêve, elles semblaient m'en révéler l'essence de façon telle que la réflexion diurne que je lui appliquerais une fois de retour à l'autre rive ne ferait que traduire en termes discursifs ce qui, dès le rêve, m'avait été donné poétiquement (Fib 46 f.).

Diese dem Traum angehörenden Worte werden als poetisch aufgefaßt, was hier gleichzusetzen ist mit der Fähigkeit, die Essenz des Traums zu transportieren. Allerdings ist dieser Eindruck im Bereich des Traums und somit des Scheins verhaftet, denn die Worte scheinen lediglich die Essenz zu enthüllen („elles semblaient m'en révéler l'essence“). Dies gilt in

---

32 Pontalis faßt diese Haltung des Patienten in folgende Worte: „[…] je suis à jamais inadéquat à ce rêve, à ce corps que je vous laisse entrevoir ; à vous le pouvoir de l'interpréter, de le pénétrer ; mais à moi le plaisir exquis, car jamais comblé et toujours maintenu, d'entrevoir cette totalité que vous ne saisirez jamais“ (Pontalis, „La Pénétration du rêve“, 425). Und weiter: „[…] sous la plainte, reconnaissons la croyance : moins il en reste, plus le pouvoir évocateur de l'objet m'appartient“ (ebd., 434).

ähnlicher Weise für die Poesie, die ebenfalls einen Anschein von absoluter Präsenz zu erwecken versteht: „[...] l'impression de présence absolue et de saisie totale que seule peut donner la poésie" (Fib 223). Traum und Poesie vereint danach, daß sie in der Lage sind, durch die Kraft der Evokation etwas zu inszenieren, über dessen tatsächliche Existenz nichts ausgesagt wird und das im diskursiven Schreiben nicht einholbar ist. Die angestrebte Evidenz beruht auf einem Schein, der gerade dem Entzogenen anhaftet, aber nicht wirklich eingelöst werden kann. Insofern ist die konkrete Übersetzung in diskursive Termini von vornherein zum Scheitern verurteilt.

In *Fibrilles* kommen Träume anders als in den vorigen Bänden zum Einsatz. Leiris verarbeitet nicht mehr nur ältere Traumnotate, die ihm zum Muster aktueller Erfahrungen werden, sondern er integriert jetzt auch zwei im Zeitraum des Schreibens gemachte Traumnotate[33]. Dies führt dazu, daß das Traumaufschreiben selbst in stärkerem Maße thematisiert wird. Im Fall des ersten Traums spricht Leiris im Zusammenhang mit dem Fixieren wieder vom Auflesen von Bruchstücken: „[...] je travaillais à fixer par écrit ce rêve dont j'avais pu ramasser à peine quelques bribes" (Fib 56). Interessanter als diese Wendung, mit der er sich im Rahmen gängiger Formulierungen bewegt und auf die verlorene Totalität abzielt, erscheint mir jedoch eine andere Passage, in der die Diskrepanz zwischen dem Traumerleben und der Erinnerung bzw. dem Aufschreiben sehr deutlich zum Ausdruck kommt:

> Quand le rêve, achevé dès longtemps comme action qu'on croit vivre, ne sera plus qu'une aventure imaginaire qu'il faut en premier lieu reconstituer sans errement, je me demanderai si la vue de ce jardin [...] ne serait pas intervenu au simple titre de souvenir, image vague que le *je* autour duquel le songe présent s'ordonnait aurait traînée après lui comme une parcelle d'un passé qui n'était pas le mien mais le sien propre, ainsi qu'il en eût été si ce *je* s'était remémoré le contenu, réel pour lui, de songes antérieurs dont ma mémoire à moi aurait perdu toute trace (Fib 56).

Hier begreift Leiris den Traumbericht als Versuch der getreuen Nachbildung des Traumerlebens: „reconstituer sans errement". Diese Nachbildung ist etwas anderes als das Fixieren, denn beim Fixieren handelt es sich um das Festhalten von Flüchtigem, während es sich bei der Nachbildung von etwas Vergangenem um eine eigene Schöpfung handelt, auch wenn dieser der Status einer Kopie gegenüber dem Original zukommt. Außerdem betont Leiris hier die Differenz zwischen seiner Per-

[33] Vgl. die Notate im Tagebuch vom 2. 12. 1956 (J 492 f.) und vom 1. 2. 1964 (J 598 f.), die in *Fibrilles* deutliche Erweiterungen und Änderungen erfahren (Fib 47-52, 257 f.).

son und dem Traum-Ich, dem er eine eigene Vergangenheit und eine eigene Erinnerung zuspricht. Die Vorstellung einer in sich kontinuierlichen Traumwelt wird damit zumindest in Erwägung gezogen.

Ausführlicher kommentiert Leiris das Aufschreiben des zweiten genannten Traums bzw. eines Bildes daraus. Wie im ersten Fall baut er auch diesen Traum an einer Stelle ein, an der das Schreiben ins Stocken gerät. Unzufrieden mit dem Versuch, seinen Pessimismus von früher zu beschreiben, der sich ihm durch Modi der Auflösung („Dilution, dissolution, dispersion", Fib 257) entzieht, betrachtet er einen Traum als Hilfe:

> Pourtant, à la faveur d'un sommeil hanté par le travail décevant de toute une soirée, il m'a semblé l'une de ces dernières nuits que le contact était renoué. Dégagé momentanément, l'horizon s'est à nouveau bouché, mais l'image dont je fus obsédé une partie de cette nuit-là survit à ma désillusion et je pense que, malgré son défaut apparent de signification, elle parle mieux que les phrases tour à tour essayées avant le coucher sans gloire auquel, de guerre lasse, je m'étais résigné (Fib 257).

Auf den Eindruck von der Herstellung eines Kontaktes im Traum soll hier nur am Rande hingewiesen werden, genauso soll zunächst davon abgesehen werden, daß das scheinbar der Bedeutung entbehrende, aber aussagekräftige Bild Anlaß zu neuer Textproduktion wird, aus der sich dann eine versteckte Bedeutung entfaltet. Vielmehr konzentriere ich mich hier auf den Kommentar zu den Techniken des Aufschreibens.

Zunächst versucht Leiris sich an einer genauen Beschreibung dieses Bildes, deren Techniken es – gerade auch im Vergleich zum ersten Tagebuchnotat – zu betrachten gilt. Anschließend konzentriert er sich auf ein Detail, einen roten Umhang, hinter dem er einen Sinn vermutet, welcher sich schließlich aus dem zur Sinnsuche produzierten Text ergibt. Allerdings stellt Leiris die tatsächliche Existenz der zu entziffernden Botschaft wieder in Frage, wenn er sich fragt, ob er diese nicht erst hineinliest. Der betreffende Traum bzw. das daraus erinnerte Bild enthält zwei Personen, einen Mann und eine Frau, die sich dicht nebeneinander um sich selbst drehen. Als Basis für die Rekonstruktion ist eine besondere Aufmerksamkeit nötig, die Leiris als Wiederbetrachten darstellt:

> La scène – ou plutôt le tableau, car sauf ce tournoiement il ne se passait rien – était si peu localisée que c'est seulement quand je m'attache à la revoir sans négliger aucun détail que je situe ces deux êtres soit dans un lieu clos et vide, soit dans un espace conventionnellement limité (le rectangle que détermine le cadre d'une peinture ou, autre rectangle, un écran cinématographique) (Fib 258).

Dabei bleibt unklar, ob die aufgewandte Aufmerksamkeit, die einen Rahmen hervorbringt, etwas im Traum schon Vorhandenes wieder hervorruft oder ob sie zur Bildung von etwas Neuem führt. Auf jeden Fall hilft diese Rahmung, das Gesehene näher zu beschreiben. Im folgenden zieht Leiris mehrere Bilder heran, um sein Traumbild näher zu bestimmen: eine Großaufnahme aus Dreyers Stummfilm *Jeanne d'Arc*, den Farbdruck eines Heiligenbildes sowie ein Bild aus dem Film *Un Paria des îles*. Dies geschieht in einer Art Überlagerung, die es erst erlaubt, Genauigkeit zu erzielen. Hierbei handelt es sich nicht mehr um ein genaues Wiederbetrachten, was, wie Leiris einflicht, bei der schnellen Drehung der Frauenfigur im Traum auch gar nicht möglich gewesen wäre, sondern um ein Verfahren der Rekonstruktion, Belebung und Kombination:

> À mesure que je la reconstruis, ravivant et combinant de brefs instantanés faits et refaits dans le sommeil ou le demi-sommeil, cette figure mi-tragique mi-voluptueuse de martyre ou d'amante devient celle d'une fille des mers du Sud en pagne ou en sari et, pour achever de la préciser, j'en appellerais volontiers à une image glanée elle aussi dans le monde à la fois sensible et impalpable que propose le cinéma : la grande insulaire basanée incarnée, je crois, par une artiste arabe dans le film *Un paria des îles*, tiré du roman de Conrad et projeté à Paris peu après la dernière guerre mondiale (Fib 258).

In dieser Beschreibung erwähnt Leiris die Veränderung der Figur, die diese während des Erinnerungs- und Beschreibungsprozesses durchmacht. Anders als am Anfang von *Biffures* wird dies jedoch nicht als Verfälschung, sondern als Belebung beschrieben. Das Modell der imaginären Kombination verschiedener Momentaufnahmen zeigt große Nähe zu Baudelaires Konzeption der Traumfixierung durch den Maler in *Le Gouvernement de l'imagination*, bei der Perfektion ebenfalls durch das Überlagern mehrerer Bilder zu erzielen war[34]. Noch deutlicher als in der ersten Passage mit der Rede von der fehlerfreien Nachbildung setzt Leiris sich hier von der Idee des Fixierens oder der Stenographie ab. Tatsächlich zeigt ein Blick ins Tagebuch, daß der in *Fibrilles* abgedruckte Traumbericht aus mehreren Schichten besteht. Dem Notat vom 1. Februar 1964 sind mehrere auf einige Tage später datierte Fußnoten hinzugefügt, die Präzisierungen der ursprünglichen Aussagen vornehmen (J 598 f.).

Anschließend konzentriert Leiris sich auf ein Detail, den roten Umhang der Frauenfigur, dessen Farbe er exakt zu beschreiben versucht. Das Mißlingen dieses Unterfangens hängt mit dem aus *Biffures* bereits

[34] Vgl. infra Teil II, Kap. 3. 3.

bekannten Effekt zusammen, daß die Wirklichkeit und Lebendigkeit des Traumbildes verlorengehen:

> Un rubis aux feux morts, qui n'existe même pas dans la semi-réalité du songe mais seulement sur le papier où mon écriture se convulse sans parvenir à se faire autre chose qu'écriture, voilà ce que j'ai obtenu en confrontant le rouge du sari, du pagne ou de la robe avec ces souvenirs de touriste ou de dilettante (Fib 259).

Die Schrift auf dem Papier – platte Geometrie, könnte man sagen – wird zum Inbegriff des Toten. Bei der Aufzählung verschiedener Rottöne geht es, wie Leiris konstatiert, letztlich gar nicht mehr um die Exaktheit der Übereinstimmung, sondern um die Gefühle, die beim Nennen der roten Gegenstände wachgerufen werden[35]. Schließlich wird die Beschreibung der Farbe des Umhangs auch zum Vorwand, bestimmte Ausdrücke in den Text einzustreuen, die sich der pessimistischen Grundstimmung, in der er in diesem Zeitraum war, anschließen, wie „triste plénitude", „somptuosité et mélancolie", „lourde menace", „mystère", „fièvre", „tendre brûlure" (Fib 260 f.). Dies kann als poetischer Akt begriffen werden, der mit der Methode der Evokation arbeitet und der praktizierten Methode der möglichst präzisen Beschreibung entgegensteht.

Letztlich ist es gar nicht der zunächst für sich sprechende und die Stimmung unmittelbar verständlich zum Ausdruck bringende Traum, der einer Deutung bedarf[36], sondern die Doppelung, die er in der Schrift erfährt. Am Ende dieses Traumberichts, den er zunächst nur zur Illustration einer Stimmung einsetzt, liest Leiris eine Botschaft heraus, die nicht im Traum enthalten ist, sondern erst in der daraus resultierenden proliferanten Textproduktion: „[ces mots, S. G.] composent le message que j'extrais de mes propos" (Fib 261). So entsteht die Botschaft mit dem Aufschreiben und Kommentieren, aber gewissermaßen als poetisches Extrakt aus dem diskursiven Text. Hier stellt also nicht der Traum selbst eine Botschaft dar, sondern er löst eine Textproduktion aus, aus der sich eine Botschaft herauslesen läßt, die schließlich über die Schreibschwierigkeiten hinweghilft. Vom Problem des Traum-Aufschreibens gelangt man so unvermittelt zur Frage nach der Entzifferung des Traums.

---

35 „Nul doute que leur apparence [des autres rouges, S. G.] compte moins que ce qu'ils recouvrent : la valeur de telle émotion passée, traduite par l'une des variétés du rouge (ou par un équivalent sonore) mais dont l'analogie avec la couleur du sari, elle-même inséparable du tableau qu'elle rehaussait, est une affaire de sentiment plutôt qu'une affaire de palette" (Fib 260).

36 „[…] elle [l'image, S. G.] parle mieux que les phrases tour à tour essayées avant le coucher" (Fib 257).

1.6 Lesen und Entziffern

Oft genug präsentiert Leiris den Traum in *Fibrilles* explizit als zu entziffernde Botschaft:

> Mais – alors que j'en étais à ce point de ma recension chinoise et comme si, perplexe, j'avais obscurément appelé une diversion – il y a, cette nuit même, un rêve qui s'est glissé et qui se propose à la façon d'un idéogramme que, d'urgence, il me faudrait décrypter (Fib 45).

Das Anliegen der Entzifferung ist neu im Vergleich zu *Biffures* und *Fourbis*, wo der Traum zumeist eine Erfahrung mit eigenständigem Wert darstellte. Der Traum von der verlorenen Schallplatte hatte wie andere ähnliche Träume die stets gesuchte Erfahrung des Kontakts zwischen Ich und Außenwelt erlebbar gemacht. Wenn Leiris den Traum nun als Ideogramm, das entziffert werden muß, bezeichnet, so setzt das ein Verständnis des Traums als Botschaft voraus. Diese Botschaft hat jedoch keine übernatürliche Instanz mehr, sondern liegt, ganz in Übereinstimmung mit der Freudschen Psychoanalyse, alleine im Subjekt: „[…] déchiffrer le message que je m'adressais" (Fib 121). Leiris ist also nicht mehr nur wie Nerval gleichzeitig Empfänger und Interpret der Traummitteilung, sondern auch deren Absender.

Mit dem Paradigmenwechsel von der Offenbarung zur Entzifferung nimmt Leiris eine Umwertung des Ideogramms vor, bei der nicht mehr die Übereinstimmung zwischen Schrift und Erfahrung, sondern die Technik der Entzifferung im Vordergrund steht. Allerdings schwingt in der Auffassung des Traums als Ideogramm, das den Appell zur Entzifferung in sich trägt, immer ein Lektüremodell der Analogien mit, das am Anfang von *Fibrilles* eingeführt wird. Dort berichtet Leiris einen wenige Monate vor der Chinareise geträumten Traum, der einen Empfang bei Konfuzius zum Inhalt hat. Obwohl die Reise zu diesem Zeitpunkt noch nicht geplant war, betont Leiris, daß er diesen Traum keineswegs als divinatorisch verstehen wolle, sondern vielmehr als eine „anecdote fabriquée à partir du passé immédiat" (Fib 12). Auch wenn er sich damit auf das Freudsche Modell der Traumproduktion beruft, führt er gleichzeitig die Ebene der Koinzidenzen als Lektüremodell ein, wodurch ein Zusammenhang zwischen Traum und Chinareise hergestellt werden kann:

> Sur le plan des coïncidences (qu'on aime à rechercher parce que la rencontre de deux événements sans lien autre que d'analogie ou de similitude suggère l'idée poétique d'un destin), j'indiquerai que […] (Fib 12).

Die Stärke der Analogie liegt also in ihrer Unmotiviertheit, die Raum für das läßt, was Leiris Poesie oder Magie nennt. Damit schließt diese Vorstellung eher an die surrealistische Bildtheorie als an Freuds Interpretationsmethode an, bei der die Analogien an der Oberfläche immer von tiefergehenden Verbindungen gestützt sein müssen. Dieses Lektüremodell liegt auch der Interpretation der späteren Träume zugrunde, die zunächst nur über eine vage Analogie miteinander verbunden sind.

Auf der Ebene der Koinzidenzen stellt Leiris eine Verbindung zwischen drei Träumen und einem Ausflug in China her, die durch unterschiedliche Zeitabstände voneinander getrennt sind und als gemeinsames Element eine steile Felswand enthalten. Zwischen dem ersten und dem zweiten Traum liegen etwa 13 Jahre, zwischen dem zweiten Traum und dem Ausflug in China etwa sechs Monate, und der Abstand zum dritten Traum beträgt etwas über ein Jahr[37]. Der Traum, an dessen Interpretation Leiris sich ernsthaft versucht, ist der aktuellste (vom Dezember 1956), für den er folgenden Inhalt angibt: im ersten Teil springe die Hündin Dine von einem steilen Felsen hinunter, um heil wieder oben aufzutauchen, und im zweiten Teil plane das Traum-Ich einen Ausflug mit Aimé Césaire, während eine Menschenmenge aus Martinique sein Landhaus bevölkere. Leiris skizziert mehrere Deutungen, die ihn jedoch alle nicht überzeugen. In der ersten begreift er den Traum als Illustration des Widerspruchs zwischen individuellen Bedürfnissen und politischer Betätigung sowie dessen Lösung[38]. Diese Auslegung, die an Bretons Deutungsmodell in *Les Vases communicants* anschließt, verwirft er jedoch, weil sie die Gefühlsebene des Traums nicht einbeziehe. Es folgt dann eine Interpretation „en termes de sexualité“, die aber sogleich von der Möglichkeit, Assoziationen auf linguistischer Ebene in den Vordergrund zu rücken, in Frage gestellt wird. Beide Methoden können sich in der einen oder anderen Weise auf Freud berufen, ohne daß das einer eigenen Erwähnung Wert wäre. Leiris erkennt jedoch keinen Anhaltspunkt, warum eine der Deutungen mehr Wert haben sollte als die anderen, und hält sie alle für zu mechanisch und letztlich auch beliebig. Als Beleg dafür liefert er eine vierte, astralmythologische Deutung, deren karikaturisti-

---

[37] Der erste Traum ist im Tagebuch unter dem Datum des 27. 09. 1942 als wenige Nächte zurückliegend notiert (J 368 f.), der zweite fehlt im Tagebuch, ist aber zu Ehren von Henri Laurens unter dem Datum vom 16. 04. 1955 publiziert worden („Rêve pour Henri Laurens“, in: *Catalogue du Salon de Mai. Paris. 11e*, Paris 1955, 6, jetzt auch in Leiris, *La Règle du jeu*, 1275 f.), und der dritte datiert vom 02. 12. 1956 (J 492 f.), d. h. er findet über ein Jahr nach der Chinareise statt.

[38] „[…] je serais tenté d'assigner le sens suivant […] : notre aspiration toute pure et comme animale à une vie non claquemurée est reléguée à l'arrière-plan par l'action politique ; mais cette antinomie entre exigences naturelles et rigueur d'une idée peut être résolue pratiquement – d'une façon qui certes, frise l'acrobatie – avec un peu de bon vouloir et d'ingéniosité“ (Fib 52).

sche Züge er selbst betont, die aber vor allem die Unzulänglichkeit aller versuchten Deutungen augenfällig mache:

> Caricature, certes, que cette dernière explication, mais miroir grossissant où se reflètent l'insuffisance et la légèreté de celles que j'ai précédemment esquissées (Fib 54).

Also versucht Leiris in einem neuen Anlauf eine Deutung, die nicht mehr von den Gegebenheiten des Traums, sondern von seinen Leerstellen ausgeht und auf diese Art und Weise vielleicht zu einer nichtmechanistischen Wahrheit führen kann:

> Si je les examine à leur tour au lieu de ne considérer que les pleins, peut-être ces vides deviendront-ils les *silences éloquents* à partir desquels le rêve sera saisi dans toute sa vérité ? (Fib 54)

Die Leerstellen führen vor allem auf das Bruchstückhafte des Traums, von dem nach dem Erwachen nur das Gefühl einer Einheit, aber nichts Einheitliches mehr bleibt. Leiris bringt dies mit den plötzlichen Wechseln der Reise in Verbindung, so daß der Traum die Bedeutung eines Reisetraums gewinnt:

> À cette lumière, il apparaît que le décousu du rêve, s'il est dû pour une part à des carences de mémoire, reflète aussi le décousu – coupures brusques, changements à vue, glissements vertigineux des choses et des sentiments à leurs contraires – autrement dit les sautes de vent et sautes d'humeur inhérentes à tout voyage digne de ce nom (Fib 54).

Dem Argument, mit dieser Begründung könne man jeden lückenhaften Traum zum Reisetraum erklären, hält Leiris entgegen, daß es sich in diesem Fall nicht nur um logisches Werkzeug handle, sondern daß auch ein „arrière-plan sentimental" aufgerufen werde. Diese gefühlsmäßige Ebene sei der Beleg dafür, daß die Ebene der mechanischen Deutungen verlassen wurde und vielleicht eine Annäherung an die Wahrheit erfolgt ist. Leiris geht im folgenden vor allem dem Unbehagen nach, das er im Traum empfunden und das gegen Ende immer mehr zugenommen habe. Als wichtiges Element in diesem Zusammenhang fungiert ein Garten, von dem nicht klar ist, ob er im Traum tatsächlich vorgekommen ist oder nur erinnert wurde. Dieser Garten vereinigt Aspekte verschiedener realer Gärten, darunter auch einige des zum Elternhaus gehörenden Gartens. Als solcher erinnert er an den Tod der Mutter, der bereits in den Erklärungen der Umstände, die dem Bericht vorangestellt waren, eine besondere Rolle spielte (Fib 47)[39]. Durch das Zitat von Nervals

---

[39] Es ist auffällig, daß der Tod der Eltern nicht als eigenständiges Ereignis Eingang in die *Règle du jeu* findet, sondern nur über den Umweg des Traums. So wird der Tod des Va-

Melancholiemetapher lädt Leiris das Elternhaus mit noch mehr Bedeutung auf: „[…] cette maison d'enfance qu'éclaire maintenant, à la manière d'un soleil noir, l'effigie de ma mère défunte" (Fib 57). Auf der Suche nach einem verborgenen Geheimnis im Zusammenhang mit dem Garten kommt Leiris schließlich auf den von Nerval beschriebenen und von ihm selbst besuchten Garten von Ermenonville zu sprechen, in dem, wie Nerval angeblich sagt, die Asche von Rousseau fehle (Fib 58)[40]. Die Assoziationskette führt Leiris fort, indem er Erinnerungen an Gärten seiner Kindheit und an geträumte Gärten sowie Überlegungen zum Bedeutungswandel des Gartens für den jungen Städter hinzufügt. Über das Feststellen von Analogien und Koinzidenzen geht er dabei nicht hinaus, diese führen ihn jedoch an einen Punkt, den er als Endpunkt der Deutung betrachtet:

> En constatant sans l'expliquer cette profonde ambiguïté, j'ai vraisemblablement épuisé ce que je pourrais dire quant à l'enclos accolé à la maison où j'hébergeais Césaire et je crois volontiers que mon incapacité d'aller plus loin tient au fait que je touche avec ce thème à quelque chose de si fondamental en moi que cela est proprement indicible (Fib 61).

Damit ist er an einer Stelle angelangt, an der diskursive Verfahren versagen und letztlich auch das Anliegen der Entzifferung scheitert. Denn im Endeffekt fördert die Traumanalyse in *Fibrilles* nichts Neues zutage, weder der Traum selbst noch seine Deutung stellen eine Enthüllung dar, sondern helfen lediglich bei der Klarstellung gewisser Gegebenheiten[41].

In *Frêle bruit* ist ein generelles Unbehagen an der Entzifferung zu konstatieren, das wohl vor allem von daher rührt, daß die Entzifferung mit einer Entmystifizierung einhergeht. Ein im Halbschlaf gehörter Satz, der zunächst als von einem anderen Ort kommende höhere Wahrheit aufgefaßt wird, entpuppt sich nach genauer Reflexion als Banalität:

> Comment ai-je pu me méprendre à ce point et croire qu'il y avait révélation là où, sous le voile oraculaire, une vérité des plus banales m'était donnée à déchiffrer ? (FB 390)

---

ters in Zusammenhang mit dem Kadavertraum (Fou 56 f.) erwähnt. Der Traum wird dabei zum Ort der Begegnung mit dem sich der Sprache entziehenden Tod.

40 Vgl. dazu den inspirierenden Aufsatz „La Poésie jusqu'à Z" von Denis Hollier, in: ders., *Les Dépossédés (Bataille, Caillois, Leiris, Malraux, Sartre)*, Paris 1993, 23-35. Für Hollier ist das Grab von Rousseau das wahre Zentrum dieser Seiten, das zum einen den Selbstmordversuch von Leiris vorwegnimmt, zum anderen aber auch für die Absenz der Poesie in der Autobiographie und zugleich deren gegenseitige Bedingung steht.

41 „[…] il est sûr que je n'ai rien découvert que ne j'eusse déjà su ; mais il n'est pas moins sûr qu'il me fallait, pour mettre au clair certaines données que j'estime importantes, l'appui de ce jardin désert" (Fib 64).

Letztlich werden damit beide Paradigmen, das der Offenbarung und das der Entzifferung entwertet. Während die verheißene Offenbarung ausbleibt, führt die Entzifferung nur zu Banalitäten.

Wichtiger als die Worte, denen gegenüber Leiris mißtrauisch ist, sind für ihn in seiner Traumdeutung die Gefühle, welche die Richtigkeit der Deutung bestätigen können. Denn Gefühle im Traum begreift er als eine künstlerische Schöpfung: „[…] une émotion vécue sous le couvert du songe relève du domaine de l'art, puisqu'elle est liée [..] à un monde imaginaire que nous créons" (Fib 62). Im Endeffekt ist es also die Schaffung einer imaginären Welt, die Leiris' Wertschätzung des Traums bestimmt und schließlich über das Anliegen der Entzifferung überwiegt. Die Dimensionen des Imaginären und der Inszenierung verbinden sich in seinem Traumbegriff mit seiner Vorstellung von Poesie, so daß er schließlich über die Dichotomie von Entzifferung und Offenbarung hinausgeht.

Diese Erörterungen haben gezeigt, daß der Diskurs über den Traum bei Leiris nicht ganz frei von metaphysischen Dimensionen ist, obwohl diese zumeist als Bestandteil der surrealistischen Zeit und als überwunden dargestellt werden. Allerdings sind Veränderungen innerhalb der verschiedenen Bände der *Règle du jeu* nicht zu übersehen. Dominierte in *Fourbis* noch die Hoffnung auf die Enthüllung einer wunderbaren Hieroglyphe hinter der Ebene der kontingenten Ereignisse, so tritt in *Fibrilles* an deren Stelle der Versuch der Entzifferung. Weiterhin entwickelt Leiris dort ein Lektüremodell der Analogien und Koinzidenzen, das allerdings die Annahme eines verborgenen Sinnzusammenhangs hinter der Kontingenz fortführt. Trotz der Verweise auf seine Entstehungsmechanismen und trotz der Entzifferungsversuche bewahrt der Traum bei Leiris so zumindest teilweise die Attribute der Hieroglyphe, des Geheimnisvollen und einer surrealistischen Auffassung von Poesie.

Obwohl Leiris sich in der *Règle du jeu* immer wieder als alternder und desillusionierter Schriftsteller inszeniert, dem der naive Glaube des jungen surrealistischen Dichters an das Zauberreich der Poesie verloren gegangen sei, bleibt die Hoffnung bestehen, daß die Poesie ein Ort sein kann, der die Verbindung zu jener anderen Welt wenigstens momenthaft schafft. Allerdings wird sie dabei immer weniger als eigenes Reich gefaßt, sondern vielmehr als Möglichkeit, den Eindruck von Präsenz und die Einheit des Individuums mit der Welt zu inszenieren. Der Traum wird von Leiris diesem Bereich der Poesie zugeschlagen. Dem im Traum poetisch Gegebenen und dem Traumerleben läßt er Präsenz und Fülle zukommen, die in der Erinnerung und beim Aufschreiben allerdings verlorengehen. Die Übersetzung in diskursive Termini führt zum Substanzverlust, und letztlich stößt Leiris immer auf einen nicht beschreibbaren Gegenstand mit Namen „résistance“, auf ein Unsagbares, das nur erlebt werden kann, sich dem diskursiven Zugriff aber entzieht. Angesichts der Tatsache, daß der Diskurs über das Fixieren des Traums vor allem die Inauthentizität des aufgeschriebenen Traums herausstellt und das Scheitern thematisiert, legen Leiris' Ausführungen eigentlich nahe, daß es gar nicht möglich ist, Träume aufzuschreiben. Der angeblichen Aporie des Traum-Aufschreibens steht jedoch eine ganze Reihe von Traumtexten gegenüber, die diese dementieren.

2. Traumnotat – Traumtext – Traumfragment

Neben den Traumtexten in *La Révolution surréaliste* und in der von Breton herausgegebenen Sondernummer *Trajectoire du rêve* der *Cahiers GLM* (1938)[1] veröffentlicht Leiris zwei eigenständige Bände mit Traumtexten, für welche die insgesamt 26 surrealistischen „récits de rêves" die Grundlage bilden[2]: *Nuits sans nuit* (1945) und die deutlich erweiterte Ausgabe *Nuits sans nuit et quelques jours sans jour* (1961). Beide Bände werden während des Schreibens an der *Règle du jeu* publiziert: *Nuits sans nuit* während der 1940 begonnenen Arbeit an *Biffures* (1948), *Nuits sans nuit et quelques jours sans jour* während der 1955 angefangenen Arbeit an *Fibrilles* (1966). Angesichts der Tatsache, daß Leiris am Ende von *Fibrilles* sein Projekt der *Règle du jeu* für gescheitert erklärt, weil das diskursive Schreiben nicht in der Lage sei, einen der Poesie vergleichbaren Eindruck von Präsenz zu erzeugen, gilt es die Frage zu diskutieren, ob die Traumtexte als poetisches Gegenstück zum diskursiven Schreiben gelten können. Meine These ist, daß vor allem mit *Nuits sans nuit et quelques jours sans jour* ein Modell fragmentarischer Stücke erprobt wird, das ab *Frêle bruit* die Fortführung des autobiographischen Schreibens in neuer Form erlaubt. Denn nun, das gilt auch für *Le Ruban au cou d'Olympia* und *À cor et à cri*, reiht Leiris einzelne, zwischen Essay und Prosagedicht oszillierende Fragmente mit Inhalten aus Traum und Wachleben in loser, hauptsächlich assoziativer Folge aneinander. Die dabei zu beobachtende Privilegierung einer seriellen Aleatorik und die Poetik des Fragments sind durch die Praxis der Traumtexte vorgeprägt, die in einer Folge diskontinuierlicher Momentaufnahmen beabsichtigte und unbeabsichtigte Wiederholungen und Verweissysteme hervorbringen.

Mit einer solchen Betrachtung sollen die Traumtexte aus den vorherrschenden, psychoanalytisch geleiteten Lektüren befreit und ihr ästhetisches Potential offengelegt werden. Wichtig sind dabei auch die poetologisch bedeutsamen Veränderungen in der Form des „récit de rêve", der im Spätwerk nur noch wenig mit den surrealistischen Anfängen gemein hat. Einleitend werde ich daher auf die Funktion des Tagebuchs eingehen und an einem prägnanten Beispiel die vielfältigen Bearbeitungen

---

[1] Michel Leiris, „Rêves", in: Breton (Hg.), *Trajectoire du rêve*, 64-71. Diese Traumtexte werden im folgenden unter Angabe der Sigel TR und der Seitenzahl zitiert.

[2] Von den insgesamt 26 in den surrealistischen Zeitschriften veröffentlichten Traumnotaten werden 25 in *Nuits sans nuit* aufgenommen, nur der Traumtext Nr. 10 aus *Trajectoire du rêve* (TR 69) erscheint nicht wieder, sondern wird ausführlich in *Biffures* geschildert und diskutiert (Bif 136 f.).

untersuchen, die ein Traumtext über 60 Jahre hinweg erfährt. Anschließend behandele ich die beiden Fassungen von *Nuits sans nuit*, wobei neben der Form des einzelnen Traumtextes vor allem die Effekte interessieren, die sich aus der Serialität ergeben. Ein etwas kursorischer Blick auf den Traumtext und seine Form im Spätwerk erlaubt es, die Darstellung abzurunden.

2.1 Vom Traumnotat zum Traumtext

Zeit seines Lebens schreibt Michel Leiris Träume auf, vor allem im Tagebuch, in dem sich an die zweihundert Notate finden[3], aber auch in anderen Notizheften und in Reisetagebüchern[4]. Sein erstes Notat stammt vom 16. März 1923 (J 32), das letzte vom 28. Mai 1986 (J 795). Innerhalb dieses über 63 Jahre umfassenden Zeitraums variiert die Anzahl der Notate jedoch beträchtlich. Während das Tagebuch von Mitte Oktober 1924 bis März 1925 ganz überwiegend als Traumtagebuch geführt wird und es bis 1934 immer wieder Phasen der intensiven Beschäftigung mit den Träumen gibt, werden zu anderen Zeiten wenige oder gar keine Träume notiert.

Aus einem Tagebucheintrag von November 1924 geht hervor, daß Leiris zu dieser Zeit über die literarische Verwendung seiner Traumnotate nachdenkt:

> Mettre les rêves bout à bout : en faire un roman d'aventures (Cf. *Aurélia*) ; – s'aider de l'oniromancie [sic] pour déterminer l'atmosphère. Grouper les rêves selon leurs analogies de présages (J 76).

Eine solche Zusammenstellung der Träume nach ihrem Vorhersagewert hat Leiris zwar angedacht, aber nicht durchgeführt[5]. Die andere hier enthaltene Idee, die Träume aneinanderzureihen, hat er hingegen verwirklicht. In *Le Point cardinal* (1927), dessen Redaktion im Oktober 1925 abgeschlossen wird, finden sich Spuren vieler teils ausführlicher, teils

---

[3] Vgl. Anhang 3.

[4] Die Notizhefte aus der surrealistischen Phase hat Maubon veröffentlicht: Leiris, *L'Évasion souterraine*. An Reisetagebüchern sind bisher publiziert: Leiris, *L'Afrique fantôme* und *Journal de Chine*.

[5] Nur zu drei Traumnotaten liegt eine an Artemidors Traumbuch orientierte Interpretation vor, die sich in einer Liste der Elemente und ihrer Bedeutungen erschöpft: Traum vom 14. 10. 1924 (J 69 f. und 75), vom 11. 11. 1924 (J 77 und 79) und vom 19. 11. 1924 (J 79). Meines Wissens ist nur der erste dieser Traumtexte überhaupt veröffentlicht worden und zwar ohne Verwendung der Deutung in *Trajectoire du rêve* (TR 64 f.) und in *Nuits sans nuit* (N 11-14 und NJ 23-25).

sehr kurzer Traumnotate aus dem Tagebuch. Das (fast) übergangslose Aneinanderreihen wird vor allem im dritten Kapitel praktiziert, in dem drei Reisende ihre Abenteuer erzählen. Diese Reiseberichte basieren auf Traumnotaten aus dem Tagebuch, die tatsächlich fast ohne Überleitung aneinandergefügt sind. Allerdings werden die Notate dabei mehr oder weniger stark überarbeitet und ausgeweitet, zum Teil auch mehrere kurze Notate mit verbindenden Elementen zu einer Ereignisfolge zusammengesetzt[6]. Die hier verwendeten Traumnotate stammen aus dem relativ kurzen Zeitraum vom 14. 10. 1924 bis 2. 0. 1925, d. h. aus der Zeit, aus der auch das Zitat über das Verfahren stammt. Zunächst benutzt Leiris die Traumnotate also als Material, um davon ausgehend eine traumhafte Welt entstehen zu lassen.

Im Dezember 1924 notiert er sich folgende Überlegung, mit der er erneut – und im Gegensatz zum stenographischen Protokoll Bretons – Atmosphäre und Interpretation eine den Fakten ebenbürtige Stellung zuweist.

> Rêve et réalité doivent être ramenés sur un plan unique qui contient à la fois l'exposé des faits, l'atmosphère qui les baigne et leur interprétation (J 86).

Es darf angenommen werden, daß diese Aussage in Zusammenhang mit der Arbeit an *Le Pays de mes rêves* steht, einer Sammlung von sechs kurzen Texten, die im Februar 1925 in *La Révolution surréaliste* in der Rubrik „Rêves" erscheinen[7]. Allerdings weichen sie erheblich von der in der Zeit-

---

[6] Dabei handelt sich bei den ersten beiden Berichten um die leicht überarbeiteten und in die Erzählung eingepaßten Traumnotate vom 21. 11. 1924 (J 80 f./PC 46-49) und vom 21. 10. 1924 (J 72 f./PC 49-51). Der Bericht des dritten Reisenden verwendet am Anfang ein einzelnes Motiv aus einem Traumnotat vom 14. 10. 1924 (J 70/PC 52) und am Ende ein kurzes Traumnotat vom 25. 10. 1924 (J 74/PC 55). Ferner werden am Ende des ersten Kapitels (PC 34 f.) zwei Traumnotate vom 17. und 19. 12. 1924 (J 85) und im zweiten Kapitel (PC 39 f.) ein Notat vom 02. 01. 1925 (J 88) verwendet. Es läßt sich nicht ausschließen, daß weitere nicht im Tagebuch notierte Träume in den Text eingegangen sind, aber die Kohärenz der Geschichte geht über das bloße Aneinanderreihen von Träumen deutlich hinaus, wobei jedoch Traumeffekte wie beispielsweise Metamorphosen gern eingesetzt werden. Andere Passagen wiederum verdanken sich der „écriture automatique", so hat Maubon eine Passage (PC 64 f.) in dem Notizheft „Textes surréalistes" aufgefunden (ES 28).

[7] Die Nr. 2 trägt das Datum von Januar 1925, ist aber tatsächlich erst im Februar erschienen (vgl. dazu Paule Thévenin, „La Centrale surréaliste", in: *Bureau de recherches surréalistes. Cahier de la permanence*, 7-11, hier: 9 f.). Zu *Le Pays de mes rêves* vgl. das Kapitel in der Studie von Semet, *Michel Leiris, Poète surréaliste*, 111-121, in dem Semet vor allem die Aussageposition des Ichs, die den Tod heraufbeschwörenden Bilder und die Orakelhaftigkeit der Aussagen im letzten Traumtext untersucht.

schrift später zur Norm werdenden Form ab. Rückblickend charakterisiert Leiris sie wie folgt:

> *Le Pays de mes rêves*, publié dans le numéro 2 de *La Révolution surréaliste* et qui marque le début de ma participation à ce mouvement, représente un intermédiaire entre le poème en prose voire le texte autobiographique – et le récit de rêve. Il s'agit de rêves réels, mais „réécrits" et soumis à une certaine mise en forme destinée à fournir, mieux que si l'on procédait par simple compte rendu, une manière d'équivalent de l'atmosphère onirique[8].

Anfangs räumt Leiris der Traumatmosphäre also größere Bedeutung ein als der Exaktheit des Protokolls, dessen Schwächen bezüglich der Äquivalenz von Traum und Traumtext er hier offenlegt. Daß diese Texte eine Zwischenform zwischen Prosagedicht und „récit de rêve" einnehmen (die Dimension des autobiographischen Textes ist in *Le Pays de mes rêves* eher schwach ausgeprägt), zeigt sich auch darin, daß Leiris' Name ihnen nicht – wie sonst in der Rubrik „Rêves" üblich – als der des Sprechers vorangestellt ist, sondern – wie bei Gedichten – erst ganz am Ende erscheint. Ferner kommen neben dem Präsens und dem „passé composé" auch das Futur (im ersten, fünften und sechsten Text) sowie das „passé simple" und das „imparfait" (im zweiten und sechsten Text) zum Einsatz. Der Einsatz des Futurs verleiht den Texten dabei etwas Verhängnisvolles, Prophetisches oder gar Apokalyptisches: „Je briserai les statues et tracerai des croix sur le sol avec mon couteau. Les soupiraux s'élargiront et des astres sortiront silencieusement des caves […]" (RS n° 2, 29). Das Präsens hingegen ist nicht nur die Zeit des protokollarischen Berichtens einzelner Ereignisse, sondern auch die Zeit der nicht endenden Dauer: „La pierre et l'acier sont les deux pôles de ma captivité, les vases communiquants [sic!] de l'esclavage : je ne peux fuir l'un qu'en m'enfermant dans l'autre" (ebd., 27) bzw. der zyklischen Wiederkehr: „Au cours de ma vie blanche et noire, la marée du sommeil obéit au mouvement des planètes, comme le cycle des menstrues et les migrations périodiques d'oiseaux" (ebd., 29). Nicht nur viele hypotaktische Fügungen, sondern auch zahlreiche Reihenmetaphern[9], lautliche Assoziationen und Wortspiele entfernen die Texte vom stenographischen Protokoll und nähern sie passagenweise der „écriture automatique" sowie den

---

[8] Michel Leiris, „Note historiographique" (1943), in: ders., *Miroir de l'Afrique*, 1409 f.

[9] So wird etwa im letzten Text ausgehend von der Idee einer flüssigen Nacht die Ersetzung der Vogelwelt durch die Fischwelt beschrieben: „[…] au monde aéré du jour se substitue la nuit liquide, les plumes se changent en écailles et le poisson doré monte des abîmes pour prendre la place de l'oiseau, couché dans son nid de feuilles et de membres d'insectes" (RS n° 2, 29).

assoziativen Wortanalysen in *Glossaire : j'y serre mes gloses* an, die ab April 1925 in *La Révolution surréaliste* erscheinen[10].

Nach dem Anschluß an die surrealistische Gruppe ist neben der Weiterarbeit an den „Abenteuerromanen" *Le Point cardinal* und später *Aurora* auch ein neuer Umgang mit den Traumnotaten zu beobachten. Im Juli und Oktober 1925 publiziert Leiris erstmals kaum überarbeitete Traumnotate in *La Révolution surréaliste*, die fast alle aus den Tagebuchnotizen von März 1923 bis März 1925 stammen. Dafür wählt er aus den anderweitig nicht verwendeten Notaten aus, wobei sich auch hier bei zwei Texten aus der Nr. 5 (31 und 32) das Montieren von Versatzstücken aus verschiedenen Notaten erkennen läßt (die nicht notwendigerweise Traumnotate sein müssen)[11]. Ab März 1925 geht die Zahl der Traumnotate im Tagebuch deutlich zurück, was möglicherweise auch damit zusammenhängt, daß Leiris jetzt stärker mit der Ausarbeitung seiner Romane (*Le Point cardinal* und *Aurora*) beschäftigt ist und Träume eventuell anderswo notiert – auch drei der Traumtexte für *La Révolution surréaliste* finden sich nicht im Tagebuch[12].

Während das Traumnotat zu Beginn seines Schreibens für Leiris kaum mehr als das Ausgangsmaterial für die auf eine Traumatmosphäre zielende literarische Bearbeitung ist und die „récits de rêves" in *La Révolution surréaliste* im Vergleich dazu als nachrangig erscheinen, läßt sich später eine wachsende Autonomie dieser Gattung beobachten, die vom Bruch mit der surrealistischen Gruppe im Februar 1929 nicht tangiert wird. Im Gegenteil läßt sich gerade wenige Monate danach eine sehr intensive

---

10 Michel Leiris, „Glossaire : j'y serre mes gloses", in: *La Révolution surréaliste* n° 3 (1925), 6-7, n° 4 (1925), 20-21 und n° 6 (1926), 20-21.

11 So wird im Tagebuch die „Visite au Tact" abgesetzt notiert, ohne Angabe, ob es sich um einen Traum handelt, vor allem aber einen Tag später als der Anfang des Traumtextes (J 89 f.). Der Traumtext 31 geht also auf zwei unterschiedliche Notate zurück. Noch größer ist die Diskrepanz bei der Zusammensetzung von Text 32 mit dem Wortspiel über Nadia (J 91 und 94), vgl. auch unten Kap. 2. 1.

12 Für die Texte 27 (n° 4), 30 (n° 5) und 38 (n° 7) finden sich keine Tagebuchnotate. Daher liegt die Annahme nahe, daß sie direkt für die Veröffentlichung aufgeschrieben wurden. Die ab Mai 1925 im Tagebuch notierten Träume hingegen werden nicht oder erst später (in *L'Âge d'homme*, *Nuits sans nuit* oder *Fourbis*) verwendet. Philippe Lejeune nimmt auch für die etwas später entstandenen Texte *Grande fuite de neige* und *Aurora* (Entstehungszeit: September 1926 bzw. 1927-28 nach den Angaben am Ende der Texte) die Verarbeitung von Traummaterial an, was sich jedoch nicht anhand des Tagebuchs belegen läßt (In *Aurora* läßt sich lediglich ein Traumnotat aus dem Tagebuch nachweisen [J 66 / Au 117]). Natürlich kann nicht ausgeschlossen werden, daß weitere nicht im Tagebuch notierten Träume als Material verwendet worden sind, aber die Vertiefung und Erweiterung des Materials sowie ein „traumhaftes", aber nicht auf Träumen beruhendes Schreiben spielen sicherlich die größere Rolle. Hierzu wäre eine eingehendere Untersuchung wünschenswert.

Phase des Traumaufschreibens im Tagebuch feststellen: von Mai bis September 1929 werden 22 Träume notiert. Dies ist auf eine bewußte Konzentration auf den Traum zurückzuführen, wie folgende Bemerkung vom 14. Mai 1929, zwei Tage vor dem Beginn der Phase, zeigt:

> Je me rappelle un temps où j'avais l'impression de pouvoir rêver quasi à volonté. Aujourd'hui je ne rêve pour ainsi dire plus. Il faudrait que je trouve un moyen d'*activer* mes nuits (J 163).

Ende Oktober 1929 jedoch, zeitgleich mit dem Beginn der psychoanalytischen Behandlung bei Adrien Borel, ist das völlige Einstellen der Traumnotate und wenig später der Abbruch des Tagebuchs überhaupt festzustellen. Erst nach der Rückkehr aus Afrika im Februar 1933 beginnt Leiris im April wieder, Tagebuch zu führen und drei Tage danach auch wieder Träume zu notieren. Zwei intensive Phasen des Traumaufschreibens lassen sich wieder in den Zeiträumen von Juli bis September 1933 (19 Traumnotate) und von März bis Juni 1934 (26 Traumnotate) ausmachen[13]. Mit der Wiederaufnahme der Analyse im Juni 1934 geht die Zahl der aufgeschriebenen Träume erneut deutlich zurück; bis zum endgültigen Ende der Analyse zu Beginn des Jahres 1936 notiert Leiris nur noch vier Träume. Zwar erinnert er sich später, in dieser Zeit typisch „psychoanalytische" Träume geträumt zu haben, hält sich aber offenbar an die Praxis der Psychoanalyse, die Traumerzählung im Bereich der Mündlichkeit zu halten[14]. Ab April 1936 notiert er vereinzelt Träume, die größtenteils den drohenden Krieg thematisieren[15]. Mit Kriegsbeginn wird er eingezogen, so daß er das Tagebuch zunächst nicht weiterführt. Nach der Demobilisierung im Juli 1940 finden sich ab 13. 7. neben ersten Entwürfen für *Biffures* auch wieder Traumnotate. Allerdings gibt es von nun an keine intensiven Traumphasen mehr, sondern Leiris schreibt

---

13 1933 wird der Urlaub in Kerrariot zur Möglichkeit der besonderen Beschäftigung mit dem Traum. Bereits am 31. Juli notiert Leiris: „Depuis que je suis ici, je m'abandonne sans contrainte au sommeil : je ne me soucie ni de l'heure à laquelle je me couche, ni de celle à laquelle je me lève. Et je rêve de nouveau, – moi qui, autant dire, ne rêvais plus" (J 221). Die letzte intensive Phase des Traumaufschreibens von März bis Ende Juni 1934 steht im Zusammenhang mit einer Affäre, die Leiris zu der Zeit hat und der er im Tagebuch den Namen Léna gibt. Zwischen beiden scheint ein gegenseitiger Austausch über ihre Träume stattgefunden zu haben, denn neben den 26 eigenen Traumnotaten finden sich auch einige, die als Träume Lénas ausgewiesen werden.

14 „[...] au cours de ma psychanalyse, [j'ai fait, S. G.] un certain nombre de rêves typiquement « psychanalytiques » (dont je n'ai conservé que très peu de récits)" (J 425).

15 Vgl. den am 12. 4. 1936 notierten „rêve ancien", in dem das Traum-Ich plötzlich vom Zuschauer zum Opfer einer Hinrichtung wird und der später den Eröffnungstext von *Nuits sans nuit* darstellt (J 305), den Traum vom 9. 3. 1937, in dem der Krieg für November angesagt wird (J 309) und den vom 10. 4. 1938, in dem Leichen für Kriegszwecke gesammelt werden (J 320 f.).

kontinuierlich eine geringe Anzahl von Träumen auf, und zwar vermutlich schon im Hinblick auf die mögliche literarische Verwendung. Über 80% dieser Traumnotate werden veröffentlicht, entweder eingearbeitet in die Bände der *Règle du jeu* oder leicht überarbeitet in *Nuits sans nuit* (1945) und *Nuits sans nuit et quelques jours sans jour* (1961) bzw. später in *Le Ruban au cou d'Olympia* (1981) und *À cor et à cri* (1988)[16]. Von den Traumnotaten aus den Jahren 1929 und 1934 hingegen werden nur etwa die Hälfte, von 1933 immerhin gut zwei Drittel publiziert[17]. Nur aus der surrealistischen Zeit finden ebenfalls circa 80% der Traumnotate in der einen oder anderen Weise Eingang in sein Werk, wobei allerdings nur ein knappes Drittel gleich in diesen Jahren verwendet wird[18]. Viele Notate erscheinen erst später in *Trajectoire du rêve* (1938), *L'Âge d'homme* (1939), oder *Nuits sans nuit* (1945), manche gar erst in *Fourbis* (1955) oder in *Nuits sans nuit et quelques jours sans jour* (1961). Das Tagebuch bleibt so über Jahrzehnte eine Fundgrube für Traumtexte.

An einem Beispiel sei nun gezeigt, wie durch die mehrfache Überarbeitung eines Traumnotats, die offensichtlich poetologischen Absichten unterliegt, der Text sich immer mehr vom zugrundeliegenden Traum löst und eigenen Gesetzen gehorcht. Gleichzeitig lassen sich daran auch Wandlungen in der Einstellung zum Traum deutlich machen. Das erste Notat des gewählten Beispiels findet sich im Tagebuch unter dem Datum vom 15. März 1925:

> Rêve: Nadia, naïade rougie. – Je suis au bord de la mer, avec une amie nommée Nadia ; pour s'amuser à me faire peur et voir si j'aurais chagrin de sa mort, Nadia, qui sait très bien nager, veut faire semblant de se noyer, – mais elle se noie pour de bon … (J 94).

Aus diesem kurzen Traumnotat entstehen im Lauf der nächsten 60 Jahre fünf Traumtexte, von denen vier veröffentlicht werden. Die ersten beiden Fassungen stammen aus dem Herbst 1925: Die eine findet sich in dem ungefähr auf diese Zeit datierbaren, unveröffentlichten Manuskript *Les Foraminifères*[19] und die andere in der Oktober-Ausgabe von *La Révolu-*

---

16 Für einen genauen Überblick vgl. Anhang 3.

17 1923-1928: 46 von 58 insgesamt (79,3%), während dieser Zeit publiziert: 17 von 58 (29,3%); 1929: 11 von 22 (50%); 1933: 15 von 26 (68,2%); 1934: 15 von 29 (51,7%).

18 Ich rechne hier die Traumnotate von 1923 und 1924 der surrealistischen Phase zu, weil sie in *La Révolution surréaliste* erscheinen, auch wenn sie vor Leiris' Anschluß an die Gruppe um Breton fallen. Leiris frequentierte jedoch seit 1922 den Kreis um Masson und Mirò in der Rue Blomet.

19 Catherine Maubon datiert *Les Foraminifères* auf die Zeit zwischen Juli und Oktober 1925, weil die Traumtexte aus der Nr. 4 von *La Révolution surréaliste* aus der Zeitschrift ausgeschnitten und eingeklebt sind, während die aus der Nr. 5 handschriftlich vorliegen. Während der erste Text der „Plusieurs rêves" näher am Tagebuchnotat als an der

tion surréaliste. Sie unterscheiden sich lediglich durch eine leichte Variation am Anfang des Textes, der die Stellung des „je" betrifft. Bedeutender jedoch sind die Änderungen im Vergleich zum Eintrag im Tagebuch. Leiris läßt die Worte „Nadia, naïade rougie" weg und setzt an die Stelle der drei Pünktchen am Ende einen Schluß, dessen wichtigste Komponente ein Teil eines Wortspiels ist, das sich im Tagebuch bereits am 22. 1. 1925, also fast zwei Monate vor dem Traumnotat, findet: „Nadia, naïade noyée. Diana" (J 91).

Im folgenden sind die Änderungen in den jeweiligen Fassungen kursiv von mir hervorgehoben. Die Fassung in *La Révolution surréaliste* lautet:

> Je suis au bord de la mer, *sur une plage du genre de Palm Beach,* avec une amie nommée Nadia. *P*our s'amuser à me faire peur et *savoir* si j'aurais *du* chagrin de sa mort, Nadia, qui sait très bien nager, veut faire semblant de se noyer. *M*ais elle se noie pour de bon*, et l'on me rapporte son corps inanimé. Je commence par pleurer beaucoup, puis je finis par me consoler en faisant ce petit jeu de mots :*
>
> Nadia, naïade noyée (RS n° 5, 11)[20].

Im Vergleich mit der Tagebuchfassung, in der eine Gliederung nur durch Kommata und Gedankenstriche erfolgt und das Ende sich in den drei Punkten verliert, ist dieser kurze Text schon durch die Einteilung in drei Sätze klar in drei Teile strukturiert. Nach der Exposition entsteht eine stringente Handlungsfolge, die nicht mehr einfach abbricht, sondern bis zur Pointe des auch typographisch abgesetzten Wortspiels führt. Dabei wird dem Tod Nadias eine im Traumnotat nicht enthaltene Reaktion des Traum-Ichs hinzugefügt, wobei allerdings der Vergleich mit den Tagebucheinträgen den Verdacht nahelegt, daß Leiris diesen Schluß nicht geträumt, sondern das möglicherweise als Generator fungierende Wortspiel nachträglich hinzugefügt hat. Am Anfang des Textes findet sich eine Präzisierung in bezug auf den Strand, die so ebenfalls noch nicht im Tagebuch zu finden ist und weniger eine exakte Beschreibung als die Vermittlung einer bestimmten Atmosphäre von Sonne, Luxus und Müßiggang leistet, für die Palm Beach steht.

Version von *La Révolution surréaliste* ist, was darauf schließen läßt, daß er dieser vorausging, ist der Nadia-Text stärker davon entfernt. Da er zudem nach einem Text steht, der im Tagebuch am 7. Oktober ausgearbeitet ist (J 115 f.), liegt es nahe, diese Version auf eine Zeit nach der Abgabe, aber vor dem Erscheinen der Version für *La Révolution surréaliste* Mitte Oktober zu datieren.

20 In *Les Foraminifères* beginnt der Text so: „Sur une plage qui ressemble à Palm Beach, je me promène avec une amie nommée Nadia" (ES 104).

Die Palm-Beach-Atmosphäre tritt in der Fassung von *Nuits sans nuit* (1945), in der wiederum Anfang und Ende Überarbeitungen erfahren, noch deutlicher hervor:

> Je suis au bord de la mer, sur une plage du genre Palm Beach – *une plage de film américain* – avec une amie nommée Nadia. Pour s'amuser à me faire peur et savoir si j'aurais du chagrin de sa mort, Nadia, qui sait très bien nager, veut faire semblant de se noyer. Mais elle se noie pour de bon et l'on me rapporte son corps inanimé. Je commence par pleurer beaucoup, *jusqu'à ce que le jeu de mots « Nadia, naïade noyée » – fait au moment du réveil – m'apparaisse à la fois comme une explication et comme une consolation* (N 20).

Der Einschub „une plage de film américain" bewirkt dreierlei: er führt die Fiktion in Gestalt des amerikanischen Spielfilms als Bezugsmodell ein, richtet die Erwartung auf eine leichte Liebesthematik und evoziert die mondäne Welt von Palm Beach. Das verschärft den Kontrast zwischen einer heilen Welt und dem plötzlichen Einfall des Todes mit dem Ertrinken Nadias. In dieser Fassung vertraut Leiris am Ende nicht mehr auf den unmittelbaren Effekt des Wortspiels, sondern erklärt dessen Wirkung auf das Traum-Ich bzw. den erwachenden Träumer, der hier in Erscheinung tritt. Mit der Bemerkung über die Zugehörigkeit des Wortspiels zum Prozeß des Aufwachens tritt außerdem die Erzählinstanz deutlicher in Erscheinung. Diese stellt eine Verbindung zwischen dem Traum und dem wachen Denken her, wodurch die Traumwelt weniger autonom erscheint.

Die Fassung aus *Nuits sans nuit et quelques jours sans jour* (1961) läßt das Ende weitgehend unverändert – lediglich durch die Ersetzung von „moment" durch „seuil" wird das Wortspiel noch klarer als Schwellenphänomen zwischen Traum und Wachen verankert. Hier variiert Leiris vor allem den Anfang:

> *Aux côtés d'une nommée Nadia – à qui me lie un sentiment très tendre* – je suis au bord de la mer, sur une plage du *style* Palm-Beach, une plage de film américain. Pour s'amuser à me faire peur et savoir si j'aurais du chagrin de sa mort, Nadia, qui sait très bien nager, veut faire semblant de se noyer. Mais elle se noie pour de bon et l'on me rapporte son corps inanimé. Je commence par pleurer beaucoup, jusqu'à ce que le jeu de mots « Nadia, naïade noyée » – fait au *seuil* du réveil – m'apparaisse à la fois comme une explication et comme une consolation (NJ 43).

Die Tendenz, den Text nicht mit dem Ich zu beginnen und so das Traum-Ich nicht als erstes Element der Traumwelt zu setzen, ist in der Fassung von 1961 gegenüber der von 1945 insgesamt sehr stark ausgeprägt. Hinzu kommt hier der Versuch, das Verhältnis zu Nadia, die in den bisherigen Versionen nur als Freundin bezeichnet wurde, näher zu bestimmen.

Generell läßt sich in den verschiedenen Fassungen feststellen, daß sich Veränderungen, bei denen es sich meist um Ergänzungen und Präzisierungen handelt, vor allem bezüglich der Beschreibung des Strandes, der emotionalen Haltung des Traum-Ichs gegenüber Nadia und ihrem Tod sowie der Wirkung des Wortspiels finden, also in bezug auf Umstände, die im ersten Notat gar nicht erwähnt sind und vor allem Hintergründe und das emotionale Erleben betreffen. Der Ausarbeitung all dessen, was mit Atmosphäre zu tun hat, gilt große Sorgfalt. Die Schilderung von Nadias Handlung hingegen, die im Tagebuchnotat im Vordergrund steht, erfährt nur in der ersten Fassung geringe stilistische Überarbeitungen und bleibt dann konstant. Neben einem Zugewinn an Atmosphäre und einer effektvolleren Inszenierung des Plots läßt sich in den späteren Fassungen zudem eine zunehmende Distanzierung des Erzählers von der Traumwelt feststellen. Verschwindet er in den Fassungen von 1925 noch hinter dem Traum-Ich, verharrt in dessen Bezugswelt und vertraut auf den Effekt des Wortspiels, so hält der Erzähler der späteren Fassungen das Wortspiel für erklärungsbedürftig und situiert sich auf der Seite des Wachlebens, von der aus er über den Traum reflektieren kann. Der Traum erscheint so nicht mehr als Teil einer anderen, durch eine Kluft von der Realität getrennten Welt, sondern als ein besonderer, erläuterungsbedürftiger Zustand des Individuums.

Die Reflexion über die Entstehung des Traums tritt endgültig ins Zentrum in *Langage tangage* (1985), wo Leiris nach 60 Jahren wieder auf diesen Traum zurückkommt, um zu exemplifizieren, welche Wirkung er der Poesie in jungen Jahren zuschrieb. Zugleich handelt es sich um ein stilistisches Meisterstück, denn Leiris legt offensichtlich seinen Ehrgeiz darein, diesen, wie er betont, bereits erzählten und publizierten Traum in anderen Worten neu zu erzählen:

> sur une plage de film américain *(Palm Beach ou autre) qui en ces années 20 ne connaît ni ski nautique ni planche à voile et qui, mer et sable, a pour charme le plus grand celui de ses baigneuses à la Mac Sennett, une brillante nageuse qui est mon amie de cœur, Nadia, veut m'effrayer et mesurer mon attachement en feignant de se noyer.* Mais *c'est son corps sans vie que l'on repêche, gros chagrin pour moi que dissipera pourtant le jeu de mots*
>
> Nadia, naïade noyée
>
> *porteur d'une explication (mon amie vouée, par son nom même, à la noyade autant qu'à la natation) et d'une consolation (ce bel équilibre de structure qui efface le contenu funèbre de la formule)* (LT 155 f.).

Mit Ausnahme der 1945 gefundenen Formulierung „plage de film américain", des die Struktur der Handlung bestimmenden „mais" und des Wortspiels behält Leiris keine einzige Formulierung bei. Die wichtigsten Akzentverschiebungen bestehen darin, daß er die Wirkung des Wortspiels eingehender analysiert, die Beschreibung des Strandes erheblich ausdehnt und die Anspielung auf den amerikanischen Film präzisiert. Er bezieht sich nun ausdrücklich auf Mack Sennett, den „King of Comedy" des amerikanischen Films der 20er Jahre, der in seinen Filmen gerne langbeinige Filmsternchen, die sogenannten „Bathing Beauties" auftreten ließ, die ihm zu größeren Publikumserfolgen verhelfen sollten[21]. Durch diesen Bezug unterstreicht Leiris die Harmlosigkeit der Ausgangssituation und die Ferienatmosphäre, was es ihm im Fortgang des Textes erlaubt, über das Verhältnis von „vacances" und „vacance", d. h. die Leere der Ferien und die Leere des Todes zu reflektieren. Durch die Formulierung „en ces années 20" und die Hervorhebung der Differenz zu dem Betrieb an den Stränden der 80er Jahre betont er zudem die zeitliche Distanz, aus der heraus dann auch eine resümierende Einschätzung des Traums erfolgt:

> En résumé : dans un cadre bien de l'époque, exactement les *happy twenties* qui plutôt que « Nadia » auraient dû suggérer « Diana » comme nom de la sirène accidentée, et dans une ambiance de grandes vacances [...] un jeu qui tourne mal, ce que réparera un autre jeu, le jeu de mots qui réduira la catastrophe à la vétille (LT 156).

Hier erst greift Leiris auf den letzten Teil des am 22.1.1925 notierten Wortspiels „Diana", ein Anagramm von „Nadia", zurück. Im Nachhinein erklärt er das Wortspiel zum Keim des Traums, der sich als theatralische Umsetzung gibt:

> [...] un récit dont, l'anecdote émergeant seule, restait masquée l'origine due au pouvoir que les jeux de mots [...] ont de mettre l'esprit en branle – le germe de tout ce rêve, illustration spontanément théâtrale du rudiment de phrase venu je ne sais d'où et tiré comme d'instinct vers un pathétique (cette peine éprouvée puis effacée) que n'impliquait pas sa teneur de froide équation (LT 157).

Zwar wird die Montage der beiden Notate zu einem Text mit dieser Aussage nicht rückgängig gemacht, aber die Vorgängigkeit des Wortspiels wird ausgewiesen. Dessen Herkunft ist allerdings nicht bestimmbar, und es wird in surrealistischer Manier als Diktat der Nacht bezeichnet: „la fable-express que la nuit m'avait dictée" (LT 159). Das Potential

---

[21] Vgl. zu Mack Sennett: http://www.northernstars.ca/actorsstu/sennettbio.html (5. 3. 2005).

des Wortspiels ist mit diesem illustrierenden Traum aber noch nicht erschöpft, vielmehr erlaubt es weitere Assoziationen. Obwohl Leiris betont, daß es für die Nadia des Traums kein reales Vorbild gebe, sondern ihre Existenz allein auf ihren Namen zurückgehe, beginnt er in *Langage tangage*, den Kontrast zwischen der Traum-Figur mit dem russischen Namen Nadia und einer virtuellen Diana, die er sich als Hollywood-Schauspielerin vorstellt und über die er gerne einen Roman schreiben würde, auszuführen. Erst an dieser Stelle schneidet er seine Assoziationen ab, um die Aussage „La poésie remédie à tout" (LT 159) als Moral des Traums und als seine damalige Überzeugung auszuweisen.

Langage tangage ist zwar insofern nicht ganz typisch für das Spätwerk, als Leiris sich hier nicht der Form des Fragments bedient, aber das assoziative Verfahren ist gerade für die späten Texte charakteristisch. Was hier am Einzelbeispiel im Detail gezeigt wurde, die Konvergenz von Wandel im Traumbegriff und Textform, soll im folgenden mit Blick auf eine verbreiterte Textbasis als Gesamtentwicklung dargestellt werden. Dabei erweitert sich die Fragestellung zwangsläufig dahingehend, was für Effekte bei der Zusammenstellung mehrerer Traumtexte auftreten.

2.2 *Nuits sans nuit* (1945)

Nuits sans nuit erscheint 1945 als vierzehnter Band in der Reihe *L'Âge d'or*[22], in der auch Autoren wie Antonin Artaud, Hans Arp, Georges Limbour oder Georges Bataille kurze avantgardistische Texte publizieren. Der fast siebzig Seiten umfassende und damit für die Reihe außergewöhnlich umfangreiche Band besteht zum einen aus den bereits in *La Révolution surréaliste* oder *Trajectoire du rêve* veröffentlichten und zum Teil erneut überarbeiteten Texten, zum anderen aus 34 neuen Texten, die dem Tagebuch bzw. einem surrealistischen Notizheft entnommen sind und für die Publikation überarbeitet werden[23]. Es ist Leiris' erste Buchveröffentlichung nach dem Krieg, der 1946 die Neuausgabe von *L'Âge d'homme* mit dem Vorwort *De la littérature considérée comme tauromachie* und die Erstpublikation des 1927-28 geschriebenen Romans *Aurora* folgen.

---

[22] Dieser in sehr geringer Auflage erschienene Band ist heute nur schwer zugänglich. Ich bin Katja Meister großen Dank schuldig, die mir wegen des dafür geltenden Kopierverbots in der ‚Bibliothèque nationale de France' mehrere Texte mit der Hand abgeschrieben hat.

[23] Für eine Gesamtaufstellung vgl. Anhang 2. Im folgenden wird auf die Texte aus *Nuits sans nuit* (1945) unter Angabe der Sigel N, und der laufenden Nummer der Traumtexte unter Verwendung der Abkürzung Nr. Bezug genommen. Beim Verweis auf bestimmte Seitenzahlen ist die Sigel nur von der Seitenangabe gefolgt.

Obwohl Leiris zu diesem Zeitpunkt bereits an *Biffures* schreibt, steht der Band also im Publikationskontext der vor dem Krieg entstandenen Werke, und die meisten Traumtexte stammen ebenfalls aus dieser Zeit. Die Veröffentlichung einer ganzen Sammlung von Traumtexten beruht zunächst wohl auf einem surrealistischen Begriff von Poesie, nach der die Poesie dem Traum selbst inhärent ist. Dennoch kann nicht die Rede davon sein, daß die Autorschaft hier komplett an den Traum delegiert würde, denn durch Auswahl und Überarbeitung der Texte nimmt der wache Autor gezielt Einfluß.

Die bis dahin einzige vergleichbare Publikation ist meines Wissens Marguerite Yourcenars *Les Songes et les sorts* (1938)[24]. Yourcenar präsentiert dort 22 Traumtexte, die sie im Vorwort ausdrücklich als eigene Träume ausgibt und als eine „suite compliquée" begreift, die um wenige Gefühle und Zeichen kreise[25]. Von wenigen kürzeren Texten abgesehen umfassen die meisten Traumtexte mehrere Seiten; sie sind alle undatiert, aber mit einem Titel versehen. Das hat wohl dazu geführt, daß sie entgegen der Selbstauskunft der Autorin, die ausdrücklich die Genauigkeit der Transkription betont[26], vorwiegend als Prosagedichte rezipiert wurden[27]. In ihrem ausführlichen Vorwort positioniert sie sich ferner gegenüber Traumauffassungen der Antike, den Traumschlüsseln des 19. Jahrhunderts und gegenüber Freud. Im Gegensatz zu dieser ausführlichen Kontextualisierung und auch Legitimierung verzichtet Leiris auf paratextuelle Erläuterungen. Nur Titel und Motto geben relativ vage Hinweise auf seine Absichten. Daher stellt sich in noch offensichtlicherer Weise als bei Yourcenar die Frage nach der Lesbarkeit dieser Texte, die in sich vielleicht ebenfalls eine zirkulär organisierte „suite compliquée" darstellen, aber aufgrund des größeren Zeitraums zugleich das Augenmerk auf die lineare Abfolge lenken.

Der Titel *Nuits sans nuit* trägt relativ wenig zur Orientierung bei, er evoziert die Nacht, um sie gleich zu negieren. In Verbindung mit den Texten läßt er sich dann dahingehend interpretieren, daß der Traum der

---

24 Marguerite Yourcenar, *Les Songes et les sorts* [1938], in: dies., *Essais et mémoires*, 1533-1603.

25 „À part quelques rêves déjà anciens, que l'on reconnaîtra à leur brièveté, et que cette brièveté même m'a fait choisir pour les incorporer dans cette suite compliquée, où ils se présenteront à l'état de tons purs, toute cette série de rêves se place entre les nuits de la vingt-huitième à la trente-troisième année. Tous gravitent autour de quelques mêmes sentiments, de quelques mêmes signes" (ebd., 1540).

26 „Mon but est de présenter un certain nombre de textes dont je puis garantir l'exactitude" (ebd., 1535).

27 Vgl. die zahlreichen Bemerkungen im „Dossier des *« Songes et les sorts »*", in: Yourcenar, *Essais et mémoires*, 1605-1645, z. B. 1611, 1628.

Nacht ihren Charakter nimmt. Der Leser, der das schmale Bändchen von 1945 aufschlägt, stößt zunächst auf das vorangestellte Nerval-Zitat „Le rêve est une seconde vie“. Damit wird die deutlich metaphysisch geprägte Vorstellung einer zweiten Welt bei Nerval aufgerufen, die mit Hinblick auf den Inhalt des Bandes ausgelotet werden sollte. Erinnert man sich an Leiris' Tagebuchnotizen, so wird auch eine bestimmte Textstruktur intendiert, die er mit den Worten: „Mettre les rêves bout à bout – en faire un roman d'aventures (cf. *Aurélia*)“ (J 76) umschrieben hatte. Allerdings präsentiert der Band, der insgesamt 59 Traumtexte aus den Jahren 1923-1943 enthält, sich auf den ersten Blick weniger als Abenteuerroman, sondern vielmehr als Tagebuch, da alle Traumtexte datiert (bzw. bei Fehlen des Datums mit dem Hinweis „sans date“ versehen) und chronologisch angeordnet sind[28]. Dabei legen die Traumtexte Zeugnis von einer Entwicklung über einen Zeitraum von mehr als 20 Jahren hinweg ab, und zwar sowohl auf der inhaltlichen Ebene als auch bezüglich der Veränderungen in den Techniken des „récit de rêve“. *Nuits sans nuit* stellt aber insofern kein Traumtagebuch im eigentlichen Sinn dar, als die enthaltenen Texte keine fortlaufenden Notate sind, sondern aus den zu diesem Zeitpunkt im Tagebuch und anderswo vorhandenen gut 150 Notaten ausgewählt wurden. Kriterien für die Auswahl sind nur schwer zu erkennen; ein Ausschlußkriterium ist jedoch ganz offensichtlich die Verwendung eines Traumnotats in einem anderen Zusammenhang, sei es in den surrealistischen Frühwerken, in *L'Âge d'homme* oder dem gleichzeitig entstehenden *Biffures*.

Die Anlage als Traumtagebuch delegiert die Verantwortung für den Inhalt zu einem Teil an den Traum. Die Texte können dann als Protokolle eines außerhalb der Realität liegenden Geschehens begriffen werden, als Einblick in die „seconde vie“ sozusagen. Im Unterschied zum normalen Tagebuch jedoch, das sich auf ein in sich mehr oder weniger kohärentes Leben bezieht, ist für diese „seconde vie“ keine kausale, örtliche und zeitliche Kontinuität anzunehmen. Die Koordinaten der Traumwelt ändern sich von Text zu Text, was den Leser ständig irritieren muß. Die vorherrschende Inkohärenz fordert ihn geradezu dazu heraus, nach anderen kohärenzstiftenden Elementen zu suchen. Dafür kommen besonders rekurrente Motive in Frage, deren Auftreten zwar als

28 Hinter der Kennzeichnung „Sans date“ verbergen sich allerdings gelegentlich Umstellungen in der Chronologie. So steht am Ende einer Reihe von Texten mit dem Titel „Sans date“ ein Traumtext (N Nr. 30), der auf einem Tagebuchnotat vom 12. 09. 1925 beruht (J 107), während die vorausgehenden Texte auf Notate aus dem Jahr 1928 zurückgehen (J 131 f.).

zufällig erscheinen mag, aber Verweissysteme innerhalb der Texte erzeugt[29].

Leiris bemüht sich zudem, dem Band durch das Einziehen einer autobiographischen Linie eine Einheit zu verleihen. Auswahl und Überarbeitung der Texte werden aus der Perspektive eines zurückblickenden Erzählers unternommen, der durch das gezielte Einstreuen von Biographemen in die Traumtexte eine Lebenslinie erkennbar werden läßt und diese Texte in den Zusammenhang des autobiographischen Schreibens integriert. Daher verbietet es sich, *Nuits sans nuit* auf die Funktion einer Traumdatenbank zu reduzieren, der bei Bedarf Einzeltexte zur Interpretation der Seelenlage des Autors entnommen werden können. Vielmehr stellt der Band so etwas wie eine Traumautobiographie dar und bildet eine kompositionelle Einheit, deren gezielt hervorgerufene Effekte es im folgenden ebenso zu untersuchen gilt wie die aleatorischen.

2.2.1 Gesamtstruktur

Die Traumtexte in *Nuits sans nuit* decken einen Zeitraum ab, in dem einerseits wichtige persönliche Änderungen im Leben von Leiris stattgefunden haben, wie seine ersten Veröffentlichungen, die Zugehörigkeit zur surrealistischen Gruppe, seine Heirat, die psychoanalytische Behandlung und die Expedition nach Afrika 1931-33, und in den andererseits auch wichtige zeithistorische Ereignisse fallen, in erster Linie der zweite Weltkrieg und die Besatzung Frankreichs durch die Nazideutschen. Obwohl aus der Zeit vor 1923 keine Traumtexte vorliegen, gelingt es Leiris, mittels eines vorangestellten „Rêve très ancien“ den Anfang des Bandes ins Unbestimmte zu rücken[30]. Die folgenden Texte verteilen sich relativ ungleich auf die Zeit von 1923 bis 1943, wobei ein deutlicher Schwerpunkt auf der surrealistischen Phase liegt, aus der fast die Hälfte der Texte stammt. Daneben stechen die auch im Tagebuch überproportional vertretenen Jahre 1929, 1933 und 1934 mit sechs, vier bzw. fünf Texten hervor. Einige undatierte Texte tragen zur Illusion einer gleichmäßigen Verteilung bei (N Nr. 37, 42, 48, 49), bevor zehn Texte aus der Zeit der deutschen Besatzung den Band beschließen.

---

[29] Georges Perec unterstreicht diesen Aspekt in *La Boutique obscure* durch das Anlegen eines ausführlichen Index, das es dem Leser erlaubt, nach wiederkehrenden Motiven zu suchen und sich in den Texten besser zurechtzufinden.

[30] Aufgeschrieben hat Leiris ihn allerdings erst am 12. 04. 1936, freilich wie einen schon lange bekannten Traum: „C'est comme le rêve où j'assistais à des exécutions capitales […]“ (J 305).

Auf die meisten wichtigen Ereignisse aus diesem Zeitraum gibt es Hinweise in den Traumtexten. Im zweiten Text beispielsweise erwähnt der Erzähler die Anwesenheit von Max Jacob im Traum und dessen Bedeutung für sein Leben: „L'un de mes voisins immédiats est Max Jacob (qui depuis un an et demi environ me donne, dans la vie diurne, des leçons de poésie)" (N 8). Tatsächlich ist dieser Zusatz, mit dem Leiris seinen ersten dichterischen Ziehvater benennt und sich zu Beginn des Bandes als Dichterlehrling positioniert[31], nur die erste einer Reihe von Bemerkungen in Klammern, die einen Bezug zum wachen Leben herstellen. Immer wieder nimmt Leiris Elemente aus den Traumnotaten zum Anlaß, Informationen über sein Wachleben einfließen zu lassen. So ergibt sich eine – allerdings nicht chronologisch dargebotene – Lebensgeschichte, die sich allein aus diesen in Klammern eingefügten Kommentaren der Erzählinstanz ablesen läßt. Erwähnt werden, allerdings nicht in dieser Reihenfolge, das Chemiestudium (N 38), die Verlobung (N 21-27), die Heirat (N 28-29), die Reise nach Ägypten (N 32-33), wiederholt die Expedition nach Afrika (N 44-47; 49-50; 53; 57-58) sowie die Stationierung in Nordafrika während des Krieges (N 53). Durch die Erwähnung in Klammern erfolgt eine Hierarchisierung: die „vie diurne" stellt zwar einen konstanten Bezugspunkt dar, wird jedoch aus einer Perspektive erzählt, in der sie der „seconde vie" untergeordnet scheint. Diese Lebensgeschichte verläuft sozusagen parallel zum Zusammenhang, der sich auf der Ebene der Traumtexte ergibt; durch die Klammern wird jedoch angezeigt, daß es sich um zwei verschiedene Ebenen handelt, die nicht vermischt werden dürfen. In *Fourbis* formuliert Leiris das Verhältnis später wie folgt: „Monde de la veille, monde du sommeil : entités bien distinctes qui, telles deux parallèles, sont faites pour se côtoyer mais sans jamais se rencontrer" (Fou 27). Möglicherweise stellt die Eignung der Texte für solche Einschübe ein Auswahlkriterium für Leiris dar.

Die Realität findet nicht nur über die biographische Ebene Eingang, sondern auch über die Erwähnung zeitgeschichtlicher Ereignisse. Dies ist vor allem in den späteren Texten der Fall. So werden etwa ein in den Zeitungen berichtetes Verbrechen erwähnt (N Nr. 39), die Demonstrationen der extremen Rechten im Februar 1934, die von der Linken als faschistische Bedrohung aufgefaßt wurden und zur Gründung der Volksfront führten (N Nr. 45), die Weltausstellung von 1937 (N Nr. 49), der Sitzkrieg (N Nr. 50) sowie immer wieder die deutsche Besatzung

[31] Im Tagebuchnotat dieses Traums (vgl. J 32) kommt Max Jacob allerdings noch nicht vor; die Annahme liegt also nahe, daß dieser Einschub mehr mit der Struktur des Bandes zusammenhängt als mit der tatsächlichen Erinnerung an den Traum.

(N Nr. 51, 55, 58, 59), die Bombardierung von Le Havre (N Nr. 52) und die Hinrichtung der Kollegen aus dem ‚Musée de l'Homme' am 23. Februar 1942 (N Nr. 53). Dies zeigt deutlich, daß vor allem der Krieg die Traumwelt in besonderem Maße affiziert.

Obwohl die aus der surrealistischen Phase stammenden Texte zu Beginn des Bandes sich deutlich von denen am Ende unterscheiden, die durch die Kriegserfahrung geprägt sind, stellt Leiris durch einen Kunstgriff eine Einheit des Bandes her. Indem er als ersten Text einen Hinrichtungstraum wählt, bildet er eine thematische Klammer mit dem Kriegsgeschehen und den tatsächlichen Hinrichtungen am Ende. Umgekehrt wird im vorletzten Text der Bogen zurück zur surrealistischen Phase geschlagen, da das Traum-Ich einen Ort aufsucht, der an Häuser erinnert, die Treffpunkte der Surrealisten waren:

> [...] un lieu qui participe plus ou moins de l'ancien 45 rue Blomet (maison aujourd'hui démolie où Masson et Miró avaient jadis leurs ateliers) et du 54 rue du Château (où habitaient Jacques Prévert, Yves Tanguy et Marcel Duhamel) (N 64-65).

Mit dem in Klammern eingefügten Hinweis auf die Zerstörung des ersten Hauses zeigt Leiris hier die nicht nur zeitliche Distanz zwischen der Blütezeit des Surrealismus und der Nachkriegszeit an. Er dokumentiert darüber hinaus, daß die Zeit während des Schreibens fortgeschritten ist.

Was die thematische Entwicklung im einzelnen angeht, so möchte ich auf eine Bemerkung von Leiris selbst zurückgreifen, die sich trotz einer gewissen Unschärfe durchaus eignet, um die Struktur von *Nuits sans nuit* zu beschreiben. Leiris macht rückblickend verschiedene Phasen in seinen Träumen aus, nämlich eine surrealistische, eine psychoanalytische und eine existentialistische:

> Au temps du surréalisme j'ai fait, à point nommé, des rêves d'allure « surréaliste » ; puis, au cours de ma psychanalyse, un certain nombre de rêves typiquement « psychanalytiques » (dont je n'ai conservé que très peu de récits). Il semblerait aujourd'hui que mes rêves – au demeurant beaucoup plus rares et bien moins transposés – tendent à prendre [une] couleur « existentialiste » (J 425).

Obwohl diese Einteilung kaum Definitionskriterien bereitstellt, läßt sie erahnen, daß das Maß der Transposition dabei ständig abnimmt. Als Beispiel für einen „existentialistischen" Traum nennt Leiris einen Traum, in dem seine Frau ihm gesagt habe, daß er nicht mehr er selbst sei (J 425). So gesehen können Träume dann als existentialistisch gelten, wenn sie die Frage nach der eigenen Identität relativ unverstellt thematisieren.

Wie zu erwarten überwiegen zu Beginn Texte, die einer surrealistischen Ästhetik des „merveilleux“ und des Wortspiels entsprechen. Sie sind meistens kurz und pointiert, wobei das Traum-Ich oft gar nicht involviert, sondern nur als Betrachter einer fremden Welt zugegen ist. Sie konstituieren im wesentlichen eine aus der Perspektive des Traum-Ichs dargestellte eigene Traumwelt. In der Wahl der Darstellungsmittel zeigt sich freilich, daß der Autor bestrebt ist, eine Einheit auf der Ausdrucks- und der Inhaltsseite des Textes herzustellen. Dies wird besonders deutlich in einem neu hinzugefügten Text, der auf Picasso und damit auf ein Kunstideal der Surrealisten Bezug nimmt:

> Un Écossais aux joues gonflées souffle dans une cornemuse en forme d'homme gigantesque et boursouflé, genre baigneuse de Picasso (NJ 44).

Auf der Ausdrucksseite bevorzugt Leiris u- und o-Laute, die die Mundstellung beim Blasen imitieren. Ein Vergleich mit dem Notat im Tagebuch zeigt, daß er durch das Hinzufügen von „aux joues gonflées“ und die Ersetzung von „long-pipe“ durch „cornemuse“ diesen Aspekt im veröffentlichten Text noch verstärkt hat[32]. Die Lautmalerei und der Verweis auf Picasso lassen diesen Traumtext zu einem Emblem surrealistischer Kunstauffassung werden.

Auffällig ist auch, daß die Texte aus der surrealistischen Phase in wesentlich höherem Maße konkrete Figuren enthalten als die späteren, was nicht unerheblich zur Selbstpositionierung beiträgt. Nach Max Jacob werden mit Roland Tual und Georges Limbour im vierten und sechsten Traumtext zwei Freunde aus der vorsurrealistischen Periode genannt, bevor die surrealistischen Weggefährten Breton, Desnos, Masson, Picasso und Marcel Noll sowie der Freund und Herausgeber der Zeitschrift *Documents* Georges Bataille auftreten (N Nr. 12, 13, 16, 18, 20). Namentlich genannt werden in dieser Phase noch die Schriftsteller Rimbaud (N Nr. 18) und Nerval (ebd.), die ähnlich wie die surrealistischen Weggefährten Bezugspunkte für das Werk darstellen. Auch Personen aus dem Familienkreis kommen vor, wobei deren Präsenz sich relativ gleichmäßig über den Band verteilt: zweimal die Mutter (N Nr. 17, 42), einmal der Vater (N Nr. 28), einmal die Schwester und ihre Tochter (N Nr. 30) sowie eine andere Nichte (N Nr. 49), und immer wieder Zette (N Nr. 18, 20, 41, 42, 50, 51), die den Träumer aus Alpträumen weckt und der daher eine wichtige Rolle in Zusammenhang mit seinem Traumleben zukommt. In den späteren Texten hingegen tauchen verhältnismäßig weni-

---

[32] Im Tagebuch lautet das Notat vom 21. 03. 1925: „Rêve : un Écossais souffle dans un long-pipe en forme d'homme gigantesque et boursouflé, genre baigneuse de Picasso“ (J 95).

ge bekannte Personen auf: nur der Begleiter und Übersetzer in Äthiopien Abba Jérôme (N Nr. 45), erneut Limbour sowie Jean Baptiste Piel (N 52) und schließlich der von den Deutschen hingerichtete Kollege aus dem ‚Musée de l'homme' A[natole] L[ewitzky] werden mit Namen erwähnt, letzterer allerdings nur mit Initialen bezeichnet (N Nr. 53). Während zur Zeit des Surrealismus offenbar die Gruppenzugehörigkeit eine wichtige Rolle spielte, erfolgt in den späteren Texten eine Konzentration auf den engsten Lebensumkreis bzw. anonyme Figuren. Das Traum-Ich erscheint so mehr auf sich allein gestellt.

Darüber, was er unter psychoanalytischen Träumen versteht, schweigt Leiris sich in dem betreffenden Tagebucheintrag aus. Gegenüber Lejeune soll er geäußert haben, vom Beischlaf mit seiner Mutter geträumt zu haben[33]. Es liegt also nahe, hierunter die Texte fassen, die Hinweise auf von der Psychoanalyse bevorzugte Themen enthalten. Dies gilt vor allem für den Text mit dem Datum 25./26. August 1933 (N 42), in dem das Erschlagen von zwei Kindern als symbolischer Vatermord gedeutet wird, und einen Text vom März 1934 (N 47), in dem die Erzählinstanz einen kaputten Helm als Kastrationssymbol interpretiert. In *Nuits sans nuit* sind die Träume deutlich weniger exhibitionistisch als in *L'Âge d'homme*, wo Leiris nahezu unkommentiert zwei Traumtexte aus der Serie von Träumen aus dem Jahr 1934 abdruckt, die ihm eine Reihe von Obsessionen zu enthalten scheinen und die tatsächlich psychoanalytische Deutungen nahelegen[34].

„Existentialistische" Träume in dem Sinne, daß die eigene Existenz in Gefahr geriete, sind nicht nur als eine dritte Phase nach surrealistischen und psychoanalytischen Träumen zu verzeichnen, wie die Bemerkung von Leiris vermuten läßt, sondern kommen von Anfang an vor, wenn auch in unterschiedlicher Häufigkeit. Bereits der erste Text, der einen Hinrichtungstraum schildert, bei dem das Traum-Ich zum Opfer wird, kann in diesem Sinn als existentialistisch eingestuft werden. Dies gilt ebenfalls für einige Traumtexte aus der längeren Serie undatierter Texte, in denen das Traum-Ich beim Ersteigen eines Berggipfels von einem Geier bedroht wird und kehrt macht (N Nr. 21), am Meer entlanggeht, das es zu verschlingen droht (N Nr. 24) oder in einem Kanonenrohr rotiert (N Nr. 25). Besonders deutlich wird die Thematik in einem ebenfalls undatierten Text (N Nr. 26), in dem das Traum-Ich sich selbst in

---

[33] Lejeune, „Post-scriptum à « Lire Leiris »", 172. Im Tagebuch ist zumindest ein Traumnotat enthalten, in dem der Koitus mit einer anderen Frau im Beisein der Mutter vollzogen wird (J 198).

[34] Vgl. AH 204-208 sowie Bellemin-Noël, „Michel Leiris: Hommages dommages", 229-262.

Form eines Kalkzylinders gegenübersteht: „Je sens contre mon front le contact de cet autre front extérieur, et je m'imagine ainsi que ma tête est appuyée à la substance même de mon esprit" (N 32). Bis Ende der dreißiger Jahre wechseln solche Traumtexte, die die eigene Existenz betreffen, weiter mit „surrealistischen" Traumtexten, die zunehmend eine erotische Färbung annehmen (N Nr. 37, 38, 39).

Die Texte der dreißiger Jahre sind insgesamt sehr unterschiedlich. In surrealistischer Tradition stehen vor allem diejenigen, die aus *Trajectoire du rêve* übernommen sind. Als Beispiel seien hier die bildhafte Umsetzung sprachlicher Ausdrücke: „[...] je donne au lion de grandes gifles (littéralement : lui casse la gueule)" (N Nr. 47), aber auch die Faszination für den merkwürdigen sich kreuzenden Blick eines Schauspielers (N Nr. 38) genannt. Andere enthalten, wie oben erwähnt, existentialistische oder psychoanalytische Thematik und viele weisen Reminiszenzen an die Afrika-Reise auf (N Nr. 42, 43, 45). Der letzte Text aus diesem Zeitraum, undatiert, aber aufgrund seines Inhalts vermutlich vor der Eröffnung der Weltausstellung 1937 verfaßt, thematisiert die Existenz des Schriftstellers als die eines Dompteurs, der seinen Raubtieren in einer Stierkampfarena den Rücken zukehrt, womit er Leiris' andernorts dargelegte Überlegungen zur Literatur als Tauromachie weiterführt.

In den vierziger Jahren wird die Frage nach der Existenz nicht nur bezüglich der inneren Krise gestellt, sondern auch durch die äußere Bedrohung virulent. Allerdings führt Leiris die Thematik des Krieges, die dann das Ende des Bandes bestimmt, bereits mit dem Text vom 6./7. September 1929 ein, in dem das Traum-Ich an einem russisch-chinesischen Krieg teilnehmen soll. Endgültig zur „existentialistischen" Phase leitet der erste Text aus der Zeit des Krieges vom 12./13. Juli 1940 über. Das Traumnotat ist wenige Tage nach der Demobilisierung entstanden, zu einem Zeitpunkt also, zu dem Leiris das Projekt von *Biffures* bereits mit sich herumtrug:

> Réveil (avec cri que Z.... m'empêche de pousser), ayant rêvé ceci : j'introduis ma tête, comme pour regarder, dans un orifice à peu près semblable à un œil-de-bœuf donnant sur un lieu clos et sombre, qui ressemble à un grenier cylindrique de pisé (tel que j'en ai vus [sic] en Afrique noire entre 1931 et 1933 et rappelant également certains coins de villes à ruelles couvertes visitées au début de la « drôle de guerre », quand j'étais soldat dans le Sud oranais).
>
> Mon angoisse est due à ce que, me penchant sur cet espace claquemuré que je surprends dans son obscurité intérieure, c'est en moi-même que je regarde (N 53).

Obwohl der Krieg hier ausdrücklich erwähnt wird, inszeniert der Text vor allem den Blick ins Innere. Dabei wird die Metaphorizität der Introspektion als reales Geschehen erlebt. Wenn hier der Blick durch das Auge (bei dem Fenster handelt es sich ausdrücklich um ein „œil-de-bœuf") ins eigene Innere möglich wird, so wird das zum Objekt der (geträumten) Wahrnehmung, was ihr sonst notwendig entzogen ist und es in der *Règle du jeu* auch immer bleibt.

Die zehn Traumtexte aus der Kriegszeit weisen alle eine stärkere Hinwendung zur fragil gewordenen eigenen Existenz und eine zunehmend düstere Stimmung auf. Themen dieser Texte sind Angst (N Nr. 50), Verzweiflung (N Nr. 51), die Ankunft von Booten, die zugleich Särge sind (N Nr. 52), die Hinrichtung von Anatole Lewitzky (N Nr. 53), die Tragik der Lebensumstände (N Nr. 55), eine Grabinschrift (möglicherweise handelt es sich um das Grab des Traum-Ichs) (N Nr. 56), der Verlust von Objekten, die im Staub oder Schlamm wiedergefunden werden müssen (N Nr. 57 und 59), sowie die absurden Befehle der Besatzer und die drohende Todesstrafe (N Nr. 58). Hier werden die Gefährdung der eigenen Existenz sowie der eigene Tod, aber auch das Unterfangen der Introspektion thematisiert, denn die Suche im Schlamm wird als Suche in der eigenen Vergangenheit lesbar. In diesen letzten Texten tritt fast ausnahmslos der Tod in Erscheinung, so daß er als dominierendes Thema stehen bleibt. Insgesamt ändert sich die Bedeutung des Todes im Verlauf des Bandes immer stärker von einem surrealistischen „autre monde" hin zu einer Bedrohung der Existenz. Während er am Anfang – wie noch zu zeigen sein wird – als Zugang zu einer anderen Welt inszeniert wird, erscheint er in den Texten am Ende als echte Bedrohung des Lebens.

Nach diesem etwas summarischen Überblick über Gesamtstruktur und Thematik sollen nun die Form der Traumtexte und die Effekte, die sich durch die Zusammenstellung der Texte ergeben, näher untersucht werden.

2.2.2 Die Form des „récit de rêve"

Leiris' Beiträge zur Rubrik „Rêves" in *La Révolution surréaliste* waren bis auf eine Ausnahme Musterbeispiele für die Abwesenheit jeglicher auf die Erzählinstanz hindeutender Merkmale; die Identität von Autor und nicht erkennbarem Erzähler wurde nur durch den Paratext, insbesondere den Doppelpunkt geleistet. Während in *Nuits sans nuit* in bezug auf zwei wichtige Kriterien des surrealistischen „récit de rêve" – den Gebrauch des Präsens und der ersten Person[35] – von formaler Kontinuität gesprochen werden kann, lassen sich bezüglich der Präsenz des Erzählers Unterschiede feststellen, die verschiedene inhaltliche Auswirkungen haben.

Einige der zuvor in surrealistischen Zeitschriften erschienenen Texte werden in *Nuits sans nuit* unverändert abgedruckt, andere erfahren Veränderungen gegenüber ihrer Erstfassung. Diese sind dann jeweils am Tag nach dem Traum, für eine erste Veröffentlichung und für die Publikation in *Nuits sans nuit* neu redigiert worden, so daß sich verschiedene Textfassungen palimpsestartig überlagern. Damit vervielfältigt sich der mögliche Bezug des Personalpronomens der ersten Person. Er kann nicht nur zwischen verschiedenen Rollen wie der des Traum-Ichs, des Träumers und der Erzählinstanz variieren, sondern auch auf den Autor zu verschiedenen Zeitpunkten verweisen. Es unterbleibt jedoch eine eindeutige Differenzierung zwischen Traum-Ich und Erzählinstanz bzw. Autor. Während wohl von einer Einheit zwischen Erzählinstanz und Autor ausgegangen werden darf, bleibt die problematische Frage nach der Identität des Traum-Ichs bestehen. Obwohl methodisch für die 59 Traumtexte mindestens ebenso viele Traum-Ichs angenommen werden müßten, suggeriert die Anlage des Bandes geradezu ein einheitliches Traum-Ich. Dazu trägt neben der einheitlichen Autorschaft für alle Texte auch die häufige Wiederkehr ähnlicher Situationen bei. Charakteristisch sind etwa Gefahrensituationen, denen das Traum-Ich passiv ausgeliefert ist. Obwohl es über keine Möglichkeiten verfügt, auf die Handlung Einfluß zu nehmen, bleibt die Katastrophe letztlich aus. So können die Situationen als sich ständig wiederholende Bewährungsproben gelesen werden.

Die Authentizität des Traumberichts wurde in *La Révolution surréaliste* durch das Voranstellen des Namens mit Doppelpunkt gewährleistet. Der Name auf dem Buchdeckel von *Nuits sans nuit* kann diese Funktion nicht in gleichem Maße erfüllen. Als zusätzliche Authentifizierungsstrategie kann jedoch die Datierung betrachtet werden, die nach Derrida der Unterschrift gleichkommt[36]. Auch die in Klammern gesetzten Hinweise auf das Wachleben stärken die autobiographische Ebene der Texte. Im Gegensatz zu den Traumtexten aus *La Révolution surréaliste* ist die Erzählinstanz jetzt meistens präsent. In den neu ausgewählten Texten wird sie zu 80%[37], in denen, die auf ab 1933 entstandenen Traumnotaten beruhen,

---

[35] In dieser Hinsicht überarbeitet Leiris sogar einen Text, der in *Trajectoire du rêve* im „imparfait" erschienen war (TR 67 und N 31). Ausnahmen im „imparfait" bilden lediglich ein undatierter Text, der in der Zeit zwischen 1929 und 1933 eingeordnet wird (N 40-41), und der zweite Teil des Textes vom 19./20. Mai 1942 (N 58-59).

[36] Derrida, *Schibboleth*, 29.

[37] Ausnahmen bilden die Texte N Nr. 1, 9, 16, 21, 25, 33, 38.

sogar zu 100% markiert. Ferner erhalten mehrere der bereits veröffentlichten Texte Zusätze, die eine solche Präsenz entweder erst erkennen lassen oder aber deutlicher machen[38]. Schon im letzten Traumtext aus *La Révolution surréaliste* von Juni 1926 und in den Texten aus *Trajectoire du rêve* fanden sich als dezente Hinweise auf die Präsenz der Erzählinstanz vermehrt vorsichtige Markierungen von Unsicherheiten, meistens durch Fragezeichen[39]. In *Nuits sans nuit* geschieht dies vor allem über die oben schon genannten Bezüge auf die Realität (dies gilt für zehn Texte) sowie die Erwähnung des Aufwachens (sieben Texte), die gleichzeitig die Abhängigkeit des Traums vom Schlaf anzeigt.

Das Aufwachen kann dabei verschiedene Formen annehmen: entweder ein Aufschrecken aus einem Alptraum mit einem Schrei (N Nr. 8) bzw. das rechtzeitige Wecken durch Zette (N Nr. 41, 50), oder aber eine Art Übergang zwischen Träumen und wachem Denken. Dies gilt für das Wortspiel im Nadia-Traum (N Nr. 15), für den Verlust einer Gewißheit beim Erwachen (N Nr. 36) oder für ein kurzes Erwachen, nach dem der Traum fortgesetzt wird (N Nr. 49). Am genauesten wird dieser Übergang in einem Traumtext mit dem Datum 28./29. August 1942 analysiert:

> Je suis l'acteur Yonnel et je déclame une tragédie d'ordre racinien. Tout à coup, je cesse de me rappeler le texte de mon rôle. Je déclare alors, d'une voix lente, par courtes phrases coupées mais toujours déclamant et d'un ton très ému, que, les circonstances présentes m'ayant fait prendre conscience de la tragédie, je ne puis plus réciter une tragédie, action dont j'étais capable seulement quand je n'en étais pas conscient.
> Outre la signification morale de ce thème (dévalorisation du tragique esthétique à l'échelle du tragique vécu), la manière dont il se lie au processus du réveil : à mesure que je prends conscience (c'est-à-dire : à mesure que m'abandonne le sommeil) je me découvre hors d'état de réciter (ou, plus exactement : je découvre qu'en réalité je ne récitais rien mais croyais seulement, dans le rêve, réciter). Inconscient, je récitais ou m'imaginais réciter (exactement : j'étais, sans réciter, dans l'état affectif de celui qui récite) ; conscient (c'est-à-dire : à demi éveillé), je ne récite plus, car il me faudrait alors inventer réellement le texte que je serais censé réciter (N 60-61).

[38] Zusätze, die die Präsenz der Erzählinstanz neu einführen, enthalten die Texte N Nr. 2, 15, 44, Zusätze, die deren Präsenz verstärken, die Texte N Nr. 18, 34.

[39] Es handelt sich um die Texte Nr. 2, 7 und 11 aus *Trajectoire du rêve* (TR 65 f., 67, 69). Vgl. dazu auch Maubon, *Michel Leiris en marge de l'autobiographie*, 52 f. Nach Maubon bleibt die Form des „récit de rêve" in den surrealistischen Veröffentlichungen bis einschließlich *Trajectoire du rêve* relativ unverändert. Die späteren Veränderungen führt sie auf den Beginn des autobiographischen Schreibens zurück (ebd., 76). Die Collagetechnik von *L'Âge d'homme* verzichtet allerdings noch auf eine explizite Interpretation der Träume. Dies ändert sich erst in *Biffures*, wo die Traumerzählungen mit Interpretationsversuchen verbunden werden.

Die an Sartre anschließende genaue Analyse der mentalen Vorgänge während des Träumens und Aufwachens übersteigt hier im Umfang die Schilderung des Traums, wobei der Traum im wesentlichen zum Anlaß dieser Analyse wird. Das Traumgeschehen wird hier nicht mehr als zu einer Traumwelt gehörig beschrieben, sondern in Abhängigkeit von mentalen Vorgängen dargestellt. Die in den frühen Texten zu beobachtende Autonomie der Traumwelt geht dabei weitgehend verloren, an ihre Stelle tritt eine Art der Introspektion, die auf Traumvorgänge ausgedehnt wird. Diese Selbstanalyse ist ein wichtiges Merkmal von Leiris' autobiographischem Schreiben, das sich nicht mit dem Bericht vergangener Ereignisse zufriedengibt, sondern das eigene Tun stets mit reflektiert. Dieser Aspekt wird in den Traumtexten ab Juli 1940, also nachdem das Projekt zur *Règle du jeu* entstanden ist, häufiger thematisiert, zumeist implizit über Bilder des Hineinblickens oder des Wühlens im Staub oder Schlamm.

Trotz der hier hervorgehobenen Veränderungen in der Form des Traumtextes werden viele Merkmale der surrealistischen Texte beibehalten. Die Aufschreibeproblematik wird in keiner Weise thematisiert, und der Einstieg erfolgt meist in medias res. Die Darstellung ist sprachlich prägnant, knapp und schmucklos, oft auf eine Pointe hin angelegt, und die Texte enden vor oder mit dem Erwachen. Sie werden mit einem Gestus der Anheimstellung präsentiert, wobei die Absurdität der Traumsituationen auch ohne explizite Kommentare gerade durch die Anlehnung an den „procès-verbal cru et net" exponiert wird. Verletzungen des Prinzips der Identität und plötzliche Situationswechsel innerhalb der Texte, die fraglos akzeptiert werden, sind sehr häufig. Insgesamt stellt der Band von 1945 die Traumwelt daher als eigene, geschlossene Welt dar.

2.2.3 Die Lektüre der Traumtexte: Tagebuch oder Abenteuerroman?

Angesichts der grundsätzlichen Fragmentarität des Traumtagebuchs stellt sich in spezieller Weise die Frage nach dessen Lesbarkeit. Die Analyse der Gesamtstruktur stellt im wesentlichen die chronologische Entwicklung in den Vordergrund und sieht weitgehend von den Leerstellen zwischen den Texten ab. Nimmt man die Absicht des „mettre les rêves bout à bout" jedoch ernst, so zwingt das zu einer anderen Lektüre, die gerade die Frage nach Leerstellen zwischen den Texten und nach den Textgrenzen stellt. Hatte Nerval in *Aurélia* die Träume immer mit Episoden aus seinem Wach- (und Wahn-)leben verknüpft und die Überzeugung von einer Kohärenz der Traumwelt geäußert, was zur besseren Einordnung der Trauminhalte beitrug, so bleiben dem Leser bei Leiris solche Hilfestellungen verwehrt. Daher soll hier zum einen der Versuch unternommen werden, Kohärenz in der linearen Abfolge der Texte auszumachen, und ferner die nichtlineare Kohärenzbildung aufgrund von motivischen Rekurrenzen untersucht werden.

Einen Moment möchte ich zunächst beim ersten Text des Bandes verweilen, der in besonderer Weise die Aufmerksamkeit des Lesers lenkt:

> J'assiste à une série d'exécutions capitales, pur quidam au milieu d'une foule, et cela m'intéresse de façon prodigieuse. Jusqu'au moment où le bourreau et ses aides viennent à moi parce que c'est mon tour d'y passer, ce sur quoi je ne comptais pas et qui m'horrifie grandement (N 7).

Auf der Ebene der Makrostruktur exponiert dieser Text den Tod als erstes Thema des Bandes und verweist damit auf eine stets und besonders am Schluß präsente Thematik[40]. Noch bevor das wache Ich im zweiten Text als angehender Dichter eingeführt wird, erscheint das Traum-Ich bereits als vom Tod bedroht, so daß diese Todesdrohung als immer schon vorhanden und älter als die Lebensgeschichte des Ichs gelten kann. Außerdem stellt dieser Anfangstext in einer „mise en abyme" wichtige Verfahren des Traums heraus. Wenn das zunächst als Namenloses in einer Menge positionierte Ich auf einmal aus dieser heraustritt und selbst in das Geschehen hineingezogen wird, so thematisiert der Traumtext den im Traum häufig stattfindenden Umschlag vom Zuschauer zum Protagonisten. Auf diesen Aspekt wird vor allem im Hinblick auf *Nuits sans nuit et quelques jours sans jour* noch zurückzukommen sein. Schließlich wird damit eine Tendenz in den veröffentlichten Texten angezeigt: Ist das Traum-Ich in den Texten am Anfang des Bandes meistens passiv und in der Zuschauerrolle, so ist es am Ende in wesentlich stärkerem Maße involviert[41].

---

40 Insgesamt wird der Tod in etwa einem Viertel der Texte auf die eine oder andere Weise thematisiert (N Nr. 1, 2, 3, 4, 15, 18, 37, 39, 41, 47, 52, 53, 56, 59). Nicht immer ist allerdings das Traum-Ich selbst vom Tod bedroht, oft sind es auch andere, manchmal nur am Rand auftauchende Figuren. Im Text mit dem Datum 24./25. November 1934 etwa wird nur die Möglichkeit erwähnt, einen zum Tode Verurteilten zu treffen: „[…] je circule en tramway. J'espère bien que notre route croisera celle d'un condamné à mort qui doit être mené à la potence ou à la chaise électrique" (N 50-51).

41 Während in den ersten 48 Texten das Ich zu mehr als 50% (26mal) nur Zuschauer ist, ist es in den letzten elf Texten in zehn Fällen involviert. Eine Ausnahme bildet lediglich der Traumtext mit dem Datum 8./9. September 1942, in dem das fragliche Grab aber möglicherweise das des Traum-Ichs ist. Die anderen Texte ohne aktiv beteiligtes Traum-Ich sind N Nr. 5, 7, 10, 11, 12, 14, 16, 19, 20, 22, 23, 26, 27, 28, 32, 33, 34, 35, 36, 38, 39, 40, 41, 43, 46, 48.

Auf der Ebene der Mikrostruktur ist zu beobachten, daß der Text an dem Punkt, wo das Interesse in Entsetzen umschlägt, abrupt abbricht: die drohende Hinrichtung bleibt aus. Es wird aber auch kein Ende des Traums erwähnt, so daß dieses nur implizit durch das Ende des Textes und das Datum des folgenden Textes zu erschließen ist. Da der nächste Text mit den Worten „Je suis mort" (N 8) beginnt, kann die Leerstelle zwischen den Texten vom Leser durch die angekündigte Exekution gefüllt werden. So gesehen stellt der zweite Text, der das Motiv des Aufstiegs der Seele zum Himmel verfremdet, eine logische Fortsetzung dar: das Traum-Ich befindet sich in einem geometrisch-technischen Jenseits, in dem eine Reihe von Menschen entlang sie durchbohrender Metallstangen zum Himmel empor steigt, wo milchweiße Lichtgloben aufgereiht sind. Die dabei empfundene große Euphorie kontrastiert stark mit dem Entsetzen aus dem ersten Traumtext. Im dritten Text jedoch, der mit einer gewöhnlichen Alltagssituation beginnt, wird das Entsetzen wieder aufgenommen:

> Entrant un soir dans ma chambre, je m'aperçois assis sur mon lit. D'un coup de poing, j'anéantis le fantôme qui a volé mon apparence. A ce moment, ma mère paraît au seuil d'une porte tandis que par la porte d'en face entre son double, parfaite réplique du modèle. Je crie très fort, mais mon frère survient, accompagné lui aussi de son double, qui m'ordonne de me taire, disant que je vais effrayer ma mère (N 8 f.).

Interpretiert man, wie Leiris das im Anschluß an Nerval tut, das Erscheinen des Doppelgängers als Ankündigung des Todes[42], läßt sich dieser Text wie der erste als Entsetzen angesichts einer Todesdrohung lesen. Auf der Ebene der Situation jedoch stellt er aufgrund der eher familiären Atmosphäre einen scharfen Bruch zu den vorhergehenden Texten dar. Daher überwiegt für den Leser in der Abfolge dieser Texte das Disparate, das verstörend und irritierend werden kann. In jedem Text wird ihm abverlangt, sich neu auf eine veränderte Welt einzustellen.

Um so wichtiger werden thematische Zusammenhänge, die sich gerade in den Eingangstexten durch das häufige Auftauchen von Todesmotiven herstellen. Im vierten Text etwa ist der Tod durch sterbende Vögel präsent, gleichzeitig wird in eine Märchen- und Sagenwelt eingeführt, da der Handlungsort die „forêt de Brocéliande" ist und am Schluß bekannte Märchenfiguren auftreten (Peau d'Ours, Peau d'Âne und Chat Botté). Dabei wird das Traum-Ich gefangengenommen: „Sortis de l'eau, ils se mettent à danser tous ensemble et m'entraînent dans une ronde à la-

[42] „Voir son double est paraît-il un signe de mort", so der Kommentar von Leiris im Tagebuch (J 33).

quelle il semble que jamais plus je ne doive échapper" (N 10). Damit thematisiert der Text auch die Situation des Traum-Ichs im Traum, das dem Geschehen ausgeliefert ist und den Traumhorizont nicht verlassen kann[43]. Insgesamt wird durch die Anordnung der Texte am Anfang der Eintritt in eine andere Welt inszeniert, die reich an merkwürdigen Konstruktionen und märchenhaften Elementen ist. Dieser Aspekt setzt sich vor allem in den Texten Nr. 5, 10 und 11 fort. Während jedoch bei Nerval der Durchgang durch den Limbus das Erscheinen einer Geisterwelt möglich machte, die dem Traum-Ich Perspektiven für seine jenseitige Zukunft bot, enthält die hier inszenierte Traumwelt keinerlei Offenbarungen, sondern eine bedrohliche Fatalität, die eher Sartres Vorstellung einer lähmenden und aus Mangel an Bewußtsein distanzlosen Traumatmosphäre entspricht.

Die am Anfang erzeugte Atmosphäre einer eigenen Traumwelt wird erstmals im achten Text vom 10-11 Dezember 1924 eklatant verletzt[44]:

> Prévoyant d'effroyables tortures et m'apercevant que je rêve, je veux m'éveiller. D'ordinaire, lorsque je veux mettre fin à un rêve qui devient cauchemar, je me jette dans un précipice ou bien par une fenêtre. [...] la douleur m'arrache un grand cri, et je m'éveille (N 15-16).

Dadurch daß dieser Text mit dem Aufwachen endet, bricht er mit der zuvor etablierten unabhängigen Traumwelt, bietet einen Ausweg aus ihr und wirft zugleich auch Zweifel auf die Traumhaftigkeit der folgenden drei Texte, die alle unter demselben Datum stehen. Der erste Text enthält den Hinweis auf die Trunkenheit des Ichs, ohne eindeutig zu machen, ob es sich bei dem Betrunkenen um das Traum-Ich oder den Träumer (bzw. den Halluzinierenden) handelt. Da die Texte über keine eindeutigen Traummerkmale verfügen, sondern eine eigenartige, aber durchaus mögliche Begegnung, eine Wahrnehmung und eine Vorstellung schildern, läßt sich nicht entscheiden, ob es sich um Träume oder um halluzinatorische Erlebnisse unter dem Einfluß von Alkohol handelt. In jedem Fall jedoch sind sie einer verändert erlebten Wirklichkeit, einer Art Surrealität zuzuordnen. Die darauf folgenden Texte, die die Verwandlung von Robert Desnos in einen Tellerstapel schildern (N 17) bzw. das Traum-Ich in Begleitung von Masson über den Horizont seiner Welt kippen lassen (N 17-18), enthalten wieder eindeutige Traummerkmale

---

43 Zur Fesselung des Träumers an den Traumhorizont vgl. Iser, *Das Fiktive und das Imaginäre*, 156.

44 Der vierte Text hatte das Aufwachen bereits erwähnt, aber nicht als Teil der Ereignisfolge, sondern um eine nachträgliche Perspektive auf die Traumwelt zu formulieren: „Dans un bois – qui, au réveil, m'apparaîtra une sorte de Brocéliande [...]" (N 9).

und führen die Vorstellung einer surrealistischen Traumwelt fort, bevor mit dem Text Nr. 14, in dem das Traum-Ich eine Schiffahrt unternimmt, ein für den ganzen Band wichtiges Motiv in den Vordergrund tritt. Mit der Schiffahrt werden zwei Motive zusammengeführt, die insgesamt durch ihre Rekurrenz auffallen und im folgenden gesondert verfolgt werden sollen, da es zu weit führen würde, alle 59 Texte in ihrer Abfolge besprechen zu wollen. Es handelt sich zum einen um das Motiv der Reise, das auch auf die Struktur des Bandes zurückschlägt, zum anderen um ein einzelnes, recht willkürlich gewähltes Motiv, nämlich das Treiben im Wasser bzw. das Ertrinken.

Das Traum-Ich, das wurde schon gezeigt, ist, wenn es in das Geschehen involviert ist[45], häufig in seiner Existenz bedroht. Hintergrund dafür sind oft genug Situationen, in denen es sich auf einer Reise befindet[46]. Als deutlichstes Beispiel dafür kann der schon im Zusammenhang der surrealistischen „récits de rêves" besprochene Text von dem Zuchthausbesuch gelten, der mit dem Umherirren auf dem gesamten Kontinent einsetzt und mit dem Schiffbruch endet (N Nr. 18)[47]. Aber auch viele andere Texte sind durch die Wahl der Handlungsorte wie Hotels (N Nr. 6, 8, 20), Verkehrsmittel[48], Strände (N Nr. 15, 24, 52), einen Berg (N Nr. 21) und eine Gegend in Afrika (N Nr. 45) oder aber durch die Planung einer Reise (N Nr. 29, 30) als Episoden eines Reise- oder Abenteuerromans zu verstehen. Überträgt man diese Struktur als Lesestrategie auf die Gesamtheit des Bandes, so trägt sie sicherlich dazu bei, die häufig vorkommenden Ortswechsel plausibler zu machen. Es kommt jedoch keineswegs zu einer kohärenten Vorstellung einer Reise durch eine Jenseitswelt, wie das bei Nerval der Fall war, da die Reisetexte bei Leiris zum einen an eine sehr realitätsnahe Welt gebunden sind, es zum anderen, wie vor allem die zwei Beispiele der nur geplanten Reise zeigen, mehr um die Atmosphäre der Reise als um deren tatsächliche Durchführung geht. Die sehr unterschiedlichen Reiseorte stellen meistens nur den Hintergrund für die Episoden dar, die im Gegensatz zur Nervalschen

[45] Diejenigen Texte, die kein ins Geschehen involviertes Traum-Ich aufweisen, stellen meistens Beschreibungen von Gegenständen oder Eindrücken dar. Sie machen immerhin fast die Hälfte des Bandes aus.

[46] Vgl. v. a. die Texte N Nr. 6, 8, 14, 15, 17, 18, 20, 21, 24, 29, 31, 36, 41, 42, 45, 47, 52, 57, 58, 59. Etwa die Hälfte dieser Texte enthält gefahrvolle Episoden (N Nr. 8, 21, 24, 29, 45, 58) und in zwei Fällen auch Todesmotive (N Nr. 15, 52).

[47] Vgl. infra Teil III, Kap. 2. 4. 3. 4

[48] Folgende Verkehrsmittel sind zu verzeichnen: ein „bateau-mouche" (N Nr. 14), die Eisenbahn (N Nr. 17), der Bus (N Nr. 44), die Straßenbahn (N Nr. 47) und die Metro (N Nr. 58).

Reise durch die Traumwelt untereinander keinen Handlungszusammenhang aufweisen.

Während die Reise auch eine strukturelle Bedeutung für *Nuits sans nuit* erhält, erscheint die häufige Wiederkehr des Motivs der im Wasser treibenden Gegenstände oder Personen eher aleatorisch. Dieses Motiv fällt vor allem durch eine häufige Rekurrenz auf, wird aber auch sehr implikationsreich in Szene gesetzt. Es inszeniert die Grenzerfahrung des Todes und kombiniert sie zugleich mit der Vorstellung eines ursprünglichen Zustandes. Zum ersten Mal erscheint das Motiv in dem Text vom 13./14. Oktober 1924, der auf einer Reise spielt. Während das Traum-Ich in einem Hotel auf eine Prostituierte wartet, wirft es einen Blick aus dem Fenster:

> Au pied de la salle où je suis, coule un large ruisseau fangeux. Devant ce ruisseau, un vagabond dort, les genoux ramassés et la tête dans ses mains. [...] le vagabond bascule et, sans que sa position change en rien, roule jusqu'à l'eau, dans laquelle il s'enfonce. Il disparaît, et les remous causés par sa chute s'évanouissent. Je le crois noyé. Mais, tout à coup une main émerge, et je vois reparaître le vagabond s'enfuyant à la nage, quoique toujours endormi (N 11-14).

Dieses vermeintliche Ertrinken erscheint durchaus ambivalent. Der schlammige, den Landstreicher verschlingende Bach kontrastiert zunächst mit dessen friedlichem Schlaf in Embryoposition, der durch den Sturz ins Wasser nicht gestört wird. Die daraus hervorragende Hand zeigt dann schließlich an, daß der Landstreicher nicht vom Wasser verschlungen wurde, sondern von diesem getragen wird. Damit sind zwei Aspekte angesprochen, die im folgenden wiederkehren: die zerstörerische, verschlingende Macht des Wassers und das Wiederauftauchen der in die Tiefe gezogenen Gegenstände oder Lebewesen.

Der in Embryoposition schlafende und letztlich nicht ertrinkende Landstreicher bleibt in *Nuits sans nuit* einmalig. Das Motiv des Ertrinkens und die plötzlich auftauchende Hand kehren jedoch wieder, zunächst in dem oben schon besprochenen Text von der ertrunkenen Najade Nadia (N Nr. 15), danach am Ende des ebenfalls schon besprochenen undatierten Textes aus der Nr. 7 von *La Révolution surréaliste*, wo das Traum-Ich am Ende nach dem Schiffbruch eine „gravure bouffonne" betrachtet, auf der Menschen, Gegenstände und Pferde an der Wasseroberfläche schwimmen, deren Glieder aus dem Wasser herausragen und wie Hocker aussehen (N Nr. 18):

> Je vois des gens qui tentent de se sauver à la nage, des épaves et, flottant à la surface de l'eau, des sortes de trépieds renversés que je prends pour des kangourous. Mais j'apprends que ce sont en réalité des chevaux qui sont

> tombés à l'eau la tête la première et se sont noyés. Leurs queues et leurs membres postérieurs raidis émergent seuls, et c'est cela que je prenais pour des trépieds (N 26 f.).

In diesem Traumbild, das gewissermaßen das vorausgehende Traumgeschehen wiederholt bzw. in das Medium der Gravur transponiert, fällt zunächst das Treiben ertrinkender Menschen und verschiedener Gegenstände auf. Die Hinterbeine und Schwänze der Pferde ragen dabei, so wie in dem soeben zitierten Beispiel die Hand des Landstreichers, aus dem Wasser hervor. Hinzu kommt ein traumtypisches Phänomen, nämlich die Metamorphosen der Gegenstände in der Wahrnehmung des Traum-Ichs. Der Text forciert dabei die Fehlwahrnehmung, wenn er zunächst aussagt, daß das Traum-Ich hockerartige Gegenstände für Känguruhs hält, bevor nach der Erklärung, daß es sich um ertrunkene Pferde handele, gesagt wird, es habe diese Pferde für Hocker gehalten.

Wie im ersten Text verschwinden die Ertrunkenen hier nicht einfach in der Tiefe des Wassers, sondern einzelne Körperteile tauchen wieder auf. „Se noyer" und „émerger" bedingen sich also gegenseitig. Diese Motive werden gewissermaßen zusammengeführt in einem weiteren undatierten Text, in dem ein geträumtes Bild von Bataille beschrieben wird, auf dem neben im Wasser treibenden Gegenständen auch ein Metamorphosen durchmachendes Pferd wiederkehrt:

> De forme rectangulaire et plus large que haute, la peinture est coupée, vers sa partie médiane, par la ligne d'horizon. Au-dessus, c'est le ciel ; au-dessous, c'est la mer. Parti de l'angle supérieur droit (où se passe le début de l'histoire, que je ne me rappelle que très confusément), un cheval aérien – à peu de distance au-dessus duquel est figuré une algue couverte de sang – décrit une trajectoire qui, après avoir contourné une immense aiguille d'acier qu'on voit, dans la partie gauche du tableau, sortir de la mer et pointer vers le ciel, amène le cheval (poursuivant sa chute ou sa course) jusqu'à la surface de l'eau, au milieu à peu près de la moitié inférieure du tableau. Là, un radeau est représenté, surmonté par une main verticale dont l'index est tendu vers le ciel. Ce radeau (auquel la perspective donne la forme d'un parallélogramme) n'est autre que le cheval – devenu radeau en tombant à la mer – et cette main, quant à elle, n'est qu'un avatar de l'algue sanglante (N 28-29).

Diese Bildbeschreibung findet sich am Ende eines Traumtextes, der zuvor ein strukturell ähnliches Geschehen wie der soeben zitierte enthält, wenn auch in stark geraffter Form[49]. Hier überwiegt noch sehr viel deut-

---

[49] „[…] agressions nocturnes qui ont pour théâtre les jardins du Ranelagh et auxquelles nous parvenons à échapper, voyage sur un paquebot où il y a des détectives qui sont des voleurs" (N 28).

licher die bildliche Komponente[50], wobei das Bild sogar für das Medium untypisch die Bewegung des Luftpferdes enthält. Das Pferd wird zum Floß, die blutbedeckte Alge zur darüber schwebenden und zum Himmel zeigenden Hand, die erneut an die Hand des Landstreichers erinnert, während über das Floß die Vorstellung vom Schiffbruch wieder aufgerufen wird[51].

Die vom Wasser ausgehende Bedrohung des Lebens wird nochmals deutlich, wenn es wenig später heißt „Je marche le long d'une plage, menacé d'être englouti" (N 31). In der Zusammenschau der Textstellen zeigt das Szenario über einen Schiffbruch hinaus die zerstörerische Macht des Wassers, dem gegenüber das Individuum hilflos erscheint. Das Treiben der Gegenstände auf dem Wasser erinnert auch an das Treiben der Arche Noah nach der Sintflut. Zugleich verweist die embryonale Haltung des Landstreichers auf einen vorgeburtlichen Zustand, in dem das Wasser die Lebensumgebung darstellt und nicht bedrohlich ist. Durch die zahlreichen Metamorphosen wird weiterhin auf einen Zustand, der außerhalb der Gesetze der Identität liegt, verwiesen: das Chaos, das Leiris als Negation unserer Lebenswirklichkeit begreift. Was Leiris in *Fourbis* diskursiv als Aufhebung der räumlichen und zeitlichen Koordinaten beschreibt (Fou 7), wird in den Traumtexten von *Nuits sans nuit* unter Aufhebung des Identitätsprinzips inszeniert.

Durch die Wiederkehr des Motivs werden beim Leser Wiedererkennungseffekte ausgelöst, die nicht nur die Insistenz bestimmter Themen verstärken, sondern auch dazu führen können, daß neue Verbindungen zwischen einzelnen Traumtexten herstellbar werden. Dies sei an einem Beispiel zumindest angedeutet. Im letzten Traumtext fördert das Traum-Ich beim Wühlen im Schlamm eine Kröte zutage:

> [...] à peine suis-je en train de fouiller que je touche quelque chose de vivant ; c'est un crapaud, couvert de boue au point d'être presque informe (N 67).

Die sicherlich abstoßende, schlammbedeckte Kröte erhält eine neue Bedeutung, wenn man einen früheren Traumtext von September 1933 hinzunimmt. Dort beobachtet das Traum-Ich Kröten in der Größe von Schimpansen, die sich anschicken, ins Wasser zu springen. Der Text

---

[50] Das zeigt sich auch darin, daß Leiris im ersten Notat das Bild nicht beschrieben, sondern aufgemalt hat. Leider ist das Bild in *L'Évasion souterraine* nicht reproduziert (vgl. aber die Anmerkung zu ES 114).

[51] Man denkt hier natürlich auch an das Floß der Medusa, das am Ende von *L'Âge d'homme* eine zentrale Rolle spielt (AH 196-204).

endet mit einer Überlegung, die das Traum-Ich mit den Kröten identifiziert:

> Je songe qu'habillé de knickerbockers et coiffé d'une large casquette de velours vert, j'aurais l'air d'un crapaud (N 43).

So liegt es nahe, in dem späteren Text das Auffinden der Kröte im Schlamm, wie schon die Berührung mit dem Kalkzylinder oder den Blick ins eigene Innere, als Wiederbegegnung mit sich selbst zu lesen. Durch die Kombination der Texte werden sie als immer wieder neue Variationen weniger Grundthemen erkennbar, die sich gegenseitig in ein neues Licht stellen. Überträgt man Leiris' Annahme einer hinter der „trame consciente" liegenden „trame inconnue" auf die Anlage von *Nuits sans nuit*, so könnte man die eingezogene autobiographische Linie als „trame consciente" bezeichnen, die nur teilweise gesteuerte Zusammenstellung der Texte und das wiederholte Auftauchen rekurrenter Motive jedoch als Teil der „trame inconnue", auf die das Traumtagebuch dann gelegentlich einen kurzen Blick ermöglichen würde.

2.3 *Nuits sans nuit et quelques jours sans jour* (1961)

Die auf 107 Traumtexte und mehr als 200 Seiten erweiterte Ausgabe von 1961 mit dem Titel *Nuits sans nuit et quelques jours sans jour* stellt nicht nur eine chronologische Fortschreibung des Traumtagebuchs, sondern auch eine Ergänzung des Bestandes bis 1945 dar. Neben Berichten von Träumen und „Demi-sommeils" enthält sie auch einige Berichte von Wacherlebnissen, die als solche spezifiziert werden. Die Texte von 1945 werden ausnahmslos alle wieder aufgenommen, eine große Zahl wird allerdings überarbeitet. Hinzu kommen nochmals 22 Traumtexte aus dem Zeitraum bis 1945, elf Texte aus den Jahren 1947-60 sowie elf Berichte von Wacherlebnissen und drei „Demi-sommeils". Die Verdreifachung des Seitenumfangs ist außerdem darauf zurückzuführen, daß jeder Traumtext nun auf einer neuen Seite beginnt. Dadurch erhält der einzelne Text mehr Eigenständigkeit, und der Band präsentiert sich trotz der Beibehaltung der Daten, die quasi zu Überschriften werden, eher in der Art eines Gedichtbandes als in der Art eines Tagebuchs[52]. Schließlich

---

52 Dies gilt vor allem für die Texte unter dem Datum vom 16./17. Dezember 1924, die in der Ausgabe von 1945 durchnumeriert unter demselben Datum standen (N 16 f.), in der Ausgabe von 1961 jedoch alle auf einer eigenen Seite stehen, der erste mit der Überschrift des Datums, die beiden anderen mit der Überschrift „La même nuit" (NJ 31-33). Im folgenden wird auf die Texte aus *Nuits sans nuit et quelques jours sans jour*

werden auch die Traumtexte selbst länger, da sie zunehmend essayistische Anteile enthalten. Die Form des poetischen Fragments, das ab *Frêle bruit* das autobiographische Schreiben bestimmt, ist hier vorgeprägt.

Nicht nur implizit durch die Anordnung der Texte, sondern auch ganz explizit im *Prière d'insérer* rückt Leiris seine Traumtexte in die Nähe zur Poesie, wobei er auch die von dem Motto aus *Aurélia* angesprochene Bedeutung der „seconde vie" nuanciert:

> [...] le rêve – mirage qui scintille sur un fond de ténèbres – est essentiellement *poésie*.
> Tel est (s'il en faut un) le mot clé de cette suite de récits, tantôt d'événements rêvés, tantôt d'événements réels, qui semblent au narrateur avoir projeté par instants sur sa terne silhouette un même éclairage de seconde vie.[53]

Die „seconde vie" scheint hier auf die von Leiris angenommene Doppelstruktur der Existenz Bezug zu nehmen, die durch die geträumten oder realen Ereignisse momenthaft sichtbar wird. Im *Prière d'insérer* greift Leiris zudem einige Gedanken und Verfahren aus *Fibrilles* auf, wenn er beispielsweise bestreitet, daß der Traum eine Evasion oder eine Offenbarung darstelle. Von Anfang an begreift er ihn als Form des Denkens, die sich nicht grundsätzlich vom wachen Denken unterscheide: „Nos pensées de la nuit – jusqu'aux plus saugrenues – viennent du même creuset que nos pensées du jour". Auch Offenbarungswert räumt er dem Traum nicht mehr ein, weil allenfalls der wache Mensch durch Reflexionen Erkenntnisse aus seinen Träumen ziehen könne, nicht jedoch der Träumer während des Traums. Daher gilt es hier zu untersuchen, wie sich diese Nivellierung des Gegensatzes von Traum und Realität auf die Form der Traumtexte auswirkt, wobei auch die Auswirkungen des in *Fibrilles* im Rahmen der Entzifferungsversuche entwickelten Lektüremodells der Analogien und der Assoziationen auf die Form des Traumtextes analysiert werden sollen. Viele der Traumtexte von 1945 werden für die Ausgabe von 1961 bearbeitet. Nur 23 der 59 Texte von 1945 werden unverändert übernommen[54], 27 Texte erfahren leichte Veränderungen[55] und in

(1961) unter Angabe der Sigel NJ und der laufenden Nummer der Traumtexte unter Verwendung der Abkürzung Nr. Bezug genommen. Beim Verweis auf bestimmte Seitenzahlen ist die Sigel nur von der Seitenangabe gefolgt.

53 NJ Klappentext.

54 Unverändert erscheinen die Texte N Nr. 7, 9, 10, 11, 12, 13, 14, 16, 19, 21, 23, 24, 26, 28, 34, 35, 36, 41, 43, 44, 48, 51, 56 in der Fassung von 1945 (bzw. NJ Nr. 11, 14, 15, 16, 18, 19, 21, 24, 27, 29, 31, 32, 34, 38, 45, 48, 49, 58, 60, 62, 72, 78, 86 in der Fassung von 1961). Dabei handelt es sich überwiegend um Texte, die zuvor schon in surrealistischen Zeitschriften erschienen waren.

neun Fällen finden stärkere Überarbeitungen bzw. Erweiterungen statt[56]. Dabei sind viele Veränderungen vorwiegend stilistischer Natur, dienen der Vermeidung von Wiederholungen oder einer eleganteren Ausdrucksweise[57]. Gelegentlich aktualisiert Leiris den Text, etwa wenn er im Kommentar zu dem Haus in der Rue Blomet die Klammerbemerkung „maison aujourd'hui démolie où Masson et Miró avaient jadis leurs ateliers“ (N 64-65) durch „endroit aujourd'hui rebâti où André Breton et Joan Miró avaient autrefois leurs ateliers“ (NJ 154) ersetzt[58]. Durch diese Anpassung der Texte an die sich wandelnde Realität werden die verschiedenen Zeitebenen, die sich alle hinter dem Präsens verbergen, noch deutlicher. Als generelle Tendenz läßt sich beobachten, daß Leiris die Initialstellung des Subjekts im ersten Satz der Texte zurücknimmt[59]. Während bei der Initialstellung des Ichs die Traumwelt als von diesem abhängig erscheint[60], wird so zunächst eine Bühne konstituiert, die den Rahmen für das Agieren des Traum-Ichs bietet. Dieses erscheint so nicht als Erschaffer der Welt, sondern als in diese hineingestellt. Um dies zu gewährleisten, müssen kurze Texte unter Umständen komplett umgeschrieben werden[61]. Außerdem werden Formen der „mise en abyme“, die

---

[55] Dies betrifft die Texte N Nr. 2, 3, 5, 6, 8, 15, 17, 18, 20, 22, 25, 27, 29, 30, 31, 37, 39, 40, 42, 47, 49, 50, 52, 54, 57, 58, 59 in der Fassung von 1945 (bzw. NJ Nr. 2, 4, 9, 10, 13, 23, 25, 26, 28, 30, 33, 36, 39, 40, 41, 50, 55, 57, 59, 71, 73, 77, 81, 84, 87, 88, 90 in der Fassung von 1961).

[56] Dies betrifft die Texte N Nr. 1, 4, 32, 33, 38, 45, 46, 53, 55 in der Fassung von 1945 (bzw. NJ Nr. 1, 8, 42, 43, 53, 65, 66, 82 und 83, 85 in der Fassung von 1961).

[57] Exemplarisch dafür seien die Veränderungen in dem Text mit dem Datum 10./11. Dezember 1924 genannt: „[...] la portion de plancher sur laquelle je me trouve commence à descendre“ (N 16) vs. „[...] amorce une lente descente“ (NJ 30) und „[...] lorsque je veux mettre fin à un rêve“ (N 16) vs. „[...] quand je désire mettre fin à un rêve“ (NJ 30).

[58] In die gleiche Kategorie gehört der Zusatz „[...] et rentré récemment de captivité“ zur Erwähnung von Jean-Baptiste Piel in dem Text mit dem Datum 28./29. März 1942 (NJ 142).

[59] Der Text mit dem Datum 13./14. Octobre 1924 beispielsweise beginnt 1945: „Mon ami havrais Georges Limbour et moi, dans une ville de province, parcourons, avec une bande de voyageurs fraîchement débarqués comme nous, un hôtel que nous savons être une maison de passe“ (N 11). 1961 stellt Leiris folgendermaßen um: „Avec une bande de voyageurs fraîchement débarqués comme nous, Georges Limbour et moi nous parcourons, dans une ville de province, un hôtel que nous savons être une maison de passe“ (NJ 23). Entsprechendes gilt für die Texte mit den Überschriften „14-15 Mars 1925“ (N Nr. 15/NJ Nr. 23), „Sans date“ (N Nr. 27/NJ Nr. 36), „Sans date“ (N Nr. 30/NJ Nr. 40), „29-30 Mai 1929“ (N Nr. 33/NJ Nr. 43).

[60] Ich erinnere nochmals an die Studie von Crouzet („La Rhétorique du rêve dans *Aurélia*“), in der dieser aufgrund der syntaktischen Struktur das Verhältnis zwischen Traum-Ich und Traumwelt als eines der Abhängigkeit herausarbeitet.

[61] Als Beispiel hier die beiden Fassungen des Textes mit dem Datum 29./30. Mai 1929: „Je vois huit chiens qui font l'amour, placés en file indienne. On me dit que ce sont

Struktur des Traums bzw. die verschiedenen Rollen des Ichs thematisiert.

Der größte Unterschied in der Form des „récit de rêve" zwischen 1945 und 1961 besteht jedoch in der zunehmenden Kommentierung der Träume und dem Herstellen von assoziativen Verbindungen, die auch die Veränderungen und Erweiterungen verursachen. Als ein Beispiel sei der Traumtext mit dem Datum 19./20. 8. 1933 genannt, dessen Umfang um mehr als das Doppelte zunimmt. Hatte Leiris sich in der Fassung von 1945 auf die präzise Schilderung einer Begebenheit beschränkt, so läßt er in der Fassung von 1961 wissen, daß es sich dabei nur um die erste Sequenz eines sehr langen Traumes gehandelt habe, dessen Handlung sich nicht mehr genau rekonstruieren lasse. Er gibt jedoch an, wo und unter welchen Umständen er ihn geträumt hat, und erwähnt einige weitere Elemente sowie deren Einfluß auf sein Wachleben (N 41 und NJ 85 f.). Assoziative Verbindungen gewinnen so an Bedeutung, und an die Stelle der Konzentration auf eine Begebenheit treten Reflexionen über nur lose miteinander verbundene Elemente.

Die für die Bearbeitungen prägenden Merkmale herrschen auch in den neu hinzugefügten Texten vor. Sie lassen sich unter den Stichworten Inszenierung und Kommentierung zusammenfassen und sollen im folgenden an einzelnen Beispielen vorgestellt werden. Zuvor jedoch soll ein Blick auf die Gesamtstruktur erste Hinweise auf signifikante Veränderungen zwischen den Fassungen geben.

2.3.1 Gesamtstruktur

Die erheblichsten Änderungen gegenüber der Fassung von 1945 finden in der Form des „récit de rêve" statt. Dennoch gibt es auch auf der Ebene der Gesamtstruktur Veränderungen, die vor allem mit dem Einfügen neuer Texte zusammenhängen. Bezüglich der Gesamtstruktur sollen hier die Textauswahl, die Zusammenstellung auf der Ebene der Abfolge der Texte sowie die Einarbeitung der autobiographischen Linie untersucht werden.

Stellt sich für die Ausgabe von 1945 die Frage nach der Auswahl der Traumtexte, so verschiebt sie sich bezüglich der Fassung von 1961 auf Kriterien für die Auslassung: Leiris übernimmt nun einen sehr hohen

---

des gens qui leur ont appris à faire cela en guise de tour" (N 38) und: „Placés en file indienne et chacun ayant pour partenaire celui qui le précède immédiatement, huit chiens s'accouplent devant moi. On me dit que ce sont des gens qui leur ont appris à faire cela en guise de tour" (NJ 72).

Prozentsatz der Traumnotate aus dem Tagebuch, die nicht schon anderswo veröffentlicht worden sind. Weiterhin nicht berücksichtigt werden vor allem fünf Gruppen von Traumnotaten:

1. Einige Notate sind so knapp und allgemein gehalten, daß sie vermutlich nicht genügend Anhaltspunkte für die Ausgestaltung geben. Als Beispiel sei folgendes Notat genannt: „Rêve : promenade à travers des celliers, – traversant des lavoirs au moyen d'une poutre jetée par-dessus" (J 86). In diese Kategorie fallen auch viele Notate, die geträumte erotische Begegnungen mit Frauen enthalten, die vom einfachen Flirt bis zum Liebesakt gehen können. Der in den Band aufgenommene, sehr kurze Traumtext mit dem Datum 29./30. August 1929 ist nur ein ausgewähltes Beispiel für viele andere Traumnotate:

> Je fais la connaissance de Liane de Pougy (telle qu'elle devait être autrefois) et je flirte avec elle (NJ 77).

2. Notate von Träumen, die Leiris als „ces rêves érotiques qui vous démoralisent" (J 143) bezeichnet und die sehr explizite sexuelle Phantasien beinhalten[62], werden ebenso weggelassen wie Traumnotate, die allzu offensichtlich Anhaltspunkte für eine psychoanalytische Interpretation geben. Dazu zählen neben einem Traumnotat, in dem ein Koitus in Anwesenheit der Mutter stattfindet (J 198), auch Träume von der Unfähigkeit, eine Krawatte zu binden (J 276) oder von analen Hämorrhagien und Hämorrhoiden (J 223 f., 245).

3. Von den vielen Traumnotaten, in denen die Léna genannte Frau vorkommt, werden bei weitem nicht alle veröffentlicht, auch wenn diese Affäre 1961 nicht mehr mit derselben Diskretion bedacht wird wie in der Ausgabe von 1945.

4. Ausgeschlossen bleiben weiterhin Traumnotate, die vor allem aktuelle Besorgnis widerspiegeln und diese unverstellt zum Ausdruck bringen. Das kann die Angst betreffen, Artikel für *Documents* oder *Minotaure* nicht rechtzeitig fertigzustellen (J 200, 231), aber auch existentiellere Dimensionen annehmen, wenn etwa 1934 Selbstmordgedanken im Traum thematisiert werden (J 259, 283, 289) oder ab September 1937 die Angst vor dem bevorstehenden Krieg zum Ausdruck kommt (J 309, 320 f.).

---

62 Als Beispiel sei genannt: „Je fais l'amour avec Josette Gris (condensation de Mme G. de V… et d'Elly K…, vue la veille ?) ; je constate qu'elle n'a pas les seins énormes et pendants que je craignais qu'elle ait (et qu'elle a, paraît-il, dans la réalité) mais quatre seins (comme la figure de cire féminine, à chevelure blonde, vue – couchée sous vitrine – dans je ne sais plus quelle foire). Son vagin, démesurément grand et liquide, est une sorte de cloaque" (J 245).

5. Schließlich notiert Leiris gelegentlich Träume, die er als „rêves prophétiques“ oder „prémonitoires“ empfindet (J 89, 229, 309, 420 f.). Offensichtlich faszinieren ihn Koinzidenzen zwischen Traum und Realität, er zögert aber mit der Veröffentlichung[63].

Im wesentlichen können als Ausschlußkriterien also die Verwendung eines Traumnotats in einem anderen Kontext sowie entweder die zu große Banalität oder die zu direkte Bezugnahme auf das Leben oder innere Konflikte gelten.

Hatte die Ausgabe von 1945 in ihrer Anfangssequenz vor allem die Autonomie der Traumwelt stark gemacht, so erleidet diese in der Fassung von 1961 durch das Einfügen neuer Texte deutliche Einbußen. Bereits an dritter Stelle plaziert Leiris einen neuen Text, in dem die Erzählinstanz das Aufwachen und das Vergessen eines Teils des Traums erwähnt:

> […] il [Georges Gabory, S. G.] sort de son box puis commence avec moi une longue pérégrination dont, au réveil, j'ai oublié les divers épisodes et qui n'est peut-être qu'un pendant logique à la déambulation que, dans le rêve, présupposait la rencontre (NJ 13).

Dieser Einschub macht nicht nur die Präsenz der Erzählinstanz deutlich, sondern diese spekuliert auch über mögliche Symmetrien im Traumaufbau. Wird durch den Bezug auf die Realität die Autonomie der Traumwelt aufgehoben, so verliert der Traum durch die Spekulation über den Aufbau zusätzlich seinen Charakter als Geschehen und erscheint als Denktätigkeit. Auch mit dem fünften, ebenfalls neuen Text, der nach dem Text vom Doppelgängertraum steht, wird die Denktätigkeit thematisiert, und zwar durch den Inhalt des Textes:

> Course à travers champs, à la poursuite de ma pensée. Le soleil bas sur l'horizon, et mes pas dans les terres labourées. La bicyclette si fine et si légère que j'enfourche pour aller plus vite (NJ 15).

Zwar bleibt das hier Geschilderte im Rahmen des Traums, aber die Atmosphäre unterscheidet sich sehr stark von der der vorangehenden Texte. Die Abendsonne auf dem Land in Verbindung mit Schnelligkeit und Leichtigkeit baut einen Kontrast zu der fremden, im Zeichen des Todes stehenden Welt mit geometrisch-technischer Struktur auf, die zuvor dominierte. Außerdem stellt der Hinweis auf die tiefstehende Sonne eine

---

[63] Nur zwei dieser Traumnotate werden publiziert: der Text mit dem Datum vom 8./9. Dezember 1924, dem in Klammern die Bemerkung „seconde vue ?“ beigefügt ist (NJ Nr. 12) sowie ein Text mit dem Datum Juli 1929, in dem Leiris von einem Angriff eines Löwen auf seinen Dompteur träumt und vermerkt, daß in genau dieser Nacht ein Tiger aus einem naheliegenden Zoo ausgebrochen sei (NJ Nr. 44).

Verknüpfung zu dem kurz darauf folgenden ersten Bericht von einem Wacherlebnis dar, bei dem Georges Limbour als Autor des von Masson illustrierten Buches *Soleils bas* vorgestellt wird. Dabei charakterisiert Leiris die Zeichnungen von Masson als „eaux-fortes prodigieusement aiguës et légères" (NJ 18). Die Leichtigkeit wird so auch zu einem ästhetischen Kriterium.

Möglich ist das Einfügen des zitierten Traumtextes an dieser Stelle nur durch eine falsche Datierung. Für die Veröffentlichung datiert Leiris diesen und den folgenden Traumtext, die im Tagebuch im Jahr 1924 notiert sind, auf das Jahr 1923[64]. Dadurch wird zum einen die Struktur des Anfangs modifiziert, zum anderen wird eine große Lücke von April 1923 bis Sommer 1924 überbrückt und die hohe Dichte der Traumtexte Ende 1924 etwas reduziert[65]. Auch die Berichte von Wacherlebnissen tragen dazu bei, die Autonomie der Traumwelt gleich von Beginn an aufzubrechen. Insgesamt verteilen sie sich relativ ungleichmäßig über den Band. Der erste steht bereits an siebter Stelle, während die folgenden an Nr. 46, 74, 75, 76, 80, 91, 93, 98, 102, 104 vorkommen. Ein deutlicher Schwerpunkt liegt auf der Kriegszeit, aus der über die Hälfte der „vécus" stammen[66]. Während das „vécu" vom Sommer 1939 als Ankündigung des Krieges zu lesen ist, tragen die anderen dazu bei, daß die Kriegszeit nicht nur als persönliche Existenzkrise, sondern auch als Zeit erscheint, die reich an außergewöhnlichen Erlebnissen ist. Roger Caillois hat in seinem Anhang zu *L'Homme et le sacré* den Krieg als modernes Äquivalent zum Fest in traditionellen Gesellschaften betrachtet, und zwar in dem Sinn, daß es sich um eine andere Realität, „une réalité d'un autre volume et d'une autre tension" handle[67]. Diese andere Dimension der Realität scheint Leiris in seiner Aufmerksamkeit für bestimmte Ereignisse aus

---

[64] Im Tagebuch finden sich die Traumnotate am 20./21. November 1924 (J 81) und am 22./23. Dezember 1924 (J 86).

[65] Die Fehldatierungen nehmen in der Fassung von 1961 zu. Ganz offensichtlich falsch eingefügt ist auch der Text mit der Überschrift „Septembre 1926 ?" (NJ Nr. 35), der im Tagebuch vor dem ihm vorausgehenden Text steht, der ins Jahr 1928 gehört (J 126 bzw. 131). Dadurch gerät eine ganze Reihe von Texten mit der Überschrift „Sans date", die aus dem vermutlich aus den Jahren 1927-28 stammenden surrealistischen Notizheft übernommen ist, in den Zeitraum zwischen April und September 1926, den die sie umgebenden datierten Texte vorgeben. Noch extremer ist die Verschiebung eines ebenfalls mit „Sans date" überschriebenen und schon in der Ausgabe von 1945 falsch eingeschobenen Textes, der im Tagebuch unter dem Datum vom 12. 9. 1925 notiert ist, hier aber noch weiter hinten als die genannten Texte unmittelbar vor einem Text aus dem Jahr 1929 steht (NJ Nr. 40). Die Funktion dieser Umstellungen müßte eingehender untersucht werden.

[66] NJ Nr. 74, 75, 76, 80, 91, 93.

[67] Roger Caillois, „Guerre et sacré", in: ders., *L'Homme et le sacré*, 215-238, hier: 216.

dem Wachleben zu leiten. In den Traumtexten nach Kriegsende tritt das Thema des Todes deutlich zurück und nimmt die 1945 noch so dominante Dimension des Abenteuerromans ganz erheblich ab. Zwar herrscht das Motiv der Reise weiter vor, da aber auch die Lebensrealität nun von Reisen geprägt ist, erscheinen diese nicht mehr als Besonderheit des Traums. Vielmehr tragen sie dazu bei, die Grenzen zwischen geträumten und bereisten Orten zu minimieren.

Auf der Ebene der Hinweise auf zeitgeschichtliche Umstände und der Biographeme sind nur wenige Ergänzungen zu verzeichnen. Das einzige zeitgeschichtliche Ereignis, das im Bestand bis 1944 ergänzt wird, ist die explizite Nennung der Gründung der Volksfront am 12. Februar 1934 (NJ 109), die jedoch 1945 in dem Hinweis auf die Demonstrationen bereits erkennbar war (N 49). Aus dem Zeitraum danach werden nur die einschneidensten Ereignisse eingearbeitet, nämlich das Ende des Krieges (NJ 166), die Algerienkrise (NJ 171) und der Zusammenbruch der Vierten Republik (NJ 193). Was die biographischen Elemente anbelangt, erhält die Kindheit durch die Hinweise auf den Geburtsort in der Rue d'Auteuil (NJ 76), den Pseudokrupp in den ersten Lebensjahren (NJ 19) und die Schulzeit (NJ 81) einen höheren Stellenwert. Zudem finden sich vermehrt Hinweise auf Freunde[68], und die Bücher *Le Point cardinal* (NJ 71) und *Afrique fantôme* (NJ 120) sowie die Tätigkeit im ‚Musée d'Ethnographie' werden eigens erwähnt. Aus der Nachkriegszeit finden vor allem diverse Reisen Eingang in den Band, nämlich die nach Algerien (NJ 170), Antigua (NJ 172), Ghana (damals noch Goldküste) (NJ 174), Guadeloupe und Martinique (NJ 177), China (NJ 146, 181-183) und Florenz (NJ 187, 188).

Auffallend ist allerdings, daß jeglicher Hinweis auf den mißglückten Selbstmordversuch im Jahr 1957 fehlt. Statt dessen wird von der Anästhesieerfahrung bei einer einige Monate später notwendigen harmlosen Operation berichtet, in der sich Parallelen zum Koma erkennen lassen. Beim Erwachen nach der Operation glaubt Leiris, sein Bett nicht verlassen zu haben, was nur durch rationales Denken, nicht aber durch Erinnerung zu widerlegen ist:

> Nul sommeil ne peut se comparer à un tel blanc ou plutôt un tel rien qui, à l'inverse du sommeil dont on sait toujours évaluer plus ou moins quelles en furent l'opacité et l'étendue, semble n'avoir pas existé : en un éclair, on est tombé dans l'indicible et l'on s'est relevé (NJ 191 f.).

---

[68] So wird Roland Tual sehr positiv charakterisiert (NJ 21 und 27), ein weiters Mal auf Georges Limbour verwiesen (NJ 63) sowie das Schicksal Jean-Baptiste Piels erwähnt (NJ 142).

Diese Lücke in der Zeit, die als „temps mort" (NJ 192) erscheint und keinerlei Erinnerungsspuren hinterläßt, kann mit dem Koma nach dem Selbstmordversuch verglichen werden, das ebenfalls in den Bereich des „indicible" fällt. Obwohl der tatsächliche Selbstmordversuch – zumindest in *Nuits sans nuit et quelques jours sans jour* – unaussprechlich bleibt und auch die Selbstmordträume ausgespart bleiben, inszenieren viele der Traumtexte, wie noch zu zeigen sein wird, Begegnungen mit dem Tod auf einer anderen Ebene.

Der Band schließt mit zwei Texten, die sich sehr unterschiedlich zur Gesamtstruktur positionieren: im vorletzten Traumtext thematisiert Leiris erstmals die Funktion des Aufschreibens der Träume, und im letzten schlägt er einen Bogen zum Anfang des Bandes. So schildert er im Text mit dem Datum 14./15. Juli 1958 den Versuch, nach dem Aufwachen wieder einzuschlafen, um eine Fortsetzung des unterbrochenen Traums zu träumen. Dies mißlingt, so daß das Aufschreiben als einzige Möglichkeit bleibt, des verlorenen Traumes zumindest ansatzweise wieder habhaft zu werden:

> Cette amorce d'aventure est chose désormais révolue. Sa narration par écrit, est-il un autre biais qui me permette de tant soit peu la ressaisir et, si la chance le veut bien, de respirer encore une fois son parfum ? (NJ 200)

Durch den Wunsch, den Duft des sich so schnell verflüchtigenden Traums noch einmal einzuatmen, wird besonders die sinnliche Komponente in der Motivation zum Aufschreiben betont. Nicht die exakte Fixierung des Traums, sondern das Wiedereinatmen seines Duftes wird zum Maßstab für den gelungenen Traumtext, der in erster Linie ein Gefühl oder eine sinnliche Erfahrung ermöglichen soll. Dieser ursprünglich wohl als letzter geplante Traumtext hätte die Problematik des Aufschreibens an den Schluß des Bandes gestellt. Tatsächlich jedoch beendet Leiris die Ausgabe von 1961 mit einem „geste d'histrion" (Fib 268). Im letzten Traumtext mit dem Datum 6./7. November 1960, kurz vor Druckbeginn des im Januar 1961 erschienenen Bandes noch schnell herbeigeträumt, rennt das Traum-Ich einem kleinen Hund mit Namen Charité hinterher, der ihm entlaufen ist. Obwohl es ihn nicht mehr sieht, hört es nicht auf, den Namen zu rufen:

> Criant ainsi à pleine gorge comme peut faire un mendiant revendicateur, j'ai chance d'être pris pour un idiot de village, ou bien pour un dément que la police s'empressera d'arrêter (NJ 201).

Dieser Traumtext antwortet auf den vermutlich achronologisch in Initialposition gebrachten Anfangstext. Der Ruf „Charité ! Charité !", der hier seinen Gegenstand verfehlt, wäre der, welcher im ersten Text auf die

Ankündigung des Henkers hätte erfolgen müssen; er wird jedoch bis zum Ende des Bandes aufgeschoben für eine Situation, in der er das Traum-Ich nur noch der Lächerlichkeit preisgeben kann. Was als Tragödie – nämlich mit einem Hinrichtungstraum – begonnen hatte, kann – nach mehreren Traumtexten, die von der Unfähigkeit handeln, würdig zu sterben (NJ Nr. 82, 92, 99) – nur noch als Farce enden. Die Rufe stellen auch bald nicht mehr den Ausdruck des Gefühls der tiefen Demütigung dar, das dem Traum-Ich durch den Verlust des Hundes zugefügt wurde, sondern dieses berauscht sich am Schluß nur noch an seiner eigenen Stimme, die allein es seiner Existenz versichert:

> Je persiste à crier aussi fort que je puis, tant je suis mortifié d'avoir perdu le petit chien, tant aussi je me grise à écouter ma propre voix : « Charité ! Charité ! » (NJ 201)

Eine solche Form der ironischen Selbstinszenierung wäre in der ersten Fassung nicht möglich gewesen. In der zweiten Fassung hingegen wird die Inszenierung generell zu einem wichtigen Verfahren auf Textebene.

2.3.2 Inszenierung

Für Sartre ist, wie in der Einleitung zu diesem Teil erwähnt, der Traum mit der Fiktion und die Haltung des Träumers mit der eines Lesers vergleichbar:

> Il [le rêve] est avant tout une *histoire* et nous y prenons le genre d'intérêt passionné que le lecteur naïf prend à la lecture d'un roman. Il est vécu comme fiction [...]. Seulement c'est une fiction « envoûtante » : la conscience [...] s'est nouée. Et ce qu'elle vit, en même temps que la fiction appréhendée comme fiction – c'est l'impossibilité de sortir de la fiction[69].

Leiris geht in seinem Vergleich des Traums mit dem Theater in *Fourbis* von einer ähnlichen Perspektive aus. Auch er spricht von einem „intérêt passionné", um die Haltung des Rezipienten in bezug auf den „rêve objectivé", als den er das Theater begreift, zu beschreiben (Fou 46). Allerdings macht er darin nicht nur die Seite der Fiktion stark, sondern auch die von Foucault angesprochene der Erfahrung des Todes. Theater scheint für Leiris Fiktion und Realität, Inszenierung und Authentizität gleichzeitig zu sein. Stärker fiktionstheoretisch gedacht läßt sich der Unterschied zwischen Theater und Traum auch so formulieren, daß das Theater – wie literarische Fiktionalität überhaupt – in der Lage ist, seine

69 Sartre, *L'Imaginaire*, 338.

Fiktionalität und damit seinen Horizont ständig präsent zu halten, während der Träumer im Traum an den Traumhorizont gefesselt bleibt.

Die Fiktionalität des Traumgeschehens wird in der Fassung von 1961 immer wieder durch Verweise auf das Theater, aber auch das Kino, Bildbetrachtungen sowie Lesen und Zuhören kenntlich gemacht. Das Kino fungiert dabei vor allem als Ort der Handlung (NJ Nr. 6) oder als Referenz (NJ Nr. 14, 23); es wird allenfalls über Filme gesprochen (NJ Nr. 51, 53), der Traum jedoch nie auf die Leinwand projiziert. Das Lesen beschränkt sich meistens auf einzelne Wörter oder Sätze (NJ Nr. 20, 37), nur einmal lesen die Protagonisten in einer wöchentlichen Fortsetzungsreihe ihre eigene Geschichte (NJ Nr. 66). Als Zuhörer bekommt das Traum-Ich ganze Anekdoten oder Geschichten mitgeteilt (NJ Nr. 11, 55), oder es hört einzelne Sätze (NJ Nr. 14, 70). Am häufigsten und wichtigsten aber sind die Bezüge auf das Theater (NJ Nr. 1, 18, 35, 41, 44, 59, 63, 73, 85)[70] und das Gemälde (NJ Nr. 17, 22, 24, 26, 28, 36), die immer wieder die Traumtexte strukturieren und die Notwendigkeit, den Horizont der Fiktionalität präsent zu halten, deutlich machen. Denn in diesem Bereich erweist sich die Position des Zuschauers als nicht stabil: er kann jederzeit in das Geschehen mit hineingezogen werden, manchmal – vor allem in den 1945 schon vorhandenen Texten – ist das Traum-Ich auch von vornherein als Schauspieler aktiv (NJ Nr. 41, 59, 85).

Besonders unklar ist seine Position jedoch in einem 1961 neu hinzugefügten Traumtext, in dem es einer Theateraufführung beiwohnt: Sein Status schwankt dabei wiederholt zwischen Zuschauer und Protagonist, wobei die Aufhebung der Zuschauerdistanz jeweils eine Bedrohung für das Traum-Ich bedeutet. Zu Anfang ist das Geschehen klar auf der Bühne verortet:

> On représente à Londres, avec une mise en scène genre Châtelet et des *ragtimes* chantés et dansés par des girls, une pièce faussement attribuée à Alfred Jarry (NJ 61).

Die Position des Traum-Ichs als Zuschauer ist nicht eindeutig, weil zeitweise eine Identifizierung mit der Hauptfigur erfolgt: „C'est un Grec – auquel quoique spectateur, je m'identifie par moments – qui est le personnage principal" (ebd.). Hinzu kommt ein schwer zu durchschauender Wechsel von Imagination und Realität, denn das Geschehen spielt sich zunächst in der Imagination einer Bühnenfigur ab, bevor es plötzlich zur

---

[70] Zu den ausdrücklichen Verweisen kommen außerdem noch gelegentliche Anspielungen wie „[…] le décor a changé" (NJ 157).

Bühnenrealität wird, die allerdings schnell nicht mehr die Bühnenfigur, sondern das Traum-Ich bedroht:

> A l'un des actes, le héros s'imagine voir défiler devant lui un régiment français de hussards. Comme il ne salue pas le drapeau, un officier bien réel se détache des rangs, revolver au poing. Il braque d'abord son arme sur les soldats, puis sur la foule, mais finalement sur le Grec, qui n'est autre que moi (NJ 61).

So sieht das Traum-Ich sich plötzlich ins Geschehen involviert und einer Todesbedrohung ausgesetzt. Der Schuß des erst imaginierten und dann traumimmanent durchaus realen Offiziers zielt ins Auge[71] und damit an jenen Ort, den Leiris in *Fourbis* als Ort der Inszenierung beschreibt[72]. Im Moment des Schusses verliert das Theatergeschehen endgültig seinen Status als „rêve objectivé" und verschwindet sogar, bevor es sich neu konstituiert: „Tout disparaît. C'est de nouveau la Grèce antique" (NJ 62). Das Verschwinden stellt eine Zäsur dar und erinnert, obwohl es nicht gesagt wird, an einen Aktvorhang, durch den im Theater Verschwinden und Neuanfang möglich werden. Mit diesem Aktvorhang gelingt es, die Distanz zwischen Traum-Ich und Bühnenfigur wieder einzuziehen. Ersteres verschwindet von der Bühne, und der Schuß hat jetzt doch dem Griechen gegolten:

> Peu de temps après, le Grec devient borgne (comme si le coup de revolver qu'il a reçu n'avait été qu'une préfigure de cette infirmité) et bientôt le voilà complètement aveugle, par suite d'un maléfice (NJ 62).

Das Erblinden läßt sich unter anderem auch als Substitution für den Tod lesen, wenn man in Betracht zieht, daß Leiris in *Fourbis* erwähnt, daß der Tod in den christlichen Allegorien keine Augen, sondern nur leere Augenhöhlen, zwei dunkle Löcher hat (Fou 35).

Dieser Text ist ein besonders deutliches Beispiel für das fragile Gleichgewicht zwischen Inszenierung und dem Nichts, das dahinter steht, welches von den Traumtexten in *Nuits sans nuit* immer wieder vorgeführt wird, indem sie den Blick auf eine Leere öffnen, die sich auftut, wenn die Inszenierung zusammenbricht. Im Traum sieht das Traum-Ich sich immer wieder einer Bedrohung ausgesetzt, der es nur durch eine Wiedereinziehung der für das Theater konstitutiven Distanz entkommen kann. Am eindrucksvollsten wird dies im ersten Traumtext vorgeführt, der für die Fassung von 1961 deutlich überarbeitet wurde. Nicht mehr

---

71 „Il vise son œil droit et, après quelques instants durant lesquels ce que tous savent imminent reste en suspens, le crève soudain en faisant feu" (NJ 61 f.).

72 Vgl. Fou 34 und Goumegou, „Traum, Tod und Theater", 202.

das Ich steht am Textanfang, sondern eine Menge von Schaulustigen. Dadurch wird gewissermaßen eine Bühne konstituiert, auf der das Geschehen stattfindet:

> Devant une masse de badauds – dont je suis – l'on procède à une série d'exécutions capitales et cela m'intéresse au plus haut point. Jusqu'au moment où le bourreau et ses aides viennent à moi parce que c'est mon tour d'y passer, ce à quoi je ne m'attendais guère et qui m'horrifie grandement (NJ 9).

Während in der Fassung von 1945 das Ich nur als anwesend beschrieben wurde[73], wird in der neuen Version zu Beginn mit sprachlichen Mitteln eine Bühne konstituiert und das Ich explizit als Schaulustiger ausgewiesen. Durch die Erwähnung des für den Theaterzuschauer typischen Interesses wird die Position des Traum-Ichs deutlich als die des distanzierten Zuschauers beschrieben. Mit dem Ausdruck „au plus haut point" charakterisiert die Erzählinstanz dann nicht nur das Interesse dieses Zuschauers, sondern markiert zugleich auch den Höhepunkt des Textes, nämlich den Punkt, an dem der Zuschauer zum Protagonisten wird und sich nicht mehr von der Fiktion distanzieren kann.

Diese Form der „mise en abyme" der Struktur des Traums ist in der Ausgabe von 1961 wesentlich stärker ausgeprägt als in der früheren Fassung. Während in bezug auf das Theater die konstitutiven Bedingungen desselben nur implizit thematisiert werden, geschieht dies im Hinblick auf das Bild sogar explizit. Wie schon beim Theater erfüllt auch hier der Rahmen die Funktion, Fiktion und Wirklichkeit auseinanderzuhalten. Husserl beschreibt das so, daß wir „durch den Rahmen gleichsam wie durch ein Fenster in den Bildraum, in die Bild-Wirklichkeit hinein[blicken]"[74]. Der Rahmen ist dann die Stelle, an der sich die normale Wahrnehmung bricht, um die Materialität des Bildes gegenüber seiner imaginären Funktion zurücktreten zu lassen. Der Wahrnehmungsbruch am Rahmen wird bei Husserl zum Kriterium der Unterscheidung von Phantasiebildern und Vision (oder Traum), denn wo die vom Rahmen gewährleistete Bildlichkeitsfunktion ausfalle, werde die Welt der Phantasie zur wirklichen Welt[75]. Oder anders ausgedrückt, der Rahmen fungiert

---

[73] „J'assiste à une série d'exécutions capitales, pur quidam au milieu d'une foule, et cela m'intéresse de façon prodigieuse" (N 7).

[74] Edmund Husserl, „Vorlesung 1904/1905", in: ders., *Phantasie, Bildbewußtsein, Erinnerung. Zur Phänomenologie der anschaulichen Vergegenwärtigungen*, Texte aus dem Nachlaß (1898-1925), hg. von Eduard Marbach, Den Haag, Boston, London 1980 (Husserliana Bd. 23), 46.

[75] „Die Bildlichkeitsfunktion der Phantasiebilder entfällt, und der Visionär ist nun im Trance-Zustand, die Welt der Phantasie ist nun seine wirkliche Welt" (ebd., 42).

als Begrenzung der Fiktion. Bleibt dieser im Horizont des Betrachters, so bleibt ihm die Distanz zum Bild erhalten. In Leiris' Traumtexten wird wiederholt der Ausfall der Bildlichkeitsfunktion, der auch als fehlendes Fiktionsbewußtsein gelten kann, vorgeführt. Im Text mit dem Datum 17./18. Dezember 1924 etwa betrachtet das Traum-Ich ein Bild von de Chirico. Darauf ist ein leeres Zimmer zu sehen, aus dessen rechter Mauer ein Finger hervorkommt. Dabei gerät für das Traum-Ich die Unterscheidung zwischen geträumtem Bild und Traumwirklichkeit ins Wanken: „Pas de distinction nette entre cette pièce figurée presque en trompe-l'œil et celle où je me trouve" (NJ 35). Dieser Verlust der Unterscheidungsfähigkeit erweist sich als extrem bedrohlich:

> Dans un autre rêve [...] je regardais une nature morte cubiste accrochée dans un musée ou autre local d'exposition. Soudain il me semblait que toute ma personne allait s'y intégrer, comme si mon être même s'y était projeté par le canal de mon regard, et j'étais pris de peur : si le monde est vraiment *cela*, un monde sans perspective, comment faire pour y vivre ? (NJ 35)

Was hier geschieht läßt sich folgendermaßen beschreiben: Wenn der Blick zum Verbindungskanal zwischen Traumrealität und geträumter Bildwirklichkeit wird und die Augen nicht mehr als Grenze zwischen Außen und Innen fungieren, kann das Innen durch den Kanal des Blicks in das Bild von der toten Natur hineinprojiziert werden. Dies löst Angst vor der Gefahr des Selbstverlustes aus. Potenziert wird diese Angst noch dadurch, daß der Bildwelt die Perspektive fehlt. Die fehlende Perspektive ist dabei in doppelter Hinsicht zu verstehen: Zum einen ist ein Bild ohne Perspektive auf keinen Betrachter ausgerichtet, so daß dessen Position in Frage gestellt wird, zum anderen ist eine Welt ohne Perspektive auch eine Welt ohne Zukunft. Der Moment, in dem die Position des Zuschauer ins Wanken gerät, wo das Traum-Ich seine Distanz zum Geschehen verliert, ist wie hier in der Regel mit Unbehagen oder Gefahr verbunden und stellt zumeist eine Konfrontation mit dem Tod dar. Dieser Traumtext kann also als Inszenierung dessen gelesen werden, was dem Ich im Traum, der seinen Horizont nicht sichtbar macht, widerfährt.

In Zusammenhang damit steht sicherlich auch, daß Leiris in der Neuausgabe viel häufiger die Versuche thematisiert, den Horizont des Traums zu verlassen. Hatte er 1945 nur einmal auf seine Technik, sich im Traum irgendwo hinunterzustürzen, um diesen zu beenden, hingewiesen (N 15-16), so geschieht das in der Ausgabe von 1961 mehrfach (NJ 30, 156, 163, 190). Hinzu kommen außerdem zwei Traumtexte, die Grenzerfahrungen als angstauslösende Überschreitungen darstellen:

einerseits eine Drogeneinnahme: „[...] nous venons de franchir le seuil du glissement, vertigineux ! vers la rêverie et j'en ressens une grande angoisse" (N 135) und andererseits ein Versuch, dem Traum durch Einschlafen zu entkommen: „[...] je quittais le rêve en quelque sorte par en bas, pour m'enfoncer dans un sommeil dont je ne sortirais plus et qui serait la mort" (NJ 156). Auch damit macht Leiris die Fesselung des Traum-Ichs an den Traumhorizont und die Schwierigkeiten, sich von diesem zu lösen, deutlich und thematisiert die Struktur des Traums.

Die Bearbeitung der Texte kann die Grenzsituation der Trauminszenierung ebenfalls hervorheben. So verschiebt im letzten Satz des letzten Traumtextes von 1945 eine kleine Umstellung den Akzent: statt mit den Worten „[...] moi qu'une vague portière de feuillage poudreux est seule à séparer d'une antichambre de la mort" (N 68) endet er nun: „[...] moi qui ne suis séparé d'une antichambre de la mort que par une vague portière de feuillage poudreux" (NJ 159). Hatte der Satz in der Fassung von 1945 die fragil gewordene Position des Traum-Ichs angezeigt, das nur durch eine äußerst fragile Grenze vom Vorzimmer des Todes getrennt war, so daß der Text wie auch der Band in der Ungewißheit endeten, wie lange dieser dünne Vorhang noch trennend bleiben würde, so beschließt nun nicht mehr der Vorraum des Todes den Traumtext, sondern der trennende Vorhang. Damit gewinnt die Distanzierung des Todes durch die Struktur des Theaters an Gewicht.

2.3.3 Kommentierung

Eine zweite neue, wesentliche Darstellungsstrategie, die im Gegensatz zur Theatralität steht, ist die zunehmende Kommentierung in *Nuits sans nuit et quelques jours sans jour*. In der Fassung von 1945 hatte Leiris darauf geachtet, daß die Texte prägnante Episoden darstellen. Zu diesem Zweck wurden zuweilen auch nur einzelne Sequenzen eines Traumnotats aus dem Tagebuch wiedergegeben[76]. In der Fassung von 1961 hingegen ist er darauf bedacht, auch einzelne erhaltene Elemente aus sonst vergessenen Episoden anzufügen. Das sei am Beispiel eines kurzen Textes gezeigt, der nicht verändert, sondern nur ergänzt wird:

> Un chimiste (que j'ai connu effectivement lorsque, étudiant la chimie, je travaillais au Laboratoire central de la Répression des Fraudes) possède

---

[76] Besonders prägnant ist dies in dem schon erwähnten Text mit dem Datum 19./20. August 1933, dessen Umfang in der Fassung von 1961 um mehr als das Doppelte zunimmt (infra S. 453).

> une riche propriété dans laquelle il est servi par des « sélectins » : automates, ou jeunes gens et jeunes filles réduits au rôle d'automates (N 38).

Bis hierher geht der Text von 1945, der in die Ausgabe von 1961 unverändert übernommen wird. Er erhält allerdings folgende Ergänzung:

> Dans ce rêve, dont le reste n'est que confusion, une quantité de personnages interviennent : ma mère entre autres, la femme de mon ami Roland Tual et le libraire-éditeur chez qui a paru mon livre d'obédience surréaliste *Le Point cardinal* (NJ 71).

Diese Ergänzung trägt keineswegs zu einer Präzisierung des Traumgeschehens bei, sie vermag noch nicht einmal den Ansatz eines Handlungsschemas herzustellen, sondern hebt vielmehr den unpräzisen Charakter des restlichen Geschehen hervor. Durch die lediglich aufzählende Erwähnung weiterer Personen[77], die teilweise in einem gewissen zeitlichen Zusammenhang mit dem im Traum angeschnittenen Zeitraum des ungeliebten Studiums und dem Wunsch, Dichter zu werden, stehen, wird der Text zur Realität hin geöffnet, statt daß weiter auf die Autonomie der Traumwelt gesetzt würde. Eine solche Tendenz ist auch in den neu verfaßten Texten zu beobachten, in denen zum Teil ausdrücklich betont wird, daß sie auf alten Notaten beruhen. Dabei rückt zuweilen ganz entschieden die Position des mit großem zeitlichen Abstand schreibenden Autors in den Vordergrund: „En relisant cette note, je me suis rappelé une expression..." (NJ 81)[78]. Mit dieser Überleitung schließt Leiris an ein Traumnotat von 1933 eine Erinnerung an seine Schulzeit (präzisiert auf die Jahre zwischen 1914-16) an. Während das Traumnotat im Tagebuch – vermutlich unter dem Einfluß der Lektüre von *Les Vases communicants*[79] – mit Anmerkungen zur Herkunft der Elemente, die zur Entstehung beigetragen haben, versehen ist, interessiert Leiris sich in *Nuits sans nuit et quelques jours sans jour* nicht für die Elemente aus der Realität, die für die Entstehung des Traums wichtig sind, sondern für die Gedankenzusammenhänge, die in demselben auftreten[80]. Diese erlauben es auch, die Bezugswelt des Menschen Leiris aufzuzeigen.

---

77 Dabei stimmt Leiris die Angaben auf seine Leser ab, die Roland Tual bereits aus den anderen Texten kennen sowie *Le Point cardinal* als Werk des Autors. Im Tagebuch hingegen notiert er: „Dans ce rêve interviennent une foule de gens (entre autres ma mère, Colette Tual et Lucien Kra)" (J 172).

78 Vgl. auch: „Rédigeant ce récit d'après une note vieille de plus de vingt-cinq ans, un détail m'arrête, dont la singularité ne me frappe qu'aujourd'hui" (NJ 95).

79 Zwei Tage vor diesem Traumnotat findet sich im Tagebuch die Bemerkung: „Presque achevé *Les Vases communicants* d'André Breton" (J 212).

80 In anderen Texten werden jedoch durchaus die Elemente, die zur Entstehung des Traums beigetragen haben können, erwähnt. So fügt Leiris etwa in dem Text, in dem

In der Fassung von 1961 erzählt und kommentiert Leiris mit Vorliebe mehrere ähnliche Träume in einem Text. Als Beispiel sei der Text mit dem Datum 4./5. März 1947 genannt, in dem er von einem geträumten Kampf gegen einen geflügelten Stier berichtet, an den der Bericht von einem vierzehn Jahre zuvor geträumten Traum angeschlossen wird, der seinerseits auf einem anderen Traum von einem Boxkampf beruht. Mit diesen drei Träumen jedoch nicht genug: Leiris erinnert außerdem an einen Boxkampf von Al Brown zur Finanzierung der Dakar-Djibouti-Mission sowie an einen Satz, den ein Boxer Picasso anvertraut hatte, was dieser wiederum Leiris berichtet hatte. Der eigentliche Traumbericht nimmt hier nur noch einen sehr geringen Teil des Textes ein, er wird vielmehr in ein Netz anderer Träume und Erinnerungen eingebunden, die auch hier wieder in Zusammenhang mit dem Leben von Leiris stehen. Die Länge der Traumtexte nimmt in der späteren Fassung tendenziell zu, besonders die Texte mit Datum 3./4. September 1933, Dezember 1948, 18./19. Mai 1958 überschreiten mit einem Umfang von fünf bis sieben Seiten deutlich die üblichen Dimensionen des „récit de rêve".

War ein Merkmal der Traumtexte in *La Révolution surréaliste* und auch noch von *Nuits sans nuit*, daß der Beginn des Textes mit dem Beginn des Traums (soweit erinnert) gleichzusetzen war, so ist das in den späteren Texten nicht immer der Fall. Im Text mit dem Datum Dezember 1948 etwa wird zunächst in einem ganzen Absatz die Feststellung gemacht, daß bei dem Besuch auf Antigua die Besichtigung der dortigen Festung vergessen worden ist. Erst im nächsten Absatz stellt sich heraus, daß nicht das Traum-Ich diese Besichtigung unterlassen hat, sondern daß das Versäumnis Teil der Realität ist. Die Bemerkung „Antigua m'a fourni la matière de deux rêves" (NJ 172) läßt den Leser nun erwarten, daß diese Träume erzählt werden. Dem ist aber nicht so. Leiris versucht vielmehr, über eine Folge realer und imaginierter Bilder Spuren der nicht besichtigten, aber vielleicht kurz wahrgenommenen Festung aufzuspüren, was ihn am Ende der insgesamt fünf Seiten zum Bericht eines circa 15 Jahre früher geträumten Traums führt. Der Auslassung des Festungsbesuchs folgt also die Auslassung des Traumberichts[81]. Statt dessen werden – wie

---

das Traum-Ich beim Spaziergang mit Marcel Moré einen Löwen trifft, den Kommentar hinzu, daß ihn Morés Haare immer an eine Löwenmähne erinnert hätten (NJ Nr. 71). Sehr große Aufmerksamkeit gilt möglichen Traumauslösern auch in dem Text mit dem Datum 3./4. September 1933 (NJ Nr. 56), der auf ein Notat zurückgeht, das nur wenige Monate nach der Lektüre von *Les Vases communicants* aufgeschrieben wurde.

81 Allerdings gibt schon das Tagebuchnotat nur wenige Hinweise auf den Inhalt des Traums: „Dans le premier rêve, il s'agirait d'un château fort (du genre de la forteresse

bereits in *Fibrilles* mit den Träumen und dem Erlebnis mit der Felswand – disparate Erinnerungen und Träume aus verschiedenen örtlichen und zeitlichen Gegebenheiten (Antigua 1948, Ghana 1945, Bretagne 1933) über ein gemeinsames Element durch das Prinzip der Analogie als eine „cascade d'images réelles et d'images inventées" (NJ 173) miteinander verbunden.

Die Traumtexte in *Nuits sans nuit et quelques jours sans jour* beziehen also in sehr hohem Maße Gedanken und Erlebnisse aus der Realität mit ein und thematisieren zuweilen den Schreibakt. Sie enden auch nicht mehr alle innerhalb des Traumgeschehens oder mit dem Aufwachen wie noch in *Nuits sans nuit* (1945). In dem Text mit der Überschrift „Fin 1954" geht Leiris sogar so weit, die Reaktionen von Personen, denen er den Traum erzählt hat, mit einzubeziehen: „Presque tous ceux à qui je l'ai raconté [le rêve, S. G.] m'ont demandé où se trouvait ma cinquième corne" (NJ 180). Mit dieser nicht beantworteten Frage endet der Text, der sich damit nicht mit dem Bericht des Traums begnügt, sondern Maßnahmen ergreift, um die Reaktion des Lesers zu steuern.

2.3.4 Die Form des „récit de vécu"

Der größere Stellenwert der Realität in *Nuits sans nuit et quelques jour sans jour* zeigt sich auch darin, daß Berichte von Wacherlebnissen Eingang finden, die unter dem Datum mit dem Hinweis „*(vécu)*" versehen werden. Bereits in *Biffures* hatte Leiris ein vergleichbares Ereignis geschildert, das er als Zusammenschluß von Traum und Wirklichkeit begriffen hatte:

> Si peu satisfaisante que m'apparaisse ma vie, prise dans son ensemble, du point de vue de cette fusion rêve et réalité, il me faut reconnaître pourtant que j'ai cru, quelquefois, trouver ces deux termes unis – et cela en toute lucidité, fort éloigné de « rêver éveillé » – dans des spectacles que la vie m'offrait et qu'il me suffisait d'accepter tels qu'ils se présentaient, sans que j'eusse besoin de les soumettre à aucune macération poétique (Bif 157).

Der hier zugrundeliegende Begriff von Poesie kommt Bretons Vorstellung der Poesie des Alltagslebens sehr nahe. Zudem gleicht die Haltung gegenüber diesen Erlebnissen durchaus der des Träumers, dem sich das Traumgeschehen auch als Schauspiel bietet, das es zu akzeptieren gilt. Tatsächlich achtet Leiris in vielen dieser „vécus" darauf, die Nähe des Geschehens zum Traum ausdrücklich hervorzuheben, etwa: „[...] je me

---

d'Elmina en Gold Coast), monument dont je m'apercevais – avec un vif regret – qu'en passant à Antigua j'avais oublié de le visiter" (J 469 f.).

sens totalement saugrenu – corps étranger comme dans les rêves où la tenue nocturne du dormeur se trouve transposée en quelque mise incongrue" (NJ 138).

Paradoxerweise finden sich nur in diesen „vécu"-Fragmenten Aussagen über den Traum, nicht jedoch in den Traumtexten selbst. Im ersten „vécu" mit dem Datum 27./28. Juli 1924 schließt Leiris an die Beschreibung eines halluzinatorisch wahrgenommenen Moskitonetzes Überlegungen zum Traum und dessen Verhältnis zum Gewebe an:

> Le mot « rêve » participe de la toile d'araignée, ainsi que du voile ténu qui obture la gorge des personnes atteintes du croup. Cela, en raison de sa sonorité et de certains rapports de forme entre le *v* et l'accent circonflexe qui le précède (cet accent n'étant pas autre chose qu'un *v* plus petit et renversé), d'où l'idée d'entrelacs, de voile finement tissé. Le rêve est arachnéen, à cause de ce qu'il a, d'une part, d'instable et, d'autre part, de voilé. S'il touche au croup, c'est probablement parce qu'il est lié à l'idée des malaises nocturnes (telles ces crises de « faux croup » qui me prenaient la nuit quand j'étais très enfant) (NJ 19).

An erster Stelle macht Leiris das Lautbild und das Schriftbild des Wortes „rêve" für die Ähnlichkeit verantwortlich, gibt also vor, von der semantischen Ebene abzusehen, die jedoch nicht völlig unbeachtet bleibt, wenn der Traum als fragil und verschleiernd beschrieben wird. Mit dem Bild des Spinnennetzes rückt er ihn in die Nähe einer bereits zuvor benannten Ästhetik der Leichtigkeit; mit dem Hinweis auf die Membranbildung beim Krupp und Pseudokrupp evoziert er zugleich Gefahren. Auch in anderen Stellungnahmen werden durchaus widersprüchliche Aussagen über den Traum gemacht, der sowohl romantisch sein als auch zum Alptraum werden kann: „[...] le rêve (avec un grand R exprimant sa majesté royale et tout le romantisme de *René*) ou le cauchemar (qui grogne comme un porc ou ronfle comme un dormeur)" (NJ 128). In fast allen „vécus" wird auf die eine oder andere Weise die Nähe des Erlebten zum Traum hergestellt, im Extremfall sogar die Frage aufgeworfen, ob es sich nicht doch um einen Traum gehandelt hat[82]. Wenn keine expliziten Vergleiche geleistet werden, so stellen Kommentare der Erzählinstanz die Realität des Erlebten in Frage. Das zweite „vécu" mit dem Datum 18. Juli 1929 etwa enthält eine genaue Beschreibung einer Person, die mit

82 In dem „vécu" vom 13./14. Juli 1952 schildert Leiris, wie er kurz nach dem Einschlafen von einer merkwürdigen Musik geweckt worden ist. Außer ihm hat jedoch niemand etwas gehört, und die Kombination der Instrumente ist so ungewöhnlich, daß er keine Aufklärung erlangen kann: „[...] l'énigme de cette musique de rêve restera si entière que j'irai jusqu'à me demander si ce n'est pas effectivement en rêve qu'elle m'est parvenue" (NJ 178).

einem merkwürdig konstruierten Sonnenschirm spazierengeht. An den Rand der Unwirklichkeit wird dieses Erlebnis durch einen Nachsatz gerückt, in dem die Erzählinstanz eine Straßenbahn in der Rue d'Auteuil als Ort der Beobachtung angibt und darauf verweist, daß diese schon so lange nicht mehr existiert, daß man sich fragen könne, ob es sie je gegeben habe (NJ 75 f.).

Auch das Erwachen aus einer Anästhesie am 6. Januar 1958 stellt eine Grenzerfahrung dar, die sich von der Realität des Alltags abhebt. Zu beachten ist weiterhin, daß viele der „vécus" aus der Kriegszeit stammen, in der der Begriff der Realität ebenfalls in Frage gestellt ist. Tatsächlich kommen die von Leiris geschilderten Situationen nur aufgrund der Bedingungen des Krieges zustande und weisen starke Merkmale von Absurdität auf, die zum Teil auch damit zu tun haben, das man den Kriegsereignissen passiv ausgeliefert ist: das gilt sowohl für die Dame, die bei der Evakuierung ihren Goldfisch nicht alleine zurücklassen will und ihn daher ihrer Katze zu fressen gibt (NJ Nr. 75), als auch für die Bombardierung von Boulogne-Billancourt, bei der das Haus von Leiris in Mitleidenschaft gezogen und andere Häuser komplett zerstört werden (NJ Nr. 80). Im zweiten Fall scheint es fast überzogen, noch von Absurdität zu sprechen, kostet der Angriff doch sechshundert Menschen das Leben und verletzt zweitausend. Absurd erscheint die Situation jedoch insofern, als kein Erfahrungshorizont bereit steht, um dieses Ereignis einzuordnen. Bei Leiris führt das dazu, daß er zur Darstellung auf Fiktionsmodelle zurückgreift:

> Spectacle fascinant du ciel illuminé par les fusées éclairantes. Novices, nous regardons cela comme un beau feu d'artifice et nous suivons sans en perdre une bouchée le carrousel des avions, pris tout d'abord pour la défense allemande, car nous ne savons pas que ce faux-jour de fin du monde autour de nous n'a pas pour but de détecter les attaquants mais de soustraire à leur nuit les objectifs à bombarder (NJ 136).

Während er den Beginn der Bombardierung in Begriffe des mit atemloser Spannung verfolgten Schauspiels vom Weltuntergang kleidet, kontrastiert er im folgenden das Geschehen mit seiner Lektüre eines Abenteuerromans von Stevenson:

> À l'instant où j'en suis arrivé à l'un des points cruciaux du livre – la soudaine flambée d'une goélette – , violente déflagration : brusque ouverture de la fenêtre avec bris des carreaux, bourrasque déplaçant le poêle et projetant vers le milieu de la pièce poussier et cendres incandescentes (NJ 137).

Der Bericht schließt mit einer Bestandsaufnahme der Schäden nach beendetem Angriff. Auch diese Wirklichkeit bedarf des Vergleichs mit der Fiktion, diesmal dem Kino, um begreiflich zu werden:

> Dans ce décor chaotique, nous faisons quelques pas. […] et je songe à un film américain qui, un certain temps avant la guerre, passa sur les écrans parisiens : l'on y voyait Clark Gable, en habit noir, errer dans les crevasses et les décombres lors du fameux tremblement de terre qui détruisit San Francisco (NJ 138 f.).

Um darstellbar zu werden, bedarf die Wirklichkeit in diesem besonderen Fall der Unterstützung durch Erfahrungen mit verschiedenen Fiktionen und Inszenierungen. Generell bedient Leiris sich zur Darstellung der Wacherlebnisse ähnlicher Verfahren, wie er sie auch in seinen Traumtexten verwendet. Neben der Inszenierung betrifft das auch das assoziative Kommentieren, so daß Traumtexte und „vécus" sich von der Textstruktur her kaum unterscheiden.

2.3.5 Resümee

Grob gesagt lassen sich die Unterschiede zwischen den beiden Fassungen wie folgt beschreiben: Der Band von 1945 stellt die Traumwelt im wesentlichen als eigene, geschlossene Welt dar; die Texte sind prägnant und knapp, oft auf eine Pointe hin angelegt und enden vor oder mit dem Erwachen. In der Ausgabe von 1961 hingegen spielen beim Aufwachen gemachte Gedanken eine Rolle, werden Erklärungs- oder Interpretationsversuche gewagt, Koinzidenzen zum Wachleben konstatiert, Erinnerungen oder andere ähnliche Träume hinzugefügt. Damit wird die Kontinuität zwischen Traum und Wachleben in den Vordergrund gerückt. Während in der Ausgabe von 1945 versucht wurde, eine bestimmte Traumatmosphäre, die auf Inkohärenz, Absurdität, fragloser Akzeptanz des Fremden beruht, hervorzurufen, wird in der späteren Ausgabe gerade die fiktionale Struktur des Traums in einer Form der „mise en abyme" thematisiert. Damit einher geht eine veränderte Einstellung zum Traum. Die Traumwelt als abgeschlossene Welt verliert an Bedeutung, während die Überschreitung der Grenze zwischen Traum und Realität in den Vordergrund tritt. Die Fortführung und der neue Schlußtext lösen die düstere Atmosphäre des Endes von 1945 etwas und zeigen eine Selbstironisierung, die in der ersten Fassung nicht denkbar war.

Zwar ändern die Verfahren des Traumtextes sich; die Sorgfalt, mit der Leiris versucht, sei es eine Atmosphäre zu evozieren, sei es ein Bild vor

Augen zu stellen, eine Erfahrung erlebbar zu machen oder Gedankenverbindungen darzustellen, bleibt jedoch die gleiche. So entsteht eine Folge diskontinuierlicher Momentaufnahmen, die jeweils für sich Momente der Präsenz festzuhalten suchen. Die Frage nach dem Gelingen wird nur im vorletzten Traumtext angeschnitten, wenn das Aufschreiben der Träume als nur sehr partiell gelingendes Einfangen bzw. Wiedererlebbarmachen des flüchtigen Traums bezeichnet wird. Präsenz ist bei Leiris jedoch eine Kategorie der Aisthesis und nicht der Poiesis, d. h. der Text ist bestenfalls eine Ermöglichungsmatrix, er kann das Hervorrufen von Präsenz beim Leser nicht garantieren[83]. Was sich dem Autor in einer bestimmten Weise dargeboten hat, die bei ihm einen Eindruck von Präsenz erzeugte, ist als Text nicht gleichermaßen Generator von Präsenz. Oder anders gesagt: Der Traumtext ist für den nie darin involvierten Leser bestenfalls ein „rêve objectivé“, er vermag die Situation des Träumers im Traum nicht herzustellen. In *Le Ruban au cou d'Olympia* stellt Leiris die Frage, ob es nicht gerade die Nichteinholbarkeit der Erfahrung in die Schrift ist, aus der der poetische Text seine Stärke bezieht (RO 209). So gesehen, würde der Traumtext gerade aus dem Verfehlen des Traums seinen Gewinn ziehen. Er beruht auf der Faszination des Imaginären, auf dem Evozieren eines Bereichs, der der Schrift nicht zugänglich ist. Als „rêve objectivé“ kann er zudem, wie insbesondere die Ausgabe von 1961 zeigt, den Inszenierungscharakter der Evidenz im Traum hervorheben. Denn wenn Poesie nur auf dem scheinbaren Auftauchen aus dem Nichts beruht, dann ist sie wie die Präsenz an eine differentielle Struktur gebunden, an eine Inszenierung, die ihren Inszenierungscharakter vergessen läßt.

Während explizite Aussagen über den Traum nur in den Texten, die Wacherlebnisse zum Inhalt haben, gelegentlich eingestreut sind, kommen implizit wiederholt ästhetische Positionen zum Ausdruck. Mit dem Spinnennetz stellt Leiris ein Bild zur Verfügung, das die Leichtigkeit und Fragilität des Traums in ein kunstvolles Gewebe transportiert. Mit der Gewebemetaphorik bezieht er sich auch auf das Bild von den zwei Texturen aus *Fourbis* zurück, die in seinem Schreiben zu erkennen sein sollen. Mit dem Spinnennetz verzichtet er allerdings auf die Dimension der Offenbarung und begnügt sich mit einer Ästhetik. Die netzartige Variation, die im Gegensatz zur teleologischen Progression steht, ist genauso wie das Verfahren der assoziativen Verknüpfung ein typisches Merkmal der späten Fragmente bei Leiris[84].

---

[83] Vgl. dazu Pfeiffer, „Kultur und Präsenz“, 114.

[84] Vgl. ebd., 98.

2.4 Das Traumfragment im Spätwerk

Von *Frêle bruit* an findet Leiris eine neue Form für das autobiographische Schreiben, die zwischen Essay und Prosagedicht oszilliert und die Irritation des Heterogenen und Heterokliten zum Maßstab des Gelingens macht[85]. In *Frêle bruit*, *Le Ruban au cou d'Olympia* und *À cor et à cri* fügen sich die Traumtexte daher ganz natürlich in die Abfolge dieser Fragmente ein. Damit ergibt sich gleichzeitig eine Neugewichtung des Verhältnisses von Traum und Realität: die Träume illustrieren nicht mehr nur Erfahrungen wie in *Biffures* und *Fourbis*, sie erfordern keine umständliche Entzifferung wie in *Fibrilles*, sondern sie sind strukturell gleichgestellt, wenn auch quantitativ sehr unterschiedlich gewichtet. Daher gilt mein Interesse hier nicht dem jeweiligen Kontext, sondern nur den einzelnen – etwa ein gutes Dutzend – Traumtexten, die zum Teil erhebliche Abweichungen zu der bisher beobachteten Form des „récit de rêve" aufweisen.

Der erste Traumtext in *Frêle bruit* nimmt den schon erwähnten Traum von der Festung auf Antigua noch einmal auf und kombiniert ihn in einer auf Analogien beruhenden Zusammenstellung mit anderen Träumen sowie einem Wacherlebnis aus dieser Zeit (FB 114-116). Neben der strukturellen Gleichwertigkeit von Traum und Realität wird auch die in *Nuits sans nuit et quelques jours sans jour* schon ansatzweise zu beobachtende Uneindeutigkeit bezüglich der Zuordnung zu Traum und Realität in *Frêle bruit* zur Regel. Der genannte Text etwa enthält zunächst keinen Hinweis darauf, daß es sich bei der Schilderung um einen Traum handelt, auch wenn die Beschreibung Verwunderung auslösen muß, da sich kaum eine dazu passende reale Situation denken läßt:

> Sur la paume de ma main droite, au bout de mon avant-bras tendu à l'horizontale autant que j'en ai la force, je supporte une colonne de marbre veiné, qui ressemble aux colonnes peintes des décorations Renaissance – ou plus tardives encore – inspirées par les fresques romaines (FB 114).

Erst im nächsten Satz folgt die Erwähnung des Aufwachens, die das Vorausgehende unweigerlich als Traum markiert. In vier von fünf Fragmenten, die in *Frêle bruit* einen Traum zum Inhalt haben, wird der Leser lange im Unklaren darüber gelassen, daß es sich um einen Traum handelt[86]. Ich möchte dies exemplarisch an einem relativ kurzen Fragment zeigen, dessen Anfang folgendermaßen lautet:

---

[85] Vgl. ebd., 106.

[86] Eine Ausnahme bildet lediglich ein relativ langes Fragment, das mit den Worten „Ce rêve, je l'ai fait une nuit de juin à Baden-Baden […]" (FB 121) beginnt.

> J'avais dit que je conduirais l'orchestre, au pied levé, et en tant qu'amateur distingué capable de cette performance. C'était – sauf erreur – le *Requiem* de Verdi qu'on devait jouer. J'entre, non dans une salle de concert, mais dans une pièce assez vaste, un peu plus longue que large et au plancher disposé en un plan incliné dont les spectateurs occupent le haut alors que les musiciens sont installés sur les degrés les plus bas. M'apprêtant à monter sur le podium, je constate que des rideaux de toile (une toile grise et grossière), dont il est entouré, empêcheront le déploiement de mes gestes. Je les fais enlever. Mais je m'aperçois alors que le podium est orienté au rebours de la façon dont il devrait l'être : au lieu de faire face à l'orchestre, je lui tournerai le dos. Je décide donc de renoncer à diriger ; l'un des musiciens s'en chargera et cela ira très bien comme cela. Toutefois, je suis un peu confus d'en arriver à cette carence (FB 188).

Der ganze Abschnitt enthält weder explizite Äußerungen, daß es sich um einen Traum handelt, noch Verstöße gegen zeitliche Abläufe, Identitäten von Personen und Gegenständen oder Kausalzusammenhänge. Insofern ist die Identifizierung des Geschehens als Traum, die erst in dem auf diesen Abschnitt folgenden Satz geleistet wird, hier noch nicht eindeutig möglich. Auch die Tatsache, daß die Erzählinstanz gelegentlich durchblicken läßt, daß sie unsicher ist („sauf erreur") oder daß das Geschehen von den Erwartungen abweicht („J'entre, non dans une salle de concert, mais dans une pièce assez vaste", „[...] le podium est orienté au rebours de la façon dont il devrait l'être"), kann nicht als sicherer Traumindikator gelten. Es bleiben also nicht fest definierbare Kriterien wie Inkohärenz und Bizarrheit, die den Leser zumindest verunsichern. So mag es überraschend wirken, daß Leiris in der Lage sein will, ein Orchester zu dirigieren, aber da nicht gesagt wird, unter welchen Umständen er diese Äußerung getan hat, sind andere Erklärungen denkbar. Die Unsicherheit über das zu spielende Musikstück (die aber auch mit einer Schwäche der Erinnerung zusammenhängen kann), die Architektur des Raums, die Vorhänge vor dem Podium sowie schließlich die Ausrichtung desselben und die auf einmal gefundene Lösung tragen zunehmend zur Irritation des Lesers bei und lassen den Verdacht aufkommen, daß es sich wohl um einen Traum handeln müsse. Die Unklarheit darüber wird jedoch den ganzen Abschnitt über aufrechterhalten. Die Auflösung erfolgt recht abrupt, indem sofort eine Interpretation für diesen Traum geliefert wird: „Rêve aussi clair qu'une eau de roche et qui peut être interprété sans le secours d'aucune clef des songes ni d'aucun psychologue" (FB 188). Leiris sieht darin die Angst ausgedrückt, ständig Fiaskos zu erleiden, vor allem jenes, das ihn in seiner Männlichkeit träfe. Mit dieser apodiktischen Behauptung beendet er das Fragment, das damit den Traum nur zum Mittel der Darstellung von etwas anderem degradiert und eindeutig festlegt. Eine solche Deutung hatte Leiris in seinen früheren Traumtexten immer vermieden, und auch die Versuche in *Fibrilles* kamen niemals so deutlich auf den Punkt.

In einem weiteren Fragment beginnt er mit der Beschreibung eines metallenen Gegenstands, der zunächst nur als Erscheinung bezeichnet wird (FB 222-224). Erst nach zwei Absätzen und nachdem das Problem der Schönheit in bezug auf diesen Gegenstand diskutiert worden ist, wird klar, daß es sich um ein geträumtes Bild handelt. Dieses wird Leiris über verschiedene Assoziationen zum Anlaß, auf Probleme des Schreibens zu sprechen zu kommen: erst am Beispiel einer Studentin, deren Arbeit er als Auslöser seines Traums bezeichnet, dann am Beispiel seines eigenen Schreibens. In diesem Fragment nimmt Leiris keine Deutung vor, sondern nennt nur den Anlaß des Traums. Die Traumschilderung dient dann dazu, generelle Erwägungen über so allgemeine Themen wie Schönheit und Schreiben plastisch einzuleiten.

Im letzten Traumfragment in *Frêle bruit* schließlich (FB 259 f.) nimmt der Traumbericht den größten Raum des Textstücks ein, und es bleibt sehr lange offen, ob es sich um einen Traum handelt oder nicht. Traumsignale sind im ersten Abschnitt keine vorhanden und im zweiten so dezent[87], daß der Verdacht, daß es sich um einen Traum handeln könnte, beim Leser vermutlich erst im dritten Abschnitt entsteht, wenn auf einmal die plötzliche von einer nicht klar auszumachenden Instanz verfügte Abfahrt der Frau, mit der das Traum-Ich zusammensitzt, angekündigt wird. Endgültige Klarheit wird aber erst im letzten Abschnitt erlangt, wenn von „ce rêve frivole de voyage“ die Rede ist (FB 260). Leiris versucht hier kurz darzulegen, warum ihn dieser Traum, den er über das Sprichwort „Partir c'est mourir un peu“ (FB 260) mit dem Tod in Verbindung bringt, in eine düstere Stimmung versetzt hat. In diesem Fragment nimmt der Traumbericht also den meisten Raum innerhalb des Textes ein, eine eigentliche Deutung findet nicht statt, sondern Leiris geht nur auf die Stimmung ein.

Neu in der Form des Traumtextes in *Frêle bruit* ist vor allem die Unklarheit über seinen Status, die Tatsache, daß er sich nicht von vornherein als Traumtext zu erkennen gibt. Das entspricht den ästhetischen Prinzipien, die Leiris' Freund Roger Caillois schon in *L'Incertitude qui vient des rêves* (1956) entwickelt hat. Für Caillois ist das entscheidende Merkmal des Traums nicht Inkohärenz oder Absurdität, sondern die Leistung der

---

[87] Der Ort des Geschehens und seine Beleuchtung bleiben etwas unklar: „Cela se passe sur le pont d'un bateau ou dans un endroit de plein air (peut-être éclairé comme, au crépuscule, une terrasse de café à lampions, girandoles ou autres luminaires luisant au travers du feuillage) au cours d'un voyage organisé sur le point de s'achever“ (FB 259).

Illusionsbildung[88]. An den surrealistischen „récits de rêves“ kritisiert er daher nicht nur das Insistieren auf bizarren Elementen, sondern auch die vorhergehende Kennzeichnung als Traum sowie die Kürze der Texte, da diese die Illusionsbildung beim Leser verhinderten. Um eine Traumatmosphäre zu schaffen, bedürfe es vielmehr des sorgfältigen Aufbaus einer Welt mit detailreichen und realistischen Beschreibungen[89]. Dies befolgt Leiris im Spätwerk mehr und mehr.

Auch in *Le Ruban au cou d'Olympia* ist die Technik des nicht von Anfang an erkennbaren Traumtextes häufig zu beobachten. In einem Fall (RO 94-96) ist sogar überhaupt nicht eindeutig erkennbar, daß dem Text ein Traum zugrunde liegt; dies stellt sich erst beim Vergleich mit dem Tagebuch heraus (J 643). Durch Verweise auf andere Länder (Schottland, Irland, Äthiopien) und Mythen (Sodom und Gomorrha, Orpheus und Eurydike, Don Juan) wird die zu Anfang beschriebene keltische Stele einer Welt der Legende zugeordnet, was durch den Gebrauch der Tempusformen der Vergangenheit im Gegensatz zum sonst üblichen Präsens noch verstärkt wird. Auch formal unterscheidet sich dieses Fragment also von der sonst von Leiris praktizierten Form des „récit de rêve“ im Präsens. Als Gegenstück zu diesem nicht kenntlich gemachten Traumtext findet sich am Ende des Bandes ein „rêve non rêvé“, den Leiris durch die Überschrift ausdrücklich als nicht geträumt ausweist (RO 282). In dessen Szenario muß das (Traum)-Ich sich an einer in großer Höhe aufgehängten Kette von Buchstaben entlanghangeln und wird sich etwa in der Mitte der Absurdität des Unternehmens bewußt, ohne jedoch einen Ausweg zu sehen. Diese Schilderung, der durchaus traumhafte Qualität eignet, läßt sich unschwer als transponierte Darstellung der dem Schreiben gewidmeten Existenz lesen. Der absurde, nicht aufhebbare Zwang und die Ausweglosigkeit dieses Unternehmens werden durch die Kennzeichnung als Traum besonders hervorgehoben. Zugleich macht der Zusatz „non rêvé“ die Hoffnung auf ein Erwachen und damit ein Ende der Situation zunichte.

Eine weitere Variation zeigt sich, wenn Leiris einen Alptraum seiner Frau berichtet, den er nach eigener Einschätzung selbst geträumt haben könnte: „Ce rêve [...], j'aurais pu le rêver moi-même“ (RO 272). Die zunächst skizzierte Hypothese der Telepathie verwirft er schnell, um den Traum auf das Vorhandensein der gleichen Sorgen bei beiden zurückzu-

---

88 Callois, *L'Incertitude qui vient des rêves*, 124 f.

89 Ebd., 127. Zum Vorbild für seine Traumästhetik erklärt er die Romane Kafkas, nicht nur wegen der detaillierten Beschreibungen, sondern auch weil der Erzähler sich jeglicher Kommentare bezüglich der „étrangeté“ enthalte und die sonderbaren Ereignisse somit als unausweichlich hinstelle.

führen. Eine Verbindung zwischen Träumen verschiedener Personen ist auch schon in dem ersten, ausnahmsweise von Anfang an als Traumtext gekennzeichneten Fragment in *Le Ruban au cou d'Olympia* zu beobachten (RO 74-76), in dem Leiris berichtet, daß er von Giacometti geträumt habe, und diesen Traum, in dem der ihn im Nachhinein sehr beschäftigende Ausdruck „une Mouche verte" fällt, mit dem Traum von einer gelben Spinne in Verbindung bringt, den Giacometti ihm erzählt habe[90]. Mit seiner Aneignung fremder Träume und deren Integration in sein autobiographisches Schreiben löst er diese bis zu einem gewissen Grad vom träumenden Subjekt.

In den anderen Traumfragmenten in *Le Ruban au cou d'Olympia*, die eindeutig, wenn auch relativ spät als selbst geträumte ausgewiesen sind, widmet Leiris dem Bezug von Traum und Realität besondere Aufmerksamkeit. Im ersten Fall fragt er sich zumindest eine Zeit lang, ob die im Traum betretene Metro-Station möglicherweise tatsächlich existiert und durch konsequente Suche gefunden werden könnte, d. h. er geht davon aus, daß der Traum Realität enthalten könnte (RO 80-82). Im zweiten Fall stellt er mit Befriedigung fest, daß das Ende des Traum-Spaziergangs genau mit dem Wecken zusammenfällt, so daß der Morgentee harmonisch an den Spaziergang anschließt (RO 88 f.). Diese geglückte Verbindung von Traum und Realität bringt er im Schlußsatz mit der von Leben und Tod zusammen:

> Que la vie recommence à l'instant où au lieu de s'interrompre absurdement un rêve trouve son honnête conclusion, cela me paraît une réussite analogue à l'espèce de miracle que représenterait une mort qui, venant à point nommé, serait presque acceptable, parce que non intempestive (RO 89).

In den späten Traumtexten tendiert Leiris immer wieder dazu, den Traum ausdrücklich als Beschäftigung mit dem Tod auszuweisen. Dies ist auch der Fall in einem weiteren Fragment am Ende des Bandes. Den wieder erst spät kenntlich gemachten Traum bezeichnet Leiris als „transposition imagée d'une pitoyable réalité" (RO 277). Hier verdeutlicht er den Zugewinn durch die Transposition, der vermutlich auch den „rêve non rêvé" motiviert: es wird eine Erzählung möglich, die durch die auf die genaue Beschreibung und Entzifferung verwandte Sorgfalt, vorübergehend von der bedrückenden Realität befreit[91]. Die Obsession des

---

[90] Für eine eingehendere Analyse der Bezüge zwischen den beiden Traumerzählungen vgl. Brigitte Heymann, „Doppelporträt: Leiris und Giacometti", in: Albers, Pfeiffer (Hgg.), *Michel Leiris: Szenen der Transgression*, 297-340, bes. 303-309.

[91] „Mieux vaut assurément un mauvais rêve racontable qu'une pensée au même titre mauvaise qui, vous assaillant sans déguisement et n'ayant rien d'une figure à décrire ou

Traumaufschreibens erklärt sich somit auch als Verarbeitung der Traumerfahrungen.

Werden in *Le Ruban au cou d'Olympia* Traum und Realität also zum einen noch näher aufeinander bezogen, so wird der Traum zum anderen vom träumendem Individuum gelöst, da der wache Autor sowohl einen Traum erfinden als auch sich den Traum einer anderen Person aneignen kann. In *À cor et à cri* schließlich geht Leiris so weit, seine ganzen Schriften als Traumtext zu betrachten und keine Unterscheidung mehr zwischen erlebten und imaginierten Ereignissen zu treffen:

> Moins comme un long bavardage que comme un récit de rêve d'une ampleur démesurée, tel m'apparaît l'ensemble de mes écrits, considérés à cette distance où ce qu'on a vécu et ce qu'on a imaginé ne sont plus qu'une grisaille indistincte qu'on en vient presque à se demander si même ce qu'il y avait de plus réel (de plus physiquement ressenti) a jamais existé (AC 96).

Nicht mehr die enthusiastische Fusion von Traum und Realität, wie sie der Surrealismus anstrebte, sondern die ernüchternde Erkenntnis, daß durch die zeitliche Distanz das Erlebte und das Imaginierte gleichermaßen unwirklich werden, steht hinter dieser Formulierung. In *À cor et à cri* finden sich insgesamt fünf Traumfragmente, von denen jedoch nur zwei eindeutig als Traumberichte gekennzeichnet werden (AC 75 f., 122-124). In zwei Fällen wählt Leiris Formulierungen, die auf nächtliche Denktätigkeit hinweisen, ohne diese ausdrücklich als Traum zu bezeichnen: in einem Fall spricht er von seinen „tâtonnantes cogitations de cette fin dc nuit-là" und der „pensée […] dans je ne sais quels limbes" (AC 109), im anderen von einem Namen, der ihm die ganze Nacht im Kopf gesungen habe[92]. Im fünften Fall schließlich hebt er den Inhalt des Fragments ausdrücklich vom nächtlichen Traum ab und spricht von einer „rêverie de jour" (AC 129). Damit wird ein Kontinuum von nächtlicher und täglicher geistiger Aktivität beschworen, daß die klare Unterscheidung von Träumen und Denken aufhebt.

Formal weisen diese Texte besonders viele Variationen auf. Während die „rêverie de jour" und das erste Traumfragment das Präsens und die erste Person des surrealistischen „récit de rêve" bewahren, wie die meisten Traumtexte seit *Frêle bruit* Überlegungen zum wirklichen Leben einfließen lassen und das Traumfragment erst spät als solches kenntlich

---

à décrypter, pourrait certes se dire – être sèchement rapportée, livrée dans sa nudité cynique – mais non se raconter" (RO 277).

92 „Aïda Boni : ce nom qui pour moi n'est plus guère qu'un nom à la sonorité gaiement ensoleillée m'a chanté dans la tête toute une partie de l'une de ces dernières nuits" (RO 166).

machen, weisen die anderen Texte in formaler Hinsicht weitere Veränderungen auf. Leiris greift hier auf Formen der Vergangenheit zurück (AC 109 f., 122-124 und 166 f.) und verwendet in einem Fall sogar die dritte Person. Damit entsteht eine ganz neue Form des Traumtextes:

> Quels beaux palais, un peu estompés par l'ancienneté et la distance, s'offraient à la vue du rêveur (je ne dis pas « à ma vue » car en définitive nul ne peut affirmer que c'est bien lui qui est présent dans sons rêve) au bout d'un haut, large et long escalier que, moins pressé, il n'eût pas manqué de gravir, ébloui par ce coin désert et noblement architectural de la ville marocaine où il se trouvait depuis quelque temps ! (AC 122).

Am Ende des Fragments schließt Leiris mit der Überlegung, daß das vielleicht der letzte seiner Träume gewesen sein könnte: „Dernier, peut-être des longs rêves qui, quand je les relate, me muent en personnage de récit d'aventures ?" (AC 126). Die Überlegung zur Verwandlung des Ichs in die Figur eines Abenteuerromans wird durch den Gebrauch der dritten Person und der Zeitform der Vergangenheit noch verstärkt. Das „je" bleibt in diesem Text auf die Bemerkungen in Klammern verwiesen, die sich deutlich außerhalb des Traums situieren und in denen auf die Verwendung des Personalpronomens fast durchgängig verzichtet wird. Neben dem zitierten Kommentar zur Verwendung der ersten bzw. dritten Person wird in diesen Bemerkungen auf die mögliche Koinzidenz von geträumter Zeit und Zeit des Traums sowie das schon geschehene Ableben zweier im Traum vorkommender Personen verwiesen (AC 122), und am Schluß erfolgen Erläuterungen zur Möglichkeit, das Aufwachen willentlich herbeizuführen (AC 124). Der Traumbericht endet dann mit dem Erwachen, das auch die Rückkehr der ersten Person bedeutet:

> [...] cet ultime recours (sorte de suicide qui vous tirerait du guêpier en vous ramenant à un monde moins étouffant au lieu de vous anéantir) ne lui servait à rien et il lui fallait attendre son réveil naturel...
> Cela, en fait, ne tarda pas et, me levant puis allumant une cigarette [...] je vis qu'il faisait encore nuit [...] (AC 124).

Die zweifelhafte Identität von Träumer und Traum-Ich war ja bereits in *Fibrilles*[93] und auch in *Frêle bruit* angesichts eines im Halbschlaf gesprochenen Satzes[94] angeschnitten worden. In *Le Ruban au cou d'Olympia* hatte

---

93 „[...] image vague que le *je* autour duquel le songe présent s'ordonnait aurait traînée après lui comme une parcelle d'un passé qui n'était pas le mien mais le sien propre, ainsi qu'il en eût été si ce *je* s'était remémoré le contenu, réel pour lui, de songes antérieurs dont ma mémoire à moi aurait perdu toute trace" (Fib 56).

94 „Mais quel était au juste ce moi qui prenait la parole et ne suis-je pas dans l'erreur quand je l'identifie au moi qui peut montrer ses papiers sur toute requête [...] ?" (FB 387).

Leiris zwar die Identität des Traum-Ichs als eine Art Doppelgänger beschrieben: „[…] ce double sans âge à la fois moi et pas tout à fait moi qui me supplante dans mes rêves" (RO 72), und einige Fragmente in der Schutz gebenden dritten Person verfaßt (RO 154, 161-163, 173, 265), besonders solche in denen unangenehme Themen behandelt werden: „[…] le « il » n'étant ici qu'un masque derrière lequel, parlant de ce qu'il eût été plus décent de taire, je me suis dissimulé" (RO 163). Aber der Traumbericht blieb an die erste Person und – mit der genannten Ausnahme des nicht gekennzeichneten Traumtextes – an das Präsens gebunden.

Im Lauf der Zeit werden also die formalen Prämissen des surrealistischen „récit de rêve", die die Grundlage für die Leirisschen Traumtexte bildeten, alle nach und nach aufgegeben. Blieb in den Texten von *La Révolution surréaliste* die Erzählinstanz nahezu unerkennbar, so ist diese bereits in *Nuits sans nuit* (1945) oft ausgewiesen, und ihre Präsenz wird später zur Regel. Auch das Zusammenfallen von Beginn und Ende des Textes mit Beginn und Ende des Traumberichts wird von *Nuits sans nuit et quelques jours sans jour* an weniger strikt gehandhabt als zuvor, und es werden Reflexionen über den Traum hinzugefügt. Die Kennzeichnung durch den Paratext entfällt von *Frêle bruit* an, was in vielen Fällen für den Leser zu einer lange anhaltenden Unsicherheit über den Status des Textes und in *Le Ruban au cou d'Olympia* sogar in einem Fall zur Nichterkennbarkeit führt. Eine Konstante, die erst in den letzten Texten in *À cor et à cri* aufgegeben wird, ist das Festhalten am Präsens und der ersten Person. Diese Abweichung ist die letzte Konsequenz aus dem zuvor schon vorhandenen Bewußtsein davon, daß Traum-Ich und waches Ich nicht identisch sind. Leiris löst sich damit von den surrealistischen Prämissen und entwickelt eine andere Art von Traumästhetik, die in erster Linie auf Aleatorik, Fragmentarität und Assoziativität setzt.

Der Wandel in der Form des Traumtextes spiegelt auch die sich verändernde Einschätzung des Verhältnisses von Traum und Realität wider. Wurden die Traumtexte als autonome Entitäten konstruiert, solange beide als durch eine unüberwindbare Kluft getrennte Gegensätze aufgefaßt wurden, so nimmt die Fremdartigkeit der Traumwelt beständig ab, je mehr Leiris auf diskursiver Ebene eine Nivellierung der Unterschiede betreibt. Es finden mehr Elemente aus der Realität Eingang, und je mehr Leiris versucht, Konkordanzen und Bezüge zwischen Traum und Realität zu finden, desto stärker tritt die Assoziativität als Kriterium der Textkohärenz gegenüber einer narrativen Einheit in den Vordergrund.

Schlußbetrachtung

Der Traum ist kein Gegenstand der Literaturwissenschaft, wohl aber der Literatur sowie der psychologischen Wissenschaften (Psychopathologie, Psychologie und Psychoanalyse). Deren Diskurse und Techniken zum Aufschreiben des Traums galt es in dieser Arbeit zu untersuchen. Dabei hat sich gezeigt, daß der Traum im medizinischen, psychologischen und psychoanalytischen Traumdiskurs kaum um seiner selbst willen zum Gegenstand des Diskurses wird. Durch seine Untersuchung erhofft man sich je nachdem ein besseres Verständnis des Wahns, Hinweise auf das Funktionieren des Denkens oder einen Zugang zum Unbewußten. Hier liegt also eine funktionale Einstellung gegenüber dem Traum vor. Auch in der Literatur kann der Traum funktional eingesetzt werden, etwa um die Psyche der Figuren zu verdeutlichen, Vorausdeutungen auf das Gesamtgeschehen einzubauen oder eine allegorische Deutungsebene einzubeziehen. Im hier untersuchten kontextlosen Traumtext hingegen tritt die funktionale Einstellung gegenüber einer ästhetischen zurück. Die Surrealisten betonen immer wieder die Zweckfreiheit beim Anlegen ihrer Traumarchive und rücken den Traum um seiner „Poesie" willen ins Zentrum des Interesses. Zwar spielen vor allem bei Breton auch Motive der Selbstexploration eine Rolle, aber in den in *La Révolution surréaliste* veröffentlichten Traumtexten wird der Traum in erster Linie zum Mittel einer Ästhetik des „merveilleux" und der Transgression. Gleichzeitig zeigt sich, daß der Traumtext per se sowohl ein Kohärenzproblem als auch Schwierigkeiten mit der Referentialität und seinem Authentizitätsanspruch hat. Da der Bezug des Textes zu einem geträumten Traum per definitionem nicht überprüfbar ist, bedarf es paratextueller Authentifizierungsstrategien, um den Traumtext als solchen zu etablieren.

Bestimmte, vor allem formale Kriterien gewährleisten die Einheitlichkeit der surrealistischen „récits de rêves" und erlauben es, von einer eigenen Gattung zu sprechen. Deren Besonderheit liegt darin, daß sie in ihrer typischsten Ausprägung den Fokus auf das Traum-Ich legt und dessen Perspektive einzunehmen versucht. Der auf möglichst große Exaktheit angelegte surrealistische „récit de rêve" hat eine dem Protokoll nahestehende Form, enthält oft phantastische oder transgressorische Elemente, konzipiert den Traum als eigene Welt und blendet seine Abhängigkeiten vom Akt des Erzählens und der Leistung der Erinnerung fast vollständig aus. Wie so viele Gattungen findet auch diese ihre idealtypische Ausprägung bereits bei ihrer Entstehung und unterliegt später verschiedenen Variationen. Diese sind vor allem am Beispiel von Michel

Leiris untersucht worden, der nach und nach alle formalen Kriterien aufgibt und eine neue Form des Traumfragments findet, in der die Spaltung des Subjekts in Autor und Traum-Figur immer deutlicher zutage tritt. Gleichzeitig wird durch die Stärkung der Erzählinstanz der Traum stärker als mit dem Wachleben in einem Kontinuum stehende Denktätigkeit entworfen denn als unabhängige Form der Realität. Eine „mise en abyme" der traumeigenen Verfahren der Inszenierung sowie die zunehmende Kommentierung der Träume nach assoziativen Verfahren machen den Traumtext schließlich zu einer spezifischen, auch selbstreferentiellen literarischen Form.

Handelt es sich bei den surrealistischen „récits de rêves" um Einzeltexte, so stellen Leiris' Sammlungen von Traumtexten eine Einheit her, die über den Einzeltext hinausgeht. Sie entsteht durch das Einziehen einer autobiographischen Linie einerseits, sowie über Motiv- und Verweissysteme innerhalb der Texte, die sich dem Leser in unterschiedlicher Weise erschließen, andererseits. Daher stellen die beiden Ausgaben von *Nuits sans nuit* so etwas wie eine Traumautobiographie dar und bilden eine kompositionelle Einheit, die sowohl auf gezielt hervorgerufenen wie auf aleatorischen Effekten beruht und damit spezifische Eigenschaften des Traums (gemäß dem zugrundeliegenden Traumbegriff) auf die Textebene transportiert.

Da die Entwicklung dieser Gattung vom jeweiligen Traumbegriff abhängt, sollen im folgenden kurz die Ergebnisse bezüglich der im wissenschaftlichen Traumdiskurs feststellbaren imaginären Besetzungen, bezüglich der Interdiskursivität von Wissensdiskursen und Literatur sowie bezüglich des Redens über das Fixieren des Traums resümiert werden.

1. Der Traum bleibt immer ein Gegenstand, auf den sich Phänomene der Ursprünglichkeit, Authentizität und Präsenz projizieren lassen. Selbst der medizinische und der philosophische Traumdiskurs in der Mitte des 19. Jahrhunderts kommen für jenen dem wachen Bewußtsein des Menschen entzogenen Bereich nicht ohne Metaphern aus, die auf alte Zuschreibungen von Geheimnis und Wahrheit, aber auch von Gespenstern und Geistern zurückgreifen und sich leicht als Tiefenmetaphysik verstehen lassen. Auch Freud bedient sich in der dem eigenen Anspruch nach wissenschaftlich angelegten *Traumdeutung* einer ähnlichen Metaphorik. Besonders eindrücklich zeigen sich die imaginären Besetzungen sowie die Konzeption von Traum und Realität bzw. Metaphysik im immer wieder hergestellten Bezug auf die Hieroglyphen. Dabei ist ein Schwanken zwischen zwei Modellen zu beobachten, die Offenbarung und Entzifferung als Möglichkeiten des Traumverständnisses nahelegen. Der Nervalsche Erzähler scheitert noch am Versuch der Entzifferung und ist

auf eine Offenbarung angewiesen, die christliche Demut voraussetzt und nach dem Schema der Initiation abläuft, wobei eine allmähliche Entschleierung der Göttin stattfindet. Bei Freud hingegen wird die Enträtselung der verschleierten Traumgedanken vor allem zu einer Technik, auch wenn sie nicht ohne Intuition erfolgen kann. Dem Bild wird jedoch seine Unmittelbarkeit abgesprochen, und es wird auf seinen Zeichencharakter festgelegt. In der Nachfolge der Freudschen Anleitung zur Entzifferung des Traums versucht Breton sich ebenfalls in erster Linie an einer Technik der Deutung, die jedoch nicht zu einer Aufdeckung, sondern einer Fortschreibung des Traums führt. Jegliche auf Offenbarung hin angelegten Modelle des Traumverständnisses verurteilt er deutlich. Bei Leiris schließlich zeigt sich eine Ambivalenz zwischen beiden Ansätzen. Einerseits unternimmt auch er an Freud orientierte Deutungsversuche und greift in *Fibrilles* auf das Ideogramm als Appell zur Entzifferung zurück. Andererseits transportiert dieses Ideogramm die immer wieder gesuchten Eigenschaften der Ursprünglichkeit und Unmittelbarkeit. Daher ist bei Leiris stets eine latente Hoffnung auf die Offenbarung einer großen Wahrheit vorhanden, die nur im Traum ansatzweise eingelöst werden kann und vom Autor explizit immer wieder als metaphysisch abgelehnt wird.

2. Bezüglich des Verhältnisses von medizinischem Traumdiskurs um 1850 und literarischer Traumerzählung bei Nerval fiel vor allem die Unvereinbarkeit der Ansätze ins Auge. Im Fall von Psychoanalyse und Surrealismus ist jedoch unverkennbar, daß eine Aneignung des psychoanalytischen Wissens im Modus des literarischen Textes versucht wird. In der zweiten Hälfte des 20. Jahrhunderts sind zwar gewisse Parallelen von Literatur und Psychoanalyse vor allem bezüglich des Theatermodells festzustellen, jedoch keine eindeutigen Bezugnahmen mehr. Dies gilt ebenso für die mangelnde Interdiskursivität von Literatur und experimenteller Traumforschung.

Schlägt man den Bogen zurück von Leiris zum eingangs untersuchten Traumdiskurs um 1850, so ist eine entscheidende Verschiebung zu beobachten. Im vermögenspsychologisch orientierten Traumdiskurs um 1850 dominiert der Antagonismus von Vernunft und Imagination, in dessen Zusammenhang der Traum in die Nähe des Wahns gerückt wird. Obwohl Nerval auf eine Umkehrung des Verhältnisses zielt, orientiert auch er sich an diesen Begriffen. Bei Leiris hingegen ist das Verhältnis von Traum und Realität maßgeblich. Dabei handelt es sich jedoch nur teilweise um historische Veränderungen, vor allem kommen unterschiedliche Perspektiven zum Tragen. Zumindest ist die Fragestellung nach dem Verhältnis von Traum und Realität keine essentiell moderne. Sie ist im weiteren Sinne philosophischen Ursprungs und bringt Positionierungen bezüglich des Materialismus mit sich, während der Gegensatz von Vernunft und Imagination von der vermögenspsychologischen Fragestellung herrührt und ein Verhältnis zum Rationalismus herstellt.

Spätestens mit Freud hat die Vermögenspsychologie ausgedient, und der Antagonismus von Vernunft und Imagination tritt zurück. Die Psyche wird bei Freud als Apparat mit den Systemen Bw und Ubw gefaßt, Träumen und Wachen erscheinen dabei als zwei grundsätzlich gleichartige, wenn auch in unterschiedlichem Maß von der Zensur beeinflußte Modi des Denkens. Dennoch geht Breton im *Manifeste du surréalisme* noch von dem ersten genannten Antagonismus aus und ordnet den Traum dem Bereich der Imagination zu, um sich von Rationalismus und Realismus abzugrenzen. In *Les Vases communicants* hingegen rückt er die Unterscheidung von Traum und Realität in den Vordergrund, was sicher durch die materialistische Ausrichtung des Textes motiviert ist. Solange Traum und Realität wie bei Nerval, aber auch dem jungen Leiris als zwei getrennte Welten konzipiert werden, bedarf dieses Verhältnis keiner Problematisierung. Wenn jedoch die Kontinuität zwischen Traum und Realität in den Blick genommen wird, was sowohl bei Breton als auch bei Leiris zunehmend der Fall ist, wird die Frage nach der Grenze zwischen ihnen und ihrem Verhältnis zueinander wichtig.

3. Während die Surrealisten die Differenz zwischen Traum und Traumtext weitgehend unterschlagen und das Aufschreiben des Traums nur ungenügend problematisieren, nimmt diese Thematik in der *Règle du jeu* und den späteren Traumfragmenten von Leiris eine wichtige Stellung ein. Leiris unterstreicht immer wieder die Diskrepanz zwischen der Inszenierung von sinnlicher Fülle und Präsenz im Traum und deren Zerfallen in Erinnerung und Schrift. Dies tangiert allerdings nicht den Traumtext selbst, der gerade aus dem Spannungsverhältnis zwischen Schrift und Traum einen Teil seiner Faszination bezieht.

Auch wenn diese Problematik in einer solchen Prägnanz erst von Leiris, dessen Schreiben insgesamt sehr stark selbstreferentiell auf die Schwierigkeiten des Schreibens bezogen ist, voll entfaltet wird, lassen sich Ansätze zu einer Thematisierung des Traumaufschreibens bereits bei Nerval und Baudelaire finden. Beide nehmen immer wieder auf Darstellungsmöglichkeiten der bildenden Künste Bezug, so wie Leiris später zur Beschreibung seiner Träume Bildvorlagen aus Photographie und Film heranzieht. Das visuelle Moment des Traums steht bei diesen Vergleichen im Vordergrund. Dies steht in Zusammenhang mit der im 19. Jahrhundert gängigen Konzeption des Traums als Bilderfolge, die auch Nerval übernimmt: „Telles furent les images qui se montrèrent tour à tour devant mes yeux“ (NOC III, 715). Auch im 19. Jahrhundert existieren jedoch andere Einschätzungen des Traums, die diesen nicht zwangsläufig auf seine visuelle Dimension reduzieren. Bei Baudelaire etwa wird er als eine zu entschlüsselnde Sprache begriffen, was vor allem auf die Mantik zurückgeht und eine Deutungskunst erfordert: „C'est [...] une langue dont les sages peuvent obtenir la clef“ (BOC I, 409). Schließlich kann er auch als Leben oder eigene Welt gefaßt werden, was beispielsweise bei Nerval der Fall ist, der damit an Swedenborg bzw. literarische Modelle der Antike anschließt: „Le rêve est une seconde vie“ (NOC III, 695).

Je nachdem, ob der Traum als Bilderfolge, als Sprache oder als Leben aufgefaßt wird, müssen sich die Techniken des Fixierens unterscheiden. Die Konzeption des Traums als Bilderfolge erfordert ein beschreibendes Herangehen, Baudelaires Bestimmung des Traums als Sprache suggeriert die Möglichkeit der Transkription mit eventueller Notwendigkeit der Entschlüsselung, und wenn Nerval den Traum als zweites Leben oder als eigene Welt begreift, so liegt es nahe, die entsprechenden Erlebnisse zu erzählen. Unter die Begriffe von Deskription, Transkription und Narration lassen sich also drei unterschiedliche Modi des Fixierens fassen. Die Deskription führt das Genre der Bildbeschreibung in den Traumbericht ein, was vor allem bei Nerval und Leiris zu beobachten ist. In den von Psychologen verfaßten Traumberichten des 19. Jahrhunderts hingegen überwiegt eine analytisch ausgerichtete Deskription, die auf die Erfassung der mentalen Vorgänge abzielt. Der Begriff der Transkription verlangt streng genommen, daß bereits eine Schrift oder zumindest eine sprachliche Äußerung vorliegt. Wenn Nerval und Baudelaire diesen Begriff für das Fixieren des Traums verwenden, handelt es sich bei der Schrift um Eindrücke im Geist, die nicht notwendigerweise sprachlicher bzw. schriftlicher Natur sind und auf Papier übertragen werden müssen. Erst bei Freud wird der Traum tatsächlich zu einer Sprache, werden die Bilder des Traums als Teil einer Schrift begriffen, die es nicht mehr zu beschreiben, sondern zu entschlüsseln gilt. Für Freud handelt es sich beim Traumbericht um eine Transkription, die keine größeren Schwierigkeiten mit sich bringt. Innerhalb der Psychoanalyse hat man, gerade in Frankreich und unter dem Einfluß von Lacan, sehr lange an dieser linguistischen Auslegung festgehalten. Erst in den 70er Jahren regen sich Stimmen, die beklagen, daß Freud die Dimension des Traumerlebens zugunsten des Traumtextes vernachlässigt habe, und es wird das Konzept des Traumraums entwickelt, mit dem der Traum zur Bühne wird. In ähnlicher Weise spielt auch bei Leiris das Theater eine wichtige Rolle, sowohl für die Form des Traumtextes, der oft als eine Art Schauspiel inszeniert wird, als auch für den Diskurs über den Traum, in dem die Parallelen zu Fiktion und Erleben des Theaters hervorgehoben werden.

Das Erleben oder das Schauspiel erfordern jedoch eine andere Vertextungsstrategie. In dem Moment, wo ein Handlungsschema in den Vordergrund rückt, wird die Narration unerläßlich. Dies zeigt sich schon am Begriff des „récit de rêve", auch wenn immer wieder Defizite im Hinblick auf ein narratives Schema zu verzeichnen sind. Wenn Breton ein stenographisches Protokoll vorschlägt, dann bemüht er eine Technik der Fixierung, die auf der Faktizität von Ereignissen beruht. Da die Surrealisten den Traum im wesentlichen als eigene Welt konzipieren, spielt narrative Kohärenz eine entscheidende Rolle, um diese als erlebnishaltig präsentieren zu können. Während der Verweis auf die Kohärenz- und Referentialitätsproblematik des Traumtextes sich anderswo als textkonstitutiv erweist, versuchen die Surrealisten diese Problematik auszusparen und orientieren sich bevorzugt an narrativen Kurzformen, wie etwa dem Rätsel oder der Anekdote.

Kohärenz kann aber wie gesehen auch auf einer anderen als der narrativen Ebene entstehen. Bei Leiris verlagert sich in den späten Texten die Kohärenz immer mehr auf eine Assoziationsebene. Zugleich tritt die Dimension der Inszenierung in den Texten zunehmend in den Vordergrund, und zwar sowohl im Rückgriff auf bestimmte Darstellungsmodi und eine „mise en abyme" der Struktur des Traums als auch in der Reflexion über den Traum. Dies korrespondiert auch dem sich verändernden Traumbegriff: wenn der Traum weder eine Offenbarung enthält, noch entziffert werden kann, dann wird er zum Ort der Inszenierung von Imaginärem. Und in einem gewissen Sinn lebt auch der Traumtext immer von einer Dimension des Imaginären. Um auf den Traum bezogen werden zu können, muß der Text an das Imaginäre des Lesers, dessen individuelle Traumerfahrungen appellieren. Denn allein sein individuelles, intersubjektiv nicht vermittelbares Wissen vom Traum erlaubt es diesem, den Traumtext auf die Erfahrung des Träumens zu beziehen.

Anhänge

Anhang 1: Texte aus der Rubrik „Rêves“ in *La Révolution surréaliste*

1.	Giorgio de Chirico	RS n° 1 (décembre 1924), 3.
2.	André Breton	RS n° 1 (décembre 1924), 3.
3.	André Breton	RS n° 1 (décembre 1924), 4.
4.	André Breton	RS n° 1 (décembre 1924), 4-5.
5.	Renée Gauthier	RS n° 1 (décembre 1924), 5-6.
6.	Collombet, 10 ans	RS n°3 (avril 1925), 2.
7.	Duval, 11 ans	RS n°3 (avril 1925), 2.
8.	Lazare, 11 ans	RS n°3 (avril 1925), 2.
9.	Max Morise	RS n°3 (avril 1925), 2.
10.	Antonin Artaud	RS n°3 (avril 1925), 2-3.
11.	Antonin Artaud	RS n°3 (avril 1925), 3.
12.	Antonin Artaud	RS n°3 (avril 1925), 3.
13.	Paul Eluard	RS n°3 (avril 1925), 3.
14.	Paul Eluard	RS n°3 (avril 1925), 3-4.
15.	Paul Eluard	RS n°3 (avril 1925), 4.
16.	Paul Eluard	RS n°3 (avril 1925), 4.
17.	Paul Eluard	RS n°3 (avril 1925), 4.
18.	Paul Eluard	RS n°3 (avril 1925), 4.
19.	Pierre Naville	RS n°3 (avril 1925), 4.
20.	Pierre Naville	RS n°3 (avril 1925), 4-5.
21.	Raymond Queneau	RS n°3 (avril 1925), 5.
22.	Jacques-André Boiffard	RS n°3 (avril 1925), 5.
23.	Max Morise	RS n° 4 (juillet 1925), 6.
24.	Michel Leiris	RS n° 4 (juillet 1925), 7.
25.	Michel Leiris	RS n° 4 (juillet 1925), 7.
26.	Michel Leiris	RS n° 4 (juillet 1925), 7.
27.	Michel Leiris	RS n° 4 (juillet 1925), 7.
28.	Michel Leiris	RS n° 5 (octobre 1925), 10.
29.	Michel Leiris	RS n° 5 (octobre 1925), 10.
30.	Michel Leiris	RS n° 5 (octobre 1925), 10.
31.	Michel Leiris	RS n° 5 (octobre 1925), 10-11.
32.	Michel Leiris	RS n° 5 (octobre 1925), 11.
33.	Max Morise	RS n° 5 (octobre 1925), 11-12.
34.	Max Morise	RS n° 5 (octobre 1925), 12-13.
35.	Max Morise	RS n° 5 (octobre 1925), 13.
36.	Marcel Noll	RS n° 7 (juin 1926), 6-7.
37.	Marcel Noll	RS n° 7 (juin 1926), 7-8.
38.	Michel Leiris	RS n° 7 (juin 1926), 8-9.
39.	Louis Aragon	RS n° 9-10, (octobre 1927), 8.
40.	Pierre Naville	RS n° 9-10, (octobre 1927), 8-9.
41.	Max Morise	RS n° 11 (mars 1928), 16-17.

Anhang 2: Übersicht über die Traumtexte in *Nuits sans nuit* (1945) und *Nuits sans nuit et quelques jours sans jour* (1961)

In der folgenden Übersicht werden die Numerierung der Texte innerhalb des jeweiligen Bands, die Seitenzahl in den verschiedenen Ausgaben, das Datum, das zugrundeliegende Tagebuchnotat und der Ort der Erstveröffentlichung angegeben[1].

N 1945 Nr. und Seitenzahl	NJ 1961 Nr. und Seitenzahl	Datum	Notat	Erstveröffentlichung[2]:			
				RS 1925	TR 1938	N 1945	NJ 1961
1. N 7	1. NJ 9	Rêve très ancien [12.4.1936 notiert]	J 305			x	
2. N 7-8	2. NJ 10-11	15./16.3.1923	J 32	n° 4, 24			
	3. NJ 12-13	11./12.4.1923	J 32 f.				x
3. N 8-9	4. NJ 14	12./13.4.1923	J 33	n° 5, 28			
	5. NJ 15	20./21.11.1923	J 81				x
	6. NJ 16-17	22./23.12 1923	J 86 f.				x
	7. NJ 18-19	27./28.7.1924	J 53				x
4. N 9-10	8. NJ 20-21	22./23.8.1924	J 60			x	

1 Die Numerierung weicht dabei von Nr. 72 an von Louis Yverts Konkordanztafel ab, weil dieser auch den nicht veröffentlichten Text aus *Trajectoire du rêve* in seine Auflistung mit einbezieht (vgl. Louis Yvert, „Nuits sans nuit et quelques jours sans jour. Tableau de concordance", in: ders., *Bibliographie des écrits de Michel Leiris*, 170-173). Zusätzlich zur Übersicht von Yvert enthält meine Auflistung auch Angaben über die zugrundeliegenden Tagebuchnotate.

2 Für *La Révolution surréaliste* wird die Nr. der Zeitschrift sowie innerhalb dieser die Nummer des Traumtextes aus der Aufstellung in Anhang 1 angegeben. Für *La Trajectoire du rêve* wird die dort verwendete Numerierung, getrennt nach „Rêve" (R) und „Demi-Sommeil" (DS) übernommen und durch die Seitenzahlen ergänzt.

N 1945 Nr. und Seitenzahl	NJ 1961 Nr. und Seiten-zahl	Datum	Notat	Erstveröffentlichung:			
				RS 1925	TR 1938	N 1945	NJ 1961
5. N 10-11	9. NJ 22	25./26.8.1924	J 62 f.	n° 5, 29			
6. N 11-14	10. NJ 23-25	13./14.10.1924	J 69 f.		R 1, TR 64 f.		
7. N 14	11. NJ 26	31.10./1.11.1924	J 76			x	
	12. NJ 27-28	8./9.12. 1924	J 83				x
8. N 15-16	13. NJ 29-30	10./11.12.1924	J 83 f.			x	
9. N 16	14. NJ 31	16./17.12.1924	J 85			x	
10. N 16-17	15. NJ 32	La même nuit	J 85	n° 4, 25			
11. N 17	16. NJ 33	La même nuit	J 85	n° 4, 26			
	17. NJ 34-35	17./18.12.1924	J 85				x
12. N 17	18. NJ 36	Sans date		n° 5, 30			
13. N 17-18	19. NJ 37	Sans date		n° 4, 27			
	20. NJ 38	20./21.1.1925	J 89				x
14. N 18-19	21. NJ 39-40	21./22.1.1925 [20./21.1.1925]	J 89 f.	n° 5, 31			
	22. NJ 41-42	Sans date	J 91/ES 96				x
15. N 20	23. NJ 43	14./15.3.1925	J 94 u. 91	n° 5, 32			
16. N 20	24. NJ 44	20./21.3.1925	J 95			x	
17. N 21	25. NJ 45	7./8.5.1925	J 101			x	
18. N 21-27	26. NJ 46-51	Sans date		n° 7, 38			
19. N 27-28	27. NJ 52	April 1926?	J 121		DS 1, TR 70		

N 1945 Nr. und Seitenzahl	NJ 1961 Nr. und Seitenzahl	Datum	Notat	Erstveröffentlichung			
				RS 1925	TR 1938	N 1945	NJ 1961
20. N 28-29	28. NJ 53-54	Sans date	ES 114			x	
21. N 29-30	29. NJ 55	Sans date	ES 115			x	
22. N 30	30. NJ 56	Sans date	ES 115		DS 2, TR 70		
23. N 30-31	31. NJ 57	Sans date	ES 116		DS 3, TR 71		
24. N 31	32. NJ 58	Sans date	ES 119		R 5, TR 67		
25. N 31	33. NJ 59	Sans date [1927-28]	[3]			x	
26. N 32	34. NJ 60	Sans date [1928]	J 131		R 3, TR 65		
	35. NJ 61-62	September 1926?	J 126 f.				x
27. N 32-33	36. NJ 63	Sans date [1928]	J 132			x	
	37. NJ 64	Sans date [1928]	J 132				x
28. N 33	38. NJ 65	Sans date [1928]	J 132		R 4, TR 66 f.		
29. N 33-35	39. NJ 66-67	Sans date [1928]	J 132 f.			x	
30. N 35-37	40. NJ 68-69	Sans date [12.9.1925]	J 107		R 2, TR 65 f.		
31. N 37	41. NJ 70	15./16.5.1929	J 165			x	
32. N 38	42. NJ 71	17./18.5.1929	J 172			x	
33. N 38	43. NJ 72	29./30.5.1929	J 187				
	44. NJ 73	Juli 1929	J 193				x
34. N 38-39	45. NJ 74	14./15.7.1929	J 194		DS 4, TR 71		

[3] Das Notat zu diesem Traumtext findet sich in: Leiris, *L'Homme sans honneur*, 77.

N 1945 Nr. und Seitenzahl	NJ 1961 Nr. und Seitenzahl	Datum	Notat	Erstveröffentlichung			
				RS 1925	TR 1938	N 1945	NJ 1961
	46. NJ 75-76	18.7.1929	J 194 f.				x
	47. NJ 77	29./30.8.1929	J 199				x
35. N 39	48. NJ 78	3./4.9.1929	J 201		R 6, TR 67		
36. N 39-40	49. NJ 79	6./7.9.1929	J 202			x	
37. N 40-41	50. NJ 80	Sans date [14.9.1933: „Rêve ancien"]	J 242			x	
	51. NJ 81-82	22./.23.4.1933	J 213 f.				x
	52. NJ 83-84	30./31.7.1933	J 221				x
38. N 41	53. NJ 85-86	19./20.8.1933	J 224-226			x	
	54. NJ 87-89	22./23.8.1933	J 227 f.				x
39. N 42	55. NJ 90	25./26.8.1933	J 231			x	
	56. NJ 91-97	3./4.9.1933	J 240 f., 242, 551				x
40.N 42-43	57. NJ 98	September 1933	J 242 f.		R 7, TR 67		
41. N 43-44	58. NJ 99	8./9.10.1933	J 243			x	
42. N 44-47	59. NJ 100-103	Sans date	[4]			x	

[4] Das Notat zu diesem Traumtext findet sich vermutlich in dem Notizheft, das Catherine Maubon in *L'Évasion souterraine* nur teilweise veröffentlicht (Fonds Jamin, Manuscrit N 25), denn sie erwähnt, daß darin ein langer Traumtext enthalten sei, der in Afrika spiele (ES 135).

N 1945 Nr. und Seitenzahl	NJ 1961 Nr. und Seitenzahl	Datum	Notat	Erstveröffentlichung:			
				RS 1925	TR 1938	N 1945	NJ 1961
43. N 47	60. NJ 104	März 1934 [25.3. 1934: „Rêve d'il y a 15 jours à peu près“]	J 266			x	
	61. NJ 105-106	März 1934	J 258				x
44. N 47-48	62. NJ 107-108	März 1934	J 258 f.		R 8, TR 68		
	63. NJ 109	März 1934	J 260				x
	64. NJ 110-112	27./28.3.1934	J 267 f.				x
45. N 49-50	65. NJ 113-115	29./30.3.1934	J 268 f.			x	
46. N 50	66. NJ 116	2./3.4.1934	J 272			x	
	67. NJ 117	8./9.5.1934	J 276 f.				x
	68. NJ 118-119	14./15.5.1934	J 278 f.				x
	69. NJ 120-121	29./30.6.1934	J 283 f.				x
	70. NJ 122	La même nuit	J 284				x
47. N 50-51	71. NJ 123	24./25.11.1934	J 289		R 9, TR 68		
48. N 51-52	72. NJ 124	Sans date			R 11, TR 69		
49. N 52	73. NJ 125	Sans date			R 12, TR 70		
	74. NJ 126-127	Été 1939	J 328				x
	75. NJ 128-129	Juni 1940					x
	76. NJ 130-131	12.7.1940	J 327 f. u. 329				x
50. N 53	77. NJ 132	12./13.7.1940	J 329			x	

N 1945 Nr. und Seitenzahl	NJ 1961 Nr. und Seitenzahl	Datum	Notat	Erstveröffentlichung			
				RS1925	TR1938	N1945	NJ 1961
51. N 53-54	78. NJ 133-134	29./30.1.1941	J 334 f.			x	
	79. NJ 135	3./4.11.1941	J 345				x
	80. NJ 136-139	3.3.1942	J 352 f.				x
52. N 55-57	81. NJ 140-142	28./29.3.1942	J 358 f.			x	
53. N 57-59	82. NJ 143-144	19./20.5.1942	J 362			x	
	83. NJ 145-146	Une semaine après	J 363				
54. N 59	84. NJ 147	Sans date				x	
55. N 60-61	85. NJ 148-149	28./29.8.1942	J 367 f.			x	
56. N 61	86. NJ 150	8./9.9.1942	J 368			x	
57. N 61-64	87. NJ 151-153	21./22.11.1942	J 371 f.			x	
58. N 64-65	88. NJ 154-155	28.2./1.3.1943	J 377			x	
	89. NJ 156	19./20.3.1943	J 378				x
59. N 65-68	90. NJ 157-159	7./8.4.1943	J 379 f.			x	
	91. NJ 160-161	4.5.1943	J 383				x
	92. NJ 162-163	16./17.5.1944	J 387				x
	93. NJ 164-165	20.5.1944	J 387 f.				x
	94. NJ 166-167	22./23.5.1946	J 428				x
	95. NJ 168-169	4./5.3.1947	J 438 u. 222				x
	96. NJ 170-171	Januar 1948	J 459				x
	97. NJ 172-176	Dezember 1948	J 469 f. u. 223				x

N 1945 Nr. und Seitenzahl	NJ 1961 Nr. und Seiten-zahl	Datum	Notat	Erstveröffentlichung			
				RS 1925	TR 1938	N 1945	NJ 1961
	98. NJ 177-178	13./14.7.1952					x
	99. NJ 179-180	Fin 1954	J 488 f.				x
	100 NJ 181-183	31.10.1955					x
	101. NJ 184-186	9./10.8.1957	J 514 f.				x
	102. NJ 187	September 1957	J 521 f.				x[5]
	103. NJ 188-190	29./30.9.1957	J 523 f.				x
	104. NJ 191-192	6.1.1958	J 526				x
	105. NJ 193-199	18./19.5.1958	J 527 f.				x[5]
	106. NJ 200	14./15.7.1958	J 530				x
	107. NJ 201	6./7.11.1960					x

[5] Dieser Text ist bereits in *Botteghe oscure* (1958) veröffentlicht worden (vgl. dazu Yvert, „Nuits sans nuit et quelques jours sans jour", 173).

Anhang 3: Übersicht über die Traumnotate im Tagebuch und ihre Verwendung in literarischen Texten

Die folgende Tabelle enthält eine Auflistung aller im Tagebuch vorhandenen Traumnotate mit Datum, einem Stichwort zum Inhalt des Traumnotats, der Seitenzahl im Tagebuch sowie einem Hinweis auf literarische Verwendungen. Kursiv gesetzt sind Hinweise auf nicht erinnerte Träume sowie Notate von Träumen anderer Personen.

Datum	Stichwort	Tagebuch	Verwendung in:
16.3.1923	Je suis mort	32	RS n° 4, N 7 f., NJ 10 f.
12.4.1923	Les fous sur le trottoir	32 f.	NJ 12 f.
13.4.1923	Assis sur mon lit en double	33	RS n° 5, N8 f., NJ 14
28.3.1924 (souvenir de rêves anciens)	Musée aux cadavres Hôpital-jardin des cadavres	35	Fou 56 f., Fib 61
23.8.1924	Comète dans bois Brocéliande	60	N 9 f., NJ 20 f.
25.8.1924	Rue de banlieue	62 f.	RS n°5, N 10 f., NJ 22
7.9.1924	Savant en prison	66	Au 117
14.10.1924	Bordel avec Limbour	69 f.	TR 64 f., N11 ff., NJ 23 ff., Teil in PC 52
14.10.1924	Rencontre Lucienne D, numéro de téléphone	70	
21.10.1924	Quadrature de l'amour dans certains bordels	72 f.	PC 50
25.10.1924	Les voix/voies de lumière	74	PC 55
26.10.1924	Tête de mort	75	
26.10.1924	Guerrier romain casqué	75	AH 193, RS n° 2, HM 24
26.10.1924	Petite invention en forme de boîte carrée	75	RS n° 2, HM 23
1.11.1924	Anecdote de Max Jacob	76	N 14, NJ 26

Datum	Stichwort	Tagebuch	Verwendung in:
11.11.1924	Palais forteresse Koenigsmark	77	
13.11.1924	*Plus de rêves depuis quelques jours*	*77*	
14.11.1924	Danser une sorte de gigue	78	
19.11.1924	Figure sur piédestal	79	
21.11.1924	Fête sportive	80 f.	PC 46 f.
21.11.1924	Course à travers champs	81	NJ 15
21.11.1924	*Mille songes divers et oubliés*	*81*	
3.12.1924 (rêve ancien)	Bataille avec le vautour	83	RS n° 2, HM 22
9.12.1924	Baudelaire et Parny	83	NJ 27 f.
11.12.1924	Américaine dans hôtel	83 f.	N 15 f., NJ 29 f.
17.12.1924	Boulevard Sébastopol	85	N 16, NJ 31
17.12.1924	Rapport mouvement d'un corps	85	RS n° 4, N 16 f., NJ 32
17.12.1924	Dessins de Masson: schémas de la vérité	85	Fou 210
17.12.1924	Une femme nue sur un lit (coquillage)	85	PC 34
17.12.1924	Rotation de la terre dans l'espace ; rugosité	85	RS n°4, AH 193, N 17, NJ 34 f.
18.12.1924	Tableau de Chirico	85	NJ 34 f.
19.12.1924	J'entre dans une bouche où la langue tourne	85	PC 35
19.12.1924	Dessin érotique de Masson	86	
21.12.1924	Promenade à travers des celliers	86	
23.12.1924	Femme dans un cinéma – tour Eiffel	86 f.	NJ 16 f.
24.12.1924	*Rêves de Gaby et de Marinette (prostituées)*	*87*	Br 257

Datum	Stichwort	Tagebuch	Verwendung in:
25.12.1924	Évolution de corps nus dans l'espace	87	Fou 72
2.1.1925	Bataille romaine, toréador, champ catalauniques	88	PC 39 f.
6.1.1925	Kahnweiler, Roland-Manuel	89	
21.1.1925	Bateau-mouche	89 f.	RS n°5, N18 f., NJ 39 f.
15.3.1925	Nadia	94 (cf. 91)	RS n°5, N 20, NJ 43
17.3.1925	*Rêves sentimentaux*	*94*	
21.3.1925	Ecossais, long-pipe	95	N 20, NJ 44
8.5.1925	Gymnase	101	
8.5.1925	Parole et respiration	101	AH 193
8.5.1925	Rendez-vous train	101	N 21, NJ 45
8.5.1925	Lapidation par Masson	101	AH 203
17.5.1925	Voyage à Londres, flirt putain	102	
17.5.1925 (rêve ancien)	White Chapel, Suzanne Vitrac	102 (cf. 90)	
23.7.1925	Bordel de divination	106	AH 53
12.9.1925	Manuscrit rails	107	TR 65 f., N 35 ff., 68 f.
Oct. 1925	Rêve surréaliste: meurtres	108 ff.	
7.10.1925	Musée au cadavre (Ausarbeitung von J 35)	115 f.	Fou 56
Avril 1926	Arbre à viande	121	TR 70, N 27 f., NJ 52
Sept. 1926	Londres, Grec, revolver	126 f.	NJ 61 f.
1928	Cylindre de chaux	131	TR 65, N 32, NJ 60
1928	Delphes, série de déserts	131 f.	AH 136
1928	Détroit	132	AH 61

Datum	Stichwort	Tagebuch	Verwendung in:
1928	Carte postale de Smollett	132	N 32 f., NJ 63
1928	L'œil charnois	132	NJ 64
1928	Brassard du père	132	TR 66 f., N 33, NJ 65
1928	Crime à White Chapel	132 f.	N 33 ff., NJ 66 f.
Mai 1929	*Ces rêves érotiques qui vous démoralisent*	*143*	
16.5.1929	Rêve de théâtre : Zette nue, herbe blonde	165	N 36, NJ 70
18.5.1929	Vitout servi par automates	172	N 38, NJ 71
19.5.1929	Rêve érotique : je couche avec Caryathis	172	
22.5.1929	Film sonore, music hall	177	
23.5.1929	*Plusieurs rêves que je ne parviens pas à me rappeler*	*180*	
24.5.1929	Rêve très désagréable : dictionnaire	182	Fib 77
28.5.1929	*Rappelle aucun des rêves depuis deux jours*	*187*	
30.5.1929	Huit chiens qui font l'amour en file indienne	187	N 38, NJ 72
9.6.1929	Aventure amoureuse avec Mme Picasso,	190	
18.6.1929	Lettre d'H. Reverdy „femme que tu écumeras“	191	Fou 203
7.7.1929	Lion sorti du zoo	193	NJ 73
7.7.1929	Mme de Rivière parle d'une pièce de théâtre	193	
15.7.1929	Rêvé de plusieurs d'amis d'enfance	194	
15.7.1929	Vision : incisive – Venise	194	TR 71, N 38 f., NJ 74
25.8.1929	Étranges rêves, flirte avec J. Gris, mettre une croix	197	Fou 193
25.8.1929	Flirt avec Ruth Johnston	197	
26.8.1929	Coït interrompu avec J. Gris devant ma mère	198	

Datum	Stichwort	Tagebuch	Verwendung in:
30.8.1929	Flirt avec Liane de Pougy	199	NJ 77
31.8.1929	Rêvé de *Documents*	200	
31.8.1929	Clefs perdus / retrouvés, femme couloir	201	
2.9.1929	Ruth Johnston habillée en homme	201	
2.9.1929	Griaule devenu fou	201	
4.9.1929	Concours des seins nus	201 f.	TR 67, N 39, NJ 78
7.9.1929	Minerve avant guerre russo-chinoise	202	N 39 f., NJ 79
23.4.1933	Femme (mère) dans un film, seins allongés	213 f.	NJ 81 f.
31.7.1933	*Je rêve de nouveau*	*221*	
31.7.1933	Vomissure	221	NJ 83 f.
3.8.1933	Match de boxe au Trocadéro	222	NJ 168 f.
10.8.1933	Rêves fréquents de disques de phonographes merveilleux	222	Bif 24, 255 f., 260, 262, Fou 20, 188, FB 117
12.8.1933	*Rêves désagréables*	*222*	
19.8.1933	Je deviens fou	223	
19.8.1933	Excursion en Bretagne, série d'îles	223	Br 165 f., HM 101
19.8.1933	Bandeau sur les yeux	223	
19.8.1933	Texte „Magique"	223	
20.8.1933	Coin du Caire etc.	224 ff.	N 41, NJ 85 f., HM 101
23.8.1933	Colon exotique et ses femmes	227 f.	NJ 87 ff.
23.8.1933	Réception de lettre „numéro nègre"	229	
24.8.1933	Bateaux sur fleuve au Cameroun	229	
24.8.1933	Inspecter une bibliothèque	229	Bif 260

Datum	Stichwort	Tagebuch	Verwendung in:
26.8.1933	Diverses rencontres (*Minotaure*)	231	
26.8.1933	Gide raconte un crime	231	N 42, NJ 90
1.9.1933	Rêve pré-guerre, Hitler et paquebot,	236	Br 167
2.9.1933	Vivre sur un paquebot, portes	237	
4.9.1933	Visites à Paris, ligne de l'autobus 248	240 f.	NJ
4.9.1933	Picasso sautant sur le lit	241	
4.9.1933	Rappeler un distique	241	Br 167
14.9.1933	*Depuis retour, rêves confus*	*242*	
14.9.1933 (rêve ancien)	Léopold	242	N 40 f., NJ 80
X sept. 1933	Crapauds	242 f.	TR 67, N 42 f., NJ 98
9.10.1933	Mort Lebrun	243	N 43 f., NJ 99
4.12.1933	Amour avec J. Gris qui a 4 seins	245	
11.12.1933	Femme avec hémorragie anale	245	
21.3.1934	Contrebande, étoffe turban	257 f.	AH 204
21.3.1934	Règne de Nosferatu	258	NJ 105 f.
21.3.1934	Impériale d'un autobus	258 f.	TR 68, N 47 f., NJ 107 f.
21.3.1934 (rêve antérieur aux précédents)	Excursion en Montagne, donjon	259	
21.3.1934	Décharger le revolver	259	
(rêve de Léna)	*Schaeffner*	*259*	
21.3.1934	Représentation théâtrale, grand escalier	260	NJ 109

Datum	Stichwort	Tagebuch	Verwendung in:
23.3.1934	Chahut d'étudiants fascistes	263	
23.3.1934	Léna rêve avec moi	264	
24.3.1934	Léna a une autre fille	264 f.	
24.3.1934	Sur un bateau, différentes rencontres	265	
25.3.1934	Rêvé encore de bateau	266	
25.3.1934 (rêve d'il y a 15 jours)	Casque colonial	266	N 47, NJ 104
29.3.1934	Rêve de la poupée	267 f.	NJ 110 ff.
30.3.1934	Caravane en Afrique	268 f.	N 49 f., NJ 113 ff.
30.3.1934	Nombril saignant, tête entre cuisses	269 f.	AH 207
30.3.1934	Léna : „je vous aime assez"	271	AH 207
30.3.1934	*(rêve de Léna)*	*271*	
3.4.1934	BD de nos amours	272	N 50, NJ 116
5.4.1934	Maupoil, Léna, femme qui ne m'aime pas	272	
16.4.1934	Léna et moi nous embrassons sur la bouche	275	
16.4.1934	Impuissance de nouer ma cravate	276	
23.4.1934	Coucher sous les chiens à l'école	276 f.	NJ 117
10.5.1934	*(rêve de Léna)*	*278*	
12.5.1934	Lions – coude dans la gueule	278	
15.5.1934	Voyage en Angleterre	278 f.	NJ 118 f.
25.6.1934 (rêve d'il y a quelques jours)	Conversation avec Artaud sur le suicide	283	

Datum	Stichwort	Tagebuch	Verwendung in:
30.6.1934	Marie Bonaparte	283 f.	NJ 120 f.
30.6.1934	Ouvrier parlant de la guerre	284	NJ 122
31.7.1934	Flirt et coucher avec Eva M	288	
25.11.1934	Promenade avec lion adulte	289	TR 68, N 50 f., NJ 123
25.11.1934	Divorce ou suicide	289	
29.9.1935	Série de rêves tauromachie	290	
12.4.1936 (rêve ancien)	Exécutions capitales, mon tour	305	N 7, NJ 9
9.3.1937	Guerre annoncée pour mois de novembre	309	
10.4.1938	Cadavres pour besoins de la guerre	320 f.	Fou 60
18.5.1939 (rêve d'enfance)	Rêve de recherche d'objets – disque merveilleux de phonographe	323 f.	Bif 24, 255 f., 260, 262, Fou 20, 188, FB 117
13.7.1940	Courir dans maison obscure	328 f.	
13.7.1940	Tête dans orifice	329	N 53, NJ 132
30.1.1941	Accès de désespoir	334 f.	N 53 f., NJ 133 f.
1.10.1941	*Rêves confus et désagréables touchant à l'Occupation*	*342*	
2.11.1941	Bateau incapable de voguer normalement	344	
4.11.1941	Prendre de l'opium	345	NJ 135
29.3.1942	Bateaux-cercueils	358 f.	N 55 ff., NJ 140 ff.
20.5.1942	Exécution, faire la barbe, souvenir Lewitzky	362	N 57 f., NJ 143 f., Bif 248
28.5.1942	Exécution Lewitzky	363	N 58 f., NJ 145 f.
29.8.1942	Yonnel – déclamer une tragédie	367 f.	N 60 f., NJ 148 f.
9.9.1942	Tombe ARGUMENT	368	N 61, NJ 150

Datum	Stichwort	Tagebuch	Verwendung in:
27.9.1942	Excursion en montagne, vertige de la beauté	368 f.	Fib 50
22.11.1942	Plat dans métro, clés cassées	371 f.	N 61 ff., NJ 151 ff.
1.3.1943	Se coucher par terre	377	N 64 f., NJ 154 f.
20.3.1943	Quitter le rêve par en bas	378	NJ 156
8.4.1943	Immense hall, serpent allemand	379 f.	N 65 ff., NJ 157 ff.
17.5.1944	Exécution, paroles collées sur la bouche	387	NJ 162 f.
10.10.1945	Rêve prémonitoire : prendre du dross	420 f.	
10.10.1945	Françoise L. se met nue	421	
29.1.1946	*Rêve / rêverie sur la condition humaine*	*425*	
4.2.1946	Je ne suis plus moi	425	
5.3.1947	Lutte contre taureau ailé	438	NJ 168 f., Fou 156
8.4.1947	Conversation avec intellectuels britanniques	438	
18.9.1947	Rencontre Elie Lascaux	441	
26.1.1948	Question musulmane = tuile romaine	459	NJ 170 f.
19.12.1948	Villa d'un forgeron à Guadeloupe	469	FB 114
19.12.1948	Colonne sur la paume main droite	469	Fou 72, FB114
22.12.1948	Château fort à Antigua	469 f.	NJ 172 ff., FB 114
9.12.1951	Oiseau battu	481	Fib 62
4.1.1955	Taureau à cinq cornes	488 f.	NJ 179 f.
2.12.1956	Rêve de la falaise	492 f.	Fib 45, 47-52
1957	Conférence, refus de prendre la parole	502	
10.8.1957	Terrasse en Asie	514 f.	NJ 184 ff.
30.9.1957	Garçon à Florence	523 f.	NJ 188 ff.

Datum	Stichwort	Tagebuch	Verwendung in:
19.5.1958	Maison de divination	527 f.	NJ 193 ff.
15.7.1958	Retrouver le numéro de téléphone	530	NJ 200
26.12.1960	Cravate aux couleurs F.L.N.	556	
13.5.1961	*Chris Marker*	*563*	*Fib 212*
17.3.1963	Giacometti et moi	593	RO 74
1.2.1964	Peignoir rouge	598 f.	Fib 257-261
21.6.1967	Baden-Baden	620 ff.	FB 121
5.10.1969	Lits de Pierre	643 f.	RO 94 f.
08.07.1971	Cheville	651 f.	FB 222
14.02.1986	Rêve ou rêverie de deux objets	792	AC 129 f.
28.05.1986	Téléphone Georges Limbour	795	AC 75 f.

Bibliographie

Diese Bibliographie enthält nur die Literatur, mit der tatsächlich gearbeitet worden ist. Hinweise auf weitere Literatur finden sich in den Fußnoten. Aufsätze aus Sammelbänden werden nur dann gesondert aufgeführt, wenn sie besonders wichtig sind. Ansonsten findet sich der vollständige Nachweis in den Fußnoten und in der Bibliographie nur der Sammelband.

1. Untersuchte Autoren

Breton, André, *Œuvres complètes*, hg. von Marguerite Bonnet, 3 Bde., Paris 1988-99.

— „Récit de trois Rêves. Sténographie par Mlle Olla", in: *Littérature (nouvelle série)* n° 1 (1922), 5-6.

— „Rêve", in: *Littérature (nouvelle série)* n° 7 (1922), 23-24.

— (Hg.), *Trajectoire du rêve. Cahiers GLM* (1938).

— *Cahier de la girafe*, in: Hulak (Hg.), *Folie et psychanalyse*, 148-170.

Leiris, Michel, *Journal 1922-1989*, hg. von Jean Jamin, Paris 1992.

— „Le Pays de mes rêves", in: *La Révolution surréaliste* n° 2 (1925), 27-29.

— *L'Évasion souterraine*, hg. von Catherine Maubon, Montpellier 1992.

— *Le Point cardinal* [1927], in: ders., *Mots sans mémoire*, 25-69.

— *L'Homme sans honneur. Notes pour „Le Sacré dans la vie quotidienne"*, hg. von Jean Jamin, Paris 1994.

— *L'Afrique fantôme* [1934], in: ders., *Miroir de l'Afrique*, 62-870.

— „Rêves", in: André Breton (Hg.), *Trajectoire du rêve*, 64-71.

— *L'Âge d'Homme*, Paris 1995 [1939].

— *Haut mal, suivi de Autres lancers*, Paris 1998 [1943].

— *Nuits sans nuit*, Paris 1945 (Collection de l'Âge d'or 14).

— *Aurora*, Paris 1977 [1946].

— *Biffures*, Paris 1948.

— *Fourbis*, Paris 1955.

— *Nuits sans nuit et quelques jours sans jour*, Paris 1961.

— *Grande fuite de neige*, Montpellier 1982 [1964].

— *Brisées*, Paris 1992 [1966].

— *Fibrilles*, Paris 1966.

— *Mots sans mémoire*, Paris 1998 [1969].

— *Frêle bruit*, Paris 1976.

— „Préface", in: Raymond Queneau, *Contes et propos*, Paris 1981, 3-8.

— *Le Ruban au cou d'Olympia*, Paris 1981.

— *Langage tangage*, Paris 1985.

— *À cor et à cri*, Paris 1988.

— *Zébrage*, Paris 1992.

— *Journal de Chine*, hg. von Jean Jamin, Paris 1994.

— *Miroir de l'Afrique*, hg. von Jean Jamin, Paris 1996.

— *La Règle du jeu*, hg. von Denis Hollier, Paris 2003.

Nerval, Gérard de, *Œuvres complètes*, hg. von Jean Guillaume und Claude Pichois, 3 Bde., Paris 1989-1993.

— *Aurélia et autres textes autobiographiques*, hg. von Jacques Bony, Paris 1990.

2. Weitere Autoren

Aristoteles, „De divinatione per somnum", in: ders., *Werke in deutscher Übersetzung*, hg. von Hellmut Flashar, Bd. 14, Teil III, *Parva naturalia*, übers. und erläutert von Philip J. van der Eijk, Berlin 1994, 25-31.

— „De Insomniis", in: ders., *Werke in deutscher Übersetzung*, hg. von Hellmut Flashar, Bd. 14, Teil III, *Parva naturalia*, übers. und erläutert von Philip J. van der Eijk, Berlin 1994, 15-24.

Artemidor von Daldis, *Das Traumbuch*, übers., erläutert und mit einem Nachwort versehen von Karl Brackertz, Zürich und München 1979.

Apuleius, *Metamorphosen oder Der Goldene Esel*, lateinisch und deutsch von Rudolf Helm, dritte durchgesehen Auflage, Darmstadt 1957 (Lizenzausgabe des Akademie-Verlages Berlin).

Augustinus, *De Genesi ad litteram libri duodecim. La Genèse au sens littéral*, hg. und übers. von P. Agaësse und A. Solignac, Paris 1972.

Blanchot, Maurice, *Le Livre à venir*, Paris 1959.

Boujut, Pierre, „Sur les ruines du rêve ou la fin d'une illusion", in: *La Tour de feu* n° 98-99 (1968), 4-12.

Bureau de recherches surréalistes. Cahier de la permanence. Octobre 1924 - avril 1925, hg. von Paule Thévenin, Paris 1988 (*Archives du surréalisme*, Bd. 1).

Asselineau, Charles, *La double vie*, Paris 1858.

Baudelaire, Charles, *Correspondance*, hg. von Claude Pichois, 2 Bde., Paris 1973.

— *Œuvres complètes*, hg. von Claude Pichois, 2 Bde., Paris 1975-76.

Benjamin, Walter, „Traumkitsch", in: ders., *Angelus Novus*, Frankfurt am Main 1966, 158-160.

Binswanger, Ludwig, *Traum und Existenz*, mit einer Einleitung von Michel Foucault, Bern 1992.

Caillois, Roger, *L'Homme et le sacré*, édition augmentée de trois appendices sur le sexe, le jeu, la guerre dans leurs rapports avec le sacré, Paris 1950.

— *L'Incertitude qui vient des rêves*, Paris 1983 [1956].

— „Problèmes du rêve", in: *Bulletin de la Société de philosophie française* 51, 2 (1957), 105-143.

— *La Lumière des songes*, Montpellier 1984.

Cicero, Marcus Tullius, „Der Traum Scipios", in: ders., *Werke in drei Bänden*, aus dem Lat. übers. von Liselot Huchthausen, Bd. 2, Berlin, Weimar 1989, 350-358.

Daumal, René, „Lettre ouverte à André Breton sur les rapports du surréalisme et du Grand Jeu", in: *Le Grand jeu* n° 3 (1930), 76-83.

— „Nerval le Nyctalope", in: *Le Grand jeu* n° 3 (1930), 20-31.

Descartes, René, *Philosophische Schriften in einem Band*, mit einer Einführung von Rainer Specht, Hamburg 1996.

Desnos, Robert, „Rêves", in: *Littérature (nouvelle série)* n° 5 (1922), 16.

Diderot, Denis, *Le Rêve de d'Alembert*, in: ders., *Œuvres complètes*, hg. von Herbert Dieckmann und Jean Varloot, Bd. 17, Paris 1987, 25-209.

Eluard, Paul, *Œuvres complètes*, hg. von Marcelle Dumas und Lucien Scheler, Paris 1968.

Hegel, Georg Wilhelm Friedrich, *Philosophie de l'esprit*, traduite pour la première fois et accompagnée de deux introductions et d'un commentaire perpétuel par A. Véra, 2 Bde., Paris 1867-69.

— *Enzyklopädie der philosophischen Wissenschaften im Grundrisse: 1830. – Teil 3. Die Philosophie des Geistes*, in: ders., *Werke*, auf der Grundlage der *Werke* von 1832-1845 neu edierte Ausgabe, Redaktion Eva Moldenhauer und Karl Markus Michel, Bd. 10, 4. Aufl., Frankfurt am Main 1999.

Héraclite d'Éphèse, *Doctrines philosophiques*, traduites intégralement et précédées d'une introduction par Maurice Solovine, Paris 1931.

Hoffmann, E.T.A., *Fantasie- und Nachtstücke*, mit einem Nachwort von Walter Müller-Seidel und Anmerkungen von Wolfgang Kron, München 1993.

Huch, Friedrich, *Träume – Neue Träume*, Berlin 1983 [Berlin 1904 und München 1917].

Jean Paul, „Blicke in die Traumwelt", in: ders., *Sämtliche Werke*, Abt. II., Bd. 2, hg. von Norbert Miller und Wilhelm Schmidt-Biggemann, München 1976, 1017-1048.

Jensen, Wilhelm, „Gradiva. Ein pompejanisches Phantasiestück", in: Sigmund Freud, *Der Wahn und die Träume in W. Jensens „Gradiva" mit dem Text der Erzählung von Jensen*, hg. und eingeleitet von Bernd Urban und Johannes Cremerius, Frankfurt am Main 1973, 21-86.

Jouvet, Michel, *Le Château des songes*, Paris 1992.

Macrobe, *Commentaire au songe de Scipion*, Bd. 1, hg. von Mireille Armisen-Marchetti, Paris 2001.

Merleau-Ponty, Maurice, *Phénoménologie de la perception*, Paris 1945.

— *Le Visible et l'invisible*, hg. von Claude Lefort, Paris 1964.

Montaigne, Michel de, *Œuvres complètes*, hg. von Albert Thibaudet und Maurice Rat, Paris 1962.

Novalis, *Werke, Tagebücher und Briefe Friedrich von Hardenbergs*, hg. von Hans-Joachim Mähl und Richard Samuel, 3 Bde., München, Wien 1978-1987.

Pascal, Blaise, *Pensées*, in: ders., *Œuvres complètes*, hg. von Michel Le Guern, Bd. 2, Paris 2000.

Perec, Georges, *La Boutique obscure. 124 rêves*, Paris 1973.

Platon, *Sämtliche Werke*, in der Übersetzung von Friedrich Schleiermacher mit der Stephanus-Numerierung hg. von Walter F. Otto, Ernesto Grassi, Gert Plamböck, Hamburg 1958.

Queneau, Raymond, „Des Récits de rêves à foison", in: *Les Cahiers du Chemin* n° 19 (1973), 11-14.

Rabelais, François, *Œuvres complètes*, hg. von Mireille Huchon unter Mitarbeit von François Moreau, Paris 1994.

Rimbaud, Arthur, *Œuvres*, hg. von Suzanne Bernard und André Guyaux, Paris 1983.

Rousseau, Jean-Jacques, *Œuvres complètes*, Bd. 1: *Les Confessions. Autres textes autobiographiques*, hg. von Bernard Gagnebin und Marcel Raymond, Paris 1959.

Sartre, Jean-Paul, *L'Imaginaire. Psychologie phénoménologique de l'imaginaire*, Paris 1985.
Schiller, Friedrich, *Wallenstein*, in: ders., *Schillers Werke. Nationalausgabe*, Bd. 8, hg. von Hermann Schneider und Lieselotte Blumenthal, Weimar 1949.
Swedenborg's Journal of Dreams (1743-44), hg. von William Ross Woofenden, New York 1977.
Valéry, Paul, „Études", in: *La nouvelle revue française* n° 11 (1909), 354-361.
— *Cahiers*, hg. von Judith Robinson, Bd. 2, Paris 1974.
Vergilius Maro, Publius, *Aeneis*, hg. und übers. von Edith Binder, Stuttgart 1994.
Warburton, William, *Essai sur les hiéroglyphes des Égyptiens où l'on voit l'origine et le progrès du langage et de l'écriture, l'antiquité des sciences en Égypte, et l'origine du culte des animaux*, traduit par Léonard Des Malpeines, hg. von Patrick Tort, Paris 1977.
Yourcenar, Marguerite, *Essais et mémoires*, Paris 1991.

3. Untersuchte Zeitschriften

Annales médico-psychologiques. Journal d'anatomie, de physiologie et de pathologie du système nerveux destiné particulièrement à recueillir tous les documents relatifs à la science des rapports du physique et du moral, à la pathologie mentale, à la médecine légale des aliénés et à la clinique des névroses, Paris 1843 ff.
Bulletin de l'Institut psychique international, Paris 1900 ff.
Le Disque vert, Paris 1922-25. Nachdruck Brüssel 1970-71.
Littérature. Revue mensuelle, Paris 1919-21.
Littérature (*nouvelle série*), Paris 1922-24.
La Révolution surréaliste, Paris 1924-29. Nachdruck Paris 1975.
Revue philosophique de la France et de l'étranger. Paraissant tous les mois. Dirigée par Th. Ribot, Paris 1876 ff.
Le Surréalisme au service de la révolution, Paris 1930-33. Nachdruck Paris 1976.
La Tour de feu n° 98-99: *Délivrons-nous des rêves*, Paris 1968.

3.1 Untersuchte Artikel aus den Annales médico-psychologiques *(Amp)*

1. Phase (1844-48)

Baillarger, Jules, „De l'influence de l'état intermédiaire à la veille et au sommeil sur la production et la marche des hallucinations", Amp 1ère série, 6 (1845), 1-29 und 168-195.
— „Des hallucinations psycho-sensorielles", Amp 1ère série, 7 (1846), 1-12.
Macario, Maurice „Des hallucinations", Amp 1ère série, 6 (1845), 317-349 und 7 (1846), 13-45.
— „Des rêves considérés sous le rapport physiologique et pathologique", Amp 1ère série, 8 (1846), 170-218 und 9 (1847), 27-48.
Maury, Alfred, „Des hallucinations hypnagogiques ou des erreurs des sens dans l'état intermédiaire entre la veille et le sommeil", Amp 1ère série, 11 (1848), 26-40.
Moreau, Sauvet, „Rêves. – Délire partiel consécutif", Amp 1ère série, 3 (1844), 305-308.

? Phase (1852-55)

Lélut, Louis-François, „Mémoire sur le sommeil, les songes et le somnambulisme (Lu à l'Académie des sciences morales et politiques dans ses séances du 27 mars et du 17 avril 1852)", Amp 2e série, 4 (1852), 331-363.

— „Du sommeil envisagé au point de vue psychologique. Rapport fait à l'Académie des sciences morales et politiques au nom de la section de philosophie sur le Concours relatif à cette question", Amp 2e série, 7 (1855), 80-113.

Maury, Alfred, „Nouvelles observations sur les analogies des phénomènes du rêve et de l'aliénation mentale (Mémoire lu à la Société médico-psychologique dans sa séance du 25 octobre 1852)", Amp 2e série, 5 (1853), 404-421.

— „De certains faits observés dans les rêves et dans l'état intermédiaire entre le sommeil et la veille", Amp 3e série, 3 (1857), 157-176.

Moreau de Tours, Jacques-Joseph, „De l'identité de l'état de rêve et de la folie", Amp 3e série, 1 (1855), 361-408.

„Patientenstimmen"

Aubanel, A., „Histoire d'un cas remarquable d'aliénation mentale, écrite par l'aliéné lui-même après sa guérison", Amp 1ère série, 12 (1848), 38-53.

Baillarger, Jules, „La Théorie de l'automatisme étudiée dans le manuscrit d'un monomaniaque", Amp 3e série, 2 (1856), 54-65.

Um 1900 (1895-99)

Laupts, Dr., „Le Fonctionnement cérébral pendant le rêve et pendant le sommeil hypnotique", Amp 8e série, 2 (1895), 354-375.

Pilcz, Alexandre, „Quelques contributions à la psychologie du sommeil chez les sains d'esprit et chez les aliénés", Amp 8e série, 6 (1899), 66-75.

3.2 Artikel aus der Revue philosophique *(RP)*

Clavière, Jean, „La Rapidité de la pensée dans le rêve", RP n° 43 (1897), 507-512.

Delbœuf, Joseph, „Le Sommeil et les rêves", in: *Revue philosophique* n° 8 (1879), 329-356 und 494-520.

D[ugas?], L[udociv?], „L'Appréciation du temps dans le rêve", RP n° 40 (1895), 69-72.

Dugas, Ludovic, „Le Souvenir du rêve", RP n° 44 (1897), 220-223.

Duprat, Guillaume Léonce, „Le Rêve et la pensée conceptuelle", RP n° 72 (1911), 285-289.

Egger, Victor, „La Durée apparente des rêves", RP n° 40 (1895), 41-59.

— „Le Souvenir dans le rêve", RP n° 46 (1898), 154-157.

Foucault, Marcel, „L'Évolution du rêve pendant le réveil", RP n° 58 (1904), 459-481.

Goblot, Edmond, „Le Souvenir des rêves", RP n° 42 (1896), 288-290.

— „Sur le souvenir du rêve", RP n° 44 (1897), 329.

Kostyleff, Nicolas, „Freud et le problème des rêves", RP n° 72 (1911), 491-522.

Le Lorrain, Jacques, „De la durée du temps dans le rêve", RP n° 38 (1894), 275-279.

— „Le Rêve“, RP n° 40 (1895), 59-69.
Paulhan, Frédéric, „Sur l'activité de l'esprit dans le rêve“, RP n° 38 (1894), 546-548.
Rousseau, P., „La Mémoire des rêves dans le rêve“, RP n° 55 (1903), 411-416.
Tannery, Paul, „Sur l'activité de l'esprit dans le rêve“, RP n° 38 (1894), 630-633.
— „Sur la mémoire dans le rêve“, RP n° 45 (1898), 636-640.
— „Sur la paramnésie dans le rêve“, RP n° 46 (1898), 420-423.

3.3 Artikel aus Le Disque vert *2 (1924), n° spécial* Freud et la psychanalyse *(DV)*

Claparède, Édouard, „Sur la psychanalyse“, DV 25-27.
Claude, Henri, „La Méthode psychanalytique“, DV 38-43.
Dwelshauvers, Georges, „Freud et l'inconscient“, DV 112-118.
Hesnard, Angelo, „L'Opinion scientifique française et la psychanalyse“, DV 5-19.
Jaloux, Edmond, „Observations sur la psychanalyse“, DV 28-37.
Larbaud, Valéry, „Freud et la littérature“, DV 109-111.
Michaux, Henri, „Réflexions qui ne sont pas étrangères à Freud“, DV 149-151.
Ombredane, André, „Critique de la méthode d'investigation psychologique de Freud“, DV 165-177.
Rivière, Jacques, „Sur une généralisation possible des thèses de Freud“, DV 44-61.

4. Artikel aus Nachschlagewerken

Artikel „Hiéroglyphe“, in: *Encyclopédie, ou Dictionnaire raisonné des sciences, des arts et des métiers*, hg. von Denis Diderot und Jean LeRond d'Alembert, Faksimile-Druck der Erstausgabe von 1751-1780, Stuttgart-Bad Cannstatt 1967, Bd. 8, 205-206.
Artikel „Rêve“, in: *Encyclopédie, ou Dictionnaire raisonné des sciences, des arts et des métiers*, hg. von Denis Diderot und Jean LeRond d'Alembert, Faksimile-Druck der Erstausgabe von 1751-1780, Stuttgart-Bad Cannstatt 1967, Bd. 14, 223.
Artikel „Songe“, in: *Encyclopédie, ou Dictionnaire raisonné des sciences, des arts et des métiers*, hg. von Denis Diderot und Jean LeRond d'Alembert, Faksimile-Druck der Erstausgabe von 1751-1780, Stuttgart-Bad Cannstatt 1967, Bd. 15, 354-357.
Artikel „Traum“, in: Günter Pössiger, *Wörterbuch der Psychologie*, München 1982, 188-189.
Artikel „Traum“, in: Joachim Ritter, Karlfried Gründer (Hgg.), *Historisches Wörterbuch der Philosophie*, Bd. 20, Darmstadt 1998, 1461-1471.
Artikel „Traum“, in: Thomas Städtler, *Lexikon der Psychologie*, Stuttgart 1998, 1114-1118.
Laplanche, Jean; Pontalis, Jean-Bertrand, *Das Vokabular der Psychoanalyse*, Frankfurt am Main 1972.
Oswald, I., „Traum“, in: Wilhelm Arnold, Hans Jürgen Eysenck, Richard Meili (Hgg.), *Lexikon der Psychologie*, 2. Aufl., Freiburg u. a. 1980, 2351-2356.
Reck, Hans Ulrich, „Traum/Vision“, in: Karl Barck (Hg.), *Ästhetische Grundbegriffe. Historisches Wörterbuch in sieben Bänden*, Bd. 6, Stuttgart 2005, 171-201.

Scheidt, Jürgen vom, „Traum“, in: Roland Asager, Gerd Wenniger (Hgg.), *Handwörterbuch der Psychologie*, 4. Aufl., Münster, Weinheim 1988, 802-807.

Tögel, Christfried, „Traum“, in: Hans Jörg Sandkühler (Hg.), *Europäische Enzyklopädie zu Philosophie und Wissenschaften*, Bd. 4, Hamburg 1990, 616-618.

5. Beginn der modernen Traumforschung und Psychoanalyse (1850-1920)

Baillarger, Jules, „Théorie de l'automatisme“ [1845], in: ders., *Recherches sur les maladies mentales*, Paris 1890, Bd. 1, 494-500.

Bergson, Henri, *Œuvres*, hg. von André Robinet, 2. Aufl., Paris 1963.

— „Le Rêve. Conférence faite à l'Institut psychologique le 26 mars 1901“, in: *Bulletin de l'Institut psychologique international* n° 3 (1901), 103-122.

Delbœuf, Joseph, *Le Sommeil et les rêves considérés principalement dans leurs rapports avec les théories de la certitude et de la mémoire*, Paris 1885.

Freud, Sigmund, *Studienausgabe*, hg. von Alexander Mitscherlich, Angela Richards, James Strachey, Frankfurt am Main 2000.

— „Über den Traum“ [1901], in: ders., *Schriften über Träume und Traumdeutungen*, Frankfurt am Main 1994, 35-86.

— „Das Interesse an der Psychoanalyse“ [1913], in: ders., *Gesammelte Werke*, hg. von Anna Freud, Bd. 8, 5. Aufl., Frankfurt am Main 1969, 389-420.

— *La Science des rêves*, traduit sur la 7e édition allemande par Ignace Meyerson, Paris 1926.

Hervey de Saint-Denys, Léon Marquis de, *Les Rêves et les moyens de les diriger. Observations pratiques*, Paris 1995 [Nachdruck der anonymen Erstausgabe von 1867].

Janet, Pierre, *L'Automatisme psychologique. Essai de psychologie expérimentale sur les formes inférieures de l'activité humaine*, Paris 1889.

— „Préface de la deuxième édition“, in: ders., *L'Automatisme psychologique. Essai de psychologie expérimentale sur les formes inférieures de l'activité humaine*, 10 Aufl., Paris 1930, VII-XXI.

Lélut, Louis-François, *Rapport fait à l'Académie des sciences morales et politiques au nom de la section de philosophie sur le Concours relatif à la question du sommeil envisagé du point de vue psychologique*, Paris 1836 [sic! digitalisierte Fassung der BNF; richtig: 1856?, S. G.].

Maury, Alfred, *Le Sommeil et les rêves : Études psychologiques sur ces phénomènes et les divers états qui s'y rattachent ; suivies des recherches sur le développement de l'instinct et de l'intelligence dans leurs rapports avec le phénomène du sommeil*, Paris 1865 [1861].

Vaschide, Nicolas, „Recherches expérimentales sur les rêves. De la continuité des rêves pendant le sommeil“, in: *Comptes rendus hebdomadaires des séances de l'Académie des sciences* 129 (1899), 183-186.

— *Le Sommeil et les rêves*, Paris 1911.

6. Traumforschung und Psychoanalyse im 20. Jahrhundert

Antrobus, John S.; Bertini, Mario, *The Neuropsychology of Sleep and Dreaming*, Hillsdale, New Jersey 1992.

Bareuther, Herbert u. a. (Hgg.), *Traum und Gedächtnis: neue Ergebnisse aus psychologischer, psychoanalytischer und neurophysiologischer Forschung*, 3. Internationale Traumtagung, 16.-18. März 1995, Münster 1995 (Materialien aus dem Sigmund-Freud-Institut 15).

— u. a. (Hgg.), *Traum, Affekt und Selbst*, 4. Internationale Tagung Psychoanalytische Traumforschung im Sigmund-Freud-Institut am 24. und 25. April 1998, (Psychoanalytische Beiträge aus dem Sigmund-Freud-Institut 1), Tübingen 1999.

Bollas, Christopher, *Der Schatten des Objekts: das ungedachte Bekannte. Zur Psychoanalyse der frühen Entwicklung*, Stuttgart 1997 [*The Shadow of the Object. Psychoanalysis of the Unthought Known*, London 1987].

Bonnet, Gérard, „Comment analyser un rêve mis en œuvre", in: *Psychanalyse-à-l'Université* 16 (1991), 95-110.

Boothe, Brigitte, „Spielregeln des Traumgeschehens", in: dies., Barbara Meier (Hgg.), *Der Traum. Phänomen – Prozess – Funktion*, Zürich 2000, 69-86.

— „Traumkommunikation. Vom Ephemeren zur Motivierung", in: Schnepel (Hg.), *Hundert Jahre „Die Traumdeutung"*, 31-48.

Carswell, C. Melody; Webb, Wilse B., „Real and Artificial Dream Episodes: Comparison of Report Structure", in: *Journal of Abnormal Psychology* 94, 4 (1985), 653-55.

Castellanos-Colombo, Héloïse, „La Place de la théorie freudienne du rêve dans la psychanalyse actuelle", in: *Topique: Revue freudienne* 20, n° 45 (1990), 63-75.

Crick, Francis; Mitchison, Graeme, „The Function of Dream Sleep", in: *Nature* n° 304 (1983), 111-114.

Dreams and Self-knowledge. Symposia read at the Joint Session of The Aristotelian Society and the Mind Association at Aberystwyth, 6th to 8th July, 1956, London 1956.

Fiss, Harry, „The Post-Freudian Dream. A Reconsideration of Dream Theory Based on Recent Sleep Laboratory Findings", in: Bareuther u. a. (Hgg.), *Traum und Gedächtnis*, 11-35.

Fosshage, James L.; Loew, Clemens A. (Hgg.), *Dream Interpretation. A Comparative Study*, Jamaica, New York 1978.

Globus, Gordon, *Dream Life, Wake Life. The Human Condition through Dreams*, Albany 1987.

Glucksman, Myron L.; Warner, Silas L., *Dreams in New Perspective – The Royal Road Revisited*, New York 1987.

Grünbaum, Adolf, *Psychoanalyse in wissenschaftstheoretischer Sicht. Zum Werk Sigmund Freuds und seiner Rezeption*, Konstanz 1987.

— *Die Grundlagen der Psychoanalyse. Eine philosophische Kritik*, Stuttgart 1988.

Guillaumin, Jean, *Le Rêve et le moi. Rupture, continuité, création dans la vie psychique. Sept études psychanalytiques sur le sens et la fonction de l'expérience onirique*, Paris 1979.

Hau, Stephan; Leuschner, Wolfgang; Deserno, Heinrich (Hgg.), *Traum-Expeditionen*, (Psychoanalytische Beiträge aus dem Sigmund-Freud-Institut 8), Tübingen 2002.

Haesler, Ludwig, *Psychoanalyse – therapeutische Methode und Wissenschaft vom Menschen*, Stuttgart 1994.

— *Auf der Suche nach einer erträglichen Welt. Über den Umgang des Menschen mit der Wirklichkeit*, Darmstadt 1995.

Heinz, Rudolf, *Somnium novum. Zur Kritik der psychoanalytischen Traumtheorie*, Bd. 1, Wien 1994.

Heinz, Rudolf; Petersen, Karl Thomas (Hgg.), *Somnium novum. Zur Kritik der psychoanalytischen Traumtheorie*, Bd. 2, Wien 1994.

Jouvet, Michel, *Le Sommeil et le rêve*, 2. Aufl., Paris 1992.

Khan, M. Masud R., „De l'expérience du rêve à la réalité psychique", in: *Nouvelle revue de psychanalyse* 12 (1975), 90-99.

Lacan, Jacques, *Le Moi dans la théorie de Freud et dans la technique de la psychanalyse*, Le Séminaire Livre II, hg. von Jacques-Alain Miller, Paris 1978.

— *Les quatre concepts fondamentaux de la psychanalyse,* Le Séminaire Livre XI, hg. von Jacques-Alain Miller, Paris 1990.

Lesourne, Odile, „Le Rêve aujourd'hui : Aperçu sur la littérature analytique contemporaine", in: *Topique : Revue freudienne* 20, n° 45 (1990), 83-116.

Mannoni, Octave, *Clefs pour l'Imaginaire ou l'Autre Scène*, Paris 1985 [1969].

Marinelli, Lydia; Mayer, Andreas, *Die Lesbarkeit der Träume. Zur Geschichte von Freuds „Traumdeutung"*, Frankfurt am Main 2000.

Meltzer, Donald, *Traumleben. Eine Überprüfung der psychoanalytischen Theorie und Technik*, 2. Aufl., Stuttgart 1995 [*Dream-Life: A Re-Examination of the Psycho-Analytical Theory and Technique*, Perthshire 1984].

Milner, Marion, „À propos de l'article de Masud Khan", in: *Nouvelle revue de psychanalyse* 12 (1975), 101-104.

Moser, Ulrich, „Das Traumgenerierungsmodell (Moser, von Zeppelin) dargestellt an einem Beispiel", in: Bareuther u. a. (Hgg.), *Traum, Affekt und Selbst*, 49-82.

Moser, Ulrich, „Selbstmodelle und Selbstaffekte im Traum", in: *Psyche. Zeitschrift für Psychoanalyse und ihre Anwendungen* 53, 3 (1999), 220-248.

Moser, Ulrich; von Zeppelin, Ilka, *Der geträumte Traum: wie Träume entstehen und sich verändern*, Stuttgart, Berlin, Köln 1996.

Pontalis, Jean-Bertrand (Hg.), *L'Espace du rêve*, Paris 1972 [ursprünglich *Nouvelle revue de psychanalyse* 5 (1972)].

— „La Pénétration du rêve", in: ders. (Hg.), *L'Espace du rêve*, 417-438 [ursprünglich in: *Nouvelle revue de psychanalyse* 5 (1972), 257-271].

Rand, Nicholas; Torok, Maria, „Fragen an die Freudsche Psychoanalyse: Traumdeutung, Realität, Phantasie", in: *Psyche. Zeitschrift für Psychoanalyse und ihre Anwendungen* 50, 4 (1996), 289-320 [übersetzt aus der erweiterten englischen Fassung des ursprünglichen Textes „Questions à la psychanalyse freudienne : le rêve, la réalité, le fantasme", in: *Les Temps modernes* n° 549 (1992), 2-31].

Resnik, Salomon, *The Theatre of the Dream*, London, New York 1987 [engl. Übersetzung von *La Mise en scène du rêve*, Paris 1987, überarbeitete Übersetzung von *Il Teatro del sogno*, Turin 1982].

Stein, Martin H., „How Dreams are Told: Secondary Revision – the Critic, the Editor, and the Plagiarist", in: *Journal of the American Psychoanalytic Association* 37 (1989), 65-88.

Strauch, Inge; Meier, Barbara, *Den Träumen auf der Spur. Ergebnisse der experimentellen Traumforschung*, Bern, Göttingen, Toronto 1992.

Strunz, Franz, „Geheimnis der Träume endlich gelüftet?", in: *Psycho* 18, 8 (1992), 562-569.

Willequet, Pierre, *La Bizarrerie du rêve et ses représentations. Une Revue critique et une étude empirique*, Bern u. a. 1999.

Wyss, Dieter, *Traumbewußtsein? Grundzüge einer Ontologie des Traumbewußtseins*, Göttingen 1988.

Zimmermann, Franz, „Freuds Bewertung des manifesten Traumes", in: *Psyche. Zeitschrift für Psychoanalyse und ihre Anwendungen* 45, 11 (1991), 967-993.

7. *Sekundärliteratur zu Nerval*

Aubaude, Camille, *Nerval et le mythe d'Isis*, Paris 1997.

Belleli, Maria-Luisa, „L'Italie de Gérard de Nerval", in: *Revue de littérature comparée* 34, 3 (1960), 378-408.

— „Note sur Nerval et Le Tasse", in: *Revue des sciences humaines* n° 111 (1963), 371-382.

Bonnet, Henri: „Les Voies lumineuses de la religion", in: Société des Études Romantiques, *Gérard de Nerval*, 211-222.

Bony, Jacques, *Le Récit nervalien*, Paris 1990.

— „Introduction", in: Nerval, *Aurélia et autres textes biographiques*, 7-31.

— *L'Esthétique de Nerval*, Paris 1997.

Bowman, Frank Paul, „Mémorables d'Aurélia : signification et situation générique", in: *French Forum* 11, 2 (1986), 169-180.

— *Gérard de Nerval. La Conquête de soi par l'écriture*, Orléans1997.

Campion, Pierre, „L'Écriture de la désignation dans *Aurélia*", in: *Nerval*, Actes du Colloque de la Sorbonne du 15 novembre 1997, 153-164.

Castex, Pierre-Georges, „Ordre et aventure dans *Aurélia*", in: E. M. Beaumont u. a. (Hgg.), *Order and Adventure in Post-Romantic French Poetry. Essays Presented to C. A. Hackett*, Oxford 1973, 1-8.

Couty, Daniel, „*Aurélia* : De l'impuissance narrative au pouvoir des mots", in: *Cahiers Gérard de Nerval* (1980), 15-17.

Crouzet, Michel, „La Rhétorique du rêve dans *Aurélia*", in: *Nerval. Une poétique du rêve*, 183-207.

Derche, Roland, „Gérard de Nerval : *Aurélia*", in: ders., *Études de textes français*, Paris 1959, 278-301.

Dirscherl, Klaus, „Traumrhetorik von Jean Paul bis Lautréamont", in: Karl Maurer, Winfried Wehle (Hgg.), *Romantik – Aufbruch zur Moderne*, München 1991 (Romanistisches Kolloquium 5), 129-172.

Dragonetti, Roger, „« Portes d'ivoire ou de corne » dans *Aurélia* de G. de Nerval. Tradition et modernité", in: *Mélanges offerts à Rita Lejeune*, Bd. 2, Gembloux 1969, 1545-1565.

Felman, Shoshana, „*Aurélia* ou « le livre infaisable » : de Foucault à Nerval", in: *Romantisme* (1972, 3), 43-55.

Gaillard, Françoise, „*Aurélia*, ou la question du nom", in: Société des Études Romantiques, *Le Rêve et la vie*, 237-247.

Guillaume, Jean, *Nerval. Masques et visage*, Entretiens de Jean Guillaume avec Jean-Louis Préat, Namur 1988.

Illouz, Jean-Nicolas, *Nerval. Le « Rêveur en prose ». Imaginaire et écriture*, Paris 1997.

Jean, Raymond, *La Poétique du désir. Nerval. Lautréamont. Apollinaire. Eluard*, Paris 1974.
Jeanneret, Michel, „La Folie est un rêve : Nerval et le docteur Moreau de Tours", in: *Romantisme* 27 (1980), 59-75.
— *La Lettre perdue. Écriture et folie dans l'œuvre de Nerval*, Paris 1978.
Nerval, Actes du Colloque de la Sorbonne du 15 novembre 1997 sous la direction d'André Guyaux, Paris 1997.
Nerval. Une Poétique du rêve, Actes du Colloque de Bâle, Mulhouse et Fribourg des 10, 11 et 12 novembre 1986 organisé par Jacques Huré, Joseph Jurt et Robert Kopp, Paris 1989.
Pichois, Claude; Brix, Michel, *Gérard de Nerval*, Paris 1995.
Pigeaud, Jackie, „Le Génie et la folie : Étude sur la « Psychologie morbide… » de J. Moreau de Tours", in: *Littérature. Médecine. Société: Art et folie*, n° 6 (1984), 1-27.
Ponnau, Gwenhaël, *La Folie dans la littérature fantastique*, Paris 1987.
Porter, Laurence M., „Mourning and Melancholia in Nerval's *Aurélia*", in: *Studies in Romanticism* 15 (1976), 289-306.
Richard, Jean Paul, „Géographie magique de Nerval", in: ders., *Poésie et profondeur*, Paris 1955, 84-89.
Richer, Jean, *Gérard de Nerval. Expérience vécue et création ésotérique*, Paris 1987.
Rinsler, Norma, „Classical Literature in the Work of Gérard de Nerval", in: *Revue de littérature comparée* 37, 1 (1963), 5-32.
Safieddine, Mona, *Nerval dans le sillage de Dante. De la Vita Nuova à Aurélia*, précédé de „Un magistère inopérant ?" par Jean Salem, Paris 1994.
Société des Études Romantiques (SER), *Le Rêve et la Vie. Aurélia, Sylvie, Les Chimères*, Actes du Colloque du 19 janvier 1986, Paris 1986.
Société des Études Romantiques (SER), *Gérard de Nerval. « Les filles du feu, Aurélia ». « Soleil noir »*, Actes du Colloque d'Agrégation des 28 et 29 novembre 1997, hg. von José-Luis Diaz, Paris 1997.
Streiff-Moretti, Monique, „Allégorie et apocalypse dans *Aurélia*", in: Société des Études Romantiques, *Gérard de Nerval*, 193-210.
Tritsmans, Bruno, „Ordre et dispersion. Les dynamiques d'*Aurélia*", in: Société des Études Romantiques, *Le Rêve et la vie*, 213-231.

8. Sekundärliteratur zu Breton und dem Surrealismus

Adorno, Theodor W., „Rückblickend auf den Surrealismus", in: ders., *Noten zur Literatur I*, Frankfurt am Main 1958, 153-160.
Alexandrian, Sarane, *Le Surréalisme et le rêve*, Paris 1974.
Beaujour, Michel, „Qu'est-ce que « Nadja » ?", in: *La nouvelle revue française* 15 (1967), 780-799.
Belaval, Yvon, „Poésie et psychanalyse", in: *Poèmes d'aujourd'hui*, Paris 1964, 39-59.
Bellemin-Noël, Jean, „Des Vases trop communiquant", in: ders., *Biographies du désir*, Paris 1988, 123-208.

Bender, Beate, *Freisetzung von Kreativität durch psychische Automatismen. Eine Untersuchung am Beispiel der surrealistischen Avantgarde der zwanziger Jahre*, Frankfurt am Main u. a. 1989.

Berranger, Marie-Paule; Murat, Michel (Hgg.), *Une Pelle au vent dans les sables du rêve. Les écritures automatiques*, Lyon 1992.

Blanchot, Maurice, „Réflexions sur le Surréalisme", in: ders., *La Part du feu*, Paris 1949, 145-149.

Bonnet, Marguerite, *André Breton: Naissance de l'aventure surréaliste*, Paris 1975.

Bürger, Peter (Hg.), *Surrealismus*, Darmstadt 1982.

— *Der französische Surrealismus. Studien zur avantgardistischen Literatur. Um Neue Studien erweiterte Ausgabe*, Frankfurt am Main 1996.

Decottignies, Jean, „L'Œuvre surréaliste et l'idéologie", in: *Littérature* 1 (1971), 30-47.

Durozoi, Gérard, „Les Vases communicants : Marx-Freud", in: *Surréalisme et philosophie*, Paris 1992, 21-48.

— *Histoire du mouvement surréaliste*, Pairs 1997.

Gershman, Herbert S., „Towards a Definition of the Surrealistic Aesthetics", in: ders., *The Surrealist Revolution in France*, Ann Arbor 1969, 1-15.

Hötter, Gerd, *Surrealismus und Identität. André Breton. „Theorie des Kryptogramms". Eine poststrukturalistische Lektüre seines Werks*, Paderborn 1990.

Houdebine, Jean-Louis, „André Breton et la double ascendance du signe", in: *La nouvelle critique* 31 (1970), 43-51.

Hulak, Fabienne (Hg.), *Folie et psychanalyse dans l'expérience surréaliste*, Nice 1992.

Jenny, Laurent, „Les Aventures de l'automatisme", in: *Littérature* n° 72 (1988), 3-11.

Morel, Jean-Pierre, „Aurélia, Gradiva, X : Psychanalyse et poésie dans « Les Vases communicants »", in: *Revue de littérature comparée* 46 (1972), 68-89.

Mourier-Casile, Pascaline, *André Breton. Explorateur de la mère-moire*, Paris 1986.

Nadeau, Maurice, *Histoire du surréalisme. Documents surréalistes*, Paris 1948.

Pontalis, Jean-Bertrand, „Les Vases non communicants", in: *La nouvelle revue française* 44 (1978), 26-45.

Riffaterre, Michael, „La Métaphore filée dans la poésie surréaliste", in: *Langue française* n° 3 (1969), 46-60.

Scheerer, Thomas M., *Textanalytische Studien zur „écriture automatique"*, Bonn 1994.

Warehime, Marja, „Beginning and Ending: the Utility of Dreams in 'Les Vases communicants'", in: *French Forum* 6, 2 (1981), 163-171.

8. Sekundärliteratur zu Leiris

Agosti, Stefano, „Le Rêve du texte", in: *Europe* n° 698-699 (1987), 107-122.

Albers, Irene; Pfeiffer, Helmut (Hgg.), *Michel Leiris: Szenen der Transgression*, München 2004.

Armel, Aliette, *Michel Leiris*, Paris 1997.

Beaujour, Michel, *Miroirs d'encre. Rhétorique de l'autoportrait*, Paris 1980.

Bellemin-Noël, Jean, „Michel Leiris : Hommages dommages", in: ders., *Biographies du désir*, Paris 1988, 209-263.

— „Acharnement herméneutique sur un fragment de « Fibrilles »", in: *Littérature. Revue trimestrielle* n° 79 (1990), 46-62.
Blanchot, Maurice, „Rêver, écrire", in: ders., *L'Amitié*, Paris 1971, 162-170.
Chatel de Brancion, Paul, „*La Chouette de Minerve.* Du sacré au merveilleux chez le littérateur Michel Leiris", in: *Revue romane* 18, 1 (1983), 45-60.
Clavel, André, *Michel Leiris*, Paris 1984.
Froment-Meurice, Marc, „L'Homme de parole", in: *MLN* n° 105 (1990), 674-689.
Goumegou, Susanne, „Traum, Tod und Theater: Strategien der Inszenierung in *Nuits sans nuit et quelques jours sans jour*", in: Albers, Pfeiffer (Hgg.), *Michel Leiris: Szenen der Transgression*, 185-205.
Hand, Seán, *Michel Leiris. Writing the Self*, Cambridge 2002.
Hollier, Denis, „Je ne suis pas le rêveur", in: *Critique* 44 (1988), 982-988.
— „La Poésie jusqu'à Z", in: ders., *Les Dépossédés*, Paris 1993, 23-35.
Lejeune, Philippe, *Le Pacte autobiographique*, Paris 1975.
— *Lire Leiris. Autobiographie et langage*, Paris 1975.
— „Post-scriptum à « Lire Leiris »", in: ders., *Moi aussi*, Paris 1986, 164-177.
Masson, Catherine, *L'Autobiographie et ses aspects théâtraux chez Michel Leiris*, Paris 1995.
Maubon, Catherine, „Le Ficheur fiché", in: *MLN* n° 105 (1990), 656-673.
— *Michel Leiris en marge de l'autobiographie*, Paris 1994.
Pfeiffer, Helmut, „Kultur und Präsenz. *Le Ruban au cou d'Olympia*", in: Albers, Pfeiffer (Hgg.) *Michel Leiris: Szenen der Transgression*, 87-115.
— „Simulakren der Sorge. Michel Leiris' *La Règle du jeu*", in: Maria Moog-Grünewald (Hg.), *Autobiographisches Schreiben und philosophische Selbstsorge*, Heidelberg 2004, 199-224.
Poitry, Guy, *Michel Leiris. Dualisme et totalité*, Toulouse 1995.
Pontalis, Jean-Bertrand, „Michel Leiris oder die unendliche Psychoanalyse", in: ders., *Nach Freud*, Frankfurt am Main 1974, 273-293 [*Après Freud*, Paris 1965].
— *Entre le rêve et la douleur*, Paris 1977.
Sauret, Patrick, *Inventions de lecture chez Michel Leiris*, Paris 1995.
Schneider, Manfred, „Michel Leiris: Die *Spielregel* des Todes", in: ders., *Die erkaltete Herzensschrift. Der autobiographische Text im 20. Jahrhundert*, München, Wien 1986, 199-244.
Semet, Joëlle de, *Michel Leiris, poète surréaliste*, Paris 1997.
Vereecken, Christian, „Rides=Leiris, Lacan et les mots", in: *Revue de l'Université de Bruxelles* (1990, 1-2), 169-178.
Yvert, Louis, *Bibliographie des écrits de Michel Leiris : 1924 à 1995*, Paris 1996.

9. Sekundärliteratur zu weiteren Autoren

Amiot, Anne-Marie, *Baudelaire et l'illuminisme*, Paris 1982.
Behrens, Rudolf, „Dialogische Einbildungskraft. Zu einer ‚auseinandergesetzten' Theorie der Imagination in Diderots *Rêve de d'Alembert*", in: Dietmar Rieger, Gabriele Vickermann (Hgg.), *Dialog und Dialogizität im Zeitalter der Vernunft*, Tübingen 2003, 125-158.
Benz, Ernst, *Emanuel Swedenborg. Naturforscher und Seher*, München 1948.

Bieker, Sibylle, *Die künstlichen Paradiese in der französischen Literatur des 19. Jahrhunderts*, Bonn 1992.

Blin, Georges, *Baudelaire*, Paris 1939.

Burgos, Jean „« Vouloir rêver et savoir rêver ». Baudelaire et les logiques de l'imaginaire", in: *Quaderni del Novecento Francese* 16 (1996), 45-61.

Derrida, Jacques, „SCRIBBLE (pouvoir/écrire)", in: William Warburton, *Essai sur les hiéroglyphes des Égyptiens*, 7-42.

Eigeldinger, Marc, „Baudelaire et le rêve maîtrisé", in: ders., *Lumières du mythe*, Paris 1983, 73-89.

Engel, Manfred, „‚Träumen und Nichtträumen zugleich'. Novalis' Theorie und Poetik des Traumes zwischen Aufklärung und Hochromantik", in: Herbert Uerlings (Hg.), *Novalis und die Wissenschaften*, Tübingen 1997, 143-168.

Flamant, Jacques, „Le Genre du commentaire", in: ders., *Macrobe et le néo-platonisme latin à la fin du IVe siècle*, Leiden 1977, 148-171.

Gascoigne, David, „Dreaming the Self, Writing the Dream: The Subject in the Dream-Narratives of Georges Perec", in: Paul Gifford, Johnnie Gratton (Hgg.), *Subject Matters. Subject and Self in French Literature from Descartes to the Present*, Amsterdam, Atlanta 2000, 128-144.

Gollut, Jean-Daniel, „Un Exercice de style ?", in: *Études de Lettres* (1982), 65-76.

Golfier, Michel, „Jacques Le Lorrain", in: *Les Ratés de la littérature*. Deuxième Colloque des Invalides, 11 décembre 1998; textes réunis par Jean-Jacques Lefrère, Michel Pierssens et Jean-Didier Wagneur, Tusson 1999, 67-75.

Harnischfeger, Johannes, *Die Hieroglyphen der inneren Welt. Romantikkritik bei E.T.A. Hoffmann*, Opladen 1988.

Hüttig, Albrecht, *Macrobius im Mittelalter. Ein Beitrag zur Rezeptionsgeschichte der Commentarii in Somnium Scipionis*, Frankfurt u. a. 1990.

Inoue, Teruo, *Une Poétique de l'ivresse chez Charles Baudelaire. Essai d'analyse d'après Les Paradis artificiels et Les Fleurs du Mal*, Tokyo 1977.

Lagercrantz, Olof, *Vom Leben auf der anderen Seite. Ein Buch über Emanuel Swedenborg*, Frankfurt am Main 1997 [*Diktem om livet på den andra sidan*, Stockholm 1996].

Lyu, Claire, „'High' Poetics: Baudelaire's *Le Poème du hachisch*", in: *Modern Language Notes* 109, n° 4 (1994), 698-740.

Maclean, Marie, „Shape-Shifting, Sound-Shifting: Baudelaire's *Oenirocritie* (sic!) and the Dream Work", in: *French Forum* 20, 1 (1995), 45-63.

Marissel, André, „Georges Perec : La Boutique obscure, 124 rêves (Denoël-Gonthier)", in: *Esprit (nouvelle série)* 42, n° 435 (1974), 909-910.

Raybaud, Antoine, *Fabrique d' « Illuminations »*, Paris 1989.

Schnitzer, Daphné, „Une Écriture oulipojuive ? Le Cas de *La Boutique obscure* de Georges Perec", in: Peter Kuon (Hg.), *Oulipo-poétiques*, Actes du colloque de Salzburg, 23-25 avril 1997, Tübingen 1999.

Sjödén, Karl-Erik, *Swedenborg en France*, Stockholm 1985.

Stahl, Elisabeth Susanne, *Correspondances. Ein forschungsgeschichtlicher Überblick zum Bildbegriff Charles Baudelaires*, Heidelberg 1999.

Starobinski, Jean, „Rêve et immortalité chez Baudelaire", in: Bronca u. a. (Hgg.), *I Linguaggi del sogno*, 223-234.

Vordtriede, Werner, *Novalis und die französischen Symbolisten*, Stuttgart 1963.

Wilkinson, Lynn R., *The Dream of an Absolute Language. Emanuel Swedenborg and French Literary Culture*, Albany 1996.

10. Sekundärliteratur zu Traumtext und Traumdiskurs

Almansi, Guido; Béguin, Claude, *Teatro del sonno. Antologia dei sogni letterari*, Roma 1988.

Alt, Peter-André, *Der Schlaf der Vernunft. Literatur und Traum in der Kulturgeschichte der Neuzeit*, München 2002.

Assmann, Aleida, „Traum-Hieroglyphen von der Renaissance bis zur Romantik", in: Benedetti, Hornung (Hgg.), *Die Wahrheit der Träume*, 119-144.

Béguin, Albert, *L'Âme romantique et le rêve*, Paris 1967 [1939].

Béguin, Claude, „Le Récit de rêve comme autobiographie", in: *Quaderni di retorica e poetica* n° 1 (1986), 135-140.

Benedetti, Gaetano; Erik Hornung (Hgg.), *Die Wahrheit der Träume*, München 1997.

Bousquet, Jacques, *Les Thèmes du rêve dans la littérature romantique (France, Angleterre, Allemagne). Essai sur la naissance et l'évolution des images*, Paris 1964.

Bronca, Vittore; Ossola, Carlo; Resnik, Salomon (Hgg.), *I Linguaggi del sogno*, Firenze 1984.

Canovas, Frédéric, „This is Not a Dream. Drawing the Line between Dream and Text (The Example of Modern French Narrative)", in: *The Journal of Narrative Technique* 24 (1994), 114-126.

— *L'Écriture rêvée*, Paris 2000.

Conner, Tom (Hg.), *Dreams in French Literature: The Persistent Voice*, Amsterdam 1995.

Danon-Boileau, Laurent, „Le Style dans le récit de rêve", in: ders., *Le Sujet de l'énonciation*, Paris 1987, 55-66.

Derrida, Jacques, „Freud et la scène de l'écriture", in: ders., *L'Écriture et la différence*, 293-340.

Dieterle, Bernard (Hg.), *Träumungen. Traumerzählung in Film und Literatur*, St. Augustin 1998.

Dula-Manoury, Daiana, *Queneau, Perec, Butor, Blanchot. Éminences du rêve en fiction*, Paris 2004.

Engel, Manfred, „Traumtheorie und literarische Träume im 18. Jahrhundert. Eine Fallstudie zum Verhältnis von Wissen und Literatur", in: *Scientia Poetica* 2 (1998), 97-128.

— „Literarische Träume und traumhaftes Schreiben bei Franz Kafka. Ein Beitrag zur Oneiropoetik der Moderne", in: Dieterle (Hg.), *Träumungen*, 233-262.

— „Naturphilosophisches Wissen und romantische Literatur – am Beispiel von Traumtheorie und Traumdichtung der Romantik", in: Lutz Danneberg, Friedrich Vollhardt (Hgg.), *Wissen in Literatur im 19. Jahrhundert*, Tübingen 2002, 65-91.

Everhartz, Günter; Mones, Andreas, „Text – Traum – Text oder Das Nichts einer Differenz", in: Joachim Dyck, Walter Jens, Gert Ueding (Hgg.), *Rhetorik und Strukturalismus (Rhetorik. Ein internationales Jahrbuch* Bd. 9), Tübingen 1990, 38-51.

Gollut, Jean-Daniel, *Conter les rêves. La Narration de l'expérience onirique dans les œuvres de la modernité*, Paris 1993.
Foucault, Michel, „Rêver de ses plaisirs", in: *Histoire de la sexualité*, Bd. 3, *Le Souci de soi*, Paris 1984, 7-51.
Gondek, Hans-Dieter, „Der Freudsche Traum und seine französische Deutung. Foucault, Lacan, Derrida als Leser der *Traumdeutung*", in: Marinelli, Mayer, *Die Lesbarkeit der Träume*, 189-250.
Goumegou, Susanne, „Vom Traum zum Text. Die Prozesse des Stillstellens und In-Gang-Setzens in Traumprotokoll und Prosagedicht des Surrealismus", in: Andreas Gelhard, Ulf Schmidt, Tanja Schultz (Hgg.), *Stillstellen. Medien – Aufzeichnung – Zeit*, Schliengen 2003, 140-151.
— „Le Récit de rêve surréaliste et ses avatars", in: Vandendorpe (Hg.), *Le Récit de rêve*, 183-202.
Hagge, Marco, *Il Sogno e la scrittura. Saggio di onirologia letteraria*, Firenze 1986.
Heise, Jens, *Traumdiskurse. Die Träume der Philosophie und die Psychologie des Traums*, Frankfurt am Main 1989.
Heraeus, Stephanie, *Traumvorstellung und Bildidee. Surreale Strategien in der französischen Graphik des 19. Jahrhunderts*, Berlin 1998.
Hiestand, Rudolf (Hg.), *Traum und Träumen: Inhalt, Darstellung, Funktionen einer Lebenserfahrung in Mittelalter und Renaissance*, Düsseldorf 1994 (Studia humaniora 24).
Hinderer, Walter, „Wege zum Unbewußten. Die transzendentale Naturphilosophie und der Traumdiskurs um die Wende vom 18. zum 19. Jahrhundert", in: *Passagen. Literatur – Theorie – Medien. Festschrift für Peter Uwe Hohendahl*, hg. von Manuel Köppen und Rüdiger Steinlein, Berlin 2001, 75-92.
Idel, Moshe, „Nächtliche Kabbalisten", in: Benedetti, Hornung (Hgg.), *Die Wahrheit der Träume*, München 1997, 85-117.
Kuspit, Donald, „Von der Vision zum Traum. Die Säkularisierung der Einbildungskraft", in: Lynn Gamwell (Hg.), *Träume 1900-2000. Kunst, Wissenschaft und das Unbewußte*, München u. a. 2000, 77-88.
Latacz, Joachim, „Funktionen des Traums in der antiken Literatur", in: Wagner-Simon, Benedetti, *Traum und Träumen*, 10-31.
Lavie, Peretz; Hobson, J. Allan, „Origin of Dreams: Anticipation of Modern Theories in the Philosophy and Physiology of the Eighteenth and Nineteenth Centuries", in: *Psychological Bulletin* 100, 2 (1986), 229-240.
Le Goff, Jacques, „Le Christianisme et les rêves", in: ders., *L'Imaginaire médiéval*, Paris 1985, 265-316.
Lenk, Elisabeth, *Die unbewußte Gesellschaft. Über die mimetische Grundstruktur in der Literatur und im Traum*, München 1983.
Manuwald, Bernd, „Traum und Traumdeutung in der griechischen Antike", in: Hiestand (Hg.), *Traum und Träumen*, 15-42.
Mathieu, Vittorio, „La Filosofia di fronte al sogno", in: Bronca u. a. (Hgg.), *I Linguaggi del sogno*, 15-40.
Métraux, Alexandre, „Räume der Traumforschung vor und nach Freud", in: Marinelli, Mayer (Hgg.), *Die Lesbarkeit der Träume*, 127-187.
Niessen, Stefan, *Traum und Realität – ihre neuzeitliche Trennung*, Darmstadt 1989.

Paliyenko, Adrianna M., „Margins of Madness and Creativity: Nineteenth-Century French Psychiatric and Literary Discourses on Dream“, in: Conner (Hg.), *Dreams in French Literature*, 173-198.

Ripa, Yannick, *Histoire du rêve. Regards sur l'imaginaire des Français au XIXe siècle*, Paris 1988.

Merola, Nicola; Verbaro, Caterina (Hgg.), *Il Sogno raccontato.* Atti del convegno internazionale di Rende (12-14 novembre 1992), Monteleone o. J.

Pelckmans, Paul, *Le Rêve apprivoisé. Pour une psychologie historique du topos prémonitoire*, Amsterdam 1986.

Ricœur, Paul, *De l'interprétation. Essai sur Freud*, Paris 1995 [1965].

Roudaut, Jean, „La Littérature et le rêve“, in: *Saggi e ricerche di letteratura francese* 26 (1987), 123-162.

Schalk, Fritz, „Somnium und verwandte Wörter in den romanischen Sprachen“, in: ders., *Exempla romanischer Wortgeschichte*, Frankfurt am Main 1966, 295-337.

Schmidt-Hannisa, Hans-Walter, „‚Der Traum ist unwillkürliche Dichtkunst‘. Traumtheorie und Traumaufzeichnung bei Jean Paul“, in: *Jahrbuch der Jean-Paul-Gesellschaft* 35/36 (2000/2001), 93-113.

— „‚Der Träumer vollendet sich im Dichter‘. Die ästhetische Emanzipation der Traumaufzeichnung“, in: Schnepel (Hg.), *Hundert Jahre „Die Traumdeutung“*, 83-106.

— „Zwischen Wissenschaft und Literatur. Zur Genealogie des Traumprotokolls“, in: ders., Michael Niehaus (Hgg.), *Das Protokoll. Kulturelle Funktionen einer Textsorte*, Frankfurt am Main 2005, 135-164.

Schnepel, Burkhard (Hg.), *Hundert Jahre „Die Traumdeutung“. Kulturwissenschaftliche Perspektiven in der Traumforschung*, Köln 2001 (Studien zur Kulturkunde 119).

Starobinski, Jean, „Freud, Breton, Myers“, in: ders., *Psychoanalyse und Literatur*, 143-162.

— *Psychoanalyse und Literatur*, Frankfurt am Main 1990.

Teuber, Bernhard, *Sprache – Körper – Traum. Zur karnevalesken Tradition in der romanischen Literatur aus früher Neuzeit*, Tübingen1989.

Thomas, Joël, „Der Traum. Wege der Erkenntnis im klassischen Altertum“, in: Benedetti, Hornung (Hgg.), *Die Wahrheit der Träume*, 145-185.

Vandendorpe, Christian (Hg.), *Le Récit de rêve. Fonctions, thèmes et symboles*, Québec 2005.

Wagner-Egelhaaf, Martina, „Traum – Text – Kultur. Zur literarischen Anthropologie des Traumes“, in: Gerhard Neumann (Hg.), *Poststrukturalismus. Herausforderung an die Literaturwissenschaft*, Stuttgart, Weimar 1997, 123-144.

Wagner-Simon, Therese; Benedetti, Gaetano (Hgg.), *Traum und Träumen. Traumanalyse in Wissenschaft, Religion und Kunst*, Göttingen 1984.

11. Weitere Literatur

Assmann, Jan, *Moses der Ägypter. Entzifferung einer Gedächtnisspur*, 3. Aufl., Frankfurt am Main 2001.

Assmann, Aleida; Assmann, Jan (Hgg.), *Hieroglyphen. Stationen einer anderen abendländischen Grammatologie*, München 2003.

Bal, Mieke, „Erinnerungsakte. Performance der Subjektivität", in: dies., *Kulturanalyse*, hg. von Thomas Fechner-Smarsly und Sonja Neef, Frankfurt am Main 2002, 263-294.

Banu, Georges, *Le Rouge et or : une poétique du théâtre à l'italienne*, Paris 1989.

Behler, Ernst, „Die Poesie in der frühromantischen Theorie der Brüder Schlegel", in: *Athenäum. Jahrbuch für Romantik* 1 (1991), 13-40.

Bohrer, Karl Heinz, *Ästhetische Negativität*, München 2002.

Blumenberg, Hans, *Die Lesbarkeit der Welt*, 2. Aufl., Frankfurt am Main 1983.

Cantagrel, Laurent, *De la maladie à l'écriture. Genèse de la mélancolie romantique*, Tübingen 2004.

Castoriadis, Cornelius, *L'Institution imaginaire de la société*, Paris 1975.

— *Durchs Labyrinth. Seele, Vernunft, Gesellschaft*, Frankfurt am Main 1981 [*Les Carrefours du labyrinthe*, Paris 1978].

Chambers, Ross, *Mélancolie et opposition : Les Débuts du modernisme en France*, Paris 1987.

Derrida, Jacques, *De la grammatologie*, Paris 1967.

— *L'Écriture et la différence*, Paris 1967.

— „La Différance", in: ders., *Marges de la philosophie*, Paris 1972, 1-29.

— *Schibboleth*, Paris 1986.

— *Demeure. Maurice Blanchot*, Paris 1998.

Foucault, Michel, *Dits et écrits 1954-88*, hg. von Daniel Defert, François Ewalt, Paris 1994.

— *Folie et déraison. Histoire de la folie à l'âge classique*, Paris 1961.

— *Les Mots et les choses. Une Archéologie des sciences humaines*, Paris 1966.

— *L'Archéologie du savoir*, Paris 2001 [1969].

— *L'Ordre du discours*, Leçon inaugurale au Collège de France prononcée le 2 décembre 1970, Paris 1971.

Goldstein, Jan, *Console and Classify. The French Psychiatric Profession in the Nineteenth Century*, Cambridge u. a. 1987.

Hintze, Fritz, *Champollion. Entzifferer der Hieroglyphen*, Festvortrag zum 150. Jahrestag der Entzifferung der Hieroglyphen am 22. September 1822, Berlin 1973.

Hirschfeld, Alice, *Die Natur als Hieroglyphe*, Breslau 1936.

Husserl, Edmund, „Vorlesung 1904/1905", in: ders., *Phantasie, Bildbewußtsein, Erinnerung. Zur Phänomenologie der anschaulichen Vergegenwärtigungen*, Texte aus dem Nachlaß (1898-1925) hg. von Eduard Marbach, Den Haag, Boston, London 1980 (Husserliana Bd. 23).

Iser, Wolfgang, *Das Fiktive und das Imaginäre. Perspektiven literarischer Anthropologie*, Frankfurt am Main 1993.

Jolles, André, *Einfache Formen*, 2. Aufl., Darmstadt 1958.

Kammler, Clemens, „Historische Diskursanalyse (Michel Foucault)", in: Klaus-Michael Bogdal (Hg.), *Neue Literaturtheorien. Eine Einführung*, 2. Aufl., Opladen 1997, 32-55.

Kremer, Detlef, *Prosa der Romantik*, Stuttgart 1997.

Link, Jürgen; Link-Heer, Ursula, „Diskurs/Interdiskurs und Literaturanalyse", in: *Zeitschrift für Literaturwissenschaft und Linguistik* 20 (1990), 88-99.

Marquard, Odo, *Transzendentaler Idealismus, Romantische Naturphilosophie, Psychoanalyse*, Köln 1987 (Schriftenreihe zur Philosophischen Praxis 3).

Pfeiffer, Helmut, „Traumatisches Gedächtnis: Claude Simons *Route des Flandres*", in: Herbert Jaumann u. a. (Hg.), *Domänen der Literaturwissenschaft*, Tübingen 2001, 315-338.

Pikulik, Lothar, *Frühromantik. Epoche – Werke – Wirkung*, München 1992.

Roudinesco, Elisabeth, *Histoire de la psychanalyse en France (1885-1985)*, 2 Bde., Paris: Fayard 1994 [1. Aufl.: Paris: Seuil 1982-86].

Schäffner, Wolfgang, „Wahnsinn und Literatur. Zur Geschichte eines Dispositivs bei Michel Foucault", in: Gerhard Neumann (Hg.), *Poststrukturalismus. Herausforderung an die Literaturwissenschaft*, Stuttgart, Weimar 1997, 59-77.

Schlott, Adelheid, *Schrift und Schreiber im Alten Ägypten*, München 1989.

Seel, Martin, *Ästhetik des Erscheinens*, München, Wien 2000.

Starobinski, Jean, *Geschichte der Melancholiebehandlung von den Anfängen bis 1900*, Basel 1960.

Stierle, Karlheinz, „Geschichte als Exemplum – Exemplum als Geschichte. Zur Pragmatik und Poetik narrativer Texte", in: ders., *Text als Handlung. Perspektiven einer systematischen Literaturwissenschaft*, München 1975, 14-48.

— „Geschehen, Geschichte, Text der Geschichte", in: ders., *Text als Handlung. Perspektiven einer systematischen Literaturwissenschaft*, München 1975, 49-55.

— „Gibt es eine poetische Sprache?", in: ders., *Ästhetische Rationalität. Kunstwerk und Werkbegriff*, München 1997, 217-224.

Warning, Rainer, „Poetische Konterdiskursivität. Zum literaturwissenschaftlichen Umgang mit Foucault", in: ders., *Die Phantasie der Realisten*, München 1999, 313-345.